经济与管理类专业
法律课程系列教材

经营管理法律制度通论

Legal System for Business Management:
A Comprehensive Introduction

王森波　司军艳　编著

复旦大学出版社

法律不是一堆固定和静止的规范，
　而是不断成长和变化的生命；
法律人也不是机械适用法律的机器，
　还需依赖自己的学识、智慧和经验。

前言
Foreword

本书是专门针对非法学专业编写的法律系列教材的第二本。第一本教材《法律通识教程》已于2023年9月出版，是对我国整个法律体系的介绍，不仅包括宪法、民商法、刑法、诉讼法、社会法等部门法的内容，还包括法理学、法制史和法律方法论的知识。相对而言，本书的内容主要是对民商法（尤其是商法）知识的介绍，如公司法、破产法、票据法、保险法、信托法、证券法、融资、公司重组与并购等，均属于商法的内容。当然，本书的内容安排并不限于商法，传统民法中的合同法、物权法和知识产权法，经济法学科中的反不正当竞争法、反垄断法、消费者权益保护法和产品质量法，本书也都有较为详细的介绍。此外，本书还安排了"国家对市场的干预"和"纠纷的诉讼解决"两讲，系统介绍了国家行政监管、宏观调控和民事诉讼方面的法律知识。由此，本书基本上涵盖了公司经营管理过程中涉及的主要法律，能够满足经济与管理专业以及企业经营管理过程中对法律知识的需要。

从内容编排方式上，与《法律通识教程》一样，本书同样打破了各部门法和单行法之间的边界，各讲内容并未按部门法和单行法进行安排，而是以专题形式将不同部门法和单行法的知识穿插在一起。如第一讲"主体制度"中，不仅介绍了《中华人民共和国民法典》总则编民事主体制度的相关规定，还融入了公司法和合伙企业法的内容，同时还穿插了与经营资格相关的行政监管和行政许可法的内容。又如第九章"融资"，围绕着公司的融资活动，将民法中的合同制度、公司法中的股权制度、证券法中的债券发行与上市制度以及私募基金管理制度等法律制度融合在一起，系统讨论了企业融资活动中可能涉及的各种法律问题。对于非法学专业人士而言，这样的安排可以使他们迅速把握不同法律之间的内在联系，从而有助于提高他们对法律知识的综合运用能力。

在教学目标设计上，《法律通识教程》一书不强调法律知识的具体应用，而是更强调对法律基本理念的理解，因而有大量关于法律背景知识的介绍，对法律具体规则的着墨反而不多。本书则更强调对法律规则的具体运用，因而各讲内容多以对具体法律规则的讨论为主，对读者的综合分析能力有较高的要求，目的在于培养非法学专业人士的法律思维方式，提高其对法律的综合运用能力。

　　本教材是专门为非法学专业人士学习法律之需而编写的教材，对应的主要是经济与管理类专业的"经济法"课程。经济与管理类专业的"经济法"与经济法学科意义上的经济法完全不是一回事，对于非法学专业人士而言，在选择教材时常常难以分辨，从而面临诸多困惑。为避免混淆，本书决定不再以"经济法"命名。在本系列教材最初的写作规划中，曾打算将本书命名为"经济法律制度通论"，成稿之后，决定改为《经营管理法律制度通论》，以更加突出其以经营管理为核心的内容安排。

　　非法学专业人士常常以为，所有的法律都属于同一个专业，所有法律人都可以在法律的殿堂里畅行无阻。然而，只有法律人自己才知道，不同领域的法之间相隔着多么遥远的距离。其实，隔断它们的并不是法律概念和法律技术，而是对法律所调整的那个领域的了解和体验。本书所涉及的法律跨度很大，编者并不是对所有的领域都一样熟悉精通，更兼我国当下的法律修改极为频繁，编写中难免存在错讹遗漏。同时，相较于当前的各种经济法教材，本书的编排方式也是一种没有前例的尝试，不足之处在所难免。付梓之际，惕厉难安，希望读者能多多予以批评指正。

王森波

目录 CONTENTS

| 预备课 | 经济法与经营管理法律制度 | 001 |

| 第一讲 | 主体制度 | 016 |
第一节　法律主体 017
第二节　经营主体 024
第三节　经营主体的典型形式及其选择 032

| 第二讲 | 财产制度 | 042 |
第一节　财产法的一般问题 043
第二节　自然资源使用权 052
第三节　工业产权 061

| 第三讲 | 公司制度 | 081 |
第一节　股东 082
第二节　股权 094
第三节　公司高管 111

| 第四讲 | 公司的解散与破产 | 118 |
第一节　公司解散 119
第二节　公司破产 124
第三节　重整与和解 135

第五讲　合同及其订立 ··· 141

第一节　合同与债 ·· 142
第二节　合同的订立 ·· 150
第三节　合同的生效 ·· 161

第六讲　合同的履行 ··· 171

第一节　合同履行的一般问题 ····································· 172
第二节　买卖合同履行中的特殊问题 ······························ 176
第三节　违约及其补救 ·· 183

第七讲　合同的保全与担保 ·· 192

第一节　债的保全制度 ·· 193
第二节　担保制度 ·· 198
第三节　不同担保方式下的具体问题 ······························ 206

第八讲　商事规则 ·· 215

第一节　商业票据 ·· 216
第二节　商业保险 ·· 226
第三节　商业信托 ·· 234

第九讲　融资 ··· 245

第一节　融资概述 ·· 246
第二节　私募融资 ·· 254
第三节　公募融资 ·· 265

第十讲　重组与并购 ··· 284

第一节　重组与并购概述 ·· 285
第二节　公司收购过程中的具体问题 ······························ 295
第三节　上市公司收购 ·· 300

第十一讲　经营者的共存 · 307

第一节　经营者共存的基本问题 · 308
第二节　不正当竞争行为 · 316
第三节　垄断行为 · 321

第十二讲　经营者与消费者 · 328

第一节　消费关系与消费者权利 · 329
第二节　经营者义务 · 338
第三节　经营者责任 · 342

第十三讲　劳动用工 · 353

第一节　劳动关系 · 354
第二节　劳动合同 · 361
第三节　劳动者社会保险 · 369

第十四讲　国家对市场的干预 · 374

第一节　国家干预市场的一般理论 · 375
第二节　国家干预市场的立法 · 383
第三节　相对人权利救济 · 391

第十五讲　纠纷的诉讼解决 · 398

第一节　诉前准备 · 399
第二节　起诉与应诉 · 411
第三节　审理与判决 · 419

预备课

经济法与经营管理法律制度

在我国的法学学科分类中，经济法作为二级学科是其重要的组成部分。我国高校很多非法学专业，尤其是经济与管理类专业，将"经济法"列为必修的核心基础课程。全国注册会计师考试中，"经济法"还被列为考试科目之一。但是，上述不同语境下所使用的"经济法"的内涵并不一致。法学学科分类意义上的经济法是国家干预经济所形成的法律规范的总称，主要包括宏观调控和市场监管两方面内容；经济与管理类专业和注册会计师考试中的"经济法"实际上是与经营管理活动相关的法律制度的统称，不仅包括宏观调控和市场监管的内容，公司法、合同法、商法、劳动法、消费者权益保护法等内容同样是其不可忽略的组成部分。为突出非法学专业意义上"经济法"内容的特殊性，本书不再采用传统的"经济法"称谓，而以"经营管理法律制度"代之。

一　法的体系

体系一般指一定范围内的事物按照一定的顺序和内在逻辑关系组合而成的整体，法的体系指一个国家全部现行法律规范所形成的有机的整体。无论是讨论经济法，还是讨论经营管理法律制度，都应首先讨论我国现行法的体系，由此才能明确经济法或经营管理法律制度与其他法律的区分及其在现行法体系中所处的地位。

（一）法的一般分类

1. 公法与私法的划分

公法与私法的划分是大陆法系国家公认的基本法律分类。它源于古罗马，为古罗马法学家乌尔比安首创。他以法律维护的利益为标准，把法律分为公法和私法，认为公法是与国家政治活动相关的法律，私法是有关个人利益的规定。自11世纪始，随着罗马法在欧洲的复兴，其关于公法与私法的划分也被大陆法系国家普遍接受。

自由资本主义时期，基于对封建特权的抵触，国家公权力开始受到特别的警惕。人们希望国家权力被限制在必要的范围之内，在国家公权力之外，是更为广阔的社会生活的自由空间。人们相信，社会自身具有自我修复功能，能自发地形成秩序，在人人都追求个体利益的同时，社会整体福利也必然会得到提升。也就是说，个体利益与社会利益从根本上说是一致的，甚至社会整体利益正是通过无数的对个体利益的追求实现的。在这种观念下，人们认为应尽可能地减少国家公权力对个体行为的干预，由此，崇尚自治、用以调整私人关系的私法与被限制在国家政治生活范围的公法得以保持清晰的划分，分别代表国家与社会两个不同的层面，理念不同，互不干涉。

公法与私法的划分不仅是社会观念的反映，还是大陆法系法律体系建构的基础。法律并不是单纯的条文的集合，而是依照一定的理念、原则和逻辑关系有机组成的整体。不同渊源、不同内容的法同样也不是毫无关系、各自独立的存在，同样体现着某种内在的逻辑联系，并进一步形成法律体系。法律体系不仅有助于形成法律自身的理念和原则，而且可以有效地避免法律条款之间乃至法律之间的冲突与竞合。有学者甚至认为，这种基于法律的体系化而形成的理念与原则具有某种程度的自创生性，从而可以实现法律的自我发展与完善。

法律体系的构建不仅可以有效避免立法的重复与冲突，还进一步促成了不同法律领域中不同法律理念的产生。在私法领域，"私法自治"的理念贯穿始终，法学家们普遍认为，私法是个体意志自主决定的领域，凡是法律没有明文禁止的，就是允许的，至少是无须承担法律责任的。但在公法领域，一切公权力均来自人民通过法律的授予，凡是法律没有明文授权的，就是禁止的，至少是不能强制实施的。

总之，公法与私法的划分有重要的法律意义，梁慧星在谈及公法与私法的分类时说，法律之分为公法与私法，乃是人类社会文明发展的重大成果，是今日整个法秩序的基础。如果这一区别被混淆，甚至无视公法与私法的本质差异，作为社会调整器的法律将会失灵，并导致社会关系和社会秩序的混乱。

2. 法的部门分类

除了公法与私法的分类之外，根据调整对象和调整方法的不同，还可以将法律分成不同的法律部门，各法律部门的法称为部门法。

调整对象是指法律所调整的社会关系，一般来说，不同的法律调整不同的社会关系。比如，民法调整的是私人主体之间的关系，行政法调整的是行政管理关系，诉讼法调整的是诉讼活动中各参加人之间的关系。通常情况下，凡调整同一类社会关系的法律，都被归于一个独立的法律部门。

调整方法是指法律通过何种方式来实现调整社会关系的目的。关于具体的法律调整方法，立足于不同的角度，有不同的分类。法律常见的调整方法有强制性方法、鼓励性方法和认可性方法。强制性方法指采用强制性手段禁止某种行为或要求必须实施某种行为，否则即给予惩罚和制裁；鼓励性方法指通过提供一定社会福利或奖励手段鼓励实施某种行为或不为某种行为；认可性方法指对个体自主决定的行为给予法律上的认可和保护。不同的法律部门并不意味着完全不同的法律调整方法，同一法律部门也不是只有一种调整方法，但各个法律部门一般都有其主要的法律调整方法。比如，刑法的主要调整手段是强制性方法，民法的主要调整手段是认可性方法，而在某些所谓的社会法领域，鼓励性方法则更为常见。因此，调整方法也是划分部门法的重要依据之一。

关于我国部门法的分类目前并没有形成统一的认识。对于宪法、行政法、民商法、刑法和诉讼法这五个部门法，一般不存在分歧。虽然有人将民商法进一步又划分为民法和商法两个法律部门，但这只涉及商法是否独立的问题，并不存在根本上的分歧。但是，经济法、社会法、劳动法、社会保障法、环境法等法律是否是独立的法律部门？如果不是独立的法律部门，应如何归类？对于这些问题，学界仍存在不同的认识。

3. 关于社会法

从19世纪末到20世纪初，随着国家对社会生活（尤其是经济领域）的广泛干预，公法与私法的边界开始变得不再像以前那样清晰可辨，一些法律（如劳动法和社会保险法等）很难被准确归类。在此背景下，德国法学家提出了社会法的概念，认为私法与公法的二元划分存在难以克服的困境，应将社会法建构成一个独立于公法与私法的"第三法域"。基于此概念，劳动法、社会保障法、慈善法、社会救助法、残疾人保护法等均应当划入社会法的范畴。

第三法域的说法目前并未获得普遍接受，反对者认为：所谓公法与私法边界不清晰，不过是在同一部法律中同时出现了公法和私法条款，并不代表出现了独立于公法与私法的新品种。而且，学界至今也没有对社会法的调整对象和调整范围形成共识，因而也没有一个明确的标准清晰地界定其与公法和私法的边界。目前，人们多在部门法意义上使用社会法的概念，认为社会法已经发展成为一个独立的法律部门，劳动法、社会保

障法、妇女儿童保护法、老年人保护法、残疾人保护法、社会求助法、慈善法等均属于作为部门法的社会法的范畴。

（二）公法的体系

一般来说，公法总是与国家权力相联系，是与国家权力的配置和行使相关的法律规范的总称①。

1. 宪法

宪法是国家的根本大法，任何国家的宪法都涉及两方面的基本内容：一是国家权力机关的设置及其相互关系；二是公民的基本权利与义务，其核心问题是如何处理国家与公民的关系。有些国家并没有统一的成文宪法，但任何国家都存在宪法性的法律规范。

中华人民共和国成立后，于1954年、1975年、1978年和1982年先后颁布过四部宪法，1982年宪法分别于1988年、1993年、1999年、2004年、2018年进行过五次修正。现行的《中华人民共和国宪法》（以下简称《宪法》）包括序言和四章共五部分内容，其中：序言简述了中国共产党领导的革命历史、我国基本国情和宪法的效力；第一章规定了我国的基本国家制度；第二章规定了公民的基本权利和义务；第三章规定了国家权力机构的设置及其职权；第四章规定了国旗、国歌、国徽和首都。

具有宪法性质的法律不限于《宪法》，还有其他专门规定国家权力机关设置、运行以及公民基本权利和义务的法律，如《中华人民共和国选举法》《中华人民共和国全国人民代表大会组织法》《中华人民共和国人民法院组织法》《中华人民共和国人民检察院组织法》《中华人民共和国国务院组织法》《中华人民共和国民族区域自治法》《中华人民共和国集会游行示威法》以及特别行政区基本法等，都属于宪法性文件。

2. 立法法

立法法规定国家立法权的设置、立法程序和法律冲突的解决方式，《中华人民共和国立法法》（以下简称《立法法》）自2000年开始施行，是我国规范立法行为的基本法律。除《立法法》外，其他有关立法程序、法律备案等问题的法律和条例，如《行政法规制定程序条例》《法规规章备案条例》等，也属于立法法的范畴。

3. 行政法

行政法是与行政管理有关的法律、法规或规章，调整的是行政管理机关与行政管理相对人之间管理与被管理的关系。在行政法领域，目前我国颁布的法律主要有《中华人民共和国行政许可法》《中华人民共和国行政强制法》《中华人民共和国行政处罚法》《中华人民共和国行政复议法》（以下分别简称《行政许可法》《行政强制法》《行政处罚法》《行政复议法》）等，但国务院颁布的行政法规以及国务院下属各部委和直属单位颁

---

① 有人认为，反垄断法和反不正当竞争法等经济法规已形成独立的法律部门，应当将经济法作为独立的法律部门归于公法体系之下，也有人认为公法与私法之外，还存在作为第三法域的社会法，经济法应归于社会法之下。本书认为，经济法的内容在性质上属于经济行政，属于行政法的范畴。

布的规章十分庞杂,其数量远远大于所有其他领域的法律之和,包括但不限于公共安全、国家安全、民政、司法行政、人事、科技、教育、文化、体育、卫生、城乡建设、环境保护、旅游、信访等各行政职能领域。

4. 刑法

刑法是关于犯罪和刑罚的法律。我国于1979年颁布了《中华人民共和国刑法》(以下简称《刑法》),是我国刑法领域最为重要的法律,1997年全面修订后,又进行了十余次修正。此外,全国人大常委会有关犯罪和刑罚的决定和补充规定也是刑法的重要组成部分。

5. 诉讼法

诉讼法是围绕诉讼活动而制定的程序法,不同的纠纷类型有不同的诉讼参加人,当事人面临的问题也不同,因而所采用的诉讼程序也不同。我国的诉讼程序主要分为三种类型。一是刑事诉讼程序,即刑事案件的侦查、公诉和审判所适用的程序,我国1979年通过了《中华人民共和国刑事诉讼法》(以下简称《刑事诉讼法》),其后经过多次修正,是规范刑事诉讼程序的基本法律。二是民事诉讼程序,即人民法院审理私主体之间基于民事纠纷提起的诉讼所适用的程序,《中华人民共和国民事诉讼法》(以下简称《民事诉讼法》)颁布于1991年,至今也历经多次修正,是规范民事诉讼的基本法律。三是行政诉讼程序,即行政管理相对人针对行政机关的具体行政行为提起诉讼所适用的诉讼程序,我国于1989年通过了《中华人民共和国行政诉讼法》(以下简称《行政诉讼法》),后经数次修正,是我国当下规范行政诉讼程序的基本法律。

(三)私法的体系

私法调整的是不涉及公权力行使的私主体之间的关系。私主体主要包括自然人、法人和非法人组织,国家机关也是法人组织,属于特别法人,在其从事与权力行使无关的活动时,也可被视为私主体,适用私法规范,如国家机关的普通购物行为、侵权行为等。

私法包括民法、商法和知识产权法。采取民商合一立法体例的国家并不严格区分民法与商法;采取民商分立立法体例的国家,除制定统一的民法典外,有些国家还另行制定了统一的商法典。但是,无论采取何种立法体例,由于商法规范内容十分庞杂,很难被纳入统一的民法体系,所以在没有制定统一商法典的国家,商事规范大多是以单行法的形式出现的。

1. 民法

民法调整的是私主体之间的财产关系和人身关系,大陆法系国家大多制定了统一的民法典。当前各国民法典体系主要有两种建构方式:一是以法国为代表的三编制体系;二是以德国为代表的五编制体系。法国的三编制体系以古罗马的《法学阶梯》为基础,将民法体系分为人法、物法和取得所有权的各种方式三编。德国的五编制体系以古罗马的《学说汇纂》为基础,将民法体系分为总则编、物权编、债权编、婚姻家庭编和继承编五部分。

我国《中华人民共和国民法典》（以下简称《民法典》）实施前，针对各种民事法律制度，共制定了九部法律，分别是《中华人民共和国民法通则》《中华人民共和国民法总则》《中华人民共和国物权法》《中华人民共和国合同法》《中华人民共和国担保法》《中华人民共和国婚姻法》《中华人民共和国收养法》《中华人民共和国继承法》和《中华人民共和国侵权责任法》。《民法典》实施后，相关内容都被统一纳入《民法典》，上述九部单行法均废止，不再适用。

我国《民法典》于2021年1月1日开始施行，在《德国民法典》五编制的基础上，从总则编中分离出人格权法，从债法中分离出合同法和侵权责任法，从而形成了由总则编、物权编、合同编、人格权编、婚姻家庭编、继承编和侵权责任编组成的七编制体系。

2. 商法

商法在性质上属于私法，其调整对象同样是不涉及国家公权力的私主体之间的关系，但商法主要与商事活动有关，多从商事习惯演进而来。由于商事活动中形成的商事习惯内容庞杂，很难被纳入统一的民法典，因此，很多国家除制定民法典外，还另行制定了统一的商法典。有些国家（包括我国）没有明确区分民法与商法，但商法规范同样没有纳入民法典，仍大多以单行法形式出现。人们常把《中华人民共和国公司法》《中华人民共和国企业破产法》《中华人民共和国保险法》《中华人民共和国信托法》《中华人民共和国票据法》《中华人民共和国证券法》《中华人民共和国海商法》（以下分别简称《公司法》《企业破产法》《保险法》《信托法》《票据法》《证券法》《海商法》）等归于商法的范畴。

商法与民法，均为私法，二者边界并不明确，即使采取民商分立立法体例的国家，边界的划分也主要依赖习惯。不过，总体说来，民法规范更侧重自由与公平，着重探究的是当事人的意思，而商法更侧重效率与交易安全，因而更多地体现出形式主义的特征。

3. 知识产权法

知识产权法本质上也属于私法，尽管知识产权如商标权和专利权常常需要国家的商标局或专利局审查并授予，但其目的主要在于确定知识产权的权利享有者及其权利范围，权利的享有和行使主要仍依赖当事人自己的意思。知识产权法主要包括《中华人民共和国著作权法》《中华人民共和国商标法》《中华人民共和国专利法》（以下分别简称《著作权法》《商标法》《专利法》）。此外，商业秘密、集成电路设计、计算机软件、动植物新品种培育方法等也都受法律的保护，属于广义上知识产权法的范畴。

二　经济法

（一）经济法的产生

自由资本主义时期，公法与私法有着明确的划分。随着大工业时期的到来，主要依赖私法调整并排斥国家权力干预的自由经济开始遇到前所未有的挑战。垄断的出现打破了自由资本主义时期公平竞争的市场秩序，周期式出现的经济危机也无情击碎了人们对自由经济的幻想。与此同时，人们发现，在具体的社会关系上，真正的平等越来越难以维系。如在劳动关系上，用人单位与劳动者事实上并不存在真正的自由与平等，而只是法律形式上的平等。在缺乏充分就业机会的前提下，劳动者无力与用人单位讨价还价，最终的结果只能是劳动者被迫接受用人单位提出的苛刻条件。于是，人们开始呼吁国家对社会经济生活的干预，国家与社会泾渭分明的格局开始被打破。

国家对经济生活的立法干预最早体现在反垄断法领域。19世纪60年代，美国生产同类商品或在生产上有联系的企业从生产到销售全面合并，实行股权式联合，逐渐形成垄断经营。到19世纪80年代，石油、植物油、制糖、钢铁等各行业均出现垄断。美孚石油公司掌握着美国几乎全部石油生产，美国奈特制糖公司垄断了全美近95%的白糖产业，而美国钢铁公司控制了全国70%以上的冶炼设备，自由市场体系已近崩溃。在这种情况下，美国开始陆续出台一些法案来限制并规范垄断行为。1890年，美国通过了参议员约翰·谢尔曼（John Sherman）提出的《保护贸易和商业不受非法限制和垄断侵害法》，即《谢尔曼法》。该法标志着国家开始通过干预市场来克服并纠正自由市场自身的局限。

> **拓展阅读**
>
> ## 北方证券公司诉美国案
>
> 19世纪七八十年代，美国铁路发展迅速，垄断也随之形成。1882年7月，铁路巨头们就煤炭进入市场的数量和价格达成了协议，以操纵市场价格，由此导致了1883年秋纽约煤炭价格的暴涨和波及广泛的抢购狂潮。不仅如此，所有依赖铁路运输的东西（如木材、肉类、蔬菜、水果、羊毛、棉花等）都被垄断控制着。中小农场主们更是发现铁路贵族拥有了巨大的货仓以囤积谷物，农场主们只能面对两难的选择：要么支付居高不下的铁路运费，要么付出储存粮食的高额代价。
>
> 1890年，美国国会通过了共和党参议员谢尔曼提出的《保护贸易和商业不受非法限制和垄断侵害法》。根据美国宪法授予国会的管制州际商务的权力，该法规定任何限制州际商务和对外贸易的垄断行为和预谋垄断的商业契约及联盟都是违法的。
>
> 但通过法律是一回事，执行法律又是另一回事。工业巨头和铁路大亨千方百计地回避法律约束，而保守的法庭也常常站在他们一边。在著名的美国诉奈特公司案中，最高法院以8:1的表决比例判决说：在宾夕法尼亚州内进行的糖业托拉斯合并并没有直接涉及州际商务，因此不属于联邦政府管辖范围。至于这家控制了全国95%白糖生产的糖业托拉斯是否只在宾夕法尼亚州销售它的产品则不关最

高法院的事。最高法院后来承认这一判决使"反托拉斯法成为一纸空文"。

1901年，摩根、洛克菲勒、希尔和哈里曼这些金融和铁路巨头们联合组建了一个超级托拉斯"北方证券公司"。这个庞然大物在新泽西州注册，持有97%的北太平洋铁路公司的股票和75%的大北方铁路公司的股票，从而将美国最大的两大铁路网纳入其中，成为世界上最庞大的铁路联合体。

刚刚上任的年轻总统西奥多·罗斯福（Theodore Roosevelt）意识到，北方证券公司不仅能够垄断美国西北部所有的铁路，而且还可能完全控制全美的铁路，成为全国贸易和经济的桎梏。经过充分准备，罗斯福决心以此为契机，恢复人们反垄断的信心。1902年2月19日，罗斯福的司法部长菲兰德·诺克斯（Philander Knox）宣布：北太平洋和大北方的合并违反了《谢尔曼法》，美国政府将调查并控告北方证券公司。1903年春，联邦政府在密苏里州的大都市圣路易斯向专门成立的法庭对北方证券公司提起诉讼。

联邦政府强调，如果北方证券所作所为合法，那么摩根、希尔之流就可以购买并控制全国所有铁路，而通过控制铁路运费，他们甚至能够控制全国的经济。1903年4月9日，圣路易斯法庭判决北方证券败诉，下令其停业。

北方证券不服，向最高法院提出上诉。最高法院最终以5∶4的表决结果判决美国政府胜诉。最高法院修正了它在奈特公司案中的立场，指出反托拉斯法适用于任何一种联合或联合企图，因为它们会消除从事州际商务、有竞争关系的铁路间的竞争，结果导致对此类贸易和商务的限制。判决宣布，新泽西州给予北方证券营业特许的做法妨碍了联邦国会行使其管制州际商务的宪法权力，因此无效，北方证券公司必须解散。

（参见《20世纪美国反托拉斯垄断的第一枪——北方证券公司诉美国案》，载任东来、陈伟、白雪峰等著《美国宪政历程：影响美国的25个司法大案》，中国法制出版社，2014。）

与美国相比，德国对经济生活的干预似乎具有完全不同的走向。统一后的德国，政府在社会经济发展中扮演着非常重要的角色，国家资本主义发展迅速，在很多行业具有垄断地位。国家资本主义的发展在很多人看来是克服自由资本主义条件下生产盲目性的有效措施。在这种情况下，政府不仅没有限制垄断，以国家权力扶持垄断反而成为德国国家干预经济的一种标志。1897年，德国最高法院通过判决否定了约束同业公会等团体而保障自由营业的法律条款。1910年，出台了《钾矿业法》，抑制新设企业从事钾矿业生产，从而维护国有资本的垄断地位。第一次世界大战期间，德国推行战时经济管制，更是将国家对经济的干预推到了极致。

无论是美国通过国家权力限制垄断，还是德国对国有垄断的扶持，都反映了国家对经济的干预，并由此出台了一系列的法律政策。随着干预力度的增加和干预范围的扩大，公法和私法泾渭分明、互不干涉的格局被打破了，并逐渐发展出一个新的法律部门。这一法律部门最初主要体现于国家对经济生活领域的干预，因此被称为"经济法"。

实际上，国家对社会经济生活的干预并非资本主义发展到一定阶段才出现的，在此前的封建社会和奴隶社会时期，国家对社会经济生活的干预曾以各种方式存在，比如我国秦朝时期，政府几乎完全把控了社会经济生活的方方面面。然而，古代国家对经济生活的"干预"并不是真正意义上的"干预"，准确地说应是占有和控制，其着眼点在于所有制形式。19世纪后期开始出现的国家对经济生活的干预，其目的则在于克服自由市场自身之不足，着眼点在于社会经济生活的运行方式。因此，不能将古代封建统治者为了实现对经济生活的控制而制定的法律与现代意义上的经济法相混淆，二者在法律性质、立法目的和法律理念等各个方面都是完全不同的。

（二）经济法的具体内容

经济法源于国家公权力对经济的干预。当前，各国政府对经济的干预基本上均围绕着如何通过国家干预促进经济的协调发展而展开，主要包括以下三个方面的内容。

1. 市场规制法

市场规制指国家对市场行为的法律规制。市场主体是自主决定的主体，有权自主选择具体的经营行为。根据亚当·斯密（Adam Smith）的理论，个体自主决定的行为会自发地适应市场的需求，从而形成良性的市场循环。但由于不完全竞争的存在和市场信息的不充分，个体行为也可能会偏离市场的正常轨道，并导致市场自我调节机制的失灵。因此，对于市场主体的某些行为，需要通过特别立法给予特别的规范和约束，从而确保市场的良性运行。市场规制法主要包括对市场竞争和垄断行为的规制、对涉及公众利益的经营行为的法律规制、对不对等关系中经营行为的规制，以及对国家垄断经营或特许经营行业经营行为的规制等。

2. 行业监管法

随着经济的发展，出现了越来越多的特殊行业，如金融、证券、保险、互联网、房地产等。这些行业与传统工业生产方式相比，有着非常不同的经营方式，对其所存在的问题，通过传统的市场手段很难进行调整，传统的法律制度也没有相应的应对措施。政府通过确定市场准入标准、进行日常监督检查等手段，规范生产经营行为，以确保这些行业的规范运营和良性发展。在我国，这部分法律主要包括商业银行法、证券法、商业保险法、房地产管理法等。有人还将劳动力市场管理、技术与信息市场监管等列入行业监管的范畴。

3. 宏观调控法

所谓宏观调控，是政府为实现社会总需求与社会总供给之间的平衡，保证国民经济持续、稳定、协调发展，运用经济、法律、行政等手段对社会经济运行进行的调节与控制，主要包括通过税收和财政手段实施的财税调控、通过货币发行和利率手段实施的金融调控、通过产业结构组织和布局安排实施的产业调控等。我国关于宏观调控的法律规范主要包括财政法、预算法、税法、固定资产投资法、银行法等。

（三）经济法在法律体系中的定位

1. 公法、私法还是社会法？

私法领域是个体意志自主决定的领域，而经济法领域规制的内容显然不是个体意志可以自主决定的，因此很少将经济法归于私法的范畴。经济法是基于国家公权力对市场经济关系的干预而形成的，其内容不可能脱离国家公权力的行使，在此意义上，经济法应属于公法的范畴。

也有人认为，经济法是私法公法化的产物，是国家公权力对私法领域进行干预渗透的结果，同时包含着公法与私法的双重内容，因而应归于社会法的范畴。由于作为第三法域的社会法的概念还未被广泛接受，当前人们所说的社会法大多是立足于部门法划分的角度所讨论的社会法。但立足于部门法划分的角度，经济法几乎不可能被归于社会法部门。

2. 经济法的部门法归属

经济法中的国家公权力，无论是宏观调控权力，还是监管权力，均属于行政权力。在部门法体系中，与公安行政、交通行政、司法行政等情形类似，经济法是经济行政的具体体现。在此意义上，经济法并不是一个独立的法律部门，而应归于行政法部门之下。也有人认为，经济法有其特定的调整对象和调整方法，应当被视为一个独立的法律部门。

即使完全立足于调整对象和调整方法的角度，对于经济法是否已发展成为一个独立的法律部门，仍会有不同的认识。不过，基于调整对象和调整方法来划分法律部门的方法已逐渐受到怀疑，质疑者认为调整对象的划分在很大程度上是主观分类的结果，并不具有完全的客观性。调整方法也难以成为部门法划分的根据，任何一个法律部门的调整方法都不是单一的，而是多种方法的综合运用。越来越多的人将劳动与社会保障法、经济法、社会法、自然资源与能源法等法律领域作为独立的法律部门来对待，都不是完全立足于调整对象和调整方法进行的部门划分，更多地体现的是一种实用主义的态度。

我们认为：随着一个法律领域的规范内容不断丰富，需要通过一定的方法对其进行整合，如果由此形成了一种相对独立的理论体系或结构体系，那么将其视为一个独立的法律部门并无不可，不必过于拘泥于调整对象和调整方法的区分标准。就经济法而言，依据其性质应将之归于经济行政的范畴，但目前，经济法已经形成了较为复杂的内容体系，经过法学界的长期努力，也逐渐形成一套相对独立而完整的理论体系，将其视为一个独立的法律部门亦未尝不可。事实上，尽管目前仍存在分歧，但经济法、劳动法、社会法等法律领域，基本上均已被视为独立的法律部门。

3. 法学学科意义上的经济法

除部门法划分外，法律还有一个重要的分类方法，即法学学科意义上的分类。一般来说，除理论法学和法律史学之分外，应用法学的学科分类与部门法划分是基本一致的，但也存在区别。如围绕与医疗卫生相关的法律研究形成的医事法学科，其研究对象既包括民法上的医患关系，也包括行政法上的医疗卫生行政，还可以包括围绕医疗卫生而形成的生命伦理。民法和行政法都是部门法意义上的分类，医事法目前还没有被视为一个独立的法律部门，但完全可以被看作一个独立的法学研究学科。

经济法同样可以被视作一个独立的法学学科，事实上，早在20世纪80年代，经济法就开始被视为一个独立的法学专业，而且这一专业一直延续至今。由于传统的法学对国家公权力干预经济活动这一特定的领域缺乏专门的研究，建立以经济法为研究对象的经济法学科，可以弥补传统法学学科的不足。因此，设立独立的经济法学科是很有必要的，目前很多法学院都设有经济法专业，并开设专业的经济法课程。

无论是部门法意义上的经济法，还是学科意义上的经济法，目前对于经济法的研究对象及其具体内容并不存在太大的分歧，都认为经济法就是国家干预经济而形成的各种法律规范的总和，包括经济主体法、市场规制法、宏观调控法、特殊行业监管法等内容。

三 经营管理法律制度

（一）"经济法"还是"经营管理法律制度"？

除经济法专业外，很多非法学专业，尤其是经济与管理类专业和会计学专业，也开设"经济法"课程，甚至它还普遍被列为核心必修课程。国家注册会计师考试中，"经济法"也是考试科目之一。翻开这些"经济法"教材，我们会发现，其内容并不限于，甚至主要不是国家干预经济的法，还包括物权法、合同法等民法内容，以及票据法、保险法等商法内容。为什么会存在这样的差别，非法学专业开设的"经济法"与经济法专业意义上的经济法是什么关系呢？

对于各专业核心课程教学工作，教育部组织相关专家编写了相应的教学基本要求，经济与管理类专业基本上均将"经济法"作为专业核心课程。对于设置该课程的目的与要求，《全国普通高等学校工商管理类核心课程教学基本要求》中，对经济法的教学目的和要求是这样表述的："熟悉我国民法、经济法、劳动法和社会保障法、环境与资源保护法，以及刑法中有关经济犯罪的规定，提高在经济管理工作中运用法律手段处理和解决经济管理和经济纠纷的能力。"在教学要求及教学要点部分，公司法、合同法、担保法、票据法、证券法、劳动法等内容均在其中。由此可以看出，经管类专业意义上的"经济法"与法学学科意义上的经济法并不是一回事，其所开设的"经济法"课程既非法学学科意义上的经济法，也不是部门法意义上的经济法，而是与经营管理相关的法律制度，故其更合适的名称也许是"经济法律制度"或"经营管理法律制度"。

部门法意义上的经济法，与其说规范的是市场主体的市场行为，毋宁说规范的是政府对市场的干预行为，政府需要干预经济行为，但这种干预须有一定限度，遵循特定的规则要求。经营管理法律制度则指的是与经营管理活动相关的法律，重点在于市场交易规则，只有熟悉市场交易规则，才能更好地从事经营管理活动。也就是说，这两种课程无论在内容安排上，还是在教学目标上，都是不同的。

> **拓展阅读**
>
> **经济法专业教材与经管类专业的经济法教材内容的对比**
>
> 1. 马克思主义理论研究和建设工程重点教材《经济法学》（高等教育出版社2022年第三版）的内容目录
>
> 绪　论
> 第一章　经济法的概念和历史
> 第二章　经济法的体系和地位
> 第三章　经济法的宗旨和原则
> 第四章　经济法的主体和行为
> 第五章　经济法主体的权利（力）、义务和责任
> 第六章　经济法的制定与实施
> 第七章　宏观调控法的基本理论与制度
> 第八章　财政调控法律制度
> 第九章　税收调控法律制度
> 第十章　金融调控法律制度
> 第十一章　规划调控法律制度
> 第十二章　市场规制法的基本理论与制度
> 第十三章　反垄断法律制度
> 第十四章　反不正当竞争法律制度
> 第十五章　消费者保护法律制度
> 第十六章　质量、价格、广告和计量监管法律制度
> 第十七章　特别市场规制制度
>
> 2. 2024年注册会计师全国统一考试辅导教材《经济法》（中国财政经济出版社2024年版）的内容目录
>
> 第一编　法律概论
> 　　第一章　法律基本原理
> 第二编　民事法律制度

第二章　基本民事法律制度
　　第三章　物权法律制度
　　第四章　合同法律制度
第三编　商事法律制度
　　第五章　合伙企业法律制度
　　第六章　公司法律制度
　　第七章　证券法律制度
　　第八章　企业破产法律制度
　　第九章　票据与支付结算法律制度
第四编　经济法律制度
　　第十章　企业国有资产法律制度
　　第十一章　反垄断法律制度
　　第十二章　涉外经济法律制度

3. 普通高等教育"十一五"国家级规划教材、教育部经济管理类核心课程教材《经济法》（赵威主编，中国人民大学出版社2021年第八版）内容目录

第一章　经济法概述
第二章　企业法
第三章　公司法
第四章　破产法
第五章　合同法
第六章　担保法
第七章　票据法
第八章　证券法
第九章　保险法
第十章　信托法
第十一章　金融法
第十二章　知识产权法
第十三章　产品质量法与消费者权益保护法
第十四章　竞争法
第十五章　劳动法
第十六章　税法与价格法
第十七章　环境法与自然资源法
第十八章　诉讼法与仲裁法

（二）本书的内容安排

本书主要是写给非法学专业的学生以及公司的经营者和管理者的，内容安排所立足的角度当然是"经营管理法律制度"，而不是部门法或法学学科意义上的经济法。在具体的内容安排上，本书不以部门法和单行法为线索，而是根据生产经营工作的实际需要，将可能遇到的全部法律问题整理为十五个专题。每个专题虽然原则上只对应生产经营过程中的一个具体问题，但所涉及的法律可能会有多部，书中对多部法律进行综合串讲。

第一讲是主体制度。主要介绍法律主体与经营主体两个基本概念。法律教材中一般只讲法律主体，很少讲经营主体。严格意义上，经营主体是商法上的概念，与商主体可以等同。我国采用民商合一的立法体例，没有采用经营主体或商主体的概念，但在现实中，经营主体与法律主体是完全不同的，应当明确予以区分。在对法律主体和经营主体进行介绍的基础上，简要讨论了作为经营主体典型形式的公司和合伙两种经营主体形式及其主要区别。

第二讲是财产制度。讨论的是财产法问题。财产法是一个很宽泛的概念，本讲并未具体深入地讨论各种财产法，而是仅对财产法进行概括的整体介绍。在此前提下，重点介绍物权法的基本规则、我国的土地制度和知识产权制度。

第三讲是公司制度。主要讨论股东的身份取得方式和退出机制，股权的内容及其行使方式，公司权力的构造以及公司高管的相关问题。

第四讲是公司的解散与破产，主要涉及的法律是公司法和破产法，其中公司的解散问题是公司法上的问题，公司破产则是破产法上的问题。

第五讲和第六讲讨论的是合同法。从合同的订立到生效，从合同的履行到违约责任的承担，基本上涵盖了合同通则的知识要点。本书没有专门安排合同分则部分的内容，主要是因为合同分则部分的法律条款大多为描述性条款，而一般的合同类型人们并不陌生，而且法律分析工具主要在合同通则部分，通则搞懂了，分则的条款自然可以用通则的内容去分析。

第七讲是合同的保全与担保，其中合同的保全问题是合同法问题，合同担保中的保证问题也是合同法问题，但抵押担保、质押担保和留置担保属于物权法问题。之所以将它们放在一起讨论，是因为这些都不仅是单纯的合同当事人的问题，还涉及合同关系以外的第三人，在立法宗旨上都旨在维护债权人利益，保障债权人的债权顺利实现。

第八讲到第十讲讨论的主要是商法内容，所涉及的法律较多，内容安排上也有很多穿插交错。第八讲讨论的是票据法、商业保险法和信托法，相互独立，内容上不存在交叉，故各设一节，分别介绍。第九讲融资则较为复杂，根据融资方式，不仅包括合同法上的借款合同和融资租赁合同，也包括公司法上的股权融资，还包括信托、证券、基金等商事活动中的融资问题，各种法律之间的交错甚为繁杂。第十讲重组与并购表面上是公司法问题，但重组并购过程中所涉及的法律问题同样是综合性的。

第十一讲到第十四讲基本上都可归属于学科意义上经济法的范畴。第十一讲经营者的共存主要讨论的是不正当竞争与垄断；第十二讲经营者与消费者主要讨论的是产品责任和消费者权益保护；第十三讲劳动用工讨论的是劳动合同，同时穿插了社会保障的内容；第十四讲是国家对市场的干预，包括国家对市场行为的规制、行业监管和宏观调控，同时将行政处罚法、行政强制法、行政许可法、行政复议法、行政诉讼法等内容也穿插其中，基本上可以反映国家公权力干预经济活动的全貌。

最后一讲第十五讲讨论的是民事诉讼，重点从原告和被告的角度，梳理了从诉前准备到立案，从人民法院受理到被告答辩，以及从开庭到判决整个过程中所涉及的法律知识和所应注意的问题，以期使读者对诉讼过程有个全景式的整体认识。

本书是经济与管理类专业法律课程系列教材的第二本，主要讨论的是与经营管理工作联系最为密切的法律制度。相对来说，本系列教材的第一本《法律通识教程》更注重基本的法律理念以及法律背后的生活逻辑，而本书是在《法律通识教程》基础上的进一步深入。由于理念性的问题无须再重复，故更注重实用性，对法律具体问题的理解与适用讨论得更多。

第一讲 主体制度

法律主体指享有法律权利并承担法律义务的主体，不具有法律主体资格意味着不能享有法律权利，当然也不存在法律义务。在我国，法律主体有三类，即自然人、法人和非法人组织。

法律主体并不一定有经营资格。我国法律规定，任何主体都需要办理登记并领取相关证照后才能取得经营资格。即使单纯的个体式经营，亦即个体工商户，也需要领取营业执照后才能从事经营活动。对于某些需要经过特别审批才能经营的行业，未取得经营资格而进行经营还有可能会面临比较严厉的法律处罚。

个体工商户以及以营利为目的的法人和非法人组织都是经营主体，其中最典型的法人经营主体是公司，最常见的非法人组织经营主体是合伙企业。

第一节 法律主体

所谓法律主体，是指在法律上享有权利并承担相应义务的"人"。不同的法律领域有不同的法律主体，比如：自然人一般是民法上的主体；国家机关一般都是公法上的主体；国家也可以成为法律主体，而且是国际法上最主要的国际法主体。

在民法上，法律主体是被剥离掉一切社会身份和社会地位的独立存在，表达的是一种成为主体的资格，在此前提下，每个人在法律上得以成为无差别、平等的主体。民法上的主体资格又称权利能力，即享有权利并承担义务的资格和能力。能成为民事法律主体的，并不限于生物意义上的自然人，还包括法律拟制的"人"。在我国，法律拟制的"人"有两种，即法人和非法人组织。由于民事法律属于私法的范畴，民事主体又被称为私法主体或私主体。

民事主体是最为基本的法律主体，是一切领域法律主体的基础。法律主体的性质取决于其所在的法律关系的性质，但各部门法中法律主体的形式均未超出民事主体的存在形式。比如，刑事诉讼法中的被告人不是民法上的主体，但其主体形式也是自然人、法人或非法人组织，不会有其他存在形式。公法中的主体如国家机关，在其与行政相对人之间管理与被管理的关系中，它是公法主体，但国家机关在形式上是法人，属于机关法人，同样没超出民事主体的主体形式。在主体形式上只有一个特殊形式，即国家。国家一般不会成为国内法意义上的法律主体，只是国际法上国家关系中的主体。

一 自然人

自然人指生物意义上的人，在民法上，所有的自然人，不管是中国人还是外国人，不管是白人还是黑人，不管是成年人还是婴儿，也不管是正常人还是精神病人，原则上都是平等的民事法律主体。对于外国人，我国一贯坚持国民待遇和最惠国待遇原则，但在一些特殊领域或根据对等原则，有时也实行差别待遇。

（一）自然人与公民

自然人与公民不能等同。所有的公民都是自然人，但对于一个国家而言，并非所有的自然人都是该国公民。公民身份是通过国籍来判断的，指的是享有一国国籍的人，所以，外国人虽然是自然人，但并不是我国的公民。

从公私法划分的角度来说，公民主要是公法意义上的主体表达，一些公法上的权利如选举权和被选举权，只有具有一国公民资格的人才能享有，外国人并不享有。自然人是私法意义上的主体表达，一个国家主权管辖范围内的人，不管是否具有公民资格，其个人权益均受到法律保护，其都是私法上的主体。本书所讨论的法律主体，如无特别说明，均指私法主体。在概念的使用上，除非有特别需要，一般不使用公民的概念，主要使用的是自然人的概念。

（二）自然人的权利能力

自然人的权利能力，或者说主体资格，自出生时起，到死亡时止。依照该规定，胎儿因尚未出生，当然不是法律主体，不享有法律主体资格。但是胎儿在未出生前，已经是一个正在孕育的生命，也可能会受到伤害。同时，作为一个即将诞生的生命，在涉及赠与和继承的问题上，还应当充分考虑胎儿的利益。为此，我国《民法典》特别规定：涉及遗产继承、接受赠与等胎儿利益保护的，胎儿视为具有民事权利能力。但是，胎儿娩出时为死体的，其民事权利能力视为自始不存在。

（三）自然人的行为能力

所有的自然人都是平等的法律主体，平等地享有权利并承担义务。但是，并不是所有的自然人都有能力行使权利并承担义务，如未成年人和精神病人，他们由于智力发育不足或存在认知能力缺陷而无法正常行使权利。正常理解自己行为的性质并能正常判断其后果的能力，法律称之为民事行为能力。民事行为能力强调的是理性认知能力，而不是行动能力，即使失去行动能力的人，如高位截肢的残疾人，只要大脑是正常的，就仍然具有完全的民事行为能力；反之，虽然四肢健全，但只要认知能力存在缺陷，如精神病人，就不能被视为具有完全的民事行为能力。

1. 民事行为能力的分类

根据民事行为能力的不同，我国《民法典》将自然人分为三类：一是无民事行为能力人，指未满八周岁的人和完全不能辨认自己行为性质的精神病人；二是限制民事行为能力人，指已满八周岁的未成年人和不能完全辨认自己行为性质的精神病人；三是完全民事行为能力人，指具有正常认知能力的成年人，已满十六周岁并以自己的劳动收入为主要生活来源的未成年人，视为具有完全民事行为能力。在我国，成年人指已满十八周岁的人，未满十八周岁的人为未成年人。

2. 民事行为能力欠缺的补救：监护

无民事行为能力人不能独立从事民事活动，限制民事行为能力人只能从事与其智力相适应的活动，他们不能从事的活动均由其法定代理人代理行使。法定代理人又称监护人，各国民法中都规定了监护制度，监护制度是对自然人民事行为能力欠缺的法律补救措施，是自然人主体制度的重要组成部分。因此，我国《民法典》将其放入主体制度来规定，而不是在婚姻家庭制度中作出规定。

3. 监护人的确定

我国法律规定，未成年人的监护人是父母，父母死亡或无监护能力，由祖父母、外祖父母担任监护人，祖父母和外祖父母死亡或无监护能力的，由兄、姐担任监护人；成年人的监护人是配偶，没有配偶或配偶没有监护能力的，由父母或子女担任监护人，没有父母或子女或他们均无监护能力的，由其他近亲属担任监护人。上述监护人都不存在或无能力监护的，经被监护人住所地的居民委员会、村民委员会或者民政部门同意，其他愿意担任监护人的个人或者组织可以担任监护人。

此外，还可以通过未成年人父母的遗嘱指定或由各监护人协商的方式确定监护人。对监护人的确定有争议的，由被监护人住所地的居民委员会、村民委员会或者民政部门指定监护人，有关当事人对指定不服的，可以向人民法院申请指定监护人；有关当事人也可以直接向人民法院申请指定监护人。在监护人未确定之前，被监护人的人身权利、财产权利以及其他合法权益处于无人保护状态的，由被监护人住所地的居民委员会、村民委员会、法律规定的有关组织或者民政部门担任临时监护人。监护人被指定后，不得擅自变更；擅自变更的，不免除被指定的监护人的责任。

二 法人

法人并不是生物意义上的"人"，而是依法成立的组织，是法律拟制的、依法享有法律主体资格的组织。法人是法律拟制的主体，而法律不会拟制一个不具有民事行为能力的主体，因此，所有的法人自其设立时起，到注销时止，具有权利能力，即法律主体资格，同时具有完全民事行为能力。

（一）法人的分类

从不同的角度，可以对法人进行不同的分类。以德国法为代表的大陆法系一般根据法人的组织形式不同，将其分为社团法人和财团法人。社团法人侧重人的组合，如各类公司、协会等，法律关注的是社员的权利及其内部组织形式；财团法人则侧重财产的组合，如各类基金会，法律关注的是财产的使用规则及其与捐赠人和受赠人的关系。我国《民法典》根据法人的设立目的，将法人分为营利法人、非营利法人和特别法人三类。

1. 营利法人

营利法人是指以营利为目的的法人，主要指企业法人。企业法人根据所有制性质和投资方式的不同，可分为全民所有制企业、集体所有制企业、私营企业等。立足于私法角度，所有的法律主体都是平等的主体，并不强调所有制形式的划分。现代法人制度下，营利法人的最典型形式是公司，包括有限责任公司和股份有限公司两种基本类型。企业法人须依法登记成立。

2. 非营利法人

非营利法人是指不以营利为目的的法人，主要包括三类：一是以社会公益服务为目的的各类事业单位；二是以成员共同利益为目的的各种社会团体；三是以捐赠为目的的慈善机构以及以宗教为目的的宗教组织。一般来说，私主体自发组织成立的非营利法人，须经依法登记成立。依据法律法规的规定设立，或依行政决定成立的非营利法人，

通常不需要办理法人登记，从成立之日起，具有事业单位法人资格。

3. 特别法人

特别法人主要指机关法人，指依法行使职权，从事国家管理活动的各种国家机关。机关法人并不是私法意义上的民事主体，而是公法意义上的法人，但当其从事民事活动，如为采购而订立、履行合同时，也被视为私法意义上的民事主体。机关法人不以登记方式设立，而是依法以行政决议、命令、决定等方式成立。除机关法人外，特别法人还包括农村集体经济组织、基层群众自治组织和城镇农村合作经济组织等。

（二）法人的机关

法人是一个组织体，它本身没有认知能力，也不能自我生成意志。法人的意志是通过法人的机关形成，并由法人的机关来表达和执行的。法人的机关由自然人组成，自然人的意志通过一定的形式或程序转化为法人的意志。比如，公司的股东可以通过表决权的行使将股东个人的意志转化为公司的意志——股东会决议。公司的意志来源于股东的意志，但又独立于股东个体的意志，是通过股东会将股东个体意志转化成的公司意志。常见的法人机关主要有以下四种。

1. 意思机关

意思机关也称权力机关、决策机关，是形成法人意志的机关。意思机关犹如人的大脑，是法人的首脑机关。对于社团法人，意思机关是社员大会，如公司的意思机关是股东会。在社团人数不多时，一般由全体社员大会组成法人的意思机关；在社员人数太多无法召开全体社员大会时，也可以由社员代表组成意思机关。任何社员或社员代表的意思都不能直接成为法人的意思，经过法人章程规定的程序、通过表决形成的决议，才是法人的意思。财团法人根据其自身的性质，没有意思机关，一般以捐助人的意思为法人的意思。比如，扶贫基金会只能以捐助人的意思将捐助的财产用于扶贫，基金会自身不得另设意思机关。

2. 执行机关

执行机关即执行法人意志的机关。任何法人都必须有执行机关，否则法人的目的事业无法完成。社团法人的执行机关由单个自然人担任时，一般称为董事或理事；由自然人团体担任时，一般称董事会或理事会。财团法人的执行机关通常是自然人团体，一般称为理事会。

3. 代表机关

代表机关是法人的意思表示机关，对外代表法人作出意思表示，犹如自然人的喉舌，是法人的对外机关。代表机关一般由单个自然人担任，称为法定代表人。代表机关的权限由法人章程或捐助人的意思决定，担任法定代表人的自然人在代表法人对外作意思表示时，其自然人人格被法人人格吸收，不再代表自己，其所作意思表示的效力归于法人。公司的法定代表人一般由董事或经理担任，非公司制企业的法定代表人由厂长担任，机关法人的法定代表人由该机关的最高长官担任。

法定代表人依职权对外所作的意思表示并非其本人的意志，而是代表法人表达的法人的意志，因此，法定代表人依职权所作的行为的效力不因法定代表人的更替而受到影响。同时，为保护善意相对人的利益，法定代表人代表法人实施的行为是否符合法人内部规定的要求，原则上并不影响该行为的效力。也就是说，无论是否符合法人内部规定，哪怕法定代表人个人违规擅自行动，如果相对人对此善意不知情，法人仍要受该行为的约束，并承担该行为所导致的后果。

4. 监督机关

这是根据法人章程和意思机关的决议对法人的执行机关、代表机关实施监督的机关，但监督机关不是法人必设机关。监督机关可由单个自然人担任，一般称为监事；也可以由自然人组成的团体担任，一般称为监事会。法人也可以不设监事和监事会，代以审计人员或审计部门来行使监督职能。

（三）法人的独立性及其有限责任

在我国，公司名称一般都冠以"有限责任公司"或"有限公司"的字样，"有限责任"表达的是公司的责任形式。对于公司以外的其他法人，法律没有要求在名称中标明责任形式，但依照我国法律规定，无论是否明确标明，法人的责任形式都是有限责任。

1. 独立性与有限责任的含义

法人是独立的法律主体，有独立的民事权利能力和行为能力，并独立承担法律责任。法人的独立性不仅指相对于其他法律主体的独立性，相对于其自身的股东或控制人，法人同样也应是独立的。股东除其股东身份之外，同时还是一个完全独立于法人的法律主体，其超越股东权利针对法人所实施的行为，如果对法人利益造成损害，都将是对法人独立性的侵害，需要承担相应的法律责任。

法人独立承担责任，意味着法人的对外债务应当由法人独立承担，而不是由股东承担。即使法人财产无力清偿全部债务，法人宣告破产，经破产清算无力清偿的部分，同样也不应由股东承担。也正是在此意义上，法人的独立责任又称为有限责任，它包括两层含义：一是法人的股东或投资人以其认缴的出资额为限承担责任；二是法人以自己的全部财产为限承担责任。有限责任制度使投资者的投资风险限于可预期的特定范围之内，有助于鼓励投资。

2. 有限责任制度的滥用与法人人格否定

依照有限责任制度，法人对经过破产清算无力清偿的债务不再清偿，因此，有限责任制度对债权人来说，有不公平之嫌。此外，法人往往是由投资人或其他控制人控制的，投资人或控制人可能未经正常的利润分配程序，擅自私分法人财产，并由此导致法人不能清偿对外债务，在这种情况下，私分法人财产的当事人如果可以以有限责任制度抗辩而无须承担责任，显然不利于债权人利益的保护，对债权人而言，也是非常不公平的。为平衡控制人与债权人利益，司法实践中常通过法人人格否定制度来防止控制人对有限责任制度的滥用。英美法将有限责任制度比喻为在股东与公司之间遮挡的一块面纱，债权人对于法人债务原则上不得揭开面纱直接要求面纱背后的股东承担，但当股东滥用有限责任给债权人造成损害时，债权人有权揭开这块面纱，直接追究股东的责任。因此，英美法中，法人人格否定又被称为"揭开公司的面纱"。

法人的有限责任表达的是责任承担的独立性，责任独立的前提是法人的财产独立和意志独立。如果法人的财产和意志不独立，则责任也不应独立。由此，人格否定制度是围绕着法人的投资者或其他控制人侵犯公司财产利益或绑架公司意志而设计的。一般地，在下列三种情况下，如果公司失去清偿能力，可以否定法人的独立人格，股东或法人的控制人应当承担相应的责任。

（1）股东违反出资义务。投资者认缴的出资作为法人的注册资本是法人财产的来源，也是投资者对自己责任范围的承诺，同时还是交易相对人判断法人规模实力从而决定是否以及如何与之交易的重要依据。股东未足额缴纳已经登记公示的出资，或者出资后又从公司抽回出资，或者作为出资的实物作价明显高于其实际价值，或者存在其他违反出资义务的情形的，股东应在未实际出资的范围内，对法人的对外债务承担补充清偿责任。

（2）人格混同。法人与投资者、控制人以及其他法律主体是相互独立的法律主体，在法学理论上视之为分别具有独立的"人格"。法人的财产、经营行为、经营业务等均应与其他主体（包括法人的投资人或控制人）相区分，当不同主体之间的财产和行为主体无法清晰区分时，即构成人格混同。在此情况下，如果其中一个主体不能清偿对外债务，则与该主体存在人格混同的其他主体应承担连带清偿责任。

（3）过度支配和控制。过度支配指控制人对法人的支配使法人不具有真正的独立意志。这种情况下，应由滥用控制权的控制人对法人无力清偿的对外债务承担连带责任。常见情形包括：母子公司之间或子公司之间利益输送；母子公司或子公司之间交易，收益归一方，损失由另一方承担；先从原公司抽走资金，后成立经营目的相同或类似的公司，逃避原债务；先解散公司，再以原公司场所、设备、人员及相同或相似的经营目的另设公司，逃避原债务；等等。

在司法实践中，法人的控制人明知其资本显著不足仍采取"以小博大"的方式，不负责任地冒险经营，最终导致不能清偿债务，侵害债权人利益的，也有适用人格否定的案例。但是，任何经营活动都存在风险，这种情况下如何准确把握法律适用的标准是一个棘手的问题，在适用时应当十分谨慎。

3. 非营利法人和特别法人的有限责任问题

有人认为有限责任主要是针对营利法人而言的，对于非营利法人和特别法人，出现对外不能清偿的债务时，一般由开办机关承担清偿责任，不存在有限责任问题。这种认识是不正确的，《民法典》第60条明确规定：法人以其全部财产独立承担民事责任。这里的法人包括所有类型的法人，并没有排除非营利法人和特别法人。也就是说，非营利法人和特别法人同样都是独立承担责任，亦即承担有限责任。

但是，非营利法人和特别法人由于不以营利为目的，也不存在经营行为，法人的支出一般只有办公性支出，不存在其他经营性支出。非营利法人的办公费用一般以开办人的会费或其他形式的投入为来源，机关法人和事业单位法人的办公费用则一般是由财政拨款支付的，故一般情况下并不存在无力承担对外债务的问题。确实出现无力支付办公费用情形的，一般都是会费与拨款未及时到位引起的，自然应由开办人或上级开办机关拨付，这种情况与法人的有限责任并不冲突。

三 非法人组织

非法人组织是指不具有法人资格但能够依法以自己的名义从事民事活动的组织。因其不具有法人资格，故不像法人那样具有独立性，能够独立承担责任，对于非法人组织对外负担的债务，非法人组织的设立者要承担连带清偿责任。但非法人组织可以有自己的名称，并以自己的名义从事民事活动，从而具有相应的行为能力并享有权利能力，因而又可以作为法律上的主体被对待。非法人组织也可以有自己的财产，其内部成员也可以通过内部机关形成共同意志，这些方面都与法人类似。但是，非法人组织不具有责任独立性，故法律上并不强调其财产的独立性和意志的独立性，不仅在财产方面与投资人个人财产不进行严格的区分，而且非法人组织的成员一般都可以对外代表非法人组织实施行为。

（一）非法人组织的主要类型

我国《民法典》没有明确列举非法人组织的具体类型，现实中，非法人组织主要包括三种类型。

1. 不具有法人资格的企业

主要包括合伙企业、个人独资企业、部分外商投资企业和中外合作企业、部分集体企业和乡镇企业。改革开放初期，为吸引外资，针对外商投资活动，我国专门制定了《中华人民共和国中外合资经营企业法》《中华人民共和国中外合作经营企业法》和《中华人民共和国外资企业法》，当时设立的中外合作企业和外商独资企业可以是独立法人，也可以是非法人组织。2020年《中华人民共和国外商投资法》施行后，此前针对外商投资颁布的法律被废止，专门设立的中外合资企业、中外合作企业和外商独资企业也逐渐退出历史舞台。集体企业和乡镇企业同样是特定历史时期的产物，现存的非法人组织类型中的集体企业和乡镇企业基本上都是历史遗留，以后我国属于非法人组织的企业类型主要是合伙企业和个人独资企业。

2. 不具有法人资格的专业服务机构

在我国，很多专业服务机构虽然也是营利性经营主体，但并不由市场监督管理部门主管，也不需要在市场监督管理机关登记，而是根据行业性质分别由其行政主管部门登记并监管，如律师事务所、会计师事务所、审计师事务所、资产评估事务所等。

3. 其他类型的非法人组织

主要指不具有法人资格的各类社会团体，如不具备法人资格的文化艺术团体、学术研究团体、公民联谊团体等。这些组织能够以组织的名义对外开展活动，享有权利并承担相应的义务，当其不能以自有财产清偿对外债务时，由其出资人、开办人或全体成员共同承担连带清偿责任。

值得讨论的是，企业下属的单独领取营业执照的分支机构（如银行设立的分行、支行等分支机构）是不是非法人组织。理论上讲，这些分支机构基于法人的授权而行为，并无独立的意志和行为能力，因而不能视其为非法人组织。但也有人认为，对于已经单独领取营业执照的分支机构，如银行在各地设立的分支机构，已经具备以自己的名义独立从事民事活动的能力，可以视其为非法人组织。

另外，个体工商户与农村承包经营户的相关规定被纳入我国《民法典》自然人一章，解决的是自然人的经营资格问题，它们也不是非法人组织。

（二）非法人组织的设立登记

非法人组织一般也需要登记设立，未经登记，不能取得法律上的主体资格。

不同类型的非法人组织，登记设立机关也常有不同。企业类的非法人组织在市场监督管理机关登记设立。专业服务机构一般在相应的主管部门登记设立，如律师事务所需要在省、自治区、直辖市的司法厅登记设立。有的非法人组织不仅需要领取营业执照，还需要向行政主管机关申请执业许可，如会计师事务所在领取营业执照后，还需要向所在地的省级财政部门申请执业许可，才能从事相应的业务活动。

（三）非法人组织的无限责任

非法人组织与法人相比，最大不同在于：非法人组织在对外责任的承担上不具有独立性。相较而言，法人的对外债务是由法人独立承担的，当法人无力清偿对外债务时，其投资人没有代为清偿的义务，法人可依法申请破产。非法人组织无力清偿对外债务时，并不存在破产问题，不能清偿部分由投资者或管理者承担。同时，无论非法人组织是否有能力清偿债务，债权人都有权直接要求出资人或设立人清偿。也就是说，非法人组织的责任形式是一种"无限责任"，投资人用以承担非法人组织对外债务的财产范围并不限于本人认缴的出资，用以承担非法人组织对外债务的财产也不限于其全部财产。

第二节 经 营 主 体

在我国当前的法律框架下，法律主体并不能当然地成为经营主体。从民商分立的角度来说，法律主体主要是一个民法上的概念，而经营资格主要是一个商法上的概念。我国采取民商合一的立法体例，并不严格区分民法与商法，也不强调民事主体与商事主体的区分。但即使如此，民事主体与商法上的经营主体仍然不能被视为同一概念。从理论上说，民事主体只有取得经营资格后，才能成为经营主体。

 一　经营资格

所谓经营资格，顾名思义，就是从事生产经营活动的资格。生产经营活动属于商事活动，因此，经营资格也可以被称为商事经营资格。主体资格则指享有民事权利，承担民事义务的资格。所以，主体资格与经营资格是完全不同的两个概念。

（一）经营资格取得的标志

1. 营业执照与经营资格

理论上，经营资格应以主体资格为前提，只有先成为法律主体，才能在此基础上取得经营资格；不具有法律主体资格，也就不存在经营资格问题。但对于以营利为目的的法人和非法人组织来说，其成立的目的就是希望通过经营活动来获取利润，单纯的不享有经营权的主体资格没有意义。而且，我国采用民商合一的立法体例，并不区分民事主体与商事主体的概念，因而法律主体资格与商事经营资格一般都是在设立注册时同时取得的。也就是说，在法律和行政法规没有特别规定的情况下，营利法人和营利性非法人组织在登记设立领取营业执照时，不仅取得主体资格，同时也取得经营资格。

2. 经营许可证书与经营资格

营业执照只表明一般性的营业资格，对于某些特殊行业，只有营业执照还不够，还要另行向有关主管行政机关申请特殊行业的经营许可，获得批准后，领取专门的经营许可证书，才可从事相应的经营活动。在这种情况下，经营许可证书是取得某些特殊行业经营资格的标志。

有些行业不需要在工商部门登记注册，也无须办理营业执照，而是由其行政主管部门颁发执业许可证书。这种情况下，执业许可证书可作为取得主体资格的标志，同时也是取得营业资格的标志。如律师事务所、公立非营利性医院等，它们领取的不是营业执照，而是执业许可证，而且也不是通过市场监督管理部门领取的，而是通过各自的行政主管机关领取的。

3. 非营利法人与自然人的经营资格问题

非营利法人和机关法人不以营利为目的，也不从事经营活动，因而无须取得经营资格，也无须领取营业执照。非营利法人一般以登记证书为取得主体资格的标志，而机关法人一般以行政批文或相关文件为取得主体资格的标志。

自然人不是当然的经营主体，需要通过所设立的法人或非法人组织来从事经营活动。自然人也可以从事个体经营，一般以户为单位从事经营活动，称为个体工商户。个体工商户同样需要办理登记并领取营业执照后才取得经营资格，个体工商户可以起字号，也可以以本人的名义从事经营。对于个体经营过程中所产生的债务，一般以本人或其家庭财产清偿。

除个体工商户外,在农村从事承包经营的自然人称为农村承包经营户,涉及的是自然人农业承包经营资格问题。农村承包经营户的经营资格在签订土地承包合同的同时取得,无须领取营业执照或其他营业证书。我国《民法典》将"个体工商户和农村承包经营户"单独作为一节规定于自然人一章,这种做法并不是将个体工商户与农村承包经营户作为特殊的自然人主体,主要是在我国民商合一前提下对自然人经营资格的一种特别处理方式。

(二)经营资格的审查标准

经营资格的审查标准主要包括准则主义与核准主义两种。对于经营资格的审查与授予,世界各国普遍采取准则主义原则;对于一些特殊行业,多采用核准主义原则。

1. 准则主义

准则主义又称登记主义,在准则主义标准下,经登记机关审查,只要符合法律规定的条件,就可进行设立登记,取得法律主体资格。申请设立登记时,同时填报经营范围,经营范围中如果不涉及须经特别许可的经营事项,则登记机关只审查设立条件,经营资格在设立登记时同时取得。

对于须经特别许可的经营事项,还要另行取得经营业务的主管机关审查许可,取得许可后,持经营许可文件办理设立登记。设立登记完成后,再向经营业务的主管机关领取经营许可证书。如从事餐饮行业的法人登记设立时,除需要符合法人设立登记的一般条件外,由于餐饮属于须经特别许可方可经营的行业,设立登记时还须经食品卫生监督管理机关依照餐饮行业的要求来审查是否符合餐饮业的经营条件。经审查符合经营条件的,持相应的经营许可材料,才能办理设立登记。

2. 核准主义

核准主义又称许可主义或审批主义,指主体的登记设立,除符合法律规定的条件外,还须另行报主管行政机关审核批准方能成立。

应当注意的是,须经特别许可才能取得经营资格的,并不一定是核准主义,同样也可以是准则主义。在我国,大多数的特别经营许可同样也采用准则主义标准,如前述餐饮行业,虽须经特别审查,但审查标准同样是准则主义标准。也就是说,经营资格虽然需要经过特别许可,但经主管机关审查,只要符合法律规定的标准,就可获得许可。但在核准主义原则下,除法律规定的条件外,主管机关还可以根据经营网点布局规划、市场供需状况、行业发展规划等决定是否准予登记。这些特别要求的具体内容并不是由法律规定的,而常常是由行政机关根据具体情况随时调整的。如果行政机关认为不符合区域规划要求或市场供需平衡,即使符合法律规定的一般设立条件,也可以不予许可登记。

我国目前采取核准主义的主要有:专利代理;金融,证券,保险;影音,出版;教育,培训;危险品或限制流通产品的生产、储运;烟草;食盐;医疗,医药;电信;航空;劳务派遣;宾馆;废旧汽车回收等。

(三)经营范围与经营资质

取得经营资格的经营主体,并不是在任何业务领域都享有经营权。在注册登记时,一般都会明确记载具体的经营范围。经营范围是主管机关核发的营业执照或相关证照上所载明的经营事项，不同的行业有不同的经营范围。经营主体的经营权以营业执照或相关证照上载明的经营范围为限，对于未载明事项，经营者不享有经营权。之所以明确经营范围并据此限定经营者的经营权，是因为不同的经营事项需要不同的审核批准条件和程序，在经营监管上也有不同的监管要求和监管措施。如食品加工经营与教育培训经营，二者在设立条件、审核事项以及监管要求等方面显然有非常大的差异。

经营范围主要涉及经营资格问题，一般与行政监管活动有关，超越经营范围而实施的民事活动可能会面临行政处罚，一般并不会认定交易行为无效。但是，违反法律规定的专营权的情况除外，比如，烟草、药品等特殊商品的经营须取得特定的专营权，未取得专营权而从事的经营行为应当认定为无效。原则上，除了特殊的须经特别审批的经营行为之外，经营主体有权自主决定其经营范围，法律不应对此进行限制。但是，经营范围是经营主体在登记机关注册登记的重要事项之一，经营主体在变更经营范围时，应当依法进行登记变更。

在我国，有些行业（主要是工程和建筑行业）还常常依据经营者的经营规模和技术能力，将企业分为不同的资质等级。资质等级在一定程度上可以反映企业的实力和规模，在招投标活动中，针对不同规模或不同类型的业务，招标单位往往对投标人的资质等级有明确的要求。但应注意的是，资质等级主要是对经营能力的行业评价，并不是一种特殊的经营资格。

二　市场准入与经营资格的限制

理论上讲，市场应当是自由、开放的，任何人都可以进入市场从事经营活动，而不应受到限制，从而才能够形成一个平等、开放和公平的市场秩序。但是，即使在自由资本主义时期，市场的自由与开放也不是绝对的，总有一些行业或领域的经营活动会受到政府的限制或禁止。由于这些行业或领域的进入需要经过政府的特别许可，这种限制或禁止常被称为市场准入限制，由此形成的规则和制度被称为市场准入制度。

（一）市场准入制度的类型

市场准入制度是一个多层次的制度体系，人们常将其分为三个层次。

1. 一般市场准入制度

这是市场经营主体进入市场、从事市场经营活动都必须遵守的一般条件和程序规则。在我国，所有经营者必须符合法律规定的条件，并经依法登记，领取营业执照后，才能取得经营资格。这些法律规定的登记条件，可以理解为一种市场准入制度。但是，也有人认为，采取准则主义的登记制度，只要符合法律规定的条件，就应当赋予相应的经营资格。在此意义上，登记行为不过是对法律主体经营资格的一种确认，已不具有"准入"的功能和意义。

2. 特殊市场准入制度

这是规定市场经营主体进入特殊市场领域从事经营活动所必须具备的条件和程序规则的制度。采取核准主义的行业和领域，均属于特殊市场准入的范畴。应予注意的是，即使采取准则主义设立原则，但在满足一般主体设立登记条件外，还需要满足行业要求或从事该经营所需满足的其他条件的，也属于特殊市场准入的范畴。如上文所提到的餐饮企业的设立，除须符合法人设立登记的一般条件外，还须经食品卫生监督管理机关依照餐饮行业的要求来审查是否符合经营条件。

3. 涉外市场准入制度

这是一国对外国的商品、劳务和资本进入本国市场所规定的条件，关税和各种非关税壁垒都属于市场限制措施。在国际贸易领域，两国政府或多国政府，为了相互开放市场，常常通过双边条约或国际公约对取消限制或减少限制相互作出承诺，如世界贸易组织（World Trade Organization，WTO）的一系列协定，从性质说，它们都属于涉外市场准入制度的范畴。

（二）市场准入设定的一般原则

市场准入是一种市场壁垒，也是一种法律壁垒或政策壁垒。一方面，市场准入通过设置准入"门槛"，将不符合特定要求的主体排除在市场之外，有助于市场的良性运行，也便于政府对经营者的监管。但另一方面，在实行市场准入的领域，只有取得政府的特别审批才能够进入市场，容易导致权力寻租，滋生腐败，从而不利于公平竞争的市场秩序形成。何种行业应当实行市场准入？准入的"门槛"应如何设置？如何避免权力腐败从而确保能形成一个公平良性的竞争秩序？这些都是非常重要和复杂的问题。一般说来，设置市场准入条件应遵循以下两个原则。

1. 谦抑原则

从根本上说，市场准入制度是政府对市场进行干预的手段，是对经营行为的限制。"门槛"不是越高越好，规则也不是越严格越好，应坚持谦抑原则，非不得已不得设定限制。凡是能够通过市场的方法解决的，就不应设置市场准入障碍，尽量将市场准入制度的适用领域控制在必要的范围之内。对于必须实行市场准入的领域，应尽可能扩大准入的范围，缩小禁止范围，同时应尽可能放宽准入条件。必须消除基于部门利益和地方利益而制定的准入规则。

2. 法治化原则

市场准入还应坚持法治化原则。市场准入是政府对市场主体经营活动的限制，是典型的外部性行政行为，虽然可以弥补市场的不足和缺陷，但也容易滋生权力腐败和效率低下等问题。为避免市场准入制度的异化、泛化和地方政府的各自为政，必须坚持法治化原则，通过立法对市场准入的范围、条件、程序等进行统一而明确的规定。

（三）市场准入的具体措施

市场准入往往并没有统一的立法，而是通过多种方式表现的。一般来说，只要在事实上起到了经营限制作用的措施，都属于市场准入制度的范畴。常见的市场准入措施主要有以下五种。

1. 国家垄断经营或特许经营

这种方式主要适用于以下几种行业：一是涉及国家安全、社会公共安全的行业，如核工业、航空航天、军事工业、造币业等；二是自然垄断行业和公用事业，如通信、电网、铁路、大型水利工程等；三是特殊行业，如烟草、酒、盐等。上述行为要么是国家垄断经营，要么是经政府特许经营。

2. 行政许可与审批

主要适用于涉及公共利益或社会稳定从而需要由政府实施一定管控的产业，如银行、保险、证券、学校、医院、广播电视等。随着改革的深入，对于传统国家垄断或特许经营行业中的非自然垄断业务，开始引入竞争机制，很多领域也采取许可和审批方式准入。

3. 资格准入与资质认证

资格准入主要涉及两类行业：一是专业服务行业，如执业律师、执业医师、注册会计师等；二是有重大安全需要的工作岗位，如飞行员、路桥工程师、建造师等。资质认证主要适用于实行资质评估认证的行业，如建筑施工企业、电力工程施工企业、公共设施管理维护企业等都有资质认证制度。

4. 特殊标准限制

这种方式适用的领域比较广泛，针对不同的行业也有不同的行业准入标准，如涉及公共安全的行业有对安全标准的要求，涉及健康卫生的行业有对卫生标准的要求，涉及环境保护的行业有对环保标准的要求，规模经济明显的产业有对规模经济标准的要求等。

5. 其他方式

市场准入并不限于上述方法，凡是具有限制市场准入功能的，都可视为市场准入措施，如土地开发合同、矿产开采合同等。对于政府控制的资源，通过政府与当事企业订立合同的方式，由合同当事企业取得开发权和经营权，实际等于排除了其他企业的经营权。又如，由国家发改委和商务部发布的《外商投资准入特别管理措施（负面清单）》中，详细列举了各种禁止外商投资经营的产业，同样具有市场准入功能。现在，对于外商投资产业，很多国家都采用负面清单制度，清单只列举不允许自由经营的清单，未列入负面清单的均属可以自主经营的范围。

三 无经营资格从事经营活动的法律后果

无经营资格而从事经营活动，一般都会面临行政处罚。在某些特殊行业，还可能构成犯罪。因无经营资格而导致实施的法律行为无效，由此给他人造成损失的，还需承担赔偿责任。

（一）民事责任

民事责任主要指民事赔偿责任，是基于本人的原因给他人造成损失时所承担的、用以弥补损失的责任。没有取得经营资格，尤其是法律规定的专营资格，而与他人进行的交易行为，有时候会被认定无效，从而给交易的相对人造成损失。这种情况下，应当赔偿给相对人造成的损失。

（二）行政责任

经营资格与经营范围主要与行政管理活动相关。因此，无经营资格而从事经营活动的法律责任主要是行政责任，会面临各种行政处罚。在我国，不同行业有不同的行政主管机关，对行业准入制度和经营许可事项以及法律责任问题也有不同的规定。这些规定分布广泛，内容庞杂，遇到相关的法律问题时，不仅需要查阅《行政处罚法》《行政许可法》等法律，还要查阅与该行业生产经营相关的法律和行政法规。

拓展阅读

火锅店非法销售凉菜行政处罚案

2017年7月25日，广州市黄埔区丰乐北路一家火锅店，在其食品经营许可证的备注项目不包含从事凉菜加工销售的情况下，在经营场所生产销售"川北凉粉""酸辣蕨根粉""青椒皮蛋""拍黄瓜""开胃小木耳"等凉拌菜式，2017年5月1—21日销售收入为139元。广州市黄埔区食品药品监督管理局认为该店违反了当时《广东省食品安全条例》（2016年修订版）第12条第1款规定，并根据该条例第60条和《行政处罚法》（2009年修正版）第27条第1款第四项规定，对该店作出行政处罚：没收违法所得139元，罚款1万元人民币。

（三）刑事责任

违反有关专营权的规定从事经营活动的，还可能构成非法经营罪。我国《刑法》第225条规定，违反国家规定，有下列非法经营行为之一，扰乱市场秩序，情节严重的，处五年以下有期徒刑或者拘役，并处或者单处违法所得一倍以上五倍以下罚金；情节特别严重的，处五年以上有期徒刑，并处违法所得一倍以上五倍以下罚金或者没收财产：

（1）未经许可经营法律、行政法规规定的专营、专卖物品或者其他限制买卖的物品的；

（2）买卖进出口许可证、进出口原产地证明以及其他法律、行政法规规定的经营许可证或者批准文件的；

（3）未经国家有关主管部门批准非法经营证券、期货、保险业务的，或者非法从事资金支付结算业务的；

（4）其他严重扰乱市场秩序的非法经营行为。

根据上述规定，非法经营罪从行为方式上来看主要分为三类：一是直接从事倒卖经营性行政许可的行为；二是未经许可从事专营业务的行为；三是非法从事金融保险类业务的行为。

近年来，最高人民法院发布了一系列司法解释，对《刑法》第225条第四项中的"其他严重扰乱市场秩序的非法经营行为"进行了解释。这些解释逐渐突破了上述业务范围的限制，开始扩大到网络经营、食品安全等领域，非法经营罪由此成为除寻衅滋事罪外的另一个使用比较泛滥的"口袋罪"。非法经营罪维护的是国家对经营行为的管控秩序，不仅受国家政策的影响甚大，而且也受社会发展与观念变化的影响。在对该条文进行理解和适用时，均应予以特别注意。

拓展阅读

王力军非法经营案——最高人民法院第97号指导案例

王力军是内蒙古自治区巴彦淖尔市临河区白脑包镇永胜村的村民，2014年11月至2015年1月，在未办理粮食收购许可证，也未经工商行政管理机关核准登记并颁发营业执照的情况下，王力军擅自在临河区白脑包镇附近村组无证照违法收购玉米，将所收购的玉米卖给巴彦淖尔市粮油公司杭锦后旗蛮会分库，非法经营数额218 288.6元，非法获利6 000元。内蒙古自治区巴彦淖尔市临河区人民法院据此认为：被告人王力军违反国家法律和行政法规规定，未经粮食主管部门许可及工商行政管理机关核准登记并颁发营业执照，非法收购玉米，其行为构成非法经营罪，判处王力军有期徒刑1年，缓刑2年，罚金2万元，退缴非法所得6 000元。宣判后，王力军未上诉，检察机关未抗诉，判决发生法律效力。

2016年12月16日，最高人民法院作出（2016）最高法刑监6号再审决定，指令内蒙古自治区巴彦淖尔市中级人民法院对本案进行再审。巴彦淖尔市中级人民法院再审认为：原判决认定的原审被告人王力军于2014年11月至2015年1月期间，没有办理粮食收购许可证及工商营业执照买卖玉米的事实清楚，其行为违反了当时的国家粮食流通管理有关规定，但尚未达到严重扰乱市场秩序的危害程度，不具备与刑法第225条规定的非法经营罪相当的社会危害性、刑事违法性和刑事处罚必要性，不构成非法经营罪。原审判决认定王力军构成非法经营罪适用法律错误，判决撤销内蒙古自治区巴彦淖尔市临河区人民法院（2016）内0802刑初54号刑事判决，原审被告人王力军无罪。

第三节　经营主体的典型形式及其选择

一　法人经营主体的典型形式：公司

公司是经营主体的典型形式。称其典型，不仅因为公司是当前各国经营者最普遍采用的主体形式，更重要的是，公司在筹集资金、完善治理方式、协调各利益主体之间关系方面，具有其他主体形式所不可比拟的优势，其经营组织形式是社会发展到一定阶段的产物，代表的是最具现代意义的组织理念和经营形式。

（一）公司概述

1. 公司与企业

讨论公司的概念，关键是搞清楚公司与企业的区别，对于这一问题，人们耳熟能详的解释是：公司是企业的一种特殊形式，所有的公司都是企业，但并不是所有的企业都是公司，如合伙企业和个人独资企业就不是公司。但这样的解答似乎并不能让人满意，为什么合伙企业不能称为公司呢？公司与企业两个词，在内涵上究竟有什么不同？

一般来说，当我们使用企业的概念的时候，我们立足的是其生产和经营功能，强调的是生产要素的组合，只要是从事生产经营活动的组织，基本上都可称其为企业。《现代汉语词典》（第7版）将企业解释为"从事生产、运输、贸易、服务等经济活动，在经济上独立核算的组织"。尽管公司也是企业，大多也从事经营活动，但当我们使用公司这一概念的时候，并不强调其生产经营功能，立足的是其组织形式，强调的是与公司相关的各主体之间的权利义务关系。因此，在以手工作坊和家族企业为主要形式时，一般不会形成公司的概念；当众多利益主体共同参与生产经营时，为平衡协调各利益主体之间的关系，需要创立新的生产经营模式，公司制度由此便应运而生了。

公司一般指可由众多投资者成立的组织体，投资者可以不参与公司经营，而是由专门的公司机关来负责经营，投资者只是根据公司章程享受收益并承担相应的风险。由于公司由众多不参与公司经营的投资者投资形成，为保护投资者利益，需要通过立法来对公司的各种关系予以规范，从而形成法定的公司组织形式。在此意义上，公司指的是依照公司法规定成立的、具有特定组织形式的企业。

2. 公司的历史

公司是法人，立足于主体的视角，人们常将公司的雏形追溯到罗马法，认为早在古罗马时期就已经形成了较为完善的法人制度，并出现了公司制度的雏形。公司的另外一个特征是合股，立足于财产资本化的视角，人们普遍认为现代公司制度源于14—15世纪基于海上贸易而形成的商业组织。海上贸易风险很大，但利润丰厚，投资者与航海家成立了一种类似现代有限合伙的商事组织，由投资者在出资范围内承担有限责任，航海者承担无限责任。这种商业组织在当时被称为"康孟达"（commenda），被视为现代公司制度的早期雏形。

17世纪初在英国出现了由国王签发"特许令状"而设立的特许公司，这些公司多由商人、贵族以及王室成员合资成立，公司成员称为股东，其出资按股计算，多是一种股份制公司形式。出资人的出资与个人其他财产相分离，公司独立经营，独立承担风险。随着工业革命的开展和完善，自由竞争、自由贸易成为资产阶级的强烈要求，设立公司不再需要国王的特许，公司逐渐成为商业社会的基本组织形态。随着资产阶级革命的胜利，公司作为一种制度先后在法国、英国、德国、美国等西方国家得到确立。

最初的公司形式大多是有限责任与无限责任相结合的两合公司，19世纪末在德国出现了有限责任公司。有限责任可以将风险控制在可预期的范围之内，有助于鼓励投资，故有限责任公司一经产生，立即受到中小投资者的普遍青睐。有限责任公司的出现标志着现代公司制度的形成。

3. 我国公司制度的发展

自清末修律，我国开始接触大陆法系的法律制度，公司制度随之也引入我国。1904年，清政府颁布了《钦定大清商律》，包括《商人通例》和《公司律》。后来，民国政府在参照德国、瑞士、日本等国家法律制度的基础上，制定了统一的公司法，于1931年开始施行。中华人民共和国成立后，废除了国民党旧法统，并于1950年颁布了《私营企业暂行条例》，但随着工商业社会主义改造的完成，几乎所有的企业最终都成为国有企业，直到改革开放前，基于不同利益主体共同投资而形成的公司基本上不再存在。

改革开放初期，我国所面临的主要是增强国有企业活力和引进外资问题。为增强国有企业活力，扩大国有企业经营自主权，1988年颁布了《中华人民共和国全民所有制工业企业法》；为引进外资，为外商投资提供法律根据和法律保障，1979年制定了《中华人民共和国中外合资经营企业法》，1986年制定了《中华人民共和国外资企业法》，1988年制定了《中华人民共和国中外合作经营企业法》。这些法律虽然都没有使用公司的概念，但其中有不少内容是有关公司的规定，《中华人民共和国中外合资经营企业法》中甚至将中外合资经营企业的形式直接限定为有限责任公司。1993年我国颁布了《中华人民共和国公司法》，后经多次修正和修订，是当前规范公司制度最重要的法律。2019年，我国颁布了《中华人民共和国外商投资法》，为吸引外资而颁布的《中华人民共和国外资企业法》《中华人民共和国中外合资经营企业法》《中华人民共和国中外合作经营企业法》均被废除。

（二）公司的类型

立足于不同的角度，公司可以有不同的分类。立足于责任形式，可分为有限责任公司、无限责任公司和两种责任形式并存的两合公司；立足于所有制形式，可分为国有公司、私人公司和多种所有制形式并存的公司等。

1. 有限责任公司与股份有限公司

有限责任公司和股份有限公司是我国《公司法》中法定的两种公司类型。

（1）有限责任公司。有限责任公司是最常见的公司类型，《公司法》规定，有限责任公司的股东人数为1人以上，最多不超过50人。有限责任公司股东人数不多，具有比较明显的"人合"特征，因此，有限责任公司比较关注股东人员组成的稳定性，对于股东以外的投资者的加入，须考虑大多数股东的意愿。同时，公司在内部事务的管理方式上也更加尊重股东的意思，赋予了股东很大的自主决定权。

有限责任公司设立程序简单，无须经特别行政许可经营的，由发起股东去工商部门办理注册登记后即可设立。设立门槛也比较低，除股东人数符合要求外，只要有公司名称，有固定的营业场所，股东就公司名称和住所、经营范围、注册资本与各股东认缴资本、法定代表人、公司机关的设立等公司事项达成一致并制定章程，即可满足基本的设立条件。有限责任公司设立程序简单，且门槛较低，故成为我国当前最常见的公司形式。

有限责任公司在名称中必须冠以"有限责任"的字样。

（2）股份有限公司。股份有限公司的责任形式也是有限责任，但股份有限公司的资本总额被分为若干金额相等的股份，股东依其认购的股份为限承担责任。股份有限公司对股东人数没有限制，因而并不关注"人合"的因素，是典型的"资合"，即资本的集合。有限责任公司的股东人数有明确限定，可以说有一定的封闭性，相对而言，股份有限公司具有明显的"开放性"或"公众性"的特点。"人合"与"资合"，"封闭性"与"公众性"，是有限责任公司与股份有限公司最为根本的区别，两种类型的公司制度所存在的种种差异，差不多均可以由此出发得到合理的解释，所以这两点区别是理解两种类型公司制度差异的两把钥匙。

对于股份有限公司，立足于"资合"的角度，法律较少关注股东组成的稳定性，除公司的发起人和高管外，股权的转让一般不受限制。股份有限公司之所以将公司资本划分为若干等额股份，主要也是为了股权转让和流通的方便。股份有限公司常常涉及众多股东，尤其是公司上市后，更是涉及广大股民的利益。为避免内幕交易，避免损害众多普通股民利益，需要股份有限公司承担非常严格的信息披露义务，在股份的发行和交易方面，也需要采取更加严格的监管措施。

在公司设立方式上，有限责任公司由全体股东共同发起设立，属于发起设立的设立方式。股份有限公司也可以采取发起设立方式设立，发起人为1人以上、200人以下，并由发起人认购公司首次发行的全部股权。此外，股份有限公司还可以采取募集设立的方式。所谓募集设立，是指由发起人认购公司应发行股份的一部分，其余股份向社会公开募集或者向特定对象募集而设立公司。募集设立也需要发起人，但发起人无须认购公司首次发行的全部股份。我国《公司法》规定，采用募集设立方式的，在法律、行政法规没有特别要求的情况下，发起人认购的股份不得少于公司股份总数的35%。

募集股份可以公开募集，也可以不公开募集，即定向募集。凡募集对象超过200人的，均为公开募集。公开募集的，需要委托证券公司承销股票，委托银行收款，而不能自行销售与收款，应按照《证券法》的要求披露信息、办理委托承销和委托收款等事项。发行股份的股款缴足后，发起人应当自股款缴足之日起30日内主持召开公司创立大会，由发起人和认股人共同制定公司章程、选举董事会和监事会成员等。董事会应于创立大会结束后30日内，向公司登记机关报送相关文件，申请公司设立登记。

发行的股份超过招股说明书规定的截止期限尚未募足的，或者发行股份的股款缴足后，发起人在30日内未召开创立大会的，认股人可以按照所缴股款并加算银行同期存款利息，要求发起人返还。

2. 公众公司与非公众公司

（1）公众公司与非公众公司的定义。一般来说，有限责任公司属于相对较为封闭的非公众公司，股份有限公司属于较为开放的公众公司。但是，这样的说法并不严谨，对于发起设立的股份有限公司，由于股份全部由发起人认购，公司同样不具有公众性。也就是说，只有股票公开发行或转让的股份有限公司才属于公众公司，根据《非上市公众公司监督管理办法》的定义，股份虽未公开发行和转让，但只要股东累计超过200人的，也属于公众公司。

公众公司以外的公司均为非公众公司，可以定义为股东人数在200人以下，股份未公开发行和转让的公司。有限责任公司均为非公众公司，部分股份有限公司也属于非公众公司。

（2）公众公司与非公众公司划分的意义。非公众公司的股东被限定在一定人数范围，由于不涉及公众利益，对于公司的治理，《公司法》更尊重"公司自治"的原则，对于公司机关设置、机关的运行方式、职责权限划分等，法律虽然均有明确规定，但这些规定大多不具有强制性，一般会允许股东另行采取其他的方式。但是，由于公众公司内部管理层与公众股东之间存在严重的信息不对称，很容易导致公司控制人侵犯众多小股东的利益。因此，对于公众公司，法律在公司机关设置、机关的运行方式、职责权限划分等方面均有较为严格的限制，大多数情况下不允许公司自行改变。同时，对于公司信息的披露和股票交易行为等方面也会有更多的强制性规定，以保护众多中小投资者利益不受侵犯。

也就是说，对于公众公司与非公众公司，在行为的规制和监管方面有很大的不同，其所面临的公司治理问题当然也有明显的差异。在分析具体问题的时候，要注意法律对待两种公司的不同态度和不同的规范目的，并予以区别对待。

3. 母公司、子公司与分公司

（1）母公司与子公司。母公司与子公司是根据公司与公司之间的控制与被控制地位而形成的概念，如果一个公司因直接或间接拥有另一个公司超过半数的股份而可以左右公司的决策，或股份虽未超过半数但通过其他方式能够左右另一个公司的决策，则可以说两家公司之间存在控制与被控制关系，控制公司被称为母公司，被控制公司被称为子公司。

母公司与子公司虽然存在控制关系，但二者均是相互独立的公司法人，在法律上相互独立，互无隶属关系。母公司对子公司的所谓控制，是立足于股权行使的角度而言的，并不是说母公司可以直接干涉子公司的经营活动，更不能直接支配处置子公司的财产。如果因此侵害了债权人利益，债权人有权援引人格否定制度向母公司主张权利。

（2）分公司。分公司是指受上级公司管理而不具有独立法人资格的分支机构，由于不享有独立的主体资格，故分公司没有独立的责任能力，其对外债务由上级公司承担。有些情况下，为了业务开展的需要，分公司也可以领取营业执照，并可以在公司授权范围内以自己的名义独立从事经营活动。比如，我国几大国有银行在全国各地均设立了众多的分支机构，这些分支机构均有营业执照，可以以自己的名义从事相应的经营活动。这种形式的分公司既是公司的下属分支机构，在性质上也可归于非法人组织的范畴。

二　非法人组织经营主体的典型形式：合伙

（一）合伙的一般形式

合伙是非法人组织的典型形式，也是我国较为常见的企业组织形式。它是主体制度的重要内容，故而《民法典》总则编对其做出了专门规定。由于合伙组织基于合伙协议而成立，故在合同编中也专门对合伙合同做了规定。此外，我国还颁布了《中华人民共和国合伙企业法》(以下简称《合伙企业法》)。法律对合伙的重视说明了合伙制度在我国现实生活中的重要性和复杂性。

《合伙企业法》并没有对何为合伙给出明确定义，《民法典》中称合伙合同是两个以上合伙人为了共同的事业目的，订立的共享利益、共担风险的协议。依照这一定义，合伙企业可以定义为由两个或两个以上合伙人为了共同的事业目的，依照合伙合同，设立的共同管理、共同经营、共享收益、共担风险的组织。

由于合伙企业的责任不独立，对于合伙企业不能清偿的对外债务，全体合伙人均承担连带清偿责任，故对于合伙企业的财产，法律并不强调与合伙人个人财产的区分。对于合伙企业的财产与合伙事务的处理，主要依据合伙协议的约定来处理；没有约定、约定不明确或约定因违反法律强制性规定无效的，则依照《民法典》和《合伙企业法》的规定处理。原则上，全体合伙人都有权直接处理合伙人事务。对于合伙组织的收益，依照合伙协议的约定分配；没有约定或约定不明，按照出资比例分配。

（二）特殊的普通合伙

由于全体合伙人对合伙企业的对外债务承担连带清偿责任，相对于企业法人和公司而言，合伙人在经营过程中面临着更大的风险。尤其应当注意的是，对我国某些行业而言，采取合伙制的经营方式往往不是投资者本人的选择，而是源于法律的规定。如依据《中华人民共和国律师法》的规定，律师事务所只能选择合伙律师事务所或个人律师事务所两种方式。与此类似的还有会计师事务所，尽管会计师事务所允许公司制经营，但需要达到法律规定的条件，合伙制仍是目前会计师事务所采用的普遍形式。也就是说，在我国现行的法律框架下，对有些行业来说，合伙人的无限连带责任风险难以避免。

为降低无过错合伙人的风险，同时也为合伙人提供更多的选择，2006年《合伙企业法》修订时增加了两种特殊的合伙形式：一种是特殊的普通合伙，另一种是有限合伙。

特殊的普通合伙适用于以专业知识和专门技能为客户提供有偿服务的专业服务机构。所谓"特殊"，是指对于一个合伙人或者数个合伙人在执业活动中因故意或者重大过失造成的合伙企业债务，仅该具有故意或重大过失的合伙人承担无限连带责任，其他合伙人仅以其在合伙企业中的财产份额为限承担责任，无须承担无限连带责任。但是，对于合伙人在执业活动中非因故意或者重大过失造成的合伙企业债务以及合伙企业的其他债务，全体合伙人仍须承担无限连带责任。特殊的普通合伙企业名称中应当标明"特殊普通合伙"字样。

对于因合伙人的故意或重大过失而产生的债务，在特殊的普通合伙企业组织形式下，由于不要求其他合伙人承担无限连带责任，显然不利于债权人债权的实现，故有对债权人不公平之虞。为平衡合伙人与债权人之间的关系，法律要求特殊的普通合伙企业应当建立执业风险基金、办理职业保险，以降低债权人债权不能实现的风险。

对于合伙人在执业活动中因故意或者重大过失造成的合伙企业债务，以合伙企业财产对外承担责任后，该合伙人应当按照合伙协议的约定对给合伙企业造成的损失承担赔偿责任。

（三）有限合伙

有限合伙指部分合伙人对合伙企业的债务承担无限连带责任，而另一部分合伙人承担有限责任的合伙企业。承担无限责任的合伙人为普通合伙人，承担有限责任的合伙人为有限合伙人。

法律对普通合伙企业合伙人的人数没有限制，但对于有限合伙企业，《合伙企业法》规定合伙人人数为2~50人，而且至少应当有一个普通合伙人，即对合伙企业债务承担无限连带责任的合伙人。同时规定，有限合伙企业名称中应当标明"有限合伙"字样，并在企业登记事项中载明有限合伙人名单及其各自认缴的出资数额。

由于有限合伙人对合伙企业债务仅承担有限责任，故对其出资形式、权责设置等方面的约束均与有限责任公司中的股东类似。由于普通合伙人面临更大的经营风险，合伙事务一般由普通合伙人执行，未经明确授权，有限合伙人不得对外代表有限合伙企业执行合伙事务。

三　经营主体形式的选择：公司与合伙的比较

由于个体工商户和私人独资企业有很大的局限性，故对于普通创业者而言，最常见的投资经营形式是公司与合伙。公司分有限责任公司和股份有限公司，股份有限公司设立程序较为复杂，门槛也比较高，同样不适宜规模较小的初创企业，故在此仅讨论有限责任公司。那么，对于有限责任公司和合伙这两种经营主体形式，应该如何选择呢？

（一）公司与合伙的主要区别

公司与合伙在设立条件和设立程序方面基本没有区别，在出资方式上，尽管合伙企业的出资方式更为灵活，而且由于合伙企业的责任不具有独立性，故法律并不强调合伙人的出资是否到位，但这一差异一般不会成为影响经营主体形式选择的重要因素。选择何种主体形式，投资者需要重点考虑的是责任形式、经营管理方式、纳税义务等方面。

1. 责任形式

前文已经谈到，公司及其股东承担的是有限责任，合伙组织与合伙人承担的是无限责任。对于公司无力清偿的对外债务，公司股东没有清偿的义务；对于合伙企业无力清偿的对外债务，除有限合伙人以其认缴的出资额为限承担有限责任外，全体普通合伙人均应承担连带责任。立足于责任形式，选择有限责任公司的主体形式，可以实现个人财产与公司财产（即投资财产）的有效隔离，从而更有利于控制风险。

2. 经营管理方式

无论公司还是合伙，一般情况下都有多名投资者，如何将各个投资者的个人意志转化为企业的意志并且通过怎样的方式对外表达，是公司和合伙面临的共同问题。在这一问题上，公司和合伙有非常大的差异，如表1-1所示。

表1-1　有限责任公司与合伙企业比较

	有限责任公司	合伙企业
依据	《公司法》、公司章程	《合伙企业法》、合伙协议
表决方式	章程有规定的依规定，无规定的按出资比例行使表决权。一般事务经表决权过半数通过。重大事项经表决权过2/3通过	合伙协议有约定的按约定，无约定的实行一人一票制。一般事务经合伙人过半数通过。重大事项应经全体合伙人一致同意。但有限合伙人不参与合伙事务表决
法定重大事项	修改公司章程、增加或者减少注册资本的决议，以及公司合并、分立、解散或者变更公司形式的决议 上述事项的表决方式应依《公司法》规定，公司章程不得降低表决权通过比例	改变合伙企业的名称；改变合伙企业的经营范围、主要经营场所的地点；处分合伙企业的不动产；转让或者处分合伙企业的知识产权和其他财产权利；以合伙企业名义为他人提供担保；聘任合伙人以外的人担任合伙企业的经营管理人员 上述事项的表决方式，合伙协议可以对《合伙企业法》规定作出变通规定

续 表

	有限责任公司	合伙企业
分配方式	股东分红以按照实缴的出资比例分红为原则,以股东约定为例外	合伙企业的利润分配和亏损分担以按合伙协议处理为原则。未约定或者约定不明确的,由合伙人协商决定;协商不成的,由合伙人按照实缴出资比例分配、分担
企业机关	股东会、董事会和监事会三权分置。一般由董事或经理担任法定代表人	一般不设专门的企事业机关,全体合伙人协商作出决议,普通合伙人均可执行合伙事务。合伙人可委托一至数名合伙人执行合伙事务
投资者经营限制	股东可以自营或者同他人合作经营与本有限合伙公司相竞争的业务,法律上没有限制	普通合伙人不得另行自营或者同他人合作经营与本有限合伙企业相竞争的业务,但有限合伙人除外
退出机制	1. 股权转让; 2.《公司法》第89条规定情况下,股东申请公司回购股权; 3. 公司解散	1. 投资转让; 2. 退伙; 3.《合伙企业法》第49条规定情况下的除名; 4. 合伙企业解散

从表1-1中所列举的内容可以看出,在经营管理上,公司的经营管理活动主要是通过公司机关实施的,股东不能直接以自己的名义处理公司事务,也不得以个体意志代替或绑架公司意志;合伙企业的经营管理活动则主要是通过合伙人(准确地说是普通合伙人)来完成的,普通合伙人可以直接以合伙人名义处理合伙事务,合伙人的意志即可视为合伙企业的意志。也就是说,在企业经营管理方式方面,股东对公司事务的干预受到较大的限制,相对而言,合伙人对合伙企业有更大的控制权。

3. 纳税义务

在纳税义务方面,合伙企业与公司最大的区别是合伙企业无须缴纳企业所得税,合伙企业的收益直接视为合伙人的收益,由全体合伙人依各自应分得的收益分别缴纳个人所得税。股东从有限责任公司所取得的收益,则不仅在分红前须缴纳企业所得税,取得分红后,还应当再另行缴纳个人所得税。但是,公司将经营收入继续用于经营投资的,可作为免税收入申请免缴企业所得税,在投资出现亏损的时候,可以税前扣除;合伙企业投资收入则不能申请免税,投资亏损时也不能税前扣除。

因此,对于自然人直接投资、获得的收益主要用于家庭消费的企业,选择合伙形式税负更低。但如果将投资收益继续用于企业投资,选择公司形式可以享受更多的免税优惠。

(二)公司与合伙两种企业形式的结合

对于投资者来说,公司与合伙两种企业形式各有优劣,因此在选择企业形式时,往往将两种企业形式结合起来,扬长避短,完成企业形式架构。

1. 基于税负考虑的企业形式架构

由于合伙企业与公司的纳税义务与免税优惠存在较大差异,这种差异常被用于不同企业形式架构的设计,以尽可能减轻税负。比如,甲、乙、丙、丁四人欲共同投资创业,假如四人欲投入的资金分别是80万元、60万元、40万元和20万元。以此200万元资金,四人设立了两个企业:一是合伙企业A,投资总额为70万元,四人的出资数额分别为30万元、20万元、15万元和5万元;另一个是有限责任公司B,投资总额为130万元,四人的出资额分别为50万元、40万元、25万元和15万元。随后以A企业和B公司为股东又各出资50万元和100万元设立了有限责任公司C(见图1-1)。

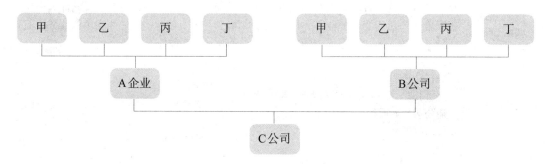

图1-1　C公司股权架构图

对于这样的公司股权架构,目标经营公司为C公司,公司营利后,A企业所得收益主要用于甲、乙、丙、丁四位投资人的家庭支出,B公司所得的收益主要用于公司继续投资或转增资用于扩大生产。

2. 基于风险隔离和企业控制考虑的企业形式架构

公司的有限责任制度有助于股东有效隔离投资风险;但在有限合伙企业中,由于有限合伙人不执行合伙事务,普通合伙人对合伙企业可以利用较少的投资取得更大的控制权。据此,两种企业形式的结合常被用于隔离投资风险和实现对公司的有效控制。

比如,D投资公司设立时即采用了有限责任公司与有限合伙相结合的企业架构形式。该投资公司的原始投资人为甲、乙、丙、丁四人,为实现风险隔离的目的,四人共同出资首先成立了A有限责任公司。随后,以A公司为普通合伙人,凭借四名原始投资人的影响力,吸引其他投资人,分别成立了B和C两个有限合伙企业,A公司为普通合伙人,其他加入的投资人均为有限合伙人。最后,再以B和C两个合伙企业为股东,再次吸引其他投资股东共同设立了目标公司:D投资公司。其中,B、C的出资比例分别为29.86%、20.66%。甲、乙、丙、丁四位原始投资人不仅通过A公司有效隔离了投资风险,而且以极小的出资实现了对D公司的控制(见图1-2)。

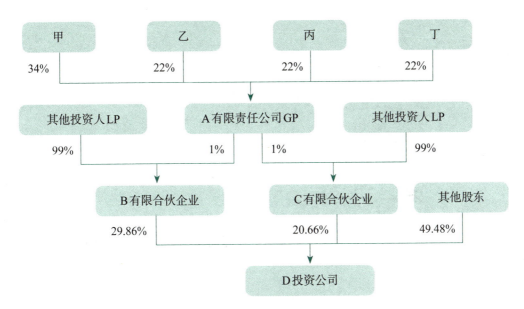

图1-2　D投资公司股权架构图

公司股权架构设计问题非常复杂，以上只是简单的讨论，以便读者对经营主体形式的选择问题形成初步的认识。相关的问题将在系列教材《公司治理基础教程》一书中进一步详细讨论。

与本讲内容相关的重要法律、法规和司法解释

1.《中华人民共和国民法典》（总则编）
2.《中华人民共和国公司法》
3.《中华人民共和国合伙企业法》

第二讲 财产制度

财产制度指有关财产的法律制度。财产是一个非常宽泛的概念，不仅包括货币和实物，还包括各种具有财产内容的权利，如股权、知识产权，甚至债权和继承权也可归于财产的范围。由于财产的范围过于宽泛，故在法律上并没有统一的财产法，不同的财产制度被规定于不同的法律中。比如，物权与债权规定于《民法典》，股权主要规定于《公司法》，知识产权则分别规定于《著作权法》《专利法》《商标法》。对某些特殊类型的财产，相关法律规则有时还分别规定在不同的法律之中。比如土地使用权，我国《民法典》物权编的用益物权部分中规定了土地使用权，但由于《民法典》是私法，因此只规定了土地使用权的性质、内容以及权利的行使与保护等内容。对于土地使用权的取得方式和取得程序等涉及公权力行使的内容，另行制定了《中华人民共和国土地管理法》（以下简称《土地管理法》）作出规定。

由于财产制度的内容相当复杂，本讲无法全面覆盖财产制度的所有内容，仅重点介绍所有权、土地使用权和知识产权所涉及的财产制度。对于担保物权、股权和债权等其他类型的财产权，在本书其他各讲讨论相关问题时再另行予以介绍。

第一节　财产法的一般问题

一　物与财产

（一）法律上的物

法律上的物不同于物理意义上的物。在物理意义上，一切现实的客观存在都是物；但法律上的物必须能够为人独立支配和控制，否则无法确定物的归属，也就不具有法律上的意义。例如，阳光、空气在物理学意义上都属于物的范畴，但在法律意义上，在它们能被独立支配和控制之前，不能成为法律意义上的物。在物理学上，人体及其组成部分也是物，但在法律上，人的身体的任何部分都是"人"的一部分，属于人格权范畴，而不能被作为物来看待。也就是，只有人体之外的物，才能被视为法律意义上的物。

随着科技的进步和社会的发展，民法上的物的概念也受到很多新的挑战。比如，人的身体的组成部分不是物，但摘取下来的器官是不是物？排出体外的精子与取出的卵子是不是物？甚至由人工培育的胚胎是不是物？一般来说，脱离人体的人体组织和人体器官，应当归于物的范畴，但由于人体组织和人体器官常常涉及道德伦理问题，具有一定的特殊性，因此属于特殊的物，在法律上应当予以特别对待。

立足于不同的角度，可以对物进行不同的分类，其中比较常见的分类有以下五种。

1. 动产与不动产

动产与不动产的分类是物权法上关于物的最基础也最重要的分类。动产是指可以移动的物，不动产是指不可移动，或者虽可移动但一旦移动会严重影响物的价值的物。土地、房产、林木等地上定着物均为不动产，不动产以外的物为动产。在物权法上，动产与不动产的物权公示方式和物权变动适用的法律规则是不同的，区分动产与不动产因此成为正确适用法律的重要前提。

2. 主物与从物

根据两个物之间的主从关系，物可以分为主物与从物。主物与从物一般是可以分离的，但二者往往需要配合使用才能更好地发挥物的效用，其中，从物是起辅助作用的物。比如，电视机是主物，遥控器是从物；又如，车辆是主物，车钥匙是从物。离开主物，从物没有独立价值，但没有从物，主物的使用也会受到影响。在法律上，区分主物与从物的意义主要在于在当事人约定不明时，确定从物的归属，以及确定当事人辅助履行义务的具体范围。

3. 原物与孳息

根据两物之间的生成关系，物可分为原物与孳息。原物为产生孳息的物，孳息为原物所生的收益。孳息包括天然孳息与法定孳息：天然孳息是指依物的自然生产而产生的收益，如果树上生长的果实，母鸡所下的蛋；法定孳息是指依法律关系所生的收益，如房屋出租所得的租金、银行存款所得的利息等。区分原物与孳息的意义主要在于确定孳息的归属。

4. 流通物、限制流通物与禁止流通物

根据流通性，物可分为流通物、限制流通物和禁止流通物。流通物是指可以作为交易标的并可自由流通的物，法律没有明确限制或禁止流通的物都是流通物；限制流通物是指限定在特定主体之间或特定范围内流通的物，如药品；禁止流通物是指不得交易的物，如枪支和毒品。是否属于限制流通物或禁止流通物，并不是由物本身的自然性质决定的，而是由一国的法律和政策决定的。不同国家在不同的历史时期，对同一类型的物可能会有不同的规定，如枪支在有些国家是可以流通的，但在有些国家是不可流通的。

5. 特定物与种类物

特定物一般指可以与其他物相区分且不可被其他物所替代的物，种类物则指与同种类的物没有区分因而可以为同种类的物所替代的物。特定物常常是相对而言的，如对某人有特殊纪念意义的物，对其本人而言是特定物，对其他人而言则可以是种类物。区分特定物与种类物，在确定义务履行的方式和赔偿责任方面有重要的意义。

（二）关于财产

相对于物，财产的范围要宽泛得多。在普通人的意识中，物仅指有一定物理实体存在的物，可以称之为"有体物"或"有形物"。财产不限于物，如对外享有的债权、对外投资形成的股权都不是物，但同样属于财产的范畴。根据财产的存在形态不同，可以将财产分为三类：除上文已介绍的物权法意义上的"物"外，还包括无形财产和其他财产性权利。

1. 无形财产

无形财产是指不以物理形式存在或其价值主要不表现为物理存在形式的财产，如发明创造、著作作品等。商标的价值主要不表现为商标标识本身，而是其背后所蕴含的品牌价值，故也属于无形财产。无形财产并不是一个严格的法律概念，故对其内涵并没有明确的界定，但法学界提及无形财产时，一般代指知识产权。

会计学将没有物质实体的财产均称为无形财产，外延更为广泛，土地使用权和特许权均为无形财产。但土地使用权在法学上属于用益物权的范畴，特许权一般情况下属于其他权利的派生权利，均不作为独立的财产类型对待，故应注意不同语境下概念内涵与外延的不同。

2. 其他财产性权利

在法律界，财产与财产性权利常常并不区分，除有形财产和无形财产外，债权和

其他包括股权和继承权等权利在内的财产性权利也都被视为财产。由于对无形财产的概念没有明确的界定，也有人将财产性权利视为无形财产。但债权和股权这样的财产性权利，与以知识产权为典型的无形财产，在性质和法律规则适用上均有很大的不同，故在此仍将其与无形财产相区分。由于无形财产常被表述为权利，故本书将物权和知识产权之外的其他具有财产性内容的权利一律归于其他财产性权利的范畴，以示区别。

3. 财产范围的未来发展

财产范围并不是固定的，随着社会的发展，财产范围也会发生变化，不仅已有的财产形式有可能会发生变化，人们也会不断创造新的财产形式。比如，网络虚拟财产就是现代科技的创造物，在网络技术出现之前并不存在虚拟财产，也没有虚拟财产的概念。但随着网络技术的发展，虚拟财产已经成为一种非常重要的财产形式。

二 物权与财产权

在民法上，财产权是与人身权相对应的概念，整个民法所调整的社会关系被分为财产关系和人身关系两大类，其分别对应的权利即财产权与人身权。财产权是以财产为内容的权利，人身权是基于人格和身份而形成的权利。由于权利客体不同，两种权利所适用的法律规则也不同。以此为基础，整个私法领域形成了以所谓的"人身法"和"财产法"两大领域为支柱的基本体系格局。

与人身权相对应的财产权的概念是非常宽泛的，除人身权外，一切与财产有关的权利都可归于财产权的范畴。根据我国法律规定，以财产的类型划分，可以将财产权分为物权、知识产权和包括债权在内的其他财产权三种基本类型。

（一）物权

所谓物权，指的是人对物的权利，包括对物的占有、使用、收益和处分四种权能。所有权作为所有权人对物的完全的支配权，包括上述全部四种权能。所有权的上述四种权能可以分离，亦即所有权人可以将部分权能授予或让渡给他人，从而在不丧失对物的所有权的情况下，将物交给他人占有、使用、收益或处分。

权能的分离或让渡形成了所有权之外的其他物权类型。例如：国家作为土地所有权人将土地的占有、使用和收益的权能转让给土地的使用人，从而形成土地使用权；房屋所有权人还可以将房屋的居住权授予他人，从而形成居住权。并不是所有情况下的权能授予或让渡都会产生新的物权形式，如房屋所有权人将房屋的占有和使用权授予他人，由此形成租赁权，但租赁权在法律上没有被确认为物权类型，根据物权法定原则，不能归属于物权类型，不受物权法的保护。根据权利性质，租赁权属于债法的范畴，受债法的保护。

根据物权的不同权能，物权可分为所有权和定限物权两种基本类型：所有权包括物权的全部权能，用以确定物的归属；定限物权只包括部分物权权能，用以促进物的利用。定限物权是所有权人向他人让渡部分权能，从而让他人占有使用物而形成的权利，故又称为他项物权或他物权，分为担保物权和用益物权两类。

1. 所有权

所有权是对物的一种完全、排他的支配权，所有权人享有对物的占有、使用、收益和处分的全部权能。一个物上只能有一个所有权。共有情况下，同一物上也不存在两个所有权，而是两个或两个以上的人共同享有一个所有权，因此所有权是完全排他的。一个人对某物享有所有权，意味着其可以排除其他任何人对该物的支配权。

我国《民法典》将所有权分为国家所有权、集体所有权和私人所有权三种基本类型，另外，针对住宅小区的特殊性，还专门规定了建筑物区分所有权。

（1）国家所有权。国家所有权是国家对国有财产所享有的占有、使用、收益和处分的权利。在我国，属于国家所有的财产的范围非常广泛，矿藏、水流、海域、无居民海岛均属于国家所有；土地、森林、山岭、草原、荒地、滩涂等自然资源，除属于集体所有的以外，均属国家所有；法律规定属于国家所有的文物和野生动植物资源，属于国家所有；无线电频谱资源、国防资产以及国家投资建设的铁路、公路、电力设施、电信设施和油气管道等基础设施，以及其他由国家支配的动产和不动产，均属国家所有。

国家所有权由国务院代表国家行使，法律法规授权的国家机关、企业事业单位以及国家投资的企业，在法律规定的范围内也可以行使国家所有权。与集体所有权相比，国家所有权可以不登记。在所有权取得方式上，国家所有权也有很多特殊性，国家可以通过征收、国有化、没收等方式，强制性地将个人或集体的财产收归国有。

（2）集体所有权。集体所有权是集体组织及其全体成员对集体财产享有的占有、使用、收益和处分的权利。我国的集体组织主要有两类：一是农村集体经济组织，生活在农村具有农业户口的人，生来即成为其所在的农村集体经济组织的成员；二是城市集体经济组织，一般是特定历史条件下的产物，主要包括基于中华人民共和国成立初期的手工业合作社而发展起来的股份合作制组织、一些特殊行业为安排家属就业而建立的农场或农副产业组织、城乡接合部失去土地的农民所形成的集体经济组织等。

目前，我国的集体经济组织主要是农村集体经济组织，集体所有权也主要体现为对土地、森林、山岭、草原、荒地、滩涂等农业自然资源的所有权。这些自然资源，除依法归国家所有的以外，均归集体所有。另外，集体经济组织投资形成的农田水利设施以及其他财产，也归集体所有。

（3）私人所有权。私人所有权是指私主体对自己所有的财产享有的占有、使用、收益和处分的权利。私主体对其生产所得、劳动所得以及依其合法收入购得的房屋、生产资料和生活资料享有所有权。私人所有权受法律保护，禁止任何组织和个人侵犯。但是，为公共利益的需要，国家可以依照法律规定的权限和程序，对私人财产进行征收或征用。国家对私人财产进行征收或征用的，应当给予公平、合理的补偿。

（4）建筑物区分所有权。建筑物区分所权并不是独立于国家所有权、集体所有权和私人所有权的第四种所有权，而是特指住宅小区或经营性用房的业主所享有的所有权。建筑物区分所有权不仅包括业主对建筑物专有部分的所有权，还包括对共有部分的共有权和对公共部分的共同管理权，故我国《民法典》对其专门予以规定。

业主对建筑物的专有部分独立行使所有权，对共有部分的共有权和对公共部分的共同管理权一般通过业主大会和业主委员会行使。业主大会是由全体业主组成的业主自治组织，共同对小区实施管理。由业主大会选举成立的业主委员会是业主大会的执行机构，受业主大会委托管理全体业主的共有财产和共同事务。

2. 担保物权

担保物权是物权权利人在自己的物上为担保债权人债权的实现，而为债权人设定的权利，当债务人到期不能清偿债权时，债权人有权向人民法院申请或与设定担保的人协商对担保物进行处置变现，并对处置变现财产在其担保的债权范围内优先受偿。根据我国《民法典》，担保物权有抵押、质押和留置三种。关于担保物权的内容，本书将在第七讲中详细讨论。

3. 用益物权

用益物权是指物权权利人在自己的物上为他人设定的，由他人对该物实施占有、使用和收益的权利。我国《民法典》规定的用益物权包括土地使用权、居住权和地役权三种。居住权是房屋的所有权人在自己的住宅房屋上通过协议或遗嘱为他人设定的，由他人对该住宅享有的居住的权利。该享有居住权的人被称为居住权人，居住权人只能是自然人。地役权是不动产权利人在自己的不动产上通过协议为他人设定的，允许他人使用其不动产的权利。地役权主要是基于土地的利用而设定的权利，提供便利的土地称供役地，接受供役地便利的土地为需役地，享有地役权的人为地役权人。关于土地使用权的内容，本讲第二节中将详细讨论。

（二）知识产权

知识产权是以智力成果为客体的权利，主要包括著作权、商标权和专利权。知识产权既包括署名权、发表权、修改权之类的人格性权利，也包括使用许可、权利转让、权利质押等包含财产内容的权利，因此是一种复合性权利。

由于智力成果既不像人格权那样与自身的人格不可分离，也不像所有权那样可以排他性地为本人单独支配，而是具有很强的可复制性，所以人格权和所有权适用的规则无法为知识产权提供有效的法律保护，必须另行给予特殊的法律保护方式。同时，由于智力成果的可复制性，故法律并不保护智力成果的占有者，只保护该智力成果的原创者。为明确真正的原创者，有些知识产权，如专利权和商标权，需要由本人向专门的知识产权管理机关提出申请，并经其审查确认后方可取得知识产权。这一审查确认程序在我国是通过国家公权力行使的，因而属于公法的范畴，但知识产权本身是一种私权利，属于私法的范畴。为法律适用的方便，知识产权法常常作为单行法单独立法，其中既有公法的内容，也包括私法的内容。但这只是一种立法方式的选择，立足于权利性质，知识产

权仍属于私权利，而不属于公权利。

（三）包括债权在内的其他财产权

债权是与债务相对的，法律意义上的债务是对特定他人的义务或负担。在此意义上，所谓债权，是请求特定他人实施特定行为的权利。在普通人眼里，债主要是金钱之债，这样的理解并没有问题，因为债的标的虽然不限于金钱履行行为，但所有的债基本上都可以转化为金钱履行。不过在民法理论上，债的标的是行为，是义务的履行行为；所谓金钱之债，是金钱给付义务的履行行为。在此意义上，欠钱是债，未交货也是债，给别人造成妨碍未清除也是债。

根据债的发生原因不同，债被分为合同之债、侵权之债、不当得利之债和无因管理之债四种，由此形成与物权规则体系相对应的债权规则体系。我国《民法典》没有债法编，债的内容规定于合同编和侵权责任编两编之中。由于没有债法编，不当得利和无因管理难以安放，也被归于合同的范畴，作为准合同被置于合同编。关于债的内容，本书将在第五讲中再作进一步讨论。

除债权外，其他财产性权利主要是成员关系中的财产性权利和商事活动中形成的财产性权利。我国法律规定的成员关系主要包括股东关系、业主关系、集体经济组织成员之间的关系，除此之外，各种协会中的会员关系也属于成员关系。成员关系常常涉及财产内容，由此所形成的权利也可归属于财产性权利。商事活动更是与财产权密切相关，票据、商业保险、证券、海事、破产等商事活动中形成的与财产相关的权利，均属于财产性权利，也是财产权体系的重要组成部分。对于这些权利，本书也将在后面的内容中陆续展开。

三 物权法基本规则

财产权的外延极为广泛，无法制定统一的财产法，财产法的内容分散于物权法、债权法、知识产权法和各单行商事立法中。但是，对于各类财产法规则来说，物权法规则和债权法规则是最为基础的法律规则，甚至可以说，所有的财产法规则都是建立在物权法规则和债法规则基础之上的。关于债法规则的内容本书将在后面关于合同的部分逐步展开，在此重点介绍物权法的基本规则。

（一）所有权及其取得

所有权是作为主体的"人"对外在的物的权利，它意味着外在的物应当归属于"我"而免受任何他人的侵夺。但是，任何人不得宣称一切外在的世界都归属于他自己，任何人也不得将已归属于他人的物以盗窃、抢夺等方式占有。也就是说，对外在物的所有权的取得方式必须取得人们的普遍认可，否则无法解决所有权的归属问题。为避免争议，所有权的内容和取得方式都是通过法律明确规定的，不允许个体依照本人的意思随意创设。立足于不同的角度，对所有权的取得方式有不同的分类，其中最常见的分类方式是根据所有权的来源而进行的分类。根据来源不同，所有权的取得方式可以分为原始取得与继受取得两种方式。

1. 原始取得

原始取得主要是所有权的取得方式。定限物权是建立在别人的物上的权利，不存在原始取得，只能基于所有权人的设定而取得。所谓原始取得，是指不依赖他人的意思而从自然界直接取得物的所有权的方式，又可分为四种，即先占、生产、添附和孳息。

先占是针对无主物而言的，对于大自然中尚未被纳入他人所有权之下的物，或者已经被他人抛弃的无主物，先占有者取得所有权。对于属于他人所有的物，不存在先占问题。我国法律规定自然资源均属于国家所有，也没有规定取得时效制度，故当下我国几乎不存在真正意义上的先占。生产者凭借其劳动和智慧生产出来的产品，生产者当然取得对产品的所有权。添附是指将一个物通过加工与另一物结合而形成一个新的物的行为。因添附而产生的物的归属，有约定的，按照约定；没有约定或者约定不明确的，依照法律规定确定；法律没有规定的，按照充分发挥物的效用以及保护无过错当事人的原则确定。孳息分为天然孳息和法定孳息。对于天然孳息，如果没有特别约定，一般由母物的所有权人享有孳息的所有权；对法定孳息的归属，当事人有约定的，按照约定取得，没有约定或者约定不明确的，按照交易习惯取得。

2. 继受取得

继受取得，又称传来取得，是指通过当事人自己的意思或某种法律事实从原所有人那里取得对某项财产的所有权。继受取得的具体方式主要有三种，分别是权利人的转让或赠与、继承遗产和接受遗赠。

3. 拾得遗失物、漂流物和发现埋藏物或隐藏物的处理

根据我国《民法典》规定，拾得遗失物，知道权利人的，应当返还权利人，或送交公安等有关部门。有关部门知道权利人的，应当及时通知其领取；不知道的，应当及时发布招领公告。自发布招领公告之日起一年内无人认领的，归国家所有。所有权人或者其他权利人发现遗失物被他人侵占的，有权追回。遗失物通过转让被他人占有的，权利人有权向无处分权人请求损害赔偿，或者自知道或者应当知道受让人之日起二年内向受让人请求返还原物；但是，受让人通过拍卖或者向具有经营资格的经营者购得该遗失物的，权利人请求返还原物时应当支付受让人所付的费用。权利人向受让人支付所付费用后，有权向无处分权人追偿。

拾得漂流物、发现埋藏物或者隐藏物的，参照适用上述拾得遗失物的规定。

（二）物权的效力及其派生问题

1. 物权的效力

物权虽然是人对物的权利，但任何法律所调整的都是人与人的关系，所谓人与物的关系，从根本上来说，反映的也是人与人之间的关系。具体而言，物权反映的是人与人之间基于物的归属和物的利用而产生的关系。在民法理论上，物权与人格权均被视为绝

对权、对世权，意思是这些权利是针对一切人的，可以排除一切人的干涉和侵犯。相对而言，债权属于相对权、对人权，只能向与之有债权债务关系的特定的当事人主张，无权向关系以外的第三人主张。物权的这种绝对性或者对世性，使物权具有诸多不同于债权的特殊效力。

（1）排他效力。物权的排他效力是指物权可以排除其他一切与物权相冲突的权利主张，可以排除其他任何人对物权的妨碍和干涉。对于所有权来说，同一物之上只能有一个所有权，一个人只要依法取得对某物的所有权，则可排除其他任何人对该物的所有权主张。对于定限物权而言，同一物上不得同时设定两个以上相冲突的定限物权。比如，质权以占有质物为前提，丧失占有则丧失质权，因此，同一物上不得同时存在两个或两个以上的质权。

（2）追及效力。所谓物权的追及效力，是指不管物辗转流通到何人手中，也不管占有人取得物的占有的原因为何，物的所有权人均可直接向物的占有人索取，请求返还原物。其他物权也可根据物权的性质，具有相应的追及效力。如抵押权，无论抵押物辗转流通到何人手中，抵押权人对抵押物的权利均不受影响。又如居住权，住宅房屋的所有权人有权出售住宅房屋，但住宅房屋出售后，居住权人的居住权仍然存在，不因买卖关系而受到影响。也就是，物权跟着物走，物的主人变更原则上不影响定限物权的存在与行使。但是，物的追及效力不是绝对的，会受到法定事由的阻却，如为了维护交易安全、保护善意交易人的权益，善意取得可以阻却物权的追及效力。就此问题，我们将在第六讲中专门讨论。

（3）优先效力。由于物权的排他性和追及性，物权具有一种优先于其他权利受到保护的效力，即物权的优先效力。物权的优先效力主要指优先于债权的效力，即当同一标的物上同时存在物权和债权时，物权优先。比如，当债务人可用于清偿债务的财产只剩一套房产时，对该房产享有抵押权的债权人，在该房产所抵押担保的债权范围内，有权优先于其他债权人受偿。

2. 物权的公示

物权具有优先于债权的优先性，这种优先性要求物权必须通过一定方式向公众公示，并由交易相对人知晓，否则交易相对人将面临很大的交易风险，难以维护交易安全。比如，假设甲将其保管的乙的文物卖与丙，并将出卖文物所得款项挥霍一空，此时，如果乙以所有权人的身份要求丙返还文物，则丙的权益难以得到保护。为维护交易安全、保护善意的交易相对人的权益，法律规定物权必须以法定方式进行公示，才具有物权效力。未经法定方式予以公示而无法为他人所知悉的物权，对不知情的当事人而言，不具有物权的效力。

物权的公示方式主要有两种：一是占有；二是登记。占有是对动产物权的公示方式，一个人公然、持续、和平地占有某物，无疑是对他人的一种权利宣示。登记是不动产物权的公示方式，不动产不像动产那样可以为当事人随时占有支配，故只能通过登记方式进行公示。我国目前已在全国各地建立起统一的不动产登记中心，对不动产物权进行登记，供不动产交易的当事人查阅。

占有和登记是物权的法定公示方式，但有时候，占有人或登记人与实际权利人可能并不一致。比如，占有不仅可以基于物权，也可基于租赁、保管、运输等合同；登记同样可能基于各种原因而不在实际权利人名下。在这种情况下，当交易相对人与实际权利人利益发生冲突的时候，应当如何处理呢？仍以前文所举"甲将其保管的乙的物品卖与丙"的案例为例，这样的交易有效吗？在所有权人乙和交易相对人丙之间，法律优先保护谁的利益呢？

如果法律在任何情况下都不加区分地选择优先保护所有权人的利益，则物权公示将不再有意义，交易相对人的利益无法得到保护，同样会影响交易安全和交易效率。为解决这一问题，法律赋予了物权公示方式以公信力：在法律上推定公示方式所显示的权利人为真正的权利人，凡是基于对物权公示方式的信赖而进行的交易，在法律上就给予保护。至于公示权利人与实际权利人之间的问题，由他们另行解决。当然，交易相对人明知公示权利人不是所有权人仍进行交易的情形除外。

3. 物权的法定

由于物权具有上述特殊效力，为保护其他不享有物权的当事人的权益，降低他们的交易风险，物权的种类和内容必须由法律明确规定，而不能由当事人通过合同的方式自主设定。换句话说，任何当事人均不得通过合同的方式设定任何具有排他、追及、优先等物权效力性质的权利，即使设定，也不发生物权的效力。这一原则称为"物权法定"。

物权法定指物权的类型和内容法定。至于物权的取得，除有些权利（如留置权）可以通过法律规定而取得外，一般都是基于当事人自己的意思而取得的。比如，所有权可通过买卖合同而取得，定限物权可以通过合同而设定。但是，无论所有权还是定限物权，物权的类型和内容均是由法律规定的，当事人无权设定。

当事人通过合同自主设定的物权，不具有物权的效力，主要是指不具有任何对抗合同以外的第三人的效力。之所以如此，是因为通过合同设定的权利并不为合同以外的第三人所知晓，更不能体现第三人的意志，当然不能对第三人产生约束力。但是，当事人通过合同设定的权利，并不是不具有任何法律效力。当事人之间的约定如果不违反法律法规的禁止性规定，对合同当事人双方而言，仍具有法律上的效力，双方当事人均应遵守。

（三）物权法的其他问题

1. 共有

物权具有排他性，故每一个物上只能有一个所有权，但对该物，可以由两个或两个以上的人共同享有所有权。两个或两个以上的人共同对同一物享有所有权的，称共有。共有情况下，需要处理的问题主要有两个：一是共有人之间的关系问题；二是共有人单独向他人处分共有物时，处分的效力问题。

共有可分为两种类型：一是共同共有，二是按份共有。共同共有是两个或两个以上的主体对某项财产共同享有所有权，且不区分各自所应享有的份额。在我国，共同共有主要包括夫妻对共同财产的共有以及家庭成员对家庭共同财产的共有。按份共有是指共有人按照各自的份额对共有财产享有所有权，共同共有之外的共有均是按份共有。在我国，按份共有主要是约定的按份共有。

共同共有情况下，未经其他共有人同意，任何共有人不得单独处分共有物，在需要对共有物进行分割时，有约定的依约定，无约定的一般依均等原则分割，但同时应考虑各共有人对共有财产的贡献大小及其生产、生活的实际情况。按份共有情况下，共有人可以单独处分本人所享有的份额，同等条件下，其他共有人享有优先购买权。按份共有人还可随时要求对共有财产按照各自享有的份额进行分割。

2. 相邻关系

相邻关系是两个以上不动产所有人或使用人，基于不动产的使用而形成的权利义务关系，主要包括因用水和排水产生的关系、因通行产生的关系、因建造修缮建筑物以及铺设管线而产生的关系、因通风和采光而产生的关系、因挖掘土地和建造建筑物而产生的关系等。在处理这些关系时，相邻各方应当依据法律的规定来处理；法律未作出明确规定的，应本着有利生产、方便生活的原则，按照当地习惯来处理。

3. 关于占有

占有是所有权的一项重要权能，此外，占有还指一种状态和事实，即占有人对占有物实际控制的一种支配状态和事实。为了维护和平有序的社会秩序，占有事实受到法律保护，无论占有是否存在不法之前提，占有本身均不受他人的不当干预和侵夺。当然，如果占有人对占有物是非法占有，占有物的权利人有权要求占有人返还占有物。

当占有受到侵害时，占有人有权采取自力救济手段维护其占有事实；当占有物被侵占时，有权要求侵占人返还占有物；对于他人妨害占有的行为，占有人有权要求排除妨害、消除危险；造成占有物损害的，占有人有权要求行为人恢复原状或进行赔偿。

第二节　自然资源使用权

自然资源使用权不仅对某些以自然资源的开发和利用为内容的经营活动有十分重要的意义，有些自然资源（如土地资源）对于大多数法律主体来说都是重要的财产权，因此有必要进行专门讨论。理论上，自然资源所有权与使用权都属于物权的范畴，是由物权法规范的，但我国的自然资源属于国家所有，有关自然资源的管理和用益权设定等具体问题，在《民法典》中并无规定，大多由专门的单行法进行规定。对于非法学专业的读者来说，更有必要进行专门的学习。

自然资源使用权概述

（一）自然资源使用权及其法律体系

1. 何为自然资源使用权

自然资源是指人类可以直接从自然界中获得并用于生产和生活的物质。人们常将自然资源分为三类：一是不可再生资源，如各种金属和非金属矿物、化石燃料等，这些资源不是绝对的不可再生，但需要经过漫长的地质年代才能形成；二是可再生资源，指生物、水、土地资源等，能在较短时间内再生产出来或循环再现；三是取之不尽的资源，如风力、太阳能等，被利用后不会导致贮存量减少。具有法律意义的自然资源主要指前两种。

在我国，自然资源一般属国家所有，部分也可属集体所有。根据我国宪法和《民法典》的规定，矿藏、水流、海域、无居民海岛、土地、森林、山岭、草原、荒地、滩涂等自然资源，除法律规定由集体所有的以外，均归国家所有。法律规定属于国家所有的野生动植物资源，也属于国家所有。法律规定由集体所有的自然资源主要包括土地、森林、山岭、草原、荒地和滩涂，对于其他的自然资源，只能由国家所有。

自然资源属于国家或集体所有，任何私主体（包括自然人、法人和非法人组织）如果需要使用自然资源，只能向国家提出申请，由国家在自然资源上为个体设定使用权，或与集体组织通过协议的方式约定对集体所有的自然资源的使用方式。这种从国家和集体取得的对自然资源的开发利用的权利就是自然资源使用权，性质上属于用益物权。

2. 我国关于自然资源使用权的立法

自然资源使用权属于用益物权，属于物权法的范畴。在我国，自然资源归国家和集体所有，这使得自然资源使用权的设定具有非常浓厚的行政化特点，与私法领域的权利行使方式不同，体现的是一种国家权力的运作过程。在此意义上，自然资源使用权的设定条件与设定程序主要属于公法的范畴，很难在作为私法的《民法典》中予以规范。

由此我们看到，即使对《民法典》中规定得最为详细的土地使用权，也只是规定了土地使用权的类型和权利内容，而对于土地使用权的取得方式、审批权限、审批程序、土地补偿、土地使用的监督管理等内容，《民法典》中均未明确规定，而主要是由专门的《土地管理法》及其相配套的法律法规来规定的。

其他自然资源使用权在《民法典》中的规定更为简单，只是宣示性地宣称：依法取得的海域使用权、探矿权、采矿权、取水权，以及使用水域、滩涂从事养殖、捕捞的权利受法律保护。除此之外没有规定任何其他内容。上述权利的取得方式、程序和权利的具体内容等,均规定于相应的单行法中,如采矿权由《中华人民共和国矿产资源法》规定,渔业权由《中华人民共和国渔业法》规定,取水权由《中华人民共和国水法》规定,海域使用权由《中华人民共和国海域使用管理法》规定,等等。

(二)我国自然资源使用权的主要类型

凡是归属国家或集体所有的自然资源,都涉及自然资源使用权问题。常见的自然资源使用权主要有以下五种。

1. 土地使用权

土地使用权是最常见,也是与个体生活联系最紧密的自然资源使用权。相较于其他类型的用益物权,土地使用权的权利范围更广、权利更大,几乎具有了某种"准所有权"的性质。在权利行使规则上,有关土地使用权的法律规范也最为复杂。在我国,国家和集体都可以是土地的所有权人,均可设定土地使用权,由此形成我国土地使用权的两种基本类型:一是存在于国有土地上的国有土地使用权;二是存在于集体土地之上的集体土地使用权。

2. 采矿权

采矿权又称矿产使用权,是指采矿企业在开采矿产资源的活动中,依据法律规定对矿产资源所享有的开采、利用、收益和管理的权利。矿产资源不仅具有巨大的经济价值,而且还常与一国的经济战略和国防工业相联系,矿产资源的开采还涉及地质、环境、生态等多方面问题,因此,很多国家都规定矿产资源属于国家所有,由国家统一掌控与开发。

3. 取水权

取水权是直接从江河、湖泊或者地下取用水资源的权利。基于家庭生活和零星散养、圈养畜禽饮用而需要取水的,与人们的基本生活相关,故不宜受到法律的限制,并不涉及取水权问题。但基于工业生产、渔业养殖等原因,需要大量使用水资源的,应向水行政主管部门或者流域管理机构申领取水许可证,并缴纳水资源费,取得取水权,才能使用水资源。

4. 渔业权

渔业权是指出于渔业生产经营的需要而对渔业资源进行利用的权利。渔业主要包括养殖业和捕捞业两类。其中,养殖业主要涉及对水面和滩涂的使用权,捕捞业主要涉及对渔业资源的使用权。需要使用水面和滩涂的,应当向渔业管理部门申请养殖许可证,取得水面和滩涂的使用权;从事捕捞的,应向渔业管理部门申领捕捞许可证,取得捕捞权。

5. 海域使用权

海域是指中华人民共和国内水、领海的水面、水体、海床和底土。其中,内水是指中华人民共和国领海基线向陆地一侧至海岸线的海域。根据《中华人民共和国海域使用管理法》的规定,在内水、领海持续使用特定海域三个月以上的排他性用海活动,需要向海域管理部门申请，取得海域使用权后，才能使用海域。国务院海洋行政主管部门会同国务院有关部门和沿海省、自治区、直辖市人民政府，编制全国海洋功能区划，统筹对海域的规划和管理。

（三）自然资源使用权的设定

自然资源使用权属于定限物权，更进一步说属于用益物权。定限物权是由所有权派生出来的权利。根据物权法定原则，物权的类型和内容均须由法律规定，个体不能根据自己的意志自由创设。但是，定限物权是所有权人对所有权的部分权能进行处分的结果，虽然不能创设物权的类型和内容，但是否在物上为他人设定物权，仍取决于所有权人本人的意志。如果物权人不同意在自己的物上设定定限物权，其物上也就不会存在定限物权负担。当然，特殊情况下也存在例外，比如，根据《民法典》规定，留置权就不是源于所有权人的设定，而是源于法律的规定。

自然资源使用权作为用益物权，同样需要由自然资源所有权人和自然资源使用人通过合同形式设定。国家所有的自然资源，由代表国家的各级政府主管机关在法律授权范围内行使管理权。集体所有的自然资源，由各集体组织行使相应的权利。

二 建设用地使用权

建设用地使用权是国家土地管理部门依照法律规定，在国有土地上为使用权人设定的利用该土地建造建筑物、构筑物及其附属设施的权利。

（一）建设用地使用权的取得

建设用地使用权是对国有土地的使用权，经政府依法批准后，个体才能取得土地使用权。根据土地的用途，使用者取得建设用地使用权的方式主要分为两种类型：一是通过国家划拨土地而取得；二是通过国家出让土地而取得。

1. 土地划拨

划拨是指经政府主管机关依法审批后，直接将土地交付给土地使用者使用的行为。划拨土地主要用于国家机关用地、军事用地、城市基础设施用地和公益事业用地，此外还可以用于国家重点扶持的能源、交通、水利等建设项目用地，及法律法规规定的其他用地。划拨用地具有无偿性，土地使用人无须缴纳土地使用费。

2. 土地出让

出让是指国家将国有土地的使用权在一定期限内让与土地使用人使用的行为，土地出让均为有偿出让，土地使用者须向国家缴纳土地出让金。土地出让一般由政府土地管理部门以土地所有权人的身份，通过招标、拍卖或挂牌等方式出让。对于不能采用上述方式出让的，也可以通过协议方式出让，协商确定土地出让价格。为防止公权力的滥用，法律对协议出让的条件、程序和价格等内容均作出了非常严格的限制性规定。

3. 土地使用期限

划拨土地因其用途的公益性和长期性，一般并不存在期限问题，而出让土地的土地使用权均有期限限制。根据土地用途的不同，法律规定了不同情况下土地的最高使用期限：居住用地的使用期限为70年；工业用地，以及教育、科技、文化、卫生、体育用地的使用期限为50年；商业、旅游、娱乐用地的使用期限为40年；综合用地或其他用地的使用期限为50年。根据《中华人民共和国城镇国有土地使用权出让和转让暂行条例》，土地使用权到期后，由国家收回土地，并无偿取得土地上的建筑物和其他附着物；土地使用者继续使用土地的，可以申请续期，重新订立土地出让合同，并缴纳土地出让金。对于居住用地，《民法典》第359条规定："住宅建设用地使用权期限届满的，自动续期。续期费用的缴纳或者减免，依照法律、行政法规的规定办理。"但是，直到2024年7月本书定稿之日，相关法律法规的配套规定仍未出台。

（二）国家对集体土地的征收

建设用地使用权是在国有土地上设定的权利，根据具体情况，需要占用集体所有的土地的，应当依《土地管理法》的规定，对集体土地进行征收。经征收转为国有土地后，再依法进行划拨或出让。

1. 土地征收前期工作

土地征收应根据法律关于审批权限的规定申请审批。前期工作指拟征收土地的人民政府在提出审批申请前应做的工作，主要包括三个方面：一是土地状况调查和社会稳定风险评估；二是制定土地安置补偿方案；三是组织签订征地安置补偿协议。

县级以上人民政府认为需要征收土地的，首先应发布征收土地预公告，公告土地征收的范围、征收目的、开展土地现状调查的安排等内容。自预公告发布之日起，任何单位和个人不得在拟征收范围内抢栽抢建，对抢栽抢建部分，不予补偿。

发布征收土地预公告的同时，拟征收土地的人民政府应当开展拟征收土地现状调查和社会稳定风险评估。土地现状调查的目的主要是查明土地的位置、权属、地类、面积，以及农村村民住宅、其他地上附着物和青苗等的权属、种类、数量等情况。社会稳定风险评估的目的是对征收土地的社会稳定风险状况进行综合研判，确定风险点，提出风险防范措施和处置预案。社会稳定风险评估应当有被征地的农村集体经济组织及其成员、村民委员会和其他利害关系人参加，评估结果是申请征收土地的重要依据。

依据社会稳定风险评估结果，结合土地现状调查情况，拟征收土地的人民政府应当组织自然资源、财政、农业农村、人力资源和社会保障等有关部门拟定征地补偿安置方案，明确具体的补偿方式和标准、安置对象、安置方式和失地农民的社会保障等内容，并组织有关部门测算并落实有关费用，保证足额到位。安置补偿方案制定后，应在拟征收土地所在的乡镇和村、村民小组范围内公告。多数被征地的农村集体经济组织成员认为征地补偿安置方案不符合法律、法规规定的，县级以上地方人民政府应当组织召开听证会，并根据法律、法规的规定和听证会情况修改方案。

征地补偿安置方案确定后，拟征收土地的人民政府应当组织有关部门与拟征收土地的所有权人或使用权人签订征地补偿安置协议，进行土地安置补偿登记。对个别确实难以达成征地补偿安置协议的，县级以上地方人民政府应当在申请征收土地时如实说明。

2. 土地征收的申请与审批

土地征收前期工作完成后，由拟征收土地的人民政府向有审批权限的人民政府申请审批。根据《土地管理法》的规定，征收永久基本农田，或永久基本农田以外的耕地超过35公顷，或其他土地超过70公顷的，由国务院批准；除此之外的土地征收，由省、自治区、直辖市人民政府批准。

土地征收涉及农用地转为建设用地的，还应当办理农用地转用审批手续。永久基本农田转为建设用地的，由国务院批准。在土地利用总体规划确定的城市和村庄、集镇建设用地规模范围内，为实施该规划而将永久基本农田以外的农用地转为建设用地的，按土地利用年度计划分批次按照国务院规定由原批准土地利用总体规划的机关或者其授权的机关批准。在已批准的农用地转用范围内，具体建设项目用地可以由市、县人民政府批准。在土地利用总体规划确定的城市和村庄、集镇建设用地规模范围外，将永久基本农田以外的农用地转为建设用地的，由国务院或者国务院授权的省、自治区、直辖市人民政府批准。

经国务院批准农用地转用的，或省级政府在其征地批准权限范围内批准农用地转用的，应当同时办理征地审批手续，不再另行办理征地审批，超过征地批准权限的，应当另行办理征地审批。

3. 土地征收的实施

土地征收申请批准后，由申请征收土地的人民政府组织实施。在审批前，安置补偿方案已经确定并签订了安置补偿协议，因此在实施时，一般只需要按照安置补偿方案进行补偿安置，并办理相应的征收手续就可以了。

个别没有达成安置补偿协议的人，一般是集体土地的使用权人，对于他们的安置补偿问题，一般由负责土地征收组织实施的人民政府根据安置补偿方案作出征地补偿安置决定，当事人对补偿安置决定不服的，可以向人民法院提起行政诉讼。当事人既不起诉也不执行的，如果需要对土地上的建筑物或附着物进行拆迁、对林木进行砍伐，或采取其他强制执行措施，人民政府可以申请人民法院强制执行。

4. 土地征收的安置补偿问题

土地征收安置补偿费用主要包括三大类：一是对所有权人的土地补偿费；二是对失地农民的安置补助费；三是对地上建筑物和附着物，以及林木和农作物的补偿费。

征收农用地的土地补偿费、安置补助费标准由省、自治区、直辖市通过制定公布区片综合地价确定。制定区片综合地价应当综合考虑土地原用途、土地资源条件、土地产值、土地区位、土地供求关系、人口以及经济社会发展水平等因素，并至少每三年调整或者重新公布一次。

征收农用地以外的其他土地、地上附着物和青苗等的补偿标准，由省、自治区、直辖市制定。对其中的农村村民住宅，应当按照先补偿后搬迁、居住条件有改善的原则，尊重农村村民意愿，采取重新安排宅基地建房、提供安置房或者货币补偿等方式给予公平、合理的补偿，并对因征收造成的搬迁、临时安置等费用予以补偿，保障农村村民居住的权利和合法的住房财产权益。县级以上地方人民政府应当将被征地农民纳入相应的养老等社会保障体系。被征地农民的社会保障费用主要用于符合条件的被征地农民的养老保险等社会保险缴费补贴。被征地农民社会保障费用的筹集、管理和使用办法，由省、自治区、直辖市制定。

（三）建设用地使用权人的权利与义务

1. 建设用地使用权的具体内容

建设用地使用权虽是一种用益物权，但该权利可以转让、抵押、出租，可以作为出资。总之，在不改变原土地用途和不影响土地价值的前提下，建设用地使用权人享有非常广泛的权利，法律原则上不宜进行过多干涉。

土地使用权人对土地只有使用权，没有所有权，但对土地上的建筑物和附着物享有所有权，两种权利的主体和性质是不同的。但是，房屋必须建造于土地之上，难以分割。因此，《民法典》规定，建设用地使用权和土地上的建筑物的所有权不能单独处分，应当一并处分。

2. 建设用地使用权人的义务

建设用地使用权人的义务主要是指出让土地的使用权人的义务，主要包括两类：一是支付土地出让金的义务；二是依照出让合同约定使用土地的义务。未缴纳土地出让金的，出让方有权解除合同、收回土地。对于没有按照土地用途使用土地，或没有按照出让合同中约定的期限进行开发建设造成土地闲置浪费的，出让方也可以解除合同、收回土地。

需要改变土地用途的，应当向土地主管部门提出申请，经审查批准后办理土地出让合同变更手续，并根据具体情况相应调整出让金的数额。

三 集体土地使用权

集体土地使用权是对集体所有的土地的使用权，主要包括土地承包经营权、宅基地使用权和集体建设用地使用权三类。

（一）土地承包经营权

1. 土地承包经营权的概念

土地承包经营权是以从事农业生产为目的，对农村土地通过承包方式取得的用益物权。所谓农村土地，包括集体所有土地和国家所有、由农民集体使用的土地。所谓承包，主要是由农村集体经济组织的内部成员以家庭为单位实施承包，内部成员基于成员身份而取得土地承包经营权，一般都是无偿的。对于不宜采取家庭承包方式的荒山、荒沟、荒丘、荒滩等农村土地，可以采取招标、拍卖、公开协商等方式承包，承包者不受是否具有农村集体经济组织成员身份的限制。

土地承包经营权依不同的农业用途有不同的承包期限：耕地的承包期为30年；草地的承包期为30～50年；林地的承包期为30～70年。耕地的承包期届满后，承包人愿意继续承包的，可以再延长30年；草地、林地承包期届满后，也可以根据承包人的意愿相应延长。

2. 土地承包经营权的流转

土地承包经营权可以流转，包括互换和转让两种方式。互换只能是农村集体经济组织内部成员之间对各自承包经营的土地进行互换。转让可进一步分为两种情况：一是内部转让，经发包方同意，承包经营户可以将承包经营权的一部分或全部转让给本集体经济组织的其他农户；二是外部转让，即向本集体经济组织以外的人转让，外部转让不能转让承包权，只能转让经营权。也就是说，土地的承包权具有身份性质，除"四荒"地外，只能由具有农村集体经济组织成员身份的农户才能取得，而且只能同内部其他成员互换和转让，不得向集体成员以外的人转让。

对于土地经营权，承包经营户可以采取出租、入股以及其他方式进行转让，向发包人备案即可，无须经发包人同意。土地经营权转让后，经转让方同意，受让方可以将土地经营权再次转让，也可以设定担保。但是，无论如何流转，只能基于农业生产的目的使用土地，不得从事非农建设，不得弃耕抛荒，不得破坏农业综合生产能力和农业生态环境。

3. 土地承包经营权的特别保护

除"四荒"地外，土地承包经营权均需要基于农村集体经济组织的身份而取得，但成员身份的丧失并不导致土地承包经营权的消灭。为稳定承包关系、鼓励农业投入，土地承包经营权除可依《民法典》的规定受法律保护外，《中华人民共和国农村土地承包法》还规定了其他特别保护性措施，主要有以下三个方面。

（1）对进城农户土地承包经营权的保护。明确规定不得以退出土地承包经营权作为农户进城落户的条件。

（2）对出嫁或离婚及丧偶妇女土地承包经营权的保护。在承包期内，妇女结婚，在新居住地未取得承包地的，发包方不得收回其原承包地；妇女离婚或者丧偶，仍在原居住地生活或者不在原居住地生活但在新居住地未取得承包地的，发包方不得收回其原承包土地。

（3）对土地调整进行严格限制。承包期内，发包方不得调整承包地。因自然灾害严重毁损承包地等特殊情形对个别农户之间承包的耕地和草地需要适当调整的，须经本集体经济组织成员的村民会议2/3以上成员或者2/3以上村民代表的同意，并报乡（镇）人民政府和县级人民政府农业农村、林业和草原等主管部门批准，方可调整。

（二）宅基地使用权

宅基地使用权是农村集体经济组织成员基于身份关系，为了居住需要，而对集体土地享有的占有和使用的权利，是我国法定的用益物权。宅基地使用权没有法定期限的限制，而且是无偿取得的，但其主体仅限于农村集体经济组织的成员，且用途也仅限于建造住宅及其附属设施。

1. 宅基地使用权的取得

宅基地使用权以满足农村村民的家庭居住需求为原则，实行"一户一宅"原则，即一户只能拥有一处宅基地。因此，只有因子女结婚分户，或外来人口落户成为本集体经济组织成员，且没有宅基地时，才可申请宅基地。对于已有宅基地，或者出租、出卖或赠与其建在宅基地上的住房后，再申请宅基地的，一般不予批准。

宅基地由农户以户为单位向本集体经济组织提出申请，经农村村民集体讨论通过并公示，报乡人民政府审核批准后，即可取得宅基地使用权。涉及占用农用地的，应当依照《土地管理法》的规定申请办理农用地转用审批手续。

2. 宅基地使用权的保护与限制

农户依法取得的宅基地和宅基地上的农村村民住宅及其附属设施受法律保护，即使农户已到城市落户失去本集体经济组织的成员身份，其地上建筑物仍归本人所有，不能强制其搬迁退出宅基地。但宅基地使用权仅限于满足居住需要，不能出租、入股或以其他方式转让，也不得用于抵押或其他形式的担保。但是，建造于宅基地上的建筑物属于个人所有，其转让并不受法律的限制。由于建筑物只能建造在土地上，不能与土地分离，由此就产生了建筑物转让与宅基地使用权流转限制的矛盾。

对于上述情况，如果买受人也是本集体经济组织的成员，且没有宅基地，可以一并取得宅基地使用权。但是，如果买受人是本集体经济组织以外的人，则房屋买卖合同可能会被认定无效而无法获得法律的保护。对于如何处理这一矛盾，当前法律上的态度也并不是十分明确，尚需要在理论上和实践中进一步研究和摸索。

（三）集体建设用地使用权

《民法典》规定的建设用地使用权是国有土地使用权，并不包括集体土地。在集体土地上建造建筑物或其他土地附着物，不适用《民法典》建设用地使用权的规定，而是依照《土地管理法》的有关规定办理。

在集体土地上设立的建设用地使用权，主要包括以下三类。

1. 农村集体公益用地使用权

乡镇、农村因公共设施、公益事业建设需要使用土地的，经乡级人民政府审核，向县级以上地方人民政府自然资源主管部门提出申请，按照省、自治区、直辖市规定的批准权限，由县级以上地方人民政府批准；其中，涉及占用农用地的，还应当依照法律规定办理农用地转用的审批手续。

2. 乡镇企业建设用地使用权

农村集体经济组织兴办企业或者与其他单位、个人以土地使用权入股、联营等形式共同创办企业的，可以向县级以上地方人民政府自然资源主管部门申请建设用地使用权。乡镇企业建设用地应当属于乡镇土地利用总体规划中确定的建设用地，并应根据不同行业和经营规模，严格予以控制。

3. 集体经营性建设用地使用权

农村集体经营性建设用地，是指具有生产经营性质的农村建设用地，可以对外进行出让或出租，在很多方面与国有土地的建设用地使用权几乎等同，是我国当前建立城乡统一土地市场的一种实践尝试。

集体经营性建设用地必须是国土空间规划或土地利用总体规划中已经确定为工业或商业等经营性用途，并经批准登记为集体经营性建设用地的土地，未经审批登记的土地不属于集体经营性建设用地。另外，集体经营性建设用地一般只限于工业或商业等经营性用途，目前尚不能用于住宅的开发建设。

集体经营性建设用地出让、出租时，应当经本集体经济组织成员的村民会议2/3以上成员或者2/3以上村民代表的同意。通过出让等方式取得的集体经营性建设用地使用权，除法律法规另有规定或合同另有约定外，可以转让、互换、出资、赠与或者抵押。

第三节 工业产权

工业产权是知识产权的重要组成部分，都是基于人的智力成果而产生的权利。工业产权包括商标权和专利权。由于这两种知识产权与工业生产活动密切相关，故称为工业产权。除工业产权外，知识产权还包括著作权，由于普通公司的生产经营活动中很少涉及著作权问题，故本节只讨论工业产权，对著作权的相关问题不再介绍。

 商标权

（一）何为商标

商标是用于区别其他同类商品和服务的标志，通常用文字、数字、图形、符号及其组合来表示，颜色组合和声音也可以注册为商标。商标与商品或服务的质量和信誉密切相关，从而成为一种蕴含着巨大经济利益的无形资产，需要法律予以特别的保护。

1. 几种常见的商标类型

从不同角度可以对商标进行不同的分类：根据商标的形式，可分为文字商标、图形商标、字母商标、三维标志商标等；根据用途，可分为商品商标、服务商标、集体商标等；根据是否注册，可分为未注册商标和注册商标；根据享誉程度，可分为普通商标、驰名商标等。下面主要介绍几种常见的商标类型。

（1）未注册商标。未注册商标是指商标使用者未向国家商标主管机关提出注册申请，自行在商品或服务上使用的文字、图形或其组合标记。未注册商标不享有商标的专用权，不受国家法律保护。未注册商标不得在相同或类似商品和服务上与他人已注册商标相同或近似，因此，如果未注册商标被他人抢注，未注册商标者很可能会被抢先注册的商标权人禁止继续使用此商标。

（2）注册商标。注册商标是指经国家商标主管机关核准注册而使用的商标。商标注册后，商标所有人享有该商标专用权，可以排除他人在同一种商品或类似商品上注册相同或近似的商标。当注册商标被他人假冒使用、构成商标侵权，商标权人可以请求非法使用人承担相应的法律责任。

（3）驰名商标。驰名商标是指在较大地域范围的市场上享有较高声誉，为相关公众所普遍熟知，有良好质量信誉的商标。驰名商标知名度高，影响范围广，已经被消费者、经营者所熟知和信赖，因而常常受到法律的特殊保护。商标是否是驰名商标可由国家商标主管机关或人民法院认定。如果被认定为驰名商标，即使未予注册也可排除他人的使用。普通注册商标一般仅对相同或者类似商品或服务具有排他使用权，而驰名商标对不相同或者不相类似的商品也有排他性权利。驰名商标的认定仅在法律保护方面具有特殊意义，不是一种荣誉称号，也不能用于包装标识或其他广告宣传。

2. 商标的显著性

商标可以是图案，也可以是声音以及声音与图案的组合。图案可以是文字、图形、字母、数字、三维标志，也可以是上述要素的组合，甚至可以是单纯的颜色组合。但无论商标图案如何组合，商标必须具有显著性；缺乏显著性特征的，不得注册为商标。所谓显著性，是指商标与其他商品和商品标识得以明显区分的特性。

商标是否具有显著性特征是立足于是否有助于与其他同类商品区分的角度而言的，商标越反映商品本身的特征，越没有显著性，因为这样的商标难以与其他同类商品区分。相反，商标与商品本身越是风马牛不相及，越可能具有显著性。根据我国《商标法》的相关规定，以下图案不具有显著性，不得作为商标注册：

（1）仅有本商品的通用名称、图形、型号的；

（2）仅直接表示商品的质量、主要原料、功能、用途、重量、数量及其他特点的；

（3）以三维标志申请注册商标的，仅由商品自身的性质产生的形状、为获得技术效果而需有的商品形状或者使商品具有实质性价值的形状的。

但是，上述标志经过使用取得显著特征，并便于识别的，可以作为商标注册。

3. 法律明确禁止作为商标的标志

法律明确禁止作为商标标志的主要有两类：一是具有特殊含义的图案或文字；二是具有不健康内容，可能导致不良影响的。我国商标法明确规定了九种不得作为商标使用的标志，它们分别是：

（1）同中华人民共和国的国家名称、国旗、国徽、国歌、军旗、军徽、军歌、勋章等相同或者近似的，以及同中央国家机关的名称、标志、所在地特定地点的名称或者标志性建筑物的名称、图形相同的；

（2）同外国的国家名称、国旗、国徽、军旗等相同或者近似的，但经该国政府同意的除外；

（3）同政府间国际组织的名称、旗帜、徽记等相同或者近似的，但经该组织同意或者不易误导公众的除外；

（4）与表明实施控制、予以保证的官方标志、检验印记相同或者近似的，但经授权的除外；

（5）同"红十字""红新月"的名称、标志相同或者近似的；

（6）带有民族歧视性的；

（7）带有欺骗性，容易使公众对商品的质量等特点或者产地产生误认的；

（8）有害于社会主义道德风尚或者有其他不良影响的；

（9）县级以上行政区划的地名或者公众知晓的外国地名，但是，地名具有其他含义或者作为集体商标、证明商标组成部分的除外，已经注册的使用地名的商标继续有效。

（二）商标的注册

商标注册是商标管理机关根据当事人的申请，经审查核准等一系列法定程序，依法对申请的商标给予注册登记的活动。商标经注册后，可以获得排他使用的权利。

1. 商标注册的原则

商标注册原则是指受理商标注册申请并最终确认商标权归属的行为依据和法律原则。我国的商标注册原则以申请在先原则和自愿注册原则为主，同时兼顾使用在先原则和强制注册原则。

（1）申请在先原则，又称注册在先原则，是指两个或者两个以上的申请人，在同一种商品或者类似商品上，以相同或者近似的商标申请注册的，商标局受理最先提出的商标注册申请，对在后的商标注册申请予以驳回。申请在先是根据申请人提出商标注册申请的日期来确定的，商标注册的申请日期以商标局收到申请书件的日期为准。因此，应当以商标局收到申请书的日期作为判定申请在先的标准。

（2）使用在先原则，是指商标注册时应考虑他人现有的在先使用的权利。我国商标法在坚持申请在先原则的同时，兼顾使用在先的正当性，防止不正当的抢注行为。《商标法》第32条规定，申请商标注册不得损害他人现有的在先权利，也不得以不正当手段抢先注册他人已经使用并有一定影响的商标。两个申请人在同一天申请相同或近似商标的，应考虑使用在先，驳回其他人的申请，不予公告。两个申请人同日使用或者均未使用的，各申请人可以自收到商标局通知之日起30日内自行协商，并将书面协议报送商标局；不愿协商或者协商不成的，商标局通知各申请人以抽签的方式确定一个申请人，驳回其他人的注册申请。商标局已经通知但申请人未参加抽签的，视为放弃申请。

（3）自愿注册原则，是指商标使用人是否申请商标注册取决于自己的意愿。在自愿注册原则下，商标注册人对其注册商标享有专用权，受法律保护。未经注册的商标，可以在生产服务中使用，但其使用人不享有专用权，无权禁止他人在同种或类似商品上使用与其商标相同或近似的商标，但驰名商标除外。

（4）强制注册原则，在实行自愿注册原则的同时，我国规定了在极少数商品上使用的商标强制注册原则，作为对自愿注册原则的补充。目前我国必须使用注册商标的商品只有烟草制品，包括卷烟、雪茄烟和有包装的烟丝。使用未注册商标的烟草制品，禁止生产和销售。

2. 商标注册程序

（1）申请与受理。我国负责商标注册管理的机关是国家知识产权局商标局。商标注册应向国家知识产权局商标局提出申请，申请人可以通过一份申请就多个类别的商品申请注册同一商标。申请注册商标应当提交申请人身份证明、商标图案和说明材料。

商标注册申请手续齐备、按照规定填写申请文件并缴纳费用的，商标局予以受理并书面通知申请人。申请手续不齐备、未按照规定填写申请文件或者未缴纳费用的，商标局不予受理，书面通知申请人并说明理由。申请手续基本齐备或者申请文件基本符合规定，但是需要补正的，商标局通知申请人予以补正，限其自收到通知之日起30日内，按照指定内容补正并交回商标局。在规定期限内补正并交回商标局的，保留申请日期；期满未补正或者不按照要求进行补正的，商标局不予受理并书面通知申请人。

（2）审查与公告。对申请注册的商标，商标局应当自收到商标注册申请文件之日起9个月内审查完毕，符合法律规定的，予以初步审定公告。不符合法律有关规定或者同他人在同一种商品或者类似商品上已经注册的或者初步审定的商标相同或者近似的，由商标局驳回申请，不予公告。

对驳回申请、不予公告的商标，商标局应当书面通知商标注册申请人。商标注册申请人不服的，可以自收到通知之日起15日内向商标评审委员会申请复审。商标评审委员会应当自收到申请之日起9个月内作出决定，并书面通知申请人。有特殊情况需要延长的，经国务院工商行政管理部门批准，可以延长3个月。当事人对商标评审委员会的决定不服的，可以自收到通知之日起30日内向人民法院起诉。

（3）异议与核准。对初步审定公告的商标，自公告之日起3个月内，在先权利人、利害关系人可以向商标局提出异议。公告期满无异议的，予以核准注册，发给商标注册证，并予公告。

对初步审定公告的商标提出异议的，商标局应当听取异议人和被异议人陈述事实和理由，经调查核实后，自公告期满之日起12个月内做出是否准予注册的决定，并书面通知异议人和被异议人。有特殊情况需要延长的，经国务院工商行政管理部门批准，可以延长6个月。

商标局做出准予注册决定的，发给商标注册证，并予公告。异议人不服的，可以向商标评审委员会请求宣告该注册商标无效。商标局做出不予注册决定，被异议人不服的，可以自收到通知之日起15日内向商标评审委员会申请复审。商标评审委员会应当自收到申请之日起12个月内做出复审决定，并书面通知异议人和被异议人。有特殊情况需要延长的，经国务院工商行政管理部门批准，可以延长6个月。被异议人对商标评审委员会的决定不服的，可以自收到通知之日起30日内向人民法院起诉。人民法院应当通知异议人作为第三人参加诉讼。

法定期限届满，当事人对商标局做出的驳回申请决定、不予注册决定不申请复审或者对商标评审委员会做出的复审决定不向人民法院起诉的，驳回申请决定、不予注册决定或者复审决定生效。

（4）无效宣告。已经注册的商标，不符合法律规定的，或者是以欺骗手段或者其他不正当手段取得注册的，由商标局宣告该注册商标无效；其他单位或者个人可以请求商标评审委员会宣告该注册商标无效。

已经注册的商标，侵犯在先使用人权利的，自商标注册之日起5年内，在先权利人或者利害关系人可以请求商标评审委员会宣告该注册商标无效。对恶意注册的，驰名商标所有人不受5年的时间限制。

对商标局宣告注册商标无效的决定，商标注册人在15日内未申请复审的，对商标评审委员会的复审决定、维持注册商标或者宣告注册商标无效的裁定，商标注册人或申请宣告商标无效的当事人在30日内未向人民法院起诉的，商标局的决定或者商标评审委员会的复审决定、裁定生效。宣告无效的注册商标，由商标局予以公告，该注册商标专用权视为自始即不存在。

3. 关于商标恶意抢注

所谓恶意抢注，是指以不正当手段抢先注册他人已经使用并有一定影响的商标。我国商标注册采用注册在先原则，对于没有注册的商标，当事人可以通过抢先申请注册取得商标权，这样的抢注在法律上并没有问题。但是，对于已经有一定影响的未注册商标，如果采用不正当手段抢注，则构成恶意抢注。是否构成恶意抢注，一般可通过以下因素进行考察。

（1）申请人抢注商标的目的是不是谋取不正当利益。一般情况下，对于他人已使用在先的商标，抢注后自己并不使用，而是高价转让给他人或者注册成功后向被抢注人提出赔偿请求的，可以认定他的主观目的是谋取不正当利益。

（2）申请人是否采取了不正当手段。恶意抢注的申请人往往是了解商标使用人情况的人，他们实际上是剽窃他人已经使用但未来得及申请注册的商标，在他们所申请注册的商标上并未凝聚自己的智慧和创意。

（3）被抢注的商标是否是有一定影响的商标。通常情况下，没有任何影响的商标是没有人会去抢注的。"有一定影响"是指在一定地域被一定的人群所认知的区别性标记。

是否"有一定影响"可以从该商品的广告投放、商品的销售额、市场占有率、消费者的知悉状态以及地域上的辐射面等方面进行综合考察。

（4）被抢注的商标是否是已经使用并正在使用的商标。被抢注的商标应是被抢注人已经使用并正在使用的商标，即强调商标的连续性使用，如果被抢注人曾经使用过商标而中途停止使用，他人申请注册，则不应该认定为抢注。

（三）商标权及其法律保护

1. 商标权

商标权是商标注册人对其注册商标所享有的权利，主要包括排他使用权、收益权、处分权、续展权和禁止他人侵害的权利。

（1）商标权的特点。相较于普通财产权，商标权具有其自身独特的特点。

一是独占性。商标注册人对其注册商标享有排他性的独占使用权。赋予注册商标所有人独占使用权的基本目的，是通过注册建立特定商标与特定商品的固定联系，从而保证消费者能够避免混淆并能收到准确无误的商品来源信息。

二是时效性。商标权有其法定的期限，在有效期限之内，商标专用权受法律保护；超过有效期限不办理续展手续，就不再受到法律的保护。

三是地域性。商标专用权的保护受地域范围的限制，仅在商标注册国享受法律保护，非注册国没有保护的义务。在我国注册的商标要在其他国家获得商标专用权并受到法律保护，就必须分别在这些国家进行注册，或者通过国际知识产权条约在成员国依条约规定处理。

四是类别性。国家商标局依照商标注册申请人提交的商标注册申请书中核定的类别进行审查和核准，注册商标的保护范围仅限于所核准的类别和项目。以世界知识产权组织提供的《商标注册用商品和服务国际分类》为基础，国家商标局制定的《类似商品和服务区分表》将商品和服务总共分为45个类别，在相同或近似的类别只允许一个商标权利人拥有相同或近似的商标，除对驰名商标存在特殊保护外，在不相同或近似的类别中允许不同权利人享有相同或近似的商标。

五是财产性。商标专用权是一种无形财产权，蕴含着巨大的经济利益。

（2）商标权的具体内容。商标权主要是专有使用权，它是商标权最重要的内容，是商标权中最基本的核心权利。所谓专有使用权，是指商标权人在核定的商品上对商标排他性的独占使用权。专有使用权具有相对性，只能在法律规定的范围内使用。我国《商标法》第56条规定：注册商标的专用权，以核准注册的商标和核定使用的商品为限。

商标所有人还可以通过许可使用合同，许可他人使用其注册商标。被许可人根据合同约定支付商标使用费，在合同约定的范围和时间内使用该注册商标。商标所有权人许可他人使用注册商标的，应当监督被许可人使用其注册商标的商品质量。被许可人应当保证使用该注册商标的商品质量。经许可使用他人注册商标的，必须在使用该注册商标的商品上标明被许可人的名称和商品产地。

注册商标所有人还可以将其商标权转让给他人所有。商标权转让后，受让人取得注册商标所有权，原来的商标权人丧失商标专用权。转让注册商标，应由双方当事人共同向商标局提出申请，经商标局核准公告后，转让行为方可生效。

（3）商标权的有效期及其续展。注册商标的有效期为10年，自核准注册之日起计算。有效期满需要继续使用的，商标注册人应当在期满前12个月内按照规定办理续展手续；在此期间未能办理的，可以给予6个月的宽展期。每次续展注册的有效期为10年，自该商标上一届有效期满次日起计算。期满未办理续展手续的，注销其注册商标。

2. 商标侵权

商标侵权指的是侵犯商标的专用权。对于商标权人来说，商标与其特定的商品或服务相联系，未经商标人同意，使用他人注册商标，容易导致商品或服务品牌的混淆，必然会给商标使用权人造成损害，同时也是对消费者利益的侵犯。

商标侵权的归责采取过错责任原则，且一般要求主观上具有故意。根据我国商标法的规定，商标侵权行为主要有以下八种：

（1）未经商标注册人的许可，在同一种商品上使用与其注册商标相同的商标的；

（2）未经商标注册人的许可，在同一种商品上使用与其注册商标近似的商标，或者在类似商品上使用与其注册商标相同或者近似的商标，容易导致混淆的；

（3）销售侵犯注册商标专用权的商品的；

（4）伪造、擅自制造他人注册商标标识或者销售伪造、擅自制造的注册商标标识的；

（5）未经商标注册人同意，更换其注册商标并将该更换商标的商品又投入市场的；

（6）故意为侵犯他人商标专用权行为提供便利条件，帮助他人实施侵犯商标专用权行为的；

（7）将他人注册商标、未注册的驰名商标作为企业名称中的字号使用，误导公众，构成不正当竞争行为的；

（8）给他人的注册商标专用权造成其他损害的。

有时候，行为人客观上虽然使用了与他人注册商标相近似的图案，但并不具有侵犯他人注册商标的故意，而是有正当理由，这种情况不构成商标侵权，主要包括三种情形：

（1）对注册商标中含有的本商品的通用名称、图形、型号，或者直接表示商品的质量、主要原料、功能、用途、重量、数量及其他特点，或者含有的地名，进行正当使用的行为；

（2）对三维标志注册商标中含有的商品自身的性质产生的形状、为获得技术效果而需有的商品形状或者使商品具有实质性价值的形状，进行正当使用的行为；

（3）在商标注册人申请商标注册前，他人已经在同一种商品或者类似商品上先于商标注册人使用与注册商标相同或者近似并有一定影响的商标的行为（但商标注册人在这种情况下可以要求其附加适当区别标识）。

3. 商标侵权的法律责任

（1）民事责任。商标侵权给权利人造成损害的，应当承担民事赔偿责任。民事责任具有补偿性，赔偿数额一般根据实际损失确定，实际损失包括直接损失，也包括间接损失，即可得利益的损失。与普通的侵权案件不同，在商标侵权案件中，实际损失常常难以认定。在此情况下，商标侵权案件中，对损失的确定采取了诸多较为灵活的变通方法。

侵犯商标权的，一般情况下，仍然按照权利人因被侵权而受到的实际损失确定赔偿数额，但是，如果实际损失难以确定，可以按照侵权人因侵权而获得的利益确定；权利人的损失或者侵权人获得的利益难以确定的，参照该商标许可使用费的倍数合理确定；如果按照上述方法仍难以确定，侵犯商标权的赔偿数额可在500万元以下幅度内由人民法院根据侵权行为的具体情节确定。

赔偿数额应当包括权利人为制止侵权行为而支付的合理开支。销售不知道是侵犯注册商标专用权或专利权的商品，能证明该商品是自己合法取得并说明提供者的，不承担赔偿责任。

（2）行政责任。侵犯商标权，工商行政管理部门可以责令侵权人立即停止侵权行为，没收、销毁侵权商品和主要用于制造侵权商品、伪造注册商标标识的工具。违法经营额在5万元以上的，可以处违法经营额5倍以下的罚款；没有违法经营额或者违法经营额不足5万元的，可以处25万元以下的罚款。对5年内实施两次以上商标侵权行为或者有其他严重情节的，应当从重处罚。销售不知道是侵犯注册商标专用权的商品，能证明该商品是自己合法取得并说明提供者的，由工商行政管理部门责令停止销售。

（3）假冒商标犯罪。侵犯商标权不仅要承担民事责任和行政责任，还可能构成犯罪。我国《刑法》专门规定了侵犯知识产权的犯罪，共设立了7个罪名，其中涉及商标犯罪的有假冒注册商标罪，销售假冒注册商标的商品罪，以及非法制造、销售非法制造的注册商标标识罪，共3个罪名。

假冒注册商标罪是指未经注册商标所有人许可，在同一种商品、服务上使用与其注册商标相同的商标，情节严重的行为。"情节严重"主要指非法经营数额在5万元以上或违法所得数额在3万元以上，或者假冒两种以上注册商标，非法经营数额在3万元以上或违法所得数额在2万元以上。这里所说的"相同的商标"，是指与被假冒的注册商标完全相同，或者与被假冒的注册商标在视觉上基本无差别、足以对公众产生误导的商标。"使用"是指将注册商标或者假冒的注册商标用于商品、商品包装或者容器以及产品说明书、商品交易文书，或者将注册商标或者假冒的注册商标用于广告宣传、展览以及其他商业活动等行为。对于假冒注册商标情节严重的，处3年以下有期徒刑或者拘役，并处或者单处罚金；情节特别严重的，处3年以上10年以下有期徒刑，并处罚金。这里的"情节特别严重"是指非法经营数额在25万元以上或违法所得数额在15万元以上，或者假冒两种以上注册商标，非法经营数额在15万元以上或违法所得数额在10万元以上。

销售假冒注册商标的商品罪指销售明知是假冒注册商标的商品，违法所得数额较大或者有其他严重情节的行为。这里的"数额较大"是指违法所得5万元以上；虽未销售，但货值金额已达15万元的，视为有其他严重情节，亦构成犯罪。对于销售假冒注册商标的商品罪，处3年以下有期徒刑或者拘役，并处或者单处罚金；违法所得数额在25万元以上，或者货值金额达25万元的，处3年以上10年以下有期徒刑，并处罚金。

非法制造、销售非法制造的注册商标标识罪是指伪造、擅自制造他人注册商标标识或者销售伪造、擅自制造的注册商标标识，情节严重的行为。这里所说的"情节严重"，主要是指伪造、擅自制造或者销售伪造、擅自制造的注册商标标识数量在2万件以上，或非法经营数额在5万元以上，或违法所得数额在3万元以上。伪造、擅自制造或者销售伪造、擅自制造两种以上注册商标标识数量在1万件以上，或者非法经营数额在3万元以上，或者违法所得数额在2万元以上的，亦为情节严重。对于非法制造、销售非法制造的注册商标标识罪，处3年以下有期徒刑，并处或者是单处罚金；情节特别严重的，处3年以上10年以下有期徒刑，并处罚金。所谓"情节特别严重"，指伪造、擅自制造或者销售伪造、擅自制造的注册商标标识数量在10万件以上，或者非法经营数额在25万元以上，或者违法所得数额在15万元以上。伪造、擅自制造或者销售伪造、擅自制造两种以上注册商标标识的，情节特别严重的数量标准为5万件以上，或者非法经营数额在15万元以上，或者违法所得数额在10万元以上。

二　专利权

（一）何为专利

所谓专利，是指受法律保护的发明创造，但并不是所有的发明创造都是专利，发明创造也不是一经发明出来就当然地受到法律保护，而是需要向国家专利管理机关提出申请，由国家专利管理机关审查并授予专利权后，才能受到法律保护。在此意义上，专利法意义上的专利指的是被国家专利机关授予专利权的发明创造。

1. 专利的类型

我国《专利法》规定的专利有三种。

（1）发明专利。发明是指对产品、方法或者其改进所提出的新的技术方案。发明不同于发现。发现是揭示自然界已经存在但尚未被人们所认识的自然规律和本质，而发明创造则是运用自然规律或事物本质去解决具体问题的技术方案。专利法所称的发明分为产品发明（如机器、仪器、设备和用具等）和方法发明（制造方法）两大类。

产品发明是人们通过研究开发出来的关于各种新产品、新材料、新物质等的技术方案。专利法上的产品，可以是一个独立、完整的产品，也可以是一个设备或仪器中的零部件，包括：制造品，如机器、设备；各种用品材料，如化学物质、组合物等具有新用途的产品。

方法发明是指人们为制造产品或解决某个技术课题而研究开发出来的操作方法、制造方法以及工艺流程等技术方案。方法可以是由一系列步骤构成的一个完整过程，也可以是一个步骤。发明专利所保护的方法发明主要有三类。一是制造方法，指对原材料进行加工、作用，制造成各种产品的方法，该方法使物品在结构、形状或物理化学特性上产生变化，如机械方法、化学方法或者生物学方法等。二是工作方法，指为了达到一定的工作目的，作用于某种物质的方法。该方法不以改变所涉物品的结构、特性或功能为其目的，而是寻求产生某种技术上的效果，如输送、测量、通信、消毒方法等。三是具有特定用途的方法，即使用方法，指为了实现特定用途，对一种产品、设备或方法的新的应用。

（2）实用新型专利。同发明专利一样，实用新型专利保护的也是一个技术方案。但实用新型通常是指对产品的形状、构造或者其结合所提出的适于实用的新的技术方案，又称小发明或小专利。相较于发明，实用新型的技术方案更注重实用性，其技术水平相对低一些。

（3）外观设计专利。外观设计是指对产品的形状、图案或其结合以及色彩与形状、图案的结合所作出的富有美感并适于工业应用的新设计，这种设计可以是平面图案，也可以是立体造型，更常见的是这二者的结合。外观设计所注重的是对一项产品的外观所作出的富于艺术性、具有美感的创造，而且这种具有艺术性的创造不是单纯的工艺品，还具有能够为产业上所应用的实用性。

2. 专利授予的条件

不同类型专利的授予条件并不完全相同。授予专利权的发明和实用新型，应当具备新颖性、创造性和实用性；授予专利权的外观设计，不强调创造性和实用性，但需要具备新颖性。

（1）新颖性。新颖性是指该发明或者实用新型不属于现有技术；也没有任何单位或者个人就同样的发明或者实用新型在申请日以前向国务院专利行政部门提出过申请，并记载在申请日以后公布的专利申请文件或者公告的专利文件中。所谓现有技术，是指申请日以前在国内外为公众所知的技术。但是，在申请日以前六个月内，申请专利的发明创造在国家出现紧急状态或者非常情况时，为公共利益目的首次公开的，或者在我国政府主办或者承认的国际展览会上首次展出的，或者在规定的学术会议或者技术会议上首次发表的，或者是他人未经申请人同意而泄露其内容的，则不丧失新颖性。

对于外观设计专利，所要求的新颖性指：可授予专利权的外观设计应当不属于现有设计；没有任何单位或者个人就同样的外观设计在申请日以前向国务院专利行政部门提出过申请，并记载在申请日以后公告的专利文件中。所谓现有设计，是指申请日以前在国内外为公众所知的设计。授予专利权的外观设计与现有设计或者现有设计特征的组合相比，应当具有明显区别，并不得与他人在申请日以前已经取得的合法权利相冲突。

（2）创造性。对于发明专利而言，创造性是指与现有技术相比，该发明具有突出的实质性特点和显著的进步。对于实用新型专利而言，创造性是指该实用新型具有实质性特点和进步。

所谓实质性特点，是指与现有技术相比有本质上的差异，有质的飞跃和突破，而且申请专利的这种技术上的变化和突破，对本领域的普通技术人员来说并非是显而易见的。所谓同现有技术相比有显著的进步，是指该发明或实用新型比现有技术有明显的技术优点。

（3）实用性。实用性是指该发明或者实用新型能够制造或者使用，并且能够产生积极效果。所谓能够制造或使用，是指发明或者实用新型必须能在工业上重复性制造，或者发明方法能够在产业上重复性使用。如果创造性成果仅是理论上的，则不能够获得专利权。所谓能产生积极效果，是指发明创造实际实施时能够产生积极有益的效果，如可以改善产品质量、提高产品产量、节约原材料、降低成本、提高劳动生产率、改善劳动条件、防治环境污染等。

3. 不授予专利的情形

专利法是一把双刃剑，既是对专利权人的保护，在某种意义上也是对专利技术的垄断。因此，并不是所有的领域都适合采取专利法的保护手段。我国《专利法》规定，以下七种情况不授予专利，不受专利法的保护：① 科学发现；② 智力活动的规则和方法；③ 疾病的诊断和治疗方法；④ 动物和植物品种；⑤ 原子核变换方法和用原子核变换方法获得的物质；⑥ 对平面印刷品的图案、色彩或者二者的结合作出的主要起标识作用的设计；⑦ 违反法律、社会公德或者妨害公共利益的发明创造，或违反法律、行政法规的规定获取或者利用遗传资源，并依赖该遗传资源完成的发明创造。

尽管对动物和植物品种不授予专利，但对动物和植物的生产方法，可以依照《专利法》规定授予专利权。

（二）专利的审查与授予

与商标一样，需要向国家有关机关提出申请，经审查并授予后，才能取得专利权。我国的专利授予与管理机关是国家专利局。

1. 专利申请

（1）申请材料。根据《专利法》的规定，申请发明专利或者实用新型专利的，应当提交专利授予请求书、专利发明说明书、权利要求书等材料。请求书应当写明发明或者实用新型的名称，发明人的姓名，申请人姓名或者名称、地址，以及其他事项。说明书应当对发明或者实用新型作出清楚、完整的说明，以所属技术领域的技术人员能够实现为准；必要的时候，应当有附图。摘要应当简要说明发明或者实用新型的技术要点。权利要求书应当以说明书为依据，清楚、简要地限定要求专利保护的范围。依赖遗传资源完成的发明创造，申请人应当在专利申请文件中说明该遗传资源的直接来源和原始来源；申请人无法说明原始来源的，应当陈述理由。申请外观设计专利的，还应当提交该外观设计的图片或者照片以及对该外观设计的简要说明等文件，提交的有关图片或者照片应当清楚地显示要求专利保护的产品的外观设计。

一件发明或者实用新型专利申请应当限于一项发明或者实用新型。属于一个总的发明构思的两项以上的发明或者实用新型，可以作为一件申请提出。一件外观设计专利申请应当限于一项外观设计。同一产品两项以上的相似外观设计，或者用于同一类别并且成套出售或者使用的产品的两项以上外观设计，可以作为一件申请提出。同样的发明创造只能授予一项专利权。同一申请人同日对同样的发明创造既申请实用新型专利又申请发明专利，先获得的实用新型专利权尚未终止，如果申请人声明放弃该实用新型专利权的，可以授予发明专利权。

（2）优先权问题。专利授予采取申请日在先原则，即同样的发明创造，专利权授予申请日在先的申请人。申请日是专利部门收到申请文件之日，如果申请文件是邮寄的，以寄出的邮戳日为申请日。两个申请人同一天提出申请的，由申请人协商解决。

特殊情况下，专利申请人可申请优先权日。申请人自发明或者实用新型在外国第一次提出专利申请之日起12个月内，或者自外观设计在外国第一次提出专利申请之日起6个月内，又在中国就相同主题提出专利申请的，依照该外国同中国签订的协议或者共同参加的国际条约，或者依照相互承认优先权的原则，可以享有优先权。

申请人可以在被授予专利权之前随时撤回其专利申请。申请人自发明或者实用新型在中国第一次提出专利申请之日起12个月内，又向国务院专利行政部门就相同主题提出专利申请的，可以享有优先权。申请人要求优先权的，应当在申请的时候提出书面声明，并且在3个月内提交第一次提出的专利申请文件的副本；未提出书面声明或者逾期未提交专利申请文件副本的，视为未要求优先权。

2. 专利审查

专利审查分为形式审查和实质审查。发明专利审查既需要形式审查，也要进行实质审查。实用新型和外观设计专利无须进行实质审查。

（1）形式审查。形式审查是指专利局对专利申请的手续、文件、格式等事项进行的一种审查活动。对发明而言，形式审查的主要目的是查明申请专利的发明是否符合《专利法》关于形式要求的规定，为以后的公开和实质审查做准备。对实用新型和外观设计而言，形式审查即查明其是否符合《专利法》关于授予专利权的规定，对符合授予条件的实用新型和外观设计依法授予专利权。对于经形式审查符合《专利法》要求的，自申请日起满18个月，国务院专利行政部门应当予以公布。申请人也可请求早日公布。

（2）实质审查。实质审查是指专利局对发明的新颖性、创造性和实用性进行审查。在我国，实质审查仅适用于对发明专利的审查。根据《专利法》，申请人自申请日起3年内（要求优先权的，自优先权日起3年内）可以随时请求专利局对其发明专利申请进行实质审查。申请人在上述期限内不提出实质审查请求的,该申请即被视为撤回。国务院专利行政部门在必要时也可自行申请实质审查。

发明专利的申请人请求实质审查的时候,应当提交在申请日前与其发明有关的参考资料。发明专利已经在外国提出过申请的,国务院专利行政部门可以要求申请人在指定期限内提交该国为审查其申请进行检索的资料或者审查结果的资料;无正当理由逾期不提交的,该申请即被视为撤回。

3. 申请的驳回与专利的授予

(1) 申请的驳回。国务院专利行政部门对实用新型和外观设计专利申请进行形式审查后,认为不符合法律规定的,应当予以驳回。对发明专利申请进行实质审查后,认为不符合法律规定的,应当通知申请人,要求其在指定的期限内陈述意见,或者对其申请进行修改;无正当理由逾期不答复的,该申请即被视为撤回。发明专利申请经申请人陈述意见或者进行修改后,国务院专利行政部门仍然认为不符合本法规定的,应当予以驳回。

国务院专利行政部门设立专利复审委员会。专利申请人对国务院专利行政部门驳回申请的决定不服的,可以自收到通知之日起3个月内,向专利复审委员会请求复审。专利复审委员会复审后,作出决定,并通知专利申请人。专利申请人对专利复审委员会的复审决定不服的,可以自收到通知之日起3个月内向人民法院起诉。

(2) 专利的授予。发明专利申请经实质审查没有发现驳回理由的,由国务院专利行政部门作出授予发明专利权的决定,发给发明专利证书,同时予以登记和公告。发明专利权自公告之日起生效。实用新型和外观设计专利申请经初步审查没有发现驳回理由的,由国务院专利行政部门作出授予实用新型专利权或者外观设计专利权的决定,发给相应的专利证书,同时予以登记和公告。实用新型专利权和外观设计专利权自公告之日起生效。

(3) 专利的无效宣告。自国务院专利行政部门公告授予专利权之日起,任何单位或者个人认为该专利权的授予不符合专利法有关规定的,可以请求专利复审委员会宣告该专利权无效。专利复审委员会对宣告专利权无效的请求应当及时审查和作出决定,并通知请求人和专利权人。宣告专利权无效的决定,由国务院专利行政部门登记和公告。对专利复审委员会宣告专利权无效或者维持专利权的决定不服的,可以自收到通知之日起3个月内向人民法院起诉。人民法院应当通知无效宣告请求程序的对方当事人作为第三人参加诉讼。

宣告无效的专利权视为自始即不存在,但宣告专利权无效的决定,对在宣告专利权无效前人民法院作出并已执行的专利侵权的判决、调解书,已经履行或者强制执行的专利侵权纠纷处理决定,以及已经履行的专利实施许可合同和专利权转让合同,不具有追溯力。但因专利权人的恶意给他人造成的损失,应当赔偿。如果不返还专利侵权赔偿金、专利使用费、专利权转让费明显违反公平原则的,应当全部或者部分返还。

(三) 专利的实施

1. 专利实施的概念

专利实施是指为了生产经营的目的，制造、使用和销售专利产品或使用专利方法的行为，专利实施可由专利权人自己实施，也可以授权许可他人实施。许可他人实施专利的，一般有独占实施许可、排他实施许可和普通实施许可。

（1）独占实施许可又称"完全独占许可"，是指被许可方在合同约定的时间和地域范围内，独占性拥有许可方专利使用权，排斥包括许可方在内的一切人使用该专利的一种许可。

（2）排他实施许可又称"独家实施许可"，即在许可合同指定的时间和地域范围内，专利不允许第三人实施，但专利权人拥有自己在该时间地域范围内实施专利的权利。

（3）普通实施许可情况下，被许可方依照许可合同在规定的地域和时间内有权实施专利，但其权利不具有独占性和排他性，专利权人不仅可以自己实施该专利，还可以许可第三方实施该专利。

国有企业事业单位的发明专利对国家利益或者公共利益具有重大意义，国务院有关主管部门和省、自治区、直辖市人民政府报经国务院批准，可以决定在批准的范围内推广应用，允许指定的单位实施，由实施单位按照国家规定向专利权人支付使用费。

2. 专利的强制许可

专利权属于个人基于发明创造而产生的权利，理论上个人应当有完全的处分权，未经专利权人同意，任何单位和个人不得实施其专利。但是，为了使发明创造能够及时发挥作用，法律对个人的自主决定权会作出一定的干预或限制。当个体的自主决定影响专利的推广使用时，法律可以强制规定专利的实施方式。

所谓强制许可，是指国务院专利行政部门依照专利法规定，基于公共利益的需要，不经专利权人同意，在一定条件下直接允许其他单位或个人实施其发明创造的一种许可方式。根据我国《专利法》的规定，在以下情况下，国务院专利行政部门根据当事人的申请或基于公共利益的需要，可以给予实施发明专利或者实用新型专利的强制许可。

（1）专利未实施或未充分实施。专利权人自专利权被授予之日起满3年，且自提出专利申请之日起满4年，无正当理由未实施或者未充分实施其专利的，为促进专利的实施，具备实施条件的单位和个人可以向专利行政部门申请强制许可。

（2）专利垄断。专利权人行使专利权的行为被依法认定为垄断行为，为消除或者减少该行为对竞争产生的不利影响的，国务院专利行政部门根据具备实施条件的单位或者个人的申请，可以给予实施发明专利或者实用新型专利的强制许可。

（3）新发明实施的需要。一项取得专利权的发明或者实用新型比此前已经取得专利权的发明或者实用新型具有显著的技术进步，其实施又有赖于前一发明或者实用新型的实施的，国务院专利行政部门根据后一专利权人的申请，可以给予实施前一发明或者实用新型的强制许可。在依照该规定给予实施强制许可的情形下，国务院专利行政部门根据前一专利权人的申请，也可以给予实施后一发明或者实用新型的强制许可。

（4）公共利益的需要。在国家出现紧急状态或者非常情况时，或者为了公共利益的目的，国务院专利行政部门可以给予实施发明专利或者实用新型专利的强制许可。此外，为了公共健康目的，对取得专利权的药品，国务院专利行政部门可以给予制造并将其出口到符合中国参加的有关国际条约规定的国家或者地区的强制许可。

3. 强制许可的实施程序

不同情形下的强制许可有不同的程序要求。基于当事人申请而实施强制许可的，当事人不能直接提出申请，必须证明其已经以合理的条件请求专利权人许可其实施专利，但未能在合理的时间内获得许可，才能提出强制许可申请。国务院专利行政部门作出的给予实施强制许可的决定，应当根据强制许可的理由规定实施的范围和时间，及时通知专利权人，并予以登记和公告。强制许可的理由消除并不再发生时，专利权人有权请求终止实施强制许可。

取得实施强制许可的单位或者个人不享有独占的实施权，并且无权允许他人实施。同时应当付给专利权人合理的使用费，使用费的数额由双方协商；双方不能达成协议的，由国务院专利行政部门裁决。专利权人对国务院专利行政部门关于实施强制许可的决定不服的，专利权人和取得实施强制许可的单位或者个人对国务院专利行政部门关于实施强制许可的使用费的裁决不服的，可以自收到通知之日起3个月内向人民法院起诉。

（四）专利权及其法律保护

1. 专利权

专利权是发明创造人或其权利受让人对特定的发明创造在一定期限内依法享有的权利，主要包括两种：一是专利权人对专利的独占实施权；二是专利权人对专利的转让权或允许他人使用专利的实施许可权。

（1）专利权的归属。专利可以是个人的发明创造，也可以是与他人合作完成的发明创造，还可以是基于职务行为而完成的发明创造。一般情况下，当事人可以通过协商的方式自主决定专利的归属，法律并无必要予以干涉。当事人没有约定，或者不能协商一致的，针对不同情况，法律规定了专利归属不同的确认方法。

对非职务发明创造，申请专利的权利属于发明人或者设计人；申请被批准后，该发明人或者设计人为专利权人。发明人或者设计人是指对发明创造的实质性特点作出创造性贡献的人。在完成发明创造过程中，只负责组织工作的人、为物质技术条件的利用提供方便的人或者从事其他辅助工作的人，不是发明人或者设计人。

执行本单位的任务或者主要是利用本单位的物质技术条件所完成的发明创造，为职务发明创造。对职务发明创造，申请专利的权利属于该单位。申请被批准后，该单位为专利权人。一般来说，在本职工作中作出的发明创造，或履行本单位交付的本职工作之外的任务所作出的发明创造，或退休、调离原单位后或者劳动、人事关系终止后1年内作出的，与其在原单位承担的本职工作或者原单位分配的任务有关的发明创造，均属职务发明创造。利用本单位的资金、设备、零部件、原材料或者不对外公开的技术资料等而完成的发明创造，亦属职务发明创造。利用本单位的物质技术条件所完成的发明创造，单位与发明人或者设计人订有合同，对申请专利的权利和专利权的归属作出约定的，从其约定。

两个以上单位或者个人合作完成的发明创造，或者接受他人委托完成的发明创造，除协议另有约定的以外，对于合作完成的发明创造，申请专利的权利属于共同完成的单位或个人，对于接受委托完成的发明创造，申请专利的权利属于受托人。受托人取得专利的，委托合同对专利的使用有约定的依约定，没有约定的，委托人有权免费使用，并在同等条件下有优先受让的权利。申请被批准后，申请专利的单位或者个人为专利权人。

（2）专利权的转让。专利权人有权向他人转让自己的专利。尚未被授予专利的发明或设计，当事人可以自由转让，已经授予专利的发明或设计，由于该权利已在专利行政部门登记，因此，专利权转让时应向国务院专利行政部门登记，由国务院专利行政部门予以公告，才能发生专利权转让的效力。中国单位或者个人向外国人转让专利权的，还必须经国务院有关主管部门批准。

（3）专利权的存续期间。发明专利权的期限为20年，实用新型专利权和外观设计专利权的期限为10年，均自申请日起计算。专利权人未按照规定缴纳年费，或书面声明放弃专利权的，专利权在期限届满前终止。专利权在期限届满前终止的，由国务院专利行政部门登记和公告。

年费是专利权人自被授予专利权的当年开始按有关规定应当逐年缴纳的费用。我国实用新型和外观设计专利的年费根据专利已存续的年限不同，缴纳的年费自600元到2 000元不等。发明专利根据已存续的年限不同，年费自900元到8 000元不等。

当事人因不可抗拒的事由而延误专利法规定的期限或者国务院专利行政部门指定的期限，导致其权利丧失的，自障碍消除之日起2个月内，最迟自期限届满之日起2年内，可以向国务院专利行政部门请求恢复权利。因其他正当理由延误期限导致其权利丧失的，可以自收到国务院专利行政部门的通知之日起2个月内向国务院专利行政部门请求恢复权利。当事人请求恢复权利的，应当提交恢复权利请求书，说明理由，必要时附有关证明文件，并办理权利丧失前应当办理的相应手续。

2. 专利侵权

专利侵权是指未经专利权人许可，制造、使用、销售、假冒他人尚在专利保护期内的专利的行为。法律保护专利权的目的在于鼓励发明创造，对于他人通过自己的努力而掌握的与专利相同或相类似的技术，虽然因未申请专利或技术发明在后不能取得专利权，但并不构成对专利权人知识成果的剽窃，不应限制其本人对专利技术的使用。此外，法律对专利权的保护主要在于对专利使用所产生的经济利益的保护，特定情况下不以营利为目的的专利使用，一般也不构成对专利权的侵犯。根据《专利法》第75条的规定，形式上未经专利权人同意使用了他人的专利，但不视为侵犯专利权的，主要有以下五种情形：

（1）专利产品或者依照专利方法直接获得的产品，由专利权人或者经其许可的单位、个人售出后，使用、许诺销售、销售、进口该产品的；

（2）在专利申请日前已经制造相同产品、使用相同方法或者已经作好制造、使用的必要准备，并且仅在原有范围内继续制造、使用的；

（3）临时通过中国领陆、领水、领空的外国运输工具，依照其所属国同中国签订的协议或者共同参加的国际条约，或者依照互惠原则，为运输工具自身需要而在其装置和设备中使用有关专利的；

（4）专为科学研究和实验而使用有关专利的；

（5）为提供行政审批所需要的信息，制造、使用、进口专利药品或者专利医疗器械的，以及专门为其制造、进口专利药品或者专利医疗器械的。

3. 专利侵权的法律责任

专利侵权所应承担的民事责任，与侵犯商标权所应承担的民事责任基本上一致，所应承担的行政责任主要由相应的法律法规规定，此处均不再赘述，下文中仅介绍假冒专利犯罪的犯罪行为。

假冒专利行为又称"冒充专利行为"，是指以非专利产品冒充专利产品、以非专利方法冒充专利方法的行为。假冒专利可以是冒充他人的专利，这种情况下构成专利侵权，也可以是伪造本不存在的专利证书等行为，假冒本来不存在的专利。这种情况下的假冒专利行为并不构成专利侵权，但会扰乱市场秩序，侵犯消费者的利益。

根据《中华人民共和国专利法实施细则》的规定，假冒专利的行为主要包括以下四种行为。

（1）在未被授予专利权的产品或者其包装上标注专利标识，专利权被宣告无效后或者终止后继续在产品或者其包装上标注专利标识，或者未经许可在产品或者产品包装上标注他人的专利号，以及明知上述情况而销售上述产品的；

（2）在产品说明书等材料中将未被授予专利权的技术或者设计称为专利技术或者专利设计，将专利申请称为专利，或者未经许可使用他人的专利号，使公众将所涉及的技术或者设计误认为是专利技术或者专利设计；

（3）伪造或者变造专利证书、专利文件或者专利申请文件；

（4）其他使公众混淆，将未被授予专利权的技术或者设计误认为是专利技术或者专利设计的行为。

专利权终止前依法在专利产品、依照专利方法直接获得的产品或者其包装上标注专利标识，在专利权终止后许诺销售、销售该产品的，不属于假冒专利行为。销售不知道是假冒专利的产品，并且能够证明该产品合法来源的，由管理专利工作的部门责令停止销售，但可以免除罚款的处罚。

假冒他人专利情节严重的，构成假冒专利罪。所谓情节严重，是指非法经营数额在20万元以上或者违法所得数额在10万元以上，或者给专利权人造成直接经济损失50万元以上，或者假冒两项以上他人专利，非法经营数额在10万元以上或者违法所得数额在5万元以上。假冒专利罪，处3年以下有期徒刑或者拘役，并处或者单处罚金。假冒专利行为还涉及行政责任，由县级以上负责专利执法的部门责令改正并予公告，没收违法所得，可以并处违法所得5倍以下的罚款；没有违法所得的或者违法所得在5万元以下的，可以处25万元以下的罚款。

三 其他工业产权

其他工业产权主要是指以地理标志、商业秘密、集成电路布图设计和植物新品种为客体的知识产权。这些知识产权在《民法典》总则编中虽然宣示性地规定受民法保护，但《民法典》中并没有更为具体的规定，而且目前也不像著作权、专利权和商标权那样有专门的单行法。我国对这些知识产权的保护所依据的主要是国务院制定的行政法规、相关法律中的零星规定，以及司法解释。

（一）地理标志

地理标志用以标示某商品的产地，由于自然因素和历史人文因素的影响，某地区的某种商品常常具有特有的质量和信誉，如河南铁棍山药、东北五常大米、山东德州扒鸡等。

特有的地理标志可以作为证明商标或集体商标申请注册。以地理标志作为证明商标注册的，其商品符合使用该地理标志条件的自然人、法人或者其他组织可以要求使用该证明商标。以地理标志作为集体商标注册的，其商品符合使用该地理标志条件的自然人、法人或者其他组织，可以要求参加以该地理标志作为集体商标注册的团体、协会或者其他组织，该团体、协会或者其他组织应当依据其章程接纳为会员；不要求参加以该地理标志作为集体商标注册的团体、协会或者其他组织的，也可以正当使用该地理标志，该团体、协会或者其他组织无权禁止。

关于地理标志的申请，《地理标志产品保护办法》规定，地方人民政府或者其指定的具有代表性的社会团体、保护申请机构，可以申请地理标志产品保护。地理标志产品的保护申请材料应当向省级知识产权管理部门提交，省级知识产权管理部门审查合格的，将初审意见和申请材料报送国家知识产权局。经核准后，地理标志产品产地范围内的生产者可以向产地知识产权管理部门申请使用地理标志产品专用标志。《农产品地理标志管理办法》规定，县级以上地方人民政府择优确定的农民专业合作经济组织或行业协会可以申请农产品地理标志登记,经评审通过并登记后,符合条件的单位和个人可以申请使用农产品地理标志。

(二)商业秘密

商业秘密是指不为公众所知悉,能为权利人带来经济利益,具有实用性并经权利人采取保密措施的技术信息和经营信息。作为知识产权客体的商业秘密主要指技术秘密。技术秘密有保密需求,往往不会申请专利,但这并不意味着其不符合专利申请的条件,有些技术可能完全符合专利法要求,只不过当事人没有向专利主管部门提出获得专利权的申请。技术持有人通过保密手段来获得对技术事实上的专有权或垄断权,从而实现权利人的利益。

商业秘密受法律保护,意味着不允许以不正当手段获取、披露和使用他人的商业秘密,否则要承担相应的法律责任。目前,关于商业秘密的保护主要见于《中华人民共和国反不正当竞争法》(以下简称《反不正当竞争法》)中的相关规定及相应的司法解释。

(三)集成电路布图设计

集成电路是当代信息技术的核心和基础,英文简称IC,又被称为芯片,它是将电阻、电容、晶体管等元件通过一定的线路固化于一定的固体材料上,从而使之具备一定电子功能的产品。随着信息时代的来临以及信息技术的不断发展,集成电路布图设计作为一种新型的知识产权应运而生。

集成电路布图设计权利的取得应经当事人向国家知识产权行政部门申请,经审查符合登记条件予以登记后,才能取得集成电路布图设计的权利。权利人对集成电路布图设计享有专有权,有权进行复制或投入商业利用。除法律、行政法规规定的特殊情形外,未经权利人同意,任何人不得以营利为目的使用布图设计。

布图设计专有权的保护期为10年,自布图设计登记申请之日或者在世界任何地方首次投入商业利用之日起计算,以较前日期为准。但是,无论是否登记或者投入商业利用,布图设计自创作完成之日起15年后,不再受法律保护。

(四)植物新品种

植物新品种是指经过人工培育的或者对发现的野生植物加以开发,具备新颖性、特异性、一致性、稳定性,并有适当的命名的植物的新品种。完成育种的单位和个人对其授权品种,享有排他的独占权,这就是植物新品种权。这种权利是由政府授予植物育种者利用其品种排他的独占权利,与专利权、著作权、商标权一样,属于知识产权的范畴。

植物新品种的相关权利人应当向国家农业或林业行政部门提出申请。经审查符合植物新品种权利授予条件的,授予植物新品种权。植物新品种权主要包括对植物新品种的独占权、转让权和使用许可权。除法律、行政法规规定的特殊情况外,未经品种权所有人许可,任何单位和个人不得为商业目的生产或者销售该授权品种的繁殖材料,不得为商业目的将该授权品种的繁殖材料重复使用于生产另一品种的繁殖材料。

植物新品种权的保护期限,自授权之日起,藤本植物、林木、果树和观赏树木为20年,其他植物为15年。

> **与本讲内容相关的重要法律、法规和司法解释**
>
> 1.《中华人民共和国民法典》(物权编)
> 2.《中华人民共和国商标法》
> 3.《中华人民共和国专利法》
> 4.《中华人民共和国土地管理法》
> 5.《中华人民共和国矿产资源法》
> 6.《中华人民共和国渔业法》
> 7.《中华人民共和国水法》
> 8.《中华人民共和国海域使用管理法》

第三讲 公司制度

公司是营利法人,是现代企业制度的典型组织形式。通过公司组织形式,有助于将众多投资者组织到一起,从而形成巨大的经营规模,实现传统企业组织形式下无法实现的经营目标。由于公司可以吸引众多的投资者共同投资,故公司制度的重点在于如何平衡各不同利益相关者之间的利益,从而使公司不仅成为市场经营的工具,也成为协调各利益主体之间关系的平台。股东与公司的关系、股东与股东的关系、公司机关之间的关系、股东与公司机关之间的关系、公司与债权人之间的关系、股东与债权人之间的关系等,都是公司制度需要重点考虑的问题。公司法不仅要考虑平衡各利益相关者之间的关系,还必须兼顾公司的高效运营。如何确保公司的高效运营,并在此基础上妥善处理并平衡各利益主体之间的关系,是我们理解一切公司法律制度的出发点。

第一节 股　　东

一　股东资格与股东身份

（一）股东及其分类

"股"指公司的股份，或者说投资的份额；"东"指"东家"，主人是也。"股东"，可以理解为公司投资份额的持有者。股东是公司的投资者，当公司营利时，所有股东都是利益的享有者；当公司亏损时，所有股东都是经营风险的承担者；如果公司破产，意味着股东的全部投资都不能收回。由于公司经营状况与股东利益息息相关，所以股东还应是公司事务的最终决策者。理论上，对于公司的一切事务，公司的全体股东都享有最终的决定权。

从不同的角度，可以将股东分为不同的类型。

1. 自然人股东与单位股东

公司的股东可以是自然人，也可以是法人或非法人组织。股东为自然人的，由本人直接行使股东权利；股东是法人或非法人组织的，由单位委派代表行使股东权利。自然人股东与单位股东享有的股东权利和承担的义务并无不同，但对于投资收益，单位股东与自然人股东在纳税问题上有很大的差异。此外，当公司独立人格被否定时，法人股东还可以起到进一步的风险隔离作用。

2. 内部股东与外部股东

股东都是公司的投资者，但并不是所有的股东都直接参与公司的经营活动。不参与公司经营活动、未在公司任职的股东为外部股东；参与公司经营活动、在公司任职的股东为内部股东。一般情况下，规模较小的有限责任公司的股东和公司的大股东多为内部股东，上市公司的中小股东（尤其是普通股民）基本上都是外部股东。由于外部股东未参与公司经营，对公司的信息掌握不充分，其权益容易受到侵害，在法律上应当给予其更多的关照和保护。

3. 普通股股东与类别股股东

一般情况下，公司股东都是按照出资比例或持股比例享有表决权和收益权，这种股东可称为普通股股东；但也允许公司通过章程规定设置或发行某些特殊类型的股权，这些股权常常不依出资比例或持股比例行使权利，而是被赋予某些特殊权利或受到特别约束。这类股份称为类别股，持有类别股的股东可称为类别股股东。"类别股"一词出现于我国《公司法》第144条针对股份有限公司发行的特殊类型的股份而作的规定中，但在特殊股权类型的设置上，有限责任公司具有更大的自主性，享有特殊权利或受特别限制的实质意义上的类别股同样存在。

除上述分类外，从不同的角度还可以对股东进行其他分类。按照股东的国籍身份，可以把股东划分为境内股东与境外股东；按照股东投资的目的，可以把股东划分为投机股东和经营股东；按照股东对公司股份的占有份额，可以把股东划分为大股东和中小股东；按照股东是否拥有对公司的控制地位，可以把股东划分为控制股东和非控制股东；等等。

（二）股东资格及其限制

公司是营利法人，股东投资的目的是营利，因此，股东资格实际上就是一种投资经营资格。法律常常对特殊主体的投资经营资格进行限制，也会对特殊行业的投资设置较高的行业准入门槛。此外，公司还可以通过章程或股东协议对本公司的股东资格进行限制。

1. 法定限制

法定限制主要是对特殊主体的限制，以及对特殊行业的准入资格限制。

不能从事经营活动的主体主要有两类。一是公务人员，根据《中华人民共和国公务员法》第59条的规定，公务员不得违规从事或者参与营利性活动，也不得违规在企业或者其他营利性组织中兼任职务。根据《关于党政机关工作人员个人证券投资行为若干规定》，党员干部除证券监管机构工作人员、主管部门中掌握内幕信息的人员等国家法律以及相关部门制定的具体办法明确禁止的以外，公务人员买卖股票和进行其他证券投资的行为不受限制。二是非营利法人和机关法人，这两种法人出于设立目的的限制不能从事经营性活动。

对特殊行业，法律常常规定特殊的准入条件，有时候甚至会限定只允许特定的主体投资经营，如我国法律规定由国家垄断经营的行业。有时候，出于对国家利益和特定经济制度的保护，法律还会禁止外国人或外国公司对某些特定行业的投资，比如，我国在国防、金融、出版、通信、教育等领域对外国投资者均有明确的法律限制。

2. 约定限制

约定限制是公司股东通过约定或章程规定对本公司的股东资格进行的限制。对于上市公司而言，股票的发行和转让均具有开放性，一般不存在对股东资格的约定限制问题。但对于未上市的公司（尤其是有限责任公司）而言，为了维护公司的"人合"，常常会在股权转让或股权继承时对受让股东或继承人股东的资格进行限制。比如，有的公司章程限制股权继承；有的公司章程限定股东必须是本公司员工，当其与公司解除劳动关系时，必须同时向其他股东或其他公司员工转让股权，限制向本公司员工以外的人转让股权。这些约定如果没有违反法律法规的规定，均是有效的。但是，因受章程规定或约定限制必须转让股权或不能继承股权的，公司和其他股东应按照公平合理的方式对股权进行作价，确保相关当事人的合法权益不会受到侵害。

（三）股东身份

1. 股东身份的取得

股东身份的取得可分为原始取得与继受取得两种途径。原始取得即基于原始出资行为而取得股东身份，有限责任公司设立时的原始股东、股份有限公司设立时的发起人、公司股票发行时的最初购买人，其股东的股东身份均属于原始取得。继受取得是从他人处受让而取得股东身份，最常见的情形是股权转让与继承。

原始取得股东身份基于原始投资行为，投资人须有完全民事行为能力，但继受取得股东身份的可以不具有完全民事行为能力，如未成年人因继承股权而成为公司股东。无论原始取得还是继受取得，股东身份的取得均与股权投资行为有关。在此意义上也可以说，股东身份基于股权出资行为而取得。

2.股权代持与隐名股东

股东身份基于股权出资而取得，但常常有人不以自己的名义出资，而以他人的名义出资，这种情况称为股权代持，其中，持股但未实际出资的人称为名义股东，实际出资但未记入股东名册的人称为隐名股东。这种情况下，应该由谁来享有股东权利、承担股东义务呢？股权代持涉及多方面法律关系，对于谁享受股东权利或承担股东义务的问题，应当分别立足于不同的法律关系来讨论。

（1）隐名股东与名义股东之间的关系。隐名股东与名义股东是一种股权代持合同关系，依照双方约定确定双方权利义务关系。依照合同约定，隐名股东当然是实际的股权投资者，享有股权收益，并承担投资风险。当公司独立人格被否定、涉及股东责任承担时，名义股东承担责任后有权向隐名股东追偿。双方对股权代持有报酬约定的，名义股东还有权依约定要求支付报酬。

（2）隐名股东与其他股东之间的关系。股东之间的关系本质上是一种投资协议关系，对于其他股东而言，只有投资协议的当事人（也就是共同制定公司章程并在公司章程中明确记载的投资人）才是公司的股东。在此意义上，隐名股东尽管是实际出资人，但并不是投资协议的当事人，因而不能被视为公司股东，无权向公司主张股东权利，当然也无须向公司承担股东义务。当隐名股东想显名成为公司股东时，不能直接要求变更股东登记，只能以股权转让的方式进行，其他股东享有优先购买权。

有时候，公司对名义股东股权代持的情况均非常清楚，尽管股东名册上记载的股东仍是名义股东，但隐名股东实际上行使了股东权利，且其他股东均未提出反对意见。在这种情况下，当隐名股东要求变更股权的，其他股东不再享有优先购买权。

（3）隐名股东与公司债权人之间的关系。股东享有股东权利，同时也承担股东义务，当公司因独立性欠缺被否定独立人格时，股东还需要承担相应的责任。在此意义上，公司章程和股东名册对股东身份的记载不仅是一种权利确认，也是一种义务和责任承担的公开承诺。名义股东虽然不是实际的投资人，但是作为公开对外作出承诺的人，当然应当承担相应的义务和责任；隐名股东虽是实际出资人，但由于未记载于股东名册，有权拒绝债权人的责任追索。

3.股权代持合同的效力及其处理

（1）股权代持合同的效力。股权代持常被作为一种公司治理手段，比如：预留于期权池用于员工股权激励的股权一般均由大股东或创始股东代持；已奖励给员工的股权，公司也常常通过设立某种持股平台代持，实际上也多由创始股东控制。还有的股权代持是出于委托代理的目的而设立的，双方实际上是一种隐名代理关系，由名义股东出面帮隐名股东打理所投资公司的事务，或利用其专业知识代为炒卖股票等。上述情况下的股权代持都不违反法律规定，是受法律保护的。

还有很多股权代持是出于规避法律的目的而设立的，如公务员为规避公务人员不能违规经商的规定而让他人代持、利用国家对某些特殊主体的扶持优惠政策让有资格享有优惠政策的人代持、为规避竞业限制或逃避监管而让他人代持、为规避公司股东法定人数限制而设立代持等。对于这些因规避法律而设立的股权代持，如果仅仅违反对隐名股东的行政管理性规定，并不违反公共利益或国家行业准入性规定，则合同效力不受影响。如果影响社会公共利益或行业准入规定，应认定合同无效。

（2）股权代持合同无效的处理。一般来说，合同无效，未履行的不得继续履行；已经履行的，应当返还，不能返还的，应当折价赔偿。但对于无效股权代持合同，绝大多数情况下，隐名股东是因为不具有股东资格才让他人代持的，当然不能因合同的无效而将名义股东变更为隐名股东。名义股东的股东身份，在其与其他股东和公司的关系上，是合法有效的，因此不能因为其与隐名股东之间的协议无效而否定其股东身份。因此，股权代持合同无效，意味着名义股东成为真正的股东，股权代持合同无须继续履行。但对隐名股东的投资，名义股东应当支付；名义股东不愿继续持有股份的，也可依法将股权转让。对于投资收益，一般应视具体情况根据公平原则进行分配或分担；投资出现亏损的，原则上应由隐名股东承担。

二 出资与公司资本制度

（一）出资方式

1. 财产出资及其出资要求

公司虽由股东出资设立，但与股东在法律上是完全相互独立的法律主体，这意味着股东的出资一旦到位，出资便成为公司的财产，不能再受股东本人的支配。如果股东对出资仍有独立的支配权，显然会影响公司的独立性，这与法人主体制度的基本理念是相悖的。因此，股东无论以何种方式出资，该出资必须是能转让的，否则无法从股东所有转移为公司所有。同时，出资还必须是可以作价的，否则无法确定该股东的出资额和出资比例。最常见的出资方式是财产和财产性权利，如货币、实物、土地使用权、知识产权等。

以货币出资的，货币要进入公司账户才算出资到位；以实物出资的，动产要交付给公司，不动产的产权须变更登记到公司名下；以权利出资需要登记的，也应当办理变更登记。未完成产权转移交接，在法律上应视为出资不到位。如果因出资存在瑕疵影响公司对出资财产的使用和支配，则可能会导致对公司独立人格的否定。同时，立足于股东的角度，出资是对出资协议的一种合同履行行为，当股东出资未按约定方式到位，同样应当向其他股东承担违约责任。

2. 非财产出资的特殊处理

用以出资的物必须是可以作价并转让的，对于劳务、技术、名人效应等，即使可以作价，也难以转让给公司所有，因而原则上不能作为出资方式。但上述出资要求均是基于公司独立性的制度需要而作出的要求，目的在于明确股东和公司有限责任的边界，从而有助于保护债权人利益。立足于股东内部关系，能否作价、如何作价完全可以协商确定。通过一些特殊方式的处理，劳务、技术甚至名人效应等实际上也可以作为出资方式。

比如，甲、乙、丙三人听说丁掌握某种产品生产技术，打算靠丁的技术成立一家公司，就与丁一起协商创业事宜。丁同意与三人共同设立公司创业，但没有资金投入，提出以技术入股的要求。这种情况下，应该如何处理呢？

如果该技术不属于可转让的专利技术，显然是不可以直接作为出资的，但是，对于有限责任公司而言，在总的注册资本确定的情况下，股东完全可以在协商一致的基础上自主决定股权的分配方式，对此，法律并不予以干涉。上述案例中，公司的注册资本假如是200万元，甲、乙、丙三人根据各自情况，分别出资100万元、80万元、20万元。这样注册资本200万元已完全到位。对于股权分配的问题，可考虑区分资金股和非资金股两种类型的股权，并协商确定两种股权分别占有的股权比例。如经协商一致确定资金股占60%，非资金股占40%，则对于资金股，全体股东所占股权比例如下：

甲：100÷200×60%=30%；乙：80÷200×60%=24%；丙：20÷200×60%=6%；丁：0÷200×60%=0

对于非资金股，乙提出其另有工作，不参与公司经营，故不占非资金股。甲、丁、丙三人，大家均认为甲有管理能力，由甲担任公司法定代表人，丁全面负责生产技术，丙辅助甲进行公司的日常管理。经商定，三人所占非资金股分别为40%、40%、20%。则非资金股的股权比例如下：

甲：40%×40%=16%；乙：0×40%=0；丙：20%×40%=8%；丁：40%×40%=16%

最终，四名股东在公司中所享有的股权比例分别为：甲46%，乙24%，丙14%，丁16%。

对于上述分配方式，由于涉及每位股东的切身利益，故应当经全体股东一致同意方可实施，协商不成的，不得以少数服从多数的方式表决确定。

（二）出资数额与出资期限

1. 公司注册资本

（1）注册资本的概念。公司设立时，有限责任公司的全体股东或发起设立的股份有限公司的发起人股东会协商确定各位股东的投资数额，各股东认缴的出资总额即公司的原始资本。该资本在公司登记时须注册登记于公司登记机关并在营业执照上明确标明，故称"注册资本"。对于募集设立的股份有限公司，注册资本是公司首次募集发行股票所得的实收股本总额。注册资本反映的是股东的原始投资，标明了股东有限责任的范围，因而注册资本的数额是固定不变的。即使随着公司的生产经营，公司财产已远多于或远少于注册资本，公司的注册资本仍然不变。

（2）注册资本的法定限额。我国改革开放初期，公司资本制度实行严格的法定资本制度，公司注册资本需要达到法律规定的最低限额才能设立。但随着市场经济的发展，法律对公司注册资本的限额逐步放松。当前的《公司法》已没有注册资本的最低限额要求，理论上一元钱的注册资本也是允许的，只要能够满足公司设立的一般条件即可。但对于金融、证券、保险、投资、信托等行业，以及建筑、交通运输、电信、旅游、劳务派遣等一些特殊行业，法律常会对最低注册资本作出特别要求。比如，依据《中华人民共和国商业银行法》（以下简称《商业银行法》）的规定，设立全国性商业银行的注册资本最低限额为十亿元人民币，设立城市商业银行的注册资本最低限额为一亿元人民币，设立农村商业银行的注册资本最低限额为五千万元人民币，而且注册资本均应是实缴资本。因此，对于从事上述特殊经营业务的公司的设立，应注意法律法规对注册资本的特殊要求。

2. 股东出资数额与出资比例

有限责任公司与发起设立的股份有限公司的注册资本由全体股东或发起股东认缴或认购，每个股东的认缴或认购数额由本人自主决定，但全体股东认缴或认购的数额总和须与公司的注册资本相等。股东认缴或认购数额占公司注册资本的比例为股东本人的出资比例或持股比例，如某有限责任公司注册资本为100万元，甲、乙、丙、丁分别认缴40万元、30万元、20万元、10万元，则四名股东的出资比例分别为40%、30%、20%、10%。对于募集设立的股份有限公司，除法律法规对某些特殊类型的公司有特殊规定之外，发起股东认购的股权比例不得低于公司章程规定的公司设立时应发行股份总数的35%。

3. 出资的缴纳期限

（1）《公司法》对出资期限的要求。对于有限责任公司，《公司法》并不要求股东在公司设立时一次缴纳其所认缴的全部资本，仅要求自公司设立之日起五年内缴足。具体的缴纳期限应在公司章程中载明，也可以以股东协议的方式协商确定。公司设立时没有明确的，股东可以随时对出资的实际缴纳时间通过协商确定。对于未能按时缴纳出资的股东，应向其他股东承担相应的违约责任。

对于股份有限公司，采取发起方式设立的，发起人应在公司设立前足额缴纳认缴的出资。采用募集方式设立的股份有限公司，首次发行股票的实收资本数额即公司的注册资本。因此，对于股份有限公司来说，不存在出资缴纳期限问题。

对于有限责任公司，由于法律不要求股东在公司设立时将全部认缴的出资一次缴清，公司的注册资本与公司设立时实际收到的资本可能并不一致。但需要注意的是，股东的有限责任范围由股东认缴的出资额确定，而不是由实缴的出资额确定。在股东还没有全额缴纳其认缴的出资之前，当公司无力清偿对外债务时，债权人有权要求股东在未实际缴纳的资本范围内承担补充清偿责任。

（2）未缴纳出资下的股权丧失。股东未按照公司章程规定的出资日期缴纳出资，公司可以书面催缴，催缴时应为其预留不少于60日的宽限期，宽限期届满股东仍未履行出资义务的，公司经董事会决议可以向该股东发出书面失权通知。自通知发出之日起，该股东丧失其未缴纳出资的股权。如果股东因未缴纳出资丧失全部股权，则该股东丧失股东资格，公司可对其予以除名。股东对失权有异议的，可以自接到失权通知之日起30日内，向人民法院提起诉讼。

股东丧失股权后，公司应当对该丧失的股权依法转让，或者通过减资程序予以注销。公司在六个月内未转让或者注销的，由公司其他股东按照其出资比例足额缴纳相应出资。

（三）资本原则与资本的变动

1. 资本三原则

公司是独立的法人，财产独立是法人独立性的重要内容。要做到公司的财产独立，先要确定公司的财产范围，同时，还要确保公司财产不能为他人（尤其是股东）擅自侵占。公司登记中公示的资本数额是反映公司实力的重要指标之一，因此，非经公示和法定程序，公司的资本不得随意变动。由此形成公司法理论上的公司资本三原则：资本确定原则、资本维持原则和资本不变原则。

（1）资本确定原则。所谓资本确定原则，是指公司的注册资本确定。注册资本是全体股东认缴的资本总额，在公司设立时，注册资本总额以及各股东认缴的数额和比例均需要在登记文件中明确记载。注册资本是股东认缴资本的承诺，是公司最基本的资产基础，各股东认缴的数额是确定股东有限责任范围的依据，其数额必须是清晰确定的。

（2）资本维持原则。所谓资本维持原则，主要是指股东的出资应真实、足额，出资后不得抽回。股东出资应当真实足额，意味着股东非现金出资的作价不得高于实际价值，股票发行价格不得低于票面价值。出资后不得抽回，是指股东出资后，除依法取得分红外，不得以其他任何形式从公司取回财产。出资不得抽回，还意味着，除非法律明确规定的特定情形，公司不得回购股东的股份[1]。应予注意的是，资本维持原则并不是说公司资产必须维持与注册资本相当。在经营过程中，因为经营状况的好坏，公司的实际资产可能大于注册资本，也可能小于注册资本，都属于正常现象，股东并不因公司经营状况恶化而向债权人承担责任。资本维持原则的着眼点仍在于股东的出资义务，仍属于对股东出资义务的基本要求。

（3）资本不变原则。所谓资本不变，指的是公司的注册资金不变，但这种不变并不是指注册资本的绝对不变，而是指不得随意变动。经股东会决议，公司可以增资，也可以减资，法律原则上不应干预。但增资问题有可能引起股权结构的变化，减资有可能影响债权人利益，为平衡股东之间以及公司与债权人之间的利益，法律规定资本变动必须遵循一定的程序。

---

[1] 参见《公司法》第162条。

从根本上说，资本三原则主要是为维护债权人利益而确定的原则，英美法系没有资本三原则，只有一个原则，即资本充盈原则。总之，不管有几个原则，不管叫什么名字，其制度设计的目标和意义都是一致的。

2.资本的变动

资本的变动，即资本的增加和资本的减少，又称增资和减资。一般来说，为了维持公司的清偿能力从而保护债权人利益，公司资本确定后不得随意变动。但这一原则并不是绝对的，在符合法定程序的前提下，公司可以增资和减资。

（1）增资。增资指注册资本的增加。注册资本的增加意味着公司有更好的清偿能力，不会侵害债权人的利益，因此在程序设计上不必考虑债权人的问题。注册资本的增加主要涉及股东权益。一般来说，增资有两种基本形式：一是吸收新的股东，新股东投入的资本使公司注册资本增加；二是不增加新的股东，只增加注册资本，增加的注册资本由原股东认购或由公司净资产转为新增资本。第一种情况下，必然会稀释原有股东的持股比例，从而带来股权结构的变化。第二种情况下，净资产转增资一般会按股权比例转增，不会影响股权比例，但净资产转为增资，意味着公司利润分红减少，会影响股东的盈余分配。新增资本由全体股东认购情况下，如果按原比例认购，同样不影响股权结构，但并不是所有股东都有能力或愿意增加投资，如果没有能力或不愿认购，其他股东投资的增加同样会使自己的持股比例降低。可见，增资主要涉及股东之间的利益平衡。在公司法上，增资为特别表决事项，须经2/3以上表决权通过方可实施。

（2）减资。减资时，各股东一般都是按出资同比例减少，这种情况下一般不会涉及股权结构的变化。减资也可以是减资退股，这种情况会使其他股东的持股比例增加。无论何种情况，减资都意味着注册资本的减少，公司需要以净资产按减资数额向股东支付应退返的出资，从而也就意味着公司资产的减少和清偿能力的降低，从而影响债权人利益。因此，减资程序的关键在于保证债权人利益。为此，公司法特别规定了减资过程中债权人保护的内容。当公司需要减少注册资本时，应当自作出减少注册资本决议之日起10日内通知债权人，并于30日内在报纸上或者国家企业信用信息公示系统公告。债权人自接到通知书之日起30日内，未接到通知书的自公告之日起45日内，有权要求公司清偿债务或者提供相应的担保。

减资虽然在一般情况下并不影响股权结构，但并非与股东权益完全无关。公司减资必然会影响公司经营规模和对外的资质信誉，从而给公司经营带来影响。因此，与增资一样，减资也是特别表决事项，需经股东2/3以上表决权通过方可实施。

三 股东的退出

公司是一个营利性社团组织，股东是其中的成员。社团成员有加入社团组织的自由，同时也享有退出自由，社团组织必须提供相应的退出机制。对于公司股东来说，能够自由从公司退出不仅是其投资自主权的体现,而且当股东之间出现纠纷时,也是纠纷化解的有效途径。

(一)股权转让

股权转让是股东最常见的退出方式,通过股权转让从受让人(而不是从公司)处取得股权对价,退出股东既获得了股权对价,公司的财产也不会因股权的转让而受到影响。因此,股权转让可以说是股东最简便易行的退出方式。由于对有限责任公司与股份有限公司股权转让的条件限制和转让程序的规定有很大的不同,故下面分别进行讨论。

1. 有限责任公司的股权转让

有限责任公司的股权转让又可分为两类:转让给公司其他股东的,称股权的内部转让;转让给公司股东以外的人,称为股权的外部转让。

(1)内部转让。对于有限责任公司股权的内部转让,我国公司法仅规定有限责任公司的股东之间可以相互转让其全部或者部分股权。单单从这一条规定看,似乎对有限责任公司股权的内部转让没有任何限制,转让时也无须经过其他股东的同意。但是,股权的内部转让意味着股权结构的变化,本来对公司没有控制能力的股东可能通过受让其他股东的股权而取得对公司的控制权。如A公司四名股东甲、乙、丙、丁的出资比例分别为40%、35%、20%、5%,如果丙向乙转让股权,则乙的持股比例变成55%,从而掌握公司的控制权。

由上述案例可以看出,股权的内部转让同样会对其他股东的利益产生影响。为了争夺公司控制权,股东也会因为股权的内部转让发生纠纷。这种纠纷不仅会影响股东之间的关系,严重时还将对公司的经营管理造成影响,甚至形成公司僵局。因此,尽管我国公司法对有限责任公司的股权内部转让没有作出特别规定。但股东应充分认识到由此可能产生的问题,最好在公司章程中明确规定股权内部转让时对全体股东的告知义务,以及多名股东均欲购买股权时的解决办法。

(2)外部转让。股权的外部转让是指向股东以外的人转让股权。由于有限责任公司的"人合"性质,如果股东向股东以外的人转让股权,应当考虑其他股东的意见。但是,股权转让属于股东对股权的处分权,是股东的固有权利,不应受到他人的剥夺和限制。因此,其他股东不能禁止转让,如果其他股东不同意向股东以外的人转让,只能通过行使优先购买权来排斥股东以外的人加入。

为确保股东的优先权,向股东以外的人转让股权的,应当将股权转让的数量、价格、支付方式和期限等事项书面通知其他股东。股东自接到书面通知之日起30日内未答复的,视为放弃优先购买权。同时,法律还赋予了公司章程对股权转让限制的自治权,公司章程可以对股权转让作出一定的限制性规定,但是,这种限制性规定不能对股东的转让自由构成实质性剥夺或禁止,否则应当认定无效。就此问题,后文中将专门讨论。

(3)执行程序中的股权转让。当股东不能清偿到期债务时,人民法院还可以执行其股权,也就是说,可以强制转让股东的股权,将转让所得用以清偿其债务。在这种情况下，人民法院应当通知公司及全体股东，其他股东在同等条件下享有优先购买权。其他股东在人民法院通知的期限内不行使优先购买权的，视为放弃优先购买权，人民法院可以通过法定程序转让给股东以外的其他人。

股东的股权一旦转让，则意味着股东不再具有股东身份，亦不再享有权利、承担义务。股权转让后，股东应及时办理股东的登记变更，否则，股权转让不能对抗善意第三人，在股东有滥用有限责任之虞时，原股东仍可能承担责任。

2. 股份有限公司的股权转让

股份有限公司是典型的"资合"公司，尤其是上市公司，其股东人数众多，普通股东的股份转让通过股市交易完成，基本上不存在任何限制。但对于公司发起人以及公司的高管人员，为防止其利用管理者身份牟取利益，侵害普通小股东权益，《公司法》对其转让股份进行了限制。

（1）公司公开发行股份前已发行的股份，自公司股票在证券交易所上市交易之日起一年内不得转让。

（2）公司董事、监事、高级管理人员应当向公司申报所持有的本公司的股份及其变动情况，在任职期间每年转让的股份不得超过其所持有本公司股份总数的25%。

（3）公司董事、监事、高级管理人员所持本公司股份自公司股票上市交易之日起一年内不得转让。

（4）公司董事、监事、高级管理人员离职后半年内，不得转让其所持有的本公司股份。

（5）公司章程可以对公司董事、监事、高级管理人员转让其所持有的本公司股份作出其他限制性规定。

在股权转让限制问题上，有限责任公司主要考虑的是"人合"因素，上市公司主要考虑的是如何避免"投机"行为或操纵市场的行为。相对于普通股民而言，公司的董事、监事、高级管理人员、控股股东和实际控制人等有很大的信息优势，如果不对他们的股权转让进行限制，他们很容易利用其信息优势操纵市场或进行"投机"性投资，从而扰乱股市秩序，侵害众多中小股东利益。因此，不仅《公司法》对董事、监事、高级管理人员的股权转让进行了限制，《证券法》及相关的法律法规和股票交易规则也常常对某些特殊类型的股权限制作出特别规定。

3. 股权转让时特殊问题的处理

（1）有限责任公司股东对外转让股权时其他股东的优先购买权问题。有限责任公司的股东对外转让股权的，公司其他股东在同等条件下享有优先购买权。未将股权转让事项告知其他股东，或者以欺诈、恶意串通等手段，损害其他股东优先购买权的，股东的股权转让合同并不当然无效；但享有优先购买权的股东主张行使优先购买权的，则原来的转让合同构成履行不能，违约方应依合同约定承担违约责任。在现实生活中，当事人规避优先购买权的行为常常非常隐蔽，是否构成对优先购买权的侵犯，也颇值得深入讨论。

拓展阅读

案例一：甲欲将其在A公司20%的股权转让给乙，乙不是A公司的股东，为规避公司其他股东的优先购买权，甲先将其1%的股权以远高于其实际价值的价格与乙签订股权转让合同，并通知了公司其他股东，其他股东未行使优先购买权。乙成为公司股东后，甲再将其余19%的股权直接转让给乙，未通知其他股东行使优先购买权。其他股东有权要求行使优先购买权吗？若有，是有权对19%的股权行使优先购买权，还是有权对全部20%的股权行使优先购买权？

案例二：甲公司是由丙和丁两名自然人共同投资设立的有限责任公司，持有A公司20%股权。甲公司欲将该20%股权转让给乙，为规避其他股东的优先购买权，乙公司并未直接购买甲公司在A公司的股权，而是从丙和丁手中购买了对甲公司的全部股权，从而成为持有甲公司100%股权的股东，并由此间接获得了在A公司20%的股权。A公司其他股东有权主张优先购买权吗？

对于上述两个案例是否构成对优先购买权的侵犯，《公司法》并没有给出明确的答案，不同人也可能会有不同的认识。即使诉至法院，不同的法官也可能会作出不同的裁判。我们认为，案例一中当事人规避法律的动机是明显的，应当允许其他股东对甲的全部20%的股权行使优先购买权。对于案例二则不能一概而论，如果甲公司在A公司的股权构成公司的主要财产，则其规避优先购买权的目的明显。但如果除在A公司的股权之外，甲公司还有其他财产，则不宜简单地认定丙、丁与乙公司的行为是对A公司其他股东优先购买权的规避。

（2）出资不到位的股权转让问题。对于有限责任公司，《公司法》规定股东认缴的出资应当自公司设立之日起五年内缴足，股东转让的股权因未届出资期限而尚未缴纳的，由受让人承担缴纳该出资的义务；受让人未按期足额缴纳出资的，转让人对受让人未按期缴纳的出资承担补充责任。未按照公司章程规定的出资日期缴纳出资或者作为出资的非货币财产的实际价额显著低于所认缴的出资额的股东转让股权的，转让人与受让人在出资不足的范围内承担连带责任；受让人不知道且不应当知道存在上述情形的，由转让人承担责任。

（3）关于股权转让的约定限制。根据《公司法》第84条的规定，有限责任公司可以通过章程和股东协议对股权转让的条件和转让程序等作出与《公司法》不一致的规定；第144条规定，股份有限公司有权根据公司章程规定发行转让须经公司同意等转让受限的股份。根据上述规定，无论有限责任公司还是股份有限公司，都可以通过公司章程或股东协议的方式对股权的转让作出限制。但是，这并不意味着公司章程或股东协议作出的任何限制都是被允许的。现实生活中，对股权转让的限制主要是设定股权转让的锁定期，限制特定股东在一定期限内对股权的转让，以及限制股权转让的对象等。在对股权转让进行限制的时候，也应当提供相应的途径确保股东股权转让权的正常行使，不得在事实上形成对股权转让权的剥夺，否则应当认定为无效。

（二）股权回购

股权回购指由公司对股东的股权进行收购。理论上，公司回购股权导致公司财产的减少，有抽逃出资之嫌，但在特殊情况下，为保护中小股东利益或基于其他特殊需要，《公司法》作出了例外规定。

1. 有限责任公司的股权回购

有限责任公司股权回购是《公司法》为保护中小股东利益而设计的一种股权退出机制。中小股东的意见一般不会对公司的决策产生影响，而且对于有限责任公司而言，股东常常无法顺利转让其股权，如果公司的决策总是与其意见不一致，必然会对其权益造成影响。为此，《公司法》第89条规定，出现下列情形时，对股东会该项决议投反对票的股东可以请求公司按照合理的价格收购其股权：① 公司连续5年不向股东分配利润，而公司该5年连续盈利，并且符合《公司法》规定的分配利润条件；② 公司合并、分立、转让主要财产；③ 公司章程规定的营业期限届满或者章程规定的其他解散事由出现，股东会通过决议修改章程使公司存续。此外，公司的控股股东滥用股东权利，严重损害公司或其他股东利益的，其他股东也有权请求公司按照合理的价格收购其股权。

2. 股份有限公司的股权回购

对于公开发行上市的股票的持有人，可以通过股票市场自由交易，一般情况下无须为股东另行设置特殊的退出机制，但有两种例外情形。一是《公司法》第161条规定的情形，对于未公开发行股份的股份有限公司，为保护中小股东利益，在下列情况下，对股东会该项决议投反对票的股东可以请求公司按照合理的价格收购其股权：① 公司连续五年不向股东分配利润，而公司该五年连续盈利，并且符合《公司法》规定的分配利润条件；② 公司转让主要财产；③ 公司章程规定的营业期限届满或者章程规定的其他解散事由出现，股东会通过决议修改章程使公司存续。二是《公司法》第162条规定的情形：当公司减少注册资本、与持有本公司股份的其他公司合并、将股份用于员工持股计划或股权激励、对公司股东会作出的公司合并或分立决议持异议的股东要求公司收购其股份、将股份用于转换公司发行的可转换为股票的债券，以及其他为维护公司价值及股东权益必须收购的情况下，公司可以收购本公司股份。

3. 股权回购的程序

根据《公司法》第89条或第161条异议股东要求公司回购其股权的，公司应当在60日内与股东订立股权收购协议，不能达成股权收购协议的，股东可以自股东会决议作出之日起90日内向人民法院提起诉讼。公司回购股东的股权，意味着公司财产的减少和异议股东的投资抽回，必然对公司的独立性构成影响。为此，《公司法》

规定，对于公司回购的股权，公司应当于6个月内进行转让，或通过减资程序予以注销。

根据《公司法》第162条，公司因减少注册资本而收购本公司股份的，应当经股东会决议，并应自收购之日起10日内注销。因与持有本公司股份的其他公司合并而收购本公司股份的，也应经股东会决议，并应在6个月内转让或注销。公司收购异议股东股份的，也应在6个月内转让或注销。对于该条规定的其他情形，可以通过章程或股东会授权，由公司董事会决定，但应经出席董事会的2/3以上董事表决通过，而且，公司合计持股份数不得超过本公司已发行股份总数的10%，并应在3年内转让或注销。

（三）其他退出方式

1. 减资退股

股东一旦出资，不得随意抽回。也就是说，股东不能直接从公司取回自己的出资，因为这意味着公司财产的减少，可能损害债权人的利益。但股东不能直接从公司取回投资也不是绝对的，有限责任公司经全体股东2/3以上表决权同意，股份有限公司经出席股东会的股东2/3以上表决权的同意，可以减资，通过减资程序将股东的投资退出。这种退出方式称为减资退股，减资要求的条件较严格，且程序复杂，因此对于个别股东的退出，很少采取减资退股的方式。

2. 公司的诉讼解散

诉讼解散也是一种股东退出方式。当公司出现僵局难以化解时，权利受到侵犯的股东可以通过向人民法院起诉要求强制解散公司的方式，迫使对方让步，化解僵局，否则公司将可能被强制解散。在此意义上，诉讼解散也是法律为权益受到侵犯的中小股东提供的一种法律救济途径。公司的诉讼解散涉及的问题较多，本书将在下一节中专门予以讨论。

此外，股东因失权被除名也可视为一种被动退出方式，就此问题，前文讨论资本制度时已经讨论，此不重复。

第二节　股　　权

一　股权概述

（一）股权的内容

所谓股权，是股东因占有公司的股份而享有的权利。从性质上讲，股权属于成员权。公司作为一个由多名投资者共同设立的社团法人组织，每位股东都是该组织的一员，从而享有成员权。对于以营利为目的的公司来说，股权主要基于股东的出资而取得，每位股东权利的大小一般也是按照持股比例确定的。

股权作为股东对公司享有的权利，其范围极为广泛，不仅包括表决权、知情权和收益权，还包括退出权、转让权、监督权、建议权、提案权以及权利受到侵犯时的诉权等广泛的权利。但是，所有这些权利中，表决权、知情权和收益权是最为核心的权利，在此主要介绍这三种权利。

1. 表决权

公司作为一个独立的法人主体，应当有自己独立的意志，能够独立处理公司的事务，任何股东意志都不能代替公司意志。但公司毕竟是一种法律拟制的主体，不能像自然人那样自己生成意志，只能通过表决权将股东的意志转化为公司的意志。由此，表决权不仅是股东参与公司事务处理的主要方式，也是公司意志赖以形成的重要途径。

股东作为公司的投资者，理论上有权参与公司的一切事务，通过表决权行使对公司的经营管理权。但是，为了使公司的经营更加专业而高效，公司的具体经营活动常常由董事会负责，股东表决权的行使范围只限于《公司法》或公司章程规定的特定事项，公司具体的经营管理性事务不再列入股东表决权的行使范围。

2. 知情权

公司是由股东投资设立的，股东当然有知悉公司经营管理信息的权利，这不仅是股东行使股东权利以及进行投资决策的基础，也是股东维护自身权益以及对公司事务实施监督的前提。

对于上市公司而言，股东的知情权主要是通过公司的信息披露制度实现的，《证券法》和《公司法》均规定了严格的信息披露制度，《上市公司信息披露管理办法》对公司的信息披露义务还作了专门的规定。在发行股票时，公司需要通过招股说明书和上市公告书披露公司的基本信息、经营计划和财务信息等重要信息；公司上市后，凡是对投资者作出价值判断和投资决策有重大影响的信息，均应以定期报告的形式向公众披露；对于可能对公司证券及其衍生品种交易价格产生较大影响的重大事件，公司也应当立即披露，说明事件的起因、目前的状态和可能产生的影响。

对于未上市的公司，尤其是有限责任公司，股东的知情权主要是通过查阅权来实现的，股东可以查阅公司章程、股东名册、股东会会议记录、董事会会议决议、监事会会议决议和财务会计报告，还可以要求查阅公司会计账簿和会计凭证，由此了解公司经营状况，获取公司经营信息。

3. 收益权

股东投资的最终目的在于获得收益，收益权由此可以说是股权中最核心的权利，表决权和知情权的最终目的都是收益权的实现。收益权的实现途径主要有三个：一是通过公司分红取得收益；二是通过转让股权获得收益；三是公司解散时通过对公司剩余财产的分配获得收益。

（二）股权的行使

1. 表决权的行使

（1）表决事项及其适用范围。表决权，顾名思义，是通过表决方式来行使的权利，表决可以是投票表决，也可以是举手表决或以其他方式表决。表决可以由股东本人亲自表决，也可以委托他人表决。股东的表决不是一人一票制，而是按照其占有的公司股权份额计算每位股东的表决权，遵循的是资本多数决原则。比如，某股东占公司的股权比例为50%，则其表决权即占全部表决权的50%。在这种情况下，出于计算表决通过率的需要，股东的表决均应是记名的，不记名无法区分不同股东所享有的表决权份额。

应当注意的是，表决权是公司意志的生成机制。公司作为独立的法人，在对外交往活动中有自己独立的意志，能够自主地通过意思表示作出承诺、订立合同、设立权利和义务。这些意志从哪里来呢？只能由股东通过行使表决权将众多股东的意志转化为公司意志。由此，只有公司作为独立法人主体需要由其自主决定的事项，才属于表决权行使的范围，对于股东之间的纠纷解决、对个体股东权益的处分等事宜，均不能通过表决的方式处理。

（2）资本多数决原则。股东通过行使表决权处理公司事务，实行资本多数决原则，即不是按股东人数，而是按股东所占有股权份额，最终由占公司多数股权份额的股东意见为最终意见。对于有限责任公司而言，一般表决事项需要由全部表决权的过半数通过，而对于股份有限公司而言，大多数持有公司股票的股民并没有兴趣参与公司事务，所以《公司法》规定只需要参加表决的股东所持表决权过半数即可通过。

除一般表决事项外，《公司法》还规定了特别表决事项：对于修改公司章程，增加或者减少注册资本，以及公司合并、分立、解散或者变更公司形式等事项的决议，有限责任公司应当经代表2/3以上表决权的股东通过，股份有限公司应当经参加表决的股东所持表决权的2/3以上通过。

（3）关联交易的表决回避。对关联交易所涉及的问题进行表决时，关联股东应当回避。关联交易是指公司或是附属公司与在本公司直接或间接占有权益、存在利害关系的关联方之间所进行的交易。关联方主要指上市公司的发起人、主要股东、董事、监事、高级行政管理人员，以及其亲属和上述各方所控股的公司。关联交易并不一定侵害公司或其他股东的利益，但毕竟存在潜在的"不公平"交易的危险。为此，很多国家的公司法规定了关联股东或受关联交易方实际控制的股东的表决回避制度，即他们不得在审议关联交易事项时行使表决权。

我国《公司法》第15条规定，公司为公司股东或者实际控制人提供担保的，应当经股东会决议。该股东或者受该实际控制人支配的股东，不得参加该事项的表决。关联交易作为交易行为，属于公司经营活动，一般不属于股东会决议事项，主要是董事会决议的事项，故《公司法》没有规定其他的股东表决回避情形。需要对关联股东的表决权作出限制的，可在公司章程中予以明确。

2. 知情权的行使

（1）知情权的行使方式。对于上市公司的经营信息，公司股东（尤其是普通持股股民）主要是通过公司的信息公开获取的。对于非上市公司，由于法律没有规定强制性的信息披露制度，普通股东（主要是外部股东）一般通过查阅和询问的方式来获取公司信息。当然，上市公司的股东对于公司未披露事项或信息披露不充分事项，也有查阅和询问权。查询权可以由股东本人亲自行使，也可以委托会计师事务所、律师事务所等中介机构行使。

（2）查阅权的限制。股东的查阅权一般限于查阅、复制公司章程、股东名册、股东会会议记录、董事会会议决议、监事会会议决议和财务会计报告。对于会计账簿和会计凭证，由于常常涉及公司的商业秘密，法律一般会允许公司对股东的查阅权进行审查和限制。根据我国《公司法》，股东要求查阅公司会计账簿、会计凭证的，应当向公司提出书面请求，说明目的。对于股份有限公司的股东，还要求必须连续180日以上单独或者合计持有公司3%以上股份，才有权提出查阅申请。公司有合理根据认为股东查阅会计账簿、会计凭证有不正当目的，可能损害公司合法利益的，可以拒绝提供查阅。

3. 收益权的行使

（1）收益权的行使方式。前文已经谈到，股东收益权的实现主要有三种途径，即通过分红获得利润收益，通过股权转让获取差价，以及通过解散公司获得剩余财产。对于股权转让前文已作介绍，对于公司解散，后面将专门讨论，在此只讨论分红问题。

由于公司是独立于股东的独立法人，股东不能将公司的财产（包括利润）直接分配给股东，否则就可能导致公司的人格否定，必须按照《公司法》规定的条件和程序进行。依照我国《公司法》，公司分配当年税后利润时，应当提取利润的一定比例（10%）列入公司法定公积金。公司法定公积金累计额为公司注册资本的50%以上的，可以不再提取。公司的法定公积金不足以弥补以前年度亏损的，在提取法定公积金之前，应当先用当年利润弥补亏损。公司从税后利润中提取法定公积金后，经股东会决议，还可以从税后利润中提取任意公积金。公司弥补亏损和提取公积金后所余税后利润，才可以进行分配。

（2）收益权的行使障碍及其法律救济途径。股东有利润分配权，但当公司盈利时，将利润向股东分配还是用于公司扩大生产，每个股东的意见并不都是一致的，当出现分歧的时候，只能通过股东会表决作出决议。在这种情况下，少数异议股东的意见就会被"淹没"于多数意见而不能得到执行。为平衡股东之间的利益冲突，如果公司连续五年盈利且符合利润分配条件而不分配利润，投反对票的股东可以要求公司以合理的价格回购其股权，这为中小股东在其意见得不到尊重的情况下提供了一条可以说是退而求其次的法律救济途径。

（三）特殊类型的股权

特殊类型的股权是相对于普通股而言的，普通股按照股权比例享有表决权和收益权，特殊类型的股权指的是不按股权比例享有表决权或收益权的股份。

1. 法定类别股

法定类别股是指根据《公司法》第144条规定发行的特殊类型的股份。根据该条规定，公司可以按照公司章程的规定发行下列类别股：① 优先或者劣后分配利润或者剩余财产的股份；② 每一股的表决权数多于或者少于普通股的股份；③ 转让须经公司同意等转让受限的股份；④ 国务院规定的其他类别股。

对于上述第二项和第三项中的两种类别股，只能在公司未公开发行股份之前发行，已经公开发行股份的公司不得发行；对于第二项类别股，对表决权的特殊约定不适用于监事或者审计委员会成员的选举和更换。公司发行类别股的，应当在公司章程中明确类别股分配利润或者剩余财产的顺序、类别股的表决权数、类别股的转让限制等事项。公司对修改公司章程、增加或者减少注册资本，以及公司合并、分立、解散或者变更公司形式等事项的决议等特别决议事项进行表决时，类别股与普通股分别计票，类别股也需要经出席类别股股东会议的股东所持表决权的2/3以上通过。

2. 股权的特别约定

相较于股份有限公司，有限责任公司在特殊股权类型设定方面享有更多的自主权，只要经全体股东一致同意，在股东权利行使、股权利益分配、股权转让等很多方面，都可以通过公司章程或股东协议对股权作出特殊的约定，如优先分红股、表决权受限股、享有特别表决权股、享受固定分红股、转让权受限股等。但无论是通过公司章程设定的特殊类型的股权，还是由股东通过股东协议设定的特殊类型的股权，股权特别约定必须是当事股东的自主决定，在任何情况下都不得通过多数决的方式强加给当事股东。尽管公司在修改公司章程时，可以通过多数决方式设定特殊的股权类型，但是否选择该特殊类型的股权，仍取决于股东本人的选择，同样不能以多数决方式强行适用于特定股东，也不能通过多数决方式强行将特定股东的股权归属于某种特殊类型的股权。

同时，股权约定不能在事实上构成对股东基本权利的剥夺，否则应认定无效。如约定"股东向股东以外的人转让股权的，应当经其他股东一致同意"或"应经董事会批准"，基于这种约定，如果其他股东或董事会不同意，也不购买，则股东无法转让其股权，事实上等于剥夺了股东的股权转让权，这样的约定应认定无效。

另外，股权特别约定不仅与订立协议的合同当事人相关，有时还会涉及公司债权人的利益，如有关股东抽回投资的约定，又如不管公司是否营利均享有特定数额的固定分红的约定。前者因违反公司资本制度应属无效，后者有可能会导致股东不当分配公司财产而影响债权人利益，从而导致公司独立人格的否定。在这种情况下，不仅实际获得固定分红的股东应当承担责任，其他当事股东以及相应的公司管理人员也应当承担相应的责任。

关于股权特别约定的单方解除权问题

对于特定当事股东而言，股权特别约定可能意味着更大的权利或更多的收益，也可能相反。相对应地，其他股东的权利或收益也会受到影响。一般来说，无论股权的增大还是收益的增加，都是有相应代价的，比如，优先股一般都以牺牲表决权为代价，表决权的增大则一般以更大的精力付出或责任承担为前提。有时候，特别约定对当事股东均有风险对赌的特征，如特定股权的固定分红约定，该股东所取得的固定分红的数额可能多于正常情况下的分红数额，也可能相反。无论何种情况，反映的都是股东对自己固有股权部分权能的处分，当权利恢复时，也是恢复到权利的本来状态，并不会因此构成对其他股东权利的侵害。据此，对于股权的特别约定，应当赋予当事股东的单方解除权，即股东原则上应有权随时要求解除对其股权的特殊约定。除非存在以下两种情况：一是该股权的存在以该特殊约定为前提，如果没有该特殊约定，便不存在该股权；二是该特殊约定以某种特定事实或约定条件为前提，该前提尚未消除。

当然，因一方单方解除给其他股东造成损失的，其他股东有权要求弥补损失。比如，某股东与其他股东约定每年享受固定分红，最初几年因公司经营状况不好，固定分红高于实际分红。后来，公司经营状况改善，公司的实际分红开始高于固定分红，享受固定分红的股东如果要求解除合同，其他股东有权要求其退还原已取得的高于实际分红的分红所得。为防止借助单方解除权而产生的投机心理，股东也可以在协议中约定单方解除权行使的具体条件、程序以及相应的赔偿责任。但无论如何，当股权存在特别约定时，不能从根本上关闭当事股东将股权恢复到其本来应有状态的途径①。

二 股权的司法救济

公司作为一种组织，是各利益主体之间不同利益的集合体，必然存在股东与股东、股东与公司、股东与管理层、公司债权人与公司、公司债权人与股东、公司管理层与公司之间的各种利益冲突。当这些冲突不能得到有效解决时，必然导致纠纷的产生。

---

① 有人认为，允许当事股东单方解除合同，是对股东不诚信行为的放任，不利于鼓励合同的履行，也有违诚实信用原则。但是，股权作为成员权与一定身份相联系，如果不允许当事股东解除合同，意味着股东一旦对股权的部分权作出处分，只要其他股东不同意，将永远不可能恢复到股权原来的状态。在这种情况下，股权也难以转让，将会使当事股东处于极其无助的境地，久之必然会激化矛盾。何况，股东解除对股权的特别约定，其目的不过是使其股权恢复到其原来应有的状态，这种要求并非无理，理应在法律上予以支持。据此，笔者认为，对于股权的特别约定，当事股东应享有股权协议的单方解除权。

2020年最高人民法院最新修订的《民事案件案由规定》列出了26种与公司有关的纠纷。这些纠纷类型包括：股东资格确认纠纷、股东名册记载纠纷、请求变更公司登记纠纷、股东出资纠纷、新增资本认购纠纷、股东知情权纠纷、请求公司收购股份纠纷、股权转让纠纷、公司决议效力确认纠纷、公司决议撤销纠纷、公司设立纠纷、公司证照返还纠纷、发起人责任纠纷、公司盈余分配纠纷、损害股东利益责任纠纷、损害公司利益责任纠纷、股东损害公司债权人利益责任纠纷、实际控制人损害公司债权人利益责任纠纷、公司关联交易损害责任纠纷、公司合并纠纷、公司分立纠纷、公司减资纠纷、公司增资纠纷、公司解散纠纷、清算责任纠纷、上市公司收购纠纷。

上述纠纷中，有的是股东为维护股权而提起的诉讼，有的是债权人针对股东提起的诉讼。股东提起的诉讼中，有的是基于股权受到侵害而提起的侵权之诉，也有的是基于合同的订立和履行而提起的合同诉讼。对于基于合同法和侵权法规定而形成的请求权基础，本书将在讨论合同与侵权问题时再予讨论。在这里，仅介绍以《公司法》的特别规定为请求权基础的诉讼类型，主要包括股东直接诉讼、股东代表诉讼和公司解散之诉三种。

（一）股东直接诉讼

股东直接诉讼是指当股东权利受到侵害时，股东为了自己的利益而基于股份所有人地位向公司或侵犯自己利益的股东、董事或其他高级管理人员提起的诉讼。股东直接诉讼是股东为维护自己的利益并以自己的名义提起的诉讼，诉讼获得的赔偿归属原告股东本人。但并不是所有的股东直接诉讼都以赔偿为目的，如股东会决议无效或撤销之诉，所涉及的是决议效力问题，一旦法院撤销，判决的效力并不单单及于提起诉讼的股东本人。由于这种诉讼也是由股东直接提起的，人们大多将之列入股东直接诉讼的范畴。根据我国《公司法》规定，股东直接诉讼主要有以下三种情形。

1. 决议无效、撤销或不成立之诉

（1）决议无效之诉。如果股东会决议或董事会决议的内容违反法律与行政法规的规定，股东有权提起决议无效之诉，请求人民法院认定决议无效。决议无效之诉以公司为被告，无论是否侵犯自己的利益，股东均可提起诉讼。对决议无效之诉的诉讼期间，《公司法》没有特别规定，一般认为只要不超过诉讼时效期间即可提出。如果公司根据股东会或者董事会决议已办理变更登记，人民法院宣告该决议无效后，公司应当向公司登记机关申请撤销变更登记。

（2）决议撤销之诉。公司股东会、董事会的会议召集程序、表决方式违反法律、行政法规或者公司章程，或者决议内容违反公司章程的，股东可以请求人民法院撤销。决议撤销之诉同样以公司为被告，应自决议作出之日起60日内提出；未被通知参加股东会会议的股东自知道或者应当知道股东会决议作出之日起60日内提出；自决议作出之日起一年内没有行使撤销权的，撤销权消灭。这里所说的60日和一年的期间为除斥期间，无论何种原因，超出该期间则不得再提起诉讼。公司根据股东会或者董事会决议已办理变更登记的，人民法院判决撤销决议后，公司应当向公司登记机关申请撤销变更登记。

> **拓展阅读**

最高人民法院指导案例10号：
李建军诉上海佳动力环保科技有限公司公司决议撤销纠纷案

原告李建军系被告佳动力公司的股东，并担任总经理。佳动力公司股权结构为：葛永乐持股40%，李建军持股46%，王泰胜持股14%。三位股东共同组成董事会，由葛永乐担任董事长，另两人为董事。公司章程规定：董事会行使包括聘任或者解聘公司经理等职权；董事会须由2/3以上的董事出席方才有效；董事会对所议事项作出的决定应由占全体股东2/3以上的董事表决通过方才有效。2009年7月18日，佳动力公司董事长葛永乐召集并主持董事会，三位董事均出席，会议形成了"鉴于总经理李建军不经董事会同意私自动用公司资金在二级市场炒股，造成巨大损失，现免去其总经理职务，即日生效"等内容的决议。该决议由葛永乐、王泰胜及监事签名，李建军未在该决议上签名。

法院审理认为：根据当时《公司法》的规定，董事会决议可撤销的事由包括：① 召集程序违反法律、行政法规或公司章程；② 表决方式违反法律、行政法规或公司章程；③ 决议内容违反公司章程。从召集程序看，佳动力公司于2009年7月18日召开的董事会由董事长葛永乐召集，三位董事均出席董事会，该次董事会的召集程序未违反法律、行政法规或公司章程的规定。从表决方式看，根据佳动力公司章程规定，对所议事项作出的决定应由占全体股东2/3以上的董事表决通过方才有效，上述董事会决议由三位股东（兼董事）中的两名表决通过，故在表决方式上未违反法律、行政法规或公司章程的规定。从决议内容看，佳动力公司章程规定董事会有权解聘公司经理，董事会决议内容中"总经理李建军不经董事会同意私自动用公司资金在二级市场炒股，造成巨大损失"的陈述，是董事会解聘李建军总经理职务的原因，而解聘李建军总经理职务的决议内容本身并不违反公司章程。

董事会决议解聘李建军总经理职务的原因如果不存在，并不导致董事会决议撤销。首先，《公司法》尊重公司自治，公司内部法律关系原则上由公司自治机制调整，司法机关原则上不介入公司内部事务；其次，佳动力公司的章程中未对董事会解聘公司经理的职权作出限制，并未规定董事会解聘公司经理必须要有一定原因，该章程内容未违反《公司法》的强制性规定，应认定有效，因此佳动力公司董事会可以行使公司章程赋予的权力作出解聘公司经理的决定。故法院应当尊重公司自治，无须审查佳动力公司董事会解聘公司经理的原因是否存在，即无须审查决议所依据的事实是否属实，理由是否成立。综上，原告李建军请求撤销董事会决议的诉讼请求不成立，依法予以驳回。

对于股东提起的决议撤销之诉，如果股东会、董事会的会议召集程序或者表决方式仅有轻微瑕疵，对决议未产生实质影响，人民法院可判决不予撤销。

（3）决议不成立之诉。对于股东会或董事会作出的决议，股东认为决议不成立的，可以请求人民法院确认决议不成立。人民法院确认决议不成立的，决议不存在，公司应当重新依照法律法规和公司章程的规定作出决议。根据《公司法》第27条规定，对于以下四种情况下作出的决议，人民法院应当确认决议不成立：一是未召开股东会、董事会会议作出决议；二是股东会、董事会会议未对决议事项进行表决；三是出席会议的人数或者所持表决权数未达到《公司法》或者公司章程规定的人数或者所持表决权数；四是同意决议事项的人数或者所持表决权数未达到《公司法》或者公司章程规定的人数或者所持表决权数。

2. 查阅请求权之诉

股东要求查阅和复制公司章程、股东名册、股东会会议记录、董事会会议决议、监事会会议决议和财务会计报告等公司信息的，公司一般不会拒绝查阅，公司法对查阅申请的程序也没有具体规定。但是，股东要求查阅公司会计账簿、会计凭证的，应当向公司提出书面请求，说明目的。公司拒绝提供查阅的，应当自股东提出书面请求之日起15日内书面答复股东并说明理由。如果股东认为拒绝的理由不足，可以向人民法院提起诉讼。

3. 损害赔偿之诉

《公司法》第21条规定，公司股东滥用股东权利给公司或者其他股东造成损失的，应当承担赔偿责任。第190条规定，董事、高级管理人员违反法律、行政法规或者公司章程的规定，损害股东利益的，股东可以向人民法院提起诉讼。上述情况下，一般以侵害股东权益的股东或高管为被告，如果侵害股东权益的行为是通过股东会决议或董事会决议的方式作出的，则以公司为被告。

除上述诉讼外，对于享有股权回购权的股东，如果公司在《公司法》规定的期限内不予回购或不能与股东达成股权收购协议，股东可以自股东会会议决议通过之日起90日内向人民法院提起诉讼。

（二）股东代表诉讼

股东代表诉讼，又称股东派生诉讼，是指当公司的合法权益受到不法侵害而公司却怠于起诉时，公司的股东即可以自己的名义起诉，所获赔偿归于公司的一种诉讼形态。

我国《公司法》第189条规定了股东代表诉讼。根据该条规定，董事或高级管理人员执行公司职务时违反法律、行政法规或者公司章程的规定，给公司造成损失的，有限责任公司的股东、股份有限公司连续180日以上单独或者合计持有公司1%以上股份的股东，可以书面请求监事会向人民法院提起诉讼；监事有前述规定的情形的，前述股东可以书面请求董事会向人民法院提起诉讼。监事会或者董事会收到前述股东书面请求后拒绝提起诉讼，或者自收到请求之日起30日内未提起诉讼，或者情况紧急、不立即提起诉讼将会使公司利益受到难以弥补的损害的，上述规定的股东有权为公司利益以自己的名义直接向人民法院提起诉讼。他人侵犯公司合法权益，给公司造成损失的，前述股东也可以向人民法院提起诉讼。

股东代表诉讼中，诉讼的被告是侵害公司利益的当事人，原告虽然是代表股东，但公司是实质意义上的受害人，因而通过诉讼获得的赔偿应当归公司享有。股东代表诉讼并不限于董事、监事和高级管理人员，公司的控股股东、实际控制人或其他人侵犯公司合法权益，给公司造成损失的，股东也可以向人民法院提起股东代表诉讼。

（三）公司解散之诉

公司解散之诉是《公司法》针对公司僵局而赋予弱势股东的一种保护手段。在公司经营过程中，有些股东基于其控制地位把控公司，侵害其他股东利益。在无法通过正常途径解决的情况下，赋予权利被侵犯的股东以公司解散请求权，有助于使股东从僵局中摆脱出来，也可以借公司解散给强势股东施加压力，从而促使公司僵局得到顺利解决。

1. 起诉条件

《公司法》第231条规定，公司经营管理发生严重困难，继续存续会使股东利益受到重大损失，通过其他途径不能解决的，持有公司全部股东表决权10%以上的股东，可以请求人民法院解散公司。

根据该条规定，提起公司解散之诉应当同时符合四个条件，但前三个条件中的"严重困难""重大损失"等措辞，带有很强的主观性和弹性，在司法实践中很难掌握。为此，《最高人民法院关于适用〈中华人民共和国公司法〉若干问题的规定（二）》对"经营管理发生严重困难"列举了四种具体情形：① 公司持续两年以上无法召开股东会，公司经营管理发生严重困难的；② 股东表决时无法达到法定或者公司章程规定的比例，持续两年以上不能做出有效的股东会决议，公司经营管理发生严重困难的；③ 公司董事长期冲突，且无法通过股东会解决，公司经营管理发生严重困难的；④ 经营管理发生其他严重困难，公司继续存续会使股东利益受到重大损失的情形。

应予注意的是，上述情形仅是法院应予受理的情形，并不意味着出现上述情况必然导致解散。法院应否作出解散判决，仍需要结合其他条件综合判定。该司法解释还规定，股东以知情权、利润分配请求权等权益受到损害，或者公司亏损、财产不足以偿还全部债务，以及公司被吊销企业法人营业执照未进行清算等为由，提起解散公司诉讼的，人民法院不予受理。

2. 程序性问题

股东提起解散公司诉讼应当以公司为被告，其他股东为第三人，其他股东也可以申请以共同原告的身份参加诉讼。原告提起解散公司诉讼时未告知其他股东的，人民法院应当通知其他股东参加诉讼。

拓展阅读

最高人民法院第8号指导性案例

凯莱公司成立于2002年1月，林方清与戴小明系该公司股东，各占50%的股份，戴小明任公司法定代表人及执行董事，林方清任公司总经理兼公司监事。凯莱公司章程明确规定：股东会的决议须经代表二分之一以上表决权的股东通过，但对公司增加或减少注册资本、合并、解散、变更公司形式、修改公司章程作出决议时，必须经代表三分之二以上表决权的股东通过。股东会会议由股东按照出资比例行使表决权。

2006年起，林方清与戴小明两人之间的矛盾逐渐显现。2006年5月9日，林方清提议并通知召开股东会，由于戴小明认为林方清没有召集会议的权利，会议未能召开。2006年6月6日、8月8日、9月16日、10月10日、10月17日，林方清委托律师向凯莱公司和戴小明发函称，因股东权益受到严重侵害，林方清作为享有公司股东会二分之一表决权的股东，已按公司章程规定的程序表决并通过了解散凯莱公司的决议，要求戴小明提供凯莱公司的财务账册等资料，并对凯莱公司进行清算。2006年6月17日、9月7日、10月13日，戴小明回函称，林方清作出的股东会决议没有合法依据，戴小明不同意解散公司，并要求林方清交出公司财务资料。2006年11月15日、11月25日，林方清再次向凯莱公司和戴小明发函，要求凯莱公司和戴小明提供公司财务账册等供其查阅、分配公司收入、解散公司。

江苏常熟服装城管理委员会证明凯莱公司目前经营尚正常，且愿意组织林方清和戴小明进行调解。

另查明，凯莱公司章程载明监事行使下列权利：① 检查公司财务；② 对执行董事、经理执行公司职务时违反法律、法规或者公司章程的行为进行监督；③ 当董事和经理的行为损害公司的利益时，要求董事和经理予以纠正；④ 提议召开临时股东会。2006年6月1日起，凯莱公司未召开过股东会。服装城管委会调解委员会于2009年12月15日、12月16日两次组织双方进行调解，但均未成功。

江苏省苏州市中级人民法院驳回了林方清的请求，理由是：虽然凯莱公司两名股东陷入僵局，但公司本身经营状况良好，不存在公司经营管理发生严重困难的情形。本案仅因股东之间的矛盾而解散公司，会导致公司从业人员失去工作、经营户无法继续经营，不符合立法本意。而且，股东之间的僵局可以通过多种途径来破解，林方清可通过要求收购股份等方式依法进行救济。同时，常熟服装城管理委员会作为管理部门协调矛盾，也是救济途径之一。

江苏高院撤销了苏州市中级人民法院的判决，判决公司应予解散。

首先，凯莱公司的经营管理已发生严重困难。根据《公司法》和《最高人民法院关于适用〈中华人民共和国公司法〉若干问题的规定（二）》[以下简称公司法解释（二）]的规定，判断公司的经营管理是否出现严重困难，应当从公司的股东会、董事会或执行董事及监事会或监事的运行现状进行综合分析。"公司经营管理发生严重困难"的侧重点在于公司管理方面存有严重内部障碍，如股东会机制失灵、无法就公司的经营管理进行决策等，不应片面理解为公司资金缺乏、严重亏损等经营性困难。本案中，凯莱公司仅有戴小明与林方清两名股东，两人各占50%的股份，凯莱公司章程规定"股东会的决议须经代表二分之一以上表决权的股东通过"，且各方当事人一致认可该"二分之一以上"不包括本数。因此，只要两名股东的意见存有分歧、互不配合，就无法形成有效表决，显然影响公司的运营。凯莱公司已持续四年未召开股东会，无法形成有效股东会决议，也就无法通过股东会决议的方式管理公司，股东会机制已经失灵。执行董事戴小明作为互有矛盾的两名股东之一，其管理公司的行为已无法贯彻股东会的决议。林方清作为公司监事不能正常行使监事职权，无法发挥监督作用。由于凯莱公司的内部机制已无法正常运行、无法对公司的经营作出决策，即使尚未处于亏损状况，也不能改变该公司的经营管理已发生严重困难的事实。

其次，由于凯莱公司的内部运营机制早已失灵，林方清的股东权、监事权长期处于无法行使的状态，其投资凯莱公司的目的无法实现，利益受到重大损失，且凯莱公司的僵局通过其他途径长期无法解决。公司法解释（二）第五条明确规定了"当事人不能协商一致使公司存续的，人民法院应当及时判决"。本案中，林方清在提起公司解散诉讼之前，已通过其他途径试图化解与戴小明之间的矛盾，服装城管委会也曾组织双方当事人调解，但双方仍不能达成一致意见。两审法院也基于慎用司法手段强制解散公司的考虑，积极进行调解，但均未成功。

此外，林方清持有凯莱公司50%的股份，也符合《公司法》关于提起公司解散诉讼的股东须持有公司10%以上股份的条件。

综上所述，凯莱公司已符合《公司法》及公司法解释（二）所规定的股东提起解散公司之诉的条件。二审法院从充分保护股东合法权益、合理规范公司治理结构、促进市场经济健康有序发展的角度出发，依法判决解散。

对公司解散之诉，人民法院仅就公司应否解散进行判决，而不涉及公司清算事项。股东提起解散公司诉讼，同时又申请人民法院对公司进行清算的，人民法院对其提出的清算申请不予受理。人民法院可以告知原告，在人民法院判决解散公司后，依据《公司法》规定，自行组织清算或者另行申请人民法院对公司进行清算。

解散公司诉讼案件和公司清算案件由公司住所地人民法院管辖。公司住所地是指公司主要办事机构所在地。公司办事机构所在地不明确的，由其注册地人民法院管辖。基层人民法院管辖县、县级市或者区的公司登记机关核准登记公司的解散诉讼案件和公司清算案件；中级人民法院管辖地区、地级市以上的公司登记机关核准登记公司的解散诉讼案件和公司清算案件。

3. 裁判原则

（1）调解原则。人民法院审理解散公司诉讼案件，应当注重调解。当事人协商同意由公司或者股东收购股份，或者以减资等方式使公司存续，且不违反法律、行政法规强制性规定的，人民法院应予支持。当事人不能协商一致使公司存续的，人民法院应当及时判决。经人民法院调解公司收购原告股份的，公司应当自调解书生效之日起六个月内将股份转让或者注销。股份转让或者注销之前，原告不得以公司收购其股份为由对抗公司债权人。

（2）替代原则。公司依股东意思而设，亦应依股东意思而解散。由于公司解散涉及诸多利益主体的利益，故非基于股东意思的解散应谨慎为之。人民法院在判决解散公司之前，应尽可能穷尽各种替代性解决方案，尽量避免对公司的强制性解散。司法解释强调了调解原则，但调解以当事人意思达成一致为前提，如果当事人无法达成调解协议，在符合《公司法》第231条规定的解散条件的情况下，人民法院是否只能判决解散公司呢？

如果公司经营管理发生严重困难，并且争议一方愿意收购对方股份，但仅仅就收购价格无法达成一致，人民法院是否可通过一定的法律途径（如评估）确定收购价格，并在此基础上强制股权转让呢？对此，我国相关法律与司法解释均未规定人民法院可以强制判决股权转让，但如果公司章程中对此作出规定，应当可以作为人民法院裁判的依据。

三 股权与公司三会并置的权力构造

（一）股权行使与公司"三会并置"权力构造的内在逻辑

对于股东人数较少、规模较小的公司，全体股东常常共同参与公司的经营管理，共同决定公司的事务。但是，当公司的股东有几十名、上百名甚至上千名的时候，所有股东的意见并不总能保持一致，也不是所有的股东都擅长管理和经营。如果事事都需要经过全体股东表决，既不专业，也无效率。因此，更好的选择是推选出若干名擅长经营的股东，或聘请专业的经营管理人员来专门负责公司的经营管理。由此，决定公司事务的机构不再是由全体股东组成的股东会，又出现了一个专门负责经营的机构，即董事会。董事会是受股东委托专门负责公司经营管理事务的机构。董事会的成员称为董事，可以是股东，也可以是从外部聘用的专业人员。

董事是由股东选聘专门负责公司经营管理的人员，如何确保董事诚实而勤勉，不侵犯其他未参与公司经营管理活动的股东的利益，就成为一个不可回避的问题。为此，公司又设立了监事会，由股东选聘监事专门负责对董事的监督，最终形成了由股东会、董事会和监事会组成的公司权力的三分格局。

由此可以看出，公司股东会、董事会和监事会的三权分置并不是法律的凭空设计，而是公司运营内在逻辑的要求。同时，公司是法律拟制的法律主体，出于登记管理和维护利益相关者权益的需要，也应当对公司的组织形式作出一定的规范性要求，三权分置同时也是公司组织形式规范化要求的体现。当然，统一的规范化要求本身不是目的，在不影响登记管理和利益相关者权益的情况下，公司应当享有充分的自治权。事实上，尽管《公司法》对公司的三权分置作了明确规定，但也给公司留下了很大的自主决定的空间。同样是三权分置，不同公司的内部权力设置和运行方式也常常有不同的安排。

（二）"三会"的机构组成及其职权

1. 股东会

股东会由全体股东组成，由于并不是所有的股东都在公司任职，所以股东会不是常设机构。严格来说，只有股东会议，并不存在实质意义上的股东会。股东会议分为定期会议和临时会议两种。

对于有限责任公司，定期会议的召开次数和时间由公司章程规定，一般每年一到两次。代表1/10以上表决权的股东、1/3以上的董事或者监事会提议召开临时会议的，应当召开临时会议。对于股份有限公司，《公司法》规定股东会应当每年召开一次年会。单独或者合计持有公司10%以上股份的股东、董事会或监事会可以请求或提议召开临时股东会，董事人数不足公司法规定人数或者公司章程规定人数的2/3时，为补选董事，应召开临时会议。此外，公司未弥补的亏损达股本总额1/3时，以及根据公司章程规定应召开临时股东会的，也应该召开临时股东会。

股东会是公司的权力机构，行使以下职权：① 选举和更换董事、监事，决定有关董事、监事的报酬事项；② 审议批准董事会的报告；③ 审议批准监事会的报告；④ 审议批准公司的利润分配方案和弥补亏损方案；⑤ 对公司增加或者减少注册资本作出决议；⑥ 对发行公司债券作出决议；⑦ 对公司合并、分立、解散、清算或者变更公司形式作出决议；⑧ 修改公司章程；⑨ 公司章程规定的其他职权。

理论上，股东是公司的主人，股东会有权决定公司的一切事务。因此，尽管《公司法》明文规定了股东会的上述职权，但公司章程有权扩大股东会的职权，甚至将《公司法》明确列入董事会职权的事项归于股东会决议事项。对于一些规模较小且股东人数较少的公司，所有股东均亲自参与公司的经营，很少会聘用外部人员参与公司事务，公司事务事实上也都是由全体股东共同决定的。但应注意的是，对于规模较大、股东人数较多的公司，股东不可能全部参与公司的经营管理，而且由全体股东共同决定公司事务，既不专业，也缺乏效率。在这种情况下，公司的经营业务与日常管理事务就应交由董事会负责，股东会的职权也不宜随意扩大。

2. 董事会

董事会是公司的常设机构，根据《公司法》，公司的董事会由三名以上董事组成，董事会设董事长一人，可以设副董事长，董事长、副董事长的产生办法由公司章程规定。股东人数较少或者规模较小的有限责任公司可以不设董事会，只设一名董事。董事任期由公司章程规定，但每届任期不得超过三年。董事任期届满，连选可以连任。《公司法》对有限责任公司董事会的召开次数和召开时间没有规定，由公司自主决定。对于股份有限公司的董事会，《公司法》规定每年度至少召开两次会议，代表1/10以上表决权的股东、1/3以上董事或者监事会，可以提议召开临时董事会会议。

董事会是股东会决议的执行机构，也是公司经营管理事务的决策机构，主要行使以下职权：① 召集股东会会议，并向股东会报告工作；② 执行股东会的决议；③ 决定公司的经营计划和投资方案；④ 制订公司的利润分配方案和弥补亏损方案；⑤ 制订公司增加或者减少注册资本以及发行公司债券的方案；⑥ 制订公司合并、分立、解散或者变更公司形式的方案；⑦ 决定公司内部管理机构的设置；⑧ 决定聘任或者解聘公司经理及其报酬事项，并根据经理的提名决定聘任或者解聘公司副经理、财务负责人及其报酬事项；⑨ 制定公司的基本管理制度；⑩ 公司章程规定或者股东会授予的其他职权。

与股东会的职权一样，虽然《公司法》对董事会的职权作了明确列举，但这些规定同样不是强制性的，公司可以通过章程对上述职权作出限制，甚至将其归于股东会的职权之下。但前文已经述及，对于一些规模较大的公司来说，限制董事会职权而扩大股东会职权并不是明智的选择。同时，董事会依照《公司法》规定的职权作出的决定对外具有公信力，公司通过章程对董事会职权作出的限制不能对抗善意相对人。也就是说，公司章程可以对董事会的职权作出限制，但是，如果董事会在对外交易活动中所行使的职权没有超出《公司法》列举的上述职权范围，公司不得以公司章程未授予其该项职权为由提出无效抗辩。

3. 监事会

监事会是公司的常设机关。监事会成员为三人以上，并设主席一人。规模较小或者股东人数较少的公司，可以不设监事会，只设一名监事。监事会是公司的监督机构，对股东会负责，对董事会的活动实施监督。主要行使以下职权：① 检查公司财务；② 对董事、高级管理人员执行职务的行为进行监督，对违反法律、行政法规、公司章程或者股东会决议的董事、高级管理人员提出解任的建议；③ 当董事、高级管理人员的行为损害公司的利益时，要求董事、高级管理人员予以纠正；④ 提议召开临时股东会会议，在董事会不履行本法规定的召集和主持股东会会议职责时召集和主持股东会会议；⑤ 向股东会会议提出提案；⑥ 对因违反法律、法规或者公司章程给公司造成损失的董事或其他高级管理人员提起诉讼；⑦ 公司章程规定的其他职权。

监事可以列席董事会会议，并对董事会决议事项提出质询或者建议。监事会可以要求董事、高级管理人员提交执行职务的报告，发现公司经营情况异常，可以进行调查。必要时，可以聘请会计师事务所等协助其工作，费用由公司承担。

公司也可以不设监事会或监事，而是在董事会中设置审计委员会，行使监事会的职权。

对于有限责任公司审计委员会的组成，《公司法》没有作出规定，由公司章程规定。对于股份有限公司，《公司法》要求审计委员会的成员为三名以上，其中过半数成员不得在公司担任除董事以外的其他职务，且不得与公司存在任何可能影响其独立客观判断的关系。

在股东会、董事会和监事会"三会"设置的前提下，监事会主要是监督董事会的，如果在董事会下设审计委员会，显然无法对董事会真正行使监督权。因此，公司在董事会下设审计委员会而不设监事会的，一般是董事会实际上已经不再行使经营管理职责的公司，在这样的公司，董事会的职责主要是制订公司的战略规划，具体的经营管理事务由专门的经理团队负责，审计委员会的监督对象实际上是负责公司运营的经理团队。所以，公司设立监事会还是设立审计委员会，并不是基于股东的主观意愿，而是取决于公司的权力结构设计。

（三）"三会"的权力运行方式

股东会、董事会与监事会的职权不同，其权力运行方式也有很大的差异。股东会与董事会的职权都包括决策权，决策权的权力行使主要以表决权为中心，但这两个权力机构的表决方式有很大的不同。

1. 股东会

（1）股东会的召集。股东会的召集必须依照一定的规则和程序进行，否则不仅可能导致秩序混乱，难以形成有效决议，还可能会侵犯股东权益。根据我国《公司法》，股东会召集采取"召集权法定"原则。有限责任公司的首次股东会由出资最多的股东召集主持，股份有限公司的首次股东会由发起人召集和主持。其他情况下，股东会会议由董事会召集，董事长主持；董事长不能履行职务或者不履行职务的，由副董事长主持；副董事长不能履行职务或者不履行职务的，由半数以上董事共同推举一名董事主持。公司不设董事会的，股东会会议由董事召集和主持。当董事会不能履行或者不履行召集股东会会议职责时，股东会还可以由监事会召集和主持；监事会不召集和主持的，有限责任公司代表1/10以上表决权的股东或股份有限公司连续90日以上单独或者合计持有公司10%以上股份的股东可以自行召集和主持。

（2）会议的通知与公告。股东会是股东表达意志、行使权利的机构，为确保股东的参会权和表决权的行使，股东会召开前，必须将会议召开的时间、地点和审议事项通知股东。对于股份有限公司，《公司法》规定定期会议的召开应当提前20日通知，临时会议应当提前15日通知。对于有限责任公司，《公司法》规定应当提前15日通知，但同时也允许公司章程另外作出不同的规定。

股东会的审议事项应当在通知股东会会议时一并通知。对于会议通知中未列明的审议事项，股东有权拒绝表决。鉴于股份有限公司的公众性特征，《公司法》特别规定，股份有限公司的股东会不得对通知中未列明的事项作出决议。股东会的召集人以及有权提请召开临时股东会的提请人，均有股东会审议事项的提议权。此外，股份有限公司单独或者合计持有公司1%以上股份的股东，可以在股东会会议召开10日前提出临时提案并书面提交董事会。董事会应当在收到提案后2日内通知其他股东,并将该临时提案提交股东会审议。

《公司法》虽然没有规定有限责任公司股东的临时提议权,但有限责任公司股东人数较少,只要不影响其他股东表决权的正常行使,原则上可随时提出临时提案。

(3)股东会的表决方式。股东会的表决实行"资本多数决",即每位股东依其出资比例或所占股份比例行使表决权,但有限责任公司可以通过章程或股东协议设定其他表决权行使方式,股份有限公司也可以在章程中规定享有特殊表决权或表决权受到限制的类别股。就此问题,前文已述,不再重复。

除上述表决权行使方式外,在股东会选聘董事、监事或其他高管人员时,还可采取"累积投票制"的表决方式。依照这种表决方式,每一股份拥有与应选高管人数相同的表决权,每位股东可以将其全部投票权集中投给一位或数位候选人。

累积投票制主要是为维护中小股东利益而设置的一种表决方式。在选聘公司董事、监事或其他高管时,如果每一位候选人都由股东按出资比例行使表决权,中小股东在选举中基本上起不到任何作用。采用累积投票制,可以确保中小股东能选出一定数量的代表其利益的董事或监事,从而有助于在大股东与中小股东之间维持一定程度上的利益平衡。比如,公司几个大股东所占股权比例为55%,其他中小股东股权比例为45%。如果公司选举5名董事,按照资本多数决的原则,少数的几名大股东完全可以控制所有董事人选。如果按照累积投票制,5名董事的全部票数共500票,少数大股东占55%,所持有的票数是275票,中小股东持有的票数为225票。在这种情况下,275票如果平均投给4个人,每人所得票数不足70票;而中小股东如果将其225票集中投给3个人,则每人票数为75票,中小股东反而能选出代表自己利益的3名董事。因此,大股东虽然所占出资比例为55%,但最多只能控制3名董事当选,中小股东则可以至少选出2名董事。

2. 董事会

(1)董事会的召集与通知。董事会会议由董事长召集和主持;董事长不能履行职务或者不履行职务的,由副董事长召集和主持;副董事长不能履行职务或者不履行职务的,由过半数的董事共同推举一名董事召集和主持。股份有限公司召开董事会,应当于会议召开10日前通知全体董事和监事。股东、董事或监事会提议召开临时董事会的,董事长应当自接到提议后10日内,召集和主持董事会会议。临时会议通知方式和通知时限由公司通过公司章程或其他规章制度另行规定。

(2)董事会表决方式。董事会会议应当有过半数的董事出席方可举行。董事会作出决议,应当经全体董事过半数通过。董事会决议的表决,实行一人一票。董事会会议,应当由董事本人出席;董事因故不能出席的,依据《公司法》规定可以书面委托其他董事代为出席,委托书应当载明授权范围。但是,董事不仅代表着一种身份,也意味着职责和义务,公司章程有权对董事的委托代理权作出限制。

3. 监事会与审计委员会

监事会也是公司的常设机构，监事会主要负责对董事会的监督。监事会的召集和主持，与董事会的召集和主持规则基本相同。《公司法》要求有限责任公司每年度至少召开一次会议，股份有限公司每6个月至少召开一次会议，监事可以提议召开临时监事会会议。监事会决议的表决，实行一人一票，监事会决议应当经全体监事的过半数通过。

有限责任公司和股份有限公司都可以不设监事会，而是在董事会中设置审计委员会。《公司法》对有限责任公司的审计委员会的组成和议事规则没有作出规定，由公司自行规定。对于股份有限公司，《公司法》规定审计委员会决议的表决实行一人一票，作出决议，应当经审计委员会成员的过半数通过。

第三节 公司高管

一、公司高管及其任职资格

公司高管即公司的高级管理人员，《公司法》第265条将其定义为公司的经理、副经理、财务负责人，上市公司董事会秘书和公司章程规定的其他人员。高级管理人员经常与董事和监事并列，共同构成公司的管理高层，为了表达的方便，本书将他们统称为公司高管。

（一）公司高管的界定

1. 为何要界定公司高管的范围

《公司法》对公司高管的任职资格有明确规定，不符合条件的不得担任公司高管，准确界定公司高管的范围，才能明确公司管理人员的任职是否应受《公司法》规定的任职资格的限制。更为重要的是，公司高管负有法律规定的受信义务，一旦违反义务要承担相应的法律责任。高管以外的其他人员为公司的普通员工，根据公司的安排完成工作，受公司规章制度的约束，并不存在严格意义上的独立责任。

2. 股东与公司高管

公司高管是指公司的高层管理人员。股东是公司的投资者，也是公司的最终受益人。但是股东会并不是公司的常设机构，股东除通过股东会行使表决权外，很少参与公司的管理事务，公司也没有为股东留有相应的管理岗位。也就是说，股东并不直接参与公司日常经营事务的管理。当然，股东也可以成为公司的董事、监事或其他高层管理人员。但在这种情况下，其参与公司管理不是基于股东身份，而是基于高层管理人员身份。规模不是很大的有限责任公司，公司的高层管理职务经常由股东担任；但规模较大的公司，尤其是股份有限公司，公司的高层管理职务可能更多地由股东以外的人担任。

3. 公司高管的主要成员

（1）董事。董事是公司董事会的组成人员，是公司生产经营和日常管理的事实掌控者，是公司中最为重要的高层管理人员。董事一般都是由股东会从股东中选举产生，但也可以选聘外部董事。对于上市公司的董事会，还要求有不少于1/3比例的独立董事。所谓独立董事，是指除董事外不担任公司任何其他职务，与其所受聘的公司及其主要股东、实际控制人不存在直接或者间接利害关系的董事。由于独立董事与公司不存在任何利害关系，故有助于其不受影响地对公司事务作出完全独立客观的判断。对于员工人数在300人以上的公司，除依法设监事会并有公司职工代表的外，其董事会成员中还应当有公司职工代表。董事会中的职工代表由公司职工通过职工代表大会、职工大会或者其他形式的民主选举产生。对于国有独资公司，《公司法》规定董事成员中应当过半数为外部董事，并应当有公司职工代表。

董事每届的任期一般为三年，连选可以连任，任期届满应当退任，在任职期间内，有权辞职。董事死亡的当然退任，在任职期间出现法律规定的不得担任董事的情形时，也应退任。此外，股东会也可以提前解除董事职务。值得注意的是，股东会解除董事职务，法律并不要求有具体而正当的理由，只要股东会表决程序不违反法律法规或公司章程规定而做出的决议，法律并不予以干涉。但是，无正当理由，在任期届满前解任董事的，该董事可以要求公司予以赔偿。股东会不得解除职工代表选举出的董事。董事任期届满或辞职的，在公司未及改选选出新的董事前，应当继续履行董事职务。

（2）监事。监事是监事会的组成人员，是对董事会的生产经营和日常管理活动的监督者。监事会成员应当包括股东代表和适当比例的公司职工代表，其中职工代表的比例不得低于1/3，具体比例由公司章程规定。监事会中的职工代表由公司职工通过职工代表大会、职工大会或者其他形式民主选举产生。关于监事的任期和离任的规定，与董事基本相同，此不赘述。

（3）经理和副经理。经理和副经理是公司经营管理和行政事务的负责人，由董事会聘任，对董事会负责。对于一些大型的股份有限公司，经理一般都是从职业经理人中聘任的，但也可以由董事或自然人股东担任。经理的职权不是法定的，而是由公司章程或董事会的授权行使职权，因此，在不同的公司中，经理的权力和职责可能是不一样的。现代公司治理结构下，很多公司的董事会主要负责公司的战略规划，公司的实际经营管理完全由经理团队负责。这种情况下，公司对董事会的监督需求降低，常常不设监事会，而在董事会下设审计委员会，主要负责对经理团队的监督。

（4）其他高层管理人员。根据《公司法》第265条的规定，公司高管除董事、监事和经理外，还包括财务负责人、上市公司的董事会秘书和公司章程规定的其他人员。有时候，公司管理人员虽然没有明确的职务，也不是公司章程中规定的其他高管人员，但事实上履行着公司的重要职责，也应视为公司高管，应承担相应义务并承担相应责任。

(二)公司高管的产生方式及其任职资格

1. 公司高管的产生方式

不同的高管的产生方式是不同的,对于职工董事和职工监事由职工大会或职工代表大会通过民主选举方式产生,其他董事和监事均由股东会选举产生。经理、副经理、财务负责人和董事会秘书一般由董事会聘任。其他高管人员的产生方式由公司章程规定,可以由董事会聘任,有时也可以由经理任命。

对于高管候选人由谁提名以及如何提名的问题,《公司法》没有作出规定。一般来说,董事与监事由股东提名,其他高管主要由董事会提名。《公司法》第115条规定,单独或者合计持有公司1%以上股份的股东,可以在股东会会议召开10日前提出临时提案并书面提交董事会。这里的临时提案当然应当包括董事或监事人候选人建议提案,这也就意味着单独或者合计持有公司1%以上股份的股东享有董事和监事的提名权。有的公司在董事会下设立提名委员会,专门负责制定董事和经理人员的提名标准和程序,提出提名候选人的建议,同时对董事、经理及其他高级管理人员的工作进行评估,决定现有董事是否有资格留任等。

为了平衡大股东与中小股东之间的关系,基于选举产生的高管,选举时大多采用累积投票制。是否采用累积投票制,由公司章程或股东会议决议决定。

2. 公司高管的任职资格

根据《公司法》第178条,有下列情形之一的,不得担任公司的董事、监事、高级管理人员:① 无民事行为能力或者限制民事行为能力;② 因贪污、贿赂、侵占财产、挪用财产或者破坏社会主义市场经济秩序,被判处刑罚,或者因犯罪被剥夺政治权利,执行期满未逾五年,被宣告缓刑的,自缓刑考验期满之日起未逾二年;③ 担任破产清算的公司、企业的董事或者厂长、经理,对该公司、企业的破产负有个人责任的,自该公司、企业破产清算完结之日起未逾三年;④ 担任因违法被吊销营业执照、责令关闭的公司、企业的法定代表人,并负有个人责任的,自该公司、企业被吊销营业执照、责令关闭之日起未逾三年;⑤ 个人因所负数额较大债务到期未清偿被人民法院列为失信被执行人。

违反前述规定选举、委派董事、监事或者聘任高级管理人员的,该选举、委派或者聘任无效。董事、监事、高级管理人员在任职期间出现上述所列情形的,公司应当解除其职务。

二 高管的受信义务

受信义务是基于英国信托制度而发展起来的概念,在信托制度下,受托人应当从维护受益人利益的角度出发,忠实而勤勉地履行受托义务。这种义务即为受信义务,又称信义义务,主要包括忠实义务和勤勉义务。

受信义务并不完全是基于委托合同而产生的义务,逐渐演变成为一种超越合同文

本、具有独立内容的法定义务，在公司、基金、信托等诸多商事领域均有广泛的体现。公司高管负有受信义务，应当依照《公司法》规定履行义务、承担责任。

（一）忠实义务

公司高管作为公司事务的管理决策者，应当忠实于公司事务，当自身利益与公司利益发生冲突时，应以公司利益为先。违反忠实义务给公司或股东造成损失的，应当承担赔偿责任。忠实义务主要包括以下三个方面的内容。

1. 公平交易义务

公平交易义务指高管在与其有利益冲突的交易中应当维护公司利益进行公平交易的义务。高管与公司存在利益冲突的交易行为有不同的表现形式，是否构成对公平交易义务的违反也有不同的判断标准。违反公平交易的行为主要有以下四种。

（1）自我交易。自我交易指高管本人与本公司订立合同或者进行交易的行为。高管与本公司之间的交易并不一定损害公司利益，因此，法律并不禁止高管与本公司之间的交易。但高管作为公司管理人员，自己与公司交易存在侵害公司利益的风险，因而应当经股东会同意才可进行交易，公司章程也可规定其他的限制条件。违反公司章程规定或未经股东会同意，公司高管与本公司进行交易的，属于违反公平交易义务的行为。

（2）关联交易。关联交易是指基于关联关系而发生的交易。所谓关联关系，是指公司控股股东、实际控制人、董事、监事、高级管理人员与其直接或者间接控制的企业之间的关系，以及可能导致公司利益转移的其他关系。但是，国家控股的企业之间不因为同受国家控股而具有关联。

法律并不禁止关联交易，但禁止利用关联交易损害公司利益。因此，只要没有损害公司利益，即不构成对公平交易义务的违反。上市公司中，董事会对关联交易表决时，有关联关系的董事不享有表决权。对于有限责任公司，公司章程可规定对关联交易的限制条件。

（3）同业竞争。同业竞争指高管自营或为他人经营与本公司同类的业务，或利用职务便利为自己或者他人谋取属于公司的商业机会的行为。同业竞争有可能会损害公司利益，因此属于违反公平交易义务的行为。但是，在经股东会同意的情况下，上述行为不视为对公平交易义务的违反。

（4）担保行为。担保行为指给他人提供担保的行为。担保行为具有很大的风险，可能会损害公司利益，因此，高管不得擅自为他人提供担保。公司向其他企业投资或者为他人提供担保，依照公司章程的规定，由董事会或者股东会决议；公司章程对投资或者担保的总额及单项投资或者担保的数额有限额规定的，不得超过规定的限额。公司为公司股东或者实际控制人提供担保的，必须经股东会决议。董事或其他高管人员不得违反公司章程的规定，未经股东会或者董事会同意，将公司资金借贷给他人或者以公司财产为他人提供担保。

2. 保密义务

董事及其他公司高管人员不得擅自披露公司秘密。所谓公司秘密，是指与公司生产经营和管理相关的，能够为公司带来经济利益，公司不希望为公众知悉并采取相应的保密措施的信息，主要包括技术信息、经营管理信息、投资信息等。但对于上市公司，依照法律规定应当向投资者或公众披露的信息除外。

3. 其他忠实义务

除公平交易义务和保密义务外，《公司法》还规定了董事及其他公司高管人员的其他忠实义务，主要包括不得利用职权收受贿赂或者其他非法收入、不得侵占公司的财产或挪用公司资金、不得将公司资金以其个人名义或者以其他个人名义开立账户存储、不得接受他人与公司交易的佣金归为己有、不得有其他违反对公司忠实义务的行为。

（二）勤勉义务

勤勉义务也称注意义务或审慎义务，和忠实义务一并构成公司董事及其他公司高管法律义务的两大种类。忠实义务的着重点在于行为的目的和做出决策的出发点是否正确，是否是为了公司的利益最大化；勤勉义务的着重点则是行为本身和做出决策的过程是否尽职，它要求谨慎勤勉地履行职责。

勤勉义务在很大程度上是对董事及其他公司高管人员经营能力或行为方式的一种主观评价，在实践中很难确立一个明确的标准。一般情况下，判断高管是否尽到勤勉义务，可考虑两种分析角度。

1. 主观"善意"标准

在主观上，高管对其决策和管理行为必须是"善意"的，法律上常以"明知或应当知道"来表述，意即只有当本人"不知道"且在已尽"合理的注意义务"仍"不可能知道"的情况下，方为"善意"。对于高管而言，当其在已尽"合理的注意义务"的情况下"合理地相信"某项决策不会给公司带来不利影响时，应视为已尽勤勉义务。一般来说，对于高管在行为时是否是"善意"的，可考虑三个方面。一是信息收集，董事在进行任何一项商业决策之前，应当全面收集并了解可以合理获得的实质性信息；二是信息评估，高管不能只是进行简单的信息收集，还应对收集的信息进行审慎的分析与判断；三是谨慎决策，高管应在知悉相关实质性信息的基础上进行决策。

2. 客观"普通理性人"标准

高管是否尽到勤勉义务，在客观上一般采取的是"普通理性人"标准，如果某种行为符合一个普通的理性人的判断，则可认定已尽勤勉义务。一般而言，法律并不要求公司高管人员具有特定领域的专门知识技能，因此依照"普通理性人"标准是合理的。但在有些情况下，如果具有特别的专业知识为担任该职务的前提条件，则应当依照"专业人员"的标准来判断。比如，《上市公司独立董事管理办法》规定，独立董事应具备上市公司运作的基本知识，熟悉相关法律、行政法规、规章及规则，并具有五年以上履行独立董事职责所必需的法律、会计或者经济等工作经验。在这种情况下，对该独立董事是否尽到勤勉义务，应当依照相应的专业人士的标准来作出判断。

由于勤勉义务的判断标准具有更多的主观性，对于高管人员来说，在积极经营与谨慎稳妥之间达到平衡并不容易。在谨慎稳妥上要求过严，导致的结果可能是高管消极行

事、碌碌无为。如果没有要求，则又容易导致高管的懈怠。经营活动具有天然风险性，不能把所有的经营不利后果都归结于高管未尽到勤勉义务，这不仅对高管不公平，也不利于其积极性的发挥。现代经济活动的复杂性也使得人们难以判断高管在经营决策时是否已经尽到了合理谨慎的注意义务。因此，对于相关的具体规则应如何设计才能更好地促进公司的健康发展，仍需要进行深入的研究。

三 公司高管的责任

（一）责任的类型

高管行使经营决策和管理职责，其职务行为主要涉及三个利益主体：公司、股东和债权人。根据利益关系主体的不同，可将高管的责任分为对公司的责任、对股东的责任和对债权人的责任三类。

1. 对公司的责任

一般而言，无论判断高管违反忠实义务还是勤勉义务，原则上均以高管主观存在过错为前提。但如果违反董事会决议、股东会决议或公司章程，则应适用无过错责任。如果违反法律法规，即使是为公司谋利益，仍构成义务违反，应当承担相应的责任。

高管违反义务给公司造成损失的，应当承担赔偿责任，所获得的收入归公司所有。对于违反义务的高管，公司和监事会均可提起诉讼，公司和监事会不起诉的，股东可提起股东代表诉讼。

2. 对股东的责任

高管对股东的责任主要指赔偿责任，根据《公司法》，董事及其他公司高管人员违反法律、行政法规或者公司章程的规定，损害股东利益的，应予赔偿。股东在此情况下可以作为原告直接向人民法院提起诉讼，该诉讼属股东直接诉讼。

3. 对债权人的责任

一般来说，对于债权人而言，高管履行的是公司的职务行为，其行为后果也应由公司承担，高管本人对债权人不负有责任。这种观点是我国法律界的主流观点。但是，当高管因恶意或重大过失给债权人造成损失时，如果公司无力赔偿，债权人的利益将无法得到保护。因此，很多国家的法律规定，公司高管在履行职务过程中因故意或重大过失给他人造成损害的，应与公司承担连带赔偿责任。

我国《公司法》没有直接规定高管对公司债权人的责任，但在司法实践中是认可高管对债权人的责任的。《最高人民法院关于适用〈中华人民共和国公司法〉若干问题的规定（三）》第13条也明确表示：股东在公司增资时未履行或者未全面履行出资义务，其他股东或债权人以董事未尽勤勉义务之由要求其承担相应责任的，人民法院应予支持。

（二）责任的免除

依据《公司法》，董事会会议，应由董事本人出席；董事因故不能出席，可以书面委托其他董事代为出席，委托书中应载明授权范围。董事会应当对会议所议事项的决定作成会议记录，出席会议的董事应当在会议记录上签名。董事应当对董事会的决议承担责任。董事会的决议违反法律、行政法规或者公司章程、股东会决议，致使公司遭受严重损失的，参与决议的董事对公司负赔偿责任。但经证明在表决时曾表明异议并记载于会议记录的，该董事可以免除责任。

此外，涉及董事或其他高管责任承担的，股东会也可以通过决议免除其责任，依据公司自治理念，法律对此无须也不宜过多干涉。股东会决议的表决方式采取的是资本多数决原则。有人认为，如果部分股东不同意免除责任，通过多数决方式免除高管责任构成对少数股东利益的侵犯。但是，高管责任应否免除，需要立足于公司角度作整体考虑，多数决原则在这种情况下的适用并无问题。

（三）责任保险与费用补偿

高管责任犹如一把双刃剑，在其有助于促进高管忠实勤勉地履行职责的同时，也难免对高管构成压力和威胁，导致高管经营保守，丧失积极进取的勇气，从而影响公司的发展。为了促使高管正当有效地履行职责，一些国家试图通过责任保险和费用补偿制度来缓解在高管责任问题上存在的矛盾。

1. 责任保险制度

高管责任保险是由公司或公司与高管共同购买的责任保险险种，当高管在履行职责中因违反受信义务而被追究个人责任时，由保险人负责赔偿该高管因提出抗辩而发生的费用（如诉讼费用），并代为偿付应承担的民事赔偿金额。我国《公司法》未提及高管的责任保险问题，但中国证监会发布的《上市公司治理准则》第24条规定，经股东会批准，上市公司可以为董事购买责任保险。责任保险范围由合同约定，但董事因违反法律法规和公司章程规定而导致的责任除外。目前，部分保险公司也开展了董事责任保险业务。

2. 费用补偿制度

高管费用补偿制度是指在高管因职务行为而被起诉时，对高管为抗辩而支付的有关费用，或根据判决应支付的费用，由公司予以补偿的制度。费用补偿制度目的在于避免高管为承担责任而过于谨慎与保守，但出于公共政策的考虑，对高管因违反法律法规或故意和重大过失行为而产生的责任，公司不应予以补偿。我国法律没有关于高管费用补偿的规定，公司章程在不违反法律强制性规定和公共利益的情况下，可以对补偿条件、决议机关、程序规则、赔偿范围等作出规定。

与本讲内容相关的重要法律、法规和司法解释

1.《中华人民共和国民法典》
2.《中华人民共和国公司法》
3.《中华人民共和国证券法》

第四讲　公司的解散与破产

公司的解散与破产意味着公司的消亡，但在公司解散与破产期间，公司的法律主体资格并不消灭，在资产清算完毕并经公司登记机关注销登记后，其主体资格才消灭。公司解散适用于资产能够清偿债务的情况，在此情况下，由于债权人的权益均能实现，如何清算主要与股东的利益相关，故一般由股东或董事会负责清算。公司破产适用于公司资产不足以清偿债务的情况，在此情况下，无论如何清算股东都将无剩余财产可供分配，如何清算主要与债权人的利益相关，故不能再由股东或公司董事会主持清算，而是在人民法院的主持下指定专门的清算机构（一般是破产管理人）负责清算。

破产清算的目的在于对破产企业的财产进行处置变现以清偿对外债务，最大限度地保护债权人利益。尽可能提高清偿率，这应是破产工作中的重点任务。同时，针对不同类型的债权，区分债权类型并确定其清偿顺序则是破产工作面临的一个重要课题。

第一节 公司解散

公司解散是指将已经成立的公司予以解除取消从而使其主体形式归于消灭的行为。公司解散最终导致公司主体资格的消灭，因此，在对公司注销前需要对公司进行清算，清偿对外债务，分配剩余财产。当公司资不抵债时，应当依法申请破产。

公司解散的原因

公司解散的原因有多种，我国《公司法》规定了五种情况。为便于理解和记忆，可将这五种解散原因归为三类。

（一）自愿解散

自愿解散是公司股东自己决定解散公司。自愿解散的情形一般有两种。

1. 公司股东会决议解散

公司在经营过程中，即使不存在任何法定解散事由，公司股东会仍可通过股东会议决议解散公司。有限责任公司经持有2/3以上表决权的股东通过，股份有限公司经出席股东会的股东所持表决权的2/3以上通过，可以解散公司。决议解散是公司自治的表现，法律对此不予干涉。

2. 公司章程规定的存续期限届满或章程规定的其他解散事由出现

公司章程规定的存续期限届满或规定的其他解散事由出现，公司并不当然解散，有限责任公司经持有2/3以上表决权的股东通过，股份有限公司经出席股东会的股东所持表决权的2/3以上通过，可以通过修改公司章程而使公司继续存续。未能通过的，希望公司存续的股东还可以通过协商收购不同意公司存续的股东的股份，使公司继续存续。公司股东会未能通过修改章程的决议，也未就股权收购事宜达成一致的，公司应当解散清算。

（二）当然解散

当然解散包括因公司合并或分立而解散，公司破产也是公司当然解散的原因之一，但因破产适用的条件和程序不同，这里仅讨论因合并或分立而解散的情形。

1. 公司合并

公司合并一般可分为吸收合并和新设合并两种类型。吸收合并指两个或两个以上的公司合并后，其中一个公司吸收其他公司而继续存在，其他被吸收的公司的主体资格消灭。新设合并指两个或两个以上公司合并后，成立一个新的公司，参加合并的原公司均归于消灭。吸收合并情况下，被吸收的公司当然解散；新设合并情况下，参加合并的公司均当然解散。

2. 公司分立

公司分立也可分为两种类型：一是新设分立，指分立前的公司将全部资产和营业分别划归两个或两个以上的新设公司，原公司主体资格消灭；二是派生分立，指分立前公司分出部分资产另设公司，原公司的主体资格并不消灭。只有新设分立的情况下才涉及公司解散；派生分立情况下，原公司并不解散。

3. 合并或分立后债权债务的处理

公司合并与公司分立导致公司主体或财产的变化，会对债权人的债权实现造成影响，因此在合并或分立时，均应通知债权人并公告，债权人有权要求公司提前清偿债务或要求提供担保。公司合并后，原公司的债权债务由合并后的公司概括继承。公司分立后，公司分立前的债务由分立后的公司承担连带责任，公司在分立前与债权人就债务清偿问题另有约定的，依照双方的约定处理。这些规定已经充分考虑了债权人利益，因此，公司因合并或分立而解散的，一般无须进行公司清算即可办理公司注销。

（三）强制解散

强制解散主要是行政强制解散和司法强制解散，是因行政机关依法作出的解散公司决定而使公司解散，或经人民法院判决解散公司的情形，对于司法强制解散本书第三讲介绍公司解散诉讼时已作详细讨论，这里只介绍行政强制解散的几种情形。

1. 吊销营业执照

吊销营业执照属于一种行政处罚，公司被吊销营业执照后，不能继续从事经营活动，但公司主体资格并不因此消灭，公司仍可从事非经营性的活动，如主张债权、清偿债务、提起诉讼或参加诉讼等。但因其不得继续经营，公司应当在被吊销营业执照后解散，经过解散清算注销公司登记后，公司的主体资格方归于消灭。

根据《公司法》，涉及吊销营业执照的情形主要包括：虚报注册资本、提交虚假材料或者采取其他欺诈手段隐瞒重要事实取得公司登记，情节严重的；公司成立后无正当理由超过六个月未开业或开业后自行停业连续六个月以上的；利用公司名义从事危害国家安全、社会公共利益的严重违法行为的；等等。

2. 责令关闭

责令关闭同样属于一种行政处罚措施。相对于吊销营业执照，责令关闭主要不是针对经营行为本身，而是针对经营资格或经营行为所产生的负面效应，如外国公司违法在我国境内设立分支机构，公司生产经营活动严重污染环境或存在重大安全隐患难以消除等。责令中央或省级人民政府直接管辖的企事业单位关闭，由省级人民政府决定，其中，责令中央直接管辖的企事业单位关闭，还须报国务院批准。责令市、县或市、县以下人民政府管辖的企事业单位关闭，由市、县人民政府决定。与被吊销营业执照一样，公司被责令关闭后，主体资格并不因此消灭，但应予及时解散并注销登记。

3. 撤销登记

撤销登记主要适用于不符合公司登记条件而已经予以登记的情形。根据《公司法》和《中华人民共和国市场主体登记管理条例》的规定，提交虚假材料或者采取其他欺诈手段隐瞒重要事实取得公司登记的，公司登记机关可以撤销公司登记。公司被撤销登记的，应予解散。

二 公司解散的清算程序

公司出现解散事由时，应及时组织对公司的清算。清算期间，公司存续，但不得开展与清算无关的经营活动。公司财产在未清偿所欠债务前，不得分配给股东。

（一）成立清算组

1. 清算组的组成

公司出现应当解散的事由，除公司合并与分立外，应当在解散事由出现之日起15日内成立清算组，开始清算。清算组是专门成立的进行公司清算的组织，其成员一般由公司董事组成，公司章程和股东会议也可以指定或推选董事以外的人进行清算。公司在法定期间内不成立清算组进行清算，虽然成立清算组但故意拖延清算，或者违法清算可能严重损害债权人或者股东利益的，债权人可以申请人民法院指定有关人员组成清算组进行清算。债权人未提起清算申请，公司股东也可以申请人民法院指定清算组对公司进行清算。公司因被吊销营业执照或被责令关闭而解散的，作出行政处罚决定的部门或公司登记机关也可以申请人民法院指定有关人员组成清算组进行清算。人民法院受理公司清算案件，可以指定公司股东、董事、监事、高级管理人员或具有专业知识的中介机构及其专业人员组成清算组进行清算。

2. 清算组的职权

清算组成立以后，公司的经营活动停止，股东会、董事会等公司机关也停止运行，公司的一切活动由清算组接管。清算开始后，清算组应当及时清理公司财产，编制资产负债表和财产清单，同时通知已知债权人并发布公告。在清算过程中，清算组接管公司一切事务，处理与清算有关的公司未了结的业务，清缴所欠税款以及清算过程中产生的税款，清理公司的债权和债务，处理公司清偿债务后的剩余财产。公司有未审结的诉讼，清算组还应当代表公司参与诉讼。清算组完成上述清算工作后，应当制作清算方案，清算方案经股东会通过后，由清算组负责方案的执行，直至最终公司注销。

（二）债权的申报与确认

清算工作的核心问题是对外清偿债务，清算组需要确定各债权人享有的债权数额。公司账册中记载的债权数额与债权人主张的数额可能不一致，所以需要债权人申报债权，由清算组根据申报情况分别进行审查确认。

1. 债权申报

清算组应当自成立之日起10日内通知债权人，并于60日内在报纸上公告。债权人应当自接到通知书之日起30日内，未接到通知书的自公告之日起45日内，向清算组申报其债权。清算组未按照上述规定履行通知和公告义务，导致债权人未及时申报债权而未获清偿的，债权人有权要求清算组成员对因此造成的损失承担赔偿责任。

债权人申报债权，应当说明债权的有关事项，并提供证明材料。清算组应当对债权进行登记。在申报债权期间，清算组不得对债权人进行清偿。

2. 债权补充申报

债权人在规定的期限内未申报债权，在公司清算程序终结前补充申报的，清算组应予登记。债权人补充申报的债权，应以公司尚未分配的财产清偿。公司尚未分配的财产不能全额清偿时，债权人有权要求股东在其剩余财产分配中已经取得的财产范围内承担清偿义务，但债权人因重大过错未在规定期限内申报债权的除外。

3. 债权确认

债权人申报的债权，由清算组进行审核确认。债权人对清算组核定的债权有异议的，可以要求清算组重新核定。清算组不予重新核定，或者债权人对重新核定的债权仍有异议时，债权人可向人民法院提起债权确认之诉，由人民法院确认。

（三）清算方案及其执行

1. 清算方案的制定与确认

清算组在清理公司财产、编制资产负债表和财产清单后，应当制定清算方案。公司自行清算的，清算方案应当报股东会确认；人民法院组织清算的，清算方案应当报人民法院确认。未经确认的清算方案，清算组不得执行。

人民法院指定的清算组在清理公司财产、编制资产负债表和财产清单时，发现公司财产不足以清偿债务的，可以与债权人协商制作有关债务清偿方案。债务清偿方案经全体债权人确认且不损害其他利害关系人利益的，经清算组申请，人民法院可以裁定予以认可。

2. 清算方案的执行

清算方案确认后，由清算组按照清算方案对公司财产进行分配。公司财产在分别支付清算费用、职工的工资、社会保险费用和法定补偿金，缴纳所欠税款，清偿公司债务后的剩余财产，有限责任公司按照股东的出资比例分配，股份有限公司按照股东持有的股份比例分配。公司清算结束后，清算组应当制作清算报告，报股东会或者人民法院确认，并报送公司登记机关，申请注销公司登记。

3. 资不抵债情况下的处理

清算组在清理公司财产、编制资产负债表和财产清单后，发现公司财产不足以清偿债务，或者债权人对债务清偿方案不予确认或者人民法院不予认可的，清算组应当依法向人民法院申请宣告破产。

(四) 公司的注销

公司清算方案执行完毕后，清算组应当向公司登记机关提出注销公司登记的申请，公司登记注销后，主体资格消灭。为保护债权人利益，除公司的合并与分立外，公司应当依法进行清算后才能申请注销。此外，《公司法》还规定了两种特殊注销程序。

1. 简易注销程序

简易程序主要适用于公司存续期间未产生债务，或者已清偿全部债务的情形。通过简易程序注销公司登记的，由公司通过国家企业信用信息公示系统予以公告，公告期限不少于20日。公告期限届满后，如果没有债权人提出异议，公司即可在20日内向公司登记机关申请注销公司登记。

为保护可能存在的潜在债权人利益，适用简易程序的，全体股东应作出公司不存在对外债务的承诺。公司注销后，发现公司有未清偿的债务的，全体股东应当承担连带责任。

2. 强制注销程序

公司被吊销营业执照、责令关闭或者被撤销，满三年未向公司登记机关申请注销公司登记的，公司登记机关可以通过国家企业信用信息公示系统予以公告，公告期限不少于60日。公告期限届满后，未有人提出异议的，公司登记机关可以注销公司登记。由于这种情况不以公司股东同意为前提，可称为强制注销。强制注销情况下，如果因公司未能及时清算给公司和债权人造成损失，清算义务人仍应承担赔偿责任。

三 清算责任

公司清算主要涉及两方利益主体，一是原投资人，二是债权人。清算工作的目的就是清偿债权人的债权，然后由投资人对剩余财产进行分配。现实生活中，由于种种原因，清算义务人常常并不积极履行清算义务，导致"僵尸企业"的大量存在，严重影响债权人和部分股东的利益。因此，需要在法律上强调清算责任，以敦促清算义务人及时清算。

（一）清算义务人的民事赔偿责任

清算义务人未及时履行清算义务，给公司或者债权人造成损失的，应当承担赔偿责任。根据《公司法》，公司董事是法定的清算义务人，除董事外，公司章程也可指定董事以外的人（如股东或其他公司高管）为清算义务人。司法实践中，清算义务人承担责任的情形主要有以下五种。

（1）未在法定期限内成立清算组开始清算，导致公司财产贬值、流失、毁损或者灭失，应在造成损失范围内对公司债务承担赔偿责任。

（2）因怠于履行义务，导致公司主要财产、账册、重要文件等灭失，无法进行清算的，应对公司债务承担连带清偿责任。

（3）恶意处置公司财产给债权人造成损失，或者未经依法清算，以虚假的清算报告骗取公司登记机关办理法人注销登记的，应对公司债务承担相应赔偿责任。

（4）未经清算即办理注销登记，导致公司无法进行清算的，应对公司债务承担清偿责任。

（5）公司解散，公司财产不足以清偿债务时，未缴纳或未足额缴纳出资的股东，以及公司设立时的其他股东或者发起人在未缴出资范围内对公司债务承担连带清偿责任。

对于清算责任是否应当考虑过错的问题，最高人民法院2012年发布的第9号指导案例的意见没有考虑股东是否具备清算条件，认为只要股东未履行清算义务，不管其本人是否存在过错，均应承担相应民事责任。该意见对那些无力左右公司事务的小股东而言，似有过于严苛之嫌。为避免股东清算责任被不适当地扩大，最高人民法院2019年11月发布的《全国法院民商事审判工作会议纪要》明确：怠于履行清算义务，是指法定事由出现后，在能够履行清算义务的情况下，故意拖延、拒绝履行清算义务，或者因过失导致无法进行清算的消极行为。股东举证证明其"怠于履行义务"的消极不作为与"公司主要财产、账册、重要文件等灭失，无法进行清算"的结果之间没有因果关系，主张其不应对公司债务承担连带清偿责任的，人民法院依法予以支持。这两条意见将"过错"作为责任承担的前提条件，并且明确声明"因果关系抗辩"的正当性，事实上已对第9号指导性案例的裁判意见作了修正。

（二）清算组成员的责任

清算组成员不仅包括负有清算义务的股东、董事和实际控制人，还包括参与清算工作的其他人员，如评估工作人员、会计工作人员等。人民法院指定清算的，指定人员均为清算组成员。

清算义务人的责任强调的是清算义务，而清算组成员的责任强调的是工作职责，二者的责任来源不同。一般来说，在下列情况下，清算组成员应承担相应的民事责任：① 清算组成员从事清算事务时，违反法律、行政法规或者公司章程给公司或者债权人造成损失的，应承担赔偿责任；② 清算组成员因故意或者重大过失给公司或者债权人造成损失的，应当承担赔偿责任；③ 执行未经确认的清算方案给公司或者债权人造成损失的，应承担赔偿责任。

第二节 公司破产

企业法人因资不抵债不能清偿到期债务时，为使其有限的财产在各债权人之间得到公平的分配，应当依据《企业破产法》的规定进行破产。

一、破产程序

（一）破产申请

司法权是被动的，司法程序的启动遵循的是"不告不理"的原则，破产程序也需要当事人申请才能启动。根据《企业破产法》，债务人、债权人和清算义务人均可提出破产申请。

1. 债务人申请

此处所说的债务人，是指破产企业，而非破产企业的债务人。破产企业不能清偿到期债务时，可以向人民法院申请破产，在人民法院依法宣告其破产前，破产企业称债务人，在宣告破产后，才称破产企业或破产人。

债务人提出破产申请时，应当提交破产申请书和有关证据，说明申请目的和申请破产所依据的事实和理由。同时还应当向人民法院提交财产状况说明、债务清册、债权清册、有关财务会计报告、职工安置预案以及职工工资的支付和社会保险费用的缴纳情况。

2. 债权人申请

债务人不能清偿到期债务，或者企业法人已解散但未清算或未在合理期限内清算完毕的，债权人可以向人民法院申请债务人破产。

债权人向人民法院申请债务人破产时，应当提交债务人不能清偿到期债务的有关证据。人民法院应当自收到申请之日起 5 日内通知债务人。债务人对申请有异议的，应当自收到人民法院的通知之日起 7 日内向人民法院提出。

3. 清算人申请

企业法人已解散但未清算或者未清算完毕，发现资产不足以清偿债务的，清算组或其他依法负有清算责任的人应当向人民法院申请破产。

（二）破产受理

1. 受理条件

依照《企业破产法》第 2 条，人民法院受理破产申请须同时具备两个条件：一是企业法人不能清偿到期债务；二是企业资产不足以清偿全部债务或者明显缺乏清偿能力。债务人的资产负债表或者审计报告、资产评估报告等显示其全部资产不足以偿付全部负债，并且没有相反证据足以证明债务人资产能够偿付全部负债的，人民法院应当认定债务人资产不足以清偿全部债务。

债务人账面资产虽大于负债，但存在下列情形之一的，人民法院应当认定其明显缺乏清偿能力：① 因资金严重不足或者财产不能变现等原因，无法清偿债务；② 法定代表人下落不明且无其他人员负责管理财产，无法清偿债务；③ 经人民法院强制执行，无法清偿债务；④ 长期亏损且经营扭亏困难，无法清偿债务；⑤ 导致债务人丧失清偿能力的其他情形。

2. 受理程序

人民法院应当自收到破产申请之日起15日内裁定是否受理。债权人提出破产申请，债务人对申请有异议的，人民法院应当自异议期满之日起10日内裁定是否受理。有特殊情况需要延长的，经上一级人民法院批准，可以延长15日。

人民法院受理破产申请的，应当自裁定作出之日起5日内送达申请人。债权人提出申请的，人民法院应当自裁定作出之日起5日内送达债务人。债务人应当自裁定送达之日起15日内，向人民法院提交财产状况说明、债务清册、债权清册、有关财务会计报告以及职工工资的支付和社会保险费用的缴纳情况。

人民法院裁定不受理破产申请的，应当自裁定作出之日起5日内送达申请人并说明理由。申请人对裁定不服的，可以自裁定送达之日起10日内向上一级人民法院提起上诉。人民法院受理破产申请后至破产宣告前，经审查发现债务人不符合破产条件的，可以裁定驳回申请。申请人对裁定不服的，可以自裁定送达之日起10日内向上一级人民法院提起上诉。

3. 受理后的工作

人民法院受理破产申请后，应当在裁定受理破产申请的同时，开展以下工作：① 指定管理人。由管理人接管破产企业，并开展清算工作。② 通知债权人。自裁定受理破产申请之日起25日内，人民法院应当向已知债权人发出通知，告知其破产申请已经受理、管理人的有关情况、债权申报的期限地点，以及第一次债权人会议召开的时间地点等，并予以公告。③ 通知中止涉诉案件的审理和执行。对于破产企业尚未审结的诉讼或仲裁，应当通知相关法院或仲裁机关中止审理，等管理人接管破产企业的财产后，由管理人参加诉讼或仲裁，诉讼和仲裁再予恢复审理。对于未执行终结的诉讼，受理法院应通知相关法院解除对破产企业的财产保全措施，中止执行程序。受理破产申请后，有关债务人的民事诉讼，只能向受理破产申请的人民法院提起。

（三）清算程序

1. 财产清查

管理人接管破产企业后，应当对企业财产进行清查，并制定破产财产的保管方案和变现处置方案。财产指破产企业破产时的全部财产，主要包括以下三类：① 货币、实物。② 债务人依法享有的可以用货币估价并可以依法转让的债权、股权、知识产权、用益物权等财产和财产权益。其中，对于破产企业被他人占有使用的财产，对他人享有的债权，或者因破产企业违法清偿被撤销而应返还的财产，管理人应当积极取回或催收。③ 人民法院受理破产申请后，管理人或债权人会议决定继续营业或履行合同的，在营业和履行合同过程中所取得的收益，也属于破产财产。

破产清算过程中，破产企业占有的财产并不一定都属于破产财产。以下财产不属于破产财产：① 破产企业基于仓储、保管、承揽、代销、借用、寄存、租赁等合同或者其他法律关系占有、使用的他人财产，不属于破产财产，应当由所有权人取回。② 债务人在所有权保留买卖中尚未取得所有权的财产，该财产虽然已由破产企业占有，但由于尚未取得所有权，卖方作为所有权人，有权取回财产，因此也不属于破产财产。③ 所有权专属于国家且不得转让的财产也不属于破产财产，如划拨土地。在我国，城市土地专属于国家所有，对于以出让方式取得土地使用权的，出让土地使用权可以转让；但划拨土地是国家直接划拨给企业免费使用的，企业破产时，土地应由国家收回，不得作为破产财产进行处置。

2. 破产宣告

人民法院受理破产申请后，一般并不直接宣告破产，而是先行对破产企业的资产和对外债务进行清算审查。在宣告破产前，破产企业可以申请重整或和解，债权人也可以申请重整，由人民法院根据申请裁定进入重整或和解程序。当事人未申请重整或和解，或重整计划未通过或未获批准，或未达成和解协议，或债务人未执行和解协议的，人民法院应当宣告债务人破产。

人民法院宣告债务人破产的，应当自裁定作出之日起5日内送达债务人和管理人，自裁定作出之日起10日内通知已知债权人，并予以公告。破产宣告前，第三人为债务人提供足额担保或者为债务人清偿全部到期债务的，或债务人已清偿全部到期债务的，人民法院应当裁定终结破产程序，并予以公告。

3. 破产财产的变现与分配

（1）财产变现。破产财产一般需要处置变价后进行分配。变价处置前，由管理人拟订破产财产变价方案，提交债权人会议讨论。变价方案经债权人会议通过或者经人民法院裁定认可后，管理人应当适时变价出售破产财产。除债权人会议另有决议以外，变价出售破产财产应当通过拍卖进行。按照国家规定不能拍卖或者限制转让的财产，应当按照国家规定的方式处理。

（2）破产财产分配。破产财产经清算变价处置完毕后①，由管理人拟订分配方案，并报债权人会议表决。出席会议的有表决权的债权人过半数通过，并且其所代表的债权额占无财产担保债权总额的1/2以上的，分配方案通过，由人民法院审查后裁定认可执行。如果债权人会议经两次表决仍未通过，人民法院经审查认为分配方案不违背法律规定的，也可以裁定确认其效力。分配方案由人民法院裁定认可后，由管理人执行。

（3）破产财产的追加分配。自破产程序终结之日起2年内，发现破产人有应当追回的财产或有其他可供分配的财产的，债权人可以请求人民法院按照破产财产分配方案进

---

① 人民法院受理破产申请后，宣告破产前，被申请破产的企业财产称为债务人财产；人民法院宣告破产后才称为破产财产。为表述的方便，本部分介绍中一律称其为破产财产，对不同阶段的不同称谓不再进行区分。

行追加分配。但财产数量不足以支付分配费用的，不再进行追加分配，由人民法院将其上交国库。

4. 破产终结

管理人在分配方案执行完结后，应当及时向人民法院提交破产财产分配报告，并提请人民法院裁定终结破产程序。人民法院应当自收到管理人终结破产程序的请求之日起15日内作出是否终结破产程序的裁定。裁定终结的，应当予以公告。管理人应当自破产程序终结之日起10日内，持人民法院终结破产程序的裁定，向破产人的原登记机关办理注销登记。

二、破产程序中的相关主体

在公司解散清算中，由于公司财产尚能清偿债务，在不影响债权人债权实现的情况下，法律并不需要对清算工作进行过多的干涉，因而其程序设计并不复杂。但在破产程序中，破产财产已不足以清偿债务，意味着股东不可能有剩余财产可供分配，因此，股东对清算工作缺乏积极而谨慎的心理基础。在这种情况下也就不能像解散清算程序那样，由股东或董事负责清算，而是在人民法院的主持下，由人民法院指定的专门的管理人来负责清算。同时，由于破产财产不足以清偿全部债务，债权人在存在共同利益的同时，也不可避免地会存在各种矛盾冲突，法律需要对不同类型的债权进行平衡考量。相较于解散清算，破产清算遇到的问题也就复杂得多，所涉及的相关主体也复杂得多。

（一）人民法院

人民法院是破产案件的审理裁判机关，是破产程序的领导者与主持者。在破产程序中，主要负责以下事项：① 对是否受理破产申请、是否重整与和解、是否批准重整计划与和解协议、是否宣告破产、是否批准破产分配方案、是否终结破产程序等事项进行裁决；② 对受理破产申请、重整与和解、破产宣告、破产终结等事项进行公告；③ 指定管理人和债权人会议主席，召集主持第一次债权人会议；④ 对债权人与债务人无异议的债权表进行确认，对有争议的债权进行审理；⑤ 依法对债务人处理财产的行为或债权人的不当抵销行为予以撤销；⑥ 对破产程序中的违法行为予以纠正或处罚；⑦ 其他应由人民法院依法处理的事项。

（二）破产管理人

破产管理人是独立于债务人和债权人的第三方，在人民法院的领导和监督下开展工作，实际上是破产过程中具体工作的执行者。管理人向人民法院报告工作，并接受债权人会议和债权人委员会的监督。

管理人由人民法院指定，一般由有关部门或机构指定的人员组成的清算组或者依法设立的律师事务所、会计师事务所、破产清算事务所等社会中介机构担任。但因故意犯罪受过刑事处罚、与本案有利害关系、曾被吊销相关专业执业证书，或者人民法院认为具有不宜担任管理人的其他情形的，不得担任管理人。债权人会议认为管理人不能依法、公正执行职务或者有其他不能胜任职务情形的，可以申请人民法院予以更换。管理人的报酬由人民法院确定，债权人会议对管理人的报酬有异议的，有权向人民法院提出。经人民法院许可，管理人可以聘用必要的工作人员，没有正当理由或未经人民法院许可，管理人不得辞去职务。

管理人履行下列职责：① 接管债务人的财产、印章和账簿、文书等资料；② 调查债务人财产状况，制作财产状况报告；③ 决定债务人的内部管理事务；④ 决定债务人的日常开支和其他必要开支；⑤ 在第一次债权人会议召开之前，决定继续或者停止债务人的营业；⑥ 管理和处分债务人的财产；⑦ 代表债务人参加诉讼、仲裁或者其他法律程序；⑧ 提议召开债权人会议；⑨ 列席债权人会议，向债权人会议报告职务执行情况，并回答询问；⑩ 人民法院认为管理人应当履行的其他职责。

（三）破产企业

人民法院受理破产申请后，在宣告破产前，破产企业由于尚未被宣告破产，因而被称为债务人，而不称破产企业。只有在被人民法院宣告破产后，其才被称为破产企业或破产人。自人民法院受理破产申请后，直到破产程序终结前，为防止债务人擅自处分财产损害债权人利益，债务人不得再处分企业财产，也不得再清偿债务，其一切事务应由管理人接管，其法定代表人或人民法院指定的财务管理和经营管理人员应当配合人民法院和管理人工作。具体而言，应承担以下义务：① 妥善保管其占有和管理的财产、印章和账簿、文书等资料；② 根据人民法院、管理人的要求进行工作，并如实回答询问；③ 列席债权人会议并如实回答债权人的询问；④ 未经人民法院许可，不得离开住所地；⑤ 不得新任其他企业的董事、监事、高级管理人员；⑥ 按照人民法院的要求，提交其财产状况说明、债务清册、债权清册、财务会计报告等有关材料。

（四）破产企业职工

破产企业职工自破产企业被依法宣告破产之日起，与破产企业的劳动关系终止。虽然企业破产时大多拖欠职工工资或补偿金等，但破产企业职工不同于一般的债权人，其劳动权益受到特殊的保护，其在破产程序中的地位也与一般债权人不同。

债务人所欠职工的工资和医疗、伤残补助、抚恤费用，所欠的应当划入职工个人账户的基本养老保险、基本医疗保险费用，以及法律、行政法规规定应当支付给职工的补偿金，原则上不必作为债权申报，而是由管理人调查后列出清单并予以公示。职工对清单记载有异议的，可以要求管理人更正；管理人不予更正的，职工可以向人民法院提起诉讼。

债权人会议应当有职工和工会的代表参加，对有关事项发表意见。债权人委员会应有一名职工代表或者工会代表。

（五）债权人

破产程序又称破产还债程序，与债权人利益息息相关，因而应当有债权人的充分参与。但由于债权人之间存在利益冲突，所以无法由债权人主持清算。依据《企业破产法》，债权人除有依法申报债权的权利外，其他权利主要是通过债权人会议和债权人委员会行使的。

债权人收到人民法院受理破产申请裁定及债权申报通知后，应当在申报期限内向管理人申报债权。未到期的债权，在破产申请受理时视为到期。附利息的债权自破产申请受理时起停止计息。申报债权的期限自人民法院发布受理破产申请公告之日起计算，由人民法院确定，最短不得少于30日，最长不超过3个月。在人民法院确定的债权申报期限内，债权人未申报债权的，可以在破产财产最后分配前补充申报。但是，此前已进行的分配，不再对其补充分配。

债权人申报债权时，应当书面说明债权的数额和有无财产担保，并提交有关证据。申报的债权是连带债权的，应当说明。管理人收到债权申报材料后，应当登记造册，对申报的债权进行审查，编制债权表，并提交第一次债权人会议核查。债务人、债权人对债权表记载的债权无异议的，由人民法院裁定确认。债务人、债权人对债权表记载的债权有异议的，可以向受理破产申请的人民法院提起诉讼。

（六）债权人会议

债权人会议是债权人在破产程序中依法行使权利的机关。依法申报债权并经人民法院确认的所有债权人均为债权人会议的成员，有权参加债权人会议，享有表决权。债权尚未确定的债权人，除人民法院能够为其行使表决权而临时确定债权额的以外，不能行使表决权。对债务人的特定财产享有担保权的债权人，未放弃优先受偿权利的，对于和解协议和分配方案不享有表决权。债权人可以委托代理人出席债权人会议，行使表决权。

债权人会议设主席一人，由人民法院从有表决权的债权人中指定。第一次债权人会议由人民法院召集，自债权申报期限届满之日起15日内召开。以后的债权人会议，在人民法院认为必要时，或者管理人、债权人委员会、占债权总额1/4以上的债权人提议时召开，由债权人会议主席主持，由管理人提前15日通知已知的债权人。

一般情况下，债权人会议的决议，由出席会议的有表决权的债权人过半数通过，并且其所代表的债权额占无财产担保债权总额的1/2以上。债权人认为债权人会议的决议违反法律规定，损害其利益的，可以自债权人会议作出决议之日起15日内，请求人民法院裁定撤销该决议，责令债权人会议依法重新作出决议。

债权人会议行使下列职权：① 核查债权；② 申请人民法院更换管理人，审查管理人的费用和报酬；③ 监督管理人；④ 选任和更换债权人委员会成员；⑤ 决定继续或者停止债务人的营业；⑥ 通过重整计划；⑦ 通过和解协议；⑧ 通过债务人财产的管理方案；⑨ 通过破产财产的变价方案；⑩ 通过破产财产的分配方案。

上述事项中，对财产管理方案和变价方案，经债权人会议表决未通过的，由人民法院裁定。债权人对人民法院作出的裁定不服的，可以自裁定宣布之日或者收到通知之日起15日内向该人民法院申请复议。对于分配方案,经债权人会议二次表决仍未通过的,由人民法院裁定。债权额占无财产担保债权总额1/2以上的债权人对人民法院作出的裁定不服的,可以自裁定宣布之日或者收到通知之日起15日内向该人民法院申请复议。复议期间均不停止裁定的执行。

(七) 债权人委员会

债权人会议可以决定设立债权人委员会。债权人委员会由债权人会议选任的债权人代表和一名破产企业的职工代表或者工会代表组成,并应当经人民法院书面决定认可。债权人委员会成员不得超过9人。

债权人委员会行使下列职权:① 监督债务人财产的管理和处分;② 监督破产财产分配;③ 提议召开债权人会议;④ 债权人会议委托的其他职权。

债权人委员会执行职务时,有权要求管理人、破产企业的有关人员对其职权范围内的事务作出说明或者提供有关文件。管理人、破产企业的有关人员拒绝接受监督的,债权人委员会有权就监督事项请求人民法院作出决定;人民法院应当在5日内作出决定。

(八) 债务人

此处所说的债务人,指破产企业的债务人,在破产企业被人民法院宣告破产前,常被称为债务人的债务人。在破产程序中,债务人不享有权利,仅负有清偿或财产返还义务。

应注意的是,人民法院受理破产申请后,债务人应当向管理人清偿债务或者交付财产。债务人不向管理人清偿或交付财产使债权人受到损失的,管理人有权进行催收,必要时可以向人民法院提起诉讼,由人民法院判决确认并强制执行。

三 破产财产分配的具体问题

(一) 债权类型与清偿顺序

破产分配过程中,会涉及各种不同的债权类型,对于不同性质、不同类型的债权,并不是统一按比例进行分配的,而是根据债权的性质将其分为不同的清偿顺序,按顺序清偿。在前一顺序的债权未获足额清偿前,清偿顺序排列在后的债权不能获得清偿;当前一顺序的债权未获足额清偿而不再有可供清偿的财产时,未足额清偿的部分以及后面顺序的债权不再清偿;同一分配顺序的债权,破产财产不足以全部清偿时,按比例进行清偿。根据《企业破产法》第113条,破产分配实际上共分四个清偿顺位。

1. 破产费用与共益债务

破产费用是为破产清算工作应支出的费用,主要包括以下项目:一是应向人民法院支付的诉讼费用;二是应向管理人支付的报酬;三是破产清算办公费用;四是破产清算中聘用人员的工资和社会保险费用;五是破产财产的看管维护与拍卖处置费用;六是破产清算过程中需要支出的其他费用。

共益债务指人民法院受理破产申请后,为了全体债权人的共同利益以及破产程序顺利进行而发生的债务,主要包括以下六类:一是继续履行破产企业与他人未履行完毕的合同所产生的债务;二是债务人财产受无因管理所产生的债务;三是因债务人不当得利所产生的债务;四是为债务人继续营业而应支付的劳动报酬和社会保险费用以及由此产生的其他债务;五是管理人或者相关人员执行职务致人损害所产生的债务;六是债务人财产致人损害所产生的债务。

破产费用和共益债务是在破产过程中发生的费用和形成的债务,是完成破产工作必须支付的费用和应当承担的债务,均须首先支付和清偿。否则,破产清算工作将无法顺利开展。如果破产财产不足以支付破产费用和共益债务,人民法院应当终结破产程序,因为在这种情况下,清算已没有意义。

2. 劳动债权

破产人所欠职工的工资和医疗、伤残补助、抚恤费用,所欠的应当划入职工个人账户的基本养老保险、基本医疗保险费用,以及法律、行政法规规定应当支付给职工的补偿金等,都是基于职工与破产企业之间的劳动关系而形成的债权,人们常统称其为"劳动债权"。劳动债权与职工的基本生活密切相关,有人又将之称为"生存债权"。这些称谓都表达了这类债权的特殊性及其应予优先清偿的理由。

对于上述债权,应特别注意的是应当划入职工个人账户的基本养老保险和基本医疗保险费用。我国企业职工社会保险有养老、医疗、失业、生育和工伤保险五种,其中,只有养老保险和医疗保险分别设立社会统筹账户和个人账户两个账户,其他三种保险都没有个人账户。只有上述应划入个人账户的保险金才属于优先清偿的劳动债权,企业欠缴的应划入社会统筹账户部分与劳动债权不享有同等的优先权。

3. 破产人欠缴的除前项规定以外的社会保险费用和破产人所欠税款

这部分保险费用主要指除应纳入职工个人账户部分以外的社会保险费用。同时还应注意的是,这一清偿顺序的债权包括破产企业拖欠的税款,但并不包括欠缴的行政罚款,也不包括欠缴的行政收费。

4. 普通债权

除上述依次优先受偿的债权外,其他类型的债权,包括基于人身损害赔偿而形成的债权,均为普通债权。债权人行使优先受偿权利未能完全受偿的,其未受偿的债权属于普通债权;债权人放弃优先受偿权利的,其债权也属于普通债权。普通债权作为清偿的最后顺位,不可能得到全部清偿,破产财产清偿完毕欠缴的税款后仍有剩余的,由全体普通债权人按比例清偿。

(二)关于物权担保债权的清偿顺序

所谓物权担保债权,是指设定抵押、质押或享有留置权的债权。根据《民法典》,享有物权担保的债权享有优先受偿的权利。在破产过程中,享有物权担保的债权还应当享有优先权吗?《企业破产法》第113条未提及享有物权担保的债权的清偿顺序问题,但《企业破产法》第109条规定，对破产人的特定财产享有担保权的权利人，对该特定财产享有优先受偿的权利。根据该规定，享有物权担保的债权实际上仍享有优先权，而且是一种优先于破产费用和共益债务受偿的权利。债权人在破产程序中基于担保物权就债务人特定财产享有的这种优先受偿权利，在破产法理论上称为别除权。

《企业破产法》立法过程中，对物的担保债权与职工的劳动债权哪一个应该优先的问题产生了激烈的争论。部分学者立足于职工权益保护主张劳动债权优先，而另一部分学者立足于担保物权的制度价值，认为保护职工权益不能以牺牲制度价值为代价。最后立法采取了一种过渡办法，在附则中加了第132条，规定："本法施行后，破产人在本法公布之日前所欠职工的工资和医疗、伤残补助、抚恤费用，所欠的应当划入职工个人账户的基本养老保险、基本医疗保险费用，以及法律、行政法规规定应当支付给职工的补偿金，依照本法第一百一十三条的规定清偿后不足以清偿的部分，以本法第一百零九条规定的特定财产优先于对该特定财产享有担保权的权利人受偿。"该法于2006年8月27日通过并公布，于2007年6月1日起施行。也就是说，2006年8月27日之前所欠的劳动债权，应当优先于物的担保债权清偿，而2006年8月27日之后所欠的劳动债权，不再享有该优先权。

（三）破产分配中的撤销权与抵销权

1. 人民法院的撤销权

进入破产程序后，破产企业所欠的债务一律停止清偿，人民法院正在执行的案件也一律停止，统一在人民法院的领导和管理人的主持下进行破产分配。但在进入破产程序前，人民法院尚未介入，无法限制企业对财产的处分行为和对债权人的清偿行为。如果企业明知自己已达到破产条件，在进入破产程序前，不合理地处分公司财产，或对个别债权人进行单独清偿，显然会对其他未获清偿的债权人造成损害。为限制破产企业在进入破产程序前对公司财产的不当处分行为和个别清偿行为，《企业破产法》规定了管理人对破产企业的不当处分财产行为和个别清偿行为申请人民法院依法撤销的权利。

破产企业不当处分财产的行为主要是指在人民法院受理破产申请前一年内，债务人无偿转让财产、以明显不合理的价格进行交易、对没有财产担保的债务提供财产担保、对未到期的债务提前清偿以及放弃债权的行为。个别清偿行为是指在人民法院受理破产申请前六个月内，债务人已达到破产条件，仍对个别债权人进行清偿的行为；但是，为维系基本生产需要而支付的水电费、劳动报酬、人身损害赔偿金，以及使债务人财产受益的清偿行为除外。对于上述行为，管理人有权申请人民法院予以撤销。人民法院依法裁定撤销上述行为后，已转让的财产和个别清偿应予返还，不合理的交易行为、放弃债权的行为以及设定担保的行为自始不产生法律效力。

除上述可申请人民法院依法撤销的行为外，破产企业为逃避债务而隐匿或转移财产的，管理人应当追回。破产企业虚构债务或者承认不真实的债务的行为，管理人应当确认无效，相关当事人有异议的，可以向受理破产的人民法院提起诉讼，请求人民法院审查认定。

2. 债权人的抵销权及其行使限制

所谓抵销权，是指在双方当事人互负债务的情况下，当事人请求互相冲抵的权利。在互负金钱债务的情况下，抵销权的行使原则上不存在限制。但是在破产过程中，抵销权的行使有可能会侵害其他债权人的利益，因而受到了严格限制。

> **拓展阅读**
>
> 甲公司准备申请破产，预计破产后清偿率可能不足10%。乙公司对甲公司享有债权500万元，这意味着乙在破产程序中只能获得50万元的清偿。丙公司此时尚拖欠甲公司400万元，但即使甲公司破产，破产管理人仍可以向丙公司追讨。
>
> 丙公司提出向甲公司以150万元的价格购买乙公司对甲公司享有的债权，双方签订了转让合同。丙公司通知破产管理人并要求以受让的500万元债权抵销400万元债务，抵销后的100万元，丙公司申报了债权，要求参与分配。
>
> 结果：
>
> （1）乙公司获得债权转让款150万元，是破产清偿数额的3倍；
>
> （2）丙公司支付150万元购买了500万元债权，与拖欠甲公司400万元抵销后还可获得10万元破产清偿，丙公司由此只需要支付140万元即可解决400万元债务。
>
> 乙公司与丙公司的协议有效吗？

在上述案例中，如果允许抵销的话，乙公司和丙公司均取得了远大于正常破产分配程序中所应得的利益，但其他债权人的利益无疑会受到影响。为保护其他债权人利益，《企业破产法》对抵销权的行使在三种情况下进行了限制：① 破产企业的债务人在破产申请受理后取得他人对破产企业的债权的，债务人原负担的债务与新取得的债权不得抵销；② 债权人已知破产企业有不能清偿到期债务或者破产申请的事实，对破产企业负担债务的，新负担的债务与原债权不得抵销，但是，债权人因为法律规定或者有破产申请一年前所发生的原因而负担债务的除外；③ 破产企业的债务人已知破产企业有不能清偿到期债务或者破产申请的事实，仍对破产企业取得债权的，债务人原负担的债务与新取得的债权不能抵销，但是，债务人因为法律规定或者有破产申请一年前所发生的原因而取得债权的除外。

第三节　重整与和解

一　重整与和解的制度意义

当事人提出破产申请，人民法院受理后，并不是立即宣布债务人破产，而是在对债务人资产与负债进行评估清理后，确认债务人确已资不抵债且不能通过其他途径解决时，才会正式宣告债务人破产。在宣告破产之前，债务人对外的所有债务一律停止清偿，正在诉讼中和正在执行中的案件也一律中止。这样的程序设计，对于那些虽然一时因资金周转困难不能清偿到期债务，但尚具有很大发展潜力的企业来说，无疑是一个难得的起死回生的机遇。在法院宣告其破产前，如果能提出一个切实可行的方案，使债权人能通过此方案获得远高于破产所能实现的清偿率，债权人很有可能会接受该方案。在这种情况下，债务人不仅没有最终破产，而且还可能通过与债权人的协商免除一部分债务，并获得一定期间内不受债务困扰的相对稳定的经营发展机遇。

也就是说，破产法上对破产程序的设计，目的并不全在于将资不抵债的企业引向死亡，同时还提供了某种使其可以获得暂时喘息并起死回生的机遇。对于某些企业，破产甚至还可以成为特定情况下一种特殊的保护手段。通过申请破产中止一切令人头疼的债务问题，并由此获得一个与债权人讨价还价的机会。能够提供这种机遇的程序设计有两种，即重整与和解。

> **拓展阅读**
>
> 甲公司是上海市一家生产精密仪器的有限责任公司，其产品在业内颇受好评。2019年5月，公司为扩大生产经营规模，重新购买了土地并新建了厂房，为此支付土地出让金和厂房建设款，公司通过各种渠道共融资2 000万元，从银行以土地使用权抵押贷款1 000万元。2020年年初，因新冠疫情暴发，公司经营受到很大影响，一度停产，3 000万元借款和其他300万元欠款，共计3 300万元债务，无力清偿。经评估，公司土地、厂房和其他财产价值约2 500万元。2021年11月，银行向人民法院提起诉讼，要求实现抵押权。2022年9月，案件进入执行程序，拟对甲公司的土地使用权和地上附着物进行拍卖。
>
> 2022年10月，经协商，某乙公司愿向公司注资2 000万元。为阻止人民法院

的强制执行，同时防止该投资款被人民法院冻结，甲公司先向人民法院申请破产。人民法院受理后，经审计评估，甲公司土地使用权价值1500元，厂房和机器设备价值约1000万元，对外债务共计3300万元，其中以土地使用权抵押借款1000万元。此外，如公司破产，需要支付职工工资、保险金和经济补偿金约250万元，破产费用约50万元。这意味着，如果公司破产，公司支付了银行抵押债权、破产费用和职工费用后，对于2300万元的普通债权，只有1200万元财产可用以分配，清偿率在50%左右。

在此情况下，甲公司向债权人提出破产和解方案，主要内容包括三个方面。

（1）银行抵押贷款于和解方案通过之日起10日内清偿。

（2）和解方案通过后，甲公司向乙公司融资2000万元用于公司生产经营。自和解方案通过之日起两年内，债权人不向甲公司行使债权，不就上述2000万元融资款申请人民法院采取任何保全措施或执行措施。两年到期后，所有债权依照80%的比例清偿。

（3）和解方案通过后一个月内，如果融资款未到位，和解协议不再执行，进入破产程序。

债权人会议通过了上述和解方案，其后，乙公司的融资款按时到位，公司得以起死回生，顺利渡过难关。

二 重整程序

重整是指对已经具有破产原因而又有再生希望的债务人实施的旨在挽救债务人的程序。在重整期间，不对债务人的财产进行清算，而是在法院主持下由债务人与债权人制定重整计划，并可以由债务人在管理人的监督下继续经营。重整计划未执行或不能执行时，再由人民法院宣告破产。

（一）重整申请与重整计划

1. 重整申请的提出

债务人符合《企业破产法》规定的申请破产条件，债务人或债权人可以向人民法院申请破产，也可以直接申请对债务人进行重整。债权人已经对债务人申请破产清算的，在人民法院受理破产申请后宣告破产前，债务人或者出资额占债务人注册资本1/10以上的出资人，可以向人民法院申请重整。人民法院经审查认为重整申请符合《企业破产法》规定的，应当裁定债务人重整，并予以公告。

2. 重整计划的制定

债务人或者管理人应当自人民法院裁定债务人重整之日起六个月内，同时向人民法院和债权人会议提交重整计划草案。债务人自行管理财产和营业事务的，由债务人制作重整计划草案。管理人负责管理财产和营业事务的，由管理人制作重整计划草案。债务人或者管理人未在六个月内制作出重整计划，有正当理由并向人民法院申请延长期限的，人民法院可以裁定延期三个月。

重整计划草案应当包括债务人的经营方案、债权分类、债权调整方案、债权受偿方案、重整计划的执行期限、重整计划执行的监督期限、有利于债务人重整的其他方案等内容。重整计划中，可以根据债务人的具体情况在债权受偿议案中对债务人的债务给予一定比例的减免。但是，对于职工的社会保险费用，除可直接支付给职工的费用和应当划入职工个人账户的费用外，重整计划无权减免，因此，在重整计划中不得减免债务人欠缴的上述社会保险费用。

3. 重整计划的表决

人民法院应当自收到重整计划草案之日起30日内召开债权人会议，对重整计划草案进行表决。由于破产财产的分配顺序不同，不同的债权人所关注的问题以及对待重整计划的态度也会存在差异。因此，表决时应当根据破产分配顺序对债权进行分类，在此基础上对债权进行分组表决。根据破产分配顺序，一般应当分为四个组。对债务人的特定财产享有担保权的债权人为一组。享有劳动债权的职工为一组，这里所说的劳动债权，是指因破产企业拖欠的工资和医疗、伤残补助、抚恤费用，应当划入职工个人账户的基本养老保险、基本医疗保险费用，以及法律、行政法规规定应当支付给职工的补偿金等，所形成的债权。社保和税务部门为一组。其他普通债权人为一组。

人民法院在必要时可以决定在普通债权组中设小额债权组对重整计划草案进行表决。重整计划草案涉及出资人权益调整事项的，应当设出资人组对该事项进行表决。出席会议的同一表决组的债权人过半数同意重整计划草案，并且其所代表的债权额占该组债权总额的2/3以上的，即为该组通过重整计划草案。债务人或者管理人应当向债权人会议就重整计划草案作出说明，并回答询问。各表决组均通过重整计划草案时，重整计划即为通过。部分表决组未通过重整计划草案的，债务人或者管理人可以在不损害其他表决组利益的前提下，同未通过重整计划草案的表决组协商，该表决组可以在协商后再表决一次。

4. 重整计划的批准

自重整计划通过之日起10日内，债务人或者管理人应当向人民法院提出批准重整计划的申请。人民法院经审查认为符合《企业破产法》规定的，应当自收到申请之日起30日内裁定批准。未通过重整计划草案的表决组拒绝再次表决或者再次表决仍未通过重整计划草案的，人民法院依据相关法律规定，也可以依职权裁定批准。

不过应予注意的是，人民法院在依职权裁定批准重整计划草案时，应当十分审慎。对于破产分配方案，即使未获债权人会议通过，但由于没有其他选择，所以只要不违反法律规定，人民法院就应当裁定执行。但对于重整计划草案，如果债权人会议未予通过，且经过协商二次表决仍未通过，说明债权人对重整计划缺乏信心或信任。没有理由认为法官比债权人更明智和理性，由人民法院代替债权人决策，不符合当事人自主决定的一般原则。因此，除非涉及重大的国家利益或公共利益，并确保债权人通过重整获得的利益明显大于通过破产清算所获得利益的前提下，人民法院原则上不得强制裁定批准执行重整计划草案。

5. 重整计划的执行

经人民法院裁定批准的重整计划，对债务人和全体债权人均有约束力。债权人未依照本法规定申报债权的，在重整计划执行期间不得行使权利；在重整计划执行完毕后，可以按照重整计划规定的同类债权的清偿条件行使权利。债权人对债务人的保证人和其他连带债务人所享有的权利，不受重整计划的影响。

重整计划由债务人负责具体执行，由管理人在人民法院确定的监督期间内，对债务人的执行情况实施监督。在监督期间内，债务人应当向管理人报告重整计划执行情况和债务人财务状况。监督期届满时，管理人应当向人民法院提交监督报告。自监督报告提交之日起，管理人的监督职责终止。

（二）重整期间对当事人的权利限制

自人民法院裁定债务人重整之日起至重整程序终止，为重整期间。重整是债权人与债务人同意相互妥协的产物，因而在重整期间，债权人和债务人的权利均受到一定限制。

1. 债务人

在重整期间，债务人可申请自行管理财产和营业事务，但应经人民法院批准，并接受管理人的监督。债务人的出资人在重整期间不得请求投资收益分配，其董事、监事、高级管理人员未经人民法院同意，不得向第三人转让其持有的债务人的股权。

重整期间也可由管理人负责管理财产和营业事务，管理人可以聘任债务人的经营管理人员负责营业事务。

2. 债权人

在重整期间，除了担保物有损坏或者价值明显减少的可能，足以危害担保权人权利时，担保权人可以向人民法院请求恢复行使权利外，其他情况下，债权人对债务人的特定财产享有的担保权暂停行使。债务人合法占有的他人财产，该财产的权利人在重整期间要求取回的，应当符合事先约定的条件。

上述约束或限制均属于法定的约束与限制。除此之外，已通过的重整计划中的有关约束和限制，对债权人和债务人同样有效。

（三）重整程序的终止

重整计划通过并经人民法院裁定批准后，重整程序终止，如果重整计划执行完毕，人民法院不再宣告债务人破产。在下列情况下，人民法院应终止重整程序，并宣告债务人破产：① 债务人或者管理人未按期提出重整计划草案的；② 重整计划草案未获得通过或未获得批准的；③ 债务人不能执行或者不执行重整计划，管理人或者利害关系人请求宣告破产的；④ 在重整期间，债务人的经营状况和财产状况继续恶化，缺乏挽救的可能性，或者债务人有欺诈、恶意减少债务人财产或者其他显著不利于债权人的行为，或者由于债务人的行为致使管理人无法执行职务的。

人民法院裁定终止重整计划执行的，债权人在重整计划中作出的债权调整的承诺失去效力。债权人因执行重整计划所受的清偿仍然有效，债权未受清偿的部分作为破产债权。

三 和解程序

和解是指在人民法院受理破产案件后，在破产程序终结前，债务人与债权人之间就延期偿还和减免债务问题达成协议、中止破产程序的一种方法。和解以双方当事人的意思表示一致为条件，但需要经过人民法院的裁定认可，方能成立。

（一）和解申请

和解只能由债务人申请，债务人可以直接向人民法院申请和解，也可以在人民法院受理破产申请后、宣告债务人破产前，向人民法院申请。债务人申请和解，应当提出和解协议草案。人民法院经审查认为和解申请符合法律规定的，应当裁定和解，予以公告，并召集债权人会议讨论和解协议草案。

和解程序是债务人避免破产并减免债务的有效途径。有时候债务人虽然不能清偿到期债务，已达到了破产条件，但企业只是债务包袱过重，否则仍有很大的市场潜力。在这种情况下，债务人可积极申请和解，与债权人协商债务减免问题。一般情况下，和解协议中承诺的清偿比例会明显大于破产清偿率，如果企业确有市场潜力，债权人很大可能会同意和解方案。这样债务人减免了部分债务，使得企业起死回生，债权人也获得了比破产清算更多的清偿，可谓双赢的结果。

（二）和解协议

债权人会议通过和解协议的决议，由出席会议的有表决权的债权人过半数同意，并且其所代表的债权额占无财产担保债权总额的2/3以上。享有物权担保的债权人有优先受偿的权利，一般情况下不会同意和解。因此，对债务人的特定财产享有担保权的权利人，自人民法院裁定和解之日起可以行使权利。人民法院受理破产申请时，对债务人享有财产担保的债权人不参加表决。

和解债权人未依照《企业破产法》规定申报债权的，在和解协议执行期间不得行使权利；在和解协议执行完毕后，可以按照和解协议规定的清偿条件行使权利。和解债权人对债务人的保证人和其他连带债务人所享有的权利，不受和解协议的影响。和解协议经债权人表决通过，并经人民法院裁定认可后，债务人应当按照和解协议规定的条件清偿债务。

(三) 和解程序的终止

债权人会议通过和解协议并经人民法院裁定认可后，人民法院应终止和解程序，并予以公告。管理人应当向债务人移交财产和营业事务，并向人民法院提交执行职务的报告。

和解协议草案经债权人会议表决未获得通过，或者已经债权人会议通过的和解协议未获得人民法院认可的，人民法院应当裁定终止和解程序，并宣告债务人破产。和解协议通过并获人民法院认可后，债务人不能执行或者不执行和解协议的，人民法院经债权人请求，应当裁定终止和解协议的执行，并宣告债务人破产。

人民法院裁定终止和解协议执行的，和解债权人在和解协议中作出的债权调整的承诺失去效力。和解债权人因执行和解协议所受的清偿仍然有效，和解债权未受清偿的部分作为破产债权，但在破产分配过程中，只有在其他债权人同自己所受的清偿达到同一比例时，才能继续接受分配。

与本讲内容相关的重要法律、法规和司法解释

1. 《中华人民共和国公司法》
2. 《中华人民共和国企业破产法》
3. 《最高人民法院关于适用〈中华人民共和国企业破产法〉若干问题的规定（一）》
4. 《最高人民法院关于适用〈中华人民共和国企业破产法〉若干问题的规定（二）》
5. 《最高人民法院关于适用〈中华人民共和国企业破产法〉若干问题的规定（三）》

第五讲 合同及其订立

合同是当事人依照自己的意思与他人建立某种关系的基本方式。合同关系双方就合同内容的意思达成一致，合同即告成立，如果不存在法律规定的无效情形，就能产生法律上的效果并受到法律的保护。在此意义上，我们自己的意思就是"法律"，就是法院裁判的依据。这种以意思表示为核心，旨在设立、变更或消灭某种关系的行为，就是法律行为。法律行为构成了"私法自治"理念的基础，据此，我们每个人的行为不是由法律来规范的，而是由我们自己决定的，我们自己的决定就能够产生法律上的效果，并受到法律保护。

合同的订立、变更与解除行为，是私法领域最为典型的法律行为，合同领域也是最能直观体现"私法自治"理念的领域。我国《民法典》将合同独立设为单独的一编，作为法典的第三编，从第463条到第988条，共526条，几乎占了《民法典》一半的篇幅，是《民法典》中条文最多的一编。

第一节 合同与债

一 关于合同

（一）什么是合同

合同又称协议或契约，从字面意义上看，合同指双方当事人之间就某项合作事项达成了一致。协议是指协商和商议，也是为了就某些问题达成一致而进行讨论。我国古代用以证明买卖、租赁、抵押等关系的凭证称"契"，契约就是在约定的基础上达成的文契。无论何种称谓，强调的都是关系双方意思达成一致。据此，所谓合同，就是两个或两个以上当事人就特定事项所达成的一致。

不过这只是合同的基本含义，仅此基本含义还不够。比如，两个人都认为雨天比晴天更适合读书，双方的意思虽然也达成了一致，但这只是认识或观点的一致，显然不能说双方订立了一份合同。合同必须包含当事人对未来将实施某种行为向对方作出的承诺。除了赠与合同、无偿保管合同等极少数合同只有单方的承诺外，绝大多数合同都是合同双方相互作出的承诺。在这一意义上，合同就是当事人对承诺的交换，是就承诺的交换问题所达成的一致。

承诺是自己对未来实施某种行为的许诺，如交付金钱或其他物的行为，又如完成某种工作的行为等。承诺的本质是义务的自我设定，并由此授予相对人相应的权利。也就是说，合同的内容，亦即合同中的权利和义务，从根本上说都是由当事人自己设定的，合同就是双方当事人通过承诺所设定的义务的交换。

在绝大多数情况下，承诺都是相互的，是互为条件的。如买卖关系中，买方的承诺是付款，但付款承诺是以卖方的交货为条件的；同样，卖方的交货承诺也是以买方的付款承诺为条件的。双方的承诺互为条件，当双方就互为条件的承诺的内容达成一致，就形成了合同。

（二）典型合同

1. 典型合同的法律意义

典型合同是《民法典》合同编第二分编中规定的有具体合同名称的合同，因此又称为"有名合同"。这些合同之所以被称为典型合同并在《民法典》中专门规定，是因为这些合同在人们的生产生活中如此常见，以至于已经形成了相对固定的内容，因此可以通过法律将其权利与义务明确下来。当合同当事人在合同中就某些内容未作明确约定或约定不明时，法律的规定可以弥补当事人约定之不足，从而在因约定不明发生争议时提供相应的规则依据。

典型合同对合同权利义务的规定并不是强制性的,从性质上说主要是描述性的,即描述了此类合同最典型的权利义务内容。如果当事人经协商一致,作出了与《民法典》合同编的规定不一致的约定,则原则上应适用当事人的约定。只有在当事人未约定或约定不明时,才适用法律的规定。当然,对于法律的强制性规定,当事人不能作出另外的约定。

2. 典型合同的类型

我国《民法典》规定了19种典型合同,其中,运输合同又分为客运合同、货运合同和多式联运合同三种,技术合同也分为技术开发合同、技术转让合同、技术许可合同、技术咨询合同和技术服务合同五种。加上这些进一步细分的合同,《民法典》一共明确了25个具体的合同名称。对此25种具体合同,可以根据合同的内容将其分为四类。

(1) 以金钱和物的交付为内容的合同,包括买卖合同,供用电、水、气、热力合同,赠与合同,借款合同,租赁合同,融资租赁合同,技术转让合同。

(2) 以完成工作并取得成果为内容的合同,包括承揽合同、建设工程合同、技术开发合同。

(3) 以提供劳务服务为内容的合同,包括客运合同、货运合同和多式联运合同三种运输合同,保管合同,仓储合同,委托合同,物业服务合同,行纪合同,中介合同,技术咨询合同和技术服务合同。

(4) 其他类型的合同,指除上述三种类型、难以进行具体归类的合同,包括保证合同、保理合同、合伙合同、技术许可合同。

(三) 其他合同

典型合同包括《民法典》合同编第二分编"典型合同"中规定的合同类型,典型合同并不能涵盖全部的合同类型形式,除合同编之外,《民法典》其他编以及其他法律法规还规定了其他各种类型的合同。

1.《民法典》中的其他合同类型

(1) 物权编中的合同。从物权法的角度看,买卖合同是对物的所有权的转让合同,在法律规则适用上,离不开物权变动规则,因而也可以说是物权法上的合同。但买卖合同作为一种合同类型已规定于合同编,属于合同编中的典型合同。这里所称的物权编中的合同,主要指基于担保物权和用益物权的设定而订立的合同。其中,担保合同包括抵押合同和质押合同,用益合同包括土地使用权出让合同、居住权设定合同、地役权设定合同以及其他设定用益物权的合同。

担保物权和用益物权都是物权,根据物权法定的原则,其类型和内容由法律规定,当事人不得随意创设。但这些权利的设定都是以当事人的自主设定为基础的,没有权利人的设定,他人便不能取得这些定限物权。在此意义上,物权法上的合同在性质上仍是合同,在物权编没有特别规定的情况下,均可适用合同编的规定。

（2）婚姻家庭编与继承编中的合同。婚姻家庭编和继承编中同样也有合同，如夫妻关于家庭财产归属的约定和关于婚姻缔结的婚约，又如遗赠扶养协议，在性质上均是合同。由于婚姻家庭和继承问题与个体身份有着紧密的联系，承担着其他社会关系无可比拟的社会功能，法律往往会事先预设合同的部分内容，不允许个体排除适用或作出改变。但即使如此，在婚姻家庭法和继承法没有特别规定，且与婚姻家庭法的基本理念不冲突的情况下，仍须适用合同编的规定。

2.《民法典》以外的合同

合同也不限于《民法典》的规定，《民法典》之外同样存在其他类型的合同。

（1）知识产权法中的合同。《民法典》合同编的技术合同虽然也涉及专利权的转让和使用许可，但并不包括除此之外的其他基于知识产权而订立的合同，如与著作权相关的合同、商标转让和商标权使用许可合同等。对于《民法典》中没有规定的知识产权合同，在知识产权法没有特别规定的情况下，同样可以适用《民法典》合同编的规定。

（2）劳动合同。劳动合同是劳动法意义上的合同。历史上，并不存在独立的劳动法领域，劳动关系一直是在民法范围内予以调整的。随着劳动关系中劳动者与用人单位之间的不平等地位的加剧，以平等为基础的民法在调整劳动关系上越来越显得力不从心。为适应劳动关系的社会变化，保护作为弱势一方的劳动者的利益，劳动关系逐渐从民法中剥离出来，形成了相对独立的法律部门。在这种情况下，劳动合同也从民法意义上的合同中分离出来，并以单行法的形式另行立法。我国目前除《中华人民共和国劳动法》（以下简称《劳动法》）外，还制定了《中华人民共和国劳动合同法》（以下简称《劳动合同法》），专门调整劳动合同。但是，对于劳动合同涉及的具体问题，如果《劳动合同法》中没有规定，仍可以适用《民法典》合同编的一般规定。

（3）行政合同。行政合同是指行政机关之间，或以行政机关为一方当事人，在其职权范围内，基于国家或社会公共事务而订立的合同。行政机关作为国家公权力机关，基于公权力的行使而与其他主体形成的关系属于公法的范畴，所订立的合同不属于民法意义上的合同，不受民法的调整。其合同的审批与订立程序、合同的履行方式等问题主要由相应的公法规范来调整。但行政合同毕竟也是合同，也是合同当事人之间意思表示的一致，同样应当遵循合同的一般性规则。

3. 无名合同

在现实生活中，人与人之间所达成的协议远不止上述在法律上已确定了具体名称的合同。法律对有名合同的规定并不是对合同类型的限定，也不是对合同内容的法律强制，更不意味着法律明确规定范围之外的合同不受法律保护。对于法律没有明确规定的合同，无论有名还是无名，只要其符合合同成立与生效的条件，均属有效合同，同等地受到法律的保护，均适用合同编的一般规定。

对于这种在法律上没有明确其具体名称的合同，人们一般称之为无名合同。当事人在订立这类合同时，一般也仅以"合同书""协议书"称之。

二 关于债

在民法理论和民法体系上，合同属于债法的范畴，是债的发生原因之一。因此，讨论合同不能不讨论债。尽管我国《民法典》中未设独立的债编，而是将其分为合同编和侵权责任编两部分，但合同与侵权均离不开债的概念及债法的一般理论，不了解债的概念和理论，对合同与侵权的理解也会受到影响。

（一）什么是债

1. 关于债

在普通人眼里，债就是欠钱，传统观念中所谓"杀人偿命，欠债还钱"是也。但民法上所说的债，其范围要宽泛得多，不仅欠钱是债，一切通过本人的承诺向特定人设定的义务都是债。如买卖合同中，买方承诺付款，卖方承诺交货，在合同履行前，欠钱是债，应交货而未交货也是债，买卖双方所负担的履行义务都是债。不过，债属于财产法的范畴，人身关系所涉及的非以财产给付为内容的义务，不是债。

民法理论上，债的概念没有区分义务和责任。一般来说，在财产关系上，一切法定或当事人自我设定的义务都是债。在此意义上，债是义务，是将要实施某种行为的义务负担。民法上的责任主要是赔偿责任，损害赔偿一般都是以金钱给付为内容的，在损害赔偿款未支付之前，同样构成债。在此意义上，责任也是债。也就是说，债的概念并不关心是义务还是责任，它更关心义务和责任的内容及其履行方式，给付是债的典型形式。

债是义务还是责任对债法的适用并不构成直接影响，它所产生的只是理论和体系建构问题上的困境，对于非法学专业人士而言，大可不必深究这样的理论问题。我们只需要知道，债主要是以给付为内容的债务人的一种行为负担。

2. 关于债权

在债的关系中，所负担的义务是债务，负有债务的一方称债务人；义务所对应的权利是债权，享有债权的一方称债权人。债权与债务构成了同一个债的不同两面，债权人与债务人则是债的关系中的两方当事人。一方当事人数量可以不限于一个，也可以是两人或多人。一方为两人或多人的，为共同债权人或共同债务人。

债权是相对权，是对人权，是针对特定债务人的权利，债权的效力并不及于债务人以外的第三人。相对而言，物权是绝对权，是对世权，可以针对一切人。此外，物权还具有优先性，即当物权和债权发生冲突的时候，物权优先受到保护。债权是一种请求权，是请求债务人履行债务的权利，债权能否实现依赖于债务人的配合，债务人拒不履行的，债权人一般只能诉求公权力的救济手段。应注意的是，债权诉求公权力保护在法律上存在诉讼时效的限制，应在法定的诉讼时效期间内行使，超过诉讼时效期间，法律不再提供强制履行的保护。关于诉讼时效问题，将在本书第十五讲再作具体讨论。

（二）债的发生原因

民法理论上，债的发生原因有四种，即合同、侵权、无因管理和不当得利，由此形成的债分别称为合同之债、侵权之债、无因管理之债和不当得利之债。

1. 合同之债

合同之债是基于合同而产生的债。合同是当事人经协商一致自主订立的，合同的权利和义务也是由当事人自己设定的，因此，合同之债从根本上来说，不是来源于法律的规定，而是来源于本人的设定，是个体为自己设定的债。因此，合同之债又称意定之债，合同之外的债由于均基于法律规定而产生，故称法定之债。

2. 侵权之债

侵权之债是一个人的行为侵犯了他人的合法权益，需要赔偿由此给他人造成的损失，由此形成的债。合同之债调整的是人和人之间的合作关系，侵权之债调整的是人与人之间的共存关系。每个人作为一个独立而完整的法律主体，享有最基本的主体性权利：人格权和财产权。失去了这两种权利，人就不再是一个独立而完整的主体性存在。主体性权利划定了人与人之间相互不受侵犯的范围和边界，对他人的主体领域，每个人均负有不作为的普遍性义务。任何人违反这种义务，造成对他人财产权和人格权的侵害，均需要承担赔偿义务，从而形成侵权之债。

3. 无因管理之债

侵权法规范之下，每个人都是独立而完整的主体，但同时也都是孤立的互不联系的存在。侵权法的目的在于建立一个互不侵犯、互不干涉的共存秩序。但为了打造一个更为温馨和谐的共存秩序，法律不能对那些乐于助人的行为视而不见。《民法典》第979条规定：管理人没有法定的或者约定的义务，为避免他人利益受损失而管理他人事务的，可以请求受益人偿还因管理事务而支出的必要费用；管理人因管理事务受到损失的，可以请求受益人给予适当补偿。由此产生的债为无因管理之债。

如果受益人能证明无因管理行为不符合本人的真实意思，受益人可以不予补偿；但是，如果受益人的真实意思违反法律或者违背公序良俗，受益人不能以不符合其本人的真实意思提出抗辩，如不尽赡养老人义务的情形。

4. 不当得利之债

无因管理鼓励帮助他人，故规定受益人的补偿义务。有时候，本人没有任何侵权行为，仅仅因为某种事实的发生，甚至是他人的疏忽，而使本人受益的，本人同样应当予以返还，由此形成的债称为不当得利之债。《民法典》第985条规定：得利人没有法律根据取得不当利益的，受损失的人可以请求得利人返还取得的利益。由此可以说，不当得利指的是没有法律根据而获取利益的情形。不当得利情况下，得利人所负担的是一种返还义务，也可以视为一种最为基本的协助他人弥补损失的义务。

《民法典》第985条还规定，对于为履行道德义务进行的给付、债务到期之前的清偿、明知无给付义务而进行的债务清偿，不构成不当得利。由此可见，不当得利的构成条件并不限于"没有法律根据",还要考虑道德义务根据以及特定事实根据。比如,超过诉讼时效的自然债务的给付、出于情感道德等原因所为的给付等,都不能认为"没有法律根据"。

(三)我国《民法典》中的合同与债

1. 合同法与侵权法各自独立成编

在民法理论和体系上,《德国民法典》创设了一种"五编制"的法典体系,分别是总则编、物权编、债权编、婚姻家庭编和继承编。其中,总则编是民法的一般规定,可适用于其他各编,债权作为独立的一编,包括债法总则、合同、侵权、不当得利和无因管理等内容。

我国《民法典》未设债法编,也没有设债法总则编。债法被拆分为合同编和侵权责任编两编,债法总则的内容被放入合同编中的第一分编通则编。为了解决债法总则对合同以外的债的法律适用问题,《民法典》第468条特别规定:非因合同产生的债权债务关系,适用有关该债权债务关系的法律规定;没有规定的,适用合同编通则的有关规定,但是根据其性质不能适用的除外。

2. 无因管理与不当得利在《民法典》中的安置

《民法典》的体例安排不仅涉及债法规则的安排和适用问题,还涉及无因管理和不当得利的安排问题。这两部分一般安排在债法体系之下,但由于《民法典》中没有债法编,无因管理与不当得利就面临着无处安放的困境。为了解决这一问题,《民法典》重拾古代罗马法上准合同的概念,将无因管理和不当得利作为"准合同"放入合同编,作为合同编的第三分编。

尽管以合同命名,但无因管理和不当得利均非基于当事人意思表示的一致而形成的权利义务关系,而是基于法律的规定而形成的权利义务关系。从根本上说,无因管理和不当得利的制度价值在于创造一种更为和谐互助的"共处关系",而合同的制度价值在于为个体自主设立权利义务关系提供一种制度规则,二者的价值目标和规范方式都有很大的差异。《民法典》之所以作出这样的安排,只能说是在独立的债法缺位的情况下所做的无奈之举。

三 债的共性问题

债的共性问题即所有的债都面临的共同问题,亦即合同之债、侵权之债、无因管理之债和不当得利之债都共同面临的问题,涉及所有类型的债通用的法律规则。

(一)债的分类

基于债的发生原因对债所做的分类是债的基本分类,除此之外,立足于不同角度,还可以对债进行其他不同形式的分类。了解这些分类,主要目的是熟悉与债相关的各种法律术语,了解债的不同表现形式。

1. 按份之债与连带之债

按份之债与连带之债是在债权人或债务人为两人或多人的情况下，根据他们之间权利义务的内容不同而进行的分类。按份之债可以是按份债权，也可以是按份债务；同样，连带之债可以是连带债权，也可以是连带债务。

所谓按份之债，是指债权人之间或债务人之间按照各自的份额享有权利或承担债务；各自所享有或所承担的份额不确定的，视为等额享有权利或等额承担债务。对于按份债权，债权人只能享有自己的份额，自己取得了应得的份额，债权消灭。对于按份债务，债务人只对自己的份额承担义务，按照份额履行完毕义务，则自己所负担的债务消灭。至于其他债权人的债权是否实现，或其他债务人的债务是否履行，在所不问。

所谓连带之债，是指债权人或债务人对所享有的债权或所负担的债务，不分份额地享有或承担。连带债权的每个债权人都有权要求债务人履行全部债务，连带债务的每个债务人都有义务向债权人履行全部债务。这里所说的"不分份额"，对于连带债权是相对于债务人而言的，对于连带债务是相对于债权人而言的，在连带债权人或连带债务人内部，仍可以根据法律规定或其事前约定来划分数额。连带债权的部分债权人实现全部债权的，应当向其他连带债权人分配他们应得的份额；连带债务人的部分债务人履行了全部债务后，也有权向其他连带债务人按照各自应当承担的份额追偿。

连带债权一般以存在某种连带关系为前提，如家庭成员基于家庭财产共有形成的连带关系。没有法律规定也没有当事人的事先约定，不成立连带债权，依按份之债处理；当事人对各自所享有或承担的份额没有约定的，平均分配份额。连带债务可以基于法律规定，也可以基于当事人约定而存在，法律规定的连带之债的例子有共同侵权所形成的连带债务，约定的连带之债的例子有保证人基于连带责任的保证承诺而形成的连带债务。

2. 种类之债与特定之债

可以根据标的物的不同属性进行分类。凡是具有特定的特征，不能以其他物代替的物，都属于特定物，如古代某画家创作流传下来的某幅书画文物，独此一幅，无可替代。基于特定物的交付义务所形成的债即特定之债。种类物是指不具有特定特征，且未特定化的物，如大米、砂石等，只要是相同种类且具有相同品质的，均可用以替代履行。基于种类物的交付义务所形成的债为种类之债。

区分特定之债和种类之债的意义在于：特定之债的标的物一旦灭失，则构成履行不能，而种类之债一般不存在履行不能的问题。同时，特定之债原则上不宜强制履行，尤其是对于一些对个体而言有特定纪念意义的特定物；对于种类物，一般情况下均可强制履行。

3. 金钱之债与非金钱之债

金钱之债是以金钱给付为内容的债，除此之外的债为非金钱之债。金钱是最常见的种类物，还是具有很强流通性的流通物，而且几乎所有的非金钱之债最终都可以转化为金钱之债。金钱之债不仅不存在履行不能问题，而且均可强制履行，即使存在不可抗力的情形，也不能免除其履行义务。当然，债权人自愿免除其债务的情况除外。

（二）债权转让与债务转移

1. 债权转让

债权转让也称债权让与，是债权人将其债权的全部或部分转让给第三人的行为。债权转让是债权人与第三人之间的关系，对债务人的利益一般不会构成根本性的妨害，因而债权转让无须经过债务人同意，只要债权人与第三人达成一致，即可成立生效。但是，债权转让毕竟涉及债务人应该向谁履行的问题，因此，债权人应当将债权转让的事实通知债务人，未通知的，债务人有权拒绝受让人的履行请求。债权转让后，债务人需要向新的债权人履行，如果向新的债权人履行导致履行费用增加，债务人有权要求转让人承担增加的履行费用。

不是所有的债权都可以转让，当事人约定不能转让或法律禁止转让的债权，不得转让。《民法典》第545条还规定，根据债权性质不得转让的债权也不得转让。关于何种性质的债权不得转让，《民法典》中并未明确，实践中主要指与特定身份相联系的债权或与债务人特定情感相联系的债权，前者如赡养费支付请求权，后者如基于赠与合同所形成的债权，这些债权均不宜转让，债权人转让的，债务人也有权拒绝履行。

2. 债务转移和债务加入

债务转移即债务的转让，因债务是义务负担，在法律上一般不称转让，而称债务转移或债务承担，是指债务人将债务转移给第三人承担。由于不同人的履行能力不同，所以债务的转移需要经债权人的同意，未经债权人同意，债务的转移无效。

一般情况下，债务转移后，债务完全由新的债务人承担，原债务人的债务负担消灭。有时候，债务并未实际转移，但加入了新的债务人，由新加入的债务人与原债务人共同向债权人承担债务。这种情况下虽然出现了新的债务人，但债务并未实际转移，因而严格说来不能称为债务转移，而是债务加入。还有人立足于债务承担的概念，称债务转移为免责的债务承担，而称债务加入为并存的债务承担。除原债务人是否免除债务之外，区分债务转移与债务加入的意义主要在于二者的成立条件不同。对于债务转移，债权人没有明确表示同意的，视为不同意转移；对于债务加入，债权人没有明确表示拒绝的，视为同意加入。

3. 债权与债务的概括转让

债权与债务的概括转让指当事人将其所享有的债权和所负担的债务一并转让。债权与债务的概括转让一般有两种情况：一是合同权利义务的转让，由于这种转让是在合同相对人同意的基础上所进行的转让，又称债权债务的约定转让；二是法人合并和分立时债权债务的概括转让，原法人的债权债务由合并或分立后的法人承担，这种情况下债权债务转让的效力基于法律的规定，无须经相对人同意，因而又称债权债务的法定转让。

对于债权债务的法定转让,《民法典》第67条规定,法人合并的,其权利和义务由合并后的法人享有和承担。法人分立的,其权利和义务由分立后的法人享有连带债权,承担连带债务,但是债权人和债务人另有约定的除外。

(三)债的消灭

金钱债务因清偿而消灭,非金钱债务因其他履行行为而消灭。此外,债务还可以因免除、抵销、混同、提存等原因而消灭。免除指债权人对债务的免除,债权人单方自愿对债务免除的,债务消灭。抵销是指双方互负债务,相互充抵而使债务消灭的方式:债务的标的物种类、品质相同的,任何一方均可提出抵销;标的物种类不相同或品质不相同的,双方可以在协商一致的基础上作价抵销。混同是指债权债务同归于一人从而使债务消灭的情形,如债权人与债务人公司的合并。提存主要适用于因债权人的原因,使债务人无法向债权人履行的以交付为内容的债务,一般是金钱债务。比如,债权人下落不明或拒不接受履行,债务人可将金钱或其他履行标的物交付给特定的提存部门(如银行或公证机构),从而使债务消灭。债权人可以向提存部门领取提存物或提存金钱,并支付相应的提存费用。

第二节 合同的订立

一 合同的订立与意思表示

(一)关于意思表示

1. 意思表示的概念

合同是由合同当事人依照自己的意思自主订立的,是否订立合同、与谁订立合同、合同的标的、合同的条款等都是由当事人自己决定的,是合同当事人协商一致的结果,而不是源于法律的规定。为了使双方意见达成一致,当事人首先需要将自己的意思以对方能够理解的方式表达出来,在相互得到认可后,合同得以订立。在此意义上可以说,所谓合同,就是合同当事人就各自的意思表示达成的一致。

意思表示是合同法上的重要概念,甚至可以说是核心概念。判断合同是否成立,关键在于明确合同当事人的意思表示是否达成了一致。意思表示达成一致,则合同成立,双方即应受合同所确定的权利义务的约束,违反合同要承担相应的违约责任。如果双方意思表示未达成一致,则合同不成立,双方之间不存在合同上的权利和义务,也就不存在履行义务和违约责任问题。除了合同的订立,合同的协商变更和协商解除等,也都是双方在意思表示达成一致的基础上完成的,意思表示同样是判断合同变更和解除的根据。

2. 意思表示与法律行为

当事人的意思表示一经达成一致，合同即告成立，双方都会为履行合同而付出时间、精力或金钱成本。在这一过程中，任何一方违反合同，都可能会使对方订立合同的目的落空，并产生损失。因此，意思表示一经作出，即产生法律上的效果，受到法律的认可和保护，并成为纠纷发生时法院裁判的根据。

个体依据自己的意思所作出的意思表示具有法律效力，并能够得到法律的认可和保护，故意思表示这一表示行为在民法理论上被称为法律行为。所谓法律行为，是以个体的意思表示来设立、变更和解除法律关系的行为。我国《民法典》总则编将民事法律行为作为一章，对其相关问题作出了详细规定。

民法上，与法律行为相对应的概念是事实行为。所谓事实行为，是指不以当事人的意思为内容而实施的行为。不以意思为内容，不是说该行为的实施不存在任何意思内容，而是说法律并不考察本人的具体意思，只考察行为方式及其导致的具体后果。如侵权行为，不管侵权人本人的真实意图为何，对侵权行为所导致的损害，侵权人均应承担相应的责任。

3. 法律行为与私法自治

现实社会纷繁复杂，任何个体在法律上都是独立的自主决定的主体，如何选择自己的行为、在与他人的交往过程中可以做出怎样的承诺，都取决于个体自己，法律并不进行过多的干预。但是，个体的自主决定不能被排除在法律之外，理应受到法律的保护，否则自主性就可能成为一句空话。通过法律行为的概念，可以将个体的自主行为与法律保护规则联系起来，从而确定应受法律保护的个体自主决定的范围。在此意义上，法律行为制度是连接个体自主行为与法律规则的桥梁，通过法律行为制度，个体的自主行为被纳入法律的统一调整范围。

法律行为是个体依照自己的意思所作的表示行为，是个体决定自己事务的法律体现，由此在法律上所表达的是一种自治理念，即"私法自治"理念。基于法律行为，个体可以依照自己的意思设定、变更和解除各种关系，有权自主决定关系的具体内容。这样的意思表示不仅可以取得法律上的效果，受到法律的保护，甚至从某种意义上可以说，当事人自己的意思就是法律，就是法院裁判的依据。比如，合同的内容都是当事人自己协商确定的，当双方发生纠纷的时候，双方协商一致订立的合同就是法院裁判的依据。

公司的经营管理者大多并不具有法律专业背景，也没受过系统的法律专业培训，但这并不重要。重要的是，经营管理者应当清晰地认识到，在各种交易关系的建立和履行过程中本人意思表示的法律性质和法律效果。在订立合同的过程中，只要能全面考虑到合同履行过程中可能出现的问题，并在合同中明确约定相应的预防措施或解决办法，这样的合同就是一份比较完美的合同。合同是否完美、是否存在漏洞，一般来说并不取决于合同订立者的法律知识，而是取决于合同订立者对合同内容所涉及的专业领域的职业经验，当然，还有审慎严谨的工作态度。

任何合同关系都是通过意思表示建立的。意思表示不仅是合同关系建立的基本方式，也是当事人自主设立的其他一切法律关系的基本形式。除了依照法律规定直接成立的法律关系之外，个体依照自己的意志自主建立的法律关系都是通过意思表示建立的。没有意思表示，便不存在合同，合同就是意思表示的一致。

（二）意思表示与合同订立的方式

在普通人的意识中，合同一般是指书面的合同文本。但合同并不限于通过文本订立的合同，还包括口头合同和其他形式的合同，而且现实生活中绝大多数合同不是书面合同，而是通过口头形式订立的口头合同。比如，一个人到商场买了一件衣服，交易达成时，消费者与商场之间实际上已订立了一份口头的买卖合同，只不过该合同当场即已得到履行，因而常为人所忽略。

根据意思表示方式的不同，合同的订立也有不同的方式。

1. 口头合同

口头表示可以当面表示，也可以通过现代通信手段比如电话联系表示。口头表示所订立的合同不为法律所禁止，但当一方反悔时，口头表示常常未留下充分的证据，不利于纠纷的解决。因此，除即时清结的交易外，不建议采取口头方式订立合同。

2. 书面合同

书面合同是非即时清结的合同所普遍采用的方式。随着电信与网络技术的发展，书面合同并不限于纸质的书面形式，电子文本也可以是书面合同的特殊形式。书面合同也不限于规范的合同文本，只要是以可以表现为文字记录的方式订立的合同，如通过信函、电子邮件、微信信息等进行的意思表示，只要能反映双方就合同内容达成了一致意见，均可称为书面合同。

由于书面表示较为正式且当双方出现纠纷时可作为证据使用，《民法典》对于很多类型的合同都规定应当采用书面形式。例如，第668条规定："借款合同应当采用书面形式，但是自然人之间借款另有约定的除外。"又如，第736条规定："融资租赁合同应当采用书面形式。"此外，保理合同、建设工程合同、技术开发合同等，《民法典》也都明确规定应当采用书面形式。

应注意的是，法律虽明确规定这些合同应当采用书面形式，但这并不意味着未采用书面形式的合同不具有法律效力，不受法律保护。合同关系有高度的自治性，对合同的形式与内容应充分尊重当事人的意思，法律不适于过多地予以干涉。而且，对于当事人双方均认可的约定，如果单纯因为未采用特定的形式而否定其效力，从而否定一项交易，不仅不符合双方当事人的利益，也有违市场交易原则。因此，《民法典》中关于"应当采取书面合同"的规定只是一种"倡导式"条款，并非强制性条款或限制性条款。虽未采用书面形式，但双方对合同的内容没有争议或有证据能证明合同的具体内容的，合同仍然成立。

3. 事实合同

还有一种合同既不是口头的，也不是书面的，而是通过当事人的行为来订立的，如到自动收费停车场停车、乘坐公共交通工具、在自动售货机上购买一瓶饮料等。在这些过程中，虽然当事人没有明确的协商过程，但通过日常生活经验，双方的意思都是清楚的，交易双方对此也是明白无误的。这种合同在法律上称为事实合同。对于事实合同中双方的意思表示是否达成了一致，一般应当以当事人所生活的环境为基础，根据当事人的日常生活经验来判断。随着城市生活环境下服务自动化程度的提高，事实合同也越来越普遍。

4. 关于格式合同

格式合同一般都是书面合同，是当事人为了便于重复使用而预先拟定的合同。对于合同制作者一方来说，格式合同减少了重复性劳动，提高了交易的效率。但对相对人而言，一般只能在接受与不接受之间做出选择，因而并不具有平等协商的前提，也缺乏与对方进行平等磋商的机会。现实生活中，格式条款制作方在合同关系中往往具有某种优势地位甚至是垄断性地位，如保险合同、电信合同、供用电合同等一般均是格式合同，投保人或用户即使不同意合同中的某些条款，一般情况下也不能做出更改。在这种情况下，相对人的利益更容易受到侵害。因此，对格式合同在法律上需要进行特别规制。

对于格式合同，我国《民法典》规定，采用格式条款订立合同的，提供格式条款的一方应当遵循公平原则确定当事人之间的权利和义务，并采取合理的方式提示对方注意免除或者减轻其责任等与对方有重大利害关系的条款，按照对方的要求，对该条款予以说明。提供格式条款的一方未履行提示或者说明义务，致使对方没有注意或者理解与其有重大利害关系的条款的，对方可以主张该条款不成为合同的内容。同时还规定，提供格式条款的一方不合理地免除或者减轻其责任、加重对方责任、限制对方主要权利或排除对方主要权利的，该格式条款无效。对格式条款的理解发生争议的，应当按照通常理解予以解释。对格式条款有两种以上解释的，应当作出不利于提供格式条款一方的解释。格式条款和非格式条款不一致的，应当采用非格式条款。

（三）意思表示的代理

1. 代理的一般问题

（1）代理的概念。意思表示的目的是设定权利义务，这种表示可以自己表示，也可以由他人代为表示。由他人代为表示或者说代为行使法律行为的行为，就是代理。代理关系中，涉及三方当事人：一是委托他人代为行使法律行为的人，称被代理人；二是接受被代理人委托行使代理行为的人，称代理人；三是代理行为所指向的相对人，称第三人或相对人。在此基础上，可以给代理下一个较为完整的定义：所谓代理，是指代理人在代理权限内为被代理人的利益，以被代理人的名义与第三人实施的，后果归属于被代理人的行为。

（2）不可代理的事项。法律行为以意思表示为内容，理论上，一切法律行为均可代理。合同行为作为最为典型的法律行为，其订立、变更与解除当然均可以代理。不过，与特定身份关系相联系的行为，如婚姻关系的缔结与解除行为、收养行为、继承权的放弃、遗赠的拒绝等，常与个体情感相联系，法律一般要求本人亲自实施。

（3）滥用代理权的行为。滥用代理权是指代理人不正当使用代理权的行为，一般存在三种情况：一是自己代理，即利用被代理人的名义，和代理人自己进行交易，损害被代理人利益的行为；二是双方代理，即代理人同时代理当事人双方，处理同一事务的行为；三是恶意串通行为，指代理人和第三人恶意串通而实施的侵犯被代理人权益的行为。

滥用代理权实施的代理行为对被代理人没有约束力，如果侵害被代理人权益，被代理人有权要求代理人赔偿。代理人与第三人恶意串通的，第三人与代理人应负连带赔偿责任。但是，对于自己代理和双方代理的行为，如果被代理人同意或事后表示追认，代理行为有效。

2. 代理的基本类型

根据我国法律规定，代理主要有两种类型，即法定代理和委托代理。代理关系中，代理人一般都是以被代理人的名义从事代理活动的，但有时也以自己的名义实施代理行为，这种情况称为隐名代理，是委托代理的一种特殊形式。

（1）法定代理。欠缺民事行为能力人没有能力实施法律行为，其法律行为应由其监护人代理实施，这种代理由于是基于法律规定而形成的，故称法定代理。法定代理不限于监护人的代理，凡是基于法律规定而产生的代理，均可称为法定代理。比如，婚姻家庭法上的家事代理，也是基于法律规定而产生的代理，也属于法定代理。此外，执行法人或者非法人组织工作任务的人员，包括法人的法定代表人，就其职权范围内的事项，以法人或者非法人组织的名义实施的法律行为，同样是法定代理。

法定代理权应当依法行使，不得侵犯被代理人利益。对于家事代理权，家庭成员之间可以通过协议进行限制；对于法定代表人以及其他工作人员的职务行为，法人也可以通过公司章程或其他形式的决议进行限制。但是，这些限制均是内部限制，不能对抗善意第三人。也就是说，对于代理人超越代理权的行为，相对人不知而予以善意信赖的，代理行为仍然有效。

（2）委托代理。委托代理是指基于委托关系而形成的代理，代理人的代理权不是法律规定的，而是根据被代理人的委托授权而产生的。委托代理关系是一种合同关系，由委托人即被代理人通过委托合同将代理权授予代理人，故委托代理又称"意定代理"。委托代理情况下，代理人应当依照委托合同的约定亲自行使代理权，需要转委托第三人代理的，应当取得被代理人的同意或者追认。转委托代理未经被代理人同意或者追认的，代理人应当对转委托的第三人的行为承担责任；但是，在紧急情况下代理人为了维护被代理人的利益需要转委托第三人代理的除外。

（3）关于隐名代理。代理人以自己的名义，在被代理人委托授权的范围内进行的代理，为隐名代理。隐名代理情况下，相对人一般并不知道代理关系的存在，因此，当被代理人未能按照约定履行义务时，相对人有权直接向代理人主张权利。这种情况下，即使代理人向相对人披露被代理人，或被代理人主动显名出现，相对人仍然有权选择向代理人主张权利。当然，相对人也可以选择向被代理人主张权利。无论如何选择，相对人只能选择其一，而且一旦做出明确选择，不允许再行更改。

隐名代理情况下，相对人未按照约定履行义务的，代理人应当向被代理人披露相对人，被代理人有权直接向相对人行使权利。但是，如果存在某种特殊情况，导致如果相对人知道另一方是被代理人，就不会与其订立合同，相对人有权拒绝向被代理人履行义务或承担责任。在订立合同时，相对人知道受托人与委托人之间的代理关系的，该合同的义务应当由被代理人承担；相对人要求代理人承担的，代理人可以以相对人明知代理关系的存在提出抗辩。

3. 无权代理

无权代理是指没有代理权，或者超越代理权的授权范围，或者代理权终止后仍然实施的代理。代理人没有代理权而实行的代理，除非构成表见代理，对被代理人没有约束力，由代理人自行承担由此造成的其他法律后果。无权代理包括两种基本类型：一是狭义无权代理，二是表见代理。

（1）狭义无权代理。狭义无权代理是指对被代理人没有约束力的无权代理。无权代理包括三种情况：一是没有合法授权的代理行为；二是超越了授权范围的代理行为；三是代理权已经终止后实施的代理行为。上述三种情况下实施的代理，被代理人追认的，代理行为可以有效；未获得被代理人追认的，代理行为对被代理人不产生法律约束力，相对人只能向无权代理人主张权利。

（2）表见代理。表见代理也属于无权代理，但是一种特殊的无权代理，在表见代理情况下，虽然代理人没有代理权，但被代理人仍受该无权代理行为的约束。也就是说，代理行为仍然有效，相对人仍有权向被代理人主张权利。

表见代理作为无权代理，之所以有效，是因为对相对人而言，存在代理人享有代理权的某种表象，而且这种表象使相对人对代理人享有代理权产生充分的信赖。在这种情况下，如果不认可代理行为的效力，则不利于保护交易安全，也不利于维护正常的交易秩序。比如，某公司一直委托甲从乙处签字赊款提货，后甲从公司离职，该公司未将此情况告知乙。后甲又谎称为公司提货，将一批货提走。乙不知其已离职，仍依惯例让其签字赊款。在这种情况下，甲虽然已没有代理权，但本案存在乙认为甲有代理权的表象，所以构成表见代理，公司仍应对甲的提货行为承担付款义务。

除代理表象外，表见代理的构成一般还要求相对人善意无过失。所谓善意无过失，是指该第三人不知道代理人没有代理权，而且以其交易习惯，或依一个普通人的日常生活经验，不可能对其无代理权的事实做出明确判断。

表见代理的后果归于被代理人，但对由此给其造成的损失，被代理人有权要求表见代理人赔偿。

二　合同订立的具体过程

在合同法理论上，合同的成立需要经过要约与承诺两个阶段。所谓要约，是一方希望与他人订立合同的意思表示，发出要约的人称要约人，要约发送的对方称受要约人。受要约人收到要约人的要约，作出接受的意思表示，构成承诺，合同成立；受要约人未作表示，或作出的表示未能完全接受要约提出的交易条件，则合同未成立。受要约人收到要约后，如果改变了要约中的交易条件或提出新的条件，视为一个新的要约，也称反要约。一份合同的订立常常经过多轮谈判与磋商，当事人之间可能要经过无数次要约与反要约的过程，才最终达成一致。但无论经过多么复杂的过程，都可以将其分解为要约和承诺两个基本逻辑环节。在此意义上，要约和承诺并不是对合同订立过程的现实描述，而是一种用以分析合同是否成立的法律分析工具。

（一）要约

合同是双方当事人相互协商达成的合意，在这一过程中，总有一方先提出订立合同的意思，这种向他人发出的、希望与其订立合同的意思表示在法律上称为要约。

1. 要约的有效条件

要约并不是单纯的想订立合同的意思表示，这种意思表示必须包含明确的交易条件，否则双方没有协商的基础。一般情况下，一个有效的要约应当符合三个条件。

（1）有明确具体的交易条件。一般来说，要约所包含的交易条件至少应当包括合同的标的、数量和价款，以及其他根据合同性质必须明确的条款，否则对方无法作出是否同意的表示。通俗地说，要约所包含的交易条件应达到这样的标准：一旦对方认可，合同就宣告成立。如果基本条款不明确，对方无法表示认可或不认可，就不能构成有效的要约。

（2）包含"一经接受本人即受约束"的意思。要约是一种意思表示，这种表示必须使受要约人形成这样的确信：受要约人只要接受要约中表明的交易条件，要约人即受其要约的约束。如果不能从要约人的意思表示中明确推定出这样的意思，则该意思表示不能视为要约，通常情况下只是要约邀请。

所谓要约邀请，是指希望他人向自己发出要约的意思表示。比如，某公司向另一公司发函称："我公司新进100吨×××产地的优质大米，价格每斤五元，数量有限，欲购从速。联系电话：……"这一函件虽然有明确的标的、数量和价格，但并没有保证只要接受价格条件，就一定有货。也就是说，该函件并不包含明确的"一经接受本人即受约束"的意思，故应视为要约邀请，而不是有效的要约。

根据我国《民法典》第473条，拍卖公告、招标公告、招股说明书、债券募集办法、基金招募说明书、商业广告和宣传、寄送的价目表等，均为要约邀请。但是，商业广告和宣传的内容符合要约条件的，也可以构成要约。

（3）需要送达特定的受要约人。要约是对特定的当事人的要约，非向特定人发出的意思表示一般具有广告性质，除非当事人有较为明确的意思表示，表达自己愿受广告内容约束，一般不视为要约，只视为要约邀请。要约还必须要送达受要约人，未能送达受要约方的要约，由于受要约人没有收到，无所谓有效或无效，不能产生任何法律上的意义。有效要约一旦送达对方，要约人即开始受要约的约束，无论对方是否作出承诺，在要约设定的承诺期内都不能随意撤销。

2. 要约的撤回与撤销

已发出的要约，当事人在要约到达受要约人之前或到达的同时，可以撤回。在要约送达受要约人之后，要约不得撤回，但在受要约人作出承诺前，可以撤销。

由于要约的撤回要求在要约到达前或与要约同时到达，故不会给受要约人带来不利的影响，因此，要约的撤回没有其他限制。但要约到达后，由于在法律上要约人已经开始受到要约的约束，受要约人虽未明确作出承诺，但可能会出于对要约人的信任而为合同履行作出准备。在这种情况下，如果要约人可以随意撤销要约，可能会给受要约人带来不利的影响。因此，要约到达受要约人后，要约人不能随意撤销要约。尤其是要约人以确定承诺期限或者其他形式明示要约不可撤销，或受要约人有理由认为要约是不可撤销，并已经为履行合同做了合理准备工作的，《民法典》明确规定要约不可撤销。

注意，这里的"不可撤销"不是绝对的不可撤销。在私法上，"不可"的一般含义是"如果……，则承担……责任"，民法上一般只涉及民事赔偿责任，所以"不可"的含义也可表述为"如果……，且因此给他人造成损失的，则应赔偿损失"。相应地，"可以"的含义则是：对于"可以"的行为，即使给他人造成损失，也不是行为人的责任，故无须赔偿。合同是当事人自己设立的，如果本人不想再履行合同，理论上也应是本人的自由，法律不宜进行强制。但由于本人的承诺给他人造成了影响，如果因不履行给他人造成了损害，则本人亦应对此后果负责，要承担相应的违约责任。

3. 要约的失效

要约失效意味着要约人可以不再受要约的约束，即要约失去约束力。根据《民法典》第478条，要约失效的情形有以下四种：① 要约被拒绝；② 要约被依法撤销；③ 承诺期限届满，受要约人未作出承诺；④ 受要约人对要约的内容作出实质性变更。

受要约人对要约的内容作出实质性变更的，意味着受要约人不同意要约所提出的交易条件。在这种情况下，受要约人所作出的不是承诺，而是一种新的要约，也可以说是一种反要约，原要约自然失效，不再具有约束力。对于何为实质性变更，下文讨论承诺时再予以详细讨论。

（二）承诺

承诺是受要约人接受要约的意思表示，亦即同意要约所提出的交易条件的行为。受要约人一旦作出承诺并送达要约人，双方的权利义务生成，合同即宣告成立。

1. 承诺的有效条件

（1）承诺应当由受要约人作出。要约人向受要约人发出要约，反映了其对交易对象的选择。要约人是否愿意与受要约人以外的第三人进行交易，取决于要约人本人的意思。因此，非受要约人作出的接受要约的意思表示不构成承诺，而是一种新要约。

（2）承诺表示的内容应与要约内容一致。承诺是对要约所提出的交易条件的接受，因此不能改变要约提出的交易条件。改变原交易条件的，不视为承诺，只能视为一种新的要约，或者说是反要约。

为提高交易效率，并不是任何交易条件的变更在法律上都不具有承诺的效力。根据《民法典》第488条和第489条的规定，只有对实质性交易条件提出变更的才不构成承诺；对非实质性交易条件提出变更的，除非要约人及时表示反对或者要约表明承诺不得对要约的内容作出任何变更，承诺仍然有效。

对于何为实质性变更，一般认为，对要约人的权益有较大影响或明显增加了要约人义务的变更，都应视为实质性变更，反之，为非实质变更。根据《民法典》第488条的规定，对合同标的、数量、质量、价款或者报酬、履行期限、履行地点和方式、违约责任和解决争议方法等所作的变更，均为对要约内容的实质性变更。

（3）承诺应以要约人能够理解的方式作出，并符合要约提出的特定要求。承诺方式可以是口头的，也可以是书面的，特定情形下还可以通过特定的行为作出。无论以何种形式承诺，都应当根据具体情况，以要约人能够理解的方式作出，否则要约人无从判断承诺人的准确意思，自不能生承诺之效力。一般情况下，承诺需要以明示的方式做出，但根据双方之间的交易习惯和要约的特别声明，也可以通过其他方式做出。

要约中要求承诺必须符合其他条件的，承诺也必须符合该条件。比如，要约要求承诺采取书面形式并加盖公章的，或要求在一定期限内承诺的，承诺应符合所要求的条件，否则要约人有权不认可受要约人的承诺的效力。

2. 承诺的撤回

承诺一旦送达要约人，合同即告成立，双方均应受合同的约束，除非双方协商一致或出现法律规定的条件，任何一方不得随意变更或解除。在此意义上，承诺不存在严格意义上的撤销问题，如果一定要使用撤销的概念，则所谓的撤销在性质上属于单方解除合同。不符合法律规定的单方解除合同的条件而擅自解除的，属于违约行为，应当承担相应的违约责任。但是，与要约的撤回一样，在合同成立之前，也就是在承诺送达要约人之前或同时送达要约人的情况下，承诺人可以撤回承诺。

3. 逾期承诺

要约人要求在一定期限内作出承诺的，承诺不能超过该期限。是否超过期限，以承诺到达要约人的时间为准。未在要求的时间内到达的，视为逾期承诺。逾期承诺原则上不产生承诺效力，而是一个新要约，但是，如果要约人及时表示认可，也可以构成有效承诺。受要约人在承诺期限内发出承诺，按照通常情形能够及时到达要约人，但因其他原因承诺到达要约人时超过承诺期限的，如果要约人因承诺已逾期而不愿再接受，应当及时通知承诺人，明确告知对方因承诺超过期限不再接受该承诺。没有及时向对方声明的，承诺有效。

三 合同成立的法律判断

合同成立即双方当事人就合同内容达成一致，意味着合同当事人相互之间权利义务的确定，没有法定的事由，任何一方均应履行合同约定的义务，否则应承担相应的法律责任。反之，合同未成立意味着合同的权利和义务尚未确定，故既不存在合同的履行问题，也不存在违约责任的承担问题。因此，在合同订立过程中，准确判断合同是否成立以及成立的时间节点非常重要，是确定当事人是否负有合同义务的唯一根据。

（一）合同成立的一般判断

1. 合同成立的根本判断依据

合同是否成立，最根本的判断标准是当事人是否就合同内容达成了一致，即合同当事人的意思表示是否达成了一致。无论口头还是书面，无论行为还是语言，只要能表明双方就合同的内容已经达成了一致意见，合同即可视为成立。对于是否达成一致，一般应依照普通人的日常生活经验来判断，或者依照行业内的一般认识或交易习惯来判断。

2. 要约与承诺规则的适用

法律通过要约和承诺来判断合同是否成立，但在现实生活中，在人们订立合同的时候，人们很少明确区分何为要约、何为承诺。与其说要约和承诺是合同订立的两个阶段，毋宁说它们不过是法律分析工具，是出现争议时用以判断合同是否成立以及何时成立的法律分析工具。

当场就可以履行完毕的合同，一般都是口头合同或事实合同，当事人常常会根据现场具体情况随时改变想法、提出要求，一般不需要严格按照要约和承诺的规则分析合同是否成立以及何时成立。对于这类合同，即使一方不适当地随意变更或解除已成立的合同关系，在没有因此给对方造成任何不利影响或损失的情况下，纠缠于合同是否已经成立并没有现实的意义，所以对即时即可履行完毕的合同，一般不会去讨论合同的成立问题。

合同成立问题对非当场履行的合同才有法律意义，尤其是对于某些投入巨大、履行过程复杂的合同，在当事人已为合同履行做出充分准备的情况下，一旦合同不成立或被解除，常意味着巨大的损失，因此需要准确判定合同是否已经成立，从而确定责任。为避免分歧，双方常常通过正式的合同文本签订或正式的合同确认书的签订等方式来确认合同的具体成立时间。在正式的合同文本或确认书签订之前，双方无论经过多少轮的磋商，都不视为合同的成立。这种情况下，要约和承诺规则同样没有适用的余地。

要约与承诺规则主要适用于不能即时履行完毕又不以正式合同文本为依据的合同成立的判断，这类合同大多数情况下是通过电话、信函、邮件等方式订立的，由于订立时没有严格的规范和格式，对合同是否成立的问题往往容易产生分歧。一旦出现分歧，就需要严格按照要约与承诺规则来作出判断和认定。

3. 关于沉默

意思表示应以明示的方式作出，在合同订立过程中，受要约人收到要约后未作表示的，视为不接受要约。但是，如果有法律规定、当事人约定或者符合当事人之间的交易习惯，沉默亦构成意思表示。例如，《民法典》第638条规定：试用买卖的买受人在试用期内可以购买标的物，也可以拒绝购买。试用期限届满，买受人对是否购买标的物未作表示的，视为购买。又如，甲与乙有长期供货关系，甲每次通过手机微信将所需货物发送给乙，乙次日都会按照微信内容送货，常常无须作出明确的同意回复。在这种情况下，乙的沉默根据其与甲之间的交易习惯可以视为一种同意。如果不同意，乙应当明确作出不同意的表示。

应注意的是，要约方不得以"如不回复即视为认可"之类的表述来强迫对方作出明示表示。要约人在要约中有类似表述的，对受要约人没有约束力；受要约人不予回复的，不视为认可。

（二）特殊情形下合同成立的判断

1. 网络交易

网络交易是当前非常常见的一种交易方式。我国《民法典》第491条规定：当事人一方通过互联网等信息网络发布的商品或者服务信息符合要约条件的，对方选择该商品或者服务并提交订单成功时合同成立，但是当事人另有约定的除外。2019年开始施行的《中华人民共和国电子商务法》第49条还规定：电子商务经营者发布的商品或者服务信息符合要约条件的，用户选择该商品或者服务并提交订单成功，合同成立。当事人另有约定的，从其约定。电子商务经营者不得以格式条款等方式约定消费者支付价款后合同不成立；格式条款等含有该内容的，其内容无效。

依照上述规定，只要消费者选择了某种商品或服务，且提交订单成功，合同即成立。尤其是消费者已经成功支付价款的情况下，经营者单方作出的合同不成立的声明不具有法律效力。

2. 悬赏广告

悬赏广告是指悬赏人以广告的形式声明对完成悬赏广告中声明的特定行为的人，给付广告中承诺的报酬的行为。与一般的合同不同，悬赏广告是悬赏人向不特定人发出的要约，而不是仅向特定人发出的要约。相对人无须向悬赏人明确作出承诺，只需要完成广告中所声明的行为，即可获得报酬请求权。即使行为人在不知晓悬赏广告存在的情况下完成了行为，同样享有报酬请求权。悬赏人可以在广告中限定完成行为的期间、完成顺序、完成方式等作为支付报酬的条件。

3. 强制缔约义务

强制缔约义务是指特定的当事人所负担的必须订立合同的义务，主要是具有相当市场支配能力或具有垄断地位的企业的义务，尤其是公共事业单位的义务。强制缔约义务一般须由法律法规明确作出规定，依法负有发出要约义务的当事人，应当及时依照法律法规的规定发出要约；依法负有作出承诺义务的当事人，不得拒绝对方合理的订立合同的要求。

强制缔约只是规定了当事人的强制缔约义务，合同订立仍需要经过要约和承诺的过程，仍然是根据要约与承诺的具体情况来判断合同成立的时间。

（三）关于缔约过失

原则上，只有通过有效的要约与承诺，合同才宣告成立。在合同成立之前，双方尚未就合同的内容达成一致，合同的权利义务也处于不确定状态，因而也不存在合同上的义务，更谈不上责任的承担。但是，在合同订立过程中，双方基于相互信赖进行磋商，不仅会产生成本，还可能因履约准备而面临较大的交易风险。如果法律对此不做相应的规定，因一方当事人的恶意磋商给对方造成的损失将难以获得法律上的救济。为此，各国合同法律制度中大多数规定了缔约过失制度，以解决合同订立过程中的损害赔偿问题。

所谓缔约过失，是指当事人在合同订立过程中的故意或过失。因缔约过失给对方造成损害的，应负赔偿责任。根据《民法典》第500条和第501条的规定，应承担缔约过失责任的情形主要有以下四种：① 假借订立合同，恶意进行磋商；② 故意隐瞒与订立合同有关的重要事实或者提供虚假情况；③ 泄露或不正当使用缔约过程中获得的商业秘密或者其他应当保密的信息；④ 有其他违背诚信原则的行为。

第三节　合同的生效

当事人双方就合同的内容（即双方在合同关系上的权利和义务）达成了一致，合同即告成立，双方即应受合同的约束。但是，成立后的合同是否具有约束力，还取决于一个前提，即合同的效力问题。无效合同不受法律保护，当然也不存在约束力问题。也就是说，合同成立并不意味着合同有效，二者是完全不同的两个问题。合同成立意味着意思表示的一致，合同的生效意味着法律的肯定性评价。一般来说，不违反法律禁止性规定的合同原则上都是有效的，有效合同一般自合同成立时生效，无效合同自始无效。

合同无效意味着合同受到法律的否定性评价，不得履行；已经履行的，应当返还，从而恢复到合同未履行之前的状态。已履行无法返还的，应当赔偿对方相应的损失。

一 合同生效的条件

（一）合同生效的基本条件

一般情况下，有效合同应当符合以下三个方面的条件。

1. 主体适格

这里的主体适格主要指具备行为能力。对于自然人而言，要求缔结合同的当事人应具有相应的行为能力；对于非自然人组织而言，要求其具有独立承担责任的能力，法人和虽不具备法人资格但拥有独立财产并独立经营的非法人组织（如合伙企业、私营企业）均可成为合同主体。但法人的分支机构或职能部门未经法人授权，不具有缔约能力。

值得注意的是关于超出经营范围缔结合同的效力问题。我国传统民法理论认为，经营范围是对行为能力的限定，超越经营范围的合同无效。然而，市场崇尚合同自由，而且经营范围在很大程度上是出于行政管理的需要作出的限定，不应成为判断合同效力的根据。因此，除非法律法规明确规定须经特殊审批才取得经营资格的情况，超越经营范围订立的合同并不影响合同的效力。

2. 意思表示真实

合同是双方当事人的合意，是双方意思的体现。任何意思都需要经过一定的方式表达出来，但在很多情况下，由于各种原因，如在受到欺诈或胁迫的情形下订立的合同，当事人所表达出的意思与其内心真实意思并不一致。当意思表示不真实时，合同虽然并不当然无效，但意思表示不真实的一方有权申请人民法院撤销合同，从而阻却合同的生效。

3. 不违背法律法规和公序良俗

当事人有缔结合同的自由，但合同自由也受到法律的限制。比如，毒品、枪支等禁止流通物或烟草、食盐等国家专营物资，不具有经营资格的当事人以此为标的订立的合同无效。又如，有些合同需要经过行政审批或履行某些特别的程序，法律或行政法规对此作出明确的强制性规定的，应符合该规定，否则合同不能生效。

另外，合同还应当符合公序良俗，有违社会道德的合同也是无效合同。社会道德反映的是一般社会观念，并常常随社会的发展而改变，是否违背社会道德需要根据特定的社会环境，结合当下的社会观念来判断，法律并没有一个具体明确的判断标准。

（二）合同生效的约定条件

当事人还可以在合同中约定生效条件，当约定的条件成就时，合同才产生法律上的效力；约定的条件不成就，则合同不产生法律上的效力。实践中，合同生效的约定条件一般包括期限条件和其他条件。约定生效期限的合同常被称为附期限合同，约定其他条件的合同常被称为附条件合同①。

1. 附生效期限

附生效期限的合同是指双方在合同中约定，在合同订立后经过一定期限或约定自某期日届至时才生效的合同。如甲、乙于2014年11月10日订立合同，约定自2015年1月1日起生效。

2. 附生效条件

合同当事人可以在合同中约定生效条件，当条件成就时合同生效，条件不成就则合同不生效，如双方约定合同经公证部门公证后生效，又如房屋开发合同约定合同自一方取得土地使用证起生效。为防止合同当事人滥用合同条件，《民法典》第159条规定，当事人为自己的利益不正当地阻止条件成就的，视为条件已成就；不正当地促成条件成就的，视为条件不成就。

二 无效合同

一般来说，无效合同的情形均应由法律法规作出明确规定：一份合同只有出现法律法规规定的无效情形，才属于无效合同；在没有违反法律法规的强制性规定的情况下，不应认定无效。

（一）无效合同的一般情形

我国《民法典》合同编中未统一列举合同无效情形，有关合同效力问题的判断主要依据的是总则编中关于"民事法律行为"的规定，按照其规定，合同无效的情形有以下五种：① 无民事行为能力人实施的民事法律行为（《民法典》第144条）；② 恶意串通，损害第三人合法权益（《民法典》第154条）；③ 通谋虚伪表示行为无效（《民法典》第146条）；④ 违背公序良俗（《民法典》第153条第2款）；⑤ 违反法律、行政法规的强制性规定（《民法典》第153条第1款）。

上述五种情况中，前四种都属于《民法典》中对法律行为效力的直接规定，而第五种情况则需要根据《民法典》中的其他条款或其他法律法规的规定来进行判断。由于其他法律法规涉及的情况比较复杂，对此将在下文中单独予以讨论。

（二）关于违反法律和行政法规的强制性规定的合同效力问题

法律法规基于不同的立法目的制定了各种强制性规定，但并不是所有的强制性规定都影响合同的效力。比如，根据《商业银行法》第39条，商业银行对外贷款时，资本充足率不得低于8%。这一规定显然属于强制性规定，但银行对其已经对外出借的款项，显然不能以出借时资本充足率低于8%主张合同无效。

---

① 附期限合同和附条件合同并不限于附生效期限和附生效条件的合同，还可附其他类型的期限或条件，如附解除期限或解除条件。无论附何种类型的期限或条件，其适用规则基本上是一致的，故在此仅介绍附生效期限和生效条件的合同，其他类型不再赘述。

拓展阅读

某信用社违反《商业银行法》所订立的借款合同的效力

某信用社与借款人某公司、担保人某工厂于1996年8月8日签订一份借款合同，信用社依约借给某公司人民币1 200万元，该数额超过了信用社资本余额的10%，违反了《商业银行法》对同一借款人的贷款余额与商业银行资本余额的比例不得超过10%之规定。由此引发的问题是：在此种情形下，该合同是否有效？应当如何认识《商业银行法》第39条各项规定是否属于强制性规定以及属于何种强制性规定？

请示法院在审理该案件过程中存在三种意见。第一种意见认为，该合同无效。理由在于，原《中华人民共和国合同法》明确规定，违反法律和行政法规的合同为无效合同。《商业银行法》是全国人大常委会制定的法律，且该法明确规定银行对同一借款人的贷款余额与商业银行资本余额的比例不得超过10%，这属于法律中的禁止性规定，违反此规定所签订的借款合同应认定无效。第二种意见认为，基于第一种意见所依据的观点，应认定超过比例部分无效，未超过的部分应有效。第三种意见认为，该借款合同有效。理由在于，《商业银行法》第39条之规定属于银行内部管理规定，目的是减少银行风险。如果违反该规定，仅仅是增大了银行的风险，而并不损害他人利益，且此条规定银行贷款"应当"遵守下列条款，该规定并非禁止性条款，不应以该条认定合同无效。该意见也是该院审委会的倾向性意见。

最高人民法院经研究并征求中国人民银行意见后，于2000年1月19日作出法经〔2000〕27号函《最高人民法院关于信用社违反商业银行法有关规定所签借款合同是否有效的答复》，明确指出："《中华人民共和国商业银行法》第三十九条是关于商业银行资产负债比例管理方面的规定。它体现中国人民银行更有效地强化对商业银行（包括信用社）的审慎监管，商业银行（包括信用社）应当依据该条规定对自身的资产负债比例进行内部控制，以实现盈利性、安全性和流动性的经营原则。商业银行（包括信用社）所进行的民事活动如违反该条规定的，人民银行应按照商业银行法的规定进行处罚，但不影响其从事民事活动的主体资格，也不影响其所签订的借款合同的效力。"

对于行政法上的强制性规定，从立法角度说有不同的目的，有的是出于行政管理的需要作出的规定，有的是对个体行为自由进行的限制。比如，枪支管理规定中关于禁止枪支自由交易的强制性规定，显然是对市场交易自由的限制，而关于枪支分发使用情况应定期上报的规定则属于管理性规定，并不涉及市场交易的效力问题。原则上，管理性的强制性规定不影响合同的效力，只有对交易主体资格作出明确限定或对特定行为明确禁止的强制性规定才涉及合同效力问题，违反这样的强制性规定的合同才属于无效合同。

对此，我国《民法典》第153条规定："违反法律、行政法规的强制性规定的民事法律行为无效。但是，该强制性规定不导致该民事法律行为无效的除外。"这样的表述是一种语义反复，并没有表达明确的内容。《全国法院民商事审判工作会议纪要》认为，影响合同效力的强制性规定主要包括以下五种：① 涉及金融安全、市场秩序、国家宏观政策等公序良俗的；② 交易标的禁止买卖的，如禁止人体器官、毒品、枪支等买卖；③ 违反特许经营规定的，如场外配资合同；④ 交易方式严重违法的，如违反招投标等竞争性缔约方式订立的合同；⑤ 交易场所违法的，如在批准的交易场所之外进行期货交易。该会议纪要同时认为：关于经营范围、交易时间、交易数量等行政管理性质的强制性规定，一般应当认定为"管理性强制性规定"，不影响合同的效力。

2023年12月5日开始施行的《最高人民法院关于适用〈中华人民共和国民法典〉合同编通则若干问题的解释》认为：合同违反法律、行政法规的强制性规定，有下列情形之一，由行为人承担行政责任或者刑事责任能够实现强制性规定的立法目的的，人民法院可以依据《民法典》第153条第1款关于"该强制性规定不导致该民事法律行为无效的除外"的规定认定该合同不因违反强制性规定无效：① 强制性规定虽然旨在维护社会公共秩序，但是合同的实际履行对社会公共秩序造成的影响显著轻微，认定合同无效将导致案件处理结果有失公平公正；② 强制性规定旨在维护政府的税收、土地出让金等国家利益或者其他民事主体的合法利益而非合同当事人的民事权益，认定合同有效不会影响该规范目的的实现；③ 强制性规定旨在要求当事人一方加强风险控制、内部管理等，对方无能力或者无义务审查合同是否违反强制性规定，认定合同无效将使其承担不利后果；④ 当事人一方虽然在订立合同时违反强制性规定，但是在合同订立后其已经具备补正违反强制性规定的条件却违背诚信原则不予补正；⑤ 法律、司法解释规定的其他情形。

（三）关于违反规章中的强制性规定的合同效力问题

《民法典》只规定违反法律和行政法规的强制性规定的合同无效。规章中也存在各种强制性规定，违反规章中的强制性规定的合同是否有效呢？对此，我们认为，既然《民法典》中明确规定只有违反法律和行政法规的强制性规定的合同才无效，未规定违反规章的情况，原则上违反规章的强制性规定的合同不应认定无效。同时，立足于立法权限的角度，对于法律和行政法规均没有作出禁止性规定的情况，规章原则上无权超越法律法规的规定而对个体权利进行限制。在此意义上，不应是违反规章的合同无效，而更可能是规章的规定本身违法或越权。

但是，我国当下，行政法理论和体系都尚不成熟，一些政策性管理措施常常是通过规章的方式表现的,如果一律否认规章相关规定的效力,法院无疑面临着很大的压力。所以《全国法院民商事审判工作会议纪要》中对违反规章的合同效力问题,认为"一般情况下不影响合同效力",但同时将涉及金融安全、市场秩序、国家宏观政策等方面的内容归于公序良俗的范畴,可以据此认定无效。这样的规定尽管颇值商榷,似乎也可理解。

三 效力瑕疵的合同

合同的生效须符合上文所讨论的生效条件,但是,这并不意味着不符合上述条件的合同当然无效。在有些情况下,即使不符合生效条件,法律也并不当然否定合同的效力。一般来说,可将不符合生效条件的合同分为三种类型:未生效合同、可撤销合同和无效合同。未生效合同和可撤销合同均不是当然无效,但也不是一定有效。因为其在效力上具有不确定性,是有瑕疵的,故称效力瑕疵合同。

(一)未生效合同

未生效合同指的是因订立合同的主体不适格,以及依法需要经过特别行政许可而尚未取得的情况下订立的合同。未生效不等于无效,只是合同成立时欠缺生效条件,一旦满足生效条件,合同仍可生效。需要取得行政许可才可生效的合同,未取得行政许可前,合同不生效,当事人可以解除合同。订立合同时未取得许可,但在合理期限内取得许可的,合同有效。

未生效合同又称效力待定的合同,主要包括四种情形。

1. 因主体能力欠缺而未生效的合同

根据《民法典》第144条的规定,无民事行为能力人实施的民事法律行为无效。根据第145条的规定,限制民事行为能力人实施的纯获利益的民事法律行为或者与其年龄、智力、精神健康状况相适应的民事法律行为有效;实施的其他民事法律行为经法定代理人同意或者追认后有效。这意味着,限制民事行为能力人订立的与其年龄、智力、健康状况不相适应的合同,并不是直接有效,也不是当然无效;如果事先得到法定代理人同意或事后经追认,则合同有效;事先未经同意,事后法定代理人也未予追认的,则合同不生效。合同不生效,未履行的,不需要再履行;已经履行的,应予返还;造成损失的,由有过错的一方承担赔偿责任。

能力欠缺情况下订立的合同,法律将合同是否生效的决定权赋予权利人,在未经追认前,合同效力处于不确定状态,这种情况对相对人而言显然是不利的,也有失公平。为此,法律在赋予权利人追认权的同时,赋予了相对人催告权和撤销权。《民法典》第145条规定,相对人可以催告法定代理人自收到通知之日起30日内予以追认。法定代理人未作表示的,视为拒绝追认。民事法律行为被追认前,善意相对人有撤销的权利。

> **拓展阅读**
>
> 《民法典》第145条规定，法定代理人经催告未作表示的，视为拒绝追认，合同不生效。对于合同未履行的情况，这一规定应当是合理的，但对于已经履行完毕的合同，则并不合理。比如一个15岁的孩子偷偷用父亲的银行卡买了一部苹果手机，在父亲事后已明知甚至相对人催告的情况下，既不追认，也不采取措施，而是听之任之。在这种情况下，相对人当然可以请求人民法院撤销合同，并要求对方返还手机，自己则返还手机款。对手机受到的损害或使用磨损，如果本人无过错的话，还可以要求赔偿损失。在对方怠于行使权利的前提下，相对人此举似乎既不经济，也无必要。但如果相对人不采取措施，则此交易处于未生效状态，由于法律未规定权利行使的期间限制，理论上该父亲似乎可以随时要求返还手机款。可以说，这样的规定是极为尴尬的。因此，对于能力欠缺情况下订立的合同，未履行的，法定代理人经催告而不作表示的，可视为拒绝追认，合同不再履行。但对已经履行的，法定代理人在明知或经催告的情况下不作表示的，应视为对交易的认可，似乎更为妥当。

2. 因代理权欠缺而未生效的合同

《民法典》第171条规定，行为人没有代理权、超越代理权或者代理权终止后，仍然实施代理行为，未经被代理人追认的，对被代理人不发生效力。相对人可以催告被代理人自收到通知之日起30日内予以追认。被代理人未作表示的，视为拒绝追认。行为人实施的行为被追认前，善意相对人有撤销的权利。撤销应当以通知的方式作出。根据该规定，代理权欠缺情况下订立的合同，须经被代理人追认才能生效，未经追认，则不生效。相对人也可以行使催告权，善意相对人也有撤销权。这些规定与限制民事行为能力人订立合同时的情形基本是一样的。

代理权欠缺的情况下，如果被代理人不追认，经相对人同意，无权代理人也可以自己履行合同。也就是说，相对人既可以请求撤销合同并要求代理人赔偿损失，也可以要求代理人履行，代理人同意履行，则合同仍可履行。在表见代理的情况下，由于代理的后果由被代理人承担，合同自然是有效的。但根据《民法典》第171条，作为善意相对人，也可以选择撤销合同。

3. 因无权处分而未生效的合同

无权处分主要指行为人对财产没有处分权而进行处分的行为，最为典型的无权处分是将自己占有的他人财产擅自处分的行为，如出租、出售、设定担保等。当事人没有处分权而处分他人财产，权利人当然有权不予认可，权利人既可以选择向相对人追回财产，也可以选择向无权处分人请求赔偿，当然也可以选择追认，并要求无权处分人返还价款或变更主体。权利人选择追回的，合同自然不生效；权利人选择请求赔偿和追认的，则合同应视为生效。

为保护交易安全、促进交易效率，不知道当事人无权处分而支付了正常对价的善意买受人，可援引善意取得制度取得物权，在这种情况下，权利人不能追回。这也就意味着，在构成善意取得的前提下，合同有效。关于善意取得问题，将在下一讲中再专门进行讨论。

4. 因资质欠缺或未获审批不能生效的合同

对于资质欠缺或依法应经审批而未获审批的情况，合同不能生效，但如果当事人能够在合同履行期限届满前或者在对方接受的期限内取得资质或通过审批，合同也可以生效；否则，合同不生效。

（二）可撤销合同

可撤销合同主要指意思表示不真实的合同，作出不真实意思表示的一方有权请求撤销。有效合同要求意思表示真实，在意思表示不真实的情况下订立的合同，既不属于当然的有效合同，也不是当然的无效合同，而是赋予意思表示不真实的一方撤销权。如果其本人在法定期间内不行使撤销权，则合同有效；如果行使撤销权，则可以撤销合同。合同一旦被撤销，则自始不生效。

根据《民法典》第152条，撤销权应在知道或应当知道可撤销事由之日起一年内行使，重大误解的当事人自知道或应当知道可撤销事由之日起90日内行使，受胁迫的当事人自胁迫行为终止之日起一年内行使，赠与人的继承人或者法定代理人自知道或者应当知道撤销事由之日起六个月内行使。超过上述期限未行使或知道可撤销事由后明确表示放弃撤销权的，不得再行使。"明确表示"可以通过语言表示，也可以通过行为（如仍继续履行合同）来表示。无论当事人是否知道或应当知道，自行为发生之日超过五年未行使撤销权的，不得再行使。

对可撤销合同，我国《民法典》规定了四种情形。

1. 重大误解

误解是指对合同内容的误解，可以是当事人本人的原因造成的误解，也可以是非本人的外在原因造成的误解。合同是基于当事人本人的意思而订立的，如果本人的意思建立在一种错误认识的基础上，那么合同无法体现本人的真实意思，因此应当允许其撤销。但是如果误解是本人的原因导致的，允许其撤销又可能会破坏交易安全并对相对人的信赖利益造成影响，立足于这一角度，当事人的撤销权应当受到限制。为平衡双方的利益，我国《民法典》规定只有存在"重大误解"时，才可撤销。

关于什么样的误解属于重大误解，法律并无明确规定。根据司法实践，下列情形下的误解可视为重大误解，应当允许误解者行使撤销权：① 对合同性质与标的物存在误解；② 合同相对人不是其期望订立合同的人，或对合同相对人身份存在误解；③ 误解将导致交易明显不公平；④ 合同相对人知道或应当知道对方存在误解。

2. 显失公平

何为显失公平，《民法典》同样未界定，一般情况下人们往往从结果来判断，认为只要合同履行的结果明显不公平，即可构成显失公平。但单纯地依靠合同履行的结果来判断，容易导致对合同自由的不当干涉，且有破坏交易安全之嫌。因此，对显失公平的认定不应只考虑履行合同的结果是否公平，还应当考虑导致显失公平的原因，只有特定原因所导致的显失公平才属于可撤销的范围。

根据《民法典》第151条，显失公平不仅要求客观上存在显失公平的情形，还要求一方必须具有"利用对方处于危困状态、缺乏判断能力等情形"的事实和主观心理状态，如乘人之危，又如利用对方生理缺陷或智力障碍等。

3. 欺诈

对于何为欺诈，我国《民法典》并未给出明确定义，根据最高人民法院《全国法院贯彻实施民法典工作会议纪要》第3条，故意告知虚假情况，或者故意隐瞒真实情况，诱使当事人作出错误意思表示的，人民法院可以认定为欺诈。据此，欺诈包括两种情况：一是虚假陈述；二是当事人负有告知义务时，违反该义务而故意隐瞒真实情况。但是何为虚假陈述，以及当事人何时负有告知义务，实践中往往不易判断，下面分述之。

（1）虚假陈述。虚假陈述应与商业吹嘘相区分，很多商家吹嘘自己的产品物美价廉，无论产品是否真的物美价廉，都很难认定这是欺诈。一般说来，构成欺诈的陈述必须是对事实的陈述，对评价性意见的陈述不认定为欺诈。比如，瓜农称其瓜甜。多甜才算甜呢？不同人的主观评价是不同的。因此，对于瓜甜这样的陈述，只要瓜有甜味，就难说其是欺诈。在某种意义上，这种陈述仅属于一种主观性评价，而非明确的事实陈述。但如果瓜农说瓜生长期间未施农药，品种属某某优质品种，则属于事实陈述。

（2）违反告知义务。原则上，告知义务仅限于对合同标的物本身信息的告知义务，而不包括交易背景或市场信息。比如，卖方预测其商品要跌价而急于出售，则没有义务告知对方；又如，其产品的性能没有另外某同类产品好，卖方也没有告知义务。告知义务属于诚信义务，法律很难规定一个明确的标准。一般情况下，对于标的物本身瑕疵，当事人负有说明义务。除此之外，保险合同、信托合同等特殊类型的合同，法律对当事人的诚信义务有更高的要求，应依相应的特别规定来判断。

4. 胁迫

根据最高人民法院《全国法院贯彻实施民法典工作会议纪要》第4条，以给当事人本人及其亲友的生命、身体、健康、名誉、荣誉、隐私、财产等造成损害，或者以给法人、非法人组织的名誉、荣誉、财产等造成损害为要挟，迫使对方作出不真实的意思表示的，可以认定为胁迫行为。关于胁迫的认定，一般应考虑两个因素。

（1）胁迫行为的违法性。合同的订立是双方当事人相互博弈的结果，是双方斗争与妥协的产物，因此，某种性质的"胁迫"在订立合同中也许是不可避免的。比如，甲公司A产品主要用于供应乙公司，乙公司在与甲公司订立关于B产品的供应合同时称，如果甲公司在价格上让步，将考虑延长A产品的合同期限。从甲公司的角度说，乙公司的这一"诱惑"同时也是一种"胁迫"，因其言外之意无疑是说，如果甲公司不让步，则

不再购买其A产品。但这样的"胁迫"反映的是双方之间的博弈，并不具有违法性。

一般地，胁迫的违法性体现在两个方面，即手段违法性和目的违法性。人身财产威胁是典型的手段违法；有时候，手段虽然不具有违法性，但被利用达成另外的目的，也可构成胁迫。如甲欲让乙购买其产品，并以举报乙的违法犯罪行为进行要挟，在这种情况下，尽管举报行为本身不具有违法性，但为其他目的而利用此手段仍构成胁迫。

（2）胁迫的程度。胁迫应达到一定程度才能成为合同可撤销的事由，法律对此并无明确规定，但一般胁迫行为应足以使对方产生恐惧心理从而做出违背自己真实意愿的表示。对于同样的胁迫行为，不同人的主观心理感受和承受能力可能是不同的，是否构成胁迫要结合本人的具体情况判断。

（三）合同无效或被撤销的法律后果

无效合同自始无效，未履行的，不再履行；已经履行的，应当恢复到合同履行前的状态，无法恢复而对一方造成损失的，另一方应折价补偿；如果因无效造成其他损失的，对导致合同无效负有责任的一方应当赔偿损失。

以上情况属于一般情况，但有时候，对已经履行的无效合同，一律强制性地要求恢复到合同履行前的状态，既不经济，也没必要。比如建筑工程合同，建筑工程本身是违法建筑，应当拆除的，当然应当拆除，从而恢复到合同履行前的状态。但如果建筑物本身不是导致合同无效的原因，而是其他方面的原因如施工方缺乏相应的施工资质而导致合同无效，这种情况下，对于已经完成的施工，如果工程质量是合格的，则没有必要予以拆除而恢复到合同未履行的状态，而是仍需要参照施工合同支付工程款。这并不是说只要工程合格就可以认为合同有效，而是恢复到合同履行前的状态不经济，也没必要，因而由建设方参照合同价给予相应的补偿。

对于因意思表示不真实被依法撤销的合同，以及因主体不适格而未能生效的合同，其法律后果与合同无效的法律后果基本相同，可予参考，在此不再赘述。

> **与本讲内容相关的重要法律、法规和司法解释**
>
> 1.《中华人民共和国民法典》
> 2.《全国法院民商事审判工作会议纪要》
> 3.《全国法院贯彻实施民法典工作会议纪要》
> 4.《最高人民法院关于适用〈中华人民共和国民法典〉合同编通则若干问题的解释》

第六讲 合同的履行

合同订立后，双方均应按照合同的约定履行合同义务，否则应当承担违约责任。合同履行的规则主要包括合同履行的一般原则、履行的抗辩、对履行的具体问题未作约定或约定不明时的处理、不履行或履行不能时相对人的补救措施以及违约责任的承担等。对此，《民法典》合同编通则分编中均作了详细的规定。但合同履行问题并不是单纯的合同法问题，对于以物的转让为内容的合同，合同的履行涉及物权的变动，因而总是与物权法问题相联系，需要运用物权规则才能解决履行过程中遇到的具体问题。因此，本讲并没有单纯地讨论合同履行规则，同时还将与合同履行相关联的物权法规则穿插其中，一并予以讨论。

第一节　合同履行的一般问题

合同的履行指的是合同义务的履行。合同关系中的义务主要来源于当事人的自主设定和法律的预先设定，需要通过交付标的物、完成工作或提供劳务等积极的履行行为来履行，合同义务随着义务的履行而消灭。未依合同约定或法律规定的方式履行合同，构成合同义务的违反，又称违约，应当承担相应的违约责任。

一　合同履行原则

所谓履行原则，是指合同履行应当遵循的基本准则，是对合同履行的基本要求。一般来说，合同履行原则主要有自己履行原则、全面履行原则和诚信履行原则。

（一）自己履行原则

自己履行原则要求合同必须自己履行，不得让他人代为履行。尤其是以完成一定工作或提供劳务为内容的合同，不同的人技术能力水平和身体素质状况不同，不同的人工作效率和完成的工作质量也是不一样的。因此，一般情况下，对于当事人之外的第三方的履行行为，当事人有权拒绝。

合同履行以自己履行为原则，但当事人也可以在合同中约定由第三方履行；合同没有约定，接受履行的一方当事人（亦即债权人）同意第三方履行的，也可以由第三方履行。第三方没有履行合同义务或履行不符合合同约定的，由债务人承担违约责任。如果该第三方与债务人之间存在代履行协议，债务人承担违约责任后，可按照其与第三方之间的约定追究第三方的责任。

第三方也可以主动代债务人履行义务，债权人可以接受，也可以拒绝；但是该第三方对履行义务享有合法利益的，债权人原则上不得拒绝，除非双方明确约定不允许代为履行或根据合同性质只能由本人履行。比如，抵押物的所有权人对抵押物所担保的债务的履行，债权人不应拒绝。一般情况下，金钱和种类物的给付义务均可代为履行；对于特定物，债权人有权拒绝以替代物履行；以完成工作和提供劳务为标的的合同，债权人有权拒绝第三方的代为履行。

（二）全面履行原则

所谓全面履行，是指当事人应当按照合同的约定或法律的规定，以适当的方式全面履行合同义务。全面履行不仅要求完全履行合同的全部义务，还要求以适当的方式履行义务。所谓适当，要求完全按照合同的约定来履行；合同没有约定或者约定不明确的，应当按照法律规定的方式履行；法律也没有明确规定的，应当根据合同的具体内容按照最符合合同目的的方式履行。

《民法典》中有关合同履行的条款大多为任意性条款，并不强制要求当事人必须遵守，当事人完全可以在合同中作出与法律规定不一样的约定。只有在当事人因各种原因没有作出约定或约定不明确时，才适用法律的规定。《民法典》合同编中这样的条款比比皆是，如第511条规定了当合同当事人对质量、价款、履行地点、履行期限、履行方式和履行费用的负担等事项约定不明时，应当适用的法律规则。也就是说，当事人完全可以在合同中作出另外的、与这些条款内容不一致的约定。

不过，《民法典》中的这些规定尽管不是强制性规定，但都是人们最惯常采用的方式，一般也是最为公平合理的方式，当事人一般情况下不需要另外选择与法律规定不一致的履行方式。法律已经作出明确规定的，实际上等于由法律代替当事人作出约定，如果当事人没有特别要求，基本上不再需要事无巨细地考虑履行过程所涉及的诸多具体问题，可以大大提高交易效率。

（三）诚信履行原则

诚信原则是合同履行的原则，也是民法的基本原则，要求民事主体秉持诚实信用的态度，善意地行使权利和履行义务。具体到合同履行问题，主要指附随义务的履行。所谓附随义务，是指依据合同的性质、目的和交易习惯所应当承担的通知、协助和保密等义务。附随义务常常不是合同明确约定的义务，也不是法律已作出明确规定的义务，而是基于合同的具体情况、基于诚信原则所产生的义务。

从某种意义上，诚信义务可以说是一种道德义务，但又不是单纯的道德义务，通过法定的诚信原则，这种道德义务被纳入法律的调整范围，从而转化为一种法律义务。

二 不履行问题

合同的不履行，既可能是当事人本人主观上的不履行，也可能是客观上的履行不能，还可能是正当的不履行抗辩。对于上述情形下的不履行，有的会导致违约责任，有的不会导致违约责任，还有的虽然可能导致违约，但可以免除责任。对于不同情况下的不同法律后果，在实践中应注意区分。

（一）履行抗辩

承诺作出后，或者说合同订立后，当事人应当按照合同的约定履行合同。但合同双方的承诺是相互的，一方当事人的履行行为往往是以对方相应的履行为前提的，或者是互为条件的。因此，当对方不履行相应的义务时，当事人有权拒绝履行自己的义务。履行抗辩是法律赋予当事人的一种自我保护措施，基于行使履行抗辩权而不履行合同义务的，不构成义务违反。履行抗辩包括三种：先履行抗辩、同时履行抗辩和不安抗辩。

1. 先履行抗辩

先履行抗辩，是指当事人互负履行义务，有先后履行顺序的，在先履行一方未履行之前，后履行一方有权拒绝对方的履行请求；先履行一方履行义务不符合合同约定的，后履行一方有权拒绝其相应的履行请求。

应予注意的是，如果负有先履行义务的一方已经履行，但履行存在瑕疵，是否能够行使抗辩权？对此，我国法律没有明确规定。一般情况下，负有先履行义务的一方如果履行存在瑕疵，在其作出补正前，后履行一方有权行使抗辩权要求补正，但按照我国《民法典》第526条，后履行一方有权拒绝的只能是"相应的"履行请求。若有违诚信原则，则不得行使抗辩权。如电视机买卖合同中，先履行一方已交付了电视机，但未附带说明书。虽然履行存在瑕疵，但该瑕疵并不影响电视机使用，在此情况下，付款方行使抗辩权可视为有违诚信义务。对于何种情况下属于有违诚信义务，要视具体情况而定。

2. 同时履行抗辩

合同当事人互负履行义务，没有先后履行顺序的，应当同时履行。一方在对方履行之前有权拒绝其履行要求。一方在对方履行义务不符合约定时，有权拒绝其相应的履行要求。当事人的这种拒绝履行的抗辩称为同时履行抗辩。关于如何理解"相应的"履行请求，与上文所讨论的先履行抗辩中的要求相同。

3. 不安抗辩

不安抗辩是指负有先履行义务的当事人有证据证明对方有不能履行合同之虞时所作的中止履行抗辩。依据《民法典》第527条，"不能履行合同之虞"指的是如下情形：① 经营状况严重恶化；② 转移财产、抽逃资金，以逃避债务；③ 丧失商业信誉；④ 有丧失或者可能丧失履行债务能力的其他情形。

当事人没有确切证据证明对方有丧失履行能力之虞而中止履行的，应当承担违约责任。当事人因行使不安抗辩而中止履行的，应当及时通知对方。对方可提供适当担保用以担保合同的履行。在对方提供担保的情况下，应当恢复履行。中止履行后，对方在合理期限内未恢复履行能力，也未提供适当担保的，中止履行的一方可以解除合同。

（二）履行不能

所谓履行不能，是指负有履行义务的一方没有履行能力，客观上不能履行合同的情形。从履行不能发生的时间不同，可将履行不能分为自始不能和嗣后不能两种情形：自始不能是指订立合同时就已经不能；嗣后不能是订立合同后，才因某种原因导致履行不能。根据导致履行不能的原因，可以将履行不能分为因本人原因导致的履行不能、因第三人原因导致的履行不能和因其他客观原因导致的履行不能。

由于一方当事人已无法履行合同，故在履行不能的情况下，合同只能解除。双务合同中对方已经履行的，应当返还；没有履行的，不再履行。无论是自始不能还是嗣后不能，无论是本人原因导致的履行不能还是其他原因导致的履行不能，均构成违约，应承担相应的违约责任。但因不可抗力导致的履行不能，当事人可以免除违约责任。

（三）关于情势变更

所谓情势变更，是指合同基础条件的变更。合同有效成立后，在履行期间，如果合同的基础条件发生了当事人订约时难以预见的重大变化，致使合同不能履行，或者继续履行的结果显失公平时，就构成了情势变更。情势变更情况下，受不利影响的当事人可以与对方协商变更或解除合同，协商不成的，可以请求人民法院或仲裁机关变更或解除合同。

情势变更并没有赋予当事人不履行合同的权利，但赋予了当事人请求人民法院或仲裁机关变更或解除合同的权利。当然，如果因为变更或解除合同给对方造成损失，损失的一方有权要求补偿。但这种补偿不属于违约责任的范畴，因而并不适用违约金条款。

三 强制履行

（一）继续履行与强制履行

当事人一方不履行合同或者履行合同不符合约定的，对方可以要求继续履行，这是合同履行请求权的应有之义。在对方经催告仍拒不履行合同义务的情形下，当事人也可以请求人民法院依法判决对方继续履行。

人民法院一旦判决继续履行，则意味着履行行为本身具有强制执行力，如果当事人不履行义务，已不再是单纯的承担违约责任的问题，法院可以强制其履行。当事人有能力履行而仍拒不执行法院判决的，甚至可以构成拒不执行判决罪。在此意义上，已不单纯是合同义务的继续履行问题，而是演化成一种法律强制履行方式，一种对履行行为本身的直接强制方式。

（二）继续履行的适用前提

合同义务应当履行，但在私法领域，因不履行义务给他人造成损害的，所承担的责任一般以弥补损失为限，惩罚性赔偿适用范围也十分有限。但在人民法院判决继续履行的情况下，如果当事人仍拒不履行，所涉及的责任已不再是单纯的民事责任，还有可能会导致刑事责任。因此，对于继续履行，有必要对其适用前提进行审慎的讨论。

我国《民法典》第580条规定，当事人一方不履行非金钱债务或者履行非金钱债务不符合约定的，对方可以请求履行，但是有下列情形之一的除外：① 法律上或者事实上不能履行；② 债务的标的不适于强制履行或者履行费用过高；③ 债权人在合理期限内未请求履行。

上述规定中，履行不能情况下，强制履行已没有意义，故不得要求继续履行。履行费用过高一般是由于情势变更导致履行行为不经济或明显不公平,当事人在这种情况下有请求变更或解除合同的权利,故也不得强制继续履行。债权人在合理期限内未请求履行,说明债权人对继续履行的需求不迫切,也没有必要强制继续履行。需要讨论的是"债务的标的不适于强制履行"的情形。哪些债务不适于强制履行呢?

在私法领域,个体的行为原则上不应受到强制,如果合同义务必须由本人亲自实施某种行为才能完成履行,则在本人拒绝履行的情况下,只能适用损害赔偿,不宜强制履行。但是,无须由本人亲自履行的合同义务,理论上均可强制履行。最常见的可强制履行的义务主要有两种:一是金钱与种类物的交付义务;二是可以代为履行的义务。

不强制履行并不是说可以放任义务人随意毁约,对于因不履行义务给相对人造成损失的,相对人可通过损害赔偿方式实现救济。在相对人损失得以充分弥补的前提下,应当允许个人对自我设定的义务自主选择行为的方式。实际上,损害赔偿本身就是一种法律强制,是将不可强制的义务转化为可强制的金钱给付义务的一种手段。

第二节　买卖合同履行中的特殊问题

一、买卖合同履行过程中的物权变动

买卖合同是买方支付价款、卖方将标的物交付给买方的合同。标的物的交付并不是单纯的转移占有,还意味着所有权的转移,因而其涉及的不仅是合同法规则,还包括物权法中的物权变动规则,故在此结合《民法典》物权编的规定专门讨论。

(一)交付与动产物权的变动

交付主要适用于动产物权的转让。《民法典》第224条规定,动产物权的设立和转让,自交付时发生效力,但是法律另有规定的除外。也就是说,对于动产而言,当物交付后所有权发生转移;未交付的,物的所有权不发生转移。

法律上,动产的交付方式一般可分为五种类型。

(1) 直接交付。这是最常见的一种交付方式,即一方将物直接交给另一方。委托他人交付也属于直接交付。直接交付的,物的所有权自交付时转移。

(2) 简易交付。当动产早就为受让人占有,双方就该物订立买卖合同时,法律直接规定合同生效时即为交付,这种交付称为简易交付。比如,甲欲购买乙交由其保管的手机,由于手机本来就由甲保管,如果由甲将手机返还给乙,再由乙交付于甲,未免烦琐。所以法律规定,只要双方就手机买卖的交易达成一致,该买卖合同生效时,就视为

完成交付。也就是说，物的所有权自合同生效时转移。

（3）指示交付。在动产被第三人合法占有的条件下，出让人与买受人约定，将请求第三人返还原物的权利转让给买受人作为交付。物的所有权自出让人将请求第三人返还原物的权利转让给买受人时转移。

（4）占有改定。在动产交易中，如果双方约定，该动产所有权转移给受让人，但由出让人继续占有该动产，该约定生效时即视为交付，物的所有权转让给买受人。这种交付方式称为占有改定，虽然物仍然由出卖人占有，但所有权实际已发生转移。

（5）拟制交付。这是指以交付某项动产的物权凭证（如仓单、提单）代替交付动产本身的交付。此类物权凭证的交付一般与交付物品具有同样的法律效力。

以上交付均是有体物的交付，对于无体物，如水、电、气等物的交付，一般以经过计量器具为完成交付的标志。对于没有计量器具的其他无体物的交付，依照相关的规定或交易习惯确定。

（二）登记变更与不动产物权的变动

不动产指房屋、土地、林木等不能移动或一旦移动将严重减损其价值的物。不动产无法移动，无法通过交付的形式公示所有权的转移，因此，所有权的转移是以是否完成登记变更来判断的。未完成变更登记的，所有权不转移。

对于不动产登记，2014年11月，国务院发布了《不动产登记暂行条例》（后于2019年和2024年进行了修订），其第四条和第五条规定，对集体土地所有权，房屋等建筑物、构筑物所有权，森林、林木所有权，耕地、林地、草地等土地承包经营权，建设用地使用权，宅基地使用权，海域使用权，地役权，抵押权，以及法律规定需要登记的其他不动产权利，实施统一的不动产登记制度。2016年1月，国土资源部公布《不动产登记暂行条例实施细则》（后于2019年、2024年进行了修正），对集体土地所有权登记、国有建设用地使用权及房屋所有权登记、宅基地使用权及房屋所有权登记等各种不动产权利的登记都作出更为细致的规定。到2018年，全国各大城市基本上完成了不动产登记中心的建设工作，实现了不动产物权的统一登记。

（三）特殊物的处理

在我国，不仅不动产，有些动产如车辆、船舶和航空器同样也需要登记。但其登记的法律效果与不动产登记并不完全相同。根据《民法典》第209条，不动产物权的设立、变更、转让和消灭，依照法律规定应当登记的，自记载于不动产登记簿时发生效力。对于船舶、航空器和机动车等物权的设立、变更、转让和消灭，《民法典》第225条则规定"未经登记，不得对抗善意第三人"。

根据上述规定，对于车辆而言，登记不是生效要件，但是单纯的交付仍可以发生所有权转移的效力，只是该所有权转移不能对抗善意第三人。也就是说，对于不知情的第三方而言，买方不享有物权的优先权。善意第三人问题主要涉及的是善意取得的问题，对此，后文中将专门予以讨论。

二　买卖合同履行过程中风险的转移与承担

（一）风险转移与所有权转移的一般关系

买卖合同交易过程中，标的物可能因各种原因导致损毁或灭失，由谁来承担标的物损毁和灭失的风险，是一个重要且复杂的法律问题。一般情况下，风险是随所有权的转移而转移的，谁享有物的所有权，谁承担风险。所有权何时转移，风险何时转移，这种以所有权为标准确定风险转移的原则，被称为所有权主义。但是，所有权主义并不是在任何情况下都是合理的，比如，尚未办理过户登记，但已由买方实际占有使用的房屋，虽然所有权未转移，但让已经将房屋交付使用的卖方承担风险，未必合理。

因此，风险转移与所有权转移的时间节点并不总是一致的。有法谚称，利益所在，风险所在，即风险应由实际享有利益的人承担。但除此之外，还应考虑责任问题，立足于责任，也可以说"责任所在，风险所在"。比如怠于受领情形下，对于因买方的原因不能依合同约定完成交付期间的风险，应由违约的买方承担。

风险转移与承担的问题较为复杂，下面分不同情况介绍。不仅买卖合同，其他以转移占有为内容的合同，如租赁合同、保管合同、运输合同、质押合同等，均涉及风险的转移和承担问题，可参照买卖合同的规则来处理。

（二）动产的风险转移问题

1. 动产风险转移的一般原则

动产风险转移的一般原则以所有权转移为依据。根据《民法典》第224条的规定，动产物权的设立和转让，除非法律另有规定，自交付时发生效力。由此，动产的风险转移以交付为依据：已经完成交付的，风险转移由买方承担；未完成交付的，风险不转移，仍由卖方承担。

交付方面，既可以依法律规定的交付方式交付，当事人也可以约定其他交付方式。比如，当事人可以约定卖方将货物送至某第三方仓库，一旦卖方按照约定完成行为，即视为完成交付。当事人对交付方式有约定的，应依当事人约定。

2. 一方违约情况下的风险承担

以交付为标志确定风险转移，是以合同得到正常履行为前提的。因当事人违约导致合同未能正常履行的，如果仍以交付为风险转移标志，有时候会加重非违约方的负担。比如，卖方依约交付，但买方未按约验收，导致交付行为未能在约定的时间内完成，如果仍以交付为风险转移的标志，显然对卖方不公平。因此，法律对违约情况下的风险承担作了特殊规定。一般来说，因买方原因导致未能依约交付的，风险自合同约定的交付时间发生转移；因卖方原因导致未能依约交付的，风险自实际交付时转移。根据《民法典》有关买卖合同的规定，主要有以下三种情形：① 因买受人的原因致使标的物未按照约定的期限交付的，买受人应当自违反约定时起承担标的物毁损、灭失的风险。② 出卖人按照约定将标的物置于交付地点，买受人违反约定没有收取的，标的物毁损、灭失的风险自违反约定时起由买受人承担。③ 因标的物不符合质量要求，致使不能实现合同目的的，买受人可以拒绝接受标的物或者解除合同。买受人拒绝接受标的物或者解除合同的，标的物毁损、灭失的风险由出卖人承担。

3. 第三方承运情况下的风险承担

涉及第三方承运的，原则上，如果运输是由卖方负责的，对于买方来说，第三方承运行为不过是卖方交付行为的延续，承运人向买方交付后，风险转移至买方。如果运输是由买方负责的，则卖方向承运人完成交付时，风险转移至买方承担。对此没有约定或约定不明确的，则卖方将标的物交付至第一承运人时完成交付。

对于出卖人出卖交由承运人运输的在途标的物，依据《民法典》第606条，如果当事人对风险的承担没有特别约定，标的物毁损、灭失的风险自合同成立时由买受人承担。一般来说，这种情况下，承运人是由卖方委托的，对于承运方的风险预防和承受能力，卖方显然应负更大的注意义务，由买方承担风险，其合理性值得商榷。买方为避免这种情况，最好在合同中对风险承担作出特别约定。

（三）不动产的风险转移问题

我国法律没有关于不动产风险转移的明确法律规定，《民法典》对此也没有明确。在司法实践中，同动产风险转移的一般规则一样，法院也是以交付作为不动产风险转移的标志。《最高人民法院关于审理商品房买卖合同纠纷案件适用法律若干问题的解释》第8条指出："对房屋的转移占有，视为房屋的交付使用，但当事人另有约定的除外。房屋毁损、灭失的风险，在交付使用前由出卖人承担，交付使用后由买受人承担；买受人接到出卖人的书面交房通知，无正当理由拒绝接收的，房屋毁损、灭失的风险自书面交房通知确定的交付使用之日起由买受人承担，但法律另有规定或者当事人另有约定的除外。"

> **拓展阅读**
>
> 一般情况下，不动产的风险转移采取交付主义标准并不存在太大的问题，但在特殊情况下，采取交付主义来确定风险承担不仅不符合权利义务与责任相一致的原则，对买方来说也有违公平。比如，合同无效的情况下，买方应返还不动产，卖方应返还价款。如果不动产已交付，在尚未返还时发生风险，完全由买方承担该风险显然并不公平。又如"一房二卖"的情况，如果卖方将房屋交付买方甲，但未办理过户登记，后又将该房出售给善意的买方乙，并办理了过户登记。在买方乙主张所有权的情况下，甲并不能取得该房屋的所有权，此时如果发生不可归咎于甲的房屋损毁、灭失的风险，让甲承担该风险显然也有失公平。有人认为，在这种情况下，应当援引"责任所在，风险所在"的原则，由责任人承担风险更为公平。
>
> 对此，你如何认为呢？

三　买卖合同履行过程中的权利冲突

一般情况下，合同履行仅涉及合同当事人双方，双方的权利义务应在合同中明确约定，没有约定或约定不明时，可适用法律规定或按照双方交易习惯确定。合同履行中，一方之权利，常为对方之义务，反之亦然，并不存在权利冲突问题。但是，如果债务人对多人负有履行义务，当其不能同时履行，债权人的权利无法同时实现时，就会产生权利冲突。在这种情况下，如何处理债权人之间的权利冲突就成为一个重要而复杂的问题。

（一）权利冲突解决的一般规则：优先权问题

权利冲突时，一般规则是确定不同权利的优先顺位，享有优先权的权利人优先行使或优先受到保护。我国当前法律规定的优先权规则主要有以下三种。

1. 物权优先于债权

在民法理论上，物权属于绝对权，具有排他性、追及性和优先性的效力；债权则属于相对权，只能针对特定的关系相对人行使，不能及于关系之外的第三人。比如，甲偷了乙的车，并将车出租给丙，乙作为所有权人既可以向甲行使权利，也可直接要求丙返还。丙虽然没有偷车，但丙对车辆的占用影响了乙对车辆的所有权行使，所以乙可以直接要求丙返还。至于丙与甲之间的问题，由二人另行解决。债权则不具有这样的对世效力，只能向特定人行使。比如，甲向乙订购钢材，为履行合同，乙向丙订购钢材，丙未能履约，导致乙不能向甲履约。该案例中，虽然乙不能向甲履行合同的原因是丙没有履约，但甲无权追究丙的责任，只能要求乙承担违约责任。乙向甲承担责任后，乙与丙之间的关系另行解决。

当物权与债权发生冲突的时候，物权优先于债权受到保护。物权优先于债权，不仅是单纯的法律规定，也是根据物权性质逻辑演绎的结果。物权是人对物的权利，原则上不受人的影响，不管物是被侵占，还是被他人非法转移，原则上都不应改变物权人对物的权利，并且物权人都可以基于物权向他人主张权利。债权是相对权，是对人权，一旦债务人失去对物的权利，债权人只能向债务人本人行使权利，而不能随物的流通追及新的物权人。

2. 优先购买权

优先购买权是法律赋予特定对象在同等条件下先于其他人购买特定标的物的权利。我国法律规定的优先购买权主要有以下四种情况：① 股东向股东以外的人转让股权时，其他股东享有优先购买权。② 出售房屋时，房屋的现实承租人享有优先购买权。③ 共有人处分自己享有的财产份额时，其他共有人享有优先购买权。④ 知识产权法上，研发人转让专利申请权，委托人有优先购买权；单位转让职务技术成果时，完成人有优先购买权；合作完成的发明，合作人转让专利申请权，其他合作人有优先购买权。

从上述法定的优先购买权适用的情形可以看出，在出卖人出卖标的物前，优先购买权人常常已于事实上占有、使用出卖的标的物。向第三方出卖该物，往往意味着第三方介入优先购买权人的法律关系中，不可避免地会对优先购买权人产生较大的影响。法律赋予优先购买权人的优先购买权，在某种意义上等于赋予了其对第三人介入其所处法律关系的阻却权，有助于维护优先购买权人的利益，稳定先在的法律关系。

优先购买权指"同等条件下"的优先购买权，同等条件不仅指价格，还包括其他因素，如付款期限、付款方式等。对于因未通知优先购买权人影响其优先购买权行使的，买方与卖方所订立合同的效力状态为何，法律并没有明确规定，司法实践中常常认定其为无效合同，但这种认识值得商榷。对此，有人认为赋予优先购买权人以撤销权也许更为妥当，如果优先购买权人不行使撤销权，则合同有效。也有人认为，优先权是一种直接行使的权利：当优先权人主张优先权时，原合同未履行的，不得再履行；已经履行的，应当返还原物，并由卖方向优先权人履行。原合同买卖双方之间的关系，由其自行处理。无须认定无效或撤销。

3. 优先受偿权

优先受偿权是指法律赋予特定债权人优先于其他债权人接受清偿的权利。在债务人不能同时向两个以上债权人清偿债务的情况下，享有优先权的债权将优先获得清偿。根据我国法律规定，优先受偿权主要包括以下三种情况：① 享有物的抵押、质押、留置等担保物权的债权人，在担保物变现价值范围内享有优先受偿权，这种优先受偿权本质上仍属于物权优先于债权的优先权；②《企业破产法》中，不同性质的债权有不同的清偿顺位，顺位在先的债权享有优先于顺位在后的债权受偿的权利；③ 根据《民法典》第807条的规定，发包人未按照约定支付价款的，对该工程折价或者拍卖的价款，承包人所享有的工程款债权优先于其他债权受偿。

优先受偿权的设定主要是价值判断的结果，是对某些特别债权的优先保护。前述担保物权的优先维护的是一种制度价值，破产法上则主要对职工利益特别关照，建筑工程款优先权在制度设计上同样也有对建筑工程施工方劳动成本以及资金成本投入的考量。

（二）买卖合同履行过程中权利冲突的解决规则

根据物权优先于债权的原则，当物权与债权发生冲突的时候，对物享有物权的当事人优先受到保护。例如，卖方甲以500万元向买方乙出售了一幅古画，在乙付款后尚未取走画前，甲又将该画以同样的价格卖给买方丙，并将画交付给了丙。甲收到二人款项后去澳门赌博，一夜输得精光，身无分文，无力返还收到的款项。在这种情况下，乙有权以自己订立的合同在先为由向丙主张对画的权利吗？

上述案件中，甲向丙完成了交付，则所有权已经转移给了丙，丙已经取得对古画的所有权，可以对抗一切人对其所有权的侵夺。由于乙没有取得对古画的所有权，故而只享有对甲的债权，即交付请求权或赔偿请求权。当甲不能交付且无力赔偿时，乙需要承担交易的风险损失。

因此，当物权与债权出现冲突时，仅需要判断谁享有所有权即可。所有权的转移，动产以完成交付为标志，不动产以完成登记变更为标志。

（三）特殊情形的处理

1. 善意取得问题

物权优先于债权受到保护是一般原则，但有时候过于强调对物权的保护会影响交易安全和交易效率。比如，甲出国留学前，将其珍藏的一幅名画交好友乙保管，乙做生意急需资金，情急之下将该画以500万元价格卖与丙，后生意亏空。甲有权以所有权人的身份要求丙返还该名画吗？

此案中，乙对该名画不享有所有权，虽然已经将该名画交付给丙，但丙不能取得所有权。由于丙没有取得所有权，所以甲可以以所有权人的身份随时要求丙返还。如果法律不加区分地在任何情况下都保护所有权人的利益，对于动产交易而言，由于占有动产本身并不代表占有人享有所有权，则每个人在交易时都会有某种不安全感，需要动用大量的人力物力来排除可能存在的交易风险，既影响了交易效率，提高了交易成本，也不利于交易安全。故为保护不知出卖人不享有处分权的善意相对人的利益，法律规定其交易行为有效，以此来对抗权利人的追夺。这一制度称为善意取得制度。

法律上并没有对善意和恶意进行明确的定义。一般来说，只有当一项法律行为事实上存在某种法律条件或事实条件的欠缺时，才会考虑善意问题。在合同法上，主要涉及的情形是欠缺生效条件的情况。在合同欠缺生效条件的情况下，如果一方当事人对此毫不知情，且根据当时的情况，一个正常而理性的普通人不可能对欠缺生效条件这一事实做出明确判断，则该当事人在订立合同时是善意的。比如上述案例中，如果丙对乙没有处分权的事实毫不知情，而且在其买画时，依当时的具体情况，一个正常的理性人也不会对乙的处分权产生怀疑，就应当认定丙在订立合同时是善意的。

拓展阅读

善意在"一物二卖"权利冲突规则设计中的考量

"一物二卖"中，权利冲突解决的一般规则是：取得物的所有权者受到优先保护。如果合同订立在先者取得所有权，其优先保护当不存在问题；如果合同订立在后者取得所有权，且在订立合同时是善意的，对其受到优先保护也应不存在分歧。关键在于：如果订立合同在后的当事人明知"一物二卖"的事实，当卖方已向其完成交付时，该交付行为应当受到法律保护吗？

对此，《民法典》中并无明确规定，也就是说，没有法定的例外规则。合同订立在后的当事人只要依照法律规定的条件取得所有权，就应当受到保护，是否善意在所不问。法律上的"善意"主要用于法律价值之间的权衡，原则上并不包含道德评价，而且，明知有合同在先而订立合同，并不一定具有道德上的可谴责性。如甲已答应将画卖与乙，丙特别想取得这幅画，明知甲对乙的承诺，仍然极力说服甲将画卖给自己，甚至不惜以更高的价格引诱，这种行为并不具有严重的道德问题。即使在有些人看来，这种行为确有不当，法律也不宜突破一般规则，而予以特别规范。

2.机动车买卖中的特殊规定

根据《民法典》第225条的规定，机动车、船舶和航空器等物权的设立、变更、转让和消灭，未经登记，不得对抗善意第三人。也就是说，对于机动车等需要登记的特殊动产，交付仍然是物权变动的根据，登记本身不具有物权变动的效力；仅办理过户登记，物没有交付的，不能取得物的所有权。但是，如果在交付后办理了过户登记，则登记所有权人就具有对抗善意第三人的效力，可以排除善意取得制度的适用。

第三节 违约及其补救

一 违约的认定

违约即违反合同的约定。具体而言，不管违约原因为何，也不管违约方是否存在过错，除正当的履行抗辩外，只要当事人未按照合同约定或法律规定的方式履行合同义务，均构成违约。一般情况下，只有在已届履行期限而未履行的情况下才构成违约，未届履行期，则不存在违约问题。但在特殊情况下，未届履行期也可构成违约。由此，违约可分为实际违约和预期违约两种情形，后者又常被称为预期毁约。除此之外，还有所谓双方违约问题，在此也一并予以简要讨论。

（一）实际违约

实际违约是指合同已届履行期，但当事人未履行义务，或者虽履行义务，但未按照合同约定的要求履行义务。一般包括三种类型：一是完全不履行，即当事人完全没有履行合同义务；二是不完全履行，又称部分履行，即当事人仅履行了部分义务，没有完全履行义务；三是不适当履行，即当事人虽然履行了合同义务，但履行时间、履行地点、履行数量、标的物质量、履行方式等出现不符合合同要求的情形。

（二）预期违约

实际违约是合同履行期限届满后当事人未按合同履行义务的情况，未届清偿期，原则上无法确定是否构成违约。但是，在合同履行期限届满前，如果当事人一方明确表示或者以自己的行为表明不履行合同义务，是否需要等到合同履行期届满后再确定是否构成违约呢？在这种情况下，如果不认定违约，对合同相对人而言，显然会置其于左右为难、无所适从的境地。为保护合同相对人利益，《民法典》第578条规定，虽未届履行期，但当事人一方明确表示或者以自己的行为表明不履行合同义务的，即构成违约，对方不必等到履行期限届满即可要求其承担违约责任。这种情况下的违约称为预期违约。

预期违约既可以通过语言明确表达，也可以通过行为来表明。前者一般被称为明示毁约，后者则被称为默示毁约。明示毁约情况下，一方当事人明确肯定地向另一方当事人表示其将不履行合同，比较容易判断。在默示毁约下，何为"以自己的行为表明不履行合同义务"？《民法典》并未作出明确规定。一般情况下，这种行为主要表现为消极的不作为，如加工合同订立后，当事人没有做出任何积极履行合同的行为，在合同履行期限届满前，已经不可能完成合同约定的加工任务。但默示毁约也可以是积极的作为，如转移财产逃避债务的行为。无论积极行为还是消极行为，相对人都可以根据预期违约的规定解除合同并追究对方违约责任，有先履行义务的，也可以行使不安抗辩权，要求对方提供相应的履行担保。

（三）双方违约

违约并不一定是一方违约，常常合同双方都存在违约行为。如建设工程合同，建设方未按约定支付工程款，而施工方部分工程不符合合同确定的施工图纸要求；又如买卖合同，买方未按约定方式支付货款，而卖方的履行不符合合同约定。上述情况下，双方均存在违约行为。双方违约的，各自承担相应的违约责任。

在实践中，应注意区分违约与履行抗辩。表面上看，违约和履行抗辩都是没有按照合同约定履行义务，但是，对于违约行为中的不履行，当事人没有任何法定的前提理由，而基于履行抗辩的不履行是法律赋予当事人的正当权利，基于履行抗辩而不履行的，不属于违约行为。

二 违约的补救措施

违约的补救措施，主要指非违约方可以采取的补救措施。对于非违约方而言，当对方违约时，可以采取解除合同、变更合同或要求修理更换等补救措施，并可同时要求违约方承担违约赔偿责任。

（一）解除合同

1. 合同解除概述

所谓解除合同，即解除合同所设定的权利和义务，使合同关系归于消灭的行为。

（1）双方解除。合同当事人经协商一致，在任何情况下均可解除合同，并不要求以一方违约为前提，这种情况下的合同解除属于协商解除。当事人在订立合同时还可以附合同解除条件，一旦条件成就，则可以解除合同，这种情况属于约定解除。无论协商解除还是约定解除，均以当事人的协商一致为前提，体现的是双方当事人的意思，故可统一称之为双方解除。

（2）单方解除。单方解除合同无须双方协商一致，也不以存在合同约定为前提，而是法律赋予合同一方当事人单方解除合同的权利。由于合同的单方解除只有在法律规定的条件下才可以行使，故又称为合同的法定解除。单方解除主要涉及非违约方的合同解除权，是非违约方针对违约行为的一种补救措施。除此之外，以持续履行的债务为内容的不定期合同，任何一方当事人均可以随时解除合同，但是应当在合理期限之前通知对方。

（3）关于违约方的合同解除权。合同解除权一般是法律赋予非违约方的权利，人们常认为违约方没有合同解除权。之所以有这种认识，是因为违约方不想履行合同，往往干脆选择不履行合同，向对方承担违约责任。是否履行的主动权完全掌握在违约方手里，没有必要再向法院诉请解除合同，因此，实践中很少有违约方请求解除合同的情形。

一般来说，权利是正当性的表达，权利的正当行使不会产生责任的承担问题。合同解除权也不例外，在此意义上，违约方的确不应享有合同解除权。但是，没有合同解除权并不意味着违约方不能请求解除合同，当违约方履行不能甚至是不愿履行时，应当通知或请求对方解除合同。当然，如果履行不能非因不可抗力所致且因此给对方造成了损失，违约方应当承担相应的违约责任。但这种情况下，违约方行使的并非合同解除权，只能视为一种请求或通知行为。

2.单方解除权的行使条件

违约可以导致合同的解除，但合同解除意味着取消了一项交易，意味着合同权利义务终止，如果仅因一方轻微的违约即允许解除合同，既不经济，也不利于维护交易安全。因此，并不是只要一方违约，另一方就可以解除合同，只有当违约达到一定程度时，法律才赋予当事人单方合同解除权。根据《民法典》第563条的规定，在一方违约的情况下，非违约方可以单方解除合同的情形主要有三种：一是预期违约的情形；二是迟延履行经催告后在合理期限内仍未履行的情形；三是因迟延履行债务或者有其他违约行为致使合同目的不能实现的情形。

根据上述规定，对于一般的违约行为，法律并不鼓励解除合同，只有当违约导致"合同目的不能实现"和其他严重情况时，才可以解除合同。合同目的不能实现意味着继续履行合同已经没有意义，故应当允许解除合同。对于这种导致合同目的不能实现的违约，学理上称之为"根本违约"。换句话说就是，对于实际违约，只有当违约构成根本违约时，才可以解除合同。未构成根本违约，原则上只能采取其他补救措施，不能解除合同。

是否构成根本违约,要根据具体情况来判断,试比较以下两个案例:

案例1:甲10月2日结婚,为筹备婚礼向乙订购玫瑰花,约定10月1日交货,因长假交通拥堵,货不能及时送到,乙要求延迟一日交货,甲不同意,要求解除合同。

案例2:甲购买新房向乙定做家具,约定9月30日前交货,乙未能按时完成,要求延迟10日交货,恰好甲看中了另外一套家具,遂要求解除合同。

上述两个案例中,案例1中虽然违约方只迟延一天,但对非违约方来说,继续履行合同已经没有意义,因此构成根本违约。案例2中,虽然迟延10日交货,但结合本案情况,10天的迟延并不影响合同目的的实现,因而不构成根本违约。非违约方可以要求赔偿损失、支付违约金等,但不宜解除合同。

3.合同解除权行使的程序要求及法律后果

(1)程序要求。合同的单方解除权是一种法定权利,应依照法律规定的方式和程序行使。依据《民法典》第565条,享有解除权的一方应当将解除合同决定通知对方,合同自通知到达对方时解除。对方有异议的,可以请求人民法院或者仲裁机构确认解除合同的效力。当事人未明确通知对方解除合同的,仍视为合同未解除。

当事人除了应履行通知义务之外,还应当在相应的期限内行使解除权。法律规定或者当事人约定解除权行使期限,期限届满当事人不行使的,该权利消灭。法律没有规定或者当事人没有约定解除权行使期限,如果出现法定或约定的合同解除条件,一方可向有解除权的当事人提出催告,当事人经催告后在合理期限内不行使解除权的,不能再行使解除权。

应当注意的是,当解除合同事由出现时,即使无法定或约定的解除期限,对方当事人也未进行催告,有解除权的一方亦应及时行使。如果当事人基于法定事由行使合同解除权,即使对方因合同解除产生损失,也无权要求赔偿。但如果当事人未及时行使权利,对方仍然可能为履行合同而付出成本,从而导致损失的扩大。对于未及时行使合同解除权而导致的扩大的损失,解除合同的一方应当赔偿。

法律、行政法规规定解除合同应当办理批准、登记等手续的,依照其规定。

(2)法律后果。合同解除意味着合同权利义务的终止,相关的善后事宜根据不同情况有不同的处理方式:合同解除后,尚未履行的,终止履行;已经履行的,当事人可以要求返还;已经履行且不能返还的,当事人有权要求违约方赔偿。合同解除,不影响违约条款和结算条款的效力,当事人仍可以要求按照违约条款追究违约方的违约责任,依照原合同结算条款进行结算。

(二)要求违约赔偿

从非违约方的角度看,要求违约方承担违约金或赔偿损失,是一种违约补救措施；从违约方的角度看，违约赔偿则是违约方应承担的法律责任。法律责任一般都是法定责任，责任的承担方式、赔偿的项目、赔偿数额的计算方式等均由法律作出规定。但在合同领域，除法定赔偿外，当事人还可以事先在合同中对违约责任的承担作出约定。

1. 约定赔偿

约定赔偿主要是违约金约定。定金约定是对合同履行的担保，因而定金在性质上是一种履约担保。由于这种担保最终可转化为违约方所承担的违约责任，故也可被视为一种约定的违约赔偿责任。

（1）违约金约定。违约金是双方当事人在合同中约定，当一方违约时应承担的违约赔偿金。违约金不是源于法律的规定，而是源于当事人的约定。当事人事先在合同中没有约定的，当对方违约时，只能要求赔偿损失，不得请求违约金赔偿。

双方当事人在合同中可以约定违约方应承担的违约金数额，也可以只约定违约金的计算方法。比如，双方可以在合同中约定，如一方违约，应向非违约方支付违约金2万元；也可在合同中约定，如一方违约，按合同标的总价款的10%支付违约金；还可在合同中约定，如迟延付款，按迟延付款金额的日万分之五支付违约金。

违约金赔偿并不以实际造成损失为条件，当违约未给对方造成损失时，当事人仍可以要求对方支付违约金，并且当事人要求支付违约金与要求继续履行合同或解除合同也不存在冲突。但是，法律对违约金约定也有限制，当约定的违约金过高时，违约方可以请求人民法院予以调整。人民法院可以根据合同的履行情况、当事人的过错程度以及预期利益等综合因素，并结合公平原则和诚实信用原则予以综合考量。在司法实践中，如果违约金超过实际损失的30%，人民法院可以根据当事人的请求予以适当调整。

（2）定金约定。当事人可以在合同中约定定金，定金是履行合同的担保。当交付定金的一方履行合同后，定金应当抵作价款或者由交付定金的一方收回。交付定金的一方不能依约履行合同时，无权要求返还定金；收受定金的一方不能依约履行合同时，应当双倍返还定金。

定金条款自定金交付时生效，如果双方仅在合同中约定了定金条款，而未实际向对方交付定金，定金条款不生效，当事人不得主张定金。根据《民法典》第586条，定金的数额由当事人约定，但不得超过主合同标的额的20%。

违约金条款与定金条款不得并用，当事人既约定违约金，又约定定金的，当事人只能选择其中一种。应当注意的是，收取定金的一方不能依约履行合同时，如果既有违约金条款，又约定了定金条款，支付定金的一方选择违约金赔偿时，仍有权要求返还定金，只是不能再要求双倍返还。

2. 法定赔偿

法定赔偿即损害赔偿，赔偿数额的确定主要也是依照法律规定，而非当事人约定。

《民法典》第584条规定，当事人一方不履行合同义务或者履行合同义务不符合约定，造成对方损失的，损失赔偿额应当相当于因违约所造成的损失。损失包括已经实际造成的损失，也包括合同履行后可以获得的利益。但是，不得超过违约一方订立合同时预见到或者应当预见到的因违约可能造成的损失。

（1）实际损失。实际损失是指因违约行为所导致的已经现实发生的损失，包括现有财产的减损灭失和费用的支出。一般来说，与合同订立时相比，因违约行为所导致的财产的减少和劳动的付出皆属于实际损失。

实际损失是因违约导致的损失，但不一定所有的损失都属于应赔偿的范围。当违约发生时，非违约方负有采取相应措施避免损失扩大的义务，对于其有能力采取相应措施而因懈怠致使损失扩大的，对扩大的损失，无权要求赔偿。

（2）可得利益损失。可得利益是指合同正常履行后可以取得的收益，是相对于合同订立时利益的增加，可得利益损失指未能获得合同履行后可预期的利益。

对于可得利益，《民法典》第584条所采用的措辞是"合同履行后可以获得的利益"，从字面意义看，这里所说的"合同履行后"应指双方之间的合同履行后。对于加工承揽合同、服务合同、建筑工程合同等合同，只要合同正常履行就可以获得收益，这种情况下，"合同履行后可以获得的利益"容易理解，也容易确定。但对于其他不能通过合同履行本身直接增加收益，需要借助合同履行以外的经营投入才会增加收益的合同来说，如何理解"合同履行后可以获得的利益"就成为一个容易产生分歧的问题。比如，买卖合同的买方在订立合同后，又与第三方就同一标的加价订立了转卖合同，由于卖方未履行合同，导致买方未能从第三方取得转卖利润，属不属于可得利益损失？又如租赁合同，由于出租方迟延交付租赁房屋，租赁方饭馆未能及时开业导致的经营利润损失是否属于可得利益损失？

对于上述情形，由于可得利益的获得依赖合同以外的其他因素，具有很大的不确定性，在司法实践中对于是否应当赔偿以及如何计算均有很大的分歧，是一个难以处理的问题。为避免争议，在订立合同时，双方可就可得利益的范围和计算方法进行明确约定。

（3）不可预见的损失。《民法典》第584条对损害赔偿的范畴进行了限制，将其限制在订立合同时可能预见或应当预见的损失范围内，对于订立合同时不能预见的损失，即使是违约行为所造成的，也不属于赔偿范围。

不仅合同法上对赔偿范围有限制，侵权法上同样也有限制。在侵权法上，对于过于遥远的损害同样不予赔偿，比如，交通事故导致交通阻塞，有人因此误了航班，有人因此耽误了抢救而导致死亡，有人因此错过了一笔数额可观的交易机会。这些损失尽管都是交通肇事行为所导致的，但不宜全部由肇事者承担，而通常将其视为生存于纷繁社会的个体所必须容忍的"晦气"。合同领域同样存在这样的问题，如果损失赔偿的范围是合同当事人在订立合同时无法预见的，不仅会不合理地加重当事人的负担，更重要的是可能会由此大大挫伤交易的积极性。

关于何为"可预见的损失",一般应根据合同订立的具体情况,结合一般交易习惯和交易经验来判定。因此,如果合同有超出日常交易经验的特殊目的,应在合同中予以特别说明,否则因为该特定目的不能实现造成的特殊损失,有可能会被认定为"不可预见的损失"而被排除在可赔偿损失之外。

(三) 其他补救措施

1. 请求变更合同

变更合同也是常见的补救措施。变更合同一般需要经双方协商一致,无法协商一致的,不能变更合同,只能采取解除合同、违约赔偿等其他违约补救措施。

合同内容是由当事人自主决定的,内容的变更也应由当事人自己决定,原则上不宜由任何第三方(包括人民法院)来决定。《民法典》虽然赋予了人民法院在情势变更情况下的合同变更权,但人民法院的决定无论是否公平,都是对当事人意志的干涉,如果当事人宁肯解除合同也不同意变更,人民法院是否仍可强行变更,颇值得讨论。

《民法典》颁布前,对于意思表示不真实的合同,经当事人申请,人民法院也可以依职权变更合同。但《民法典》取消了这一规定,反映了立法者在人民法院干涉合同自由方面越来越谨慎的态度。虽然《民法典》第533条仍然允许人民法院变更合同,但人民法院依职权变更合同时,应当尽可能谨慎。

2. 请求维修、更换、降价处理或当事人约定的其他方式

对于以交付标的物为履行内容的合同,如果交付的标的物不符合合同要求,当事人可以要求维修、更换、降价处理、重作等。当事人在合同中约定了其他补救措施的,还可以依照约定采取其他补救措施。

三 违约责任的免除

违约的构成原则上并不考虑过错问题,无论何种原因导致的不履行、不完全履行或不适当履行,均构成违约。但是,并不是只要违约,就一定承担违约责任。如果存在约定的或法定的免责事由,违约责任可以免除。

(一) 法定免除

法定免除是根据法律规定免除责任的情形。我国《民法典》规定的法定免除情形只有一种,即不可抗力导致的违约,可免除违约责任。所谓不可抗力,是指不能预见、不能避免且不能克服的客观情况。关于何谓"不能预见、不能避免且不能克服",法律并未规定具体的判断标准,在司法实践中,构成不可抗力的事件主要包括以下三类:① 自然灾害,如洪水、台风、地震等;② 政府行为,如征收、征用;③ 社会突发性异常事件,如战争、骚乱、罢工等。除上述情形外,当事人还可以在合同中约定不可抗力的具体范围。

因不可抗力致使无法依合同约定履行义务的，得免除当事人的赔偿责任，是各国立法通例。根据我国《民法典》第180条的规定，因不可抗力不能履行民事义务的，不承担民事责任，但是有两种情况例外：一是迟延履行，当事人迟延履行后发生不可抗力的，不免除其违约责任；二是未及时通知而导致的扩大损失，当事人一方因不可抗力不能履行合同的，应当及时通知对方，未及时通知对方造成损失扩大的，就扩大的损失不能免责。

拓展阅读

关于金钱债务不因不可抗力而免除的问题

人们通常认为，金钱债务不因不可抗力而免除。这一命题本身固然不错，但并不属于不可抗力免除责任的例外情形。不可抗力免除的主要是合同不能履行的赔偿责任，而不是合同义务。虽发生不可抗力导致违约，但合同仍可继续履行的，当事人仍须履行合同义务，但可免除违约责任。因不可抗力导致合同无法继续履行的，可免除违约责任，也无须履行合同义务，但因解除合同而产生的附随义务，如返还义务，同样不能免除。

如塑料膜买卖合同，在卖方已供货的情况下，如果因不可抗力导致买方未能及时付款而违约，可免除迟延付款的违约责任，但买方的付款义务并不能免除。如果买方购买塑料膜的目的是建蔬菜大棚，因不可抗力导致大棚无法继续建设，购买塑料膜的合同目的无法实现，买方可由此解除合同并得以免除违约责任，但合同解除后其返还塑料膜的义务并不免除。如果塑料膜无法返还，则无权要求对方返还已支付的价款；如果尚未付款，仍负有继续付款的义务。反过来，如果买方已经付款，卖方因不可抗力不能交货而导致合同不能继续履行，可免除卖方的违约责任，但对货款的返还义务同样并不免除。可以说，金钱义务是否可以免除的问题与不可抗力的免责问题并不是同一性质的问题，不可混为一谈。

另外，还有人认为，不可抗力作为免责条款具有强制性，当事人不得以约定方式将不可抗力排除在免责事由之外。一般来说，违约方常是遭受不可抗力事件影响的一方，本已遭受不幸，再令其承担违约责任，难免有落井下石之嫌。但不可抗力事件虽导致合同不能履行，但对不能履行合同的一方而言，未必有其他方面的损失，有时候非违约方因合同不能履行所导致的损失反而可能很大。尤其是对那些履行期间长、投入成本高的合同项目来说，更是如此。法律不能面面俱到，当事人就损失风险的承担进行特别约定的，法律似乎并无充分而正当的干涉理由。何况民法领域本就尊崇"意思自治"，在不涉及公共利益和第三方利益的前提下，似应尊重当事人自己的意思。所以，当事人特别约定不可抗力下的损失分担条款的，如果是当事人真实意思的表示，应当给予尊重。

（二）约定免除

约定免除是当事人基于在合同中事先作出的免责约定而得以免除责任的情况，合同中有关责任免除的条款称为免责条款。

当事人可以在合同中订立免责条款，约定可免责的事由或情形，对于因该约定的事由或情形造成的违约，当事人可免除违约责任。免责条款的约定是当事人意思自治的表现，法律原则上不予干涉。但是，如果当事人通过免责条款不合理地免除其法定责任，必然会影响正常的交易秩序，因此，不是所有的免责条款都会受到法律的支持和保护。根据《民法典》第506条，两种免责条款应认定无效：① 免除造成对方人身损害的赔偿责任的约定无效。人身损害赔偿责任是一种法定赔偿责任，免除人身损害赔偿会导致对对方生命健康的懈怠与忽视，显然应予禁止。② 免除因故意或重大过失造成对方财产损失的赔偿责任的约定无效。对于因故意或重大过失给对方造成的损失，如果免除其赔偿义务，同样会鼓励轻率而不谨慎的行为，亦不应为法律所鼓励。

另外还应注意的是《民法典》关于格式合同中对免责条款的限制，就此问题上一讲中已经予以讨论，在此不再赘述。

与本讲内容相关的重要法律、法规和司法解释

1. 《中华人民共和国民法典》
2. 《国务院关于实施动产和权利担保统一登记的决定》
3. 《不动产登记暂行条例》
4. 《不动产登记暂行条例实施细则》
5. 《最高人民法院关于审理商品房买卖合同纠纷案件适用法律若干问题的解释》

第七讲

合同的保全与担保

　　一般情况下，合同一方当事人只能向对方主张权利，不能向合同当事人以外的第三人主张权利。这一理论被称为"合同相对性原理"。但合同并不都是双方当事人之间的关系，还常常涉及与第三方当事人的关系，而且合同的相对性不是绝对的，在特定情况下也允许当事人直接向第三方行使权利。

　　本讲所讨论的是涉及第三方的合同关系，或者说涉及第三方的债的关系。担保合同虽然本质上只是担保人与债权人之间的合同，但担保合同作为从合同，以主债务的存在为前提，当然会涉及第三方，即主债务关系中的第三人，故在此一并讨论。

第一节　债的保全制度

一　保全制度概述

（一）债的相对性

债的关系具有相对性，关系中的权利义务仅及于关系当事人双方，不能及于债务关系以外的第三人。在此意义上，债权又称为相对权，因为这种权利只能向特定的债务人主张，而不能向债的关系之外的其他人主张。相对而言，物权为绝对权，可以对抗一切人，任何人对物权人都负有不作为义务。我们在上一讲中曾讨论物权对于债权的优先性，物权之所以具有这种优先性，也是由其绝对权的性质决定的。

债的相对性首先指主体的相对性，除法律特别规定或当事人有特别约定之外，只有债务关系的当事人才能享有债权、负担债务，当事人以外的任何第三人不能主张权利，也不负担义务。同时，债权人的权利须依赖债务人履行义务的行为才能实现。

债的相对性还指责任的相对性。基于债权债务关系而产生的责任只能由债务人承担，不能扩及债务人以外的第三人。比如在合同法上，即使在因第三人的行为造成债务不能履行的情况下，债务人仍应向债权人承担违约责任。债务人在承担违约责任后，再向第三人追偿。

债的相对性规则对现代债法产生了很大影响，《法国民法典》对此作出明文规定，其第1119条规定："任何人，在原则上，仅得为自己接受约束并以自己名义订立契约。"第1165条规定："契约仅于缔约当事人间发生效力。"我国《民法典》第593条规定："当事人一方因第三人的原因造成违约的，应当依法向对方承担违约责任。当事人一方和第三人之间的纠纷，依照法律规定或者按照约定处理。"其他国家，无论是否明文规定，在法学理论上都将"债的相对性"视为债权自身性质所决定的一种当然原则。

（二）债的保全与相对性的突破

债的相对性是债法上的一般原则，在某些特殊情况下，为了加强对债权人或某些特殊主体的保护，各国都在一定程度上扩张了债的效力范围，债的相对性理论由此也开始受到冲击，出现了许多例外情况，此现象称为"债的相对性的突破"，其最为典型的制度表现就是债的保全制度。

在现实经济生活中，一些债务人为了逃避债务，或隐匿转移财产，或低价转让乃至无偿赠与财产，或怠于行使自己的债权乃至放弃债权，这些行为均严重损害了债权人的利益。但按照传统的债的相对性原则，债权人不能将自己的意志渗透到债务人与第三人的合同行为中，影响债务人与第三人的"契约自由"，因此，其对债务人上述逃避债务的行为常常束手无策。为了在债务人的意思自治和债权人的权益保护之间找到一个平衡点，债的保全制度也就应运而生了。

保全制度的基本原理在于，在债务人因其行为导致其个人权益不能正常实现或财产不正常减少，并因此影响债权人债权实现的时候，法律赋予债权人对债务人的行为实施一定干预的权利，从而使债务人的财产维持在其本来应有的状态，以确保债权人的债权实现。为避免债权人对债务人行为的过多干涉，债权人的权利必须严格限定在法律规定的范围之内，在法律适用过程中，应充分考虑债权人利益保护与债务人行为自由之间的平衡，避免适用范围的不当扩大。

债的保全措施包括两种，即代位权和撤销权。对这两种权利，下文将分别予以专门讨论。

（三）债的相对性突破的其他表现

除了债的保全制度之外，债的相对性突破在其他方面也有体现。

1. 租赁权的物权化

所谓租赁权的物权化，即"买卖不破租赁"原则。我国《民法典》第725条规定："租赁物在承租人按照租赁合同占有期限内发生所有权变动的，不影响租赁合同的效力。"出租方将财产所有权转移给第三方时，原租赁合同对新的所有权人继续有效。

人们普遍认为，买卖不破租赁是《德国民法典》确立的一项规则，主要适用于不动产租赁。第二次世界大战后，因交战国普遍存在的住房紧缺问题，该原则相继被法国、日本等国家接受，目前几乎已成为大陆法系国家普遍接受的原则。1988年《最高人民法院关于贯彻执行〈中华人民共和国民法通则〉若干问题的意见（试行）》接受了这一原则，其后1999年《合同法》以及2021年《民法典》中，买卖不破租赁原则均得以保留。但是，我国传统文化中所有权观念极为浓厚，当下也并不存在欧洲和日本二战后所面临的住房紧缺问题，承租人优先于买受人受到法律保护似乎并无合理性。直到今天，在普通人的观念中，此原则似乎也很难被普遍接受，在实践中也遇到了诸多难题。尤其是在买受方对租赁合同的存在并不知情的情况下，优先保护租赁权所面临的尴尬和怀疑无疑更为强烈。因此，对买卖不破租赁原则在我国的合理性，以及其适用的前提条件，应当重新审视。

2. 第三人利益合同

第三人利益合同，是指订约人并非为自己而是为他人设定权利的合同。这种合同不需要该第三人同意，但只能为该第三人获取利益，而不能为其设定任何义务负担。第三人利益合同属于利他合同的一种，如果债务人不履行义务，第三人和债权人均可以请求其承担责任。正是由于第三人利益合同将对第三人发生效力，所以此类合同是合同相对性的例外。我国《民法典》没有对第三人利益合同作出明确规定，但在理论上和司法实践中对此均予以认可。

3.通过主张侵权请求权突破合同相对性的限制

有些法律关系在性质上本属于合同关系，但依照法律规定也可适用侵权法来获得救济，故而也可突破合同相对性的限制。如产品责任中，消费者从销售者手中购买到缺陷产品，这本是一个合同关系，依照债的相对性原理，消费者只能要求销售者赔偿，而不能要求生产者赔偿。但如果消费者因缺陷产品受到伤害，也可以通过侵权法获得损害赔偿。在侵权法意义上，生产者生产的产品存在缺陷而给他人造成损害，应当承担侵权责任。由此，消费者也可以基于侵权法规定要求生产者赔偿。

二 代位权

代位权指债权人为确保债权实现，当债务人怠于行使对第三人的财产权利而危及债权时，得以自己的名义代替债务人向第三人主张债权的权利。在代位权制度中，存在三种法律关系：一是债权人与债务人的关系；二是债务人与第三人即次债务人的关系；三是债权人代替债务人向次债务人行使权利所形成的关系。

（一）代位权行使的条件

《民法典》第535条规定："因债务人怠于行使其债权或者与该债权有关的从权利，影响债权人的到期债权实现的，债权人可以向人民法院请求以自己的名义代位行使债务人对相对人的权利，但是该权利专属于债务人自身的除外。代位权的行使范围以债权人的到期债权为限。债权人行使代位权的必要费用，由债务人负担。相对人对债务人的抗辩，可以向债权人主张。"根据该规定，债权人行使代位权，应当符合下列四个条件。

（1）债权人对债务人的债权合法有效。债权没有合法根据不能受到法律保护，债权人自然也不能行使代位权。

（2）债务人怠于行使其到期债权，对债权人造成损害。这是指债务人不履行其对债权人的到期债务，又不以诉讼方式或者仲裁方式向其债务人主张其享有的具有金钱给付内容的到期债权，致使债权人的到期债权未能实现。

（3）债务人的债权已到期。债务人针对次债务人的债权未届清偿期的，不得行使代位权。

（4）债务人的债权不是专属于债务人自身的债权。专属于债务人自身的债权主要指基于特定身份关系而形成的债权，或基于劳动关系或人身损害而形成的具有特定用途的债权。主要包括债务人基于扶养关系、抚养关系、赡养关系、继承关系产生的给付请求权，以及其他债务人对劳动报酬、退休金、养老金、抚恤金、安置费、人寿保险、人身伤害赔偿的请求权。

（二）代位权行使的方式

由于代位权行使涉及三方当事人和多重法律关系，债权人往往并不清楚债务人与次债务人之间是否存在争议，次债务人也不清楚债权人与债务人之间是否存在争议，为避免纠纷并防止债权人与次债务人串通侵犯债务人利益，我国法律规定，代位权只能通过诉讼方式行使。债权人行使代位权，应向人民法院提起代位权诉讼。起诉时应当将债务人列为第三人，债权人未将债务人列为第三人的，人民法院应当依职权追加债务人为第三人。

代位权必须以诉讼的方式行使，并不排除债权人、债务人与次债务人之间协商由次债务人直接向债权人清偿债务。但这种情况应属于三方当事人经协商一致共同达成的协议，是当事人意思自治的表现，法律自然没必要横加干涉，也不属于代位权的行使范畴。

提起代位权诉讼，应注意以下问题：① 债权人向次债务人主张的债权数额不得超过其对债务人享有的债权数额。② 债权人提起代位权诉讼，以自己为原告，以次债务人为被告，以债务人为第三人。③ 债权人提起代位权诉讼，由被告即次债务人住所地的人民法院管辖。④ 在代位权诉讼中，次债务人对债务人的抗辩，可以向债权人主张。⑤ 债权人行使代位权的必要费用，由债务人承担。

（三）代位权行使的法律后果

债的保全制度目的在于维持债务人的清偿能力，因而债权人通过行使代位权所获得的财产原则上应作为债务人财产的一般担保。但这样一来，其他债权人亦可享有分配权，由此会影响债权人行使代位权的积极性。为此，有人主张债权人对行使代位权所获得的财产享有优先受偿权。

这种认识颇值得商榷，代位权成立，由债务人的债务人向债权人履行义务，债权人取得的仍是一种债权。一般情况下，债权人行使代位权获人民法院支持时，次债务人应向债权人直接履行，人民法院亦可依判决强制执行。这种情况下，债权人的债权可以通过行使代位权直接实现。但在债务人已进入破产程序的情况下，代位权诉讼或基于代位权诉讼而进行的执行强制应予中止，次债务人不应再直接向债权人履行，而是应将该债务统一纳入破产财产进行破产清算。在这一意义上，债权人基于代位权诉讼从次债务人处取得的履行请求权并不具有优先效力。

通过代位权诉讼，次债务人向债权人清偿后，债权人与债务人、债务人与次债务人之间相应的债权债务关系即予消灭。次债务人的清偿不足以清偿债务人对债权人负担的债务的，债权人仍可继续就不足部分向债务人主张。债务人对次债务人享有的债权超过次债务人向债权人的清偿数额的，债务人仍可就超出部分向次债务人主张。

三 撤销权

撤销权是债权人针对债务人有害债权的行为，得以撤销的权利。撤销权与代位权同为债权人为保全债权而享有的权利，但代位权是债权人针对债务人消极行为的救济性权利，而撤销权是债权人针对债务人积极行为的救济性权利。

（一）撤销权行使的条件

债权人行使撤销权应当符合以下四个条件。

（1）债权人对债务人享有合法的债权，并且已届清偿期。

（2）债务人行使了法律规定可予撤销的特定行为。根据《民法典》第538条和第539条的规定，可撤销的特定行为主要有三类：一是债务人以放弃其债权、放弃债权担保、无偿转让财产等方式无偿处分财产权益的行为；二是恶意延长其到期债权的履行期限的行为；三是债务人以明显不合理的低价转让财产、以明显不合理的高价受让他人财产或者为他人的债务提供担保的行为，并且相对人知道或者应当知道因此会对债权人造成损害。

（3）债务人的特定行为须对债权人造成损害。所谓对债权人造成损害，是指债务人的行为使其缺乏清偿能力从而致使债权人的到期债权不能得到清偿。

（4）债务人的特定行为与其不能清偿债务之间必须存在因果关系。即使债务人实施了《民法典》第538条和第539条规定的行为，但如果该行为与其缺乏清偿能力之间不存在因果关系，则债权人不能行使撤销权。比如，债务人无偿将财产转让给他人时，并未因此丧失清偿能力，但后来因其他原因丧失清偿能力的，债权人不得对无偿转让财产的行为进行撤销。这种情况容易导致对债务人自由的过度干涉，并不符合撤销权制度的立法本意。

同时，保全制度之所以称"保全"，意在保全债务人的财产不因不当行为而减少，其本质在于对债务人"清偿能力的保全"。因此，对于债务人消极受领或者放弃馈赠或遗产的行为，我们认为同样不应属于可撤销的范围。

（二）撤销权行使的方式

与代位权一样，撤销权同样需要通过诉讼方式行使。撤销权之诉由被告住所地人民法院管辖，起诉时，债权人为原告，债务人为被告，因撤销权所要撤销的行为涉及的第三人即受益人为诉讼第三人，当事人起诉时未将受益人列为第三人的，人民法院可以追加受益人为诉讼第三人。

依据《民法典》第541条，撤销权自债权人知道或者应当知道撤销事由之日起一年内行使，在此期间内没有行使的，不得再行使。无论债权人是否知道可撤销事由，自债务人的行为发生之日起超过五年未行使的，撤销权亦不得再行使。

（三）撤销权行使的法律后果

债务人的行为被撤销后，自始不发生法律效力。债务人已放弃的债权应继续行使，无偿转让或低价转让的财产应予返还，无法返还的，受益人应当补偿。因行使撤销权而追回的财产，应复归于债务人。行使撤销权的债权人同样不享有优先受偿权。

第二节 担保制度

一 担保制度概述

（一）担保与担保法律制度

1. 担保的概念

担保是为确保债权人的债权实现而采取的一种保障措施。这种保障措施或者是信用，或者是财产。信用都是第三人的信用；财产既可以是第三人的财产，也完全可以是债务人本人的财产。当债务人到期不能清偿债务的时候，第三人以信用担保的，由作出担保承诺的第三人依据担保合同约定代为清偿；以财产担保的，对担保财产进行处置变现后，变现价款优先用于担保债权的清偿。

担保的制度价值在于：确保债权人债权的实现，使债权人在交易中消除顾虑，从而鼓励交易，促进市场的繁荣和经济的发展。

2. 关于担保法律制度

《民法典》颁布前，我国各种民事法律制度大多以单行法的形式制定，对于担保制度，于1995年制定了专门的《中华人民共和国担保法》（以下简称《担保法》）。2021年《民法典》实施后，《担保法》废止。在《民法典》中，对担保制度并没有集中规定，而是分散于合同编和物权编之中，其中，保证规定于合同编典型合同分编保证合同一章，财产担保规定于物权编担保物权分编中，非典型担保规定于合同编典型合同分编买卖合同一章中。可以说，我国当前已经没有统一而集中规定的担保法，所谓担保法律制度，不过是对《民法典》中与担保问题相关的各种规范的统称。

（二）担保的类型

担保主要包括信用担保和财产担保两种形式，定金作为一种履约担保方式，也常被视为一种担保方式，称为金钱担保，已废止的《担保法》中就曾将定金作为一种担保方式。此外，实践中还出现了其他一些具有担保性质的做法，并逐渐获得了法律上的认可，称为非典型担保。对于定金制度，本书认为其制度目的并不是确保债权的实现，而是督促当事人履行合同，在性质上应当属于"履约担保"，而不是"债权担保"，故将定金制度放在合同的违约责任部分予以讨论。在此只讨论信用担保、财产担保和非典型担保三种担保形式。

1. 信用担保

信用担保以民事主体的信用作担保，因此又被称为"人保"。由于信用担保是通过保证合同设定的担保方式，法律上又称其为"保证"。我国《民法典》合同编中专门规定"保证合同"一章，用以规范保证制度。根据《民法典》第681条的规定，所谓保证，是为保障债权的实现，保证人和债权人约定，当债务人不履行到期债务或者发生当事人约定的情形时，保证人履行债务或者承担责任的一种担保方式。

2. 财产担保

财产担保是在特定财产上设定的担保，当债务人不履行债务时，债权人对该特定财产的变现价款在所担保的债权范围内享有优先受偿的权利。设定担保的财产的所有权人，可以是债务人，也可以是债务人以外的第三人。在财产担保方式中，债权人对特定财产享有的权利是一种物权，即担保物权，在此意义上，财产担保又称"物的担保"。在民法体系中，物的担保属于物权法的范畴，其相关规则规定于《民法典》物权编担保物权分编中。根据我国《民法典》，财产担保方式又分为抵押、质押和留置三种，对此三种财产担保方式，本讲第三节将详细讨论。

3. 非典型担保

信用担保和财产担保都是法律为担保债权的实现所作的专门的制度设计，故称为典型担保方式。非典型担保不是作为担保制度专门设计的，而是将其他法律制度作为一种担保手段来运用，从而形成的担保方式。这种担保方式常常并没有在立法上得到专门确认，但在司法实践中逐渐获得了认可。

常见的非典型担保主要有让与担保、所有权保留和保兑仓交易等形式。此外，有人还将融资租赁合同与保理合同也视为非典型担保形式，这两种制度规则的确有一定的担保功能，但其制度目的并不是债权担保，而且二者在《民法典》合同编已被当作独立的合同类型对待，故本书不将其作为非典型担保形式对待。

（三）担保责任

担保责任是担保人基于担保合同的约定和法律规定，当债务人因未履行债务导致债权人债权未能实现时，对债权人负担的一种补充清偿责任[①]。

对于担保责任的范围，担保人与债权人可以通过合同约定。当事人约定对债权人的全部债权提供担保的，为全额担保；约定对债权人的部分债权提供担保的，为部分担保。担保人与债权人对担保范围没有约定的，担保人在法律规定的范围内承担担保责任。法定的担保范围原则上包括债权人可以向债务人主张的全部债权范围，不仅包括主债权，还包括利息、违约金、损害赔偿金和实现债权的费用等。对于质押担保和留置，还包括质物或留置物的保管费用。

担保制度的功能在于保障担保债权的实现，因此，担保责任的范围不应大于主债

---

① 从法理上讲，责任源于对义务违反所导致的法律后果的承担，然而担保人承担担保责任并不是因为担保人违反了义务，而是因为担保人所承诺的特定事由的出现，即债务人违反义务导致债权人债权未能实现这一特定事由的出现。因此，所谓担保责任，在性质上应当属于担保人向债权人负担的一种义务。债法理论体系下，义务与责任常常不作区分，担保责任也已成为被普遍接受的习惯性说法。

务的范围，大于主债务范围的担保责任不符合担保制度的制度功能，也与担保人法定的追偿权相冲突。据此，即使当事人有特别约定，如果担保责任的范围超出了主债务的范围，超出主债务范围的约定也是无效的。

二 担保关系及其相关关系

担保法律关系是担保人与债权人之间的关系，但担保人所担保的债权与债务人相关，由此必然涉及与债务人之间的关系。也就是说，担保关系一般都会涉及三方当事人，即债权人、债务人和担保人。这三方当事人相互关联，可以形成三种法律关系，即债权人与债务人之间的债权债务关系、债权人与担保人之间的担保合同关系，以及债务人与担保人之间的担保服务关系。此外，同一债权上可能会存在多个担保人或多种担保方式，同一担保物上也可能同时为多笔债权设定担保，在这种情况下，还会涉及担保人之间的关系以及债权人之间的关系。

（一）债权人与担保人之间的关系

在讨论担保法律关系之前，先看一个案例：甲公司与乙公司订立合同，约定两公司因经营需要对外借款时，如借款数额不超出50万元，两公司互负提供保证的义务。合同订立后甲公司向丙借款30万元，并将其与乙公司的合同作为借款合同的附件。丙见到甲与乙有互相担保的约定，就将30万元借给了甲，后甲到期未清偿。问：乙公司应当对丙的债权承担保证责任吗？

可能不少人会认为乙应当承担保证责任，但这种认识是不对的。担保法律关系是担保人与债权人之间的关系，它虽然以主债权债务关系为基础，但担保法律关系是否成立原则上与债务人无关。本案中，债权人丙与担保人乙之间没有订立任何担保合同，至于乙与甲之间的约定仅在甲与乙二人之间有效，与丙没有关系，丙不能以甲与乙之间的约定来向乙主张权利。也就是说，本案中，担保法律关系并未建立，乙不需要承担保证责任。至于乙是否构成违约，应否承担违约责任，那也是甲与乙之间的事，应根据双方之间的约定来认定。

现实生活中，担保人之所以愿意承担担保责任，常常是因为与债务人之间存在某种特殊关系。但是担保关系是一种法律关系，在考察担保关系是否成立的问题上，法律并不考虑担保人与债务人之间的关系，而仅考察担保人与债权人之间的关系。这一点还是应当注意的。

（二）债权人与债务人之间的关系

债权人与债务人之间的关系是债权债务关系，这一关系是担保法律关系的基础关系，担保是对债权的担保，没有债权债务关系，也就不存在担保关系。可以说，担保关系是依附于债权债务关系而存在的。在此意义上，形成债权债务的合同关系又称主合同关系，为设定担保而成立的担保合同关系，是从合同关系。

担保关系作为主合同关系的从属关系，在很多方面会受主合同关系的影响，主要表现在：① 主合同关系不存在，担保关系也不存在，即使已经订立的担保合同也不生效。② 主合同无效，担保合同也无效。③ 债务人转移债务的，应经担保人同意，否则担保人不再承担担保责任；债权人转让债权无须经担保人同意，但应通知担保人，否则该转让对担保人不发生效力。当事人在合同中明确约定禁止债权转让，债权人未经担保人同意转让债权的，担保人不再承担担保责任。④ 担保责任的范围不得大于主债务的责任范围，当然，因行使担保权利而发生的费用不在此限。

（三）担保人与债务人之间的关系

1. 担保人与债务人关系的性质

担保关系是担保人与债权人之间的关系，是担保人为担保债权人债权的实现，向债权人作出的担保承诺。立足于单纯的担保关系，担保关系与债务人无关，也不以任何债务人的意思为前提。但是在现实生活中，担保并不是担保人主动为债权人提供的，基本上也从来不是债权人要求担保人提供的，几乎毫无例外地都是债务人请求担保人向债权人提供的。立足于这样的社会现实，可以说，担保合同订立前，有关担保合同的内容一般在债务人与担保人之间已初步确定。也就是说，担保关系存在一个在债务人与担保人之间形成的基础关系，这种关系并没有非常恰当的名称来命名，姑且称之为"担保服务关系"或"担保委托关系"。

担保合同一般是单务的、无偿的，但担保服务关系常常是有偿的，当然也可以是无偿的。

2. 担保人的追偿权

由于担保人并不负担债务，担保责任实质上是保证人替债务人承担的责任，因此，当担保人承担担保责任后，有权在其承担的担保责任的范围内向债务人追偿。担保人的追偿权是一种法定权利，是担保制度的应有之义，无须在担保服务关系中进行约定。担保人不仅可以就担保责任行使追偿权，对于因担保无效而承担的赔偿责任，即使是基于担保人自身过错而承担的赔偿责任，担保人同样有权追偿。

3. 关于反担保

反担保是担保人为确保其追偿权的实现而要求债务人另行为自己提供担保的一种担保方式。它既可以是债务人以自己的或他人的财产提供的财产担保，也可以是由第三人提供的信用担保。相对于反担保，担保人向债权人提供的担保称为本担保。在法律规则的适用上，反担保与本担保没有区别。但反担保是基于本担保的存在而形成的担保关系，应以本担保关系为基础，因此，反担保所担保的范围也应以担保人在本担保中实际承担的担保责任的范围为基础，不得大于担保人在本担保中实际承担的担保责任或赔偿责任。

对于本担保而言，主合同无效，担保合同也无效，即使当事人约定担保合同的效力不受主合同效力的限制，这样的约定也不受法律保护。但是，对于反担保而言，由于反担保是基于担保追偿权而设定的,无论担保责任还是赔偿责任都属于追偿权的范围,因此,反担保原则上不因本担保的无效而无效。

(四) 担保人之间的关系

有时候,对于同一笔债权,可能存在多个担保人,也可能存在多种担保方式,共同担保债权的实现,这种情况称为共同担保。在这种情况下,担保人之间有责任承担的先后顺位吗?没有顺位,或处于同一顺位时,担保人是否需要分担担保责任呢?

共同担保可以由共同担保人共同与债权人订立担保合同,也可以是各担保人分别单独与债权人订立担保合同。共同担保人共同与债权人订立担保合同时,可以在合同中约定各担保人分别承担的担保份额,也可以约定承担担保责任的顺序。无论何种约定,只要不违反法律强制性规定,均为有效。多个担保人分别与债权人订立担保合同的,除非当事人有特别约定,债权人有权选择向其中的一位或多位担保人行使权利,有权选择一个或多个担保物行使权利,也可以在担保债权范围内同时行使权利。但有一种情况例外,如果债务人以自己的财产提供财产担保,债权人应首先对债务人提供的担保财产行使权利,在债务人提供的担保财产不足以清偿担保债权时,对不足部分才能要求其他担保人承担担保责任。

(五) 债权人之间的关系

同一债权上可以存在多个担保人或担保方式,同一物上也可能存在多个债权人或多种担保物权,由此形成债权人之间的关系。财产担保包括抵押、质押和留置三种类型,债权人之间的关系也就表现为抵押权人、质押权人和留置权人之间的关系。

质押和留置均是动产的质押和留置,权利的取得需要以动产的交付为前提,未经交付不能产生物权效力。权利取得后,一旦丧失占有,则丧失质押权或留置权。因此,同一物上不会同时存在两个以上的质押权或留置权,也不存在质押权与留置权的并存问题。但是,对于抵押权,由于不需要转移抵押物的占有,可以在同一物上设定多个抵押权。在存在抵押权的前提下,抵押物上还可以设定质权,留置权人也可以基于对该抵押物的占有而取得留置权。

当同一物上存在多种或多个担保物权时,意味着会有多个债权人同时对同一物享有担保物权,由此形成债权人之间的权利冲突,必须依一定规则来解决这种冲突。根据《民法典》,担保物权并存时应遵循以下权利冲突解决规则:① 当留置权与其他担保物权并存时,留置权优先。② 同一物上存在多个抵押权时,登记在先者优先。③ 同一动产上抵押权与质押权并存时,抵押登记先于动产质押交付的,抵押权优先;质押交付先于抵押登记的,质押权优先。

三 担保合同

信用担保是人保,通过保证合同设立。财产担保是物权担保,根据物权法定原则,其类型和内容只能由法律规定，当事人不能自主创设。但是，当事人不能创设的是物权类型和物权内容，除留置权无须当事人设定而由法律设定外，其他担保物权是否设定仍然是由当事人自主决定的。如果需要设定担保物权，也需要订立担保合同。

（一）担保合同的订立形式

担保合同可以是债权人与担保人之间单独订立的合同，也可以在主债权债务合同中附加担保条款，由债权人、债务人和担保人三方共同订立，如常见的抵押借款合同，即附带有抵押条款的借款合同。对于信用担保，有时候保证合同中甚至没有任何保证条款，只要保证人以保证人身份在主合同上签字或签章，也视为保证合同成立。

担保合同一般都是担保人向债权人作出的承担担保责任的承诺，债权人一般不会承诺向担保人负担义务，在此意义上担保合同可以说是单务合同。因此，担保的设定有时候并不以合同的形式约定，而是以担保人单方向债权人出具"担保函"或"承诺函"的方式设定。

（二）财产担保的公示

担保物权具有优先于其他债权受偿的效力，从而使享有担保物权的债权人债权的实现更有保障。但是，物权的优先性必须以物权的公示为前提，否则不仅对其他债权人不公平，还会大大增加交易风险，由此进一步增加交易成本并降低交易效率。因此，财产担保的设定不仅要订立书面的担保合同，还要依法完成担保物权的公示，否则不产生物权效力，即不具有优先效力，这种情况下，债权的实现保障也就大大降低。

1. 质物与留置物的交付

质押需要以质物出质，是以动产作为担保财产的担保方式，质权的享有以占有为公示方式。质押合同订立后，出质人必须通过交付质物完成占有的转移，才能产生质押的效力。未交付质物，不产生质押效力。质押权人丧失占有，则丧失质押权。留置也是动产的留置，与抵押和质押不同，留置不是当事人通过合同设定的，只要符合法律规定的条件，无须经留置物的所有权人同意，债权人即可取得留置权。但留置同样以留置权人占有留置物为前提，丧失占有，同样丧失留置权。

2. 抵押物的登记

抵押的设定并不以抵押物的占有转移为前提，抵押设定后，仍由抵押人占有使用抵押物。因此，无论是不动产抵押，还是动产抵押，均以登记为抵押权的公示方式。对于不动产抵押，未经登记，不生物权效力；对于动产抵押，未经登记，不得对抗善意第三人。

不动产的抵押，由国家不动产登记中心登记，各地均设有登记机构。动产的抵押，根据《国务院关于实施动产和权利担保统一登记的决定》的规定，除机动车、船舶、航空器仍分别由公安机关、港务管理机关和民用航空局下属的登记管理机关进行登记外，其他动产担保和权利担保的登记，一律由当事人通过中国人民银行征信中心动产融资统一登记公示系统自主办理登记。

（三）无效担保

1. 无效担保的具体情形

除留置外，担保通过债权人与担保人之间的合同设定，关于担保合同的效力问题，均适用《民法典》总则编和合同编有关民事法律行为和合同效力的规定。但影响担保合同的效力的因素并不限于《民法典》总则编和合同编中的规定，还有以下无效担保的情形。

（1）主合同无效。担保是对债权的担保，不具有独立性。担保合同是从合同，主债权合同是主合同。当主合同无效时，担保合同失去了前提，因而也应认定无效。担保合同不具有独立性，因而当事人关于主合同无效不影响担保合同效力的约定也属无效。

（2）公益性单位不得提供担保。担保合同具有单务无偿性，是担保人单方对债权人的承诺，一旦债务人无法履行债务，担保人将面临同等的负担，且常常不能获得对等的收益或补偿。因此，法律往往会对某些具有公益性的非经营单位的担保行为进行限制，以确保其公益性事业不因担保行为而受到影响。根据《民法典》第683条，机关法人，以及以公益为目的的非营利法人和非法人组织不得为保证人，对外提供的担保无效。

（3）公益性财产不得设定担保。不是所有的财产都可以设定担保。《民法典》第399条规定：土地所有权，宅基地、自留地、自留山等集体所有土地的使用权（法律规定可以抵押的除外），以及学校、幼儿园、医疗机构等为公益目的成立的非营利法人的教育设施、医疗卫生设施和其他公益设施，均不得设定担保。除此之外，所有权、使用权不明或者有争议的财产，以及依法被查封、扣押、监管的财产，也不得设定担保。但是，符合留置权成立条件的，留置权人可以取得留置权。

2. 关于公司对外担保的特殊问题

《公司法》第15条规定：公司向其他企业投资或者为他人提供担保，依照公司章程的规定，由董事会或者股东会决议；公司章程对投资或者担保的总额及单项投资或者担保的数额有限额规定的，不得超过规定的限额。公司为公司股东或者实际控制人提供担保的，应当经股东会决议。依据该规定，如果公司的担保行为未经董事会或股东会决议，或者超出了公司章程规定的限额，这样的担保行为有效吗？对此，《公司法》并没有作出明确的表述，我们可以结合《民法典》的有关规定综合进行考量。

《民法典》第61条规定：法定代表人以法人名义从事的民事活动，其法律后果由法人承受。法人章程或者法人权力机构对法定代表人代表权的限制，不得对抗善意相对人。第504条规定：法人的法定代表人或者非法人组织的负责人超越权限订立的合同，除相对人知道或者应当知道其超越权限外，该代表行为有效，订立的合同对法人或者非法人组织发生效力。

从《民法典》的上述规定看，公司章程或其内部规定的限制一般不能成为对抗善意相对人的理由。但问题在于，如何认定"善意"呢？对于公司的对外担保行为，相对人有对其是否符合公司章程的规定进行审查的义务吗？我们认为，公司行为是否符合公司章程或内部规定,属于公司内部治理问题,原则上不具有外部对抗效力。公司对外担保是否应经董事会或股东会表决,《公司法》也没有对其作法定要求,仍然属于公司章程自治范畴。因此,不能认为相对人负有审查义务。也就是说,相对人是否具有善意,不能单纯地立足于其是否尽到合理审查义务来判断,只能立足于"相对人是否知道",以及依据相对人所面临的具体情况"是否应当知道",进行综合判断。

公司为公司股东或者实际控制人提供担保的,《公司法》明确规定"应当经股东会决议",已经不属于公司自治的范畴,故债权人应尽基本的审查义务,即应审查公司的担保是否已经股东会决议同意。不过,债权人的审查属于形式审查,只要有股东会议决议即可,无须对其本身的真实性进行审查。

3. 无效担保的法律后果

担保合同有效,担保人应当根据合同的约定或法律的规定承担担保责任。担保合同无效,则担保人不需要承担担保责任。但是,不需要承担担保责任,不意味着担保人不承担任何责任。当因担保合同无效导致债权人的债权不能实现时,担保人应当根据其过错大小,对债权人未能实现的债权承担相应的赔偿责任。《民法典》第388条规定:担保合同被确认无效后,债务人、担保人、债权人有过错的,应当根据其过错各自承担相应的民事责任。对于担保人应承担的赔偿责任,司法实践中一般根据以下两个原则处理。

(1) 主合同有效而担保合同无效,债权人无过错的,担保人与债务人对主合同债权人的经济损失,承担连带赔偿责任;债权人、担保人有过错的,担保人承担民事责任的部分,不应超过债务人不能清偿部分的1/2。

(2) 主合同无效而导致担保合同无效,担保人无过错的,担保人不承担民事责任;担保人有过错的,担保人承担民事责任的部分,不应超过债务人不能清偿部分的1/3。

当事人明知存在保证无效的事实,仍订立保证合同,即可视为存在过错。

无效担保的赔偿责任刍议

担保合同无效,担保人仍然会就债权人不能实现的债权承担一定的赔偿责任,故对于债权人而言,无效担保并非无意义。因此,机关法人和公益非营利法人的担保,尽管法律明确禁止,但现实生活中仍大量存在。法律对它们的特别保护虽然并未因赔偿责任的承担而形同虚设,但也被大大削弱。因此,有人认为:对于担保人的赔偿责任,在认定时应当尽可能地谨慎,只有在债权人没有任何过错的情况下才可适用,在债权人明知担保无效而仍订立担保合同的情况下,不宜判令担保人承担赔偿责任。

还有人认为：对于担保人的赔偿责任问题的认定，应当根据担保是否属于担保人的经营范围来进行区分。对于以担保业务为经营范围的单位而言，担保行为是一种商事行为，应当严格根据其过错程度来确定赔偿责任；对于不以担保为业务，只是偶尔提供担保的担保人而言，则应更多地考虑债权人的过错问题。我国采用民商合一的立法体例，没有制定统一的商事规则，在立法上难以对二者进行区分，但在司法实践中，有必要对具有经营性质的商事行为和普通的民事行为进行区分。

对此问题，你认为如何呢？

第三节　不同担保方式下的具体问题

一　保证

保证是一种信用担保方式，是以人的信用为担保的，故又称为人保，即保证人向债权人承诺，当债务人不履行债务时，由保证人代债务人履行债务的一种担保方式。

（一）保证的分类

根据保证人责任承担的方式不同，保证可分为一般责任的保证和连带责任的保证两种类型。

1. 一般保证

一般保证是在债务人不能履行债务时，才由保证人承担保证责任的一种保证方式。只有在债权人依法对债务人提起诉讼或仲裁，并经强制执行，仍不能实现债权的情况下，才能认定债务人"不能履行债务"，保证人才承担保证责任。未经对债务人的诉讼和强制执行，保证人可以拒绝承担保证责任。保证人所享有的这种抗辩称为"先诉抗辩"。

2. 连带责任保证

连带责任保证是保证人与债务人承担连带责任的一种保证方式。也就是说，当债务人履行期届满而未履行债务时，债权人既可以要求债务人履行债务，也可直接要求保证人在保证范围内履行债务。连带责任保证下，保证人不享有先诉抗辩权。连带责任的保证方式需要在保证合同中明确约定，没有约定或者约定不明确的，按照一般保证承担保证责任。

(二) 保证债权的行使

债权人基于保证合同对保证人享有的权利,可称为保证债权。债权人应当依照法律规定或保证合同约定的方式,在保证期间内行使权利,否则可能导致权利的丧失。

1. 保证期间

保证期间即债权人行使保证债权的期间,又称行使期间。债权人未在保证期间内行使权利,则保证人不再承担保证责任。保证期间一般应由债权人与保证人在保证合同中约定,未约定或约定不明的,保证期间视为六个月,自主债务履行期限届满之日起算。关于保证期间的确定与计算,还应注意以下五个问题。

(1) 保证期间自主债务履行期限届满之日起算,保证合同约定的保证期间早于或者等于主债务履行期限的,视为没有约定。

(2) 保证合同约定保证人承担保证责任直至主债务本息还清时为止等类似内容的,视为约定不明,保证期间为主债务履行期限届满之日起六个月。

(3) 主合同对主债务履行期限没有约定或者约定不明的,保证期间自债权人要求债务人履行义务的宽限期届满之日起计算。

(4) 保证期间为不变期间,不因任何事由发生中断、中止或延长的法律后果。

(5) 未经保证人同意,债权人与债务人变更合同履行期限的,保证人仍按原合同履行期限计算保证期间。

2. 行使方式

对于一般保证,债权人应在保证期间内向债务人提起诉讼或仲裁,未在保证期间提起诉讼或仲裁的,视为在保证期间内未行使保证债权,保证人不再承担保证责任。对于连带责任保证,债权人应当在保证期间内要求保证人承担保证责任,未在保证期间内要求保证人承担保证责任的,保证人不再承担保证责任。

债权人在保证期间内行使权利后,保证期间不再具有法律意义,转而开始计算诉讼时效。连带责任保证下,债权人的诉讼时效自其要求保证人承担保证责任之日起计算;一般保证下,诉讼时效自债权人对债务人提起的诉讼的裁判文书生效之日起计算。

(三) 最高额保证

最高额是保证人与债权人约定,就债权人与主债务人之间在一定期间内连续发生的债权,预先设定债权的最高额度,由保证人在最高额限度内承担保证责任。这里所说的债权最高额度,并不是在约定期间内发生的债权累计总额的额度,而是指在保证债权确定时,债权人最终实际享有的债权额度。

最高额保证合同订立时,债权的数额是不确定的,需要根据合同约定或特定情况确定最终应担保的债权数额。根据《民法典》,债权的确定事由,主要有以下四种。

(1) 约定的债权确定期间届满。在合同约定的期间届满时,如果债权人享有的债权额未超过约定的最高额,则以该债权额为最终确定的债权额。如果超出约定的最高额,则以约定的最高额为确定的债权额。没有约定债权确定期间或者约定不明确，债权人或者保证人自保证合同订立之日起满二年后，可以请求确定债权。

（2）新的债权不可能发生。

（3）债务人、保证人被宣告破产或者解散。

（4）法律规定债权确定的其他情形。

最高额保证下，对于保证期间的计算，保证人与债权人有约定的，依约定；没有约定的，一般应自期间终止时债权人最终所享有的债权额确定之日起计算。

二 财产担保

（一）财产担保的共性问题

1. 财产担保的担保期间

财产担保情况下，在担保财产上设定的是物权，担保物权并不存在期限限制，一般随主债务的消灭而消灭。主债务不消灭，担保物权也不消灭。但是，担保物权毕竟是为主债务提供的担保，尤其是当担保人与债务人不是同一人时，虽然债务没有清偿，但如果主债务超过诉讼时效，则债权人丧失胜诉权。此时如果担保物权仍可行使，担保人承担责任后仍可向债务人追偿，则时效制度将失去意义。如果担保人不能追偿，则对其明显不公平。因此，当第三人提供财产担保时，主债务已过诉讼时效的，担保物权人不得再行使担保物权。但是，留置权是留置权人基于法律的规定取得的权利，非基于当事人的约定，不应受主债权诉讼时效的限制。

当前的司法实践中，对于以登记为公示方式的抵押权和权利质权，无论由债务人本人设定还是债务人以外的第三人设定，如果主债务超过诉讼时效，债权人再请求行使抵押权或质押权的，人民法院不再给予支持。但对于以转移占有为公示方式的动产质押和以交付权利凭证作为公示方式的权利质权，即使主债权已超过诉讼时效，质押人也无权要求返还质物。质物经变卖拍卖清偿债务后，质押人仍有权向债务人追偿。

对于不动产抵押，我国目前使用的他项权利登记证书上大多有抵押期限一栏，实践中多登记为债务履行期限。这一登记事项在司法实践中并不被认为是抵押权的行使期限，超过登记的抵押期限的，并不影响抵押权的行使。可以说，他项权利登记证书的格式设计是有一定问题的，有人试图通过区分抵押期限与抵押权行使期限来进行解释，我们认为，这种人为制造概念的做法并没有实质意义，不应予以鼓励。

2. 担保物权的行使方式

当债务人不履行到期债务，或出现担保合同约定的行使担保物权的情形，担保物权人可以与担保人协议对担保物折价用以清偿到期债务，也可以协商通过拍卖或变卖的方式对担保物进行处置，用所得价款清偿债务。对折价方式或处置方式达不成一致的，担保物权人或担保人均可请求人民法院对担保物进行拍卖或变卖。抵押财产折价或者拍卖、变卖后，其价款超过债权数额的部分归抵押人所有，不足部分由债务人清偿。

在担保合同中，尤其是债务人以自己的财产设定抵押或质押时，常会约定，当债务人不能履行到期债务时，抵押物或质物归债权人所有。这样的约定称为流抵条款或流质条款，为保护债务人利益，这样的约定并无法律效力。与此同时，为方便债权人行使权利，我国《民事诉讼法》专门规定了实现担保物权案件的诉讼程序，当债务人不能履行到期债务时，债权人可据此行使担保物权。

3. 担保物权的追及效力

担保物权作为一种物权，当然也具有物权的效力，不仅可以优先于其他债权受偿，具有优先效力和排他效力，同时还具有追及效力。由于质押权和留置权以占有为前提，失去占有则失去权利，故担保物权的追及效力主要是针对抵押权而言的。当抵押物转让时，抵押权不因转让而受到影响。当抵押物被国家征收征用或毁损灭失时，抵押权还可及于补偿金和赔偿金，抵押权人有权就补偿金和赔偿金在担保债权的范围内优先受偿。抵押财产被采取查封、扣押等财产保全或者执行措施的，同样不影响抵押权的效力。

抵押权的追及效力还表现在对抵押物的保护上。抵押人的行为足以使抵押财产价值减少的，抵押权人有权要求抵押人停止其行为。抵押财产价值减少的，抵押权人有权要求恢复抵押财产的价值，或者提供与减少的价值相应的担保。抵押人不恢复抵押财产的价值也不提供担保的，抵押权人有权要求债务人提前清偿债务。当抵押财产转让时，抵押权人能够证明抵押财产转让可能损害抵押权的，可以请求抵押人将转让所得的价款向抵押权人提前清偿债务或者提存。

(二) 抵押

所谓抵押，是指为担保债务的履行，债务人或者第三人不转移财产的占有，与债权人约定同意在该财产上设定的一种负担，当债务人不履行到期债务或者发生其他约定的实现抵押权的情形，债权人有权就该财产折价或拍卖、变卖该财产所得的价款优先受偿。抵押关系中，担保人是抵押物的所有权人（以土地抵押的担保人为土地使用权人），又称抵押人；债权人享有对抵押财产的抵押权，故又称抵押权人；设定抵押的财产称抵押物或抵押财产。抵押人可以是债务人，也可以是第三人。抵押物不必交付抵押权人，仍由抵押人占有使用。

1. 重复抵押问题

根据《民法典》的规定，同一财产可以向两个以上债权人抵押，这种抵押与一般抵押并无实质的不同，但由于重复抵押涉及抵押权的顺位问题，在此我们予以单独讨论。

对于重复抵押，原则上设定在先的抵押权优先于设定在后的抵押权受偿。抵押权设定时间依登记时间确定，先登记的优先于后登记的，已登记的优于未登记的，均未登记的，按照债权比例清偿。抵押权人可以放弃抵押权或者抵押权的顺位。抵押权人与抵押人可以协议变更抵押权顺位以及被担保的债权数额等内容，但抵押权的变更，未经其他抵押权人书面同意，不得对其他抵押权人产生不利影响。

2. 最高额抵押

最高额抵押是指抵押人与抵押权人协议，在最高债权额内，以抵押物对一定期间内连续发生的债权作担保。当债务人不履行到期债务或者发生当事人约定的实现抵押权的情形，抵押权人有权在最高债权额限度内就该担保财产优先受偿。最高额抵押权设立前已经存在的债权，经当事人同意，可以转入最高额抵押担保的债权范围。在最高额抵押担保的债权确定前，抵押权人与抵押人可以通过协议变更债权确定的期间、债权范围以及最高债权额，但变更的内容不得对其他抵押权人产生不利影响。

最高额抵押的债权数额的确定事由与前述最高额保证债权的确定事由是一致的，此外，抵押权人知道或应当知道抵押财产被查封或扣押，也构成最高额抵押债权数额确定的事由。当抵押物被依法查封或扣押时，查封和扣押机关应当通知抵押权人，自抵押权人收到通知之日起，应当确认抵押物抵押担保的债权数额，不能再继续设定抵押。

最高额抵押设定后、抵押债权数额确定前已发生的债权，债权人转让的，抵押权不随债权的转让而转让，但抵押人与债权人另有约定的除外。常见的约定一般有两种：一种是部分债权转让的，抵押权随之转让，但最高额抵押的债权数额相应减少，并变更最高额抵押登记；另一种是部分债权转让的，全部抵押权随之转让，未转让的债权不再享有抵押权，并变更抵押登记。

3. 浮动抵押

浮动抵押指抵押人在其现在和将来所有的全部财产或者部分财产上设定的担保，在债权人行使抵押权之前，抵押人对抵押财产保留在正常经营过程中的处分权。根据《民法典》，经当事人书面协议，企业、个体工商户、农业生产经营者可以将现有的以及将有的生产设备、原材料、半成品、产品抵押，债务人不履行到期债务或者发生当事人约定的实现抵押权的情形，债权人有权就抵押财产确定时的动产优先受偿。

在浮动抵押情况下，抵押财产是不确定的，在抵押人的生产经营过程中，抵押财产可能增加，也可能减少。当抵押人根据生产经营需要处分抵押财产时，抵押权并不随物的转让而追及受让人，只有在债权人最终实现抵押权时，抵押物的范围才最终确定。根据《民法典》，抵押物的范围确定的事由主要有以下情形：① 债务履行期限届满，债权未实现；② 抵押人被宣告破产或者解散；③ 当事人约定的实现抵押权的情形；④ 严重影响债权实现的其他情形。

抵押物的范围确定后，浮动抵押即转化为固定抵押，抵押财产特定化。

（三）质押

质押指债务人或第三人将其动产或者权利移交债权人占有，将该动产作为债权的担保，当债务人不履行债务时，债权人有权依法就该动产卖得价金优先受偿。质押财产称为质物，提供财产的人称为出质人，享有质权的人称为质权人。质押权需要由当事人依自己的意思来设定，自质物交付质权人时生效。由于质押需要转移占有，故不动产不存在出质问题。法律、行政法规禁止转让的动产（如枪支、毒品等）不得出质。

1. 质权人的义务

抵押关系中，由于不转移抵押物的占有，抵押权通过登记方式进行公示。在质押关系中，需要将质物交付质权人占有，故质权以占有为公示方式，除某些权利质押外，均不需要登记。如果质权人丧失占有，不管原因如何，对善意的第三人而言，均意味着其丧失质押权。

由于质权人占有质物，在质押占有期间，质权人负有妥善保管质押财产的义务，因保管不善致使质押财产毁损、灭失的，应当承担赔偿责任。质权人的行为可能使质押财产毁损、灭失的，出质人可以要求质权人将质押财产提存，或者要求提前清偿债务并返还质押财产。在质押占有期间，质权人不享有对质物的使用权。未经出质人同意，质权人擅自使用、处分质押财产，给出质人造成损害的，应当承担赔偿责任。未经出质人同意，质权人也不得将质物转质给第三人，因转质造成质押财产毁损、灭失的，应当向出质人承担赔偿责任。质权人还有义务及时行使质权，因不及时行使质权，导致质物损毁或价值降低给出质人造成损失的，质权人应当赔偿。

2. 权利质押

权利质押是以权利出质为债权提供担保的方式。一般来说，只要权利本身有价值，且可以转让或变现，就可以设定质押。

权利质押也常需要登记，但权利质押登记的目的不在于公示。动产质权以质物的转移占有为公示方式，不以登记为公示方式。权利质押中，如果不进行登记，原权利人虽然不再持有权利凭证，但可以通过挂失、补办等方式行使权利，从而使质权人手中的权利凭证不再有效；所以，对质权人而言，为维护自己的权益，能够办理登记的，均应办理权利质押登记。

根据《民法典》第440条，可以出质的各种权利主要包括以下四种类型。

（1）汇票、支票、本票、债券、存款单、仓单、提单。以上述权利凭证出质的，质权自权利凭证交付质权人时设立。没有权利凭证的，质权自有关部门办理出质登记时设立。权利凭证的兑现日期或者提货日期先于主债权到期的，质权人可以兑现或者提货，并与出质人协议将兑现的价款或者提取的货物提前清偿债务或者提存。

（2）可以转让的基金份额、股权。以基金份额、证券登记结算机构登记的股权出质的，质权自证券登记结算机构办理出质登记时设立；以其他股权出质的，质权自工商行政管理部门办理出质登记时设立。基金份额、股权出质后，不得转让，但经出质人与质权人协商同意的除外。出质人转让基金份额、股权所得的价款，应当向质权人提前清偿债务或者提存。

（3）可以转让的注册商标专用权、专利权、著作权等知识产权中的财产权。以注册商标专用权、专利权、著作权等知识产权中的财产权出质的，质权自有关主管部门办理出质登记时设立。知识产权中的财产权出质后，非经出质人与质权人协商一致，出质人

不得转让或者许可他人使用。出质人转让或者许可他人使用出质的知识产权中的财产权所得的价款,应当向质权人提前清偿债务或者提存。

(4)现有的以及将有的应收账款。以应收账款出质的,质权自信贷征信机构办理出质登记时设立。应收账款出质后,非经出质人与质权人协商一致,不得转让。出质人转让应收账款所得的价款,应当向质权人提前清偿债务或者提存。

(四)留置

留置是指债权人根据合同的约定需要占有债务人的动产,如维修合同、保管合同等,债务人不按照合同约定履行债务的,债权人有权依照法律规定留置财产,以该财产折价或者以拍卖、变卖该财产的价款优先受偿。债权人为留置权人,占有的动产为留置物或留置财产。抵押和质押都需要通过订立抵押合同和质押合同而设定,未经抵押人和出质人同意,不能设定物上的担保负担。但留置无须经过留置物的所有权人同意,在此意义上,留置权是一种法定权利。

债权人留置的动产,应当与债权属于同一法律关系,否则不得留置,但企业之间留置的除外。比如,甲向开汽车修理厂的乙借款五万元未还,甲的车送乙的修理厂维修,甲支付维修费后,乙以甲还有五万元欠款为由,留置该车不让甲开走。在此案例中,由于借款关系与维修关系不是同一法律关系,乙不享有留置权,其行为不符合法律规定,不受法律保护,对由此给甲造成的损失,应承担赔偿责任。但这种情况如果发生在A公司与B汽车修理公司之间,则不受此限制。当事人也可以通过合同约定,约定留置权的行使条件,或对留置权进行限制。

留置权人依法取得留置权的,应向债务人发出履行债务的通知,要求在一定的宽限期内履行债务。当事人对履行债务的宽限期有约定的,依约定;没有约定的,宽限期一般不少于60日。债务人在宽限期届满后仍不履行债务的,留置权人可通过折价、拍卖或变卖留置物的方式行使留置权。

三 非典型担保

(一)让与担保

债务人或者第三人与债权人约定将财产形式上转移至债权人名下,债务人不履行到期债务,债权人有权对财产折价或者以拍卖、变卖该财产所得价款偿还债务。这种名为所有权让渡,实为担保债务履行的做法,在法律上可以视为一种担保方式,称为让与担保。让与担保的财产可以是不动产,也可以是动产。对于不动产,一般需要变更登记到债权人名下;对于动产,则一般需要交付给债权人。

由于让与担保合同下,当事人的目的在于担保债权的实现,而不是担保财产买卖,为保护担保人利益,对当事人关于债务不履行时担保物归债权人所有的约定同样不予保护,担保人仍有权要求通过折价、拍卖或变卖的方式处理担保财产。

（二）所有权保留

所有权保留主要适用于分期付款的买卖合同，当事人可以在买卖合同中约定买受人未履行支付价款或者其他义务的，标的物的所有权属于出卖人。出卖人之所以保留所有权，主要是为了担保买方合同价款的支付，因此属于一种担保方式。除买卖合同外，赠与合同或其他以转让标的物为履行方式的有偿合同，也可以约定所有权保留。

所有权保留买卖中，合同标的物已交付给买方，虽然卖方保留所有权，但如果买方擅自处分该物，善意相对人仍受善意取得制度的保护。为避免这种情况，所有权保留中，出卖人保留对标的物的所有权，应当办理所有权保留登记。所有权保留登记的登记方式和登记机关，可以参照抵押登记的规定办理。

在所有权保留买卖中，如果买方未能履行付款义务，卖方有权要求对出卖物进行折价、变卖或拍卖，并就所取得的价款在尚未支付的价款范围内优先受偿。此外，出卖人还有权在特定情况下，以所有权人的身份，行使对标的物的取回权。我国《民法典》第642条规定的特定情形有以下三种：① 未按照约定支付价款，经催告后在合理期限内仍未支付；② 未按照约定完成特定条件；③ 将标的物出卖、出质或者作出其他不当处分。

除上述情况外，出卖人也可以与买受人协商取回标的物。为保护买受人利益，我国《民法典》在规定出卖人取回权的同时，还规定了买受人的回赎权，规定出卖人行使取回权时，买受人可以与出卖人约定回赎期，出卖人也可以指定合理的回赎期。在回赎期内，买受人能够消除取回事由的，可以请求回赎标的物。

（三）保兑仓交易

保兑仓交易主要是一种以银行信用为载体、以银行承兑汇票为结算工具的融资担保方式，其基本的交易流程是：卖方、买方和银行订立三方合作协议，买方向银行缴存一定比例的承兑保证金，银行向买方签发以卖方为收款人的银行承兑汇票，买方将银行承兑汇票交付卖方作为货款，银行根据买方缴纳的保证金的一定比例向卖方签发提货单，卖方根据提货单向买方交付对应金额的货物，买方销售货物后，将货款再缴存为保证金。承兑汇票到期后，由买方支付承兑汇票与保证金之间的差额部分。到期若买方无力偿还差额，则由卖方向银行承担连带责任。

保兑仓交易模式的基本交易模式是：买方向银行融资，卖方向银行提供担保。有时候，银行为降低风险，还会与卖方约定将货物交给由其指定的第三方（常常是仓储企业）监管，并设定质押，从而演变成一套极为复杂的交易模式。但不管如何演变，其基本的交易模式不变。

在不具有真实交易的情况下，买方和卖方常常通过保兑仓交易实现公司间的资金拆借。买方向银行支付承兑保证金并支付保证金与承兑汇票之间的差额，卖方持银行签发的承兑汇票请求承兑提现。如果不存在真实交易，这种交易模式实际上就是卖方通过银行向买方的借款行为。在这种情况下，保兑仓交易因构成虚伪意思表示而无效，但被隐

藏的借款合同是当事人的真实意思表示,如不存在其他合同无效情形,应当认定有效。卖方和银行之间的担保关系同样也应认定有效,当买方不能支付保证金和承兑汇票之间的差额时,卖方仍应当承担担保责任。

> **与本讲内容相关的重要法律、法规和司法解释**
>
> 1.《中华人民共和国民法典》
> 2.《最高人民法院关于适用〈中华人民共和国民法典〉有关担保制度的解释》

第八讲

商事规则

商事规则属于商法的范畴，商法主要包括票据法、保险法、信托法、海商法等内容，很多教材将公司法、银行法、证券法、企业破产法等也纳入商法的体系。

商法和民法同属于私法，常常被统称为民商法。尽管我国在法律体系上并不严格区分民法与商法，但二者还是有很大区别的。从一般法律理念上来说，民法注重公平，商法注重效率；民法关注意思表示的内容是否真实，商法更关注意思表示的外在形式是否规范。法律理念的不同导致其法律适用也有很大的不同。公司法和企业破产法的基本内容已经在第三讲和第四讲中予以详细介绍，银行法和证券法的相关内容将在下一讲予以讨论，本讲主要介绍票据法、保险法和信托法。

第一节 商业票据

一、票据概述

（一）何为票据

1. 票据及其分类

在不同的语境下，票据有不同的含义和指称范围。广义上，以证明或设定权利为目的的书面凭证都可以称为票据，如股票、国库券、企业债券、发票、提单，甚至车票、船票等。我国于1995年颁布了《票据法》，在票据法的意义上，票据不强调证明或设权功能，仅指特定的具有支付功能的证券，是指出票人依法签发的由自己或指示他人无条件支付一定金额给收款人或持票人的有价证券。我国《票据法》规定了三种类型的票据，即支票、本票和汇票。三种票据均由中国人民银行统一设计和印制，当事人自行设计和印制的票据，不具有票据法上的效力。

（1）支票。支票是由出票人签发的，委托办理支票存款业务的银行或者其他金融机构在见票时无条件支付确定的金额给收款人或者持票人的票据。支票是出票人委托第三方见票付款的凭证，第三方之所以能够见票付款，是因为出票人与该第三方之间存在资金关系，需要出票人在付款第三方处存储一定数额的资金。当出票人所签发的支票金额超过其在付款的第三方所存储的资金数额时，付款人可以拒绝付款。这种在预存资金不足的情况下签发的支票又称空头支票。

支票分现金支票、转账支票和普通支票三种类型。支票上印有"现金"字样的为现金支票，印有"转账"字样的为转账支票，未印"现金"或"转账"字样的，为普通支票。普通支票可以用于支取现金，也可以用于转账。在普通支票左上角划两条平行线的，为划线支票，划线支票只能用于转账，不得支取现金。

（2）本票。本票是出票人签发的，承诺自己在见票时无条件支付确定的金额给收款人或者持票人的票据。本票又分为银行本票和商业本票，银行本票是指银行签发的本票，商业本票是由银行以外的其他商业组织签发的本票。我国《票据法》中规定的本票均为银行本票。银行本票由当事人向银行申请，银行根据申请，收取相应款项后，签发银行本票。申请人可以持银行签发的银行本票办理结算业务。收款人或持票人持银行本票向签发本票的银行请求付款。

（3）汇票。汇票是出票人签发的，委托付款人在见票时或者在指定日期无条件支付确定的金额给收款人或者持票人的票据。汇票又可分为银行汇票和商业汇票，由银行对外签发的汇票是银行汇票,由银行以外的商业组织签发的汇票为商业汇票。商业汇票又可进一步分为银行承兑汇票和商业承兑汇票:银行承兑汇票是由在承兑银行开立存款账户的存款人出票,向开户银行申请并经银行保证在指定日期无条件向收款人或持票人支付确定金额的汇票;商业承兑汇票是由商业信用担保,由企业出具的保证在指定日期无条件支付确定的金额给收款人或持票人的汇票。

2. 票据的功能

票据最基本的功能是支付功能,以票据作为支付手段可以大大减少现金携带的不便和风险。票据可以通过背书方式不限次数地转让,从而具有很强的流通功能。在背书转让后,背书人对于票据的付款负保证责任。票据的转让次数越多,其付款保障越高,信用也就越高,因此,票据又具有信用功能。由于票据具有上述支付、流通和信用功能,票据还进一步被用作融资工具。

> **拓展阅读**
>
> 甲公司欲向乙公司购买一套价值1 000万元的设备,但没有这么多现金,提出以付款期限为六个月的承兑汇票作为支付手段,乙公司同意。甲公司遂向其开户行申请承兑。基于甲公司的信用,在其交纳了300万元保证金后,银行同意承兑。甲公司于是以该承兑汇票为支付手段完成了交易。乙公司取得汇票后,由于没有到期,不能直接到银行要求付款,但由于已经银行承兑,具有很高的付款信用保证,故同样可以作为支付手段背书转让给丙公司,丙公司则可以转让给丁公司。每个背书人都对该汇票的付款负保证责任,故每背书转让一次,该汇票的付款便增加一个保证,从而也就容易被接受。假如丁取得该票据后,需要现金,但汇票还没有到期,丁可以至某银行办理贴现,当然,贴现时需要支付或扣除未到期期间的利息。汇票到期后,持票人到承兑银行要求付款,承兑银行必须无条件付款。如果此时甲公司未能向银行补足700万元的差额,则银行可以追究甲公司的违约责任。
>
> 在这一过程中,由于甲公司向承兑银行交纳了300万元保证金,所以银行增加了300万元存款业务,但对外并没有实际支付一分钱现金贷款。甲公司则在现金不足的情况下,通过票据的支付、流通和信用功能实现资金的融通,完成交易。

3. 票据的电子化与票据法的未来发展

随着电子技术的快速发展,票据越来越呈现出电子化趋势。目前,银行汇票、银行本票和支票已不同程度地实现了电子化,但是,《票据法》的票据规则仍以传统纸质票据为基础,缺乏对电子票据进行规范的法律规则。如何确定电子票据的出票、背书和交付等行为的成立和效力,是当前迫切需要解决的重要课题。

（二）票据关系与非票据关系

1. 票据关系

围绕着票据可以形成多种法律关系，但并不是所有这些法律关系都是票据关系，只有基于票据行为产生的关系才是票据关系。所谓票据行为，是指能产生票据上的权利或义务的行为。票据行为是票据法上特有的行为，由此所形成的关系也具有特殊性，无法适用民法上的一般规则，因而需要通过特别法即票据法来调整。票据行为主要有六种，即出票、背书、承兑、保证、参加承兑和保付，我国《票据法》未规定参加承兑和保付，只规定了前四种票据行为。也就是说，根据我国《票据法》，只有基于出票、背书、承兑和保证行为而形成的关系才是票据关系。

在票据关系中，出票行为是最基本的票据行为，一切票据行为皆以此为基础。出票行为由票据的签发和交付行为组成，票据一经签发和交付，则形成票据关系，签发并交付票据的是出票人，接受票据的是收款人。如果票据是经承兑的汇票，在票据上签章承诺见票无条件付款的是承兑人。如果有人为特定票据债务人提供担保，则在票据粘单上签章承诺提供担保的人为保证人。收款人接收票据后，可以背书转让，背书转让的一方称背书人，经背书受让票据的是被背书人。被背书人可以继续背书转让给他人，从而成为背书人。无论票据辗转转让几手，最终持有票据的人称持票人。

上述出票人、承兑人、保证人、背书人、被背书人、收款人、持票人之间基于其各自的票据行为而形成的关系，均为票据关系。不同的当事人在不同的票据关系中享有不同的票据权利，负有不同的义务。

2. 非票据关系

围绕票据而形成的关系并不限于上述基于票据行为而产生的关系。比如，银行承兑汇票的签发肯定不是无缘无故的，出票人与承兑银行之间一定存在某种基础性的合同关系。又如，票据可以质押，债权人债权实现后，出质人有权要求返还票据。这种票据返还请求权是基于质押合同而形成的关系，也不是基于票据行为而形成的关系。再如，票据也不会是无缘无故转让的，票据转让背后一定存在某种前提性的交易关系，一般称为原因关系或基础关系。当票据因存在某种瑕疵被拒绝付款或基于票据法上的某种原因丧失票据权利时，未获得付款的人仍享有基于原因关系而存在的利益请求权，从而可能形成利益返还关系、违约损害赔偿关系等。

上述关系均非基于票据行为而形成的关系，因而均不属于票据关系，票据法上一般称之为非票据关系。对于非票据关系，不适用票据法规则，而是通过普通的民事法律规范来调整。常见的非票据关系主要有票据原因关系、票据资金关系、票据预约关系、票据返还关系、利益返还关系、损害赔偿关系等。

（三）票据关系的无因性

票据是一种无因性证券，票据行为和票据关系均具有无因性。所谓无因性，是指票据权利人是否享有票据权利，仅取决于票据上的记载事项是否符合票据法的要求，至于票据背后的原因关系和其他关系，无论是否有效，无论是否履行，均不影响权利人基于票据关系行使权利、承担义务。

法律上之所以规定票据关系的无因性，是为了提高票据的流通性和安全性，避免其受原因关系的影响。仍以前述甲公司与乙公司之间的设备买卖关系为例：甲公司向乙公司交付承兑汇票后，乙公司又基于其他交易关系背书给丙，丙又背书给丁。此时，甲公司发现乙公司的设备存在严重的质量问题无法使用，遂要求退货，由于乙无法提供合格的设备，合同遂被解除。甲公司因生产经营受到影响，不能按照与承兑银行的约定于汇票付款日期到达之前向银行支付700万元的资金差额。承兑汇票到期时，丁持票要求承兑银行付款，银行不得以甲公司资金未到位之由拒绝付款。由于票据已被背书转让，所以甲公司也不得以其与乙公司之间的合同已解除为由要求乙公司返还票据。

二 票据行为

（一）票据行为及其特殊性

前文中已提及，票据行为是指能产生票据权利义务的行为。与法律行为不同，票据行为具有非常鲜明的自身特点，除前文已提到的无因性之外，还表现在以下三个方面。

1. 要式性

票据行为是要式行为，要求严格依法律规定的格式在票据上明确签章记载，如果形式和记载事项有欠缺，则不能产生票据效力。如汇票的出票行为，《票据法》规定必须记载以下事项：① 表明"汇票"的字样；② 无条件支付的委托；③ 确定的金额；④ 付款人名称；⑤ 收款人名称；⑥ 出票日期；⑦ 出票人签章。缺少上述任何一项，出票行为均无效，不产生票据效力。对于上述事项中的第二项，法律要求必须是"无条件"，如果附条件，也将导致票据无效。

2. 文义性

在民法上，当事人对合同的理解出现分歧时，应当根据合同的目的来考察当事人的真实意思。但对票据记载事项发生争议时，原则上并不考察当事人的真实意思，而是根据票据的外观形式来判断。即使是记载失误，也应按错误的记载来考察票据的效力。比如，甲公司与乙公司交易金额本来为200万元，但甲公司会计向乙公司开具支票时，因对货款计算错误，票据金额写成了300万元。乙公司收到票据后背书转让给了丙。当丙公司向银行请求按支票金额付款时，甲公司不得以计算错误为由要求银行按照200万元付款，仍应按照票面金额付款。对于乙公司多收的100万元，甲公司应通过民事手段解决，如可以不当得利之由请求乙公司返还。

3. 独立性

票据行为还具有独立性，通常同一票据上有若干票据行为存在，这些票据行为相互独立，一种票据行为无效，并不影响其他票据行为的效力。比如，小偷在偷盗来的票据上通过伪造签章将票据背书转让，该伪造行为显然是无效的票据行为，对被伪造签单的当事人不产生法律效力。但该行为不影响其他票据行为的效力，如果被背书人将该票据再次背书转让，则该背书行为的效力不受影响，票据仍然可以流通。至于小偷的盗窃和伪造行为，应根据相关法律的规定追究其责任。

（二）具体票据行为

我国《票据法》规定的票据行为有四种，分别是出票、背书、承兑和保证。

1. 出票

出票是指出票人签发票据并将其交付给收款人的票据行为，它以设立票据权利为目的，是基本票据行为。没有出票行为，便不存在其他票据行为，也不会产生票据权利和票据义务。

（1）出票人。出票人是以法定方式签发票据并将票据交付给收款人的法人、其他组织或者个人。出票人对收款人及正当持票人承担付款或者承兑的保证责任。

银行本票和银行汇票的出票人为经中国人民银行批准办理银行汇票业务的银行。商业汇票的出票人为银行以外的企业和其他组织。支票的出票人，为在经办支票存款业务的金融机构中开立支票存款账户的企业、其他组织或者个人。

（2）出票记载事项。作为要式证券，票据必须严格依照《票据法》规定的记载事项和记载形式制作。根据不同记载事项对票据效力的影响，记载事项分为必要记载事项、任意记载事项和禁止记载事项三类，其中：必要记载事项是指必须记载，不记载就不能生效的事项；任意记载事项是指由当事人自主决定是否记载、不记载不影响票据效力的事项，如质押背书记载、禁止背书记载等；禁止记载事项是指记载无效甚至导致票据无效的事项，如汇票关于付款条件的记载事项即属于禁止记载事项，一旦记载，将导致票据无效。

汇票出票应记载的事项前文已经述及。本票是由出票人付款的，因而本票不记载付款人名称。支票一般为见票即付，不要求记载收款人事项。

（3）出票的效力。票据一经作成并交付，即完成了出票行为，并产生法律效力。

票据一经签发，收款人或者最后持票人即取得票据上的权利，享有对付款人的付款请求权。本票的付款人为出票人，因此本票一经签发，出票人即成为票据的债务人，负有无条件到期支付票据金额的义务；支票和汇票的出票人不是付款人，出票人签发票据后，对付款人的付款义务承担保证责任，当票据上记载的付款人拒绝付款时，持票人有权要求出票人履行付款义务。票据经签章背书转让的，对于某一特定的签章人而言，在其签章之前在票据上签章背书的，均是其前手；在其后签章背书的，均是其后手。当最终的持票人请求付款人付款遭遇拒绝时，有向其任何前手追索的权利。

出票行为对付款人并不必然产生约束力，出票人在票据上记载的付款人有权拒绝付款。但是，对于承兑汇票，付款人一旦承兑，则应承担到期无条件付款的义务。

2. 背书

票据背书一般可分为转让背书和非转让背书，其中：转让背书是以转让票据权利为目的的背书；非转让背书一般包括设质背书和委托取款背书两种，分别是以设定质权为目的的背书和以委托被背书人代为领取票款的背书。

（1）背书的记载事项。背书应记载被背书人的名称、背书人签章和背书日期。未记载日期的，视为票据到期日前背书。背书不得附条件，也不得部分背书。附条件的背书和部分背书的记载无效。设质背书和委托取款背书还应载明"质押"和"委托收款"的字样。

出票人可以在票据上明确记载"不得背书"或"不得转让"字样，出票人禁止背书的，背书不发生法律效力。背书人也可以记载"不得背书"字样，背书人禁止背书的，被背书人仍可以背书转让，但是当票据被拒绝付款时，禁止背书的背书人对其后手的被背书人不承担偿还责任。

（2）背书的效力。背书的法律效力包括三个方面。一是权利转移的效力。背书生效后，被背书人从背书人手中取得并享有票据权利。二是权利证明效力。持票人只要持有背书连续的票据，法律上就推定其为合法的票据权利人，不必证明取得票据的原因，仅凭背书连续即可以行使票据权利。三是权利担保的效力。背书生效后，背书人即成为票据上的债务人，必须对其后手承担担保付款的责任。

（3）背书的连续性问题。以背书转让的票据，背书应当连续。所谓背书的连续，是指作为票据出让方的背书人与作为受让方的被背书人在票据上的签章应当依次前后相接，不能间断。

背书转让不是持票人合法取得票据权利的唯一方式，持票人通过其他方式合法取得票据的，会产生票据形式上不连续的问题，这种情况下，持票人需要另行举证，证明其取得票据的合法性。

3. 承兑

承兑是针对承兑汇票而言的，其他票据不存在承兑问题。所谓承兑，是指汇票付款人承诺在汇票到期日支付汇票金额的行为。承兑汇票签发后，在付款人承兑前，汇票上的权利处于不稳定状态。如果付款人拒绝承兑，收款人或持票人只能向出票人或前手行使追索权，只有经承兑后，收款人或持票人才可以向付款人请求付款。

（1）提示承兑。提示承兑指持票人向付款人出示票据，并要求付款人承诺付款的行为。提示承兑不是票据行为，只是承兑的前提。提示必须在法律规定的期限内进行，否则丧失对前手的追索权。对于定日付款或出票后定期付款的汇票，应在汇票到期日前提示承兑；对于见票即付的汇票，应当在出票日起一个月内提示承兑。

（2）承兑的记载事项及其效力。付款人承兑汇票，应当在汇票正面记载"承兑"字样并记载承兑日期。未记载承兑日期的，以付款人收到提示承兑的汇票的法定承兑期限的最后一日为承兑日期。汇票一经承兑，承兑人即成为汇票的主债务人，应当履行到期无条件付款的义务。

4. 保证

保证是由票据债务人以外的人为票据债务的履行提供的连带责任担保。保证人应当将保证事项记载在票据或粘单上，保证记载事项包括"保证"的字样、保证人的名称和住所、被保证人的名称和住所、保证人日期和保证人签章。未记载被保证人的，对于已承兑的汇票，承兑人为被保证人；未承兑的汇票和其他票据，出票人为被保证人。未记载保证日期的，出票日期为保证日期。保证不得附条件，附条件的，不影响保证责任的承担。

（三）票据的伪造与变造

1. 票据的伪造

所谓票据的伪造，是指不享有票据权利的人假冒或虚构他人的名义实施的票据行为。伪造票据是违法行为，应当承担相应的法律责任（甚至可能是刑事责任），故伪造行为本身当然不具有任何法律效力。但是，由于票据行为的独立性，票据的伪造并不影响其他票据行为的效力。在现实生活中，票据伪造主要是签章的伪造。

伪造行为不具有法律效力，故伪造人不是票据债务人，不受票据权利人追索，但应承担其他法律责任。伪造行为既然是伪造的，当然也不是被伪造人的行为，因此，被伪造人也不是票据债务人，同样不受票据权利人的追索。

2. 票据的变造

票据的变造是对票据上已记载事项进行篡改，或增加、减少票据记载事项的内容，从而达到变更票据权利义务关系的目的。票据记载事项被变造的，在变造之前签章的人，对原记载事项负责；在变造之后签章的人，对变造之后的记载事项负责；不能辨别是在票据被变造之前还是之后签章的，视同在变造之前签章。

3. 票据伪造与变造的风险承担问题

票据的伪造与变造均是违法犯罪行为，伪造与变造者当然要承担责任。但是，当伪造者与变造者无力赔偿给他人造成的损害时，总有人作为受害者承担最后的风险。那么，谁是最终的风险承担者呢？

（1）持票人的风险承担问题。理论上，持票人不仅有向付款人请求付款的权利，还有向一切前手包括出票人追索的权利，是承担风险最小的人。但是，如果持票人所持票据上其他当事人的签章都是伪造的，则持票人无法真正行使票据权利、只能依民法规定向与其有真实交易关系的当事人主张权利。

（2）付款人的风险承担问题。付款人付款时，负有对票据的真实性和持票人身份进行审查的义务，因此在实务中，付款人在未尽充分审查义务的情况下付款而造成损失的，付款人应当承担责任，从而成为最终的风险承担者。

（3）真实签章人的风险承担问题。根据票据行为的独立性，伪造票据上存在其他票据行为的，伪造行为不影响其他票据行为的效力。当票据被发现伪造后，持票人可以向其前手追索，其前手承担责任后，可以继续向前手追索。如果票据是对出票人签章的伪造，则第一个在票据上真实签章的人因无法再向前手追索，就会成为最终的风险承担者。对于变造的票据，由于变造前的真实签章人无须对变造后的记载负责，则变造后的第一位真实签章者就成为最终的风险承担者。

（4）被伪造人的风险承担问题。前文已经分析，当被伪造人是出票人，票据上的第一个真实签章人是最终的风险承担者，出票人作为被伪造人不承担任何责任。除出票人外，如果被伪造人是一个与票据利益毫不相关的人，则被伪造人也无须承担责任。但在现实中，在票据丢失或被盗情况下，持票人签章被伪造并背书转让给他人的，虽然其因签章系伪造不受后手追索，但由于其没有实际取得票据的对价，从而成为实际的最终风险承担者。

三 票据权利

（一）票据权利的内容

票据权利是凭票才能行使的权利，因而是持票人向票据债务人请求支付票据金额的权利，包括付款请求权和追索权。

1. 付款请求权

付款请求权是持票人请求票据上载明的付款人依照票面金额付款的权利。未经转让的票据的持票人一般是收款人，经过背书转让的票据的持票人一般为最后的被背书人。请求付款指向的票据债务人是票据上记载的付款人。本票的付款人为出票人，支票的付款人一般是出票人的开户行，经承兑的汇票的付款人是承兑人。

2. 追索权

当付款请求被拒绝时，持票人可以向其他票据债务人请求偿付票据金额，这一权利在票据法上称为追索权。作为持票人前手的真实签章人都属于付款人以外的其他票据债务人，从而成为被追索的对象，包括背书人和出票人。付款请求权一般在票据到期时才行使，相应地，追索权也应在票据到期被拒付后才能行使。但如果遇到付款人拒绝承兑、死亡、逃匿或破产等情况，票据虽未到期，持票人也可以行使追索权，称为期前追索权。期前追索情况下，持票人虽然未向承兑人或付款人主张权利，但承兑人或付款人的义务并未因此免除，最终不能再行使追索权的人仍有权向承兑人或付款人行使付款请求权。

持票人行使追索权时，应出具付款人或承兑人拒绝付款或承兑的证明；期前追索的，要出具相应的证明，并在收到有关证明起三日内，书面通知前手。延期通知的，应承担因延期通知给前手或出票人造成的损失。持票人不能出示拒绝证明或未在规定期限内提供相关证明的，丧失对前手的追索权。持票人未在规定期间内提示承兑的，也不能再对前手行使追索权。

追索权只能向票据上记载的一切前手追索，不能向后手追索。被追索人支付款项后，追索人应交出票据和拒绝证明。被追索人可以持票据、拒绝证明和付款证明继续向其前手追索。

3. 票据权利的丧失

票据权利可因付款义务的履行或清偿而消灭，在权利未行使的情况下，也可能会因各种原因而丧失。票据权利丧失的原因主要有以下四种。

（1）票据时效届满而未行使票据权利。根据《票据法》第17条的规定，票据权利在下列期限内不行使而消灭：① 持票人对票据的出票人和承兑人的权利，自票据到期日起二年。见票即付的汇票、本票，自出票日起二年。② 持票人对支票出票人的权利，自出票日起六个月。③ 持票人对前手的追索权，自被拒绝承兑或者被拒绝付款之日起六个月。④ 持票人对前手的再追索权，自清偿日或者被提起诉讼之日起三个月。应予注意的是，这里的票据时效是消灭时效，而不是诉讼时效，在性质上属于除斥期间，因而不适用诉讼时效中止、中断和延长的规定。

（2）因手续欠缺而丧失票据权利。这种情况主要指追索权的丧失，具体情况已如前述。

（3）因除权判决而丧失票据权利。这主要指持票人未在法院公示催告期间内申报权利，而被除权判决除权的情况。

（4）因票据被他人善意取得而丧失票据权利。票据丢失或被盗而被他人善意取得的，原权利人丧失票据权利。

票据权利丧失，仅意味着权利人不能再行使票据权利，但基于票据的原因关系仍享有民事权利，可以依据民事法律规范请求出票人或者承兑人返还其与未支付的票据金额相当的利益。

（二）票据抗辩

当票据债务被请求付款或被追索时，可以基于合理的理由予以抗辩，拒绝付款，此即票据抗辩。票据法上常将票据抗辩分为物的抗辩和人的抗辩两种类型，物的抗辩是基于票据本身存在的问题与瑕疵而提出的抗辩，这一抗辩可针对任何持票人提出，又称绝对抗辩。人的抗辩是指票据债务人仅可针对特定债权人提出的抗辩，这一抗辩一般基于票据当事人之间的特定关系而产生，多与原因关系有关，又称相对抗辩。从票据债务人的角度，抗辩还可分为付款人对付款请求的抗辩和其他票据债务人针对票据债权人的追索提出的抗辩。

1. 付款人的抗辩事由

付款人的抗辩主要是针对持票人付款请求的抗辩，既可行使物的抗辩，也可行使人的抗辩。付款人可行使的物的抗辩事由主要有票据无效、票据存在伪造变造等瑕疵、票据未到期或已超过票据时效、票据已被除权判决除权等。可行使的人的抗辩事由主要是持票人欠缺受领资格，如身份与票据记载不符。持票人与付款人之间存在原因关系或票据资金关系的，付款人也可基于原因关系或资金关系提出抗辩。

2. 其他票据债务人针对追索权的抗辩

其他票据债务人针对追索权提出的抗辩,主要是针对票据时效届满和因手续欠缺丧失追索权而行使的抗辩。当然,如果被追索人与追索人之间存在原因关系或资金关系,也可以基于原因关系和资金关系而进行抗辩。

3. 抗辩权的切断

为确保票据的安全性和流通性,《票据法》对票据抗辩进行了限制,规定了抗辩权切断制度。所谓抗辩权的切断,是指无论何种类型的抗辩,票据债务人均不得以自己与出票人或者与持票人的前手之间的抗辩事由,对抗持票人。但是,持票人明知存在抗辩事由而取得票据的除外。明知存在抗辩事由仍取得票据,取得票据不具有善意,不受法律的保护,故可对其请求行使抗辩权,这种情况属于抗辩权切断的例外。

(三)票据丧失及其法律补救

票据权利是基于票据才享有的权利,如果持票人丧失对票据的占有而为他人善意取得时,自然也丧失票据权利。但是,票据权利的丧失并不意味着票据关系的原因关系中民事权利的丧失,当事人仍可基于原因关系主张权利,寻求法律的保护。一般情况下,当事人丧失票据权利后,可以直接依据原因关系主张权利,但在票据丧失的情况下,为避免权利冲突,需要通过一定程序进行确权和除权后,才能确定权利的行使方式,故在此予以单独讨论。

1. 票据的挂失止付

挂失止付是失票人将丧失票据的情况通知付款人,并请求付款人暂时停止付款的行为。挂失止付时,应当在付款人付款前通知付款人,付款人已经完成付款的,无法止付。付款人自收到当事人的挂失止付通知时起,在法定的期间内,不得再履行付款义务,否则将承担相应的法律责任。根据《票据法》,票据丧失,失票人可以及时通知票据付款人挂失止付,并应当在通知挂失止付后三日内或在票据丧失后向人民法院申请公示催告,人民法院应在收到公示催告申请的同时通知付款人停止支付直到公示催告程序终结。付款人在收到当事人挂失止付通知之日起12日内未收到人民法院的止付通知的,挂失止付自动解除。

2. 票据的公示催告

失票人向人民法院申请公示催告的,人民法院应当在受理后三日内发出公告,催促利害关系人申报权利,公告时间不得少于60天。

在公告期间内,权利人向人民法院申报权利的,如果不存在权利争议,应裁定终结公示催告程序。票据权利人依票据行使票据权利,丧失票据权利的当事人可以依据民事法律规定主张权利,维护自己的权益。如果申报人与申请人之间存在权利争议,申请人和申报人均可提起诉讼,转入诉讼程序解决。

公告期间内,无人申报或申报被驳回的,申请人可申请人民法院作出除权判决,申请人可凭除权判决书行使票据权利,持票人则丧失票据权利,其因丧失票据权利而不能实现的权益可依据民事法律的有关规定另行主张。

第二节 商业保险

商业保险实质上属于一种经济互助措施，是一种通过集合多个经济单位的资金，对特定危险事故的发生所造成的损失予以补偿的制度。商业保险不同于社会保险，在我国，养老、医疗、工伤、生育、失业属于社会保险法的调整范畴，均具有强制性。商业保险由《保险法》调整，除特殊规定（如机动车强制险）外基本上均属于自愿保险。我们在此仅讨论商业保险。

根据保险标的的不同，保险可分为财产保险和人身保险。较常见的财产保险有财产损失险和责任保险。财产损失险是当财产毁损、灭失时由保险人补偿损失的保险；责任保险是当被保险人对第三人负有赔偿责任时，由保险人代付赔偿金的保险。人身保险是指以人的生命健康或身体为保险标的的保险。人身保险品种五花八门，常见的人身保险如人寿保险、健康保险、意外伤害保险、医疗保险等。

一　保险合同

保险合同是投保人与保险人之间就保险权利义务而订立的协议。投保人向保险人支付保险费，当保险事故发生时，由保险人按照合同约定向投保人或被保险人支付赔偿金或保险金。这里所说的被保险人可以是投保人自己，也可以是第三人。如果投保人为他人订立保险合同，该他人就是被保险人。在人身保险合同中，投保人或者被保险人还可以指定自己或他人为保险金受领人，即受益人。

（一）保险合同的主要条款

保险合同条款一般可分为基本条款和附加条款。基本条款一般是格式条款，是由保险人事先拟定并印制在保单背面的条款；附加条款大多也是格式条款，但也可以是当事人根据需要另行约定的条款。一般来说，保险合同应具备以下七个方面的内容。

（1）当事人名称与住所。被保险人不止一人时，需要在保险合同中一一列明，经保险人核定承保后签发保险单。保险合同中除载明投保人外，若另有被保险人或受益人，还需要加以说明。货物运输保险合同较为特殊，有指示式和不记名两种。在指示式合同中，除记载投保人的姓名外，还有"其他指定人"字样，可由投保人背书而转让给第三人；在不记名保险合同中，无须记明投保人的姓名，保险合同的权利与义务随保险标的物的转移同时转让给第三人。

（2）保险标的。保险标的是指作为保险对象的财产及其有关利益，或者人的生命健康和身体，其范围以保险合同约定的利益为限，保险合同中常常以概括式或列举式方式确定保险范围。

（3）保险责任与免责条款。保险责任是指当保险合同中约定的保险事故发生时，保险人应承担的赔偿或给付责任。免责条款是规定排除保险人在保险事故发生时承担责任的情形而订立的条款。

（4）保险期间。保险期间指保险合同的有效期间，也是保险人承担保险责任的起止时间，只有在保险期间内发生的保险事故，保险人才承担保险责任。

（5）保险价值与保险金额。保险价值是指投保人在投保时约定的保险标的的价值；未约定保险价值的，保险价值为发生保险事故时保险标的所具有的价值。保险金额是在保险合同中所确定的对保险标的的实际投保金额以及保险人承担保险金赔付的最高限额。保险金额以保险价值为限，超出保险价值约定的保险金额无效。由于人身保险没有保险价值，保险金额由保险当事人在订立合同时约定。

（6）保险费与保险费支付办法。保险费是投保人为使保险人承担保险责任而向保险人支付的费用。保险费可一次交纳，也可分批交纳，由当事人约定。保险金是在保险事故发生后或保险合同约定的条件满足时保险人依照约定赔付的金额。

（7）其他条款。其他条款包括违约条款、争议处理条款等。

（二）保险合同的订立与生效

保险合同订立行为作为一种法律行为，除受《保险法》调整外，也受《民法典》的调整。保险合同的成立和生效因而同样适用《民法典》合同编的一般规定。

1. 保险合同的成立：投保与承保

合同成立须经要约与承诺两个阶段，在保险合同订立时，要约行为称为投保，承诺行为称为承保。投保人投保经保险人同意承保的，保险合同成立。

投保行为的表现形式一般是投保人向保险人提交投保单。投保单一般由保险人准备统一格式，由投保人填写。投保单经保险人同意后，构成保险合同的一部分。承保行为的表现形式一般是保险人向投保人签发保险单或保险凭证。保险单简称保单，保单是保险合同的书面形式。保险凭证是简化了的保险单。

2. 保险合同的生效

保险合同成立后，是否有效取决于合同是否符合法律规定的要件。保险合同除应符合《民法典》合同编一般规定的生效条件外，还应符合保险法的规定。保险法上有关保险合同效力的规定我们将在下文的有关部分中分别介绍。

3. 关于未交纳保险费情况下的合同效力问题

保险合同具有射幸性质，因此，有人认为未交纳保险费情形下发生保险事故的，保险人不承担保险责任。但是，法律并未以交纳保险费为保险合同生效的要件。保险费支付是合同履行问题，而不涉及合同效力问题，除非当事人明确在合同中约定以保险费的交纳为合同生效的条件。

（三）保险合同的变更、解除与终止

1. 保险合同的变更

（1）保险合同主体的变更。保险合同主体的变更一般是保险标的转让情况下的合同转让，一般只会变更投保人或被保险人，保险人往往不会变更。根据《保险法》，保险标的的转让应当通知保险人，经保险人同意继续承保后，依法变更合同。但对于货物运输保险合同或当事人另有约定的情况下，合同变更无须经过保险人同意，只需要通知保险人即可发生合同变更的效力。

被保险人或者投保人也可以变更受益人并书面通知保险人。保险人收到变更受益人的书面通知后，应当在保险单上批注。投保人变更受益人时须经被保险人同意。

（2）保险合同内容的变更。保险合同内容的变更包括保费的变更及其他内容的变更，主要是保费的变更。当事人经协商一致，可以变更保险合同，也可以在合同中约定合同变更的具体情形和条件。当约定的情形和条件出现时，可以依约定要求变更合同。除协商变更外，《保险法》还规定了保险合同可以变更的法定情形。当法定情形出现时，当事人有权要求变更合同。这些法定变更情形主要包括以下两种。

一是保险人有权要求增加保费的情形。《保险法》第32条规定，投保人申报的被保险人年龄不真实，致使投保人支付的保险费少于应付保险费的，保险人有权更正并要求投保人补交保险费，或者在给付保险金时按照实付保险费与应付保险费的比例支付。第51条规定，投保人、被保险人未按照约定履行其对保险标的的安全应尽责任的，保险人有权要求增加保险费或者解除合同。第52条规定，在合同有效期内，保险标的的危险程度显著增加的，被保险人应当按照合同约定及时通知保险人，保险人可以按照合同约定增加保险费或者解除合同。

二是被保险人有权要求降低保费的情形。《保险法》第32条规定，投保人申报的被保险人年龄不真实，致使投保人支付的保险费多于应付保险费的，保险人应当将多收的保险费退还投保人。第53条规定，据以确定保险费率的有关情况发生变化，保险标的的危险程度明显减少的，或保险标的的保险价值明显减少的，除合同另有约定外，保险人应当降低保险费，并按日计算退还相应的保险费。

2. 保险合同的解除

合同解除可以由双方协商解除，也可以在法律规定的条件下由一方当事人单方解除。根据《保险法》，投保人随时可解除合同，除非合同另有约定或法律明确禁止；保险人原则上不得解除合同，除非法律明确授予合同解除权。法律规定保险人可行使单方合同解除权的情况主要包括以下五个方面。

（1）投保人故意隐瞒事实，不履行如实告知义务或者因过失未履行如实告知义务，足以影响保险人决定是否同意承保或者提高保险费率的，保险人有权解除合同。

（2）被保险人或者受益人在未发生保险事故的情况下，谎称发生了保险事故，向保险人提出赔偿或给付保险金的请求，保险人有权解除保险合同，并不退还保险费。

（3）投保人、被保险人故意制造保险事故的，保险人有权解除保险合同，不承担赔偿或给付的责任。

（4）投保人、被保险人未按约定履行其对保险标的安全应尽责任的，保险人有权要求增加保险费或解除合同。

（5）在保险合同有效期内，保险标的危险程度增加的，被保险人应当按照合同约定及时通知保险人，保险人有权要求增加保险费或者解除合同。被保险人未履行通知义务的，因保险标的危险程度增加而发生的保险事故，保险人不承担赔偿责任。

3. 保险合同的终止

保险合同终止是指保险合同的效力终止从而使当事人的权利义务归于消灭。除当事双方主动解除外，以下法律事实可以导致保险合同终止：① 保险合同的约定期限届满。② 保险人履行了赔偿或给付保险金的责任。③ 保险标的发生部分或全部损失。《保险法》第58条规定，保险标的发生部分损失的，自保险人赔偿之日起30日内，投保人可以解除合同；除合同另有约定外，保险人也可以解除合同，但应当提前15日通知投保人。④ 保险合同被依法解除。⑤ 在以生存为给付条件的人身保险合同中，被保险人或受益人死亡，保险合同终止。⑥ 其他法律规定或合同约定的终止情形。

二 保险原则

保险原则是在保险发展的过程中逐渐形成并被人们普遍接受的基本原则。这些原则作为人们进行保险活动的准则，始终贯穿整个保险业务。保险原则主要包括保险利益原则、最大诚信原则和近因原则，此外，损失补偿原则也常被视为保险基本原则，并由此派生出代位求偿原则和重复保险分摊原则。在保险利益原则中，有财产保险中请求赔偿数额不得大于保险利益的要求，实际上包含了损失补偿原则的内容。因此，这里主要介绍保险利益原则、最大诚信原则和近因原则三大原则。

（一）保险利益原则

保险利益又称可保利益，是指投保人或被保险人对保险标的应享有法律上认可的利益。投保人或被保险人对保险标的没有保险利益的，签订的保险合同无效。这是《保险法》的基本要求，称为保险利益原则。

投保人或被保险人对保险标的是否享有保险利益，比较实用的标准是：当保险事故发生时，投保人或者被保险人是否因保险事故的发生而受到损失或其他不利益。如果保险事故发生时，投保人或被保险人受到损失或不利益，则表明其有保险利益，否则，表明其没有保险利益。

1. 财产保险的保险利益

财产保险合同中，保险标的是财产利益，因此，保险利益必须是经济利益，并且能够以金钱衡量其价值，同时还应当是合法利益。不具有经济性、确定性和合法性的保险标的不具有可保性。投保人在保险事故发生时对保险标的享有保险利益的，才可以要求保险赔偿。如果投保时享有保险利益，保险事故发生时丧失保险利益，仍属于没有保险利益。

在实务中，享有保险利益的人主要包括：① 保险标的的所有权人；② 对保险标的有合法的占有、使用、收益或处分权的人；③ 对保险标的享有担保物权的人；④ 对损失的发生负有赔偿责任的人；④ 对保险标的享有期待权的人。

在财产保险中，保险利益原则还要求投保人投保的保险金额不得大于保险标的的实际价值，也不得重复投保。保险金额超过保险标的实际价值的，超过部分无效；在不同保险公司重复投保的，由各保险人分摊损失。之所以这样要求，是为了避免投保人的赌博心态和道德风险。

2. 人身保险的保险利益

人身保险合同的投保人既可以以自己的生命健康和身份为保险标的，也可以以他人的生命健康和身份为保险标的。投保人对他人的生命健康和身份是否享有保险利益，主要通过投保人与该人的关系来判断。根据《保险法》第31条，投保人对下列人员具有保险利益：① 本人；② 配偶、子女、父母；③ 前项以外与投保人有抚养、赡养或者扶养关系的家庭其他成员、近亲属；④ 与投保人有劳动关系的劳动者；⑤ 除前款规定外，被保险人同意投保人为其订立合同的，视为投保人对被保险人具有保险利益。

与财产保险合同不同，在人身保险合同中，人身保险的保险利益必须在合同成立时存在，如果在订立合同时保险利益不存在，则订立的合同无效。至于在保险事故发生时是否具有保险利益，不影响保险合同的效力。

人身保险合同中，由于人的生命健康不能用金钱计算，故不存在保险金额不得大于保险价值的问题。投保人也可就同一保险标的在同一保险公司或不同保险公司多次投保，并不存在所谓的重复投保问题。

3. 定值财产保险中的保险利益问题

我国《保险法》第55条规定财产保险有定值保险和非定值保险两种方式。定值保险情况下，发生保险事故时，以约定的保险价值为赔偿计算标准。有人据此认为定值保险不受上述关于保险金额不得大于保险价值的限制，这种理解是不对的。虽然我国《保险法》没有明确规定定值保险的适用范围，但一般情况下，定值保险主要适用于保险标的的价值不易确定的情形，如古玩、字画等。海上货物运输保险中，由于货物价值在不同时间、不同国家的价值认定可能差距较大，也常采用定值保险合同。应注意的是，即使采取定值保险，如果约定的保险金额明显大于保险价值，或者投保人有故意隐瞒或其他恶意虚报保险价值的情况，仍受保险利益原则的约束。

（二）最大诚信原则

最大诚信原则是指，保险合同当事人订立合同时及在合同有效期内，应依法向对方提供足以影响对方作出订约与履约决定的全部实质性重要事实，同时绝对信守合同订立的约定与承诺。投保人未尽诚信义务，保险人有权拒绝承担保险责任；保险人未尽诚信义务，免责条款无效。

1. 投保人的告知义务

投保人的诚信义务主要表现为如实告知义务。在订立合同时，对于保险人提出的询问，投保人必须就与保险标的相关的重要事实向保险人如实陈述。否则，保险人有权拒绝承担保险责任。

投保人往往难以判断何种事实应当如实告知，因此，我国《保险法》规定，当保险人就保险标的或者被保险人的有关情况提出询问的，投保人应当如实告知。保险人没有提出询问的，投保人无须告知。另外，保险人在合同订立时已经知道投保人未如实告知的情况的，保险人不得以投保人未履行如实告知义务而提出解除合同或免责抗辩。

对于违反最大诚信义务的法律后果，针对不同情况，《保险法》分别作出了规定。

投保人故意或者因重大过失未履行如实告知义务，足以影响保险人决定是否同意承保或者提高保险费率的，保险人有权解除合同。保险人的这一合同解除权，自保险人知道有解除事由之日起，超过30日不行使而消灭。自合同成立之日起超过二年的，保险人不得解除合同；发生保险事故的，保险人应当承担赔偿或者给付保险金的责任。

投保人故意不履行如实告知义务的，保险人对于合同解除前发生的保险事故，不承担赔偿或者给付保险金的责任，并不退还保险费。投保人因重大过失未履行如实告知义务，对保险事故的发生有严重影响的，保险人对于合同解除前发生的保险事故，不承担赔偿或者给付保险金的责任，但应当退还保险费。

投保人的最大诚信义务不仅体现在合同订立过程中，还体现在合同履行过程中。根据《保险法》第52条，对于财产保险合同，在合同有效期内，保险标的的危险程度显著增加的，被保险人应当按照合同约定及时通知保险人，被保险人未履行该义务，因保险标的的危险程度显著增加而发生的保险事故，保险人不承担赔偿保险金的责任。

2. 保险人的说明义务

保险人的最大诚信义务主要体现为对保险条款的明确说明义务。保险合同常为格式条款且专业性较强，投保人不容易理解条款内容，容易发生误解，故要求保险人对保险条款作出明确说明。

我国《保险法》第17条规定，订立保险合同，采用保险人提供的格式条款的，保险人向投保人提供的投保单应当附格式条款，保险人应当向投保人说明合同的内容。对保险合同中免除保险人责任的条款，保险人在订立合同时应当在投保单、保险单或者其他保险凭证上作出足以引起投保人注意的提示，并对该条款的内容以书面或者口头形式向投保人作出明确说明；未作提示或者明确说明的，该条款不产生效力。

（三）近因原则

保险保的是未来风险损失，保险合同中常常约定特定的风险损害范围，不属于承保范围的原因所造成的损失，保险人不存在保险责任。但是，损害的发生常常是多种原因引起的，不属于保险范围的原因也可能掺杂其间。因此，损害与原因之间的因果关系对

于判断保险人是否应承担保险责任往往具有非常重要的意义。

保险法上确定因果关系所采取的原则是近因原则，如果所保危险是损害发生的近因，无论是否有其他原因参与，保险人均应承担保险责任。如果所保危险不是导致损害的近因，或者说保险责任范围内的原因不是损害发生的近因，则保险人不承担保险责任。

保险关系上的近因并非指在时间或空间上与损失最接近的原因，而是指造成损失的最直接、最有效的起主导作用或支配性作用的原因。

> **案件链接**
>
> ### 1918年雷兰德船运公司诉诺威齐火灾保险公司案
>
> 第一次世界大战期间，英国一艘名为"艾卡丽亚号"（Ikaria）的船于1915年1月30日被德军潜艇的鱼雷击中。该船的水险保单承保了海上危险，但把"一切敌对行为或类似战争行为的后果"作为除外责任。该船的船壳被炸开了两个大洞，一号船舱灌满了海水。不过，船并未沉没，最后驶进了法国的勒哈佛尔港，停泊在一个正在进行着繁忙军事运输的码头边上。如果一直停泊在这里，这条船本是可以获救的，但港务局担心船会沉没并阻碍码头的使用，于是命令该船起锚或者到港外抢滩，或者锚泊在防波堤外。在当时的情况下，船长只能服从命令，并选择了停靠在防波堤外。由于海床不平和该船被鱼雷击中后头重脚轻的共同作用，船头在低潮时处于搁浅状态，而船的其他部分还在水中。这就导致了船壳的严重扭曲，终于在2月2日涨潮时沉没了。
>
> 保险人认为损失的原因是鱼雷攻击，属于除外责任。被保险人则主张船舶的沉没是停靠在防波堤边反复搁浅造成的。
>
> 大法官肖（Lord Shaw）认为，当保险事故是多种原因造成的时候，需要判断哪种原因是造成保险事故发生的近因。近因不是指时间上的接近，而是指效果上的接近，是导致承保损失的真正有效的原因。近因所表示的是对结果产生作用最有效的因素。如果各种因素或原因同时存在，要选择一个近因，必须选择那个具有现实性、决定性和有效性的原因。最终，他认为船舶被鱼雷击中是导致沉没的近因，并判决保险人胜诉。

无论保险事故是单一原因还是多种原因，只要引起损害的原因均属于或均不属于保险承保的范围，就无须再区分远因和近因。需要讨论的问题因此仅在于，当导致损害发生的原因中，既有属于承保范围的原因，又存在除外责任的原因时，如何判断近因。实践中，近因的确定较为复杂，下面针对不同情况予以简要讨论。

1. 多个原因同时发生

造成保险事故的多种原因同时出现，而且这些原因对保险标的的损失均有直接、实质的影响时，如果在多个原因中，有的在保险责任范围内，有的属于除外责任，此时，保险人是否承担赔偿责任要根据损失是否可以进行划分来确定。能划分开的，保险人仅仅承担所保风险导致的损失；无法划分的，保险人不承担保险责任。

2. 多个原因连续发生

如果损失的发生是由具有因果关系的连续事故所致，这些原因中既有保险风险，又有除外风险的，可通过前因和后因来判断。如果前因是保险风险，后因是除外风险，且后因是前因的必然结果，则保险人应承担赔付责任；相反，如果前因是除外风险，后因是保险风险，且后因是前因的必然结果，则保险人不承担赔付责任。

3. 多个原因间接发生

造成损失的风险事故先后出现，但前因与后因之间不相关联，即后来发生的风险是另一个新爆发的风险，而且由完全独立的原因造成，而不是前因造成的直接或自然的结果。这种情况的处理与单一原因的处理原则相同，保险人的赔偿责任仅取决于各个保险事故是否属于保险人的责任范围。

三 财产保险中保险人的代位求偿权

在财产保险关系中，保险标的的损毁常常是第三人的行为导致的。在这种情况下，如果不属于除外责任，保险人应当向被保险人赔偿损失。同时，如果第三人行为构成侵权，被保险人还可以要求其赔偿。这样，被保险人有可能得到双重赔偿，存在道德风险。但如果不向第三人请求赔偿，客观上又会使侵权责任人逃避责任。为此，在财产保险合同中，法律规定保险人承担保险责任后，取得被保险人向责任人请求赔偿的权利。这种权利是由保险人以自己的名义行使的，故称之为代位求偿权。

人身保险合同涉及人的身体健康，双重赔偿的道德风险较低，故在人身保险合同中，保险人不享有代位求偿权，投保人或被保险人在获得保险赔偿的同时，还可以要求第三人承担侵权责任。

（一）代位求偿权的行使条件

保险人行使代位求偿权，应符合以下条件：① 第三人对保险事故的发生负有法律上的赔偿责任。第三人是否负有赔偿责任，应依相关的法律规定来判断。② 保险人已经承担了保险责任。③ 保险人的代位求偿权不应超出其承担的保险责任的范围。

上述条件是法定条件，保险人无须获得被保险人的授权即可行使代位求偿权。但在行使过程中，第三人针对被保险人的抗辩可以对抗保险人。如果被保险人已经从第三人处取得损害赔偿的，保险人赔偿保险金时，可以相应扣减被保险人从第三人处已取得的赔偿金额。

（二）对被保险人处分权的限制

保险责任和基于合同或侵权而产生的赔偿责任在赔偿范围和赔偿数额上可能存在差异。因此，被保险人有权在保险人和责任人之间选择赔偿请求权行使的对象。当保险人承担赔偿责任后，对于依保险合同不能赔偿的项目或低于民事赔偿的差额，被保险人还可以继续要求责任人赔偿。

保险人的代位求偿权以被保险人对第三人享有赔偿请求权为前提，而依据法律规定，权利人有权对赔偿请求权进行处分。为保障保险人代位求偿权的正常行使，《保险法》规定，保险人向被保险人赔偿保险金后，被保险人未经保险人同意，放弃对第三人请求赔偿权利的，放弃行为无效。由此，我们可进一步推断，被保险人未经保险人同意，亦不得随意减轻第三人的责任。同时，由于第三人针对被保险人的抗辩可以向保险人行使，故当被保险人对损害的发生存在故意或重大过失时，保险人的代位求偿权亦会受到影响，同时也容易使被保险人逃避其应承担的责任。因此，在这种情况下，保险人可以扣减或要求被保险人返还相应的保险金。

为确保保险人代位求偿权的行使，被保险人负有协助义务，应当向保险人提供必要的文件和所知道的有关情况。

（三）代位求偿的例外情形

《保险法》第62条规定，除被保险人的家庭成员或者其组成人员故意造成保险事故外，保险人不得对被保险人的家庭成员或者其组成人员行使代位求偿权。该条是关于保险人代位求偿权的特殊规定。依该规定，当责任人是被保险人的家庭成员或者其组成人员时，如果责任人不是故意造成保险事故，保险人不得行使代位求偿权。

对于如何理解"家庭成员"和"组成人员"的范围，法律未作规定。从保险利益的角度，"家庭成员"至少应包括家庭财产的共有人，但也有人主张应作广义理解，既包括配偶、父母、子女、兄弟姐妹、祖父母、外祖父母等具有法定继承关系的近亲属，也包括与被保险人共同生活的其他亲属及其他具有抚养、赡养或扶养关系的人。"组成人员"是指作为法人或非法人组织的被保险人的出资人、员工或雇员。

第三节　商 业 信 托

一　信托与信托财产

（一）什么是信托

1. 信托的定义

根据《信托法》第2条，所谓信托，"是指委托人基于对受托人的信任，将其财产权委托给受托人，由受托人按委托人的意愿以自己的名义，为受益人的利益或者特定目的，进行管理或者处分的行为"。单单从这一定义看，似乎与《民法典》规定的委托合同并无不同。《民法典》第919条规定："委托合同是委托人和受托人约定，由受托人处理委托人事务的合同。"如果信托不过是一种财产委托而已，那么信托的制度价值何在呢？

其实，《信托法》所定义的信托的含义并不是太清晰，在信托关系中，委托人需要将信托财产转移到受托人名下，使其形式上成为受托人的财产。但受托人又不能随意处分信托财产，必须为了受益人的利益来管理和处分财产。在这种情况下，信托财产虽然形式上归受托人所有，但实质上又不归受托人所有。这使信托财产取得了一种特殊的地位，得以免受任何债权人的追夺。由此，信托与普通的委托产生了本质性的区别。

> **拓展阅读**
>
> ### 信托制度的起源与发展
>
> 人们普遍认为，信托制度起源于英国。1066年，诺曼底公爵征服英格兰，对土地进行分封，建立起土地保有制。保有制下，土地的封授人称为领主，受封者称为保有人；保有人可以将土地继续分封，从而成为下一层保有关系的领主。为维护保有制下的权利义务关系，当时英国的法律规定保有土地可以继承，但应缴纳继承税金；土地可以转让，但不可捐赠给教会；保有人去世而继承人未成年时，由领主行使监护权。普通人为避免缴纳继承税金，虔诚的教徒为向教会表达忠诚，便在生前将土地名义上转让给自己信任的人，委托其代为管理，土地的一切收益由转让人的继承人或教会享有。
>
> 这种做法被称为用益制。用益制有效地规避了继承税金和向教会捐赠土地的禁令，但也带来了另一个问题，即受让人作为形式上的所有权人，如果将委托管理的土地据为己有，转让人设定的受益人如何保护自己的权益呢？如果否认转让的效力，则当事人的权益无法受到法律保护，用益制自然不会得到发展；如果承认转让的效力，一旦受让人不遵守约定，土地转让背后的真实目的就无法实现，受益人无法获益，用益制同样不会得到发展。然而，英国当时的法律制度使用益制得到了广泛的运用。
>
> 英国的法律有普通法和衡平法之分。诺曼底公爵征服英格兰后，对当地的习惯法进行了甄别整理，在此基础上形成的规则构成了普通法的基础。普通法律制度下的诉讼要遵循严格的程序，需要获得以国王名义签发的令状才能获得诉权，在现行法中找不到合适的依据而无法取得令状时，也将无法启动诉讼程序。为弥补普通法上令状制度的不足，在未取得令状的情况下，允许当事人直接向大法官

提出申请，大法官依据一般公平正义理念进行判决，在此基础上形成了衡平法。用益制中，土地转让的效力在普通法上得到了确认，用益委托的效力在衡平法上得到了确认，从而有效解决了用益制所面临的尴尬和两难。

信托制度最初的目的是规避法律。但随着社会经济的发展，人们发现这一制度可以广泛应用于很多领域，如遗嘱的执行、孤儿财产的管理、公益财产的托管等。在此基础上，开始出现一些专业的财产信托机构，普通人开始将自己的财产交由信托机构代为投资理财，商业信托业务由此得到了快速发展。信托制度也逐渐被其他国家包括大陆法系国家所接受。

与英美法相比，大陆法系强调所有权的绝对性和完整性，在普通法与衡平法基础上形成的双重所有权制度难以在大陆法系的法理上得到合理的解释。为解决信托制度在大陆法系构架中的适用问题，大陆法系法学家创造了信托财产的独立性理论，提出信托财产既独立于委托人，也独立于受托人，成为一种被独立隔离于安全地带的独立财产，只为信托目的而存在。这样，信托财产既可免受委托人的债权人的追夺，也可免受受托人的债权人的追夺，同时也可以有效避免受托人侵占信托财产。

2. 商事信托与民事信托

以受托人是否是营业性信托机构，可以将信托分为民事信托与商事信托。以收取信托报酬为目的而经营信托业务的机构为营业性信托机构，以营业性信托机构为受托人的信托活动为商事信托，又称营业信托；反之，以不具有信托营业资格的普通民事主体为受托人的信托活动为民事信托。在我国，普通的民事信托活动并不受法律限制，但营业性信托机构属于金融机构，其设立和信托业务经营资格的取得需要获得金融监管部门的批准，其信托活动受金融监管部门监督和管理。

(二) 信托财产及其独立性

1. 信托财产

信托的标的是财产和具有金钱价值的财产性权利，不具有金钱价值的权利不能成为信托标的，如人格权和身份权不能成为信托标的。信托财产和信托财产权不仅具有金钱价值，还必须能够转让，只有当信托财产交付给受托人时，信托关系才能成立。我国《信托法》规定的信托财产的范围比较广泛，资金、动产、不动产、知识产权、证券等均可成为信托财产。但在现实生活中，我国目前的商业信托大多是资金信托，以其他类型的财产或财产权设定的信托还比较少。

2. 信托财产的独立性

信托财产的各项权利，除受益权外，均由受托人享有。但受托人的权利基于信托目的而独立存在，因而具有独立性。所谓信托财产的独立性，是指信托一旦有效设立，则信托财产就从委托人、受托人和受益人的原有财产中分离出来，成为一种独立的财产整体，委托人、受托人和受益人的债权人行使债权时均不得及于信托财产。

（1）相对于委托人的独立性。设立信托，委托人应将信托财产转移到受托人名下；信托设立后，委托人就失去了对信托财产的所有权，不能再对信托财产进行处分，委托人的债权人也不得要求法院执行信托财产。委托人死亡时，信托财产不能由委托人的继承人继承；委托人破产时，信托财产不能作为破产财产。

为防止委托人基于不正当目的作出损害债权人利益的信托，当信托设立行为影响债权人债权实现时，法律赋予债权人对委托人设立信托行为的撤销权。债权人行使撤销权，应当符合《民法典》规定的撤销权的行使条件。

（2）相对于受托人的独立性。信托设立后，信托财产转移到受托人名下，并由受托人行使管理处分权。但是，受托人应当将信托财产与其自身原有财产分离，不能混同。为确保信托财产相对于受托人的独立性，《信托法》规定：受托人必须将信托财产与其原固有财产分别管理、分别记账，并将不同委托人的信托财产分别管理、分别记账。受托人死亡或破产时，信托财产不得作为遗产和破产财产对待，受托人的债权人也不得要求法院对信托财产强制执行。

由于信托财产与受托人的原有财产相分离，受托人的抵销权也受到限制。《信托法》第18条规定，受托人管理运用、处分信托财产所产生的债权，不得与其固有财产产生的债务相抵销。受托人管理运用、处分不同委托人的信托财产所产生的债权债务，不得相互抵销。

（3）相对于受益人的独立性。信托财产还独立于受益人，受益人对信托财产虽然享有监督权和收益权，但除此之外不享有其他直接的权利。当受益人自身的财产不足以清偿对外债务时，债权人同样不得就信托财产主张权利。当然，受益人依据信托关系而取得的收益属于受益人的财产，不再属于信托财产，债权人当然可以就此收益提出主张。

（4）信托财产损益的独立性。受托人在处理信托事务过程中产生的利益，除依照信托合同约定应当交付受益人的以外，应当归入信托财产；所产生的损失，除受托人失职造成的损失以外，也应从信托财产中支付。也就是说，受托人必须按照信托文件和《信托法》的规定尽职履行信托职责，否则应当承担由此所造成的信托财产上的损失。

3. 信托财产独立性的例外

信托制度本来就是为规避法律而形成的，信托财产的独立性同样也容易成为逃避债务、转移财产的工具。为防止独立性的滥用，信托财产免受强制执行也不应是绝对的，应当受到法律的限制。我国《信托法》主要规定了四种例外：① 设立信托前债权人已对该信托财产享有优先受偿的权利，并依法行使该权利的；② 受托人处理信托事务所产生债务，债权人要求清偿该债务的；③ 信托财产本身应担负的税款；④ 法律规定的其他情形。

（三）信托的功能

信托的主要制度功能是财产隔离功能和财产管理功能，信托的投资银行业务、资产管理业务、财富管理业务和服务信托业务等均是以信托的上述两大功能为基础的。

1. 财产的隔离与传承功能

信托财产具有独立性，可以独立于委托人、受托人和受益人，从而使信托财产免受任何债权人的追夺。也就是说，通过设定信托，信托财产实际上被置于一个安全的孤岛上，得以与任何他人的财产隔离，作为独立的财产专门服务于信托目的。

家庭信托的案例

现年65岁的张先生经营企业多年，积累下不少资产。张太太退休多年，平时家中大小事以张先生的意见为主。张先生和太太共有一儿一女。女儿36岁，在一家外企上班，结婚10年，和丈夫生育了两个男孩，分别为9岁和6岁。儿子32岁，在张先生的公司任部门副总，打算自己创业；结婚3年，和太太育有一个女孩，刚满1岁。

张先生以8 000万元资金作为信托财产设立家族信托，由某信托公司担任受托人。针对家庭实际情况，张先生确定基本分配方案。

第一，张先生、张太太、张先生的儿子和女儿，每人每月可从信托中领取生活费2万元，每年都在前一年的基础上增长5%。

第二，在外孙上大学之前，每个外孙每月由女儿领取1万元养育费；在孙女上大学之前，由儿子每月领取1万元养育费。往后再有新的孙子女或外孙子女出生，按同样标准追加。以上养育费的支付标准，每年都在前一年的基础上增长5%。

第三，子女及孙子女、外孙子女中的任何人，接受全日制大学本科及以上学历教育的，凭录取通知书每次可领取8万元的助学金；获得毕业证和学位证书后，可领取8万元的奖励金。监察人可在前列基础上根据其所就读学校的情况决定增加费用，最高不超过200%。本科阶段的学历教育，每人只有一次领取助学金和奖励金的机会；硕士研究生和博士研究生的学历教育，每人领取助学金和奖励金的机会不超过两次。

第四，子女及孙子女、外孙子女中的任何人及其配偶，每年医疗支出超过5 000元的部分，都由家族信托承担；但个人医疗费总额超过200万元的部分，由监察人决定是否由家族信托承担。

第五，孙子女、外孙子女结婚的，给予100万元的祝福金，每人限一次。

第六，子女、孙子女、外孙子女创业的，由监察人决定是否予以资助；子女单次不超过100万元，儿子累计不超过500万元，女儿累计不超过200万元；孙子女、外孙子女单次不超过50万元，累计不超过100万元。

由于信托财产的独立性，信托设立后，即使张先生生意失利，欠下巨额外债，债权人也不能申请执行张先生设立的上述信托财产，从而可以确保上述信托方案的顺利执行。

2. 财产的投资与管理功能

商业信托关系中的受托人一般都是专业的投资信托机构，在投资和理财方面有非常专业的管理经验。委托人可以通过信托将自己的财产交给信托公司，由信托公司进行投资管理，从而借助专业的力量来实现财产的保值增值。因此，信托不仅在投资理财方面发挥着重要作用，在公益基金的管理服务业务中也应用广泛。

拓展阅读

诺贝尔奖金的信托管理

阿尔弗雷德·诺贝尔（Alfred Nobel）1833年出生于瑞典首都斯德哥尔摩，硝化甘油炸药的研发让他一举成名，成为人类历史上的"炸药之父"。诺贝尔不仅从事研究发明，还兴办实业，在欧美等五大洲20个国家开设了约100家公司和工厂，积累了巨额财富。在即将逝世之际，诺贝尔立下遗嘱，将其约合3 100万瑞典克朗的遗产捐出设立信托基金，基金收益分设物理、化学、生理或医学、文学、和平五个奖项，授予世界各国在相关领域对人类社会做出重大贡献的学者。

诺贝尔奖基金是一个典型的以遗嘱方式设立的公益信托，基金设有一个理事会，负责基金的投资经营与管理，以确保基金的稳定增值。诺贝尔奖的评定和颁发由四个奖金颁发机构、五个诺贝尔委员会和四个诺贝尔学会共同负责。诺贝尔奖获奖人的评定主要由奖金颁发机构负责：物理奖和化学奖由瑞典皇家科学院评定；生理或医学奖由瑞典皇家卡罗林医学院评定；文学奖由瑞典文学院评定；和平奖由挪威议会选出；经济奖委托瑞典皇家科学院评定。诺贝尔委员会负责获奖人推荐工作和召集专家参加奖金颁发机构的评议。诺贝尔委员会对奖金的颁发过程进行监督和调查。

截至2022年，这笔资金已经使用了127年，其基金市值已达53亿瑞典克朗，已是当年的170倍。诺贝尔奖历经百年，并成为科学界当之无愧的第一国际性大奖，遗嘱信托功不可没。

二 信托关系的当事人

在信托关系中，存在三方当事人，即委托人、受托人和受益人。委托人和受托人是信托关系设立的当事人，受益人无须参与信托的设立，甚至在信托关系设立时，受益人无须现实存在。比如，爷爷可以以未来的孙子女为受益人设定信托。受益人也可以是委托人本人，以自己为受益人而设定的信托称为自益信托。在我国，作为一种资产管理手段，自益信托是非常普遍的信托方式。

（一）委托人

1. 委托人的权利

委托人是信托关系设立人，必须具有民事行为能力并对要设立信托的财产享有所有权或处分权。委托人的范围不限于自然人，还可以是法人或依法成立的其他组织。

委托人将信托财产交付受托人，并非赠与，而是有其自身的特定目的。因此，需要赋予委托人相应的权利。根据我国《信托法》，委托人主要有以下四种权利。

（1）信托运作知情权。委托人有权了解其信托财产的管理运用、处分及收支情况，并有权要求受托人作出说明，有权查阅、抄录或者复制与其信托财产有关的信托账目以及处理信托事务的其他文件。

（2）信托财产管理方法调整请求权。因设立信托时未能预见的特别事由，致使信托财产的管理方法不利于实现信托目的或者不符合受益人的利益时，委托人有权要求受托人调整该信托财产的管理方法。

（3）对受托人不当信托行为的撤销权。受托人违反信托目的处分信托财产或者因违背管理职责、处理信托事务不当致使信托财产受到损失的，委托人有权申请人民法院撤销该处分行为，并有权要求受托人恢复信托财产的原状或者予以赔偿；该信托财产的受让人明知违反信托目的而接受该财产的，应当予以返还或者予以赔偿。撤销权行使的期间为除斥期间，自委托人知道或者应当知道撤销原因之日起一年内不行使的，归于消灭。

（4）对受托人的解任权。受托人违反信托目的处分信托财产或者管理运用、处分信托财产有重大过失的，委托人有权依照信托文件的规定解任受托人，或者申请人民法院解任受托人。

2. 委托人的义务

委托人享有权利，也应当承担相应的义务，主要有两种：一是转移信托财产的义务，委托人必须将信托财产转移给受托人，由受托人进行管理和处分；二是支付报酬的义务，目前信托业务多为专业性的有偿信托，委托人应依信托合同约定向受托人支付报酬。此外，依照民法一般规定，委托人违反信托合同约定，单方解除信托合同给受托造成损失，或受托人在处理信托事务中因正当原因垫付费用或遭受损失的，委托人应当赔偿或补偿。

3. 商事信托中的委托人资格

一般信托业务关系中，并无对委托人资格的限制，但在几种特殊类型的商事信托中，委托人的资格受到一定限制。比如，对于集合资金信托计划，《信托公司集合资金信托计划管理办法》要求集合资金信托计划的委托人必须是合格投资者，且除单笔金额在300万元以上的自然人不受限制外，自然人人数不得超过50人。所谓合格投资者，一般指具备较高风险识别能力和风险承担能力，且个人资产和金融资产达到一定标准的人。又如，信贷资产证券化信托的委托人须为经批准的银行业金融机构，保险资金信托的委托人须为中国境内依法设立的保险公司。

（二）受托人

1. 受托人权利

我国《信托法》对受托人的资格没有特别规定，只要具有完全民事行为能力，自然人和法人均有资格担任受托人。但我国对信托业务的经营资格有非常严格的规定。2007年中国银监会通过的《信托公司管理办法》规定："未经中国银行业监督管理委员会批准，任何单位和个人不得经营信托业务，任何经营单位不得在其名称中使用'信托公司'字样。法律法规另有规定的除外。"

受托人的权利来源于委托人的授权，但这种授权不同于委托合同意义上的委托授权，而是一种特殊的授权。同时，为实现信托目的，受托人在信托事务中还享有法律授予的权利。

（1）对信托财产的所有权。我国《信托法》未明确表述受托人对信托财产的所有权，因为这种所有权与其对自有财产的所有权并不完全相同，法律也要求受托人将信托财产与其自有财产相区分。但受托人对信托财产是以自己的名义进行管理甚至处分的，且法律要求委托人将财产转移到受托人名下。因此，无论法律是否作出明确表述，实务中人们大多认可受托人对信托财产享有一种特殊的所有权。

（2）对信托财产的处理权。信托财产具有独立性，且根据信托合同，已经转移至受托人名下，在形式上已成为受托人的财产。一般来说，除非信托合同有特别的约定，受托人对信托财产的处理权几乎不受限制。

（3）请求给付报酬与补偿正当费用的权利。受托人接受委托人的委托而从事信托事务，有权利从委托人处获得报酬，因信托事务所产生的正当费用也应由委托人承担。委托人未支付上述费用或约定从信托财产中扣除的，也可以从信托财产中扣除上述费用。

（4）请求辞任的权利。受托人有辞任的权利，但辞任不是随意的，而是有条件的。我国《信托法》规定，受托人只有获得受益人和委托人同意，或出现其他法律规定的情形，才能辞任。公益信托的受托人辞任，还须经公益事业管理机构批准。

2. 受托人义务

受托人对信托财产的权利被视为一种所有权，但这种所有权毕竟不同于其对自己财产的所有权，而是源于委托人的授权。之所以将信托财产转移到受托人名下，完全是实现信托目的之所需。因此，受托人在享有权利的同时，必须对委托人负有一定义务。这种义务主要包括忠实义务和勤勉义务，就此，可参见第三讲中关于董事的忠实义务和勤勉义务的规定，此处不再赘述。

3. 商事信托的受托人资格

在我国，从事商事信托的受托人必须是经国家金融监管部门批准成立的信托公司，未经国家金融监管部门批准，任何单位和个人不得经营信托业务。信托公司在性质上属于金融机构，须持有金融许可证，并受国家金融监管部门监管。信托公司的设立，除应符合公司设立的一般条件并经国家金融监管部门批准外，还须满足法律特别规定的条件，对于从事特定类型的信托业务的信托公司来说，还有特定的营业资格的要求。

（三）受益人

受益人是委托人指定的在信托中享有受益权的人，只享有利益，不负担义务。未指定受益人的信托是无效的。受益人必须是确定的，但并不限定为一人，委托人也可指定受益人的范围，且不以信托设立时受益人特定为必要。

受益人可以是第三人，也可以是委托人和受托人。但受托人不能成为唯一的受益人，因为当受托人为唯一受益人时，信托与赠与无异，没有设立信托之必要。

委托人设立信托时无须征求受益人意思，受益人自信托文件规定的时间或信托生效之日取得受益权，但受益人有权放弃受益权。唯一受益人放弃受益权，或全体受益人均放弃受益权的，信托终止。如果部分受益人放弃受益权，由信托文件确定受益权的归属，信托文件无规定的，由其他受益人享有。如果信托文件没有明确禁止，受益权还可以转让和继承。

受益人享有信托利益，因此，受益人有监督信托事务的权利，包括知情权、信托财产管理方法调整权、救济权和解任权等。这方面的权利与委托人的权利基本相同。

三、信托关系的设立、变更与终止

（一）信托关系的设立

1. 信托设立行为的有效条件

信托设立行为除应符合法律行为的有效要件外，还应符合《信托法》规定的特殊有效条件，包括信托目的合法，信托财产能够确定且为委托人合法占有，受益人或者受益人范围确定等。

2. 信托设立的形式

《信托法》未明确限制信托设立的形式，法律、行政法规规定的任何书面文件都可作为信托设立的依据,但实践中主要有信托合同和遗嘱信托两种形式。

委托人和受托人可以合同形式设立信托,双方就合同内容达成一致合同即成立。合同成立后,双方约定生效时间或生效条件的,自生效时间届至或条件成就时生效。

关于物权转移与信托合同生效的关系,《信托法》第10条规定,设立信托,对于信托财产,有关法律、行政法规规定应当办理登记手续的,应当依法办理信托登记。未办理信托登记的,应当补办登记手续;不补办的,该信托不产生效力。

委托人可以通过遗嘱形式设立信托,但应当遵守继承法关于遗嘱的规定。遗嘱指定的人拒绝或者无能力担任受托人的,由受益人另行选任受托人;受益人为无民事行为能力人或者限制民事行为能力人的,依法由其监护人代行选任。遗嘱对选任受托人另有规定的,从其规定。

3. 无效信托

根据《信托法》第11条的规定,有下列情形之一的,信托无效:① 信托目的违反法律、行政法规或者损害社会公共利益;② 信托财产不能确定;③ 委托人以非法财产或者《信托法》规定不得设立信托的财产设立信托;④ 专以诉讼或者讨债为目的设立信托;⑤ 受益人或者受益人范围不能确定;⑥ 法律、行政法规规定的其他情形。

(二) 信托的变更

信托的变更是指信托有效成立后,当法定或约定事由出现时,信托当事人依法对信托法律关系进行的改变。

1. 受益人的变更

委托人可以在信托文件中规定变更受益人的情形,当该情形出现时,委托人可以变更受益人。此外,法律也规定了委托人对受益人的变更权。根据《信托法》第51条,设立信托后,受益人对委托人有重大侵权行为,受益人对其他共同受益人有重大侵权行为,经受益人同意,或出现信托文件规定的其他情形,委托人可以变更受益人或者处分受益人的信托受益权。

2. 受托人的变更

受托人的变更主要涉及因其职责终止需要另行选任受托人的情况。根据《信托法》第39条,受托人有下列情形之一的,受托人职责终止:① 死亡或者被依法宣告死亡;② 被依法宣告为无民事行为能力人或者限制民事行为能力人;③ 被依法撤销或者被宣告破产;④ 依法解散或者法定资格丧失;⑤ 辞任或者被解任;⑥ 法律、行政法规规定的其他情形。

受托人职责终止时,其继承人或者遗产管理人、监护人、清算人应当妥善保管信托财产,并依照信托文件规定选任新受托人;信托文件未规定的,由委托人选任;委托人不指定或者无能力指定的,由受益人选任;受益人为无民事行为能力人或者限制民事行为能力人的,依法由其监护人代行选任。

3. 信托财产管理方法的变更

信托设立时，信托文件可以规定信托财产管理方法及其变更条件，信托文件未作规定的，由受托人决定信托财产管理方法。因设立信托时未能预见的特别事由，致使信托财产的管理方法不利于实现信托目的或者不符合受益人的利益时，委托人和受益人也有权要求受托人调整该信托财产的管理方法。

（三）信托的终止

根据《信托法》第53条，有下列情形之一的，信托终止：① 信托文件规定的终止事由发生；② 信托的存续违反信托目的；③ 信托目的已经实现或者不能实现；④ 信托当事人协商同意；⑤ 信托被撤销；⑥ 信托被解除。

信托终止的，信托财产归属于信托文件规定的人。信托文件未规定的，信托财产由受益人或者其继承人所有。没有受益人及其继承人的，由委托人或者其继承人所有。

信托财产的归属确定后，在该信托财产转移给权利归属人的过程中，信托关系视为存续，权利归属人视为受益人。信托终止后，受托人行使请求给付报酬、从信托财产中获得补偿的权利时，可以留置信托财产或者对信托财产的权利归属人提出请求。

信托终止的，受托人应当作出处理信托事务的清算报告。受益人或者信托财产的权利归属人对清算报告无异议的，受托人就清算报告所列事项解除责任。

与本讲内容相关的重要法律、法规和司法解释

1. 《中华人民共和国票据法》
2. 《最高人民法院关于审理票据纠纷案件若干问题的规定》
3. 《中华人民共和国保险法》
4. 《中华人民共和国信托法》
5. 《信托公司管理办法》

第九讲 融资

公司在经营过程中，常会遇到资金短缺问题，因而需要进行融资。立足于不同的角度，融资方式有不同的分类。

根据募集对象和募集方式的不同，可以将融资方式分为私募融资和公募融资。私募融资是指不以公开方式，私下向特定对象通过协商一致进行融资的方式。与之相对应的公募融资则是指以公开方式，向不特定公众进行融资的方式。由于私募融资不涉及公众利益，融资具体问题的确定主要由当事人通过协商自行确定；公募融资方式涉及公众利益，故在融资条件、融资行为和监管方式等方面在法律上有更严格的要求。

根据融入资金的性质不同，可以将融资方式分为债务融资和股权融资。债务融资即借款，不管是向金融机构借款还是向个人借款，都是通过负债的方式融入资金，故称债务融资。资金融出方以投资入股的方式融出资金，从而对资金融入方享有股权的，这种融资方式称为股权融资。债务融资方式下，资金融入方所负担的是债务，负有到期偿还的义务；股权融资方式下，资金融入方不负担债务，资金融出方对资金融入方所享有的权利是股权。

第一节 融资概述

一 融资与融资方式

（一）融资的概念

广义的融资是指资金在持有者与需求者之间流动以余补缺的一种经济行为，是资金双向互动的过程，包括资金的融入和融出。但在人们的日常语境中，融资只指资金的融入，资金的融出不称融资，而称投资。

从资金来源的角度，融资可分为内部融资和外部融资。内部融资是指从公司内部寻找资金来源的融资途径，如将待分配利润转化为公司投资、变卖公司财产以取得资金等；外部融资是指从公司外部寻找资金来源的融资途径。内部融资一般是公司首先考虑的融资途径，只有在通过内部融资方式无法获得足够的资本的情况下，才会考虑外部融资。但在一般语境下，当人们使用融资一词的时候，如果没有特别说明，一般不包括内部融资，仅指外部融资。

（二）融资方式

立足于不同的角度，融资方式有不同的分类。其中最为常见的分类主要有两种：一是根据募集对象和募集方式的不同，可以将融资方式分为私募融资和公募融资；二是根据融入资金的性质不同，可以将融资方式分为债权融资和股权融资。

1. 私募融资与公募融资

所谓私募融资，是指不以公开方式，私下向特定对象通过协商一致进行融资的方式。与之相对应的公募融资则是指以公开方式，向不特定公众进行融资的方式。根据我国法律法规的规定，私募融资的融资对象不能超过200人，也不能以公开方式向不特定对象融资，否则即视为公募融资。私募融资由于不涉及公众利益，融资具体问题的确定主要由当事人通过协商自行确定；公募融资方式由于涉及公众利益，在融资条件、融资行为、监管方式等方面均有更严格的要求。

2. 债权融资与股权融资

资金融出方以债权方式融出资金，从而对资金融入者享有债权，这种融资方式称为债权融资。资金融出方以投资入股的方式融出资金，从而对资金融入者享有股权的，这种融资方式称为股权融资。债权融资方式下，资金融入方负担的是债务，负有到期偿还的义务；股权融资方式下，资金融入方不负担债务，资金融出者对资金融入方享有的权利是股权。

上述两种分类方式下的融资方式相互结合，形成了四种基本的融资方式，即私募债务融资、私募股权融资、公募债务融资和公募股权融资。

二 融资与金融市场

融资离不开金融市场。所谓金融市场，是货币资金的融通市场，是指资金供应者和资金需求者双方通过金融工具进行交易而融通资金的场所。金融市场所说的市场，并不强调实际的交易场所，甚至可以是没有任何现实物理空间的抽象市场。只要具备金融市场的构成要素，无论是否具有现实的物理交易场所，均可称为金融市场。

（一）金融市场的要素

金融市场的构成要素主要包括市场参与者、金融工具和金融交易的组织方式。此三种构成要素是金融市场的必备要素，缺一不可。

1. 市场参与者

金融市场的参与者主要有政府、中央银行、商业银行和非银行性金融机构、企业和居民个人等五类。政府在金融市场中主要充当资金的需求者和金融市场的管理者。中央银行是银行的银行，是商业银行的最后贷款者和金融市场的资金供给者，通过在金融市场上提供有价证券直接调节货币供给量，影响和指导金融市场的运行，是货币政策的制定和执行者。商业银行和非银行性金融机构作为金融中介机构，是金融市场最重要的参与者，资金供求双方通过这些中介机构实现资金融通，因此，它们实际上是金融商品交易的中心。企业在金融市场上既是资金的供应者，又是资金的需求者。企业在经营中形成的闲置资金是金融市场的重要资金来源，而企业对资金的需求又构成资金需求的主要部分。居民在金融市场上主要是资金供给者，也提供一部分资金需求。

2. 金融工具

金融工具在金融市场中是交易的载体，是用来证明资金供给者与需求者之间权利义务关系并据以进行交易的合法凭证，股票、债券、期货、黄金、外汇、保单等都是常见的金融工具。金融工具与金融产品、金融资产等概念虽各有侧重，但也常常不做明确的区分，金融工具也常常被称为金融产品或金融资产：金融工具都是可能在金融市场上买卖的产品，故又称金融产品；在资产的定性和分类中，它们属于资产的范畴，故也可称金融资产。

3. 金融交易的组织方式

金融交易主要有三种组织方式，即场内交易方式、场外交易方式和电信网络交易方式。场内交易方式是指有固定场所的集中交易方式，在我国主要指交易所的交易方式。场外交易方式是指在交易所之外各金融机构柜台上买卖双方进行的交易方式。相较于场内交易，场外交易较为分散。目前，我国场内交易市场主要是上海证券交易所、深圳证券交易所和北京证券交易所，场外交易市场有银行间债券市场、全国中小企业股份转让系统、债券柜台交易市场等。电信网络交易方式是指通过电子通信和互联网技术手段完成的交易方式。

（二）金融市场的分类

根据不同的标准，可以对金融市场进行不同的分类。

1. 货币市场与资本市场

依照交易工具的期限，金融市场可分为货币市场和资本市场。货币市场又称短期金融市场，是指以一年内短期资金为融通对象的场所，同行拆借、票据贴现、大额可转让定期存单贴现等，都属于货币市场的融资方式。资本市场又称长期金融市场，主要是以期限在一年以上的有价证券为交易工具进行长期资金交易的市场。

2. 票据、证券与衍生工具市场

这是按照交易标的物的不同而对金融市场进行的划分。以各种票据为交易标的的场所为票据市场，包括票据承兑市场和贴现市场；以股票、债券和基金等有价证券为交易标的的场所为证券市场；以各种金融衍生工具为交易标的的场所为衍生工具市场，包括远期合约、期货合约、期权合约等；以外汇为交易标的的场所为外汇市场；专门集中进行黄金买卖的交易中心或场所为黄金市场。

3. 现货市场与期货市场

这是按照交割期限对金融市场进行的划分。交易协议达成后在两个交易日内进行交割的市场为现货市场；交易在协议达成后并不立刻交割，而是约定在某一特定时间后进行交割的市场为期货市场。一般来说，期货市场就是期货交易所。期货交易所是买卖期货合约的场所，是期货市场的核心。比较成熟的期货市场在一定程度上相当于一种完全竞争的市场，被认为是经济学中最理想的市场形式。

4. 发行市场与流通市场

这是按照交易性质对金融市场进行的分类。发行市场又称一级市场，是证券发行者将证券销售给最初购买者的市场。发行市场一般并没有实际的交易场所，是一种抽象市场。已经发行的证券进行买卖、转让和流通的市场为流通市场，又称二级市场。对于融资者来说，融资行为主要通过发行市场完成，流通市场更多是投资者的交易市场。

（三）我国金融市场的监管体系

随着改革开放的不断深入，国家金融体制也不断面临调整，中国人民银行的监管职能被逐步分离。1992年10月，国务院证券委员会和中国证券监督管理委员会成立，由前者负责中国证券市场的统一管理，由后者负责证券市场的监管执行。1998年11月，中国保险监督管理委员会成立，专门负责商业保险行业的监管。2003年4月，中国银行业监督管理委员会成立，负责全国银行业的监管。由此，金融市场形成了"一行三会"监管体系，其中的"一行"为中国人民银行，"三会"分别为中国证监会、中国

保监会和中国银监会。为进一步深化金融监管体制改革，解决现行体制存在的监管职责不清晰、交叉监管、监管空白等问题，2018年3月，成立了中国银行保险监督管理委员会，简称中国银保监会，统一负责银行与保险行业的监管。原来分别由中国银监会和中国保监会行使的法律法规草案以及监管制度的拟定职责重新收归中国人民银行行使。

2023年3月，十四届全国人大一次会议表决通过了关于国务院机构改革方案的决定，于2023年5月在原来中国银保监会的基础上组建了国家金融监督管理总局，将中国人民银行的日常监管职责、有关金融消费者保护职责，中国证监会的投资者保护职责划入国家金融监督管理总局。至此，中国金融监管体系形成了新的"一行一局一会"格局，其中，中国人民银行专注货币政策和宏观审慎管理，国家金融监督管理总局负责金融机构及其金融行为的监管，中国证监会则专司资本市场监管。

三　融资与投资

在日常用语中，投资的含义十分宽泛，一切资金和实物的投入均可称为投资。买股票是投资，开工厂是投资，买房地产也是投资，甚至向银行存款也是投资。投资的目的可以是获得经济收益，也可以是获得其他回报，如教育投资、子女投资等。从经济回报角度所为的投资，可以用于自己购买实物以期未来增值，可以用于自己生产经营以获取利润，也可以投资给他人而取得回报。在资金融通的金融市场，投资更多地作为与融资相对应的概念，指的是向他人融出资金的行为。在此所讨论的投资，也是立足于这一视角而展开的。

（一）专业投资者

理论上，所有人都可以投资，都有权通过投资获取收益。即使对于公务人员来说，法律也仅是限制其特定的经营活动，并没有从根本上限制他们的投资行为。但是，不同投资者的财产状况、投资经验、专业知识和承担风险的能力不同，为更好地保护普通投资者利益，《证券法》将证券投资领域的投资者分为专业投资者和普通投资者两类，对普通投资者在很多方面给予了特殊保护，但同时也对普通投资者的投资对象和投资范围作出了一定的限制。

1. 专业投资者的认定标准

在很多投资领域，专业投资者又称合格投资者或合格投资人。关于专业投资者的认定标准，《证券法》并没有直接作出规定，而是授权证券监督管理机构根据投资人的财产状况、金融资产状况、投资知识和经验、专业能力等因素作出规定。根据中国证监会《证券期货投资者适当性管理办法》的规定，专业投资者主要包括以下五类人员。

（1）经有关金融监管部门批准设立的金融机构，包括证券公司、期货公司、基金管理公司及其子公司、商业银行、保险公司、信托公司、财务公司等；经行业协会备案或者登记的证券公司子公司、期货公司子公司、私募基金管理人。

（2）上述机构面向投资者发行的理财产品，包括但不限于证券公司资产管理产品、基金管理公司及其子公司产品、期货公司资产管理产品、银行理财产品、保险产品、信托产品、经行业协会备案的私募基金。

（3）社会保障基金、企业年金等养老基金，慈善基金等社会公益基金，合格境外机构投资者（QFII）、人民币合格境外机构投资者（RQFII）。

（4）同时符合下列条件的法人或者其他组织：① 最近1年末净资产不低于2 000万元；② 最近1年末金融资产不低于1 000万元；③ 具有2年以上证券、基金、期货、黄金、外汇等投资经历。

（5）同时符合下列条件的自然人：① 金融资产不低于500万元，或者最近3年个人年均收入不低于50万元；② 具有2年以上证券、基金、期货、黄金、外汇等投资经历，或者具有2年以上金融产品设计、投资、风险管理及相关工作经历，或者属于前文第（1）项规定的专业投资者的高级管理人员、获得职业资格认证的从事金融相关业务的注册会计师和律师。前款所称金融资产，是指银行存款、股票、债券、基金份额、资产管理计划、银行理财产品、信托计划、保险产品、期货及其他衍生产品等。

在上述标准的基础上，经营机构还可以根据专业投资者的业务资格、投资实力、投资经历等因素，对专业投资者进行细化分类和管理。

2. 普通投资者与专业投资者的转化

专业投资者之外的投资者为普通投资者。对于普通投资者，经营机构也应当综合考虑收入来源、资产状况、债务、投资知识和经验、风险偏好、诚信状况等因素，确定普通投资者的风险承受能力，对其进行细化分类和管理。

普通投资者和专业投资者在一定条件下可以互相转化。对于符合专业投资者条件的普通法人、组织和个人，可以书面告知经营机构选择成为普通投资者，符合下列条件之一的普通投资者提出申请并经经营机构同意，可以转化成为专业投资者：

（1）最近1年末净资产不低于1 000万元，最近1年末金融资产不低于500万元，且具有1年以上证券、基金、期货、黄金、外汇等投资经历的除专业投资者外的法人或其他组织；

（2）金融资产不低于300万元或者最近3年个人年均收入不低于30万元，且具有1年以上证券、基金、期货、黄金、外汇等投资经历或者1年以上金融产品设计、投资、风险管理及相关工作经历的自然人投资者。

普通投资者申请成为专业投资者应当以书面形式向经营机构提出申请并确认自主承担可能产生的风险和后果，提供相关证明材料。经营机构应当通过追加了解信息、投资知识测试或者模拟交易等方式对投资者进行谨慎评估，确认其符合前条要求，说明对不同类别投资者履行适当性义务的差别，警示可能承担的投资风险，告知申请的审查结果及其理由。

3. 普通投资者的特别保护

区分专业投资者和普通投资者，要求经营机构根据投资者需求及证券期货产品或服务风险程度的不同，向不同类别的投资者推荐相匹配的产品或服务，并履行差异化的适当性义务，从而更好地保护投资者的权益。法律对普通投资者的保护主要体现在以下方面：① 经营机构向普通投资者销售产品或者提供服务前，应当告知可能导致其投资风险的信息及适当性匹配意见；② 向普通投资者销售高风险产品或者提供相关服务，应当履行特别的注意义务；③ 不得向普通投资者主动推介风险等级高于其风险承受能力，或者不符合其投资目标的产品或者服务；④ 与普通投资者发生纠纷的，经营机构应当提供相关资料，证明其已向投资者履行相应义务。

(二) 投资方式

投资方式即投资所采取的形式，不同领域、不同目的、不同主体所采取的投资方式都可能是不同的，立足于不同的角度，也可以对投资方式作出各式各样的分类。实际上，投资行为从性质上来说属于私主体自主决定的行为，只要未进入公众领域，投资者都可以自主选择甚至创设不同的投资方式。在此意义，投资方式可以说不胜枚举，也没必要一一介绍。在此，只介绍几种常见的投资形式，以期对投资方式有一个基本的了解。

1. *实物投资与金融投资*

这是按照投资方向对投资方式所做的分类。实物投资是将资金直接用于购置实物或直接用于生产经营的投资，如文物投资、房地产投资、实业投资等。金融投资指对金融产品的投资，金融产品多为证券，故又称证券投资。通过金融投资投入的资金最终会用于实业经营，但投资者常常不关注投资的最终去向，而是只关注金融产品本身的增值。在此意义上，金融投资又称间接投资，实物投资又称直接投资。

2. *股权投资、债权投资与基金投资*

这是按照权利性质对投资方式所做的分类。股权投资是购买公司股权的投资，投资者投入资金后，成为公司的股东，依赖公司的生产经营活动获取收益。债权投资是向融资方借款或购买债券的投资方式，投资者取得对融资者的债权，依债权人身份按照约定取得收益。基金投资是投资者通过购买基金份额进行的投资，基金投资常常以信托为基础，由此形成的法律关系既不同于股权，也不同于债权，属于一种较为特殊的投资方式，后文对此将进行专门介绍。

3. *天使投资、风险投资与私募股权投资*

这三种投资并不是在同一分类标准下对投资方式进行的分类，只是对比较常见的几种投资类型的特定称谓。天使投资指的是对小微初创企业的前期投资，小微初创企业大多资金缺乏，创业项目起步艰难。这时候，如果有投资者看好该项目，愿意进行投资，对创业者而言，这些投资就如同上天派来的天使，故称天使投资。风险投资的英文是venture capital，因此又称VC投资。从字面含义看，一切具有高风险、高收益的投资均可称为风险投资，但风险投资在我国已成为一个约定俗成的具有特定含义的词汇，特指对具有专门技术并具备良好市场发展前景但缺乏启动资金的创业者进行的投资，一般都是股权投资，以扶持创业公司上市或通过公司回购其股权的方式获得回报，具有风险大、收益高的特点，故称风险投资。由于风险投资的投资对象多为创业企业，故又称创业投资。私募股权投资（private equity, PE）一般是对已经形成一定规模并产生稳定现金流的成熟的未上市公司的投资，投资期限一般为3~5年，属于中长期投资。

（三）投资基金

1. 投资基金概述

投资基金是基金发起人设立的一种投资工具，通过向投资者发行受益凭证（基金份额）将社会上的资金集中起来，交由专业的基金管理机构投资于各种资产，从而为众多的投资者实现保值增值。对于投资者来说，投资基金是重要的投资工具，他们可以通过投资基金，将自己的资产委托给专业投资机构进行投资，从而实现资产的保值增值；对于资金需求者来说，投资基金汇集了众多投资者的大量资金，因而是重要的融资来源。

2. 投资基金的分类

（1）公募基金与私募基金。根据基金募集方式不同，投资基金可分为公募基金和私募基金。公募基金是以公开发行方式向不特定的社会公众募集资金的投资基金。公募基金具有发行范围广、发行数量大、流动性强的特点，但由于涉及公众利益，公募基金发行资格须经过金融监管部门的特别审批，而且在信息披露和监管方面有非常严格的要求。私募基金是指以非公开方式向特定的投资者募集资金而设立的投资基金。私募基金不以公开方式向公众募集，故在监管措施上没有公募基金严格。私募基金多通过公司或合伙企业的形式设立，以股份公司形式设立的私募基金，投资者不得超过200人；以有限责任公司和合伙设立的投资基金，投资者不得超过50人。私募基金公司的设立无须金融监管部门的审批，但须向中国证券投资协会注册备案。同时，并不是任何人都可以投资私募基金，只有合格投资者才有资格投资私募基金。

（2）公司型投资基金和契约型投资基金。根据投资基金的法律形式不同，投资基金可以分为公司型投资基金和契约型投资基金。公司型投资基金是投资者作为公司股东或发起人设立投资于特定对象的公司，这种情况下，投资基金表现为具有法人资格的经济实体，公司股东即基金持有人。契约型投资基金是由基金发起人通过与基金管理人和基金托管人订立契约的方式而设立的投资基金。契约型投资基金一般由基金管理人负责基金的经营和运作，由基金托管人负责基金资产的保管，执行基金管理人的指令，投资者通过购买基金份额，享有基金投资收益。契约型投资基金的契约关系一般都是以信托关系为基础而建立的关系，故契约型投资基金又称信托型投资基金。

（3）证券投资基金和产业投资基金。按投资对象不同，投资基金可分为证券投资基金和产业投资基金。证券投资基金是主要以证券为投资目标而设立的投资基金。证券投资基金可以公开募集，也可以不公开募集。通过公开募集方式设立的基金，基金份额持有人按其所持基金份额享受收益和承担风险；通过非公开募集方式设立的基金，收益分配和风险承担由基金合同约定。证券投资基金的运营模式同样以信托为基础，由基金管理人管理，由基金托管人托管，为基金份额持有人的利益进行证券投资活动。产业投资基金的投资目标主要在实业领域，一般以具有高增长潜力的未上市企业为投资对象，投资方式主要是股权投资。常见的风险投资基金、私募股权投资基金等，都属于产业投资基金。理论上，产业投资基金既可以公开方式募集，也可以以非公开方式募集，但我国目前的产业投资基金均属私募基金，只能以非公开方式募集。

（4）封闭型基金和开放型基金。根据基金运作方式的不同，投资基金可以分为封闭型基金和开放型基金。封闭型基金的基金份额在基金合同期限内是固定不变的，基金份额可以在依法设立的证券交易所交易，但基金份额持有人不能要求投资基金赎回。开放式基金的基金份额不固定，在基金合同约定的期间内，投资人可以要求基金管理人依据资产净值赎回。

3. 投资基金当事人

投资基金常常是在信托基础上设立的，主要包括三方当事人，即基金管理人、基金托管人和基金投资者。

（1）基金管理人。基金管理人通常是基金产品的发行者和募集者，也是基金的管理者。我国的基金管理人均为依法设立的各类基金管理公司。公开募集基金的基金管理人应具备国家金融监管机关核准的公开募集资格。基金管理人的职责是按照基金合同的约定，依法募集资金，并负责基金资产的投资运作，力争在有效控制风险的同时为基金投资者获取最大的投资收益。

（2）基金托管人。基金托管人是基金资产的保管者，一般由依法设立的商业银行或其他金融机构担任，基金托管资格同样须由国家金融监管机关核准。基金托管人应为所托管的不同基金财产分别设立账户，确保基金财产的完整与独立，并根据基金合同的约定和基金管理人的投资指令，及时办理清算交割事宜。基金托管人还负责对基金投资运作的监督。

我国的证券投资基金必须委托基金托管人，但并不是所有的基金都必须委托基金托管人，如私募产业投资基金就可以不委托基金托管人。

（3）基金投资者。基金投资者即基金产品的购买者和基金份额的持有人，也是基金资产的所有者和基金投资回报的受益人。公开募集的基金，对投资者没有资格要求，但私募基金一般只能向"合格投资者"募集。基金投资者按照所持有的基金份额享有基金收益分配权、基金持有人大会的表决权和对基金投资经营情况的知情权。对于基金管理人、基金托管人和基金服务机构损害其合法权益的，基金投资者有权提起诉讼。

第二节 私募融资

私募融资主要可以分为私募债务融资与私募股权融资两种类型。私募债务融资就是通过向债权人借款获得资金的一种融资方式,是最为常见也最为直接的一种融资方式,银行借贷、民间借贷和私募债券都属于私募债务融资方式。与私募债务融资不同,私募股权融资所融入的资金无须清偿,资金融出方作为公司股东享受股权收益,并承担经营风险。

一、私募债务融资

（一）银行借贷

1. 我国金融组织体系

我国的银行主要有中央银行、商业银行和政策性银行三种类型。其中,中央银行即中国人民银行,属于国务院领导下的国家机关,不从事商业银行信贷业务,行使的是制定和执行货币政策、维护金融稳定的行政职能。我国有两家政策性银行,即中国农业发展银行和中国进出口银行,主要承担国家基础设施、基础产业和支柱产业重大项目的资金供给,也不从事商业性信贷业务。只有商业银行才从事商业信贷业务。

目前,我国的商业银行主要有五种类型:一是国有大型商业银行,包括中国工商银行、中国农业银行、中国银行、中国建设银行、交通银行和中国邮政储蓄银行六家；二是股份制商业银行,如中国光大银行、上海浦东发展银行、恒丰银行等均属此类；三是城市商业银行,如北京银行、南京银行等,大多是由原城市信用社改制而来；四是农村商业银行,多为原农村信用社改制设立；五是外资法人银行,2006年起我国开始准许外资银行从事金融服务业务,包括外商独资银行如花旗（中国）银行和渣打（中国）银行、中外合资银行和外国银行在我国设立的分行或代表处。

2. 银行借款合同

银行借款合同是银行与借款人之间经协商一致在自愿的基础上订立的合同,受《民法典》等私法规范的调整。银行借款合同一般是格式合同,民法上关于格式合同和格式条款的规定同样适用于银行借款合同。

应当注意的是,银行借款合同中的借款利率应在中国人民银行规定的利率幅度内确定,约定不明确的,可以比照贷款市场报价利率（loan prime rate, LPR）确定。银行不得将利息计入本金计算复利，不得在拨付借款时预先将利息先行扣除。在借款时将利息扣除的，应当按实际出借款数计息。

3. 银行贷款业务规则

银行贷款业务规则是出于对银行的监管需要、根据商业银行法和中国人民银行制定的有关规章而制定的业务规则。这种规则是银行审查审批贷款应当遵守的规则，也是判定银行是否存在违法行为以及予以行政处罚的依据。该业务规则原则上不作为判断银行借款合同是否有效的依据。也就是说，即使银行违反相关业务规则，如果不属于《民法典》中规定的民事法律行为无效的情形，并不影响借款合同的效力。银行贷款业务规则主要包括以下三个方面。

（1）审贷分离、分级审批制度。借款人贷款，需要向银行经办机构提出贷款申请，贷款人对借款人的信用状态进行评估并对贷款用途的合法性以及贷款安全性进行调查。审查人员对调查人员提供的资料进行核实评定后提出意见，按规定权限报批。

（2）借款用途限制。根据中国人民银行公布的银行《贷款通则》的规定，借款人不得在一个贷款人同一辖区内的两个或两个以上同级分支机构取得贷款；不得向贷款人提供虚假的或者隐瞒重要事实的资产负债表、损益表等；除非国家另有规定，不得用贷款从事股本权益性投资；不得用贷款在有价证券、期货等方面从事投机经营；除依法取得经营房地产资格的借款人以外，不得用贷款经营房地产业务；依法取得经营房地产资格的借款人，不得用贷款从事房地产投机；不得套取贷款用于借贷牟取非法收入；不得违反国家外汇管理规定使用外币贷款；不得采取欺诈手段骗取贷款。

（3）对贷款人的限制。商业银行贷款，要求资本充足率不得低于8%；贷款余额与存款余额的比例不得超过75%；流动性资产余额与流动性负债余额的比例不得低于25%；对同一借款人的贷款余额与商业银行资本余额的比例不得超过10%。商业银行不得向关系人发放信用贷款，向关系人发放担保贷款的条件不得优于其他借款人同类贷款的条件。发现借款人有违法使用借款嫌疑时，不得发放贷款。应予注意的是，上述限制主要是出于行政监管的需要进行的限制，当事人违反上述限制性规定订立借款合同的，当事人及相关人员可能要承担相应的行政责任，但并不影响借款合同的效力。

（二）民间借贷

民间借贷是指非金融机构的自然人、法人及非法人组织之间的资金融通行为。民间借贷同样属于借款合同关系，与银行借款合同一样，适用民法的有关规定。

1. 民间借贷合同的成立与生效

民间借贷合同属于借款合同，适用《民法典》合同编通则以及典型合同中借款合同的相关规定。民间借贷合同有书面的，也有口头的。除书面合同外，一般情况下，当事人之间通过现金、银行转账、网上电子汇款、票据交付等形式交付款项的，民间借贷合同成立。

虽然民间借贷行为是个体意思自治的表现，法律原则上不得过多干涉，但由于涉及国家金融管理体制，我国法律对民间借贷行为也进行了较多限制。对下列情况下的民间借贷，均按无效处理，不予保护，构成犯罪的，还要追究刑事责任：① 套取金融机构贷款转贷的；② 以向其他营利法人借贷、向本单位职工集资，或者以向公众非法吸收存款等方式取得的资金转贷的；③ 未依法取得放贷资格的出借人，以营利为目的向社会不特定对象提供借款的；④ 出借人事先知道或者应当知道借款人借款用于违法犯罪活动仍然提供借款的。

2. 利息问题

民间借贷与银行借款合同不同之处主要在于利率更为灵活，可以低于银行利率，也可以高于银行利率。民间借贷的当事人没有约定利率的，视为不支付利息。

民间借贷的利率虽然由当事人自主决定，但法律并不支持过高的利率。虽然法律一般不会直接规定民间借贷利率的上限，但最高人民法院常常会根据具体情况，以司法解释的形式明确法院可以支持的利率上限标准。《最高人民法院关于审理民间借贷案件适用法律若干问题的规定》（2020年第二次修正）第25条规定："出借人请求借款人按照合同约定利率支付利息的，人民法院应予支持，但是双方约定的利率超过合同成立时一年期贷款市场报价利率四倍的除外。前款所称'一年期贷款市场报价利率'，是指中国人民银行授权全国银行间同业拆借中心自2019年8月20日起每月发布的一年期贷款市场报价利率。"

3. 虚假诉讼问题

民间借贷关系常发生在熟人之间，由于当事人之间关系特殊，常常借助虚假的债权债务关系来达到逃避债务或获取不正当利益的目的，故单纯的借据、欠条常常并不能反映真实情况。《最高人民法院关于审理民间借贷案件适用法律若干问题的规定》要求人民法院在审理民间借贷纠纷案件时，注意以下各方面因素，严格审查借贷发生的原因、时间、地点、款项来源、交付方式、款项流向以及借贷双方的关系、经济状况等事实，综合判断是否属于虚假民事诉讼：① 出借人明显不具备出借能力；② 出借人起诉所依据的事实和理由明显不符合常理；③ 出借人不能提交债权凭证或者提交的债权凭证存在伪造的可能；④ 当事人双方在一定期限内多次参加民间借贷诉讼；⑤ 当事人一方或者双方无正当理由拒不到庭参加诉讼，委托代理人对借贷事实陈述不清或者陈述前后矛盾；⑥ 当事人双方对借贷事实的发生没有任何争议或者诉辩明显不符合常理；⑦ 借款人的配偶或合伙人、案外人的其他债权人提出有事实依据的异议；⑧ 当事人在其他纠纷中存在低价转让财产的情形；⑨ 当事人不正当放弃权利；⑩ 其他可能存在虚假民间借贷诉讼的情形。

经查明属于虚假民间借贷诉讼，原告申请撤诉的，人民法院不予准许，并应当判决驳回其诉讼请求。这是因为法院裁定同意原告撤诉后，原告还可以以同一事实和理由再次起诉，而被判决驳回诉讼请求后，根据"一事不再理"的原则，原告不能以同一事实和理由再次诉讼。诉讼参与人或者其他人恶意制造、参与虚假诉讼，人民法院应当依照民事诉讼法有关妨害民事诉讼的规定予以罚款、拘留；构成犯罪的，应当移送有管辖权的司法机关追究刑事责任。单位恶意制造、参与虚假诉讼的，人民法院应当对该单位进行罚款，并可以对其主要负责人或者直接责任人员予以罚款、拘留；构成犯罪的，应当移送有管辖权的司法机关追究刑事责任。

4. 民间借贷诉讼中证明义务的分配

民间借贷一般都是熟人之间的借款行为，证据手续常常很不完善，发生纠纷的时候，往往难以查清事实。为此，最高人民法院结合实践经验，对民间借贷纠纷中的证明义务作了较为详细的规定。

（1）原告以借据、收据、欠条等债权凭证为依据提起民间借贷诉讼，被告依据基础法律关系提出抗辩或者反诉，并提供证据证明债权纠纷非民间借贷行为引起的，人民法院应当依据查明的案件事实，按照基础法律关系审理。当事人通过调解、和解或者清算达成的债权债务协议，不适用前述规定。

（2）原告仅依据借据、收据、欠条等债权凭证提起民间借贷诉讼，被告抗辩已经偿还借款的，被告应当对其主张提供证据证明。被告提供相应证据证明其主张后，原告仍应就借贷关系的存续承担举证证明责任。被告抗辩借贷行为尚未实际发生并能作出合理说明，人民法院应当结合借贷金额、款项交付、当事人的经济能力、当地或者当事人之间的交易方式、交易习惯、当事人财产变动情况以及证人证言等事实和因素，综合判断查证借贷事实是否发生。

（3）原告仅依据金融机构的转账凭证提起民间借贷诉讼，被告抗辩转账系偿还双方之前借款或其他债务，被告应当对其主张提供证据证明。被告提供相应证据证明其主张后，原告仍应就借贷关系的成立承担举证证明责任。

5. 民间借贷与非法集资

所谓非法集资，是指未经有关部门依法批准，向社会不特定的对象筹集资金的行为。非法集资的，集资行为按无效处理，集资款应予返还。非法集资情节严重的，可构成非法吸收公众存款和集资诈骗犯罪。根据《最高人民法院关于审理非法集资刑事案件具体应用法律若干问题的解释》，未经有关部门依法批准或者借用合法经营的形式吸收资金，通过网络、媒体、推介会、传单、手机信息等途径向社会公开宣传，承诺在一定期限内以货币、实物、股权等方式还本付息或者给付回报，向社会公众即社会不特定对象吸收资金的行为构成非法吸收公众存款罪。

以非法占有为目的，使用诈骗方法非法吸收公众存款，以集资诈骗罪定罪处罚。根据《最高人民法院关于审理非法集资刑事案件具体应用法律若干问题的解释》，具有下列情形之一的，可以认定为"以非法占有为目的"，构成集资诈骗犯罪：① 集资后不用于生产经营活动或者用于生产经营活动与筹集资金规模明显不成比例，致使集资款不能返还的；② 肆意挥霍集资款，致使集资款不能返还的；③ 携带集资款逃匿的；④ 将集资款用于违法犯罪活动的；⑤ 抽逃、转移资金、隐匿财产，逃避返还资金的；⑥ 隐匿、销毁账目，或者搞假破产、假倒闭，逃避返还资金的；⑦拒不交代资金去向，逃避返还资金的；⑧其他可以认定非法占有目的的情形。

（三）私募债券

1. 我国私募债券的产生与发展

计划经济体制下，企业之间的借贷受到严格限制，在改革开放初期很长一段时期内，这种立法限制并未改变，私募债券更是受到严格禁止。但自20世纪90年代后期开始，司法实践中对企业间的借贷行为多有宽容。

2005年《证券法》修订时，规定向不特定对象发行债券或向特定对象发行债券累计超过200人的，为公开发行。同时规定："非公开发行证券，不得采用广告、公开劝诱和变相公开方式。"这实际上等于承认了公司债券的私募发行，企业间非公开的债券融资在立法上的限制被打破了。

2012年5月，经中国证监会批准，上海证券交易所和深圳证券交易所分别发布实施《上海证券交易所中小企业私募债券业务试点办法》（2015年失效）和《深圳证券交易所中小企业私募债券业务试点办法》（2015年失效），私募债券开始试点发行。2015年1月，中国证监会发布《公司债券发行与交易管理办法》（后于2021年、2023年进行了修订），对债券的非公开发行及转让进行了专门规定，私募债券非公开发行制度在我国由此全面建立。

2. 私募债券的发行限制

私募债券是指在中国境内以非公开方式发行和转让，约定在一定期限还本付息的公司债券，其发行者主要限定于我国境内的中小微企业，目前不包括房地产企业和金融企业。私募债券应由证券公司承销，并报中国证券业协会备案。发行利率不得超过同期银行贷款基准利率的三倍，期限一般在一年以上。

私募债券的发行是不公开发行，因而不得采用广告、公开劝诱和变相公开方式，且每期私募债券发行对象不得超过200人。非公开发行公司债券，可以申请在证券交易场所、证券公司柜台转让，但转让后，持有同次发行债券的投资者合计也不得超过200人。

私募债券只面向专业投资者发行，转让也限于在专业投资者范围内转让。也就是说，不是任何人都可以购买私募债，只有符合条件的投资者即专业投资者才可以购买。

3. 私募债券的发行与监管

私募债券的发行应当由具有证券承销业务资格的证券公司承销，承销机构应当在每次发行完成后五个工作日内向中国证券业协会报备。应注意的是，这里的报备只是一种报送备案，中国证券业协会对报备材料并不实行合规性审查，不构成市场准入，也不因报备豁免相关主体的违规责任。

发行人应当及时披露其在私募债券存续期内可能发生的影响其偿债能力的重大事项，包括但不限于：发行人发生未能清偿到期债务的违约情况；发行人新增借款或对外提供担保超过上年末净资产20%；发行人放弃债权或财产超过上年末净资产10%；发行人发生超过上年末净资产10%的重大损失；发行人做出减资、合并、分立、解散及申请破产的决定；发行人涉及重大诉讼、仲裁事项或受到重大行政处罚；发行人高级管理人员涉及重大民事或刑事诉讼，或已就重大经济事件接受有关部门调查。发行人的董事、监事、高级管理人员及持股比例超过5%的股东转让私募债券的，证券交易机构也应当及时通报发行人，并通过发行人在转让达成后及时（一般是三个工作日内）进行披露。

二 私募股权融资

（一）私募股权融资的主要类型

私募股权融资的共通性在于都是通过成为公司新股东的方式投资入股：有限责任公司一般增资入股；股份有限公司非公开发行股票，又称定向增发，本质上也是增资入股。还有一种被称为"风险投资"的融资方式，风险投资并不是一种独立于增资入股或非公开发行股票的融资方式。但风险投资者大多追求短期投资回报，而不是公司的长期发展，故在具体操作上具有很大的特殊性，在此予以单独讨论。

1. 增资入股

增资入股主要是有限责任公司的私募股权融资方式。增资入股不是单纯的增资，单纯的增资虽然也带来资金的融入，但是属于公司原股东的股东决议行为，涉及的问题较为单纯。增资入股也不是基于股权转让而导致的新股东的加入，股权转让情形下，公司的资产没有增加，没有资金的融入，属于单纯的股权转让行为。增资入股一般是指新的股东向公司投入资本或资金，成为新的股东，并引起原股权结构发生变化的融资行为。

有限责任公司以增资入股的方式进行融资，须经股东会2/3以上表决权通过，并与有意向入股的投资者达成协议后注入资本金。同时还要修改公司章程，并办理公司登记变更，从而最终完成融资。

2. 定向增发

定向增发是指上市公司采用非公开方式，向特定对象发行股票的一种融资方式。发起设立或定向募集设立的非上市公司也可以采取非公开发行新股的方式进行融资，定向增发的发行对象一般都有非常雄厚的资金实力，融资公司借此可以迅速高效地融入巨额资金，是快速满足巨额现金流需求的最有效的融资方式。此外，由于定向增发是面向特定投资者的，公司控制者可以借此稳固和加强自己的控股地位。定向增发股票一般可以低于股票市场价格发行，有时候，也可以被操控成为利益输送或收割众多分散性小股东利益的工具。在实务中，定向增发广泛应用于以股票换资产和公司并购等业务中。

为加强对定向增发的监管，早在2006年，中国证监会就在《上市公司证券发行管理办法》中对上市公司非公开发行股票的条件作出了专门规定。2007年，中国证监会进一步出台了《上市公司非公开发行股票实施细则》，对上市公司非公开发行股票的发行条件、发行价格、转让限制、信息披露义务等均作出了较为严格的规定。2023年2月，中国证监会通过了《上市公司证券发行注册管理办法》，对公开和非公开发行各种证券的注册监管作出了统一规定，《上市公司非公开发行股票实施细则》和《上市公司证券发行管理办法》废止。

3. 风险投资

风险投资主要是依据投资者的投资目的来定义的一种投融资方式。根据投资者的投资目的不同，一般可以将投资者分为经营投资者、风险投资者和竞争投资者三种类型。经营投资者着眼于公司的长期发展，与原股东投资目的并无区别，新资本的融入虽然必然涉及股权结构的变化，但公司治理结构一般无须有针对性地进行调整。竞争投资者在于消除竞争对手的竞争威胁，而风险投资者在于获取短期的投资回报。

风险投资者的投资对象多为处于创业期的中小型企业，而且多为高新技术企业，这些企业市场潜力大，容易在短期内获得高额回报。风险投资者常常通过两种方式来获得回报。一是推动公司上市，将融资企业改组为上市公司，风险投资的股份通过资本市场向公众发行，从而实现投资回收和资本增值。二是公司回购股份，如果融资企业在克服了技术风险和市场风险，已经成长为一个有发展潜力的中型企业后，仍然达不到公开上市的条件，它们一般会选择股权回购的方式实现退出。

风险投资情况下，尽管公司解决了资金融入问题，可以实现与投资者的双赢，但风险投资者对高回报的追求所带来的高风险同样存在。因此，如何确定其股权比例，在表决权的行使和公司治理方面应如何做出相应的应对，均是需要认真思考的问题。

（二）私募股权融资过程中应注意的问题及其防范

1. 投资股东面临的主要问题

对于新加入的投资股东来说，向公司注入资本并成为公司股东，是为了使公司取得进一步发展，从而获得投资利益。未来的经营风险固然存在，然而这是每一个经营者都不可避免、必须面对的问题。因此，投资股东面临的最大的陷阱不是未来的经营风险，而是公司原来的债务负担。如果投资股东对原公司的尽职调查工作不到位，不能全面掌握公司的经营状况，尤其是债务状况，则新投入的资产有可能会被冻结查封而无法真正用于生产经营。在这种情况下，投资股东不仅无法享受投资收益，反而可能成为替公司清偿债务的"冤大头"。

为避免这种投资陷阱，除了应做好投资前的尽职调查工作外，还可以让原股东个人对公司潜在的债务提供担保。但在股东个人清偿能力有限的情况下，股东个人的担保常常起不到消除风险的作用。

2. 原股东面临的主要问题

对于原股东来说，其吸收投资股东投资入股，一般是因为公司资金不足从而使经营发展受到限制，希望利用投资股东的资金实力来推动公司的发展，从而获取更大的利益。但是，并不是所有投资者的投资都是为了公司的发展。尤其是对于竞争投资者来说，其投资目的也许恰恰相反，完全可能是为了阻碍公司的发展。所以，在增资入股的融资方式中，原股东面临的最大陷阱来源于竞争投资者。

所谓竞争投资者，是指与融资公司存在竞争关系的投资者。其投资目的主要在于消除竞争对手的威胁，追求对融资公司的实际控制权。一般情况下，竞争投资者不会以竞争者的身份进行投资，常常是隐身或有装扮的。一旦其实现了对公司的掌控，就可能会原形毕露。有时候，即使融资行为没有最终完成，竞争投资者也有可能在谈判过程中掌握融资公司的商业秘密，从而在竞争过程中取得有利的竞争优势。

为避免竞争投资者陷阱，融资公司需要做好尽职调查，全面了解投资方的情况与投资意图。另外，还可以考虑在投资合同中对一些恶意行为进行明确约定，当约定的情形出现时，赋予原股东强制性的股权回购权或特别减资决定权，以便在原股东无力回购股权时，可以通过减资方式强迫竞争投资者退出。

3. 对赌协议

对赌协议是风险投资中常见的协议，但对融资公司来说，也是风险极大的协议。因为其巨大的风险，对赌协议又被称为"魔鬼协议"。对赌协议最常见的对赌目标是"赌上市"或"赌业绩"，如果融资公司（对风险投资方来说又称目标公司）在约定的期限内未达到对赌目标，常见的弥补方法有三种：一是按照约定向风险投资方支付补偿金；二是原始股东向投资方转让股权；三是融资公司回购风险投资方的股权。

如果融资公司实现了对赌目标，对融资公司和风险投资方来说无疑是一种双赢。如果融资公司未完成对赌目标，则投资方虽未达到预期目标，也可以通过对赌补偿尽可能地弥补损失；但对融资公司和原始股东来说，一旦对赌失败，则会面临非常严峻的局面。所以，融资公司在签订对赌协议时要慎之又慎，充分评估存在的风险。

对于风险投资方来说，基于对赌协议从公司直接取得现金补偿的条款可能会被认为有"变相抽逃资本"之嫌而被认定为无效。如果从原始股东处获得补偿，则不存在法律障碍，但原始股东个人的补偿能力有限，不一定能起到对赌的效果。另外，股权回购条款不属于法定回购股权的事由，如果由公司回购股权，则应通过减资程序来完成，须经股东会议通过减资决议。如果减资决议不能获得2/3以上表决权通过，强制回购条款也可能面临无法执行的局面。这一点也是风险投资方应予注意的。

三 其他私募融资方式

其他私募融资方式并不是独立于私募债务融资和私募股权融资的融资，它们是对各种融资方式的综合运用，因而难以进行明确归类，故在此给予专门介绍。

（一）项目融资

项目融资是以项目公司为融资主体，以项目未来收益和资产为融资基础，由项目参与各方共担风险的融资方式。一般由项目的发起人成立一家项目公司，以该项目公司作为借款人筹借贷款，以项目公司本身的现金流量和全部收益作为还款来源，并以项目公司的资产作为贷款的担保物。该融资方式主要应用于发电设施、高等级公路、桥梁、隧道、铁路、机场、城市供水以及污水处理厂等大型基础建设项目，以及其他投资规模大、具有长期稳定预期收入的建设项目。

项目融资中，项目发起人是实际的融资者，但以专门成立的项目公司为融资主体，可以有效避免项目的经营风险。同时，由于融资所导致的负债由项目公司而不是项目发起人承担，对发起人而言，项目融资是一种表外融资的有效方式。

下面介绍较为典型而常见的项目融资模式。

1. BOT模式

BOT模式又称特许经营模式，即建设—经营—移交（build-operate-transfer），一般是政府将一些投资大、建设周期长、政府财政难以负担的基础设施投资项目交由投资公司出资建设，以对该基础设施一定期限的特许经营权为回报，到期后再交回政府的一种融资模式。不仅政府项目，公司项目也可以采取这种模式，如公司食堂的建设也可以采取这种模式。

对于政府或其他建设方而言，BOT模式可以大大降低其资金负担，避免项目建设风险。同时，还可以在授予投资者特许经营权过程中，学习借鉴投资者先进的经营管理经验。对于投资者来说，通过BOT模式，以项目设施和项目经营收入为基础，可以融入大量建设资金，同时通过特许经营获得长期而稳定的收益。目前，BOT模式受到发展中国家的广泛青睐，在一些大型基础设施建设项目中发挥了重要的作用。

2. TOT模式

TOT模式即移交—经营—移交（transfer-operate-transfer），通常由政府或国有企业与投资者签订特许经营协议，把已经投产运行的可收益公共设施项目移交给民间投资者经营，凭借该设施在未来若干年内的收益，一次性地从投资者手中融得一笔资金，用于建设新的基础设施项目，特许经营期满后，投资者再把该设施无偿移交给政府管理。

对于政府而言，TOT模式有助于盘活城市基础设施存量资产，可以融得大量资金用于基础设施建设。同时，增加了社会投资总量，以基础行业发展带动相关产业的发展，促进整个社会经济稳步增长。此外，介入TOT项目融资的经营单位都是一些专业性的公司，在接手项目经营权后，能充分发挥专业分工的优势，利用其成功的管理经验，使项目资源的使用效率和经济效益迅速提高。

TOT模式与BOT模式可以同时进行，通常情况下，政府也会将TOT和BOT两个项目打包，一起运作。

3. ABS融资模式

ABS融资模式即资产支撑证券化（asset-based securitization），是一种资产收益证券化融资模式，它是以项目所属资产未来预期收益为基础和保证，通过在资本市场发行债券而募集资金的一种证券化的项目融资方式。ABS融资模式可以独立运作，也可以与其他项目融资模式配合使用。比如，在BOT模式下，投资者常常以私募债务融资的方式向银行借款融入资金，但也可以通过ABS融资模式进行证券化融资。

项目融资并不限于上述三种模式，还有PPP、PFI等多种模式，其中PPP（public-private partnership）是一种公私合作模式，PFI（private finance initiative）是一种民间主动融资模式，由于篇幅所限，在此不再一一介绍。

（二）融资租赁

融资租赁性质上也是一种私募债务融资。融资租赁合同由出卖人与买受人（租赁合同的出租人）之间的买卖合同和出租人与承租人之间的租赁合同构成，是出租人根据承租人对出卖人和租赁物的选择，向出卖人购买租赁物，提供给承租人使用，承租人支付租金的合同。

1. 融资租赁合同的特殊性

应注意的是，在融资租赁合同履行过程中，出卖人直接向承租人履行交付标的物和瑕疵担保义务，而不是向买受人（出租人）履行义务，即承租人享有买受人的权利但不承担买受人的义务。同时，出租人不负担租赁物的维修义务，租赁物不符合约定或者不符合使用目的的，除非承租人依赖出租人的技能确定租赁物或者出租人干预选择租赁物，出租人不承担责任。出租人也不承担租赁物的瑕疵担保责任，对承租人占有租赁物期间租赁物造成第三人的人身或财产损害也不承担赔偿责任。承租人须向出租人履行交付租金义务，否则出租人有权解除合同，收回租赁物。另外，出租人和承租人可以约定租赁期满后租赁物的归属。当事人没有约定或约定不明，又不能就归属问题达成一致的，租赁物归出租人所有。

在融资租赁合同中，出租人实质上系代承租人购买租赁物，租金一般由租赁物的大部分或者全部购置成本加上出租人的合理利润构成，租金不是承租人占有使用租赁物的对价，而是出租人提供相应数额的资金融通的对价。对出租人而言，其虽然享有租赁物的所有权，但并不实际享有占有、使用租赁物的权能，租赁物仅具有担保租金债权实现的权能。融资租赁交易的核心功能在融资，而非租赁。

2. 融资租赁合同的租赁物风险负担规则

物的风险由所有权人承担，此系买卖合同及普通租赁合同的一般原则。但融资租赁合同包括买卖合同与融资租赁合同两个合同，又有出卖人、出租人和承租人三方当事人，且其目的不在租赁，而在融资，故依一般原则处理对出租人有不公平之嫌。

《民法典》第751条规定，承租人占有租赁物期间，租赁物毁损、灭失的，出租人有权请求承租人继续支付租金，但是法律另有规定或者当事人另有约定的除外。换言之，因非承租人的原因导致租赁物毁损灭失的，并不能免除承租人继续支付租金的义务。

在融资租赁合同中，当事人通常会约定，租赁物的风险自起租日起转移。对于这种约定，应分别立足于买卖关系和租赁关系理解。在租赁物交付之前，租赁物的风险系由买卖合同调整,由买卖合同中的出卖人承担租赁物的风险;交付后,租赁物的风险由出卖人转移给了承租人。

3. 融资租赁合同的解除问题

《民法典》第754条规定,在以下情况下,出租人或者承租人可以解除融资租赁合同:一是出租人与出卖人订立的买卖合同解除、被确认无效或者被撤销,且未能重新订立买卖合同;二是租赁物因不可归责于当事人的原因毁损、灭失,且不能修复或者确定替代物;三是因出卖人的原因致使融资租赁合同的目的不能实现。

该条规定表面上看与《民法典》第751条存在冲突。但两个条文解决的是不同的问题:第751条解决的是风险负担问题,而第754条解决的是合同解除问题。从内容来说,第751条适用条件是融资租赁合同尚未解除,故出租人仍可以融资租赁合同为据,诉请承租人按期支付租金。但依第754条解除合同后,出租人不得再要求承租人支付租金,而是由承租人以租赁物的折旧价值进行补偿。至于是继续支付租金,还是解除合同并予以补偿,承租人有选择权。

比如,租赁物的购买价值为1 000万元,融资租赁合同约定的全部租金总额为1 200万元,租期10年,年付120万元。合同履行过半时,发生了不可归责于承租人的租赁物灭失的情形。此时,剩余未到期租金为600万元,租赁物灭失时的折旧价值为500万元。

在该案例中,如果承租人选择不解除融资租赁合同,则按《民法典》第751条的规定,其仍须按合同约定,以年付120万元的方式支付剩余的600万元租金。如承租人根据《民法典》第754条的规定,选择解除合同,则在合同解除时,由承租人向出租人补偿租赁物的现时价值500万元。对于承租人而言,虽然选择解除合同少支付100万元,但需要一次性支付500万元,而选择继续支付租金则仅需要年付120万元。

(三)票据贴现与互联网金融

1. 票据贴现融资

票据贴现融资主要是票据持票人为解决资金不足,在票据付款到期日之前,依一定贴现率将票据贴现,获取资金的一种融资方式。一般有银行承兑汇票贴现和商业承兑汇票贴现等方式。

交易双方也可以通过协议付息方式办理票据贴现。其一般程序是:由买方或卖方企业向银行提出授信申请,由银行授信。对买方企业实施授信的,在授信额度内为其承兑银行承兑汇票或贴现其承兑的商业承兑汇票;对卖方企业实施授信的,在授信额度内贴现其持有的商业承兑汇票。然后,买卖双方企业在业务银行开立存款账户并签订协议付息票据贴现业务协议,买方授权银行将其承诺的票据贴现利息直接借记其存款账户,卖方承诺承担的贴现利息自票据贴现款中直接扣收,实付贴现资金贷记其存款账户。进行交易时,卖方持买方交付的商业汇票向银行申请办理贴现,银行按规定审查确认商业汇票和贸易背景真实性、合法性后,办理票据贴现。票据到期时,银行向买方企业办理托收。

2. 互联网金融平台

互联网金融是指传统金融机构与互联网企业利用互联网技术和信息通信技术实现资金融通、支付、投资和信息中介服务的新型金融业务模式。通过互联网进行借款融资的常见形式有B2B、P2P和网络众筹等。网络众筹是针对不特定公众的一种融资方式，具有公募融资性质。B2B（business-to-business）是利用互联网平台由商家与商家之间直接进行交易的融资模式。P2P（peer-to-peer）是一种利用互联网平台的小额借贷模式。两种模式实际上是通过网络平台的一种民间借贷，在性质上均属于私募债务融资的范畴。

第三节 公募融资

相对于针对特定对象的私募融资，公募融资是针对不特定对象，或者说针对社会公众进行的融资。根据我国法律规定，一般情况下，针对社会不特定对象进行的融资，或虽针对特定对象但累计人数超过200人的融资方式均称为公募融资。公募融资同样包括两种基本方式：一是公募股权融资；二是公募债务融资。

一 证券与公募融资

任何融资活动都涉及融资方和投资方，在私募融资活动中，无论股权融资还是债务融资，一般都是通过合同来确定双方的权利和义务。但对于公募融资活动，由于涉及的人数众多，通过合同的形式来明确当事方的权利和义务，既无效率，也不经济。因此，公募融资活动中都是通过发行记载有一定投资权益的书面证书来进行融资的，投资人凭该证书行使投资权利，享受投资利益，这种记载有投资权益的书面证书称为"证券"。由此也可以说，公募融资主要是通过发行证券来进行融资的，为表述的方便，在此姑且称这种融资方式为证券融资。

公募融资或者说证券融资也可以分为债务融资和股权融资两种基本类型，前者的典型形式是通过发行债券进行融资，后者的典型形式是通过发行股票进行融资。除债券和股票外，还有一种对境外证券投资而形成的存托凭证，它既可以基于对境外股票的投资而形成，也可以基于对境外债券的投资而形成。

（一）证券的类型

前文提到，证券是一种投资凭证；反过来，所有记载有投资权益的凭证，原则上也都可以称为证券。随着电子技术的发展，原来常表现为纸质形式的凭证逐渐实现了"无纸化"，主要表现为电子凭证。同时，为了实现资金高效快捷的融通，证券基本上都可以转让流通。

常见的证券主要是股票、债券和存托凭证。此外，证券投资基金份额、资产支持证券、资产管理产品以及权证和期权等均可归于证券的范畴，也都可以作为融资的工具。在此主要介绍股票、债券和存托凭证。

1. 股票

股票是一种有价证券，是股份公司向出资人发行的股权凭证，代表着持有者的股东身份及持股份额。股票发行后符合一定条件可申请上市交易。目前，在证券市场上进行交易的股票已经实现了电子化，无须再使用纸面式股票进行交割。根据不同标准，股票有不同的分类。

（1）A股、B股、H股、N股、S股和红筹股。依据上市地点和投资者不同，股票可分为A股、B股、H股、N股和S股。A股的正式名称是人民币普通股票。它是由我国境内的公司发行，供境内机构、组织或个人以人民币认购和交易的普通股股票。B股的正式名称是人民币特种股票，在境内上海、深圳证券交易所上市交易。B股公司的注册地和上市地都在境内，股票面值也以人民币标明，但是需要以外币认购和买卖。H股指注册地在内地、上市地在香港的外资股。香港的英文是Hong Kong，取其首字母，在港上市外资股就叫作H股。依此类推，在纽约和新加坡上市的股票分别叫作N股和S股。

另外，还有一种股票叫红筹股，是指在境外注册的、拥有中国境内资产权益的境外公司，以其境外公司的名义在境外证券市场发行并上市交易的股票。

（2）普通股与特别股。依据股份所反映的股东的权利不同，可分为普通股与特别股。普通股指通常发行的无特别权利的股份，享有《公司法》和公司章程规定的各种权利，它是股份公司资本构成的基本类型。特别股主要指优先股，优先股是相对于普通股而言的。在公司分配盈利时，优先股比普通股分配在先，而且享受固定数额的股息，普通股的红利却不固定，视公司盈利情况而定。在公司解散、分配剩余财产时，优先股在普通股之前分配。但优先股在表决权上受到限制，对公司经营没有表决权。我国当前证券市场发行的优先股股东不能退股，只能通过优先股的赎回条款被公司赎回。特别股还包括劣后股，指分配权劣后于普通股的股份。

（3）其他分类。股票还有很多其他分类，如按是否公开发行可分为公开发行的股票和非公开发行的股票；按股票持有人的身份不同可分为国家股、法人股、非法人组织股和个人股；根据股票是否记有股东姓名可分为记名股票和无记名股票。

2. 债券

债券是一种债权凭证，债券发行者通过发行债券对外借款，承诺还本付息。债券购买者通过购买债权将款项出借给发行者，获取收益。债券发行者为债务人，购买者为债权人。债券有公募债券，也有私募债券。依照我国《证券法》，不采取广告等公开发行方式并向不超过200人的特定投资者发行的债券为私募债券，其余的为公募债券，即向不特定对象发行的债券，或虽向特定对象发行但累计超过200人的债券。债券主要是公司债券，也有政府发行的债券，还有一些其他类型的债券。

（1）公司债券。公司债券，顾名思义，即公司发行的债券。我国的公司债券均受《公司法》和《证券法》的规范和调整，是指公司依照法定程序发行、约定在一定期限内还本付息的有价证券。

从不同的角度，公司债券又可以有多种分类：从债券的性质出发，可分为普通公司债券和特别公司债券，如可转换公司债券、用于支持绿色产业项目而发行的绿色公司债券、符合条件的创新创业公司发行的创新创业公司债券、可续期公司债券、境外公司在中国境内发行的以人民币计价的熊猫债券等，均为特别公司债券；从是否公开发行出发，可分为公募公司债券和私募公司债券；从是否记名出发，可分为记名公司债券和无记名公司债券；从有无设定担保出发，可分为有担保公司债券和无担保公司债券等。

（2）可转换公司债券。可转换公司债券也是公司债券，是一种特殊形式的公司债券。由于其特殊性，故在此单独予以讨论。可转换公司债券简称可转债，是一种可以在特定时间、按特定条件转换为普通股票的特殊企业债券。大多数情况下，发行人都规定一个特定的转换期限，法律规定该期限在1～6年幅度内确定。可转换公司债券的持有人可以到期要求归还本金和利息，也可以在转换期内按转换比例或转换价格将其转换成发行人的股票。从本质上讲，可转换公司债券在普通债券的基础上，附加了一份可转换为股票的期权。因此，可转换公司债券相较于普通公司债券而言，利率常常偏低。

可转换公司债券中还有一种"分离交易可转债"，其全称是"认股权和债券分离交易的可转换公司债券"，它是债券和股票的混合融资品种。分离交易可转债由两大部分组成，一是可转换公司债券，二是股票权证。股票权证是指在未来规定的期限内，按照规定的协议价买卖股票的选择权证明，因而属于一种"买债券送权证"的创新品种。分离交易可转债与普通可转债的本质区别在于债券与期权可分离交易。也就是说，分离交易可转债的投资者在行使了认股权利后，其债权依然存在，仍可享有到期归还本金并获得利息的权利；普通可转债的投资者一旦行使了认股权利，则其债权就不复存在了。

可转换公司债券的公开发行条件较为严格，除应当符合"上市公司公开发行证券条件的一般规定"外，还要求公司最近三个会计年度加权净资产收益率平均不低于6%。公开发行分离交易可转债，还要求公司最近一期末经审计的净资产不低于人民币15亿元。

对于发行者来说，可转换公司债券的利率较低，故融资成本较低，但可能会造成对股权的稀释而导致股价下跌，转股失败时还可能增大财务负担。对投资者来说，可转换公司债券是一种"保本的股票"，风险较小，但相对而言，如果公司业绩一般，则收益也可能不是太大。

（3）政府债券。政府债券是政府发行的债券。中央政府发行的又称国债，我国改革开放以来，发行过多种国债，有为弥补国库收支差额的国库券，也有为筹措国家重点建设项目资金而发行的国家重点建设债券，还有为弥补财政赤字发行的财政债券等。地方政府债券是由地方政府发行的债券。我国曾一度禁止地方政府发行债券，2009年为应对金融危机,由财政部代理发行2 000亿元地方政府债券。2014年《中华人民共和国预算法》修正,取消了地方政府债券发行禁令,经国务院批准,允许地方政府发行债券。

3. 存托凭证

存托凭证是由存托人签发、以境外证券为基础、在中国境内发行、代表境外基础证券权益的证券。它是一种具有涉外融资功能的证券,可以据此实现我国与有关国家的证券市场的互联互通。存托人是按照其与境外证券发行人之间签订的存托协议的约定持有境外基础证券、并相应签发存托凭证的中国境内法人。存托凭证的持有人不能直接作为境外基础证券发行人的在册股东,也不能对发行人直接行使股东权,只能通过存托人代为持有境外证券,代为行使存托凭证所代表的基础证券的权利,然后再将相关收益派发给存托凭证的持有人。

存托凭证虽然是由存托人签发的,但其发行人并不是存托人,仍是境外基础证券的发行人。由于发行人是境外公司,需要通过存托人来完成证券的发行申请与上市。同时,由于存托凭证的持有人不能向境外企业直接行使股东权,也需要通过存托人代为向境外公司行使股东权益。故存托人在存托凭证的发行人与持有人之间实际上起着重要的桥梁作用。

目前,在我国发行的存托凭证主要是以股票为基础证券的存托凭证,其发行规则基本上是依照我国境内A股的相关程序来设计的。2023年2月,中国证监会专门发布了《存托凭证发行与交易管理办法(试行)》,对存托凭证的发行条件、发行程序等内容作了具体的规定。

(二)证券市场

证券市场是由市场主体、证券商品和证券交易场所构成的市场体系,这里主要讨论证券交易场所,即证券交易所和其他依法设立的证券交易场所。交易场所既可以是有形的交易场所,也可以是无形的网络平台。

根据不同的标准,证券市场可以有不同的分类:根据证券流通的不同阶段,可分为发行市场和交易市场,又称一级市场和二级市场;根据证券的种类,可分为股票市场、债券市场和其他证券品种市场;根据交易场所,可分为场内市场和场外市场,其中场内市场包括上海证券交易所、深圳证券交易所和北京证券交易所三家证券交易所,场外市场指上述三家证券交易所之外依法设立的交易场所,包括全国中小企业股份转让系统(又称"新三板")、各省级区域建立的区域性股权市场、银行间债券市场和商业银行柜台交易市场。

交易市场内,又常分为不同的板块,上海证券交易所和深圳证券交易所均设有主板,除主板外,深圳证券交易所还设有中小企业板和创业板,上海证券交易所设有科创板。

1. 主板

主板市场指传统意义上的证券市场,是一个国家或地区证券发行、上市及交易的主要场所。我国的主板市场包括上海证券交易所和深圳证券交易所两个交易市场，均成立于1990年。主板市场是股票资本市场中最重要的组成部分，对发行人的营业期限、股本大小、盈利水平、最低市值等方面的要求较高，上市企业多为大型成熟企业，具有较大的资本规模以及稳定的盈利能力。

2003年，深圳证券交易所专门设置了一个针对中小型公司的市场板块，称为中小企业板。2021年2月，主板与中小企业板合并，合并后，中小企业板完全按照主板市场法律法规和发行上市的标准运行，但在管理上仍保持"运行独立、监察独立、代码独立、指数独立"的相对独立性。

2. 创业板与科创板

创业板与科创板分别是深圳证券交易所和上海证券交易所在主板市场之外开设的第二板块。创业板于2009年开设，科创板于2019年开设，都是专为暂时无法在主板市场上市的创业型企业提供融资途径和成长空间的证券交易市场。相对于主板市场，创业板与科创板股票发行门槛较低，规模较小。

3. 新三板

新三板是相对于"旧三板"而言的。1998年整顿金融秩序，原分别于1992年和1993年开通的全国证券交易自动报价（Securities Trading Automated Quotations, STAQ）系统和国家证券市场集中交易（National Exchange and Trading, NET）两个场外法人股交易系统被关闭，2001年，中国证监会正式启动退市机制，退市公司和上述两个网络系统中的股票均被转入"证券公司股权代办转让系统"进行转让交易。2013年1月，全国中小企业股份转让系统正式揭牌运营，是专门为中小微型企业开设的全国性的非上市股份有限公司的股权交易平台。该平台整体承接了原证券公司代办股份转让系统挂牌的STAQ、NET系统公司，沪深证券交易所退市公司及今后新增退市公司的股份转让业务。全国中小企业股份转让系统由此成为独立于上海证券交易所和深圳证券交易所的第三个证券交易市场，也是继主板与创业板之后的第三板块市场。此前的证券公司股权代办转让系统称为"旧三板"，新设的全国中小企业股份转让系统称为"新三板"。

2021年9月，为支持中小企业创新发展，深化新三板改革，打造服务创新型中小企业主阵地，北京证券交易所正式成立。2021年11月15日正式开市，从新三板精选出的71家挂牌公司平移至北京证券交易所。

二　证券的发行与上市

大多数证券既可以公募发行，也可以私募发行。私募发行仅涉及特定的当事人，相应的权利与义务的设定主要取决于当事人自己的意思，因而主要由他们自己通过合同的方式进行约定。公募发行涉及众多的不特定的社会公众，容易引发社会性问题，故募集方式以及相应的权利与义务不宜由当事人自主设定，而是由法律严格限定其具体的发行条件和发行方式，并完善相应的监管措施。证券发行后，可向证券交易所申请上市挂牌交易。

（一）证券发行的前提性工作

证券发行是指证券发行人为募集资金或通过募集方式设立公司而向公众发售债券、股票或其他类型的证券的行为。证券发行不是一个单一的行为，而是一系列的行为组合，涉及多个法律关系，是一个涉及各方主体的复杂的过程。在这一过程中，涉及的主体不仅有发行人与认购者，还有监管机关、保荐人、承销机构等相关主体。这一过程所涉及的行为也不仅包括向公众发售证券的行为，还包括向证券主管机关注册的行为以及委托证券公司承销的行为等。

依照我国法律规定，证券在发行前，一般应完成以下三项前提性工作。

1. 发行的申请与注册

证券的公开发行不是发行人可以自主决定的事务，应当经过证券管理部门的审核批准。未经证券管理部门审核许可，任何单位和个人不得公开发行证券。发行审核制度既是一种市场准入制度，也是一种监管制度，通过发行审核，审查发行人条件，控制证券市场规模。

有的国家对证券市场的监管主要依赖证券交易所和金融中介机构的自律监管，政府部门不对证券的发行和上市进行干预，但大多数国家采取的是由政府主导的行政监管模式。对于证券发行的审批，政府行政监管模式又分为额度制、审批制、核准制和注册制等不同形式。其中：额度制是政府"总量控制，配额管理"的一种审批制度；审批制取消了配额控制，但并无明确具体的发行上市标准，是否能够发行取决于行政主管部门是否批准；核准制下，法律明确具体的发行条件，由行政主管部门对申请人是否符合条件进行实质审查，符合条件的予以批准，不符合条件的不予批准；注册制下，法律对发行条件原则上不规定实质性条件，只规定形式条件，注册申请材料主要是有关信息披露的文件材料。

我国证券发行审批经历了一个由额度制向核准制转变的过程，2019年《证券法》修订，又取消了核准制而采取注册制。注册制是依靠信息披露来支撑的发行审核制度，只规定发行人公开发行证券时当披露的信息材料，不对其与投资价值相关的实质条件进行审核把关，认为投资者都是理性的投资者，能够根据披露的信息理性地做出投资决定，不需要政府再对发行市场把关。目前世界上绝大多数国家对证券发行审批都采用注册制。

我国证券发行审批机关是中国证监会，中国证监会收到发行人注册申请文件和证券交易所报送的审核意见后，应在法律规定的期限内作出是否同意注册的决定。中国证监会同意注册后，发行人才可以在注册决定有效期内发行证券。

2. 发行保荐

保荐制度又称保荐人制度，是指在证券发行和上市期间，由特定证券公司担任保荐人，推荐发行人证券发行上市，并持续督导发行人履行相关义务的制度。《证券法》第10条规定：发行人申请公开发行股票、可转换为股票的公司债券，依法采取承销方式的，或者公开发行法律、行政法规规定实行保荐制度的其他证券的，应当聘请证券公司担任保荐人。保荐人的职责主要有对首次公开发行股票的发行人进行辅导，对发行资料进行核查并出具推荐文件，配合发行上市的审核工作，进行公司上市后的持续督导。中国证监会发布的《证券发行上市保荐业务管理办法》对保荐机构和保荐代表人的资格管理、保荐职责、保荐业务、监管措施等作出了专门规定。

根据上述规定，发行人提出证券发行申请前，还须聘请保荐机构，由保荐机构出具证券发行保荐书。发行保荐书是证券发行申请中应提交的不可缺少的材料之一。保荐机构还须指定保荐代理人，在发行上市过程中全面履行保荐职责。

为促进保荐人履行保荐职责，科创板还制定了保荐人跟投制度，规定对于公司首次公开发行股票，保荐人设立的另类投资公司或者实际控制该保荐机构的证券公司设立的另类投资公司应当按照股票发行价格认购股票数量的2%～5%，并在24个月内限售。参与配售的公司不得利用获配股份影响发行人的生产经营，不得在限售期谋求对发行人的控制权。

3. 发行承销

证券发行活动涉及面广，程序复杂，有较强的专业性和技术性，因此，对于证券的公开发行，《证券法》规定发行人在发行证券前，必须与证券公司签订承销协议，由证券公司承销。承销机构与承销协议是证券发行申请中应当提交的文件材料。

承销一般有代销和包销两种方式。代销指证券公司在承销结束时，将未售出的证券全部退还给发行人的承销方式；包销是指证券公司将发行人的证券依协议全部购入或者在承销期结束时将剩余证券全部自行购入的承销方式。为避免承销商滥用优势地位优先购买证券，我国《证券法》第31条规定：证券的代销、包销期限最长不得超过90日。证券公司在代销、包销期内，对所代销、包销的证券应当保证先行出售给认购人，证券公司不得为本公司预留所代销的证券和预先购入并留存所包销的证券。

（二）股票的公开发行

1. 股票发行的基本准则

股票代表的是公司股份，股票的持有人享有股东权益，因此股票的发行必须遵循"同股同权""同股同价""不得折价发行"的基本准则。同股同权指的是同一种类的股票享有同样的权利，不同种类的股票可以有不同的权利。同股同价指同一次发行的股票必须同价，不是同一次发行的可以不同价。不得折价发行是指不得低于票面金额发行，否则会导致公司注册资金不能充分到位，从而违背资本原则。

2. 首次公开发行股票

股票发行是股份有限公司发行股票的行为。公司未公开发行股票时，意味着公司尚未上市，一旦公开发行，则意味着公司上市。有的公司设立时未上市，公司设立后再上市。无论是设立时发行，还是公司设立后发行，首次发行都属于上市发行。公司首次公开发行股票后，就可以申请上市，从而成为上市公司。因此，在公司发行股票的所有情形中，股票的首次发行所要求的条件最严格，程序最复杂，受到的法律规制也最多。

根据《证券法》第12条，公司首次公开发行股票，应当符合下列条件：① 公司具备健全且运行良好的组织机构；② 具有持续经营能力；③ 最近三年财务会计报告被出具无保留意见审计报告；④ 发行人及其控股股东、实际控制人最近三年不存在贪污、贿赂、侵占财产、挪用财产或者破坏社会主义市场经济秩序的刑事犯罪；⑤ 经国务院批准的国务院证券监督管理机构规定的其他条件。2023年2月，中国证监会通过了《首次公开发行股票注册管理办法》，对首次公开发行股票并上市的行为作出了更为具体的规定。

根据我国当下股票发行的实践操作程序，公司作出股票发行决议后，应当根据股票发行后拟上市的板块要求准备申报材料，连同保荐人保荐书和股票承销协议等材料，向股票发行后拟上市的证券交易所申报。证券交易所决定受理后对申报人的材料进行审核，并作出同意或不同意发行人股票公开发行并上市的审核意见。经审核后同意发行并上市的，将审核意见连同发行人的申请注册文件报送中国证监会履行发行注册程序。中国证监会收到证券交易所报送的审核意见和发行人申请材料后，决定是否予以注册。中国证监会作出不予注册决定的，发行人可于六个月后再次提出发行申请。

3. 上市公司发行新股

既然是上市公司，说明股票已经发行并上市，故上市公司发行新股不是首次公开发行。首次发行新股的，一般要求发行人具备健全且运行良好的公司组织机构，具有持续经营能力，最近三年财务会计报告被出具无保留意见审计报告，发行人及其控股股东、实际控制人最近三年不存在贪污、贿赂、侵占财产、挪用财产或者破坏社会主义市场经济秩序的刑事犯罪，以及经国务院批准的国务院证券监督管理机构规定的其他条件。

发行新股可以向不特定对象增发，也可以向特定对象发行，还可以采取向原股东配股的方式发行。采取配股方式发行新股的，根据《上市公司证券发行注册管理办法》的规定，拟配售股份数量不能超过本次配售前股本总额的50%，并应当采用代销方式发行。控股股东应当在股东会召开前公开承诺认配股份的数量。控股股东不履行认配股份的承诺，或者代销期限届满，原股东认购股票的数量未达到拟配售数量70%的，为发行失败，上市公司应当照发行价并加算银行同期存款利息返还已经认购的股东。

4. 公司债券的发行

与股票所代表的股权不同，债券代表的是一种债权。债券可以公开发行，也可以不公开发行。公开发行意味着向不特定的社会公众借债，与股票发行要求公司规范运营不同，债券发行条件要考虑公司的偿债能力。所以，债券发行一般要求公司在一定期限内无债务违约情形，最近一定期间内（一般是三年）平均利润足以支付一定期间的债券利息，等等。同时，还要求委托具有从事证券业务资格的资信评级机构进行信用评级。

公司公开发行债券，与公司首次公开发行股票的程序基本相同。

（三）证券的上市

证券的发行与上市是完全不同的两个行为。发行是证券的发售行为，主要是证券发行人与证券购买人之间的关系；上市则是在证券交易所挂牌的行为，主要是证券发行人与证券交易所之间的关系。证券发行，要向中国证监会申请并经批准注册后发行；证券上市，要向证券交易所申请，由证券交易所进行审查后上市挂牌交易。

1. 上市条件

私募发行的证券不存在上市问题，公募发行的证券也不一定上市。在我国，证券公开发行后一般都会立即上市，称为"直通车"式上市，但也可以另外选择日期申请上市。由于证券上市主要反映的是证券发行人与证券交易所的关系，故2019年修订的《证券法》不再规定证券的具体上市条件，具体的上市条件由证券交易所按照其上市规则执行。这样，不同的证券交易所、不同的证券市场板块对证券上市条件的要求就可能存在较大不同。

一般情况下，上市条件中对证券发行人的经营年限、财务状况、最低公开发行比例、公司治理和诚信记录等都会有具体的要求。例如，沪深两家证券交易所对主板和中小企业板一般股票规定的上市条件包括股票已公开发行，公司股本总额不少于5 000万元，公开发行的股份达到公司股份总数的25%以上，公司股本总额超过四亿元的公开发行股份的比例达到10%以上，公司最近三年无重大违法行为，财务会计报告无虚假记载等。

2. 上市的一般程序

证券发行人经中国证监会证券公开发行注册后，一般应及时向证券交易所提出上市申请。不同的证券交易所的不同板块对上市申请所要求提交的材料有不同规定，但大体上是一致的：除上市申请书之外，一般包括证券发行材料、公司基本情况材料、反映公司财务状况的有关材料、信息披露材料等，同时一般还要求提交保荐协议和保荐机构出具的上市保荐书、律师事务所出具的法律意见书等。

证券交易所收到上市申请材料后，应由证券交易所内部设立的上市委员会进行审核，在规定期限内（一般是七个交易日）作出是否同意上市的审核决定。上市委员会作出不同意上市决定的，申请人可以提交复核申请书、保荐机构就申请复核事项出具的意见书以及律师事务所就申请复核事项出具的法律意见书等，请求复核。交易所受理后设立复核机构进行复核，复核机构作出的决定为终局决定。

证券交易所审核后同意上市的，由上市公司与证券交易所签订上市协议。上市协议一般是根据《证券交易所管理办法》规定制定的格式合同。合同订立后，由证券交易所对有关证券上市的文件向社会公告，同时将证券正式挂牌上市。

3. 证券交易

人们常把证券发行市场称为一级市场，将证券发行后的交易市场称为二级市场。尽管证券发行作为一种证券发售行为，也属于证券交易的范畴，但一般情况下，证券交易更多地是指在证券交易市场即二级市场的交易。

对于二级市场的证券交易方式，根据不同的标准可以有不同的分类：根据证券的种类可分为股票交易、债券交易和其他证券品种交易；根据证券是否上市可分为上市交易和非上市交易；根据交易价格形成方式可分为集中交易和非集中交易；根据是否回购可分为一般交易和回购交易；根据是否即时办理证券交付可分为现货交易、期货交易、融资融券交易等。

（1）集中交易。集中交易是证券交易所采取的最典型也最主要的证券交易方式，在集中交易方式下，众多的买方和卖方在交易平台集中报价和竞价，最终成交。目前，一般股民的股票交易采用的基本上都是集中交易方式。

（2）非集中交易。与集中交易方式相对，凡是不采用集中竞价方式进行交易的，都是非集中交易方式，主要有协议交易方式和大宗交易方式两种。协议交易一般通过当事人场外自行协商确定交易数量与交易价格，达成一致后经证券交易所确认并交收。协议交易常用于非流通股的转让或特殊交易行为，如上市公司的协议收购、大宗交易等。大宗交易指交易数量和交易金额达到一定数额的交易，沪深两家证券交易所一般要求单笔交易申报数量不低于30万股，或者交易金额不低于200万元人民币（B股不低于20万美元）。对大宗交易的交易方式和交易规则，沪深两家证券交易所都有专门的规定。

（3）回购交易。回购交易是指将已出卖的证券再购回的交易行为。我国当前证券回购交易主要有三种情况：一是发行人自行回购，如上市公司股份回购，这种情况常常是为减资、反收购、稳定公司股价等目的而实施回购；二是依照事先约定回购已卖出的债券，如可转换公司债券的赎回与回售；三是以证券为质押标的进行融资时，可以依照约定对质押债券以回购的方式赎回。

对于上述三种回购交易情形，上市公司股份回购行为很容易被用作误导投资者、进行内幕交易和操纵股价的手段，需要法律对此进行规范和限制。为此，除《公司法》外，中国证监会还制定了《上市公司股份回购规则》，对回购股份的条件、回购股份数量的限制、回购方式、回购价格、资金来源、回购股份的处理以及信息披露要求等均作了明确的规定。

（4）融资融券交易。融资融券交易包括两种方式：一是融资交易；二是融券交易。融资交易是指证券公司为客户垫付一部分资金用于购买证券，客户到期偿还并支付利息的一种方式；融券交易是指证券公司事先借给客户一部分证券出售，客户到期返还同样数量和种类的证券。客户融资买进证券常被称为"买空"，融券卖出称为"卖空"。对于券商来说，买空和卖空可以扩大交易量；对投资者而言，在证券市场行情看好时，即使缺乏充足的资金，仍然有可能通过交易获得不错的收益。

4. 退市

退市是指证券在证券交易所终止上市。终止上市的情形主要有三种：一种是主动退市；二是因股份回购、公司收购、公司合并或解散导致不具备上市条件或主体资格丧失而退市；三是因重大违法行为、交易状况或财务状况不符合上市要求，或在信息披露与规范运作方面存在重大缺陷未在规定期限内改正等情况而被证券交易所强制退市。

上市公司出现财务状况异常或其他异常，导致其可能存在被终止上市的风险的，证券交易所应当对该公司证券实施退市风险警示。如果出现证券交易所规定的退市情形，由交易所上市委员会对证券终止上市事宜进行审议，作出独立的专业判断并形成审核意见，交易所根据上市委员会的审核意见作出是否终止证券上市的决定，并在作出终止证券上市的决定之日后一定期限内（深沪两家证券交易所股市上市规则规定的是两个交易日内），通知公司并发布相关公告，同时报中国证监会备案。

证券交易所强制证券退市的，会为退市证券设定一定期限的退市整理期（沪深主板股票的退市整理期为30个交易日），在整理期内，进入交易所特定的交易系统进行交易。退市整理期满后五个交易日内摘牌，证券终止上市。主动退市的，不进入退市整理期，在交易所公告公司证券终止上市决定之日起五个交易日内摘牌，证券终止上市。

三 投资者权益保护

对于公募融资方式来说，投资者虽有投资经验丰富、财力雄厚的投资大户，但更多的是众多的普通"散户"。他们可能既缺乏投资经验，也没有雄厚财力，更关键的是，如果没有法律的强制性规定，这些散户也许根本不可能真正知悉发行者的相关信息并对投资风险作出准确判断，很容易成为被"收割"的对象。因此，如何保护广大投资者权益，是《证券法》面临的重要课题之一。

（一）信息披露制度

证券资本市场是一个信息驱动的市场，有关证券发行公司的财务、信用、经营状况、重大决策等信息，是投资人进行投资决策的重要依据。但证券资本市场又是一个信息严重不对称的市场，如果发行人不主动披露其公司信息，投资者（尤其是那些所谓的"散户"投资者）很难掌握发行公司的相关信息。为了平衡这种信息不对称关系，需要法律强制发行者主动披露相关信息，以确保投资者在充分掌握投资信息的基础上进行理性投资，或者说依照自己的意思作出真正意义上的自主决定。

1. 信息披露的原则

为确保证券市场信息资源享有的均衡性与公平性，信息披露必须满足一定的要求，或者说信息披露应遵循一定的原则，符合一定的标准。

（1）真实全面原则。所谓真实，是指披露的信息应当客观真实，不得有虚伪记载，不得有误导和欺骗性内容。真实性是信息披露的根本原则。所谓全面，是指披露的信息必须全面完整，不得有故意隐瞒或重大遗漏。关于何为"重大遗漏"，一般应考虑三个方面的标准。一是投资者决策标准。信息披露的目的在于为投资者决策提供依据，是否有"重大遗漏",应当考虑是否对投资者决策构成影响。凡是对投资者决策有重大影响的信息,均应披露,否则即构成重大遗漏。二是价格敏感标准。此标准以信息对证券价格是否会产生较大影响为判断依据,凡是会对证券价格产生影响的,均应披露,否则即构成重大遗漏。三是发行人不利影响标准。此标准以有关事实信息是否对发行人经营状况、财务状况、持续盈利能力等反映其综合品质的指标产生不利影响为判断标准,只要有关事实信息可能对发行人产生严重不利影响,即属于应予披露的范围。

《证券法》第80条列举了可能对股票价格产生较大影响的12种情况[①],第81条列举了可能对债券价格产生较大影响的11种情况[②],可作为认定是否构成"重大遗漏"的具体依据。

(2)及时同步原则。及时是指向投资者公开的信息应当符合时效性要求,对于应当披露的重大信息,尤其是突发性信息,应当以最快的速度公开。对于公司经营和财务状况的重大变化,应当向社会立即公开变化情况。所谓同步,是指披露信息应当同时向所有投资者披露,以确保所有投资者同时获取同样信息。

(3)要式原则。所谓要式原则,是指信息披露应在指定媒体上以指定形式发布。为确保信息披露格式的准确性,中国证监会及各证券交易所对不同的信息披露制定了若干格式化的准则。如《公开发行证券的公司信息披露内容与格式准则第1号——招股说明书》是对招股说明书的格式内容制定的准则,《公开发行证券的公司信息披露内容与格式准则第2号——年度报告的内容与格式》是年度报告的格式准则,《公开发行证券的公司信息披露内容与格式准则第3号——半年度报告的内容与格式》是中期报告(半年度报告)的格式准则,《公开发行证券的公司信息披露内容与格式准则第7号——股票

[①] 这12种情况是:① 公司的经营方针和经营范围的重大变化;② 公司的重大投资行为,公司在一年内购买、出售重大资产超过公司资产总额30%,或者公司营业用主要资产的抵押、质押、出售或者报废一次超过该资产的30%;③ 公司订立重要合同、提供重大担保或者从事关联交易,可能对公司的资产、负债、权益和经营成果产生重要影响;④ 公司发生重大债务和未能清偿到期重大债务的违约情况;⑤ 公司发生重大亏损或者重大损失;⑥ 公司生产经营的外部条件发生的重大变化;⑦ 公司的董事、1/3以上监事或者经理发生变动,董事长或者经理无法履行职责;⑧ 持有公司5%以上股份的股东或者实际控制人持有股份或者控制公司的情况发生较大变化,公司的实际控制人及其控制的其他企业从事与公司相同或者相似业务的情况发生较大变化;⑨ 公司分配股利、增资的计划,公司股权结构的重要变化,公司减资、合并、分立、解散及申请破产的决定,或者依法进入破产程序、被责令关闭;⑩ 涉及公司的重大诉讼、仲裁,股东会、董事会决议被依法撤销或者宣告无效;⑪ 公司涉嫌犯罪被依法立案调查,公司的控股股东、实际控制人、董事、监事、高级管理人员涉嫌犯罪被依法采取强制措施;⑫ 国务院证券监督管理机构规定的其他事项。

[②] 这11种情况分别是:① 公司股权结构或者生产经营状况发生重大变化;② 公司债券信用评级发生变化;③ 公司重大资产抵押、质押、出售、转让、报废;④ 公司发生未能清偿到期债务的情况;⑤ 公司新增借款或者对外提供担保超过上年末净资产的20%;⑥ 公司放弃债权或者财产超过上年末净资产的10%;⑦ 公司发生超过上年末净资产10%的重大损失;⑧ 公司分配股利,作出减资、合并、分立、解散及申请破产的决定,或者依法进入破产程序、被责令关闭;⑨ 涉及公司的重大诉讼、仲裁;⑩ 公司涉嫌犯罪被依法立案调查,公司的控股股东、实际控制人、董事、监事、高级管理人员涉嫌犯罪被依法采取强制措施;⑪ 国务院证券监督管理机构规定的其他事项。

上市公告书》是上市公告书的格式准则。截至2024年8月，针对各证券交易所信息披露的内容与格式要求，中国证监会一共发布了60余个格式化准则。

2. 披露事项

披露的目的在于让投资者充分掌握证券从发行到上市交易过程中的相关信息，从而为投资决策提供依据。据此，一切有可能影响投资者投资判断的信息都应当属于信息披露的范围，具体而言，主要包括三类。

（1）发行信息与上市信息的披露。公司首次发行股票时，应编制招股说明书，详细披露公司基本情况，证券发行情况，风险因素，同业竞争与关联交易，公司高管与核心技术人员，公司治理结构，相关财务会计信息，管理层对财务状况、盈利能力及现金流量等的分析，业务发展目标，股利分配政策等信息。为统一招股说明书的内容格式，中国证监会发布了公开发行证券的公司信息披露内容与格式准则第1号、第28号和第41号，分别对主板、创业板和科创板的公司招股说明书的内容和格式作了详细规定。已挂牌上市的公司发行证券时，应编制募集说明书，募集说明书的内容与招股说明书略有差别，但差别不大。

公司证券上市时，公司应编制上市公告书，上市公告书的内容格式一般由证券交易所规定。从内容上说，上市公告书应是招股说明书的延续，为避免内容重复，上市公告书的内容更侧重与证券上市有关的事项，以及证券发行到上市期间公司发生重大变化的事项。

（2）定期披露事项。定期披露事项又称例行披露事项，主要通过上市公司的定期报告披露，披露事项包括公司的财务状况、经营情况、股本变动和股东情况、募集资金的使用情况、公司重要事项等。依据《证券法》的规定，定期报告分为年度报告和中期报告。年度报告是上市公司一年一度对其报告期内的生产经营概况、财务状况等信息的全面总结，是上市公司信息披露制度的核心。中期报告又称半年度报告，是上市公司在每一会计年度上半年结束后，向证券监管机构提交并向社会公众公告的定期报告，目的在于及时披露公司每一会计年度前六个月的经营与财务状况，以便投资者了解公司信息。通常年度报告的披露内容相对广泛和全面，中期报告相对简单。

（3）临时披露事项。临时披露事项主要是上市公司发生的可能影响证券价格和投资者决策的重大事件，对于这类事件，上市公司应当及时披露事件的具体情况，说明事件的起因、目前的状态和可能产生的法律后果。定期报告无法及时披露临时发生的重大事件，故重大事件的披露都是通过临时报告披露的。关于何为应当披露的重大事件，《证券法》第80条和第81条作出了具体规定，可作为认定是否构成重大事件的重要判断依据。

此外，沪深两证券交易所对重大交易、关联交易、行业信息、经营风险、异常波动、股权质押以及其他信息的披露也作了详细规定，上市公司同样应当遵照执行。

（4）其他披露事项。除了上述信息应当及时披露外，根据《证券法》规定，其他披露事项主要包括三个方面的事项。一是上市公司要约收购信息披露。通过证券交易，投资者持有一家上市公司已发行的有表决权股份达到30%，继续进行收购的，收购人应当依法向该上市公司所有股东发出收购股份要约，并同时公告收购报告书，披露收购人关于收购的决定、被收购公司名称、收购目的、收购股份名称和预定收购数额、收购期限和价格、收购所需资金额及资金保证等信息。二是上市公司协议收购信息披露。以协议方式收购上市公司时，达成协议后，收购人必须在三日内将收购协议向证券监督管理机构和证券交易所作出书面报告，并予公告。三是大额股份持股情况披露。投资者持有一家上市已发行的有表决权股份达到5%时，应当在该事实发生之日起三日内，向证券监督管理机构和证券交易所作出书面报告，通知该上市公司，并予公告。此后，其所持该上市公司已发行的有表决权股份比例每增加或者减少5%，均应当依照前述要求进行报告和公告；其所持该上市公司已发行的有表决权股份比例每增加或者减少1%，应当在该事实发生的次日通知该上市公司，并予公告。

3. 公司披露义务人及其职责

（1）上市公司董事、监事等高级管理人员在信息披露工作中的职责。上市公司的董事、监事等高级管理人员应当勤勉尽责，关注信息披露文件的编制情况，保证定期报告、临时报告在规定期限内披露，配合上市公司及其他信息披露义务人履行信息披露义务，保证上市公司所披露的信息真实、准确、完整。其中，董事和高级管理人员应当对公司定期报告签署书面确认意见，监事应当对董事会编制的定期报告进行审核并提出书面审核意见。

（2）上市公司的股东、实际控制人在信息披露中的义务。持有公司5%以上股份的股东或者实际控制人持有股份或者控制公司的情况发生较大变化，控股股东所持股份被人民法院裁决禁止转让，任何一个股东所持公司5%以上股份被质押、冻结、司法拍卖、托管、设定信托或者被依法限制表决权，以及公司拟进行重大资产或者业务重组时，股东、实际控制人应当主动告知上市公司董事会，并配合上市公司履行信息披露义务。

（3）保荐人、证券服务机构在信息披露中的义务。为信息披露义务人履行信息披露义务出具专项文件的保荐人、证券服务机构，应当保证所出具文件的真实性、准确性和完整性。

（4）公司经理、董事会秘书、财务负责人在信息披露中的职责。上市公司董事长、经理、董事会秘书，应当对公司临时报告信息披露的真实性、准确性、完整性、及时性、公平性承担主要责任。上市公司董事长、经理、财务负责人应当对公司财务会计报告的真实性、准确性、完整性、及时性、公平性承担主要责任。

4. 违反披露义务的法律责任

信息披露义务人未按照规定披露信息，或者公告的证券发行文件、定期报告、临时报告及其他信息披露资料存在虚假记载、误导性陈述或者重大遗漏，致使投资者在证券交易中遭受损失的，信息披露义务人应当承担赔偿责任；发行人的控股股东、实际控制人、董事、监事、高级管理人员和其他直接责任人员以及保荐人、承销的证券公司及其直接责任人员，如果不能证明自己没有过错，应当与发行人承担连带赔偿责任。

上市公司及其董事、监事、高级管理人员违反信息披露义务，证券监督管理机构可以采取责令改正、监管谈话、出具警示函、责令公开说明、责令定期报告、责令暂停或者终止并购重组活动等监管措施。同时，根据《证券法》，对公司处以警告、责令改正、没收违法所得或罚款的行政处罚，并对直接负责的主管人员和其他直接责任人员给予警告和罚款的行政处罚。

根据《刑法》第161条的规定，依法负有信息披露义务的公司、企业向股东和社会公众提供虚假的或者隐瞒重要事实的财务会计报告，或者对依法应当披露的其他重要信息不按照规定披露，严重损害股东或者其他人利益，或者有其他严重情节的，构成违规披露、不披露重要信息罪，对其直接负责的主管人员和其他直接责任人员，处5年以下有期徒刑或者拘役，并处或者单处罚金；情节特别严重的，处5年以上10年以下有期徒刑，并处罚金。

（二）禁止交易行为

公开、公平、公正、诚信是证券市场应当遵循的基本原则，有的证券市场参与者利用其信息优势、资金优势或管理优势违背"三公"和诚信原则，使广大中小投资者处于不利地位，具有极大危害性，必须予以禁止。

1. 法律禁止的具体交易行为

（1）内幕交易行为。内幕交易行为是指内幕信息的知情人员利用信息优势进行信息不对称的交易。内幕信息指的是可能对证券价格产生重要影响的尚未公开的信息，内幕信息的范围可以参照《证券法》第80条和第81条的规定来认定。根据《证券法》第51条，知情人员主要包括两类：一是关联公司（除发行人外，还包括持有公司5%以上股份的股东、发行人的控股股东或实际控制人、上市公司收购人或重大资产交易方等）的董事、监事和高级管理人员；二是因职务和工作原因可以获取内幕信息的工作人员，包括上述关联公司的相关工作人员，也包括证券交易所、证券公司、证券登记结算机构、证券服务机构以及证券监管机构的相关工作人员等。

（2）操纵市场行为。操纵证券市场的行为，是指个人或机构背离集中竞价和市场供求关系原则，通过不正当方式，影响或意图影响证券交易价格或证券交易量，制造证券市场假象，人为地操纵证券交易价格，以引诱他人参与证券交易，为自己牟取不正当利益或转嫁风险的行为。我国《证券法》第55条、《刑法》第182条对操纵市场的具体行为表现作出了具体规定，《最高人民法院、最高人民检察院关于办理操纵证券、期货市场刑事案件适用法律若干问题的解释》对操纵证券市场的行为作了进一步规定。根据上述规定，操纵市场主要表现为以下行为：单独或者通过合谋，集中资金优势、持股优势或者利用信息优势联合或者连续买卖；与他人串通，以事先约定的时间、价格和方式相互进行证券交易；在自己实际控制的账户之间进行证券交易；不以成交为目的，频繁或者大量申报并撤销申报；利用虚假或者不确定的重大信息，诱导投资者进行证券交易；对证券、发行人公开作出评价、预测或者投资建议，并进行反向证券交易；利用在其他相关市场的活动操纵证券市场；以其他手段操纵证券市场的行为。

（3）编造传播虚假信息或者误导性信息行为。编造传播虚假信息或误导性信息行为主要包括两类：一是证券交易场所、证券公司、证券登记结算机构、证券服务机构及其从业人员、证券业协会、证券监管机构及其工作人员，在证券交易活动中作出虚假陈述或信息误导；二是传播媒介及其从事证券市场信息报道的工作人员不真实、不客观、误导性的证券市场信息。

（4）其他禁止行为。其他禁止的交易行为主要包括：证券公司及其从业人员违背客户委托从事损害客户利益的行为；买卖非依法发行的证券的行为；传播媒介及其从事证券市场信息报道的工作人员实施与其工作职责发生利益冲突的证券买卖行为；出借自己证券账户或借用他人证券账户从事证券交易的行为；违法使用财政资金、银行信贷资金进行证券买卖等。

2. 实施禁止交易行为的民事责任与行政责任

实施禁止交易行为，给投资者造成损失的，应当承担赔偿责任。但是，对于广大的股民来说，证明自己的投资损失与禁止交易行为之间的因果关系并不是一件简单的事，除非出现非常严重的违规行为，一般情况下很少会有人通过诉讼的方式请求赔偿损失。因此，禁止交易行为的约束和管控更多是通过行政处罚甚至刑事处罚手段来实现的。

对于实施禁止交易行为的行政处罚，主要是警告、责令改正、没收违法所得和罚款，情节严重的，可以并处暂停或者撤销相关业务许可。对于行为人应承担的具体行政责任，可参照《证券法》法律责任一章的规定，该章详细规定了对各种违法违规行为应承担的行政责任。

3. 实施禁止交易行为的刑事责任

实施禁止交易行为，情节严重，构成犯罪的，应当承担刑事责任。相关的刑事犯罪主要有三种，规定在我国《刑法》破坏社会主义市场经济秩序罪部分关于破坏金融管理秩序罪的规定中。

（1）内幕交易罪。内幕交易罪包括三个罪名，分别是内幕交易罪、泄露内幕信息罪和利用未公开信息交易罪。证券、期货交易内幕信息的知情人员或者非法获取证券、期货交易内幕信息的人员，在涉及证券的发行，证券、期货交易或者其他对证券、期货交易价格有重大影响的信息尚未公开前，买入或者卖出该证券，或者从事与该内幕信息有关的期货交易，或者泄露该信息，或者明示、暗示他人从事上述交易活动，情节严重的，构成内幕交易罪、泄露内幕信息罪或利用未公开信息交易罪，处5年以下有期徒刑或者拘役，并处或者单处违法所得1倍以上5倍以下罚金；情节特别严重的，处5年以上10年以下有期徒刑，并处违法所得1倍以上5倍以下罚金。

（2）操纵证券、期货市场罪。操纵证券、期货市场，影响证券、期货交易价格或者证券、期货交易量，情节严重的，构成操纵证券、期货市场罪，处5年以下有期徒刑或者拘役，并处或者单处罚金；情节特别严重的，处5年以上10年以下有期徒刑，并处罚金。

操纵证券、期货市场的行为主要指：① 单独或者合谋，集中资金优势、持股或者持仓优势或者利用信息优势联合或者连续买卖；② 与他人串通，以事先约定的时间、价格和方式相互进行证券、期货交易；③ 在自己实际控制的账户之间进行证券交易，或者以自己为交易对象，自买自卖期货合约；④ 不以成交为目的，频繁或者大量申报买入、卖出证券、期货合约并撤销申报；⑤ 利用虚假或者不确定的重大信息，诱导投资者进行证券、期货交易；⑥ 对证券、证券发行人、期货交易标的公开作出评价、预测或者投资建议，同时进行反向证券交易或者相关期货交易；⑦ 以其他方法操纵证券、期货市场。

（3）编造并传播证券、期货交易虚假信息罪。编造并且传播影响证券、期货交易的虚假信息，扰乱证券、期货交易市场，造成严重后果的，构成编造并传播证券、期货交易虚假信息罪，处5年以下有期徒刑或者拘役，并处或者单处1万元以上10万元以下罚金。

（4）诱骗投资者买卖证券、期货合约罪。证券交易所、期货交易所、证券公司、期货经纪公司的从业人员，证券业协会、期货业协会或者证券期货监督管理部门的工作人员，故意提供虚假信息或者伪造、变造、销毁交易记录，诱骗投资者买卖证券、期货合约，造成严重后果的，构成诱骗投资者买卖证券、期货合约罪，处5年以下有期徒刑或者拘役，并处或者单处1万元以上10万元以下罚金；情节特别恶劣的，处5年以上10年以下有期徒刑，并处2万元以上20万元以下罚金。

单位犯前两款罪的，对单位判处罚金，并对其直接负责的主管人员和其他直接责任人员，处5年以下有期徒刑或者拘役。

（三）对投资者的其他保护性措施

1. 投资者适当性管理制度

根据投资者的财产状况、金融资产状况、投资知识和经验以及专业能力等因素，将投资分为专业投资者和普通投资者，专业投资者又进一步分为专业投资机构和专业投资个人，对不同类别的投资者实行差异化保护原则。对一些特殊的证券产品，有时只允许专业投资者投资购买，普通投资者可能会受到一定限制，但相对于专业投资者，普通投资者会受到特别对待和特殊保护。《证券期货投资者适当性管理办法》规定，经营机构应当综合考虑收入来源、资产状况、债务、投资知识和经验、风险偏好、诚信状况等因素，按照有效维护投资者合法权益的要求，确定普通投资者的风险承受能力，进行细化分类和管理。

我国当前的专业投资机构主要是经金融监管部门批准设立的金融机构及其向投资者发行的各种理财产品，此外还包括社会保障基金、企业年金等养老基金，慈善基金等社会公益基金，合格境外机构投资者、人民币合格境外机构投资者，以及资产和投资经验符合要求的法人和其他组织。专业投资个人指金融资产不低于500万元，或者最近3年个人年均收入不低于50万元，具有2年以上证券、基金、期货、黄金、外汇等投资经历，或者具有2年以上金融产品设计、投资、风险管理及相关工作经历的投资人员。金融资产不低于500万元，或者最近3年个人年均收入不低于50万元的金融机构高级管理人员，或获得职业资格认证的从事金融相关业务的注册会计师和律师，也可成为专业投资个人。

专业投资者可以书面告知经营机构选择成为普通投资者，享受普通投资者的特殊保护。普通投资者在满足条件的前提下，提出申请并经证券经营机构审查批准后，也可以成为专业投资者。

2. 上市公司股东权代理征集制度

股东权代理征集是指上市公司符合法定条件的股东或投资者保护机构公开请求其他股东委托其代为出席股东会，并代为行使股东权的行为。中小股东持股比例小，且极为分散，即使他们在总数上持有公司多数股票，但对于股东个体而言，由于行使权力的成本较高，且普遍存在"搭便车"心理，一般不会对公司的决策和管理施加实质性影响。通过股东权代理征集，可以将分散的股东权集中起来行使，从而提高中小股东对公司的影响力。

根据《证券法》第90条，上市公司的董事会、独立董事、持有1%以上有表决权股份的股东或依法设立的投资者保护机构均有权征集股东代理权。征集可以自行征集，也可以委托证券公司和证券服务机构征集。征集股东代理权应当公开进行并披露征集文件，禁止有偿征集或变相的有偿征集。

3. 债券持有人会议与受托管理人制度

股票类证券的持有人可以通过行使股权来表达意志，但债券类证券的持有人在公司中没有行使权利表达意志的机构。为保护债券持有人权益，《证券法》第92条规定，公开发行公司债券的，应当设立债券持有人会议，并应当在募集说明书中说明债券持有人会议的召集程序、会议规则和其他重要事项。债券持有人会议有权变更债券受托管理人，变更债券募集说明书约定条款，审议批准或不批准债券资金用途变更，审议批准或不批准发行人减资、合并、分立、解散及申请破产等对债券持有人权益有重大影响的事项，以及接受委托，以自己名义代表债券持有人提起、参加民事诉讼或清算程序等。

公司债券的发行人在发行债券时，还应当为债券持有人聘请债券受托管理人，维护债券持有人利益。债券持有人会议有权变更受托管理人。

4. 投资者证券纠纷的先行赔付制度

中小投资者数量众多且高度分散，当其权益遭受侵害时，很难通过司法途径获得救济。鉴于此，《证券法》第93条规定了先行赔付制度，规定对因欺诈发行、虚假陈述或其他重大违法行为造成投资者损失的情形，发行人的控股股东、实际控制人、相关的证券公司可以委托投资者保护机构，就赔偿事宜与受到损失的投资者达成协议，予以先行赔付。先行赔付后，可以依法向发行人以及其他连带责任人追偿。应注意的是，《证券法》采用了"可以委托"的措辞，说明先行赔付义务不是法律规定的强制性义务，仍以当事人自愿为基础。

> **与本讲内容相关的重要法律、法规和司法解释**
>
> 1.《中华人民共和国商业银行法》
> 2.《贷款通则》
> 3.《最高人民法院关于审理民间借贷案件适用法律若干问题的规定》
> 4.《最高人民法院关于审理非法集资刑事案件具体应用法律若干问题的解释》
> 5.《中华人民共和国证券法》
> 6.《公司债券发行与交易管理办法》
> 7.《上市公司证券发行注册管理办法》
> 8.《证券发行上市保荐业务管理办法》

第十讲

重组与并购

公司经营发展到一定阶段后,或为开拓市场,或为生产转型,或为公司结构调整,常常需要进行各种形式的资产重组。资产重组无论是从资产规模和运作的复杂程度,还是从利益关系以及可能存在的决策风险来看,都比单纯的融资活动复杂得多,涉及多种法律关系,是对公司法、证券法、合同法等多种法律知识的综合运用。故我们没有将这一问题放在公司法部分讨论,而是在介绍完各种民商事法律之后,在此予以专门讨论。

第一节　重组与并购概述

一　重组与并购的概念

（一）公司重组

1. 公司重组与资产重组

公司重组是对公司的资金、资产、劳动力、技术、管理等要素进行重新配置的活动。人们常使用的概念还有资产重组，指公司对资产的重新组合、调整和配置，公司的合并与分立、资产的收购和剥离、公司的增资与减资、股权的转让与调整等，均属于资产重组的范畴。资产重组是公司重组最基本也最核心的重组形式，相较于资产重组，公司重组的外延更为宽泛，所有的资产重组均属于公司重组。此外，公司产业目标的调整、公司组织结构的重新组合，甚至管理方式的改变和债务清偿方式的变更等，也属于公司重组。

重组不同于重整，重整是破产法上的概念，是指企业因资不抵债申请破产清算时，在人民法院宣告破产前，与债权人协商一致制定重整计划，用以解决债务清偿问题的一种法定程序。公司重组则是公司的自主行为，其目的在于优化企业资产结构、负债结构和产权结构，改善企业经营管理状况，强化企业在市场上的竞争能力。

2. 公司重组的目标

从根本上说，一切公司重组的目标都在于优化公司的资源配置，改善公司经营状况，提高公司的市场竞争力。但是，公司的运营是围绕资本的运营而展开的，从资本的目标追求角度看，公司重组主要有资本扩张、资本收缩和经营方式与目标调整三种不同的目标追求，不同的目标追求下有着不同的重组方式。

（1）资本扩张。资本扩张是资本规模的扩大，可以是公司在原来的基础上继续增加投资规模，也可以通过公司收购、合资等方式兼并其他公司或设立新的公司来扩大投资规模。资本扩张是资本具有的本质属性，也是公司发展的重要途径。资本扩张的实现途径主要有公司合并、资产收购、股权收购、上市扩股、新设公司等方式。

（2）资本收缩。资本收缩是指资本规模的收回或缩小，主要是将没有增长潜力的资产通过剥离、出售等重组措施予以收回。资本收缩情况下，公司的整体资本规模虽然减少，但通过处理呆滞资产，有助于公司实现公司经营战略调整，进一步优化公司资产结构。资本收缩的重组方式主要有股份回购、资产剥离、公司分立、股权出售等。

（3）经营方式与目标调整。资本扩张和资本收缩是公司资产重组目标的两个端点，任何资产重组都或多或少地会伴随着资本的扩张或收缩,但资产重组并不总是以资本的扩张或收缩为目标,公司经营方式的调整、经营目标的转换、经营重点的转移等都可能需要进行资产重组。根据公司和市场的具体情况,资本扩张与收缩目标下所采取的各种重组方式都可以成为目标调整的实现途径,但是,经营方式与目标调整最常见和最直接的方式是资本置换。

资本置换主要指通过资产收购方式将公司的呆滞资产置换成现金或优质资产的资产重组方式。当然,资本置换的适用情形并不局限于经营方式与目标的调整。为使公司达到上市条件而进行的资产置换,上市公司出于保持业绩持续增长的需要而进行的资产置换,都是资产置换常见的适用情形。

3.常见的公司重组方式

根据不同的标准,公司重组可以有不同的分类:根据重组涉及的范围,可以分为内部重组和外部重组。内部重组是对公司各种要素在公司内部进行重新调整和配置的行为,不涉及任何外部交易,属于公司内部的经营管理行为。外部重组是公司通过与其他企业之间的合并和收购等形式,剥离不良资产、配置优良资产的活动。公司的合并与收购、资产转让与剥离等,均属于外部重组。根据重组的目的,公司重组可以分为扩张型重组、收缩型重组和调整型重组。具体重组方式前文讨论重组目标时已有介绍,不再重复。根据重组的内容,公司重组还可以分为产权重组、产业重组、组织结构重组、管理重组、债务重组等。

无论对公司重组的形式如何进行分类,都不过是对几种基本重组方式的不同排列与组合。这几种基本的重组方式主要有公司的合并与分立、公司的增资与减资、资产的剥离与置换、股权的收购与调整等。上述重组方式中,公司合并又常称公司并购或公司兼并。对这些常见的重组形式,我们将在后文中具体介绍。

(二)公司并购

公司并购是公司资本运营的基本方式,也是公司资产扩张性重组的方式之一。通过并购活动,公司不仅可以扩大生产经营规模,而且可以进一步实现资源的合理配置,增强公司的竞争优势。公司并购包括公司兼并与公司收购,是对两种情形的统称。

1.公司兼并

公司兼并是指两家或更多的独立的公司合并组成一家公司,通常由一家占优势的公司吸收另一家或多家公司。常见的兼并方法有通过购买资产实现兼并、通过购买股权实现兼并或通过换股实现兼并。一般来说,兼并意味着被兼并公司主体的消灭,但有时候,目标公司的主体不一定消灭,如果兼并方能取得对目标公司的控制权,也是兼并。

公司兼并与公司合并常可通用,但公司兼并强调一个公司对另一个公司的正向吸收合并,而公司合并可以是双方的联合,可以是新设合并,还可以是逆向吸收合并。对这些合并方式,后文将有进一步的介绍。

2. 公司收购

收购是指一家公司购买另一家公司的资产或股权的行为,其中,收购资产的行为称为资产收购,收购股权的行为称为股权收购。资产收购可以是对另一家公司资产的全部收购,也可以是部分收购。全部收购的,被收购方被收购后没有剩余资产,也不再有继续存在的价值,故实践中这种情况一般都是兼并收购;部分收购的,可以是公司分立的实施步骤或其他公司重组手段,也可以是单纯的资产买卖。股权收购可以是对另一公司的全部股权进行收购,也可以是对部分股权进行收购,无论全部收购还是部分收购,收购的目的一般不是公司兼并,主要是为了取得目标公司的控制权。

资产收购和股权收购一般由交易双方依照相互之间订立的收购协议进行,收购所涉及的相关问题的处理完全取决于交易双方当事人的意思。但是,上市公司作为公众性公司,其收购方式在法律上有特殊的要求,应当依法进行。关于公司收购过程中具体问题的处理以及上市公司收购的法律特殊规定,将在本讲第二节和第三节中详细讨论。

(三)上市公司重大资产重组

上市公司作为公众性公司,其资产重组行为与广大投资者利益密切相关,也是影响投资者投资决策的重要因素,需要对其在重大资产重组活动中的信息披露义务、重组程序以及重组过程中的监管问题作出特别的规定。中国证监会早在2008年就颁布了《上市公司重大资产重组管理办法》(以下简称《办法》),历经多次修订和修正,是目前规范上市公司重大资产重组的主要依据。

1. 上市公司重大资产重组的认定

所谓上市公司重大资产重组,是指上市公司及其控股或者控制的公司在日常经营活动之外购买、出售资产或者通过其他方式进行资产交易达到规定的标准,导致上市公司的主营业务、资产、收入发生重大变化的资产交易行为。上市公司按照经中国证监会注册的证券发行申请所披露的募集资金用途,使用募集资金购买资产、对外投资的行为,由于业经注册披露为投资者所知悉,故不再按重大资产重组行为进行特别监管,不属于《办法》所称的上市公司重大资产重组行为。

上文中所谓"规定的标准",主要指以下标准:① 购买、出售的资产总额占上市公司最近一个会计年度经审计的合并财务会计报告期末资产总额的比例达到50%以上;② 购买、出售的资产在最近一个会计年度所产生的营业收入占上市公司同期经审计的合并财务会计报告营业收入的比例达到50%以上,且超过5 000万元人民币;③ 购买、出售的资产净额占上市公司最近一个会计年度经审计的合并财务会计报告期末净资产额的比例达到50%以上,且超过5 000万元人民币。

2. 上市公司重大资产重组的信息披露要求

上市公司与交易对方就重大资产重组事宜进行初步磋商时,应当采取必要且充分的保密措施,制定严格有效的保密制度,限定相关敏感信息的知悉范围。上市公司及交易对方聘请证券服务机构的,应当立即与所聘请的证券服务机构签署保密协议。如果上市公司关于重大资产重组的董事会决议公告前，相关信息已在媒体上传播或者公司股票交易出现异常波动，上市公司应当立即将有关计划、方案或者相关事项的现状以及相关进展情况和风险因素等予以公告，并按照有关信息披露规则办理其他相关事宜。

在董事会作出重大资产重组决议后，公司应在决议作出后次一工作日披露董事会决议及独立董事的意见和上市公司重大资产重组预案，重组报告书、独立财务顾问报告、法律意见书以及重组涉及的审计报告、资产评估报告或者估值报告至迟应当与召开股东会的通知同时公告。

上市公司重大资产重组事项必须由公司股东会决议，且应经出席会议的股东所持表决权的2/3以上通过方可实施。股东会作出决议后，应在次一工作日公告该决议。股东会作出的决议至少应当包括下列事项：① 本次重大资产重组的方式、交易标的和交易对方；② 交易价格或者价格区间；③ 定价方式或者定价依据；④ 相关资产自定价基准日至交割日期间损益的归属；⑤ 相关资产办理权属转移的合同义务和违约责任；⑥ 决议的有效期；⑦ 对董事会办理本次重大资产重组事宜的具体授权；⑧ 其他需要明确的事项。

3. 上市公司重大资产重组的监管

上市公司进行重大资产重组，上市公司应当聘请符合《证券法》规定的独立财务顾问和律师事务所等证券服务机构对重大资产重组是否构成关联交易发表明确意见，涉及关联交易的，独立财务顾问应当就本次重组对上市公司非关联股东的影响发表明确意见。证券交易所设立并购重组委员会依法审议上市公司发行股份购买资产申请，提出审议意见。证券交易所应当在规定的时限内基于并购重组委的审议意见，形成本次交易是否符合重组条件和信息披露要求的审核意见。证券交易所认为符合相关条件和要求的，将审核意见、上市公司注册申请文件及相关审核资料报中国证监会注册；认为不符合相关条件和要求的，作出终止审核决定。

二 公司重组的基本交易方式

公司重组的形式多样，但基本的运作方式主要有三种：一是公司内部资产或股权的重新配置与整合；二是资产收购；三是股权收购。第一种情况下的资产重组不涉及与其他公司的资产交换，属于单纯的公司内部行为，只要符合公司内部管理流程即可实施。一般情况下，公司资产的内部调配与融合由董事会决定，公司章程规定须经股东会议决议的，则应当由股东会议决议。在此主要介绍后两种交易方式。

（一）资产收购的交易方式

公司作为法人，无论不同公司之间存在怎样的关联性，在法律主体意义上都是相互独立的，一家公司的财产不得与其他公司的财产相混同。因此，当资产重组涉及不同主体之间的资产交换时，一般都是通过出售或收购行为来完成的。资产重组看起来非常烦琐复杂，但很多重组活动都可还原为最基础的资产买卖行为，即使一些比较复杂的资产重组，如资产置换和公司合并，很多也是通过资产的出售与收购实现的。

1. 现金支付式收购

从交易方式上看，资产收购最简单的方式是现金收购，收购方直接向被收购方支付现金，取得被收购方的资产。这样的收购属于单纯的资产买卖行为，法律关系较为清晰，也不存在或有债务风险。但各种资产尤其不动产过户手续繁杂，且税负较高，不仅涉及企业所得税，还常常涉及增值税、土地增值税、契税、城市维护建设税和教育费附加等多项其他税费。仅从税收角度需要分析，现金收购的税负较重。此外，目标公司出售资产往往并不是一种单纯的出售行为，而是通过资产出售实现公司合并或其他资产重组目的，因此，资产收购常常并不以现金方式支付对价，而是通过其他方式来支付。

2. 股权支付式收购

股权支付是资产收购中常见的支付方式，收购方可以通过向目标公司定向增发股票来完成对标的资产的收购，也可以以其持有的其他公司的股份作为支付对价完成对标的资产的收购。这里所说的其他公司一般是收购方的子公司，收购完成后，收购方取得目标公司的资产，目标公司成为收购方或收购方子公司的股东。

3. 承债式收购

承债式收购是收购方以承担目标公司相应债务为支付对价实现对标的资产收购的一种收购方式。在承债式收购中，收购方对债务的承担意味着债务的转移，需要以债权人同意为前提。一般来说，采用承债式收购方式的，目标公司大多面临着巨大的债务压力，甚至常常已到了资不抵债的边缘。收购方则一般都有相较于目标公司更雄厚的资金实力，因此，多数情况下债权人不会反对。

采取承债式收购的，收购方既可以概括承继目标公司的全部债务，也可以只承担其部分债务。但收购方只承担部分债务的，有可能会影响其他债权人的债权实现，从而导致收购协议无效。因此，部分承债式收购情况下，收购方未承担的债务清偿所受到的影响，是一个需要谨慎对待并认真论证的问题。

（二）股权收购的交易方式

公司股权收购是通过购买目标公司股权来达到公司收购目的的收购方式。股权收购的目的常常是实现对目标公司的控制，因此，收购完成后，目标公司的主体资格并不因收购行为而消灭，而是成为收购方的控股公司或全资子公司，而收购方则成为目标公司的股东。当然，并不是所有的股权收购都以取得目标公司的控制权为目的，不以取得公司控制权为目的的收购很难说是真正意义上的公司收购，而更多地属于单纯的股权投资行为。

股权收购交易方式下，股权变动手续简便，相较于现金支付式资产收购，税负较低，不过或有债务风险较大，特别是当被收购方债权债务关系复杂，可能存在大额担保、负债情况时，采用股权收购方式进行交易，可能会被无端卷入各种法律纠纷，所以需要在收购前做好尽职调查，谨慎对待。

股权收购方式也可以以现金方式收购，收购方直接向目标公司的股东支付现金，从原股东手中取得股权。这种收购方式在公司法上是一种较为单纯的股权转让行为，依照股权转让规则即可完成操作。股权收购也可以通过非现金方式收购，主要有增发型收购、换股型收购和三角型收购等收购方式。

1. 增发型收购

所谓增发型收购，是指收购方以增发自身股份为支付对价，进而收购目标公司股权的一种收购方式。收购完成后，收购人成为目标公司的控股股东，目标公司的原股东成为收购人的股东。收购方收购目标公司全部股权的，实际上是一种兼并式收购，收购完成后目标公司注销。增发型收购主要是针对股份有限公司而言的，对于有限责任公司而言，一般通过增资入股的方式完成收购。

2. 换股型收购

换股型收购中，收购方一般以其持有的子公司的股权作为对价进行收购，因而又称子公司换股型收购。收购完成后，收购方成为目标公司的控股股东，目标公司的原股东成为收购方子公司的股东。

3. 三角型收购

三角型收购中，收购人并不以自己的名义直接收购，一般专门成立一个子公司，以子公司的名义进行收购。三角型收购是公司合并中常用的运作方式，其具体操作流程本讲后续内容中详细介绍。

三 公司的合并与分立

（一）公司合并

1. 公司合并的基本形式

根据公司合并后主体变化方式的不同，公司合并可分为吸收合并和新设合并两种基本形式。

（1）吸收合并。吸收合并中，被合并方的资产完全并入合并方，合并完成后，被合并方注销，主体资格消灭。立足于合并方的角度，吸收合并可以被看作通过收购被合并公司的资产完成的合并，被合并公司资产被收购后，公司注销，合并完成。以现金支付方式进行收购的，合并是合并方对被合并方的单纯兼并或吞并；以股权为对价支付的，被合并公司的股东在合并后成为合并公司的股东。立足于被合并方的角度，吸收合并意味着公司的解散，需要对公司资产进行清算，因此，可以将其视为一种通过清算程序完成的合并。被合并方经股东会决议解散，将全部资产处置给合并方后，公司注销。合并方以现金方式支付的，公司股东取得现金对价；合并方以股权为对价支付的，被合并方股东成为合并方的股东。

（2）新设合并。新设合并是指将两个或两个以上的公司的资产合并到一个新设立的公司，原参与合并的公司均予以注销的一种合并方式。新设合并的基本交易方式一般也是资产收购。比如，甲股东的A公司与乙股东的B公司欲进行新设合并。甲、乙两股东可新设公司P，由P公司收购A公司和B公司的全部资产，然后分别以增发的股份为支付对价支付给A公司和B公司。A公司和B公司注销后，甲、乙两股东取得P公司的股份。如果是第三方丙新设P公司以现金方式收购A公司和B公司的资产，则这种合并变成了单纯的资产收购，甲、乙两股东取得现金对价，将不能参与P公司的经营。如果以股份为支付对价，则甲、乙两股东均可以成为P公司的股东。

2. 公司合并的交易方式

（1）同一控制下的合并交易方式。同一控制指的是两个合并公司的股东相同，合并前与合并后的股东不会发生变化，不涉及新的股东的介入。其基本形式有两种。第一种是同一母公司控制下的全资子公司的合并，合并后只保留一个公司，其他公司注销。同一控制下的合并也可以是新设合并，被合并的公司的资产归于新设立的公司，合并后原被合并的公司全部注销。无论何种合并方式，从某种意义上都可以说是单纯的集团公司的内部行为，基本上不存在利益冲突。第二种是两个或两个以上的股东共同设立的子公司的吸收合并，这种情况下的合并也可以采取吸收合并或新设合并的方式，同样也不存在太大的利益冲突问题。

同一控制下的合并一般是为公司经营战略调整的需要而进行的合并，也可以通过合并将优质资产集中于一个公司，同时将负债剥离，从而为公司上市或实现其他目的创造条件，因而是公司上市准备或进行经营战略调整时常采用的方式。

（2）非同一控制下的合并交易方式。非同一控制下的合并指不同股东分别投资设立的公司之间的合并，非同一控制下的合并可以采取吸引合并也可以采取新设合并的方式。合并后，被合并的公司股东可以共同成为合并后的公司的股东，这种情况下，对于有限责任公司，被合并公司将资产以入股的方式投入合并后的公司即可。比如，甲和乙是A公司的股东，注册资本600万，两股东的持股比例分别为80%和20%，丙和丁是B公司的股东，注册资本400万，两股东的持股比例分别为60%和40%。两公司合并后，A公司保留，B公司注销。合并后的A公司的注册资本为1 000万，甲、乙、丙、丁四名股东的持股比例分别为48%、12%、24%和16%。对于股份有限公司，可以以定向增发的股份为支付方式收购被合并公司的资产或股权，合并后，被合并公司注销，原股东成为合并后公司的股东。

非同一控制下的合并还可以采取现金收购被合并公司资产或股权的方式进行合并，合并后被合并公司注销，其股东取得被收购资产或股权的对价。

（3）正向合并与反向合并。在吸收合并中，一般来说，主动进行合并的一方会保留。被合并方注销，其资产被吸收到合并方，这种由合并的主动发起方直接吸收被合并方的合并方式被称为正向合并。但有时候，主动发起合并的合并方会主动被吸收到被合并方，合并完成后，主动发起合并的一方公司注销，被动合并的目标公司保留。这种合并方式中，由于主动发起合并的一方形式上被目标公司所吸收，成为法律形式意义上的被合并方，故又被称为反向合并。

反向合并中，被合并公司之所以保留下来，常常是因为其具有某种特殊"壳资源价值"。合并公司正是看中这种壳资源价值，所以通过反向吸收合并的方式来"借壳"达到某种特别目的。比如，因经营不善面临退市风险的上市公司，对于准备上市但因种种原因未能达到上市条件的公司来说，无疑是一种具有壳资源价值的目标公司。合并公司会以被合并方的身份将其自身优质资产转移到目标公司，并获得对目标公司的实际控股，完成合并后，目标公司作为上市公司继续存在。合并公司虽然被注销，但被注销的公司实际上通过"借壳"的方式实现了上市。

3. 三角合并

前文所称的公司合并，无论是同一控制下的公司合并还是非同一控制下的公司合并，无论是正向合并还是反向合并，交易都是在参与合并的两公司之间进行的，并不涉及第三方公司。但在有些公司合并过程中，合并方并不直接出面对目标公司进行合并，而是专门成立一个子公司，公司合并在母公司、子公司和目标公司三方参与下完成，这种合并方式称三角合并。三角合并又分为正向三角合并与反向三角合并两种形式，无论何种方式，基本上都是通过吸收合并完成的。

三角合并程序复杂，之所以被采用，是因为相对于其他合并方式来说，这种合并方式具有无可比拟的优势。公司合并需要召开股东会，不仅需要经过2/3以上表决权通过，还面临一系列法律规则（如异议股东回购请求权等）的制约。对于股份有限公司（尤其是上市公司）而言，有一系列严格而复杂的程序。三角合并可以避开股东会的限制，直接由董事会操作，从而使合并程序变得更为简便。同时，三角合并中以专门设立的子公司为直接交易主体进行合并交易，还有助于将合并交易的风险与母公司隔离，从而达到规避风险的目标。在跨国兼并活动中，很多国家禁止外国公司对本国公司的兼并，通过在目标公司所在国设立子公司，采用三角合并方式进行合并，从而不再受法律的限制，实现跨国兼并目标。

（1）正向三角合并。正向三角合并的一般流程是：母公司设立专门的子公司，然后向该子公司增发股份。该股份是专门用于对目标公司收购而增发的，其股份数额与拟收购的目标的资产价值相当，子公司以该股份为支付对价收购目标公司的资产。完成交易后，目标公司注销，子公司取得目标公司的资产，目标公司的原股东取得母公司的股权。

（2）反向三角合并。反向三角合并中，最终不是子公司完成对目标公司的合并，而是专门用于收购的子公司注销，目标公司成为法律形式上的合并公司。其操作流程是：母公司设立专门的子公司，然后向该子公司增发专门用于公司收购的股权，子公司以该股权为支付对价收购目标公司的股权。完成交易后，子公司注销，母公司取得目标公司的股权，目标公司的股东取得母公司的股权。

（二）公司分立

对于公司分立的概念，《公司法》并未明确定义，通常的理解是将一个公司分解为两个或两个以上独立公司的重组方式。财政部、国家税务总局发布的《关于企业重组业务企业所得税处理若干问题的通知》中，曾将公司分立解释为一家企业将部分或全部资产分离转让给现存或新设的企业的行为。依照这一定义，单纯的资产转让行为也被视为公司分立行为。但在法律性质和法律处理原则上，二者之间的差别很大，很难将其作为同一法律性质的行为对待。因此，对于公司分立，本书仍采通常的理解，不包括单纯的资产转让行为。

与公司合并一样，公司分立也需要经过股东会2/3以上的表决权表决通过，方可实施。

1. 公司分立的基本形式

根据公司分立后主体变化的不同，公司分立可分为存续分立和解散分立两种基本形式。

（1）存续分立。在存续分立形式下，公司分立后，原公司的部分资产被作为出资转移至新成立的一个或数个公司，原公司保留部分资产，主体资格继续存在。由于原公司继续存在，新设立的公司形式上是从原公司派生而来，故存续分立又称派生分立。

从形式上看，存续分立是将原公司部分资产剥离。分立后，原公司的资产当然减少，但股权结构可以重新组合，也可以维持不变；新设立公司的股东可以是原公司分离出来的部分股东，也可以是新的股东。

（2）解散分立。解散分立方式下，公司分立后，原公司解散，公司财产分别投入新设立的两个或两个以上的公司。根据《公司法》第229条和第232条，解散分立情形下，原公司解散时可以不依《公司法》的规定进行清算，可以依照公司分立的程序要求，在分立后公司承诺承担原公司债权债务的基础上，向登记机关申请注销登记。

2. 公司分立的交易方式

立足于公司财产的角度，所谓分立，指的是财产的分割；立足于股东股权的角度，所谓分立，是指股权的分割。因此，公司分立的交易方式也可分为两种基本交易类型：一是分股式；二是分产式。

（1）分股式公司分立。分股式公司分立是通过先分立再分股的方式完成的分立。

在解散分立的情况下，分股式分立的操作流程是：原公司根据分立需要，将公司资产分成两部分或更多的部分，分别作为投资用于新公司的设立。公司设立后，原公司将持有的新设公司的股权按股东原出资比例或分立协议中约定的比例分配给股东，原公司注销。

在存续分立的情况下，原公司根据分立需要，先剥离出欲分立的资产，作为投资用于设立新的公司。新公司设立后，原公司将对新设立公司所持有的股权按原出资比例或分立协议中约定的比例分配给股东，取得新公司股权的股东相应减少在原公司的股权，原公司在此基础上依法办理减资。

（2）分产式公司分立。分产式公司分立是通过分产先由股东收回投资并将其投入新公司的分立方式。在解散分立的情况下，所有股东收回公司的全部投资，公司解散，股东再将收回的资产根据分立协议约定分别投入新设立的公司，从而完成分立。在存续分立的情况下，股东只收回部分出资并将其投入新设立的公司，原公司存续并办理相应的减资。

3. 公司分立过程中的相关问题

（1）公司分立时的股权分割。公司分立时，原公司股东在分立后公司的持股比例可以与在原公司的持股比例保持不变，也可以重新约定在分立后公司的持股比例。在分立后的公司中不再持股或减少持股的，有权要求相应增加持股比例的股东支付相应的对价。

一般来说，无论财产的分割还是股权的分割，均属于股东内部事务，应由股东在协商一致的基础上解决。但财产分割与股权分割有时候也会涉及第三方当事人的利益，在这种情况下，应当平衡与第三方的关系，并受第三方所享有的相关权利的约束。比如，如果拟分立的公司（A公司）对其他公司（B公司）享有股权，A公司分立时对该股权的分割无疑意味着B公司股东的变化。在这种情况下，B公司的其他股东有权依照股权转让的规则提出优先购买权抗辩。对于这种情况，公司在进行分立时必须有充分的预判，并事先做好应对措施。

（2）公司分立后注册资本的确定。对于分立后的各公司注册资本如何确定，《公司法》中并没有明文规定，原国家工商行政管理总局在《关于做好公司合并分立登记支持企业兼并重组的意见》中明确要求：因合并而存续或者新设的公司，其注册资本、实收资本数额由合并协议约定，但不得高于合并前各公司的注册资本之和、实收资本之和。因分立而存续或者新设的公司，其注册资本、实收资本数额由分立决议或者决定约定，但分立后公司注册资本之和、实收资本之和不得高于分立前公司的注册资本、实收资本。

上述规定在适用公司合并、分立程序的前提下才有效，如果投资者需要突破上述限制，则不能再适用合并、分立程序，只能依照《公司法》公司解散程序解散原公司，再重新设立新公司，以达到增加注册资本的目的。相较于公司解散再设立的程序，公司合并、分立的程序更为简便。合并或分立前公司注册资本尚未足额缴纳的，不影响公司的合并或分立，但应当在合并或分立协议中明确尚未缴纳的注册资本的具体承担，并应在合并分立前规定的出资期限内缴足。

（3）异议股东的处理。无论公司合并，还是公司分立，均属特别表决事项，须经股东会2/3以上表决权通过方可实施。异议股东虽在表决时提出反对，但决议通过后，仍可以接受决议并选择执行公司决议。由于异议股东多为中小股东，为避免其自主意志受多数意见的绑架，法律也提供了另外的解决途径，允许异议股东退出。异议股东决定不参与公司合并或分立的，有权要求公司以合理价格收购其股权。

（4）债权人保护问题。公司解散分立前提下，原公司解散，原则上应当按照《公司法》规定进行清算，以防对债权人权益造成损害。但依照公司分立程序，公司不必经过复杂的清算程序，仅需要在公司分立决议通过之日起10内通知债权人，并在30日内在报纸上公告即可。

在缺乏清算程序保障的情况下，为防止债权人利益受到损害，法律需要明确两个前提：一是分立后的公司对原公司的债务承担连带清偿责任，除非债权人在公司分立时就债务承担问题与分立公司另行达成了协议；二是分立后的公司与原公司相比，不得因分立行为而导致清偿能力的降低，比如，原公司财产部分被转移到分立公司以外的第三方。如果出现这种情况并致债权人的债权不能实现，行为人和取得公司利益的人应当承担相应的责任。

第二节 公司收购过程中的具体问题

一 公司收购的一般流程及其共性问题

（一）公司收购的一般流程

公司收购涉及一系列复杂的法律问题及财务问题，整个收购过程可能需要历经较长的一段时间，一般包括以下基本流程。

1. 收购意向书达成

收购首先需要收购方与被收购方达成基本意向，只有在达成基本的收购意向后，双方才可以着手为后期收购工作的顺利进行做好准备。在这一过程中，被收购方要特别注意商业秘密的保护问题，避免出现收购不成情况下商业秘密的泄露，同时也要防止假借收购刺探商业秘密的情形。对于收购方而言，为防止被收购方与他人磋商收购事宜而导致收购落空，一般需要与对方约定一个锁定期，在锁定期内，禁止被收购方向第三方出售目标资产，否则可追究相应的违约责任。总之，在这一阶段，由于收购协议尚未达成，双方的权利义务并未明确，因而需要对可能出现的各种问题做出足够的防范。

2. 双方就收购事宜作出决议

在收购基本意向达成后，收购方需要就股权收购召开股东会并形成决议，如果收购的权限由公司董事会行使，那么应由董事会形成收购决议。目标公司同样也需要召开股东会或董事会，对资产出售或股东股权转让行为进行表决，股权收购情况下，其他股东应作出放弃优先购买权的明确表示。上述股东会或董事会决议，以及股东放弃优先购买权的声明，是公司收购协议订立的必要前提。

3. 收购方对目标公司开展尽职调查

尽职调查一般需要委托律师事务所或从事相关业务的专门机构进行，尽职调查的范围一般包括目标公司的基本情况、股权架构、股东基本情况、对外投资及重大资产情况、重大债权债务、劳动人事情况、税务情况、违法经营情况、诉讼仲裁情况等。在公司并购纠纷中，法院一般倾向认为收购方负有审慎审查义务，未能全面履行尽职调查义务的，由收购方自行承担相应的市场风险及法律后果。在这种情况下，尽职调查报告是否能够清楚、全面地反映目标公司的情况，对收购方来说极为重要。

4. 收购协议的签订与履行

在前述工作的基础上，双方如能就收购问题最终达成一致意见，会签署正式收购协议。收购协议是确定双方在收购过程中的权利义务及后续纠纷解决的最为根本的文件，因此，其拟订与签署也是收购工作中最为核心的环节。收购协议签署后，双方应按照约定履行各自的义务，最终完成收购。

（二）股权或资产的作价

在公司收购过程中，如果涉及国有资产和上市公司资产，需要依法进行评估作价。目前，有关国有资产和上市公司资产评估的规定主要有国务院《国有资产评估管理办法》，财政部《国有资产评估管理若干问题的规定》，国有资产监督管理委员会《企业国有资产评估管理暂行办法》，财政部发布的针对金融企业的《金融企业国有资产评估监督管理暂行办法》和《财政部关于金融企业国有资产评估监督管理有关问题的通知》，以及中国证监会发布的《上市公司收购管理办法》和《上市公司重大资产重组管理办法》等。对上述文件中的特别规定，在股权与资产的评估作价中应当特别注意。

如果不涉及国有资产和上市公司资产，无论股权收购还是资产收购，收购价格与收购方式等都取决于收购方与被收购方双方的自主决定，法律原则上并不干涉。但是，在公司收购过程中，价格问题无疑是双方当事人谈判的焦点，在公司收购实践中，有多种估价方法与技巧，不同的估价方法所得的结论可能会有很大的差异。在订立收购合同时，应谨慎选择作价方法，充分征求会计和专业评估人员的意见。

（三）过渡期损益与监管

公司收购常常需要经历一个相当长的过渡期，需要在订立收购协议时就明确过渡期的损益归属与过渡期的监管问题。为了确定过渡期的具体时间点，需要明确几个概念：一是定价基准日；二是股权或资产交割日；三是管理权移交日。定价基准日是双方商定的用以确定股权或资产价值的基准日，原则上，基准日以前的股权或资产利益和责任归属出让方，而基准日之后归属于收购方。股权交割日一般是股权变更登记日，资产中的动产于盘点交付日为交割日，但对于不动产而言，因为需要进行所有权变更登记，故常约定变更登记日为交割日。对于股权交易而言，股权登记变更并不意味着管理权交接的完成，一般还需要进行管理权移交，需要确定一个具体的管理权移交日。定价基准日与交割日或者管理权移交日之间的期间为过渡期。

过渡期内，股权或资产的损益原则上由收购方承担，但股权和资产却仍在出让方管控之下，因此，对于收购方而言，如何加强对股权或资产的监管，避免出让方在过渡期从事对收购方不利的行为，就成为收购方面临的一个重要的问题。这些不利行为涉及的范围非常广，对外包括各种经营行为、提供担保行为、诉讼活动，对内包括合同管理、人力资源事项、公司利润的分配、各种公司成本费用的支出等，几乎涉及公司经营管理的方方面面。对于上述问题，都需要在合同中进行详细的约定，限制出让方在过渡期的行为。

二　股权收购过程中的具体问题

（一）优先购买权问题

1. 优先购买权的一般问题

股权收购是立足于收购方的角度而言的，其收购的对象是其他公司的股权。对于目标公司的原股东而言，所谓的股权收购，就是股权的转让，而且是股权的外部转让，因而应当符合股权转让的一般条件。有限责任公司的股权转让，最重要的条件就是其他股东的优先购买权问题。当其他股东行使优先购买权时，收购方股权收购的目的将无法实现。所以，股权收购前，一般需要经过协商征得其他股东的同意。

为排除其他股东的优先购买权，收购方与股权的转让方常常会采取一些法律规避手段，实践中应特别注意识别。比如，利用股东内部转让不需要经过其他股东同意的规则，先高价收购小部分股权，待收购人成为目标公司的股东后，再以正常价格收购股权，从而回避其他股东的优先购买权；又如，通过内部股东受让代持的方式实现股权的收购，当然，这种方式下，收购方只能作为隐名股东，不能直接行使股东权，因而存在一定风险。

2. 间接收购情形下的优先购买问题

值得讨论的是，以间接方式收购股权的情况，是否构成对优先购买权的侵害？比如，甲公司下属的全资子公司乙公司与丙公司共同出资设立丁公司从事某项目开发，戊公司与甲公司协商，收购了其下属的子公司乙公司，从而以一种间接的方式实现了对丁公司股权的收购。在这种情况下，丙公司能否以戊公司的收购行为侵犯了其优先购买权而提出抗辩？或者说在此情况下，丙公司可否行使优先购买权呢？

这的确是一个较为复杂的问题，我们认为：本案例中的乙公司如果是为了与丙公司合作丁公司项目而专门设立全资子公司，由于公司设立目的比较单纯，故甲公司与戊公司排斥丙公司行使优先购买权的目的比较明显。这种情况下，丙公司主张优先购买权，确有一定的正当性。但是，在股权收购中，被收购公司投资的其他公司的股东，并不是在任何情况下都可以主张优先购买权。那么，在何种情况下才可以触发优先购买权呢？司法实践中如何把握法律适用的"度"？对此也许很难明确一个具体的标准，主要还应立足于"主观意图"的角度，并结合各方主体的具体情况来判定。

（二）股权收购中的股权限制

1. 股权转让的法定限制

有限责任公司中，股权的外部转让须经其他半数以上股东的同意。但其他股东的不同意不构成对股权转让的禁止，因为不同意者应当购买，不购买则视为同意。所以，该规定没有构成对股权转让的实质性限制。股份有限公司中，尤其是上市公司中，公司发起人、董事、监事、公司其他高级管理人员、上市公司定向增发股份购买人等，法律常常会限制其股权在一定期限内的转让。法律对股东股权转让有限制的，在股权收购中均应受相应限制的约束，不能突破。

2. 股权转让的约定限制

对于有限责任公司的股权转让，除法律规定的转让条件和转让方式外，《公司法》第84条中明确规定"公司章程对股权转让另有规定的，从其规定"，允许股东对股权转让通过约定进行限制，如约定在一定期限内不能转让，或者约定一定的转让条件。但应当注意的是，股权转让是股东退出的一种主要方式，转让限制不能在实质上构成对转让的变相禁止，如转让应经其他股东同意，应经董事会同意之类的约定，如果其他股东或董事会不同意，依照约定股东将无法转让，这种约定实质上是对转让的变相禁止，是无效的。

对于股份有限公司，《公司法》第157条规定，股份有限公司的股东持有的股份可以向其他股东转让，也可以向股东以外的人转让；公司章程对股份转让有限制的，其转让按照公司章程的规定进行。据此，股份有限公司章程也可以对股东的股权转让进行限制。但应当注意的是，这种限制主要是对公司董事、监事及其他高管人员的限制。对上市公司的普通股东而言，则不宜设定太多的限制。

在私法领域，有什么样的关系，就有什么样的权利义务；反过来，剥夺了相应的权利，则特定的关系也将不再存在，或至少被严重扭曲。因此，股东有权在章程中作出特别规定，但这种特别规定不能违背股东关系制度设计的基本目标和功能。因此，由于非上市公司的股东人数较少，出于特别的正当理由对股权转让作出一定限制的，应当允许；对于上市公司而言，则应充分考虑上市公司股权的高度流动性，对于可能违背制度设计基本目标和功能的限制，不应支持。

（三）或有债务问题

或有债务是指在股权收购中，收购人没有掌握的目标公司的潜在债务。这些债务可能是目标公司刻意隐藏的，也可能是因管理不善而不知情的，还可能是还没有暴露的侵权债务。总之，这些债务是收购人不知道，但在未来可能会出现并且需要清偿的债务。

股权收购中，股权的价格是根据目标公司的资产和负债情况确定的，如果在双方交易时所依据的负债明细表之外还存在其他未列入的债务，则意味着出让方披露的目标公司的权益虚增，从而严重影响收购方的利益。所以，对收购方而言，如何妥善处理或有债务，是收购过程中面临的一个非常重要的问题。

实践中，或有债务一般是通过"声明、保证和承诺"条款来处理的，由出让方保证：对因或有债务给收购方造成的损失，由出让方承担赔偿责任。但或有债务的处理涉及的问题很多，如出让人的赔偿能力与担保问题、保证金缴纳与保证期限、或有债务的豁免以及豁免额度、债权人主张清偿时的和解限制等，因此，在大型、复杂的股权收购交易中，最好在收购协议中专门订立或有债务的处理条款，详细约定各种情况下的处理方式，以避免因约定过于简略造成分歧。

三 资产收购过程中的具体问题

（一）目标公司债权债务的处理

股权收购中，收购方通过股权收购成为目标公司的股东，只涉及公司股东和股权结构的变化，并不影响公司对外债权债务的享有和承担。在资产收购中，收购方只收购目标公司的资产，收购方与目标公司之间完全是两个独立法律主体之间的买卖关系，目标公司原债权债务仍由其享有和承担，原则上与收购方也没有关系。但是，某些与标的资产关联密切的特定债权债务常常需要与标的资产一并进行概括转让。就此问题，由收购方与目标公司协商一致即可，一般不存在法律上的障碍，但是，部分承债式资产收购中，则可能会存在较大的法律风险，需要特别予以讨论。

在承债式资产收购中，收购方理论上有权选择所承担的债务的范围，可以仅仅承担目标公司的部分债务。但是，在目标公司已经资不抵债，面临破产的情况下，如果收购方收购了目标公司的几乎全部资产，却只承担部分债务，则对收购方未承诺清偿的债权人而言，无疑是不公平的。这种区分对待使他们丧失了在破产程序中平等获得清偿的权利，有可能会导致收购行为的无效，或者由此迫使收购方不得不承担目标公司的全部债务。所以，采用部分承债式资产收购方式的，应当谨慎行事。

（二）目标公司职工的安置

股权收购情况下，被收购的公司仍是原来的公司，公司员工一般不会受到影响；但在资产收购情况下，目标公司的全部或实质经营性资产被收购后，一般都会解散注销，由此便会面临目标公司员工的安置问题。从法律上讲，资产收购只涉及目标公司的资产，收购方没有义务解决目标公司的员工安置问题。但是，如果员工的安置问题未能妥善解决，常常会引发社会问题，收购方能否顺利接收资产也会不可避免地受到影响。因此，在资产收购交易中，作为收购方，应当事先考察目标公司的员工是否能够得到妥善安置，甚至可以考虑从收购款中优先支付员工安置款项。如果收购方同意接收目标公司的全部或部分员工，也要事先协商处理好员工与目标公司的劳动合同解除与经济补偿问题，并同时与拟接收员工确定劳动合同的基本内容。

（三）异议股东的回购请求权问题

根据《公司法》第89条和第162条的规定，公司合并、分立、转让主要财产的，对股东会该项决议投反对票的股东可以请求公司按照合理的价格收购其股权。但是，公司转让主要财产并不是必须经过股东会决议的事项，如果是由董事会作出的决定，则股东可否以自己不同意该决定为由请求公司回购其股权？对此，《公司法》及有关司法解释均未明确。我们认为，《公司法》第89条和第161条规定强调的是对异议股东（一般是没有话语权的中小股东）的保护，虽然采取了"对股东会该项决议投反对票的股东"的表述，但强调的并不是"股东会决议"的前提程序，而是持有异议的实质条件，应当允许股东行使股权回购请求权。

第三节　上市公司收购

一　上市公司收购概述

（一）上市公司收购的概念

上市公司收购是对上市公司已发行的有表决权的股权的收购。从收购性质来看，上市公司收购属于股权收购，目的是取得或巩固对被收购公司的控制权。由于涉及众多的公众投资者利益，具有非常大的特殊性，故在此专门予以讨论。

从性质来看，上市公司的股票持有者均对公司享有股权，如果仅看收购行为，对上市公司股权的收购行为不过是一种股票买卖行为。但是，上市公司收购不是股票持有者之间单纯的股票买卖行为，而是与众多不特定股票持有者利益紧密相关的公开收购行为。为防止证券市场被操控，保护众多投资者利益，法律对上市公司收购的前提条件、程序与规则要求等均有非常严格的规定。也就是说，上市公司收购是一个具有特定含义的法律概念，应与普通的股权收购相区分。

（二）上市公司收购的收购方式

1. 要约收购

要约收购是《证券法》规定的一种特定收购方式，有其特定的含义和要求，是指收购人公开向目标公司的全体股东发出要约，要求收购目标公司的部分股份或全部股份，从而达到控制该公司或强化控制的目的。

收购人的收购要约应当包括收购报告书、财务顾问专业意见和律师出具的法律意见书。收购报告书中除应当包含要约的基本内容（如收购人基本情况、收购价格、收购期限、收购数量和比例、付款保证等内容）外，还应当说明收购目的，在未来12个月内是否继续增持以及对上市公司资产、业务、人员、组织结构、公司章程等进行调整的后续计划，前24个月内收购人及其关联方与上市公司之间的重大交易，前六个月内通过证券交易所的证券交易买卖被收购公司股票的情况等。

根据《证券法》，在我国，收购要约约定的收购期限不得少于30日，并不得超过60日，收购价格不得低于要约收购提示性公告日前六个月内收购人取得该种股票所支付的最高价格。

在收购要约期限内，收购人不得撤销其收购要约，不得卖出被收购公司的股票，也不得采取要约规定以外的形式和超出要约的条件买入被收购公司的股票。受要约人同意接受要约的意思表示的，并不立即构成合同法上的"承诺"，而被视为一种"预受要约"，在要约收购期限届满三个交易日前，仍可反悔；要约收购期限届满三个交易日后，预受要约构成承诺，股东不得再反悔。

对于要约收购，一般要求预定收购的股份比例不得低于该上市公司已发行股份的5%。收购人持有的股份比例已达到30%时，如果要继续增加持股，除非取得中国证监会的要约豁免①，否则必须以公开要约方式进行收购。这种情况被称为"强制要约收购"，而此外的要约收购相应地被称为"自愿要约收购"，意思是收购人可以采取要约收购方式收购，也可以采取其他方式，如协议收购或间接收购方式。强制要约收购指的是对收购方式的强制，其他方面的规定与自愿要约收购的规定相同。

收购期限届满后，如果被收购公司股权分布不符合证券交易所规定的上市要求，证券交易所应依法终止其上市交易。其余仍持有被收购公司股票的股东，有权向收购人以收购要约的同等条件出售其股票，收购人不能拒绝收购。收购人收购行为完成后18个月内，其持有的被收购的上市公司的股票不能转让。

2. 协议收购

协议收购是收购人与目标公司（被收购公司）股东通过协议转让股权的一种收购方式。根据收购人的不同，又分为管理层收购、境外机构收购和一般协议收购三种类型，其中：管理层收购的收购人是公司的内部人员，一般是高层管理人员或其所控制或委托的法人或其他组织；境外机构收购的收购人为境外法人或其他组织；除管理层收购和境外机构收购以外的收购人收购为一般协议收购。

对于管理层收购，由于收购人均为公司内部人员，更容易出现内幕交易等违法违规行为，因此，法律对其有更为严格的条件要求。根据《上市公司收购管理办法》第51条，上市公司董事、监事、高级管理人员、员工或者其所控制或者委托的法人或者其他组织，拟对本公司进行收购的，该上市公司应当具备健全且运行良好的组织机构以及有效的内部控制制度，公司董事会成员中独立董事的比例应当达到或者超过1/2，并聘请具有证券、期货从业资格的资产评估机构提供公司资产评估报告。对于本次收购，还应

---

① 《上市公司收购管理办法》规定：未取得豁免的，投资者及其一致行动人应当在收到中国证监会通知之日起30日内将其或者其控制的股东所持有的被收购公司股份减持到30%或者30%以下；拟以要约以外的方式继续增持股份的，应当发出全面要约。关于强制要约收购豁免的条件，详见该办法第62条和第63条的规定。

当经董事会非关联董事作出决议，且取得2/3以上的独立董事同意后，提交公司股东会审议，经出席股东会的非关联股东所持表决权过半数通过后，才能进行收购。在独立董事发表意见前，公司还应当聘请独立财务顾问就本次收购出具专业意见，独立董事及独立财务顾问的意见应当一并予以公告。同时，管理层收购还要求收购人不存在《公司法》第181条规定的情形，并且最近三年在证券市场没有不良诚信记录。

境外机构收购主要考虑对境外机构投资的特殊管理制度，2005年，商务部、中国证监会、国家税务总局、国家工商总局、国家外汇管理局共同制定了《外国投资者对上市公司战略投资管理办法》（后于2015年修订），对境外投资者对上市公司投资包括上市公司收购进行了规范，规定经商务部同意，可以在我国国内对上市公司从事投资活动。

对于一般协议收购，法律原则上不作限制。但根据《证券法》，需要在达成协议后三日内向中国证监会和证券交易所作出书面报告，并进行公告。通过协议收购达到已发行股份的5%时，应当按照信息披露的要求履行披露义务。如果通过协议收购方式收购的股份超过已发行股份的30%，则应当取得中国证监会的要约收购豁免，否则在履行收购协议前，应当向所有股东发出全面要约。

3. 间接收购

间接收购是指收购人不直接进行股权收购，但通过基于投资关系、协议或其他安排受其支配的人进行收购，从而间接取得对目标公司的控制权。间接收购成功后，收购人虽然名义上仍不是目标公司的股东，但处于"实际控制人"地位。因此，当间接收购人所实际控制的股份达到5%时，仍应按照法律规定进行信息披露；当实际控制的股份达到30%时，如继续增持，应申请要约收购豁免，否则应转入强制要约收购方式。

由于间接收购人具有一定的隐蔽性，其对目标公司的实际控制人地位不一定能及时被发现，所以法律规定间接收购人负有及时报告并公告的义务，因未履行该义务而导致目标公司承担相应的民事和行政责任的，目标公司有权对其提起诉讼。中国证监会也可以对实际控制人进行查处。目标公司知悉实际控制人情况的变化而未及时报告和公告的，中国证监会可责令其改正，情节严重的，中国证监会可认定负有责任的董事为不适当人选。

二、上市公司收购的收购人

（一）收购人资格

上市公司收购的收购主体可以是单个的投资者，包括符合法律规定条件的法人和自然人，但不是所有的法人和自然人都可以收购，《上市公司收购管理办法》以列举的形式规定了不能进行上市公司收购的情形。

根据《上市公司收购管理办法》第6条规定：有下列情形之一的，不得收购上市公司：① 收购人负有数额较大债务，到期未清偿，且处于持续状态；② 收购人最近三年有重大违法行为或者涉嫌有重大违法行为；③ 收购人最近三年有严重的证券市场失信行为；④ 收购人为自然人的，存在《公司法》第178条规定情形；⑤ 法律、行政法规规定以及中国证监会认定的不得收购上市公司的其他情形。

《公司法》第178条规定的情形是指以下情形：① 无民事行为能力或者限制民事行为能力；② 因贪污、贿赂、侵占财产、挪用财产或者破坏社会主义市场经济秩序，被判处刑罚，或者因犯罪被剥夺政治权利，执行期满未逾五年，被宣告缓刑的，自缓刑考验期满之日起未逾二年；③ 担任破产清算的公司、企业的董事或者厂长、经理，对该公司、企业的破产负有个人责任的，自该公司、企业破产清算完结之日起未逾三年；④ 担任因违法被吊销营业执照、责令关闭的公司、企业的法定代表人，并负有个人责任的，自该公司、企业被吊销营业执照、责令关闭之日起未逾三年；⑤ 个人因所负数额较大债务到期未清偿被人民法院列为失信被执行人。

（二）一致行动人

除了作为单个的投资者进行收购外，收购人还可以通过协议或其他安排与他人共同收购上市公司股份，从而与他人形成一致行动人共同实施收购行为。根据《上市公司收购管理办法》，一致行动人除上述通过协议或其他安排与他人共同收购上市公司股份的人以外，如无相反证据，投资者有下列情形之一的，认定为一致行动人：① 投资者之间有股权控制关系；② 投资者受同一主体控制；③ 投资者的董事、监事或者高级管理人员中的主要成员，同时在另一个投资者担任董事、监事或者高级管理人员；④ 投资者参股另一投资者，可以对参股公司的重大决策产生重大影响；⑤ 银行以外的其他法人、其他组织和自然人为投资者取得相关股份提供融资安排；⑥ 投资者之间存在合伙、合作、联营等其他经济利益关系；⑦ 持有投资者30%以上股份的自然人，与投资者持有同一上市公司股份；⑧ 在投资者任职的董事、监事及高级管理人员，与投资者持有同一上市公司股份；⑨ 持有投资者30%以上股份的自然人和在投资者任职的董事、监事及高级管理人员，其父母、配偶、子女及其配偶、配偶的父母、兄弟姐妹及其配偶、配偶的兄弟姐妹及其配偶等亲属，与投资者持有同一上市公司股份；⑩ 在上市公司任职的董事、监事、高级管理人员及其前项所述亲属同时持有本公司股份的，或者与其自己或者其前项所述亲属直接或者间接控制的企业同时持有本公司股份；⑪ 上市公司董事、监事、高级管理人员和员工与其所控制或者委托的法人或者其他组织持有本公司股份；⑫ 投资者之间具有其他关联关系。

一致行动人应当合并计算其所持有的股份。投资者计算其所持有的股份，应当包括登记在其名下的股份，也包括登记在其一致行动人名下的股份。投资者认为其与他人不应被视为一致行动人的，可以向中国证监会提供相反证据。

（三）一致行动协议

一致行动协议是在当事人之间不存在被推定为一致行动人的情形的前提下，为在公司收购和公司股东会表决中采取一致行动而订立的协议。对于签订一致行动协议的当事人，任何一方拟向公司董事会和股东会提出议案时，应当事先就议案内容与其他方进行充分的沟通与交流，意见一致的，以共同的名义向公司董事会和股东会提出相关议案，并对议案作出相同的表决意见；如果意见不一致，一般会约定按照某一特定股东的意见提出议案和进行表决。

签署一致行动协议的，投资者计算其所持有的股份，应当合并计算一致行动人名下的股份，不仅包括登记在投资者本人名下的股份，也包括登记在其一致行动人名下的股份。

一致行动协议一般都约定有明确的期限，值得讨论的是，在合同期限内，协议当事人违反约定进行表决时，其违约表决的效力如何？就此问题，江西省高级人民法院（2017）赣民申367号民事裁定书认定，当事人违反一致行动协议表决的，该表决无效，应当按照一致行动协议约定计票。但这一判决并非没有争议。我们认为：一致行动协议的效力仅在协议当事人之间有效，不能影响当事人对外意思表示的效力。因此，当事人违反约定的，只能向其他一致行动人承担违约责任，而不能由此否定其在股东会上的表决效力。

反收购问题

（一）反收购的概念

上市公司收购可分为善意收购与敌意收购两种情况。善意收购是收购方与被收购方在协商一致的基础上进行的收购，在收购前，双方对收购的方式、收购企业付出的代价以及收购后企业的变动安排等问题达成了一致。敌意收购又称恶意收购，指收购公司未经被收购公司董事会允许，单方实施的收购。对于目标公司的董事会而言，未经与其协商同意而单方进行的收购完成后，如果收购人掌握了公司的控制权，公司原管理层将面临大的调整与人员更换，这对目标公司的管理层来说，无疑是不利的。因此，未经目标公司董事会同意的收购，会被视为敌意收购，而遭受目标公司管理层的反对和抵制。管理层为抵制收购而采取的行动即反收购活动，为此所采用的一系列措施称为反收购措施。

应予注意的是，敌意收购主要是针对目标公司的管理层而言的，对于股东（尤其是中小股东）而言，并不存在善意或敌意问题，即使在敌意收购的情况下，对于没有进入管理层的中小股东而言也常常是有利的。因此，无论收购是善意还是敌意，一般不会受到中小股东的反对。敌意收购一般以取得目标公司控制权为目标，只有具有公司控制地位的大股东和身居公司管理层的股东的利益才会受到敌意收购的影响，因而他们才是反收购行动的积极推动者。

从根本上说，反收购的目的是维护目标公司的原有利益格局，防止发生收购者与目标公司的股东、管理者以及其他利益相关人的利益的矛盾和冲突，阻挠收购者收购目的的实现，从而将目标公司的控制权掌握在自己手中。

(二) 反收购措施

常见的反收购手段主要有以下六种。

1. 诉讼手段

上市公司不是任何人随意可以收购的，收购人须具备法律规定的条件，并按照法律规定的程序要求进行收购，同时还须受反垄断法的审查。目标公司可以据此提起诉讼，主张收购行为妨碍竞争或存在重大合法合规问题，而请求人民法院判令停止违法收购行为。

2. 驱鲨剂条款

驱鲨剂条款中，目标公司将敌意收购人比喻成凶恶的鲨鱼，为了驱逐鲨鱼，事先通过修改公司章程，在章程中植入各种限制收购人行使控制权的条款，主要是防止原董事会成员被撤换的条款，避免管理层被随意更换。收购人如欲撤换管理层，则需要通过修改章程才能实现，而修改章程需要经过股东会2/3以上表决权才能通过，并不容易操作。如不修改章程，按照章程规定，收购人不能随意更换管理层人员，其控制权必然会受到限制。目标公司通过此类条款起到"驱鲨"的效果。常见的驱鲨剂条款主要有限制董事会每年的改选人数、提高更换管理层核心人员的股东会表决通过比例、限制董事资格或提名权等。

3. 毒丸计划

毒丸计划又称为股权摊薄措施，当目标公司遭遇敌意收购时，公司管理层为保住自己的控股权，通过大量低价增发新股的方式，让收购方手中的股票占比下降，从而增大收购成本，阻止收购目的的达成。

4. 金色降落伞

敌意收购情况下，收购人往往会更换管理层人员，如果调整经营方向，还有可能会大量裁减员工。金色降落伞策略的目的在于确保管理层和员工在遇到上述情况时能平安着陆，一般手段是在合同中约定解除合同时的巨额补偿金条款。这种条款可大大增加收购人更换管理层和裁减员工的成本，即使收购人坚持更换，被解雇的管理层或员工也可获得一笔不菲的补偿金从而实现平安着陆。

5. 白衣骑士

白衣骑士是一个救人于危难的侠士角色，当目标公司遭遇敌意收购时，可以寻找一个关系密切而又有实力的公司担当白衣骑士的角色来对抗收购。如2015年宝能收购万科的案例中，万科通过发行股份购买资产的交易，引入深圳地铁集团成为公司第一大股东。在此收购案例中，深圳地铁集团就是"宝万之争"中拯救万科公司的白衣骑士。

6. 焦土政策

焦土政策是一种两败俱伤的策略，也是一种通过"自残"的方式抵制收购的做法，一般是通过对公司采取故意破坏手段使公司失去收购价值，如故意出售优质资产，或故意通过购置无用资产增加负债等。

（三）反收购行为的限制

上市公司收购中，所谓的"敌意收购"或"恶意收购"主要是从目标公司管理层的角度而言的，而对目标公司本身而言，或者说对于目标公司的股东而言，一般来说未必是坏事。收购人的收购价格一般会高于市价，接受要约的股东因而可以获得高于市价的溢价收益。不接受要约的股东，也会在因收购导致公司价值提升的情况下获得更大的收益，通常来说不会有人为了搞垮一个公司而去收购它。

因此，在上市公司收购中，股东与管理层之间的利益并不是一致的，而常常存在冲突。管理层采取的反收购措施，如毒丸计划、降落伞计划等常常是对股东有害的，尤其焦土政策更是对股东权益的严重侵害。因此，法律一般会对董事会的反收购措施进行限制。限制措施一般有两种：一种是规定管理层的反收购措施不能对公司利益或股东权益产生负面影响；另一种将采取反收购措施的权力赋予股东会，以维护公司和股东的利益。

但应予注意的是，收购行为的目的一般是取得目标公司的控制权，这势必会影响公司原控股股东的利益，从而遭到原控股股东的反对。将采取反收购措施的权力赋予股东会，需要对目标公司控股股东或者实际控制人施加特别义务，以防止其滥用公司控制权损害公司和其他股东的利益。对此，《上市公司收购管理办法》第7条规定：被收购公司的控股股东或者实际控制人不得滥用股东权利损害被收购公司或者其他股东的合法权益。被收购公司的控股股东、实际控制人及其关联方有损害被收购公司及其他股东合法权益的，上述控股股东、实际控制人在转让被收购公司控制权之前，应当主动消除损害；未能消除损害的，应当就其出让相关股份所得收入用于消除全部损害做出安排，对不足以消除损害的部分应当提供充分有效的履约担保或安排，并依照公司章程取得被收购公司股东会的批准。

与本讲内容相关的重要法律、法规和司法解释

1.《中华人民共和国公司法》
2.《国有资产评估管理办法》
3.《上市公司收购管理办法》
4.《上市公司重大资产重组管理办法》
5.《外国投资者对上市公司战略投资管理办法》

第十一讲

经营者的共存

人与人之间的关系可分为共存关系与交往关系两种基本类型。其中：共存关系不以个体的意志为转移，无论是否愿意，一个人都必须与他人共同生存在这个世界上；交往关系本质上是个体自愿与他人建立的关系，关系内容的具体设定取决于关系双方的意思。经营者同样也面临这两种关系，每个经营者无论是否愿意，都必须与其他经营者在市场中共存。

对于人与人之间的共存关系，法律调整的目标在于维护一个平等而和平的共存秩序，这一问题主要属于侵权法的调整范围。对于经营者的共存关系而言，共存秩序并不是单纯的静态共存关系，还包括一种动态竞争关系。因此，经营者共存秩序的维护虽然以侵权法为基础，但已不再是单纯的侵权法问题，还面临市场公平竞争问题。这一问题，主要是由《中华人民共和国反不正当竞争法》和《中华人民共和国反垄断法》（以下简称《反垄断法》）所调整的。所以，本讲讨论经营者的共存，重点在于讨论市场的垄断与竞争。

第一节　经营者共存的基本问题

一　经营者共存关系

（一）人的共存

1. 共存关系与共存秩序

所谓共存关系，是指一个人因与他人共同存在于这个世界上而形成的关系。共存关系是任何人都无法改变的客观事实，不以任何人的个人意志为转移。共存关系构成了人和人之间最为基础的关系，任何其他关系的建立都必须以此为前提。

共存关系是主体意义上的"人"的共存关系，主体意义上的每一个人都被视为一个独立而平等的单纯的主体性存在，不考虑其任何社会背景，也不考虑其身份地位，甚至不考虑其性格偏好。这样的主体之间没有等级差别，也没有亲疏远近。这种情况下的共存关系是一种纯粹的共存关系，是剥离掉其他一切社会关系之后单纯的共同存在。对于任何一个主体来说，其他主体都是同等的、毫无差别的、单纯的主体性存在。除此之外，再无其他的任何关系，也再无其他的任何内容。

之所以剥离掉个体的一切特质，设定一种单纯的共存关系，是为了考察一个最低限度的共存秩序。在纯粹的共存关系下，人和人之间的关系比较单纯，所面临的法律问题也只有一个：在确保每一个人不丧失主体性，或者说主体性不受侵犯的前提下，如何维护一个和平的共存秩序。这一共存秩序是对人的共存秩序的最基本的要求，或者说最低限度的要求。如果达不到这一点要求，人将无法确保能作为一个独立完整的主体而存在。

2. 共存秩序的维护

维护和平的共存秩序需要禁止人与人之间的相互侵犯，由此首先需要划定一个人作为主体性存在所拥有的最低限度的免受他人侵犯的主体领域，在此基础上，需要进一步明确他人对该主体领域所负担的最低限度的义务。主体领域通过权利概念来表达，可称为主体性权利；最低限度的义务是每一个人无差别负担的义务，可称为普遍性义务。

主体性权利是一个人作为主体性存在所享有最低限度的权利，包括人格权和财产所有权。没有人格权，人将不再是一个独立而完整的主体；没有财产所有权，人的主体性存在便无法维持。在此意义上，对主体性权利的侵犯便是对人的主体性的侵犯。普遍性义务是每个人对他人所负担的无差别的、最低限度的义务。最重要的普遍性义务是注意义务，即尽充分注意免于给他人的主体性权利造成损害的义务。此外，还有容忍义务和最低限制的协助义务。义务的违反构成责任，由此形成共存关系下完整的法律规范体系①。

（二）经营者的共存

经营者是特殊类型的法律主体，是从事经营活动的主体。只要是法律上的主体，都毫无例外地享有主体性权利，并负担普遍性义务，经营者当然也不例外。但是，由于经营者的特殊性，经营者的共存关系与普通主体的共存关系相比，多了一些新的形式，产生了一些新的内容。

1. 经营者共存关系的特殊性

普通人的共存关系是一种静态的关系，强调的是每个人的主体性领域免受他人的侵犯，关注的是主体之间的相互性。经营者共存是经营活动中的共存，不再是单纯的静态关系，而且这种共存关系不仅关注相互性，还需要关注经营者经营环境和经营条件的共同性。换一个角度说，对于普通人的共存，法律关注的是人的主体领域，主体领域是完全属于个体的领域；对于经营者的共存，法律主要应关注的是市场领域，即所有经营者的共同领域。在此意义上，所谓经营者的共存，指的是经营者在市场领域的共存。

2. 经营者共存秩序

由于经营者的共存是市场领域的共存，经营者的共存秩序就是市场秩序。市场秩序不仅要求一个和平的共存秩序，同时还需要一个公平的经营秩序。经营者之间不可避免地会存在竞争，因此，公平的经营秩序也可称为公平的竞争秩序。相对而言，普通人的共存秩序落脚点在于和平无害，经营者共存秩序的落脚点在于公平竞争。

二 公平竞争市场秩序及其法律规制

（一）公平竞争市场秩序的基本条件

理论上，竞争关系仅为经营者与经营者之间的关系，但市场秩序的营造并不是由经营者独立完成的，还涉及市场管理者和消费者两类主体，是由经营者、管理者和消费者三方主体共同打造的。从经营者的角度看，三方主体形成了三种基本的关系，即经营者与经营者之间的关系，经营者与管理者之间的关系和经营者与消费者之间的关系。相应地，对于公平竞争市场秩序的形成需要哪些基本要求，也应当从这三个方面来考察。

1. 经营者与经营者的关系

立足于经营者与经营者之间的关系考察，一个公平的竞争秩序下，所有经营者的主体性权利和经营性权利应当共存，其中任何经营者都不得对其他经营者的主体性权利和经营性权利造成侵害。对经营者主体性权利的侵犯，一般依照侵权法予以处理。对经营性权利的侵犯，则主要以反不正当竞争法来处理。在市场经营领域，经营者的主体性权利常常是与主体的商业信誉和经营性权利相伴随的，因此，侵犯主体性权利的侵权行为

---

① 具体内容详见本系列教材《法律通识教程》第五讲中的讨论。

不仅可以适用侵权法，常常也可以适用反不正当竞争法。

2. 经营者与管理者的关系

现代市场条件下，经营者的经营活动都是在国家公权力（或者说市场管理者）的干预和管理下进行的，公平的市场竞争秩序需要管理者对所有的经营者一视同仁、平等对待，不得对部分经营者设置与其他经营者不平等的经营限制，也不得对部分经营者给予特殊的优惠条件。

3. 经营者与消费者的关系

经营者的经营行为，本质上是为取得消费者的认可而实施的产品的生产和营销行为，市场竞争从根本上来说是对消费者的竞争。在此意义上，公平的市场竞争秩序要求经营者必须采取正当的手段来取得消费者的认可，而不能采取欺诈、误导、贿赂等不正当手段取得竞争的优势，否则即对公平竞争秩序的破坏，构成不正当竞争。

根据上述三个方面的分析，公平的市场竞争秩序的基本要求或者说所依赖的基本条件有三：一是所有经营者之间能够和平共处；二是市场管理者对所有经营者能够平等对待；三是经营者不得采取不正当手段误导或拉拢消费者。

（二）公平竞争市场秩序的维护与监管

为维护一个公平竞争的市场秩序，需要制止不正当竞争行为。经营者、管理者和消费者作为市场主体，可以分别采取不同的措施。由于消费者的应对措施主要在于维权，而不在于公平竞争秩序的维护，故在下一讲内容中再予以专门讨论。在此，只讨论经营者和管理者为维护公平竞争的市场秩序可以采取的措施。

1. 经营者对不正当竞争行为的举报与诉讼

对于不正当竞争行为，每一个市场经营者都有权向主管机关举报。在我国，不正当竞争行为主要由县级以上市场监督管理机关进行监管和查处。因不正当竞争行为给自己造成损失的，受损失的经营者可以向人民法院提起诉讼。

（1）请求权基础。对于通过侵权行为实施的不正当竞争行为，受害人既可以依照《商标法》《著作权法》以及《民法典》侵权责任编的规定提起侵权之诉，也可以依照《反不正当竞争法》提起不正当竞争之诉，要求停止侵害，赔偿损失。不同的诉因的请求权基础不同，在确定责任的前提、举证责任的承担以及赔偿数额等方面也常常存在差异，经营者可以根据不同的情况来选择不同的请求权基础。

（2）赔偿数额的计算方法。《反不正当竞争法》第17条规定，因不正当竞争行为受到损害的经营者的赔偿数额，按照其因被侵权所受到的实际损失确定；实际损失难以计算的，按照侵权人因侵权所获得的利益确定。经营者恶意实施侵犯商业秘密行为，情节严重的，可以在按照上述方法确定数额的1倍以上5倍以下确定赔偿数额。赔偿数额还应当包括经营者为制止侵权行为所支付的合理开支。权利人因被侵权所受到的实际损失和侵权人因侵权所获得的利益均难以确定的，由人民法院根据侵权行为的情节判决给予权利人500万元以下的赔偿。

2.管理者对不正当竞争行为的调查与处理

对于涉嫌不正当竞争的行为,管理者有权展开调查,并根据调查结果依法予以处理。

(1)对不正当竞争行为的调查。对涉嫌不正当竞争的行为,监督检查部门应当依法进行调查。在调查过程中,有权进入涉嫌不正当竞争行为的经营场所进行检查,询问被调查的经营者、利害关系人及其他有关单位、个人,要求其说明有关情况或者提供与被调查行为有关的其他资料。同时,还有权查询、复制与涉嫌不正当竞争行为有关的协议、账簿、单据、文件、记录、业务函电和其他资料,查封、扣押与涉嫌不正当竞争行为有关的财物,查询涉嫌不正当竞争行为的经营者的银行账户。

(2)对不正当竞争行为的处理。监督管理部门经过调查,确认经营者行为构成不正当竞争的,有权依法对实施不正当竞争行为的经营者进行处罚。违法行为轻微并及时纠正,没有造成危害后果的,不予行政处罚。经营者有主动消除或者减轻违法行为危害后果等法定情形的,依法从轻或者减轻行政处罚。受到行政处罚的,由监督检查部门记入信用记录,并依照有关法律、行政法规的规定予以公示。

行政处罚主要包括责令停止违法行为、没收违法商品、罚款、吊销营业执照等。

(三)**与不正当竞争相关的刑事犯罪**

不正当竞争行为的实施者不仅应当承担民事责任和行政责任,构成犯罪的,还应当承担刑事责任。对于通过侵犯他人知识产权而实施的不正当竞争行为,可能会构成侵犯知识产权的犯罪。对于这类犯罪,本书第二讲中已经介绍,在此不再赘述。除此之外,不正当竞争行为所涉及的犯罪主要包括侵犯商业秘密罪,损害商业信誉、商品声誉罪,虚假广告罪,以及商业贿赂犯罪等。

1.侵犯商业秘密罪

《刑法》第219条规定:有下列侵犯商业秘密行为之一,情节严重的,构成侵犯商业秘密罪,处3年以下有期徒刑,并处或者单处罚金;情节特别严重的,处3年以上10年以下有期徒刑,并处罚金:① 以盗窃、贿赂、欺诈、胁迫、电子侵入或者其他不正当手段获取权利人的商业秘密的;② 披露、使用或者允许他人使用以前项手段获取的权利人的商业秘密的;③ 违反保密义务或者违反权利人有关保守商业秘密的要求,披露、使用或者允许他人使用其所掌握的商业秘密的。

明知前款所列行为,获取、披露、使用或者允许他人使用该商业秘密的,以侵犯商业秘密论。上文中所称权利人,不仅包括商业秘密的所有人,还包括经商业秘密所有人许可的商业秘密使用人。

为境外的机构、组织、人员窃取、刺探、收买、非法提供商业秘密的,构成:为境外窃取、刺探、收买、非法提供商业秘密罪,处5年以下有期徒刑,并处或者单处罚金;情节严重的,处5年以上有期徒刑,并处罚金。

2.损害商业信誉、商品声誉罪

《刑法》第221条规定:捏造并散布虚伪事实,损害他人的商业信誉、商品声誉,给他人造成重大损失或者有其他严重情节的，处2年以下有期徒刑或者拘役，并处或者单处罚金。在司法实践中，损害他人商业信誉和商品声誉造成损失达50万元以上的，或者虽未达到50万元，但对他人正常生产经营活动造成严重影响的，即应当追究刑事责任。

3. 虚假广告罪

《刑法》第222条规定：广告主、广告经营者、广告发布者违反国家规定，利用广告对商品或者服务作虚假宣传，情节严重的，处2年以下有期徒刑或者拘役，并处或者单处罚金。在司法实践中，违法所得数额在10万元以上的，或者给单个消费者造成直接经济损失数额在5万元以上的，或者给多个消费者造成直接经济损失数额累计在20万元以上的，或者假借预防、控制突发事件的名义，利用广告作虚假宣传，致使多人上当受骗，违法所得数额在3万元以上的，或者虽未达到上述数额标准，但2年内因利用广告作虚假宣传，受过行政处罚2次以上，又利用广告作虚假宣传的，或者造成人身伤残的，均达到刑事追诉标准。

4. 商业贿赂犯罪

根据《刑法》第163条和第164条的规定：公司、企业或者其他单位的工作人员，利用职务上的便利，索取他人财物或者非法收受他人财物，为他人谋取利益，数额较大的，构成非国家工作人员受贿罪，处3年以下有期徒刑或者拘役，并处罚金；数额巨大或者有其他严重情节的，处3年以上10年以下有期徒刑，并处罚金；数额特别巨大或者有其他特别严重情节的，处10年以上有期徒刑或者无期徒刑，并处罚金。公司、企业或者其他单位的工作人员在经济往来中，利用职务上的便利，违反国家规定，收受各种名义的回扣、手续费，归个人所有的，依照前款的规定处罚。

为谋取不正当利益，给予公司、企业或者其他单位的工作人员以财物，数额较大的，构成对非国家工作人员行贿罪，处3年以下有期徒刑或者拘役，并处罚金；数额巨大的，处3年以上10年以下有期徒刑，并处罚金。

三、公平竞争与垄断

（一）垄断的形成及其对公平竞争秩序的影响

1. 什么是垄断

垄断最初是一个经济学概念，是指一种市场结构状态。对于某一种产品，如果一个企业在市场上具有独占地位或具有控制地位，该企业即取得对该产品的市场垄断地位，这种定义被称为结构主义的垄断定义。现代经济学强调市场主体的行为性质，立足于行为来界定是否构成垄断。企业即使在市场结构意义上具有垄断地位，但如果没有滥用这种垄断地位优势，没有实施不正当竞争行为，也不视为垄断。只有利用市场优势实施不正当竞争行为的，才视为垄断，这种定义被称为行为主义的垄断定义。

法律上的垄断是伴随着反垄断法的制定而出现的，各国的经济政策和经济发展水平不同，面临的问题也不同，相应地，法律上对垄断行为的认识和措施也会存在较大的差异。在这种情况下，对垄断很难形成一个统一的法律定义。总体而言，法律上既关注结构主义的垄断定义，也关注行为主义的垄断定义。但是，在法律调整方法上，对于两种不同意义上的垄断所采取的法律调整方法是有区别的。对于结构主义意义上的垄断，主要采取预防和消除手段；对于行为主义意义上的垄断，主要采取禁止和处罚手段。

2. 垄断形成的原因

人们通常认为，在完全竞争市场中，不会形成垄断。但是，完全竞争市场只是一种理想假设，在现实社会中并不会真实存在。在不完全竞争状态下，部分经营者的竞争优势不断增加，发展到一定程度便会产生垄断。也就是说，在没有外在力量干预的情况下，垄断几乎是不可避免的。形成竞争优势的原因有很多，最为典型的原因主要有三种，即资源垄断、特许垄断和自然垄断。

（1）资源垄断。资源垄断是基于对经营所需的某种关键资源的独占优势所形成的垄断。在古代，由于交通运输的不便和科学技术水平的限制，容易形成对特定资源的独占，从而形成资源垄断。随着科学技术的进步和国际贸易的发展，资源的可替代性日益提高，传统类型的资源垄断已不多见。但是，由于自然资源在国家经济中不可替代的重要地位，有些国家对一些重要的自然资源（如石油、矿山、森林、海洋等）实行国家垄断经营，从而形成国家公权力主导下的资源垄断企业。

（2）特许垄断。特许垄断的特许一般都是国家公权力的特许，或者说政府的特许，是基于政府行为而形成的垄断。现代社会条件下，特许垄断行业大多是国家垄断，如我国的国家电网、电信、烟草、石油等都是国家垄断。由于知识产权常常需要由国家授予，故一般把基于对知识产权的独占所形成的垄断也归于特许垄断的范畴，不过由于知识产权的私权性质，这种特许垄断多为私人垄断。

（3）自然垄断。自然垄断是基于市场的自然条件而产生的垄断。有些行业具有向规模经济发展的内在趋势，随着企业生产规模的扩大，单位成本递减，自然会获得竞争优势，从而最终形成垄断，这种情况下形成的垄断即自然垄断。一般来说，具有自然垄断性质行业的生产规模越大，收到的规模经济效益越高，因此，常常需要庞大的固定资本投资，而且这些设备很难转移作为其他用途。在这种情况下，新的企业很难进入该市场，已经取得的垄断地位也很难被撼动。这些具有自然垄断性质的行业通常是由政府经营的，如电力、电话、自来水、天然气以及公共运输等行业均是如此。

3. 垄断的影响

结构主义意义上的垄断本身对经济的影响并不一定是负面的，常常还是积极的。垄断意味着生产集中，有利于降低成本、提高效率，实现规模经济效益。对于某些特殊行业，采取国家垄断经营方式，在维护国家利益和保障民生方面也有非常积极的意义。但是，垄断也意味着不再有竞争，意味着垄断者可以操控市场、损害消费者利益。由于不再有竞争，垄断者不需要继续革新技术和提高生产效率仍可取得巨额垄断利润，从而影响科学技术发展和社会的进步。同时，垄断排斥了其他市场主体，使其他主体不得不依附于垄断者，从而丧失自己的主体性。据此，垄断不仅会阻碍技术进步，与现代民主社会所倡导的平等和民主理念也是相违背的。

因此，除了涉及国家利益和社会民生的特定行业之外，各国都会采取一定的措施，防止生产的过度集中，预防和阻止垄断的形成。同时，对滥用垄断地位的行为进行处罚，以维护消费者的利益。

（二）垄断的法律规制

1. 反垄断监管机构

我国专门设立了国务院反垄断委员会，但该委员会并不负责具体的反垄断调查与执法，其主要职责是研究拟定有关竞争政策、协调反垄断行政执法工作等。我国的反垄断执法机构主要有三家，即国家市场监督管理总局、商务部和国家发改委。国家市场监督管理总局主要负责不正当竞争行为、限制竞争行为、滥用市场支配地位、不涉及价格问题的垄断协议等方面的监管与执法。商务部主要负责对企业并购活动的反垄断审查，设有专门的反垄断调查办公室。国家发改委执行反垄断法的机构主要是其下属的价格司，其任务主要是禁止价格垄断以及涉及价格的其他垄断行为。

2. 反垄断调查

反垄断执法机构依法对涉嫌垄断行为进行调查。对涉嫌垄断行为，任何单位和个人有权向反垄断执法机构举报。反垄断执法机构应当为举报人保密。

对反垄断执法机构调查的涉嫌垄断行为，被调查的经营者承诺在反垄断执法机构认可的期限内采取具体措施消除该行为后果的，反垄断执法机构可以决定中止调查。反垄断执法机构决定中止调查的，应当对经营者履行承诺的情况进行监督。经营者履行承诺的，反垄断执法机构可以决定终止调查。经营者未履行承诺的、作出中止调查决定所依据的事实发生重大变化的，或者中止调查的决定是基于经营者提供的不完整或者不真实的信息作出的，反垄断执法机构应当恢复调查。

被调查的经营者、利害关系人或者其他有关单位或者个人应当配合反垄断执法机构依法履行职责，不得拒绝、阻碍反垄断执法机构的调查。对反垄断执法机构依法实施的审查和调查，拒绝提供有关材料、信息，提供虚假材料、信息，隐匿、销毁、转移证据，或者有其他拒绝、阻碍调查行为的，由反垄断执法机构责令改正，并可予以处罚。

3. 反垄断法

反垄断应有法可依，否则不可避免地会导致权力的滥用。人们普遍认为第一部现代意义上的反垄断法是1890年美国通过的《谢尔曼法》，该法对世界各国的反垄断立法产生了深远的影响。尽管有人考证早在古罗马和中国古代，就有对垄断行为的限制和处罚措施，但这些法律规定均是立足于私法关系的平衡，基于道德伦理评价而作出的法律规定，与现代意义上的反垄断法的理论基础和精神理念均大相径庭，不能牵强附会地与现代反垄断法相混同。

我国于1993年颁布了《反不正当竞争法》，其中包含了反垄断的内容。2007年颁布了《反垄断法》，对反垄断问题作出了专门规定。

（三）反垄断法适用的特殊问题

1. 反垄断法的适用除外

垄断会限制竞争，从而不利于市场的发展和新技术的应用。但这种情况并不是绝对的，几乎所有的国家都会对一些特殊行业和领域允许甚至强制性地采取垄断经营。比如，对维护本国整体经济利益和社会公共利益有重大意义的行业或领域，常采用国家垄断经营的方式；对于自然垄断行业，以及那些对市场竞争关系影响不大，但对整体利益有积极作用的限制竞争行为，一些国家也会允许垄断的存在。

因此，并不是所有的垄断行为都会受到法律的禁止，各国垄断法都会规定一定除外适用的范围或情形。有的国家虽然不一定在反垄断法中规定除外适用的具体情况，但可能有其他允许垄断存在或实行国家垄断经营的相关法律。无论采用何种立法方式，凡是依照法律规定可以不受反垄断法限制的垄断行为，都属于反垄断法适用的除外。

一般情况下，除外适用的领域主要包括以下四种：① 具有一定自然垄断性质的公用公益事业，如电力、交通运输、水、煤气、银行、保险等行业。② 农业和自然资源开采业，这些行业涉及对自然资源的利用，国家可以根据具体情况采取不同的经营监管方式。允许适度垄断行为的存在，有利于监管控制并形成规模效益。③ 知识产权本身就具有独占性和垄断性，一般不适用反垄断法。④ 特定时期和特定情况下的垄断行为和联合行为，如在经济不景气时期为调整产业结构的合并、兼并以及发生严重灾害及战争情况下的垄断行为。

除上述情况外，我国《反垄断法》还规定了其他两种除外适用的情形：一是国有经济占控制地位的关系国民经济命脉和国家安全的行业以及依法实行专营专卖的行业；二是农业生产者及农村经济组织在农产品生产、加工、销售、运输、储存等经营活动中实施的联合或者协同行为。

2. 反垄断法的域外效力

（1）法的效力的一般原则。法律效力指法律的约束力对何人或在何地域范围内有效。在世界各国的法律实践中，先后采用过四种确定法律效力的原则。一是属人原则，即法律只适用于本国公民，不论其身在国内还是国外；非本国公民即便身在该国领域也不适用。二是属地原则，法律适用于该国管辖地区内的所有人，不论是否本国公民，都受法律约束和法律保护；本国公民不在本国，则不受本国法律的约束和保护。三是保护原则，即以维护本国利益作为是否适用本国法律的依据，任何侵害本国利益的人，不论其国籍和所在地域，都要受该国法律的追究。四是以属地原则为主，与属人原则和保护原则相结合的原则。这是近代以来多数国家所采用的原则，我国也是如此。采用这种原则的原因是既要维护本国利益，坚持本国主权，又要尊重他国主权，照顾法律适用中的实际可能性。

（2）反垄断法的域外适用。一般情况下，一国刑法多采取以属地原则为主，与属人原则和保护原则相结合的原则，而对民商事法律，多采取属地原则，仅适用于发生在本国主权管辖范围内的行为。但1945年美国铝公司垄断案中，法官认定发生在加拿大的限制竞争行为对美国的出口产生了影响，故认为可适用美国的《谢尔曼法》，这一原则被称为效果原则，由此开创了反垄断法域外适用的先河。后来，美国法院又创设合理管辖原则，不仅考虑效果，还要考虑国家间的礼让、对本国和东道国影响的比较、影响的可预见性、域外管辖冲突的可能性等因素。

与美国不同，欧盟主要采取经济实体原则和履行地原则。所谓经济实体原则，是指设在欧盟领域内的子公司和在境外但控制子公司经营的母公司虽是两个彼此独立的法人组织，但在竞争法上，却不是两个经济组织，而是一个经济实体。因此，在欧盟领域内的子公司有反竞争行为时，欧盟竞争法不仅可以适用于境内的子公司，还可以适用于境外的母公司。履行地原则是在欧洲法院的审判中形成的，指反竞争行为协议的达成地点虽然在欧盟领域以外，但只要其履行地在欧盟领域内，就可以适用欧盟竞争法。

反垄断法域外适用是当前各国普遍采取的做法，具有很明显的自我保护的特点，但这种做法也存在很大的争议。《反垄断法》的域外适用，意味着它作为一国的国内法可以用来规范国外的经济行为；但国内法与其他国的国内法各有自身不同的要求和标准，用国内法代替国际法来规范国际经济行为，其结果可能与国际的正义标准不符，也可能与他国的法律秩序相抵触。在这种情况下，即使国内法院作出了判决，也难以得到当事国的认可，从而无法执行。

为解决《反垄断法》域外适用的协调与执行问题，美国和原欧洲共同体于1991年9月订立了《反垄断法执行的合作协定》，通过确立积极礼让与消极礼让原则，加强双方反垄断主管机构之间的通告、信息交流和合作，减少管辖冲突，增进反垄断执行上的协调。

（3）我国《反垄断法》的域外效力。我国《反垄断法》第2条规定：中华人民共和国境内经济活动中的垄断行为，适用本法；中华人民共和国境外的垄断行为，对境内市场竞争产生排除、限制影响的，适用本法。从该规定来看，我国采取的是效果原则。

第二节　不正当竞争行为

我国的《反不正当竞争法》以列举的方式对不正当竞争行为进行了列举，共列举了七种不正当竞争行为。除此之外，《反垄断法》中规定的滥用行政权力排除、限制竞争的行为本质上也是不正当竞争行为，在此处也一并予以讨论。根据不正当竞争行为的具体表现形式，可将其分为三种不同的类型。

一 对其他经营者的侵权行为

（一）混淆行为

混淆行为指经营者在市场经营活动中，擅自使用与他人有一定影响力的商业标识相同或近似以及其他足以使人误认为是他人商品或与他人存在特定联系的标识的不正当竞争行为。混淆行为不仅构成了对特定经营者的侵权，也导致了消费者的误解，因而也是对消费者权益的侵犯。

根据《反不正当竞争法》第6条规定，混淆行为包括：① 擅自使用与他人有一定影响的商品名称、包装、装潢等相同或者近似标识；② 擅自使用他人有一定影响的企业名称（包括简称、字号等）、社会组织名称（包括简称等）、姓名（包括笔名、艺名、译名等）；③ 擅自使用他人有一定影响的域名主体部分、网站名称、网页等；④ 其他足以引人误认为是他人商品或者与他人存在特定联系的混淆行为。

一般情况下，具有一定的市场知名度并具有区别商品来源的显著特征的标识，即可以认为"有一定影响"。是否具有一定的市场知名度，应当根据中国境内相关公众的知悉程度，商品的销售时间、销售区域、销售额和销售对象，进行任何宣传的持续时间、程度和地域范围，以及标识受保护的情况等因素，进行综合判断。对于是否属于有一定影响的商品，由原告（亦即被冒用的一方）对其商品的市场知名度负举证责任。

关于何为"近似"，一般应以相关公众的一般注意力为标准。在相同商品上使用相同或者视觉上基本无差别的商品名称、包装、装潢，应当视为足以造成和他人知名商品相混淆。在对比时，既要进行整体比对，又要进行主要部分的比对，比对应当在比对对象隔离的状态下分别进行。同时，判断是否近似，还应当考虑显著性和知名度。

（二）侵犯商业秘密行为

1. 对商业秘密的界定

商业秘密是指不为公众所知悉，能为权利人带来经济利益，具有实用性并经权利人采取保密措施的技术信息和经营信息。侵犯商业秘密行为是指以不正当手段获取、披露、使用他人商业秘密的行为。

商业秘密既然被称为"秘密"，是指不为公众所知悉的信息，同时，该信息也不能为其所属领域的相关人员轻易获得，否则不属于商业秘密。一般情况下，对于已为其所属技术或者经济领域的人的一般常识或者行业惯例，或者仅涉及产品的尺寸、结构、材料、部件的简单组合等内容，进入市场后相关公众通过观察产品即可直接获得的信息，不属于商业秘密。另外，已经在公开出版物或者其他媒体上公开披露的信息，已通过公开的报告会、展览等方式公开的信息，通过其他公开渠道可以获得或者无须付出一定的代价而容易获得的信息，均不属于商业秘密。

商业秘密不仅不为公众所知悉，而且能为权利人带来经济利益。一般情况下，有关信息具有现实的或者潜在的商业价值，能为权利人带来竞争优势的，即应当认定能为权利人带来经济利益。

权利人还必须采取相应的保密措施，没有采取相应的保密措施，并为他人所知悉的，不再是商业秘密，也不受法律保护。一般情况下，权利人为防止信息泄露所采取的与其商业价值等具体情况相适应的合理保护措施，应当认定为"保密措施"。具有下列情形之一，在正常情况下足以防止涉密信息泄露的，应当认定权利人采取了保密措施：① 限定涉密信息的知悉范围，只对必须知悉的相关人员告知其内容；② 对于涉密信息载体采取加锁等防范措施；③ 在涉密信息的载体上标有保密标志；④ 对于涉密信息采用密码或者代码等；⑤ 签订保密协议；⑥ 对于涉密的机器、厂房、车间等场所限制来访者或者提出保密要求；⑦ 确保信息秘密的其他合理措施。

2. 商业秘密的举证

在侵犯商业秘密的民事审判程序中，商业秘密权利人提供初步证据，证明其已经对所主张的商业秘密采取保密措施，且合理表明商业秘密被侵犯，涉嫌侵权人应当证明权利人所主张的商业秘密不属于商业秘密。

商业秘密权利人提供初步证据合理表明商业秘密被侵犯，且提供以下证据之一的，涉嫌侵权人应当证明其不存在侵犯商业秘密的行为：① 有证据表明涉嫌侵权人有渠道或者机会获取商业秘密，且其使用的信息与该商业秘密实质上相同；② 有证据表明商业秘密已经被涉嫌侵权人披露、使用，或者有被披露、使用的风险；③ 有其他证据表明商业秘密被涉嫌侵权人侵犯。

3. 侵犯商业秘密行为的具体表现

《反不正当竞争法》第9条规定，侵犯商业秘密的行为构成不正当竞争，这类行为包括：① 以盗窃、贿赂、欺诈、胁迫、电子侵入或者其他不正当手段获取权利人的商业秘密；② 披露、使用或者允许他人使用以前项手段获取的权利人的商业秘密；③ 违反保密义务或者违反权利人有关保守商业秘密的要求，披露、使用或者允许他人使用其所掌握的商业秘密；④ 教唆、引诱、帮助他人违反保密义务或者违反权利人有关保守商业秘密的要求，获取、披露、使用或者允许他人使用权利人的商业秘密。

（三）诋毁商誉行为

诋毁商誉的行为指经营者捏造、散布虚假事实，损害竞争对手的商业信誉、商品声誉，从而削弱其竞争力的行为。对于诋毁商誉的行为的认定，应当注意以下四个问题。

（1）行为的主体是市场经营活动中的经营者，其他经营者如果受其指使从事诋毁商誉行为，可构成共同侵权人。新闻单位被利用和被唆使的，仅构成一般的侵害他人名誉权行为，而非不正当竞争行为。

（2）诋毁商誉行为是捏造、散布虚假事实的行为，若发布的消息是真实的，则不构成诋毁行为。

（3）诋毁行为是针对一个或多个特定竞争对手的。如果捏造、散布的虚假事实不能与特定的经营者相联系，商誉主体的权利便不会受到侵害。应注意的是，对比性广告通常以同行业所有其他经营者为竞争对手而进行贬低宣传，此时应认定为商业诋毁行为。

（4）诋毁行为一般是故意行为，过失散布虚假事实一般按侵权行为对待，而不构成不正当竞争。

二 对消费者的误导和贿赂行为

（一）不正当有奖销售行为

不正当有奖销售行为是指经营者在销售商品或提供服务时，以提供奖励（包括金钱、实物、附加服务等）为名，实际上采取欺骗或者其他不当手段损害用户、消费者的利益，或者损害其他经营者合法权益的行为。

有奖销售是一种有效的促销手段，其方式大致可分为两种：一种是奖励给所有购买者的附赠式有奖销售；另一种是奖励部分购买者的抽奖式有奖销售。法律并不禁止所有的有奖销售行为，而仅仅对可能造成不良后果、破坏竞争规则的有奖销售加以禁止。根据《反不正当竞争法》第10条，经营者进行有奖销售不得存在下列情形：① 所设奖的种类、兑奖条件、奖金金额或者奖品等有奖销售信息不明确，影响兑奖；② 采用谎称有奖或者故意让内定人员中奖的欺骗方式进行有奖销售；③ 抽奖式的有奖销售，最高奖的金额超过五万元。

2020年10月，国家市场监督管理总局公布《规范促销行为暂行规定》，对有奖销售行为作出了具体的规定。

（二）虚假宣传行为

虚假宣传行为主要指利用广告和其他方法，对商品的质量、制作成分、性能、用途、生产者、有效期限、产地等进行引人误解的虚假宣传的行为，包括广告经营者代理、设计、制作、发布虚假广告的行为。

根据《反不正当竞争法》第8条的规定，经营者不得对其商品的性能、功能、质量、销售状况、用户评价、曾获荣誉等作虚假或者引人误解的商业宣传，欺骗、误导消费者。不得通过组织虚假交易等方式，帮助其他经营者进行虚假或者引人误解的商业宣传。

对引人误解的虚假宣传行为进行认定，应当根据日常生活经验、相关公众一般注意力、发生误解的事实和被宣传对象的实际情况等因素进行综合判断。一般情况下，经营者具有下列行为之一，足以造成相关公众误解的，可以认定为引人误解的虚假宣传行为：① 对商品作片面的宣传或者对比的；② 将科学上未定论的观点、现象等当作定论的事实用于商品宣传的；③ 以歧义性语言或者其他引人误解的方式进行商品宣传的。

但是，以明显的夸张方式宣传商品，不足以造成相关公众误解的，不属于引人误解

的虚假宣传行为。所谓以明显夸张方式宣传商品主要是指主观评价式陈述，主观评价式陈述表达的是观点或意见，无法对其是否虚假明确规定具体的判断标准。因此，原则上只有事实陈述才存在虚假问题。

（三）商业贿赂行为

商业贿赂行为是指经营者为谋取交易机会或者竞争优势，采用财物或者其他手段向交易相对方的工作人员、受交易相对方委托办理相关事务的单位或者个人，或能够利用职权或者影响力影响交易的单位或者个人实施贿赂的行为。

在实践中，经营者的商业贿赂行为一般表现为：① 为销售或者购买商品，假借促销费、宣传费、赞助费、科研费、劳务费、咨询费、佣金等名义，或者以报销各种费用等方式，给付对方单位或者个人的财物；② 以国内外旅游、考察等名义为对方提供利益；③ 在商品交易中向对方单位或者其个人附赠现金或者物品，但按照商业惯例赠送小额广告礼品的除外；④ 销售商品时在账外暗中以现金、实物或者其他方式退给对方单位或者个人的一定比例的商品价款，即"回扣"。

经营者在交易活动中，可以以明示方式向交易相对方给予折扣，或者向中间人支付佣金。折扣和佣金不属于商业贿赂。所谓折扣，即商品购销中的让利，是指经营者在销售商品时，以明示并如实入账的方式给予对方的价格优惠。所谓佣金，是指经营者在市场交易中给予为其提供服务的具有合法经营资格的中间人的劳务报酬。经营者向交易相对方给予折扣、向中间人支付佣金的，应当如实入账。接受折扣、佣金的经营者也应当如实入账。

三 管理者的不正当竞争行为

（一）滥用行政权力排除、限制竞争的行为

行政机关和法律、法规授权的具有管理公共事务职能的组织常常会利用手中的权力，排除、限制市场竞争，这种行为对正常的市场竞争秩序构成严重破坏，同样属于不正当竞争行为。《反垄断法》对各类滥用行政权力排除、限制竞争的行为进行了详细列举规定，主要包括以下六种行为。

（1）滥用行政权力，限定或者变相限定单位或者个人经营、购买、使用其指定的经营者提供的商品。

（2）滥用行政权力，妨碍商品在地区之间的自由流通，主要包括：对外地商品设定歧视性收费项目、实行歧视性收费标准，或者规定歧视性价格；对外地商品规定与本地同类商品不同的技术要求、检验标准，或者对外地商品采取重复检验、重复认证等歧视性技术措施，限制外地商品进入本地市场；采取专门针对外地商品的行政许可，限制外地商品进入本地市场；设置关卡或者采取其他手段，阻碍外地商品进入或者本地商品运出；以及其他妨碍商品在地区之间自由流通的行为。

（3）滥用行政权力，以设定歧视性资质要求、评审标准或者不依法发布信息等方式，排斥或者限制外地经营者参加本地的招标投标活动。

（4）滥用行政权力，采取与本地经营者不平等待遇等方式，排斥或者限制外地经营者在本地投资或者设立分支机构。

（5）滥用行政权力，强制经营者从事《反垄断法》规定的垄断行为。

（6）滥用行政权力，制定含有排除、限制竞争内容的规定。

(二) 互联网管理者的不正当竞争行为

随着网络技术的发展，网络经营成为一种常见的经营方式。网络经营借助网络平台进行，与线下交易方式有很大的不同，因此，《反不正当竞争法》对网络管理者的不正当竞争行为进行了特别规定。根据《反不正当竞争法》第12条，经营者不得利用技术手段，通过影响用户选择或者其他方式，实施下列妨碍、破坏其他经营者合法提供的网络产品或者服务正常运行的行为：① 未经其他经营者同意，在其合法提供的网络产品或者服务中，插入链接、强制进行目标跳转；② 误导、欺骗、强迫用户修改、关闭、卸载其他经营者合法提供的网络产品或者服务；③ 恶意对其他经营者合法提供的网络产品或者服务实施不兼容；④ 其他妨碍、破坏其他经营者合法提供的网络产品或者服务正常运行的行为。

第三节 垄断行为

反垄断法的目的在于预防形成垄断，因此，所谓垄断行为，不一定是已经形成垄断前提下实施的行为，而常常是企图形成垄断的行为，或有形成垄断趋势的行为。这些行为只要有导致垄断的可能，就应受到反垄断审查。

一 垄断协议行为

有时候，在某一行业中，没有任何一个经营者取得垄断地位，但部分有实力的经营者可以联合起来，通过协议的方式排除限制竞争，达到操控市场的目的，从而获得垄断利润。这种排除、限制竞争的协议、决定，称为垄断协议。

经营者虽未明确订立书面或者口头形式的协议或者决定，但实质上存在协调一致的行为，属于协同行为，在反垄断法领域，这种协同行为也被视为垄断协议的特殊形式。认定协同行为，应当根据经营者的市场行为是否具有一致性、经营者之间是否进行过意思联络或者信息交流、经营者能否对一致行为作出合理的解释等因素，并考虑相关市场的结构情况、竞争状况、市场变化情况、行业情况等，进行综合认定。

（一）垄断协议的表现形式

一般来说，垄断协议是具有竞争关系的经营者之间达成的协议，但也可以是经营者与交易相对人之间达成的协议。

1. 具有竞争关系的经营者之间的垄断协议

这类垄断协议主要有以下六种形式。

（1）固定或者变更商品价格的协议。这是一种通过协议来操控产品的市场价格的行为，在社会实践中，主要包括以下协议：固定或者变更商品和服务的价格水平；固定或者变更价格变动幅度；固定或者变更对价格有影响的手续费、折扣或者其他费用；使用约定的价格作为与第三方交易的基础；约定采用据以计算价格的标准公式；约定未经参加协议的其他经营者同意不得变更价格；通过其他方式变相固定或者变更价格；国务院价格主管部门认定的其他价格垄断协议。

（2）限制商品的生产数量或者销售数量。主要包括两种情况：一是以限制产量、固定产量、停止生产等方式限制商品的生产数量或者限制商品特定品种、型号的生产数量；二是以拒绝供货、限制商品投放量等方式限制商品的销售数量或者限制商品特定品种、型号的销售数量。

（3）分割销售市场或者原材料采购市场。主要包括：划分商品销售地域、销售对象或者销售商品的种类、数量；划分原料、半成品、零部件、相关设备等原材料的采购区域、种类、数量；划分原料、半成品、零部件、相关设备等原材料的供应商。

（4）限制购买新技术、新设备或者限制开发新技术、新产品。主要包括：限制购买、使用新技术、新工艺；限制购买、租赁、使用新设备；限制投资、研发新技术、新工艺、新产品；拒绝使用新技术、新工艺、新设备；拒绝采用新的技术标准等。

（5）联合抵制交易。主要包括：联合拒绝向特定经营者供货或者销售商品；联合拒绝采购或者销售特定经营者的商品；联合限定特定经营者不得与其具有竞争关系的经营者进行交易。

（6）行业协会实施的垄断协议行为。主要包括：制定、发布含有排除、限制竞争内容的行业协会章程、规则、决定、通知、标准等；召集、组织或者推动本行业的经营者达成含有排除、限制竞争内容的协议、决议、纪要、备忘录等。

经营者自己不得与其他经营者达成垄断协议，也不得组织其他经营者达成垄断协议或者为其他经营者达成垄断协议提供实质性帮助。

2. 经营者与交易相对人之间的垄断协议

经营者与交易相对人之间的垄断协议主要是限定价格的协议，一般是固定向第三人转售商品的价格或限定向第三人转售商品的最低价格。但是，并不是所有的价格约定行为都属于垄断协议，经营者能够证明其不具有排除、限制竞争效果的，不属于垄断协议。经营者能够证明其在相关市场的市场份额低于国务院反垄断执法机构规定的标准，并符合国务院反垄断执法机构规定的其他条件的，也不属于垄断协议。

（二）不视为垄断协议的情况

经营者能够证明所达成的协议属于下列情形之一的，不视为垄断协议：① 为改进技术、研究开发新产品的；② 为提高产品质量、降低成本、增进效率，统一产品规格、标准或者实行专业化分工的；③ 为提高中小经营者经营效率，增强中小经营者竞争力的；④ 为实现节约能源、保护环境、救灾救助等社会公共利益的；⑤ 因经济不景气，为缓解销售量严重下降或者生产明显过剩的；⑥ 为保障对外贸易和对外经济合作中的正当利益的；⑦ 法律和国务院规定的其他情形。

对于第一项至第五项情形，不视为垄断协议的，经营者在提供证明时，还应当证明所达成的协议不会严重限制相关市场的竞争，并且能够使消费者分享由此产生的利益。

（三）垄断协议行为的法律责任

经营者通过订立垄断协议限制竞争的，所订立的垄断协议无效。反垄断执法机构有权责令停止违法行为，没收违法所得，并处上一年度销售额1%以上10%以下的罚款。上一年度没有销售额的，处500万元以下的罚款；尚未实施所达成的垄断协议的，可以处300万元以下的罚款。经营者的法定代表人、主要负责人和直接责任人员对达成垄断协议负有个人责任的，可以处100万元以下的罚款。

行业协会违反《反垄断法》规定，组织本行业的经营者达成垄断协议的，由反垄断执法机构责令改正，可以处300万元以下的罚款；情节严重的，社会团体登记管理机关可以依法撤销登记。

二 经营者集中行为

所谓经营者集中，是指经营者通过企业合并、股权收购或者其他形式取得其他经营者的控制权或者能够对其他经营者施加决定性的影响，从而使经营集中到一个企业。经营者集中一般是市场经济条件下市场主体的合同自由行为，经营者可以通过公平竞争、自愿联合，依法实施集中，扩大经营规模，提高市场的竞争能力。但由于经营者集中有可能导致排除和限制竞争，所以应当对经营者集中进行政府管制。

（一）经营者集中的申报

我国对经营者集中采取事前申报的强制申报制度。经营者集中达到国务院规定的申报标准的，经营者应当事先向国务院反垄断执法机构申报，未申报的不得实施集中。

根据《国务院关于经营者集中申报标准的规定》，经营者集中达到下列标准之一的，经营者应当事先向国务院反垄断执法机构申报，未申报的不得实施集中：

（1）参与集中的所有经营者上一会计年度在全球范围内的营业额合计超过120亿元人民币，并且其中至少两个经营者上一会计年度在中国境内的营业额均超过8亿元人民币；

（2）参与集中的所有经营者上一会计年度在中国境内的营业额合计超过40亿元人民币，并且其中至少两个经营者上一会计年度在中国境内的营业额均超过8亿元人民币。

但是，参与集中的一个经营者拥有其他每个经营者50%以上有表决权的股份或者资产，或者参与集中的每个经营者50%以上有表决权的股份或者资产被同一个未参与集中的经营者拥有的，可以不向国务院反垄断执法机构申报。因为这种情况下已经没有必要再进行单纯的经营集中，实施的合并或股权收购等行为，主要是资产重组的需要。

经营者向国务院反垄断执法机构申报集中，应当提交申报书、集中对相关市场竞争状况影响的说明、集中协议、参与集中的经营者经会计师事务所审计的上一会计年度财务会计报告以及国务院反垄断执法机构规定的其他文件、资料。申报书应当载明参与集中的经营者的名称、住所、经营范围、预定实施集中的日期和国务院反垄断执法机构规定的其他事项。经营者提交的文件、资料不完备的，应当在国务院反垄断执法机构规定的期限内补交文件、资料。经营者逾期未补交文件、资料的，视为未申报。

（二）经营者集中的审查

国务院反垄断执法机构应当自收到经营者提交的申报资料之日起30日内，对申报的经营者集中进行初步审查，作出是否实施进一步审查的决定，并书面通知经营者。国务院反垄断执法机构作出决定前，经营者不得实施集中。国务院反垄断执法机构作出不实施进一步审查的决定或者逾期未作出决定的，经营者可以实施集中。

国务院反垄断执法机构决定实施进一步审查的，应当自决定之日起90日内审查完毕，作出是否禁止经营者集中的决定，并书面通知经营者。作出禁止经营者集中的决定，应当说明理由。审查期间，经营者不得实施集中。国务院反垄断执法机构逾期未作出决定的，经营者可以实施集中。

经营者同意延长审查期限的、经营者提交的文件资料不准确需要进一步核实的，以及经营者申报后有关情况发生重大变化的，国务院反垄断执法机构经书面通知经营者，可以延长审查期限，但最长不得超过60日。

审查经营者集中，应当考虑下列因素：① 参与集中的经营者在相关市场的市场份额及其对市场的控制力；② 相关市场的市场集中度；③ 经营者集中对市场进入、技术进步的影响；④ 经营者集中对消费者和其他有关经营者的影响；⑤ 经营者集中对国民经济发展的影响；⑥ 国务院反垄断执法机构认为应当考虑的影响市场竞争的其他因素。

经营者集中具有或者可能具有排除、限制竞争效果的，国务院反垄断执法机构应当作出禁止经营者集中的决定。但是，经营者能够证明该集中对竞争产生的有利影响明显大于不利影响，或者符合社会公共利益的，国务院反垄断执法机构可以作出对经营者集中不予禁止的决定。对不予禁止的经营者集中，国务院反垄断执法机构可以决定附加减少集中对竞争产生不利影响的限制性条件。

国务院反垄断执法机构应当将禁止经营者集中的决定或者对经营者集中附加限制性条件的决定，及时向社会公布。对外资并购境内企业或者以其他方式参与经营者集中，涉及国家安全的，除依照《反垄断法》规定进行经营者集中审查外，还应当按照国家有关规定进行国家安全审查。

（三）经营者集中行为的处理

经营者违反《反垄断法》规定实施集中，且具有或者可能具有排除、限制竞争效果的，由国务院反垄断执法机构责令停止实施集中、限期处分股份或者资产、限期转让营业以及采取其他必要措施恢复到集中前的状态，处上一年度销售额10%以下的罚款；不具有排除、限制竞争效果的，处500万元以下的罚款。

三 滥用市场支配地位的行为

滥用市场支配地位，又称滥用市场优势地位，是企业获得一定的市场支配地位以后滥用这种地位，对市场的其他主体进行不公平的交易或排斥竞争对手的行为。这种行为会阻止其他制造同类产品或提供同类服务的企业进入市场，也会限制经销商的营业自由而损害效率。对于消费者来说，因为供货渠道狭窄，选择的余地相应减少，同时由于在同一层次上销售同一商品的经营者之间缺乏竞争，销售者产生垄断地位，对消费者的利益也会产生损害。

经营者滥用市场支配地位的，由反垄断执法机构责令停止违法行为，没收违法所得，并处上一年度销售额1%以上10%以下的罚款。

（一）市场支配地位概述

1. 市场支配地位的概念

所谓市场支配地位，是指经营者在相关市场内具有能够控制商品价格、数量或者其他交易条件，或者能够阻碍、影响其他经营者进入相关市场能力的市场地位。

这里所称其他交易条件是指除商品价格、数量外能够对市场交易产生实质影响的其他因素，包括商品品质、付款条件、交付方式、售后服务等。所称能够阻碍、影响其他经营者进入相关市场，是指排除其他经营者进入相关市场，或者延缓其他经营者在合理时间内进入相关市场，或者其他经营者虽然能够进入该市场，但进入成本提高而难以在市场中开展有效竞争等。

2. 市场支配地位的认定

对于何种情况下构成滥用市场支配地位，并没有一个明确具体的标准，经营者是否具有市场支配地位，一般应当考虑以下因素：① 该经营者在相关市场的市场份额，以及相关市场的竞争状况；② 该经营者控制销售市场或者原材料采购市场的能力；③ 该经营者的财力和技术条件；④ 其他经营者对该经营者在交易上的依赖程度；⑤ 其他经营者进入相关市场的难易程度；⑥ 与认定该经营者市场支配地位有关的其他因素。

3. 市场支配地位的推定

有下列情形之一的，可以推定经营者具有市场支配地位：① 一个经营者在相关市场的市场份额达到1/2的；② 两个经营者在相关市场的市场份额合计达到2/3的；③ 三个经营者在相关市场的市场份额合计达到3/4的。

前述第二种和第三种情况下，经营者市场份额不足1/10的，不应当推定该经营者具有市场支配地位。被推定具有市场支配地位的经营者，能够证明其在相关市场内不具有控制商品价格、数量或者其他交易条件的能力，或者不具有能够阻碍、影响其他经营者进入相关市场的能力，则不应当认定其具有市场支配地位。

(二) 滥用市场支配地位行为的表现

1. 不正当的价格行为

不正当的价格行为是指以不公平的高价销售商品或者以不公平的低价购买商品，占有支配地位的企业以获得超额垄断利润为目的，确定、维持和变更商品价格，以高于正常状态下可能实行的价格来销售其产品从而获得高额垄断利润。

认定"不公平的高价"和"不公平的低价"，应当考虑销售价格或者购买价格是否明显高于或者低于其他经营者销售或者购买同种商品的价格，在成本基本稳定的情况下是否超过正常幅度提高销售价格或者降低购买价格，销售商品的提价幅度是否明显高于成本增长幅度，或者购买商品的降价幅度是否明显高于交易相对人成本降低幅度等因素。

2. 恶意倾销行为

恶意倾销行为是指经营者以排挤竞争对手为目的，以低于成本的价格销售商品。但销售鲜活商品、处理有效期限即将到期的商品或者其他积压的商品、季节性降价、因清偿债务或转产歇业降价销售商品，以及为推广新产品进行促销的行为，不属于恶意倾销行为。

3. 拒绝交易行为

拒绝交易行为是指具有市场支配地位的经营者没有正当理由，拒绝与交易相对人进行交易。没有正当理由拒绝交易的行为主要包括：削减与交易相对人的现有交易数量；拖延、中断与交易相对人的现有交易；拒绝与交易相对人进行新的交易；设置限制性条件，使交易相对人难以继续与其进行交易；拒绝交易相对人在生产经营活动中以合理条件使用其必需设施。

对于拒绝交易相对人在生产经营活动中以合理条件使用其必需设施的认定，应当综合考虑另行投资建设、另行开发建造该设施的可行性，交易相对人有效开展生产经营活动对该设施的依赖程度，该经营者提供该设施的可能性以及对自身生产经营活动造成的影响等因素。

交易相对人有严重的不良信用记录，或者出现经营状况持续恶化等情况，可能会给交易安全造成较大风险，或者交易相对人能够以合理的价格向其他经营者购买或出售同种商品、替代商品的情况下，经营者拒绝交易，可认定为存在正当理由，不认定为滥用市场支配地位的行为。

4. 限制交易行为

限制交易行为是指没有正当理由，限定交易相对人只能与其进行交易或者只能与其指定的经营者进行交易的行为。一般情况下，限定交易相对人只能与其进行交易，限定交易相对人只能与其指定的经营者进行交易，限定交易相对人不得与其竞争对手进行交易等，均属限制交易行为。但为了保证产品质量和安全、维护品牌形象或者提高服务水平的，或者能够显著降低成本、提高效率，并且能够使消费者分享由此产生的利益的，经营者限制交易的行为应当认定为具有正当理由，不属于滥用市场支配地位的行为。

5. 搭售和附加不合理交易条件行为

搭售和附加不合理交易条件行为是指在商品交易过程中，拥有经济优势的一方利用自己的优势地位，在提供商品或服务时，强行搭配销售购买方不需要的另一种商品或服务，或附加其他不合理条件的行为。主要包括：违背交易惯例、消费习惯等或者无视商品的功能，将不同商品强制捆绑销售或者组合销售；对合同期限、支付方式、商品的运输及交付方式或者服务的提供方式等附加不合理的限制；对商品的销售地域、销售对象、售后服务等附加不合理的限制；附加与交易标的无关的交易条件。

6. 差别对待行为

差别对待行为是指处于市场支配地位的企业没有正当理由，对条件相同的交易对象，就其所提供的商品的价格或其他交易条件给予明显区别对待的行为。主要包括：实行不同的交易数量、品种、品质等级；实行不同的数量折扣等优惠条件；实行不同的付款条件、交付方式；实行不同的保修内容和期限、维修内容和时间、零配件供应、技术指导等售后服务条件。

与本讲内容相关的重要法律、法规和司法解释

1.《中华人民共和国反不正当竞争法》
2.《最高人民法院关于适用〈中华人民共和国反不正当竞争法〉若干问题的解释》
3.《中华人民共和国反垄断法》
4.《国务院关于经营者集中申报标准的规定》

第十二讲 经营者与消费者

　　经营者的经营活动是围绕着产品的生产（包括服务的提供）和营销展开的，最终目的是将产品或服务推销给消费者，因此，经营者与消费者关系是经营者在经营过程中面临的基本法律关系。从形式上看，消费者与经营者之间的关系主要表现为由消费者从经营者处购买商品或服务而形成的合同关系，但由于消费者与经营者就商品和服务所掌握的信息存在严重的不对等，单纯依赖合同法规则将置消费者于极为不利的地位，因此，需要通过特别立法为消费者提供倾斜性保护。这就是《中华人民共和国消费者权益保护法》（以下简称《消费者权益保护法》）立法的初衷。

　　本讲以经营者与消费者之间的关系为线，除《消费者权益保护法》之外，还穿插介绍了《中华人民共和国产品质量法》（以下简称《产品质量法》）和侵权责任法规中有关产品责任的内容，并进一步梳理了与生产、销售假冒伪劣商品相关的犯罪，目的在于使读者对经营者与消费者关系所涉及的各种法律问题有一个全面的了解。

第一节　消费关系与消费者权利

消费关系

（一）消费关系概述

消费关系是消费者基于生活消费需要购买产品或接受服务而与经营者形成的一种关系。从性质上看，无论购买产品还是接受服务，都属于合同关系。但是，由于消费者与经营者之间存在明显的关系不对等，这种关系并不是单纯的合同关系，还受《消费者权益保护法》的特别调整。

1. 消费关系与事实不平等关系

经营者与消费者具有平等的法律地位，二者之间的关系是一种平等主体之间的法律关系。平等主体之间法律关系的内容是由关系当事人自主协商决定的，体现的是当事人本人的意志。但在事实上，如果没有外在力量的干预，在与经营者的关系上，消费者的选择很难真正体现自己的意志。以最普通的奶粉生产和销售为例，奶粉生产所用的材料是否符合卫生要求、是否达到营养标准、是否添加了对人体有害的物质，这些信息，对于普通的消费者而言，是很难掌握的。虽然他们可以送检验机构检验，但为此将耗费很大的金钱和时间成本，对绝大多数消费者而言，是完全不可行的。人在日常消费中所遇到的消费品数量众多，也不可能都委托检验。在这种情况下，如果对经营者没有任何强制性的要求，将会置消费者于极为不利的地位。也就是说，经营者与消费者之间的关系虽然在法律上是平等关系，但由于双方的信息不对等，双方事实上并不是一种真正的平等关系。在法学理论上，这种关系被称为"事实不平等关系"。

2. 事实不平等关系的类型

当前社会条件下，已纳入法律关注的事实不平等关系有两种：一是用人单位与劳动者之间的劳动关系；二是经营者与消费者之间的消费关系。在劳动关系中，劳动者处于从属地位，要服从用人单位的管理和工作安排，故处于弱势地位，双方之间的事实不平等是一种关系地位的不平等。在消费关系中，消费者对消费产品的信息很难准确知悉，双方之间的事实不平等是一种产品信息的不对等。

事实不平等关系仍是私主体即平等主体之间的关系，只不过由于外界因素的影响，使得这种关系中的一方处于某种劣势地位，从而在相互关系中不能真正表达自己的意志。为解决这一问题，需要通过外界的干预（主要是法律的干预）使双方的关系恢复到私法关系所应有的平等状态。

3. 事实不平等关系与法律的倾斜保护

性质上，无论劳动关系还是消费关系，都是私主体之间的关系，完全可以适用调整私人关系的《民法典》。然而，由于两种关系在事实上存在不平等，单纯依照《民法典》的规定将会置弱者一方于极为不利的地位。比如，劳动合同在性质上也是合同，可以适用《民法典》合同编的规定，但《民法典》上的合同尊重个人的自主决定，只要是当事人自主决定的，合同即具有法律效力，受法律保护。在劳动合同关系中，如果合同的内容完全由用人单位和劳动者自主决定，由于用人单位所处的强势地位，劳动者根本没有自主决定合同内容的余地，合同将成为用人单位借自主决定之名压榨劳动者的工具。

对于事实不平等关系，单纯依普通的民事法律规范来调整，会对弱势一方造成极为不公平的结果，因此，应通过特别法为弱势一方提供倾斜性保护，从而使这种不平等关系能够达到平衡。法律对弱势一方的倾斜性保护手段主要表现在两个方面：一是对处于优势地位的一方，限制其自主性范围，并强制性规定其应负担的义务；二是对处于弱势地位的一方，赋予其特定的用以对抗对方优势地位的权利，从而弥补其自主性之不足。

在消费关系中，不平等关系的平衡主要是通过强制规定经营者法定义务和明确赋予消费者特定权利的方式实现的。由于经营者与消费者之间的不平等主要表现为信息不对等，需要强制性规定经营者产品信息的标注义务，以便消费者知悉产品信息。消费者则被赋予了广泛的权利，如安全保障权、知情权、退货权等。为保护消费者权益，我国于1993年颁布了《消费者权益保护法》，并先后于2009年和2013年两次修正。2024年，国务院颁布了《中华人民共和国消费者权益保护法实施条例》。

（二）消费者

为平衡经营者与消费者之间的事实不平等关系，法律需要对消费者一方提供倾斜性保护。因此，讨论消费者权益保护，首先需要明确消费者的概念及其范围。

1. 消费者的一般界定

《消费者权益保护法》第2条规定，消费者为生活消费需要购买、使用商品或者接受服务，其权益受该法保护。第62条规定，农民购买、使用直接用于农业生产的生产资料，参照该法执行。

根据上述规定，《消费者权益保护法》保护的是当事人在购买、使用商品或接受服务过程中的权益，但并不是所有购买、使用或接受服务过程中产生的权益都受《消费者权益保护法》的保护，而是限定为消费者基于生活消费之目的购买、使用商品或接受服务过程中产生的权益。

一般情况下，"消费者"和"生活消费"是相对于"经营者"和"生产经营行为"而言的，只有为满足日常生活需要而购买、使用商品或接受服务的，才是消费者；为生产经营的需要而购买、使用商品或者接受服务的，不是消费者，不受《消费者权益保护法》的特别保护。农业生产本是生产行为，但对从事农业生产活动的农民而言，农业生产是他们的主要生活来源，与其生活消费密不可分，为此，《消费者权益保护法》特别规定，农民购买、使用直接用于农业生产的生产资料，可以参照适用《消费者权益保护法》而受到保护。

2. 关于单位能否成为消费者的问题

有人认为，单位不仅为生产经营需要购买产品，同样也可以基于消费需要购买产品，如为组织活动而购买饮料食品，又如为了日常办公需要而购买水、茶、办公用品等消耗性物品。在这种情况下，单位也可以成为消费者。但是，也有人认为，只有自然人才是最终的消费主体，单位不应具有消费者资格。单位为消费需要购买产品，也是由自然人来使用，产品的实际使用者虽然不是购买者，但作为使用者同样受《消费者权益保护法》的保护。在这种情况下，同样没必要将单位认定为消费者。

消费关系是一种事实不平等关系，需要法律对弱者一方提供倾斜性保护。一般来说，被纳入事实不平等关系中的弱势一方都是以自然人为前提的，单位原则上不受法律的特殊保护，所以，消费者应当限于自然人，而不包括单位。

3. 特殊情况下的消费者认定

有时候，某种行为是否属于消费行为，并不容易界定。比如，很少有人将医疗关系中的患者视为消费者，但到美容院接受美容服务的当事人呢？又如，教育关系中的在校学生如果不是消费者，那么私立培训机构与接受培训的人呢？一般情况下，具有某种公益性质的机构所从事的公益性活动，不列入消费关系的范围；但如果是纯粹的经营行为，则可以纳入消费关系的范畴。

对于以索赔为目的的知假买假行为，是否属于消费行为，目前也是一个颇具争议的问题。这一问题不是一个单纯的消费者界定问题，还与经营者惩罚性赔偿的立法目的与适用范围等问题相关，因此，在本讲第三节讨论惩罚性赔偿问题时再就这一问题进行讨论。

(三) 经营者

1. 生产者与销售者

生产者与销售者是针对消费产品而言的。消费者一般从销售者手中购买产品，常常并不与生产者直接接触。立足于债法的相对性原理，当消费者的权益受到损害时，应当向与其直接建立消费关系（即产品的买卖关系）的销售者主张权利。但是，如果损害不是基于合同违约而产生，而是产品本身的缺陷造成的，则消费者可以援引侵权法规则直接向生产者索赔。因此，即使没有直接与消费者建立消费关系，生产者也可以成为消费关系的主体。

2. 服务提供者

消费关系的标的不限于产品，还可以是服务。服务的类型很多，有社会服务，有公益服务，也有特定行业的专业服务。《消费者权益保护法》所称的"服务"指的是以营利为目的的经营性服务，否则不属于《消费者权益保护法》规定的经营者，不受《消费者权益保护法》的约束。

但是，也不是所有的以营利为目的的经营性服务都属于消费服务，比如，物业服务、家政服务、专业的法律服务等在当下的司法实践中似乎都未被列入消费服务范围。我们认为，对于消费服务范围的认定应充分考虑特定关系中双方是否存在明显的事实不平等地位，同时还应参照特定社会条件下的一般社会认识。物业服务、家政服务和法律服务虽然都体现服务关系，但其本质上更多地体现的是一种委托关系，委托人处于较为主动的地位，没必要给予特别法的倾斜保护，因此不应认定其为消费者，相应的服务也不应归于消费服务的范畴。

3. 其他经营者

生产者、销售者和服务提供者是最为常见的经营者，但经营者的范围不限于此，有些经营者形式上与消费者之间并没有直接的关系，但为保护消费者利益，《消费者权益保护法》也将他们列入经营者的范畴。

（1）网络交易平台。消费者通过网络交易平台购买商品或者接受服务，其合法权益受到损害的，可以向销售者或者服务者要求赔偿。网络交易平台提供者不能提供销售者或者服务者的真实名称、地址和有效联系方式的，消费者也可以向网络交易平台提供者要求赔偿；网络交易平台提供者作出更有利于消费者的承诺的，应当履行承诺。网络交易平台提供者赔偿后，有权向销售者或者服务者追偿。

网络交易平台提供者明知或者应知销售者或者服务者利用其平台侵害消费者合法权益，未采取必要措施的，依法与该销售者或者服务者承担连带责任。

（2）广告经营者与发布者。消费者因经营者利用虚假广告或者其他虚假宣传方式提供商品或者服务，其合法权益受到损害的，可以向经营者要求赔偿。广告经营者、发布者发布虚假广告的，消费者可以请求行政主管部门予以惩处。广告经营者、发布者不能提供经营者的真实名称、地址和有效联系方式的，应当承担赔偿责任。

广告经营者、发布者设计、制作、发布关系到消费者生命健康的商品或者服务的虚假广告，造成消费者损害的，应当与提供该商品或者服务的经营者承担连带责任。

社会团体或者其他组织、个人在关系到消费者生命健康的商品或者服务的虚假广告或者其他虚假宣传中向消费者推荐商品或者服务，造成消费者损害的，应当与提供该商品或者服务的经营者承担连带责任。

（3）展销会组织者、柜台租赁者。消费者在展销会、租赁柜台购买商品或者接受服务，其合法权益受到损害的，可以向销售者或者服务者要求赔偿。展销会结束或者柜台租赁期满后，也可以向展销会的举办者、柜台的出租者要求赔偿。展销会的举办者、柜台的出租者赔偿后，有权向销售者或者服务者追偿。

二　消费者权利

消费者权利是指消费者在消费领域中，即在购买、使用商品或者接受服务中所享有的权利。根据《消费者权益保护法》，消费者权利主要包括10种。对于这10种消费者权利，根据权利的性质和作用不同，可以将之归为三种类型。

（一）针对产品的权利

1. 安全保障权

安全保障权是指消费者在购买、使用商品以及接受服务的过程中，有确保其人身和财产安全不受损害的权利。安全保障权是消费者最基本的权利，该权利包括两个方面的要求：一是经营者提供的商品和服务必须符合保障人身、财产安全的要求；二是经营者消费场所应具有必要的安全保障，使消费者能在安全的环境中选购商品和接受服务。

与消费者安全保障权相对应，经营者负有保障消费者人身财产安全的义务，即安全保障义务。

2. 知情权

知情权是指消费者享有知悉其购买、使用的商品或者接受的服务的真实情况的权利。其内容主要包括：经营者向消费者提供有关商品或者服务的质量、性能、用途、有效期限等信息，应当真实、全面，不得作虚假或者引人误解的宣传；经营者对消费者就其提供的商品或者服务的质量和使用方法等问题提出的询问，应当作出真实、明确的答复；经营者提供商品或者服务应当明码标价；经营者应当标明其真实名称和标记。租赁他人柜台或者场地的经营者，应当标明其真实名称和标记。经营者应当保证在正常使用商品或者接受服务的情况下其提供的商品或者服务应当具有的质量、性能、用途和有效期限；经营者以广告、产品说明、实物样品或者其他方式表明商品或者服务的质量状况的，应当保证其提供的商品或者服务的实际质量与表明的质量状况相符。

与消费者知情权相对应，经营者负有如实标注相关产品信息和服务信息的义务，即产品信息披露义务。

3. 退货权

《消费者权益保护法》第二章消费者的权利中没有直接规定消费者的退货权，但退货权无疑是消费者对不符合质量要求的产品或服务享有的基本权利。消费者与经营者可以约定退货权行使的条件；没有约定，国家也没有明确规定具体的退货条件的，当经营者提供的商品或者服务不符合质量要求时，消费者可以自收到商品之日起七日内退货。超过七日未退货的，如果符合合同的法定解除条件，消费者仍有权解除合同，要求退货；不符合法定解除合同条件的，可以要求经营者履行更换、修理等义务。因经营者提供的商品或服务不符合质量要求而退货、更换、修理的，经营者应当承担运输等必要费用。

经营者采用网络、电视、电话、邮购等方式销售商品，消费者有权自收到商品之日起七日内退货，这种情况下的退货不以商品存在质量问题为前提，消费者退货时也可以不说明理由。但下列商品除外：① 消费者定做的；② 鲜活易腐的；③ 在线下载或者消费者拆封的音像制品、计算机软件等数字化商品；④ 交付的报纸、期刊；⑤ 其他根据商品性质并经消费者在购买时确认不宜退货的商品。

消费者退货的商品应当完好。经营者应当自收到退回商品之日起七日内返还消费者支付的商品价款。退回商品的运费由消费者承担；经营者和消费者另有约定的，按照约定。

（二）针对交易的权利

1. 自主选择权

消费者享有自主选择商品或者接受服务的权利，消费者有权根据自己的消费愿望、兴趣、爱好和需要，自主、充分地选择商品或者服务，包括自主选择经营者的权利、自主选择商品品种或服务方式的权利、自主决定是否购买或接受服务的权利，以及自主选择商品或服务时进行比较鉴别和挑选的权利。

2. 公平交易权

消费者享有公平交易的权利，对于经营者的强制交易，或在提供商品或者服务时设定的不公平、不合理的交易条件，消费者有权拒绝。

经营者在经营活动中使用格式条款的，应当以显著方式提请消费者注意商品或者服务的数量和质量、价款或者费用、履行期限和方式、安全注意事项和风险警示、售后服务、民事责任等与消费者有重大利害关系的内容，并按照消费者的要求予以说明。经营者不得以格式条款、通知、声明、店堂告示等方式，作出排除或者限制消费者权利、减轻或者免除经营者责任、加重消费者责任等对消费者不公平、不合理的规定，不得利用格式条款并借助技术手段强制交易。格式条款、通知、声明、店堂告示等含有前款所列内容的，其内容无效。

3. 人格尊严受尊重权

消费者在购买、使用商品和接受服务时，享有其人格尊严、民族风俗习惯得到尊重的权利。在经营过程中，经营者不得对消费者随意进行搜身、搜查，不得对消费者实施歧视性对待行为。

人格尊严受尊重权还包括消费者个人信息受保护的权利。个人信息是与特定消费者个体身份相关、对该特定消费者个体有识别效果的信息。在经营过程中，经营者常常能获得消费者的个人信息。对于这些个人信息，经营者有义务采取妥善措施予以保护，因措施不力导致个人信息泄露，甚至非法使用、出售或以其他方式公开个人信息，给消费者造成损害的，应当承担相应的法律责任。

（三）其他派生性权利

1. 结社权

消费者享有依法成立维护自身合法权益的社会团体的权利。虽然我国有很多政府机关从不同的侧面履行保护消费者权益的职责，但是消费者依法成立维护自身合法权益的社团组织仍有不可替代的重要作用。在我国，消费者社会团体主要是中国消费者协会和地方各级消费者协会。消费者依法成立的各级消费者协会，使消费者通过有组织的活动，在维护自身合法权益方面发挥越来越大的作用。

2. 获得知识权

消费者享有获得有关消费和消费者权益保护方面的知识的权利。消费者获得有关知识的权利，有利于提高消费者的自我保护能力，而且也是实现消费者其他权利的重要条件。特别是获得消费者权益保护方面的知识，可以使消费者在合法权益受到侵害时，有效地寻求解决消费纠纷的途径，及时获得赔偿。

应注意的是，对于消费者获得知识权，经营者并无相应的法定义务，经营者对该权利也不存在相对应的法律责任。消费者获得知识权所对应的义务主要是政府的义务，政府有义务向消费者宣传、介绍相关知识。当然，经营者甚至每个人都负有一定宣传消费和消费者权益保护知识的社会义务，但这种义务并不是一种强制性义务，因此也不存在相对应的法律责任。

3. 监督权

消费者享有对商品和服务以及保护消费者权益工作进行监督的权利，具体包括有权检举、控告侵害消费者权益的行为，有权检举、控告消费者权益的保护工作者的违法失职行为，有权对保护消费者权益的工作提出批评、建议。

4. 求偿权

求偿权又称索赔权，消费者在购买、使用商品或接受服务过程中受到人身伤害或财产损失的，有权向生产者和销售者请求赔偿。其中的人身伤害既包括生命、健康和身体受到的伤害，也包括因经营者违反义务而致使消费者的其他人格权所受到的损害，如因遭受强行搜身带来的人格尊严损害。财产权既包括因产品或服务存在缺陷导致的财产损失，也包括消费者在维权过程中花费的必要费用支出。

三 消费者权益保护

（一）消费者协会

《消费者权益保护法》规定消费者有结社权，即成立消费者组织的权利。我国的消费者组织主要是消费者协会。消费者协会是一种社会组织，属于依法登记成立的非营利法人，其设立宗旨在于对商品和服务进行社会监督，以保护消费者权益。我国的消费者协会于1984年12月经国务院批准成立，目前在省、市、县各级均设有办事机构，在有些居民聚居区、机关团体单位还建立了消费者保护站或消费者投诉站。协会的日常工作由常设办事机构承担，秘书长、副秘书长专职管理，并向会长负责。协会的经费由政府资助和社会赞助。

消费者协会没有行政权和执法权，其主要职能是社会监督。因此，对消费者的投诉，消费者协会可以受理并对投诉事项进行调查、调解，也可向有关部门反映并提出建议；投诉涉及商品和服务质量问题的，还可以委托具备资格的鉴定人进行鉴定。但是，消费者协会对经营者没有处罚权。

目前，消费者协会设有12315投诉热线，还建立了12315网站投诉平台，专门受理消费者的投诉。

（二）消费者维权途径

消费者权益受到侵害时，可以通过以下四种途径维护自己权益。

1. 协商和解

消费者与经营者发生争议时，应先就争议问题进行协商，尽可能协商处理。通过协商达成和解是当事人意思自治的体现，只要和解协议是双方真实意思的表示，不违反法律法规的强制性规定，且不损害第三人利益和公共利益，即应当受到法律的保护。

2. 申请调解

调解是由第三方居中调解，说服争议双方达成和解协议的纠纷处理方式。除诉讼过程中人民法院的司法调解外，我国基层村民委员会、居民委员会以及部分企事业单位还设有人民调解委员会，居中调解民事纠纷。由于消费者协会也有调解职能，故申请消费者协会调解是消费者普遍采用的一种调解形式。

无论何种形式的调解，均以自愿为基础，当事人不同意调解的，不得强制调解；通过调解达不成和解协议的，应当终止调解，告知当事人采取其他纠纷解决方式。

3. 行政投诉

对侵犯消费者权益的经营者，消费者可以向消费者协会或有关行政部门投诉。

消费者除向消费者协会投诉外，还可以向有关行政主管部门投诉。当前我国与消费者权益保护有关的行政主管部门主要是国家市场监督管理总局，它是在原工商行政管理总局、原国家质量监督检验检疫总局、原国家食品药品监督管理总局三个部门的职能基础上整合而成立的。大多数侵害消费者权益的行为都可归于国家市场监督管理总局的管辖范围。

国家市场监督管理总局享有市场监督管理执法权和行政处罚权，消费者权益受到侵害可以向市场监督管理局进行投诉。针对消费者的投诉，国家市场监督管理总局应当进行调查，并对违法行为进行查处。但是，国家市场监督管理总局虽然有权对违法经营者进行行政处罚，但无权处理经营者对消费者的赔偿事宜。尽管如此，对于消费者来说，国家市场监督管理总局的立案调查与行政处罚使违法经营者的违法行为得以确认，仍有助于消费者进一步的维权活动。

除市场监督管理部门之外，涉及商品价格违法的，消费者也可以向物价管理部门投诉。涉及其他方面的违法行为的，也可以向相关的行政主管部门进行投诉。消费者向有关行政部门投诉的，该部门应当自收到投诉之日起七个工作日内，予以处理并告知消费者。

4. 诉讼

行政管理部门可以对违法经营者进行处罚，消费者协会可以对侵犯消费者权益的行为进行调查，并就赔偿问题进行调解。但对于消费者与经营者之间的争议，调解不成时，消费者协会和行政管理部门均无强制裁决权。消费者只能向人民法院提起诉讼或向仲裁机构提起仲裁。由于申请仲裁以当事人双方就仲裁事项事先存在约定或发生争议时达成仲裁协议为前提，故现实生活中发生的消费者与经营者之间的纠纷，调解不成时，很少采用仲裁方式，大多通过诉讼方式解决。

提起诉讼的原告一般是因购买、使用商品或者接受服务而受到损害的受害者，不仅包括商品和服务的购买者，还包括商品的使用者和服务接受者。在别人购买、使用商品或接受服务的过程中受到人身或财产损害的其他消费者，也可以要求经营者赔偿。

（三）关于消费者的"过度维权"问题

有些消费者在其权益受到侵害后，常常提出所谓的"天价赔偿"要求，不予满足则以曝光、闹事等手段相要挟。也有一些消费者，在掌握了经营者存在违法经营的事实后，常以公布、曝光其违法行为为要挟，提出一些超出法律规定范围的赔偿要求。对于这些维权行为，很多人称之为"过度维权"行为，甚至认为这些行为已构成敲诈勒索罪，应予追究刑事责任。现实生活中，因维权而被以敲诈勒索罪追究刑事责任的案例也屡见不鲜。那么，我们应该如何看待这些所谓的"过度维权"行为呢？它们构成敲诈勒索罪吗？

《刑法》并没有对何为敲诈勒索给出一个明确的界定，第274条仅规定敲诈勒索公私财物，数额较大或者多次敲诈勒索的，构成犯罪，而没有具体解释何为敲诈勒索。在汉语中，敲诈勒索指利用威胁、恐吓手段，强行索要的行为，由此，在刑法学理上，敲诈勒索被解释为一种以非法占有为目的，通过恐吓、威胁或要挟的方法，非法索要财物的行为。根据该定义，敲诈勒索罪的构成要求在主观上必须具有"非法占有"的故意，在行为表现上应该有以恐吓威胁手段非法索要财物的行为。

一些消费者在受到侵害后，在心理上常有扩大损害程度的倾向，对损害赔偿也常常抱有较高的期望值，因而提出"天价赔偿"。在主观上他们并不认为这种赔偿要求有何不当，甚至一些消费者也知道其赔偿要求超出了法律支持的范围，但他们认为法律范围内的赔偿并不足以弥补他们所受到的伤害。这种情况下，不应认定消费者主观上具有"非法占有"的故意。也就是说，主观故意不能单纯依照赔偿要求是否超出法律规定的范围来认定。在行为表现上，所谓"过度维权"所实施的行为一般是以向媒体曝光、投诉或网络传播经营者违法行为为手段来索要赔偿。一般来说，消费者以向媒体曝光、投诉或网络传播经营者侵权行为均属于正当的维权行为，与敲诈勒索的恐吓和威胁，以及捏造虚假事实恶意曝光制造影响的行为，在性质上明显不同。

当然，对于消费者而言，在其权益受到侵害时，应当选择正当的维权途径，理性客观地评估所受到的损害，避免"过激"的维护行为和不切实际的要求。否则，不仅无法

维护自己的合法权益，反而可能触犯法律，走向事情的反面。

第二节 经营者义务

经营者义务常常是与消费者权利相对的，消费者的权利从另一方面看就是经营者义务。比如，消费者安全保障权对应的是经营者的安全保障义务，消费者知情权对应的是经营者的信息披露义务，消费者自主选择权和公平交易权对应的是经营者不得设定不公平交易条件的不作为义务。当然，消费者权利并不都是针对经营者而言的，所以经营者义务与消费者权利并不是完全一一对应的，比如，消费者享有结社权，对此项权利，经营者除消极的不干涉义务外，并不存在相对应的其他义务。

《消费者权益保护法》第三章用14款条文规定了经营者的义务，为方便理解和记忆，可以将这些义务分为三类：一是产品义务；二是经营义务；三是经营附随义务。《消费者权益保护法》没有对经营者义务进行分类，上述分类只是为方便读者理解和记忆而进行的分类，无须过于纠结具体的分类标准以及不同类型的义务之间的边界。

一 产品义务

这里所谓的产品义务，指的是经营者基于产品对消费者所负担的义务，即经营者在产品上所负担的义务。产品义务的核心是产品的质量担保义务和产品的安全保障义务，此外还包括产品信息披露义务。

（一）产品质量担保义务

产品质量担保义务又称产品瑕疵担保义务，是指经营者应当保证其所提供的商品或服务符合质量要求。所谓符合质量要求，包括两种情形：一是经营者以广告、产品说明、实物样品或其他方式对商品或服务的质量状况进行展示或承诺的，应当保证其所提供的商品或服务与展示或承诺的质量相符；二是经营者对商品或服务质量未作明确展示或承诺的，应确保提供的商品或服务符合正常使用情况下的质量、性能和使用期限要求。

如果经营者提供的商品或服务不符合质量要求，消费者享有相应的退货权。不符合退货条件或丧失退货权的，消费者仍有权要求经营者更换、修理或降价处理。在诉讼中，对于经营者提供的机动车、计算机、电视机、电冰箱、空调器、洗衣机等耐用商品或者装饰装修等服务，消费者自接受商品或者服务之日起六个月内发现瑕疵，发生纠纷的，由经营者承担有关瑕疵的举证责任。经营者不能证明瑕疵由消费者的原因造成的，应当承担商品或服务不符合质量要求的责任。

(二) 产品安全保障义务

1. 产品安全保障义务的内容

产品安全保障义务与消费者的安全保障权相对应，消费者的安全保障权对应的经营者义务有两种，一是产品安全保障义务，二是经营场所安全保障义务，这里仅讨论前者。

产品安全保障义务是经营者所负担的确保其提供的商品或服务符合安全要求，避免给消费者的人身和财产造成损害的义务。所谓符合安全要求，是指商品或服务不存在不合理的危险；对可能危及人身、财产安全的商品和服务，应当向消费者作出真实的说明和明确的警示，并说明和标明正确使用商品或者接受服务的方法以及防止危害发生的方法。

因产品或服务存在缺陷造成消费者人身和财产损害的，经营者应承担赔偿责任，这种责任称产品责任。产品责任是一种无过错责任，责任的认定不以经营者存在过错为前提，即使产品或服务符合国家标准或行业标准，仍不一定构成免责的理由。对此问题，在下一节再详细予以讨论。

2. 产品安全保障义务的派生义务：缺陷产品召回义务

经营者发现已出售的产品存在缺陷，可能危及消费者人身和财产安全的，应当主动向主管行政部门报告，并以通知或公告方式向消费者收回产品，以消除缺陷产品的危害风险。经营者这一义务称为缺陷产品召回义务。召回义务主要针对的是存在危及人身和财产安全的缺陷的产品，产品缺陷可能是因管理不善没有发现，也可能是以出售时的科学技术水平无法发现，无论何种原因，只要经营者已经发现产品存在缺陷，即应召回。缺陷产品召回义务是经营者产品安全保障义务的必然要求，从性质上可以说是安全保障义务的派生性义务。

产品召回可分为主动召回和指令召回。主动召回是经营者发现产品存在缺陷后的主动召回；指令召回是政府主管部门发现产品存在缺陷后，指令经营者召回已出售的产品。无论哪一种召回，都应在政府主管部门的监督下进行。

(三) 产品信息披露义务

产品信息披露义务对应的是消费者的知情权。产品信息一般包括产品或服务的质量、性能、用途、生产日期、有效期限、使用方法等，对于这些信息，经营者应当通过产品说明书、标签、包装等适当方式真实、全面地告知消费者，不得作虚假或引人误解的宣传。对于消费者就产品信息提出的询问，经营者应当明确予以答复。

对于不同的产品，法律法规对信息披露的方式和具体内容有不同的要求。如《中华人民共和国食品安全法》(以下简称《食品安全法》)规定，对预包装食品，要求包装标签上应标明以下信息：① 名称、规格、净含量、生产日期；② 成分或者配料表；③ 生产者的名称、地址、联系方式；④ 保质期；⑤ 产品标准代号；⑥ 贮存条件；⑦ 所使用的食品添加剂在国家标准中的通用名称；⑧ 生产许可证编号；⑨ 法律、法规或者食品安全标准规定应当标明的其他事项。专供婴幼儿和其他特定人群的主辅食品，其标签还应当标明主要营养成分及其含量。又如,《中华人民共和国药品管理法》(以下简称《药品管理法》)第49条规定:药品包装应当按照规定印有或者贴有标签并附有说明书。标签或者说明书应当注明药品的通用名称、成分、规格、上市许可持有人及其地址、生产企业及其地址、批准文号、产品批号、生产日期、有效期、适应症或者功能主治、用法、用量、禁忌、不良反应和注意事项。

法律法规没有明确规定信息的标注方式和具体内容的,一般根据市场交易的惯例,结合诚信原则确定产品信息的标注方式和具体内容。

二 经营义务

经营义务指的是经营者在经营过程中基于经营场所和经营行为负担的义务,主要包括经营场所安全保障义务、诚信义务和尊重消费者人格尊严的义务。

(一)经营场所安全保障义务

前文已经提到,经营者的安全保障义务包括两个方面:一是产品安全保障义务;二是经营场所安全保障义务。在《民法典》中,这两种义务是分别规定的。违反产品安全保障义务应承担的责任是产品责任,产品责任是一种特殊侵权责任,在《民法典》侵权责任编第四章中予以单独规定。违反经营场所安全保障义务应承担的是一种补充赔偿责任,规定于《民法典》侵权责任编第三章中。但是,从经营者与消费者关系的角度看,这两种侵权责任所涉及的都是消费者的安全保障权和经营者的安全保障义务问题。

经营场所安全保障义务主要针对的是宾馆、商场、餐馆、银行、机场、车站、港口、影剧院等经营场所的经营者。消费者在这些场所挑选商品或接受服务时,除可能因场所的环境、设施受到侵害外,还有可能受到来自第三方的侵害。无论来自何方的侵害,经营者都应当采取措施,避免消费者受到伤害。如果消费者在这些场所受到伤害,经营者未尽到安全保障义务的,应当承担赔偿责任。但是,对于因第三人侵害造成消费者伤害的情形,经营者承担的是一种补充赔偿责任。所谓补充赔偿责任,是指在未找到加害人或加害人无力赔偿的情况下,对于加害人未能赔付的余额,由经营者负担。

(二)诚信义务

经营者诚信义务的法律依据是《消费者权益保护法》第16条第3款:经营者向消费者提供商品或者服务,应当恪守社会公德,诚信经营,保障消费者的合法权益;不得设定不公平、不合理的交易条件,不得强制交易。诚信义务并没有明确具体的内容,根据不同的交易情况,对诚信义务可能有不同的要求。一般来说,除前文提到的不得设定不公平、不合理的交易条件,不得强制交易外,还包括不得作虚假和引人误解的宣传、不得欺诈消费者等。

(三)尊重消费者人格尊严的义务

该义务对应的是消费者的人格尊严受尊重权,要求经营者不得对消费者进行侮辱、诽谤，不得搜查消费者的身体及其携带的物品，不得侵犯消费者的人身自由。在购买商品和接受服务时有违法行为的消费者，同样享有人格尊严受尊重权，经营者只能在法律许可的范围内、依照法律规定的方式采取自助行为和其他必要措施。不得在没有证据的情况下基于怀疑而采取搜查措施，不得以消费者存在违法行为之由，对消费者实施殴打或非法拘禁行为，也不得对违法消费者进行捆绑示众、游街等羞辱行为，否则应承担相应的法律责任，构成犯罪的，还应当承担刑事责任。

三 经营附随义务

经营附随义务与经营义务并不存在严格的区分，均属于经营者在经营过程中应承担的义务，但经营义务强调的是对经营行为本身的要求，而经营附随义务针对的不是经营行为本身，而是由经营行为引起的其他问题。比如，经营者对经营过程中掌握的消费者信息负有消费者个人信息保护义务；为便于消费者监督和维权，法律要求经营者必须公布其基本信息；等等。

（一）消费者信息保护义务

经营者在经营过程中常常会收集到大量的消费者个人信息。经营者在收集使用消费者个人信息时，应当遵循合法、正当、必要的原则，明示收集、使用信息的目的、方式和范围，并经消费者同意。同时应当公开其收集、使用规则，不得违反法律、法规的规定和双方的约定收集、使用信息。经营者及其工作人员对收集的消费者个人信息必须严格保密，不得泄露、出售或者非法向他人提供。未经消费者同意或者请求，或者消费者明确表示拒绝的，不得向其发送商业性信息。

经营者违反信息保护义务给消费者造成损害的，应当承担赔偿责任。经营者采用窃取或者其他方法非法获取个人信息，或者非法向他人出售、提供公民个人信息的，或者非法使用公民个人信息情节严重的，还应当以侵犯公民个人信息罪对其追究刑事责任。

（二）经营信息披露义务

经营者不仅应明确标明或告知产品信息，为便于消费者监督和维权，还应当向消费者公示其自身的基本信息。一般情况下，经营者都有确定的经营场所，消费者比较容易获得经营者信息。但是，采用网络、电视、电话、邮购等方式提供商品或者服务的经营者，以及提供证券、保险、银行等金融服务的经营者，如果不明确公示其自身信息，普通消费者很难获取，一旦出现权益受损害的情况，维权也会变得更加困难。为此，《消费者权益保护法》对采取上述特殊方式经营的经营者，特别要求其应当向消费者披露经营地址和联系方式。此外，为防止误导消费者，避免消费者对经营信息的误解，《消费者权益保护法》同时要求，经营者还应明确告知商品或者服务的数量和质量、价款或者费用、履行期限和方式、安全注意事项和风险警示、售后服务、民事责任等信息。

(三) 提供产品凭证、消费单据的义务

产品凭证和消费单据不仅是用以证明消费者与经营者之间存在交易关系的凭证，也是消费者享受售后服务的依据。当消费者权益受到侵害需要寻求法律救济时，凭证和单据更是重要的证据。因此，经营者提供商品或者服务，应当按照国家有关规定或者商业惯例向消费者出具发票等购货凭证或者服务单据；消费者索要发票等购货凭证或者服务单据的，即使没有法律的强制性规定，经营者也必须出具。经营者拒不提供的，消费者有权取消交易。

第三节　经营者责任

责任是违反义务所应承担的后果，经营者责任即经营者违反经营者义务所应承担的法律后果，包括民事责任、行政责任和刑事责任三个方面。相对而言，三种法律责任类型中，民事责任最轻，一般以民事赔偿为主；刑事责任最重，一般以刑罚为承担责任方式；行政责任处于二者之间，承担责任的主要方式是罚款和责令整顿。

经营者在经营过程中会涉及各种各样的法律责任。比如，在与其他经营者的合同关系中，会涉及违约责任；在生产过程中，会涉及安全生产责任，还可能出现非法经营、偷税漏税等方面的犯罪行为等。但这些责任均不属于本节所讨论的经营者责任的范围。本讲讨论的是经营者与消费者之间的关系，经营者责任也是立足于与消费者的关系、围绕着销售的产品和提供的服务而言的。因此，本节所讨论的经营者责任，无论民事责任、行政责任还是刑事责任，均是围绕着产品而产生的责任。

一　民事责任

(一) 民事责任概述

民事责任是指当事人因不履行民事义务而应承担的法律责任。民事义务是指个体在与他人共处和交往关系中所负担的义务，主要有三大类义务：一是免于给他人造成伤害的注意义务；二是自我设定的合同义务；三是法律规定个体在特定关系中应当负担的义务。违反民事义务给他人造成损害的，应当赔偿由此给他人造成的损失。《民法典》第179条规定了民事责任的11种承担方式，但其中绝大部分方式都属于义务履行的范畴，只有赔偿损失，支付违约金，消除影响、恢复名誉，以及赔礼道歉才可以说是承担责任的方式。

性质上说，经营者与消费者之间的关系是一种合同关系，对于《消费者权益保护

法》中没有规定的事项，完全可以适用《民法典》合同编的规定。但是，经营者因违反义务给消费者造成人身伤害或交易商品之外其他财产损失的，同时又构成侵权，消费者可以请求经营者承担相应的侵权赔偿责任。对于经营者的侵权行为，《消费者权益保护法》没有规定的，同样也可以适用《民法典》侵权责任编的规定。

（二）经营者的产品责任

民法中的产品责任是一种侵权责任，是因为产品存在缺陷给产品使用者人身或财产造成损害所产生的特殊侵权责任，属于危险责任，适用的是无过错责任的归责原则。在《民法典》侵权责任编中，产品责任是设专章单独予以规定的。

1. 产品责任构成的前提：产品缺陷

产品责任是基于产品存在危及人身和财产安全的缺陷而产生的责任，只要产品存在缺陷，并且因该缺陷造成了他人人身或财产损害，无论生产者或销售者对损害的产生是否有过错，均应当承担责任。

关于何谓缺陷，我国《产品质量法》第46条规定：本法所称缺陷，是指产品存在危及人身、他人财产安全的不合理的危险；产品有保障人体健康和人身、财产安全的国家标准、行业标准的，是指不符合该标准。根据该规定，缺陷指的是一种不合理的危险，并且这种危险是危及人身和财产安全的危险。对于某种危险是否构成缺陷，有国家标准和行业标准的，依国家或行业标准来判断；没有上述标准的，依照一个善良之人在正常情况下对一件产品所应具备的安全性期望为标准来判断。

具体而言，缺陷主要包括三类：一是设计缺陷，指产品生产者在设计产品时，产品的结构、配方等存在不合理的危险；二是制造缺陷，指因产品原材料或配件存在缺陷或者在装配成最终产品过程中形成的不合理的危险；三是警示缺陷，指生产者没有提供适当的警示与说明，使产品在储运、使用过程中存在不合理的危险。

2. 产品责任的归责原则

根据《民法典》第1202条，因产品存在缺陷造成他人损害的，生产者应当承担侵权责任。第1203条规定，因产品存在缺陷造成他人损害的，被侵权人可以向产品的生产者请求赔偿，也可以向产品的销售者请求赔偿。产品缺陷由生产者造成的，销售者赔偿后，有权向生产者追偿。因销售者的过错使产品存在缺陷的，生产者赔偿后，有权向销售者追偿。

从上述两条规定看，产品责任是无过错责任，因产品存在缺陷造成损害的，被侵权人可以向产品的生产者请求赔偿，也可以向产品的销售者请求赔偿。也就是说，相对于消费者而言，生产者和销售者均是责任主体，而且均适用无过错责任。

销售者赔偿后，如果生产者不能证明产品投入流通时，缺陷尚不存在，销售者即可向生产者追偿，无须考虑生产者是否存在过错。在这种情况下，生产者责任仍是一种无过错责任。但是，生产者赔偿后，如果产品缺陷的形成是销售者或第三方（如承运人）过错引起的，生产者可向销售者或第三方追偿。也就是说，生产者向销售者或第三

方追偿的时候，必须要证明销售者或第三方对产品缺陷的形成有过错。不能证明其有过错的，无权追偿。也就是说，针对生产者的追偿，销售者和第三方的责任均属过错责任，生产者只有在证明他们有过错的情况下，才可以追偿。

销售者赔偿后，如果产品缺陷的形成是第三方过错引起的，销售者可向第三方追偿。这种情况下，第三方的责任认定适用的也是过错责任。

3. 产品责任的免责事由

《民法典》未规定产品责任的特别免责事由，产品责任的免责事由是在《产品质量法》中规定的。《产品质量法》主要是行政法，是立足于产品质量监管而制定的法律，准确地说应是"产品质量监管法"。产品侵权责任问题属于侵权法问题，属于《民法典》的规范内容，实际上不宜在《产品质量法》中重复规定，出现冲突和不一致时，由于《民法典》是基本法，当然应适用《民法典》。但既然《产品质量法》对产品责任问题作出了规定，在此亦一并予以讨论。

《产品质量法》第41条规定：因产品存在缺陷造成人身、缺陷产品以外的其他财产损害的，生产者应当承担赔偿责任。生产者能够证明有下列情形之一的，不承担赔偿责任：① 未将产品投入流通的；② 产品投入流通时，引起损害的缺陷尚不存在的；③ 将产品投入流通时的科学技术水平尚不能发现缺陷的存在的。

但是，上述三种免责事由并不是绝对的。

对于第一项免责事由，生产者虽未将产品投入流通，但如果生产者明知产品有缺陷而未妥善保管，导致缺陷产品被人使用而造成损害，生产者仍应承担责任，不过在这种情况下，生产者的责任适用的是过错责任，而不是无过错责任。

对于第二项免责事由，该免责事由不能用于对抗消费者。根据《民法典》第1203条，即使存在上述免责事由，消费者仍有权要求生产者承担责任。但是，如果产品缺陷是由销售者造成的，生产者承担责任后，可以向销售者追偿。

第三项免责事由同样不是绝对的。《民法典》第1206条规定，产品投入流通后发现存在缺陷的，生产者、销售者应当及时采取停止销售、警示、召回等补救措施；未及时采取补救措施或者补救措施不力造成损害扩大的，对扩大的损害也应当承担侵权责任。

（三）关于惩罚性赔偿

民事赔偿责任以弥补损害为宗旨，一般不考虑惩罚性赔偿。惩罚性赔偿固然可以增加对侵权的预防效果，但也可能鼓励受害人自甘冒险去承受损害，从而引发道德风险。但是，在消费领域，个体消费者维权成本很高，而获得的回报往往很小，因而严重挫伤了维权的积极性。为了鼓励消费者积极维权，我国《消费者权益保护法》和《食品安全法》中均规定了惩罚性赔偿。

1. 惩罚性赔偿的适用前提

《消费者权益保护法》第55条规定，经营者提供商品或者服务有欺诈行为的，应当按照消费者的要求增加赔偿其受到的损失,增加赔偿的金额为消费者购买商品的价款或者接受服务的费用的3倍;增加赔偿的金额不足500元的,为500元。法律另有规定的,依照其规定。对于经营者明知商品或者服务存在缺陷,仍然向消费者提供,造成消费者或者其他受害人死亡或者健康严重损害的,受害人除有权要求经营者赔偿损失外,还有权要求所受损失2倍以下的惩罚性赔偿。

该惩罚性规定主要适用于欺诈经营行为,关于何为欺诈,《侵害消费者权益行为处罚办法》中作了明确列举,主要包括以下几类行为:一是销售的商品或提供的服务属于假冒伪劣产品;二是经营者提供经营信息或产品信息虚假,或包含引人误解的内容,或采取虚假宣传或其他欺骗性手段诱导消费;三是从事为消费者提供修理、加工、安装、装饰装修等服务的经营者谎报用工用料,故意损坏、偷换零部件或材料,使用不符合国家质量标准或者与约定不相符的零部件或材料,更换不需要更换的零部件,或者偷工减料、加收费用,损害消费者权益;四是从事房屋租赁、家政服务等中介服务的经营者提供虚假信息或者采取欺骗、恶意串通等手段损害消费者权益。

除《消费者权益保护法》外,《食品安全法》第148条也规定了惩罚性赔偿,该条规定,生产不符合食品安全标准的食品或者经营明知是不符合食品安全标准的食品,消费者除要求赔偿损失外,还可以向生产者或者经营者要求支付价款10倍或者损失3倍的赔偿金;增加赔偿的金额不足1 000元的,为1 000元。但是,食品的标签、说明书存在不影响食品安全且不会对消费者造成误导的瑕疵的除外。

2."知假买假"情形下惩罚性赔偿的适用

在司法实践中,有些人明知是假冒伪劣产品而购买,目的就在于获得《消费者权益保护法》规定的惩罚性赔偿。这种情况下能否适用惩罚性赔偿呢?对此,主要有两种截然相反的观点。一种观点认为,《消费者权益保护法》保护的是消费者的权益,根据该法第2条,只有是为生活消费需要购买、使用商品或者接受服务的,才是消费者,知假买假者不是为了生活需要而购买、使用商品,故不受《消费者权益保护法》的保护,不能适用惩罚性赔偿。同时,《消费者权益保护法》第55条规定的惩罚性赔偿以经营者存在欺诈行为为前提,消费者明知产品是假货而购买,不构成欺诈。另一种观点认为,消费者的概念是相对于生产经营者而言的,只要不是出于生产经营需要而购买商品,即应受到《消费者权益保护法》的保护;关于是否构成欺诈的问题,《消费者权益保护法》第55条所说的"欺诈"指的是"经营者的欺诈",只要经营者有欺诈行为,不管消费者是否明知该欺诈的存在,均不影响该条款的适用。因此,知假买假的情况下,可以适用惩罚性赔偿规则。

2014年最高人民法院发布的第23号指导性案例中,原告故意购买过期食品要求10倍赔偿,法院经审理认为,消费者是相对于销售者和生产者的概念。只要在市场交易中购买、使用商品或者接受服务是为了个人、家庭生活需要,而不是为了生产经营活动或者职业活动需要的,就应当认定为"为生活消费需要"的消费者,属于《消费者权益保护法》调整的范围。对于被告提出原告明知食品过期而购买，希望利用其错误谋求利益，不应予以10倍赔偿的主张，法院认为，法律并未对消费者的主观购物动机作出限制性规定，故对其该项主张不予支持。

2014年最高人民法院第23号指导性案例

2012年5月1日，原告孙银山在被告南京欧尚超市有限公司江宁店（以下简称欧尚超市江宁店）购买"玉兔牌"香肠15包，其中价值558.6元的14包香肠已过保质期。孙银山到收银台结账后，即径直到服务台索赔，后因协商未果诉至法院，要求法院依照《食品安全法》规定判决欧尚超市江宁店按照所售商品价格10倍支付赔偿金共计5 586元。被告欧尚超市江宁店认为：原告属于知假买假，其购买商品的目的不是用于生活消费，不属于《消费者权益保护法》规定的消费者的范围。而且，原告所购买的商品虽然超过保质期，但这只是管理者的疏忽，并不构成法律规定的"明知"，因此不同意支付10倍赔偿金。

法院经审理认为：关于原告孙银山是否属于消费者的问题，《消费者权益保护法》第2条规定："消费者为生活消费需要购买、使用商品或者接受服务，其权益受本法保护；本法未作规定的，受其他有关法律、法规保护。"消费者是相对于销售者和生产者的概念。只要在市场交易中购买、使用商品或者接受服务是为了个人、家庭生活需要，而不是为了生产经营活动或者职业活动需要的，就应当认定为"为生活消费需要"的消费者，属于《消费者权益保护法》调整的范围。本案中，原、被告双方对孙银山从欧尚超市江宁店购买香肠这一事实不持异议，据此可以认定孙银山实施了购买商品的行为，且孙银山并未将所购香肠用于再次销售经营，欧尚超市江宁店也未提供证据证明其购买商品是为了生产经营。孙银山因购买到超过保质期的食品而索赔，属于行使法定权利。因此，欧尚超市江宁店认为孙银山"买假索赔"不是消费者的抗辩理由不能成立。

关于被告欧尚超市江宁店是否属于销售明知是不符合食品安全标准食品的问题，《食品安全法》①第3条规定："食品生产经营者应当依照法律、法规和食品安全标准从事生产经营活动，对社会和公众负责，保证食品安全，接受社会监督，承担社会责任。"该法第28条第8项规定，超过保质期的食品属于禁止生产经营的食品。食品销售者负有保证食品安全的法定义务，应当对不符合安全标准的食品自行及时清理。欧尚超市江宁店作为食品销售者，应当按照保障食品安全的要求储存食品，及时检查待售食品，清理超过保质期的食品，但欧尚超市江宁店仍然摆放并销售货架上超过保质期的"玉兔牌"香肠，未履行法定义务，可以认定为销售明知是不符合食品安全标准的食品。

关于被告欧尚超市江宁店的责任承担问题，《食品安全法》第96条第1款规定："违反本法规定，造成人身、财产或者其他损害的，依法承担赔偿责任。"第2款规定："生产不符合食品安全标准的食品或者销售明知是不符合食品安全标准的食品，消费者除要求赔偿损失外，还可以向生产者或者销售者要求支付价款10倍的赔偿金。"当销售者销售明知是不符合安全标准的食品时，消费者可以同时主张赔偿损失和支付价款10倍的赔偿金，也可以只主张支付价款10倍的赔偿金。本案中，原告孙银山仅要求欧尚超市江宁店支付售价10倍的赔偿金，属于当事人自行处分权利的行为，应予支持。关于被告欧尚超市江宁店提出原告明知食品过期而购买，希望利用其错误谋求利益，不应予以10倍赔偿的主张，前述法律规定消费者有权获得支付价款10倍的赔偿金，因该赔偿获得的利益属于法律应当保护的利益，且法律并未对消费者的主观购物动机作出限制性规定，故对其该项主张不予支持。

2012年9月10日，江苏省南京市江宁区人民法院作出判决，判令被告欧尚超市江宁店赔偿原告孙银山5 586元。宣判后，双方当事人均未上诉。

尽管最高人民法院以指导性案例的方式肯定了该判决的判决意见，但围绕着"知假买假"的争议并未因此而停止，司法实践中的判决也未因此而统一。对"知假买假"要求惩罚性赔偿者，驳回诉讼请求的判决仍多有之。

二 经营者的行政责任

（一）行政责任概述

所谓行政责任，是指因实施违反行政法律法规所规定的义务而应承担的责任。经营者侵犯消费者权益的行为属于侵权行为，应当承担民事责任，这种行为同样也可以是行政法律法规所禁止的行为，是依照行政法律法规应受行政处罚的行为，因而还可能会构成行政责任。

行政责任主要分为行政处分和行政处罚两种，其中：行政处分是适用于国家公务人

---

① 本案发生于2012年，适用的是2009年版《食品安全法》。后该法经过多次修正和修订，相关条款已有变化。

员的处罚措施；对于普通的经营者而言，在经营过程中违反行政法律法规的，一般仅涉及行政处罚，并不涉及行政处分。从普通经营者的角度来说，所谓行政责任，也可以说是基于行政处罚而产生的责任。根据《行政处罚法》的规定，行政处罚的种类主要有以下几种：① 警告、通报批评；② 罚款、没收违法所得、没收非法财物；③ 暂扣许可证件、降低资质等级、吊销许可证件；④ 限制开展生产经营活动、责令停产停业、责令关闭、限制从业；⑤ 行政拘留；⑥ 法律、行政法规规定的其他行政处罚。

对于上述行政处罚措施，可以将其归为五种基本类型，即声誉罚、财产罚、资格罚、行为罚和人身自由罚。声誉罚是指对违法行为人予以谴责和告诫，使其名誉、荣誉、信誉或其他精神上的利益受到一定损害的处罚措施，它是一种较轻微的行政处罚，一般适用于情节轻微或者实际危害程度不大的违法行为，既可以单处，也可以与其他处罚种类并处。声誉罚的主要形式是警告、通报批评等。财产罚是指强迫违法行为人缴纳一定数额金钱和物品，以使其财产上的权益受到损害的处罚措施，一般适用于以营利为目的或者给公共利益造成损害等行政违法活动，主要形式有罚款、没收财物等。资格罚是指对违法行为人从事特定活动的资质予以剥夺或限制的制裁措施，主要包括暂扣许可证件、降低资质等级、吊销许可证件等。行为罚是对违法行为人从事特定活动的资格予以剥夺或限制的处罚种类，主要包括限制开展生产经营活动、责令停产停业、责令关闭、限制从业等。人身自由罚是指在一定期限内对违法的公民人身自由权利进行限制或剥夺的行政处罚措施，它只能适用于自然人，其主要形式是行政拘留。

（二）生产者和销售者的行政责任

《产品质量法》规定了以下生产者和销售者的行政责任。

（1）生产、销售不符合保障人体健康和人身、财产安全的国家标准、行业标准的产品的，责令停止生产、销售，没收违法生产、销售的产品，并处违法生产、销售产品（包括已售出和未售出的产品，下同）货值金额等值以上3倍以下的罚款；有违法所得的，并处没收违法所得；情节严重的，吊销营业执照；构成犯罪的，依法追究刑事责任。

（2）在产品中掺杂、掺假，以假充真，以次充好，或者以不合格产品冒充合格产品的，责令停止生产、销售，没收违法生产、销售的产品，并处违法生产、销售产品货值金额50%以上3倍以下的罚款；有违法所得的，并处没收违法所得；情节严重的，吊销营业执照；构成犯罪的，依法追究刑事责任。

（3）生产国家明令淘汰的产品的，销售国家明令淘汰并停止销售的产品的，责令停止生产、销售，没收违法生产、销售的产品，并处违法生产、销售产品货值金额等值以下的罚款；有违法所得的，并处没收违法所得；情节严重的，吊销营业执照。

（4）销售失效、变质的产品的，责令停止销售，没收违法销售的产品，并处违法销售产品货值金额2倍以下的罚款；有违法所得的，并处没收违法所得；情节严重的，吊销营业执照；构成犯罪的，依法追究刑事责任。

（5）伪造产品产地的，伪造或者冒用他人厂名、厂址的，伪造或者冒用认证标志等质量标志的，责令改正，没收违法生产、销售的产品，并处违法生产、销售产品货值金额等值以下的罚款；有违法所得的，并处没收违法所得；情节严重的，吊销营业执照。

（6）产品标识不符合《产品质量法》规定的，责令改正；情节严重的，责令停止生产、销售，并处违法生产、销售产品货值金额30%以下的罚款；有违法所得的，并处没收违法所得。

（7）拒绝接受依法进行的产品质量监督检查的，给予警告，责令改正；拒不改正的，责令停业整顿；情节特别严重的，吊销营业执照。

（三）其他经营者的行政责任

其他经营者主要指生产者和销售者以外的经营者，主要包括广告人、运输仓储人员、服务业的经营者等。这些经营者业务活动与产品相关的，适用《产品质量法》，与其他经营业务相关的，适用相应的行业监管立法。

（1）广告经营者、广告发布者在广告中对产品质量作虚假宣传，欺骗和误导消费者的，由工商行政管理部门责令停止发布广告，责令广告主在相应范围内消除影响，处广告费用3倍以上5倍以下的罚款，广告费用无法计算或者明显偏低的，处20万元以上100万元以下的罚款；2年内有3次以上违法行为或者有其他严重情节的，处广告费用5倍以上10倍以下的罚款，广告费用无法计算或者明显偏低的，处100万元以上200万元以下的罚款，可以吊销营业执照，并由广告审查机关撤销广告审查批准文件，1年内不受理其广告审查申请。

（2）知道或者应当知道属于法律禁止生产、销售的产品而为其提供运输、保管、仓储等便利条件的，或者为以假充真的产品提供制假生产技术的，没收全部运输、保管、仓储或者提供制假生产技术的收入，并处违法收入50%以上3倍以下的罚款。

（3）服务业的经营者将禁止销售的产品用于经营性服务的，责令停止使用；对知道或者应当知道所使用的产品属于《产品质量法》规定禁止销售的产品的，按照违法使用的产品（包括已使用和尚未使用的产品）的货值金额，依照《产品质量法》对销售者的处罚规定处罚。

（4）产品质量检验机构、认证机构伪造检验结果或者出具虚假证明的，责令改正，对单位处5万元以上10万元以下的罚款，对直接负责的主管人员和其他直接责任人员处1万元以上5万元以下的罚款；有违法所得的，并处没收违法所得；情节严重的，取消其检验资格、认证资格；构成犯罪的，依法追究刑事责任。

（5）市场监督管理部门或者其他国家机关违反法律规定，向社会推荐生产者的产品或者以监制、监销等方式参与产品经营活动的，由其上级机关或者监察机关责令改正，消除影响，有违法收入的予以没收；情节严重的，对直接负责的主管人员和其他直接责任人员依法给予行政处分。

三 经营者的刑事责任

（一）经营者刑事责任概述

刑事责任是指因构成犯罪而应受到的刑事处罚。根据罪刑法定原则，一切构成犯罪应受刑事处罚的行为，都必须是《刑法》中明文规定的行为，《刑法》中没有明文规定的，一律不属于犯罪。对于经营者而言，最容易违反的是"破坏社会主义市场经济秩序罪"类型的犯罪。根据《刑法》的规定，破坏社会主义市场经济秩序罪分为生产、销售伪劣商品罪，走私罪，妨害对公司、企业的管理秩序罪，破坏金融管理秩序罪，金融诈骗罪，危害税收征管罪，侵犯知识产权罪和扰乱市场秩序罪。在此主要讨论的是生产、销售伪劣商品罪。

（二）生产、销售伪劣商品罪及其具体罪名

生产、销售伪劣商品罪不是一个独立的罪名，而是一类犯罪类型，主要包括10个具体罪名，分别是生产、销售伪劣产品罪，生产、销售、提供假药罪，生产、销售、提供劣药罪，妨害药品管理罪，生产、销售不符合安全标准的食品罪，生产、销售有毒、有害食品罪，生产、销售不符合标准的医用器材罪，生产、销售不符合安全标准的产品罪，生产、销售伪劣农药、兽药、化肥、种子罪，生产、销售不符合卫生标准的化妆品罪。

（1）生产、销售伪劣产品罪。生产者、销售者在产品中掺杂、掺假，以假充真，以次充好或者以不合格产品冒充合格产品，销售金额5万元以上不满20万元的，处2年以下有期徒刑或者拘役，并处或者单处销售金额50%以上2倍以下罚金；销售金额20万元以上不满50万元的，处2年以上7年以下有期徒刑，并处销售金额50%以上2倍以下罚金；销售金额50万元以上不满200万元的，处7年以上有期徒刑，并处销售金额50%以上2倍以下罚金；销售金额200万元以上的，处15年有期徒刑或者无期徒刑，并处销售金额50%以上2倍以下罚金或者没收财产。

（2）生产、销售、提供假药罪。生产、销售假药的，处3年以下有期徒刑或者拘役，并处罚金；对人体健康造成严重危害或者有其他严重情节的，处3年以上10年以下有期徒刑，并处罚金；致人死亡或者有其他特别严重情节的，处10年以上有期徒刑、无期徒刑或者死刑，并处罚金或者没收财产。

（3）生产、销售、提供劣药罪。生产、销售劣药，对人体健康造成严重危害的，处3年以上10年以下有期徒刑，并处罚金；后果特别严重的，处10年以上有期徒刑或者无期徒刑，并处罚金或者没收财产。这里所说的劣药，是指依照《药品管理法》的规定属于劣药的药品。

（4）妨害药品管理罪。违反药品管理法规，有生产、销售国务院药品监督管理部门禁止使用的药品，未取得药品相关批准证明文件生产、进口药品或者明知是上述药品而销售，药品申请注册中提供虚假的证明、数据、资料、样品或者采取其他欺骗手段，编

造生产、检验记录等行为，足以严重危害人体健康的，处3年以下有期徒刑或者拘役，并处或者单处罚金；对人体健康造成严重危害或者有其他严重情节的，处3年以上7年以下有期徒刑，并处罚金。上述行为，同时又构成其他犯罪的，依照处罚较重的规定定罪处罚。

（5）生产、销售不符合安全标准的食品罪。生产、销售不符合卫生标准的食品，足以造成严重食物中毒事故或者其他严重食源性疾患的，处3年以下有期徒刑或者拘役，并处罚金；对人体健康造成严重危害，或者有其他严重情节的，处3年以上7年以下有期徒刑，并处罚金；后果特别严重的，处7年以上有期徒刑或者无期徒刑，并处罚金或者没收财产。

（6）生产、销售有毒、有害食品罪。在生产、销售的食品中掺入有毒、有害的非食品原料的，或者销售明知掺有有毒、有害的非食品原料的食品的，处5年以下有期徒刑或者拘役，并处罚金；对人体健康造成严重危害或者有其他严重情节的，处5年以上10年以下有期徒刑，并处罚金；致人死亡或者有其他特别严重情节的，依照生产、销售、提供假药罪的规定处罚。

（7）生产、销售不符合标准的卫生器材罪。生产不符合保障人体健康的国家标准、行业标准的医疗器械、医用卫生材料，或者销售明知是不符合保障人体健康的国家标准、行业标准的医疗器械、医用卫生材料，足以严重危害人体健康的，处3年以下有期徒刑或者拘役，并处销售金额50%以上2倍以下罚金；对人体健康造成严重危害的，处3年以上10年以下有期徒刑，并处销售金额50%以上2倍以下罚金；后果特别严重的，处10年以上有期徒刑或者无期徒刑，并处销售金额50%以上2倍以下罚金或者没收财产。

（8）生产、销售不符合安全标准的产品罪。生产不符合保障人身、财产安全的国家标准、行业标准的电器、压力容器、易燃易爆产品或者其他不符合保障人身、财产安全的国家标准、行业标准的产品，或者销售明知是以上不符合保障人身、财产安全的国家标准、行业标准的产品，造成严重后果的，处5年以下有期徒刑，并处销售金额50%以上2倍以下罚金；后果特别严重的，处5年以上有期徒刑，并处销售金额50%以上2倍以下罚金。

（9）生产、销售伪劣农药、兽药、化肥、种子罪。生产假农药、假兽药、假化肥，销售明知是假的或者失去使用效能的农药、兽药、化肥、种子，或者生产者、销售者以不合格的农药、兽药、化肥、种子冒充合格的农药、兽药、化肥、种子，使生产遭受较大损失的，处3年以下有期徒刑或者拘役，并处或者单处销售金额50%以上2倍以下罚金；使生产遭受重大损失的，处3年以上7年以下有期徒刑，并处销售金额50%以上2倍以下罚金；使生产遭受特别重大损失的，处7年以上有期徒刑或者无期徒刑，并处销售金额50%以上2倍以下罚金或者没收财产。

（10）生产、销售不符合卫生标准的化妆品罪。生产不符合卫生标准的化妆品，或者销售明知是不符合卫生标准的化妆品,造成严重后果的,处3年以下有期徒刑或者拘役,并处或者单处销售金额50%以上2倍以下罚金。

(三) 犯罪认定的具体问题

生产、销售伪劣商品罪的犯罪主体是一般主体,主要指生产者和销售者,既可以是个人,也可以是单位。这一类型的犯罪均为故意犯罪,要求行为人对其生产、销售的伪劣商品在主观上必须是出于明知,过失不构成本类犯罪。如果行为人对其生产、销售的伪劣商品不是出于故意,而是由于生产技术水平达不到要求或者受他人欺骗等客观原因,不构成本类犯罪。从犯罪对象看,生产、销售伪劣商品罪的犯罪对象是伪劣商品,行为人生产、销售的商品质量状况如何,是否属于伪劣商品,是认定伪劣商品犯罪是否构成的关键,也是区分罪与非罪的主要事实根据。关于伪劣商品的认定,一般应根据相应的行政法律法规、相关的国家标准或行业标准等来认定。

> **与本讲内容相关的重要法律、法规和司法解释**
>
> 1.《中华人民共和国消费者权益保护法》
> 2.《中华人民共和国产品质量法》
> 3.《中华人民共和国食品安全法》
> 4.《最高人民法院关于审理消费民事公益诉讼案件适用法律若干问题的解释》
> 5.《中华人民共和国刑法》

第十三讲

劳动用工

　　劳动者与用人单位之间的关系属于劳动关系,这种关系虽然常常以劳动合同的形式由双方协商一致予以确立,但除《民法典》合同编的一般规定外,劳动合同更多地受《劳动法》和《劳动合同法》的调整。与经营者和消费者的关系一样,劳动关系也是一种事实不平等关系。相对于用人单位而言,劳动者属于劣势的一方,完全依赖双方的意思订立的合同常常会使劳动者处于不利的地位,因此,《劳动法》与《劳动合同法》的出发点在于劳动者的权益保护。相对于普通的合同关系,在劳动合同中,法律除赋予劳动者一些特定的权利外,还会对用人单位的权利进行一定限制。如何保护劳动者利益贯穿着劳动法律制度的始终。

第一节 劳动关系

一 劳动关系概述

劳动关系是指用人单位招用劳动者为其成员，劳动者在用人单位的管理下提供有报酬的劳动而产生的权利义务关系，劳动关系的主体指用人单位和劳动者。与消费关系一样，劳动关系也是一种事实不平等关系，劳动者处于弱势地位，需要通过特别立法为劳动者提供倾斜性保护。以《劳动法》和《劳动合同法》为核心，以各种行政法规和部门规章为补充，我国目前已经建立起较为完整的劳动法体系。

（一）劳动关系的主体

为明确劳动法的适用范围，首先需要对劳动关系的主体范围进行界定。根据《劳动法》和《劳动合同法》的规定，用人单位主要指在我国境内设立登记的企业、个体经济组织、民办非企业单位等组织，国家机关、事业单位和社会团体也可以成为用工主体，但自然人不属于劳动关系中的用工主体。企业单位的分支机构依法取得营业执照或经营登记证书的，可以成为劳动关系主体。

劳动者是指年满16周岁的自然人，禁止用人单位招用未满16周岁的未成年人。文艺、体育和特种工艺单位，在依法办理审批手续后，可以招用未满16周岁的未成年人，但同时应保障不能剥夺其接受义务教育的权利。

（二）劳动关系的范围

劳动关系是一种特殊的法律关系，并不是所有与劳动有关的关系都属于劳动关系。劳动关系中的劳动者对用人单位具有隶属性或从属性，服从用人单位的管理，从事用人单位安排的工作，是用人单位的成员。因此，自然人之间的雇佣关系、不具有隶属性的承揽关系均不属于劳动关系，不受劳动法的调整。除此之外，家庭或者个人与家政服务人员之间的关系，个体工匠与帮工、学徒之间的关系，农村承包经营户与受雇人之间的关系等，均不属于劳动关系。

应当注意的是，国家机关、事业单位和社会团体虽可以为劳动关系的主体，但并不是所有在这些单位工作的人员都是劳动法意义上的劳动者。如国家公务员与国家机关之间形成的关系受《中华人民共和国公务员法》的调整，不属于劳动法的调整范围。事业单位与实行聘用制的工作人员之间的关系，在法律法规未作特别规定的情况下，可参照《劳动法》的有关规定执行，但在性质上也不是严格意义上的劳动关系。

（三）事实劳动关系

劳动关系是通过劳动合同确立的，法律要求订立劳动合同应当采取书面形式。但是，未订立劳动合同，事实上已经建立劳动关系的，也视为劳动关系成立。这种情况下形成的劳动关系称为事实劳动关系，同样受劳动法的调整。

1. 无书面劳动合同的事实劳动关系

根据2005年劳动和社会保障部《关于确立劳动关系有关事项的通知》，用人单位招用劳动者未订立书面劳动合同，但同时具备下列情形的，劳动关系成立：① 用人单位和劳动者符合法律、法规规定的主体资格；② 用人单位依法制定的各项劳动规章制度适用于劳动者，劳动者受用人单位的劳动管理，从事用人单位安排的有报酬的劳动；③ 劳动者提供的劳动是用人单位业务的组成部分。

由于用人单位与劳动者没有订立书面劳动合同，当争议发生时，用人单位常以双方不存在劳动关系为由进行抗辩。如何证明事实劳动关系的存在，对劳动者来说并不是一件容易的事。为此，该通知进一步规定，当劳动者与用人单位对是否存在劳动关系发生争议时，用人单位应提供工资支付凭证或记录（职工工资发放花名册）、缴纳各项社会保险费的记录，用人单位向劳动者发放的"工作证""服务证"等能够证明身份的证件，劳动者填写的用人单位招工招聘"登记表""报名表"等招用记录，考勤记录，其他劳动者的证言等，用以证明与发生争议的劳动者之间不存在劳动关系，不能完整提供上述材料，劳动者又有其他证明材料的，应当认定劳动关系存在。

2. 无效劳动合同下的事实劳动关系

无效合同自始无效，是指从订立的时候起，就没有法律约束力，其法律后果是相互返还或赔偿。但对劳动关系而言，劳动力一旦付出，就无法恢复到合同订立前的状态，显然无法直接适用《民法典》合同编的原理。因此，劳动合同无效，但劳动者已经从事工作的，同样应当将其视为一种事实劳动关系。在这种情况下，劳动者的利益应受法律保护，劳动者应当依照法律规定对其劳动提出报酬请求权。

劳动合同无效但劳动者已经从事工作的，用人单位对劳动者付出的劳动，可参照本单位同期、同工种、同岗位的工资标准支付劳动报酬。如果合同的无效是用人单位所致，给劳动者造成损失的，还应当依法赔偿。

3. 双重劳动关系下的事实劳动关系

双重劳动关系是指劳动者与两个或两个以上的用人单位建立的劳动关系。在现代社会生活中，兼职工作普遍存在，法律对此也未明确禁止。但依据《劳动法》第99条"用人单位招用尚未解除劳动合同的劳动者，对原用人单位造成经济损失的，该用人单位应当依法承担连带赔偿责任"的规定，法律虽然不限制劳动者与多个用人单位建立劳动关系，但赋予了原用人单位在一定条件下的劳动合同解除权。同时，对后设立的劳动关系，法律一般只认可劳动者的劳动报酬请求权，而不认可其社会保险方面的权益。

根据我国法律规定，已开始享受社会保险待遇的退休人员与用人单位之间建立的劳动关系也属于一种事实劳动关系，退休人员只享有劳动报酬请求权，而不再享有其他社会保险待遇。

二 劳务派遣与劳动关系

劳务派遣是指由劳务派遣机构与派遣劳工订立劳动合同，并支付报酬，把劳动者派向其他用工单位，再由其用工单位向派遣机构支付服务费用的一种用工形式。劳务派遣关系中包含着劳动关系，但又不是单纯的劳动关系，是与劳动关系相关的一种特殊用工形式。

（一）劳务派遣单位与劳务派遣用工范围

1. 劳务派遣单位

劳务派遣单位是用人单位，与作为劳动者的派遣人员之间具有劳动关系。被派遣单位称为用工单位，与被派遣人员不具有劳动法上的劳动关系，仅存在用工关系。

劳务派遣单位是与劳动者建立劳动关系的单位，但不是用工单位；被派遣单位是用工单位，但与劳动者之间没有劳动关系，因而并不承担劳动者的各项保险包括工伤保险费的缴纳。在这种情况下，劳务派遣很容易成为用工单位规避风险的一种手段。为维护劳动者权益，法律对劳务派遣单位的设立条件和设立程序作了特别要求，规定经营劳务派遣业务应当具备下列条件：① 注册资本不得少于人民币 200 万元；② 有与开展业务相适应的固定的经营场所和设施；③ 有符合法律、行政法规规定的劳务派遣管理制度；④ 法律、行政法规规定的其他条件。

劳务派遣公司的设立须向劳动行政部门依法申请行政许可；经许可，依法办理相应的公司登记。未经许可，任何单位和个人不得经营劳务派遣业务。用人单位不得设立劳务派遣单位向本单位或者所属单位派遣劳动者。

2. 劳务派遣用工范围

依照法律规定，用工单位只能在临时性、辅助性或者替代性的工作岗位上使用被派遣劳动者。临时性工作岗位是指存续时间不超过六个月的岗位，用工单位不得将连续用工期限分割订立数个短期劳务派遣协议；辅助性工作岗位是指为主营业务岗位提供服务的非主营业务岗位；替代性工作岗位是指用工单位的劳动者因脱产学习、休假等原因无法工作的一定期间内，可以由其他劳动者替代工作的岗位。

用工单位决定使用被派遣劳动者的辅助性岗位，应当经职工代表大会或者全体职工讨论，提出方案和意见，与工会或者职工代表平等协商确定，并在用工单位内公示。

用工单位应当严格控制劳务派遣用工数量，使用的被派遣劳动者数量不得超过其用工总量的 10%。用工总量是指用工单位订立劳动合同人数与使用的被派遣劳动者人数之和。

(二)劳务派遣单位与用工单位关系

1. 劳务派遣协议

劳务派遣单位派遣劳动者应当与接受以劳务派遣形式用工的用工单位订立劳务派遣协议。该协议在性质上属于民事合同,受《民法典》的调整,但如果劳动法律法规有特殊规定,不得违反该特别规定。劳务派遣协议应当约定派遣岗位和人员数量、派遣期限、劳动报酬和社会保险费的数额与支付方式,以及违反协议的责任。

2. 工伤与职业病的认定与处理

被派遣劳动者在用工单位因工作遭受事故伤害的,劳务派遣单位应当依法申请工伤认定,用工单位应当协助工伤认定的调查核实工作。劳务派遣单位承担工伤保险责任,但可以与用工单位约定补偿办法。

被派遣劳动者在申请进行职业病诊断、鉴定时,用工单位应当负责处理职业病诊断、鉴定事宜,并如实提供职业病诊断、鉴定所需的劳动者职业史和职业危害接触史、工作场所职业病危害因素检测结果等资料,劳务派遣单位应当提供被派遣劳动者职业病诊断、鉴定所需的其他材料。

3. 被派遣劳动者退回

用工单位与劳务派遣单位之间是一种合同关系,用工单位有权按照合同约定随时将被派遣劳动者退回。合同中没有明确约定,出现下列情形之一的,用工单位也可以将被派遣劳动者退回劳务派遣单位:① 被派遣劳动者出现用人单位依法律规定可以解除劳动合同的情形的;② 用工单位符合《劳动合同法》规定的裁员条件或订立劳务派遣合同时的情况发生重大变化,无法继续履行合同的;③ 用工单位被依法宣告破产、吊销营业执照、责令关闭、撤销、决定提前解散或者经营期限届满不再继续经营的;④ 劳务派遣协议期满终止的。

但是,被派遣劳动者有《劳动合同法》规定的不得解除劳动合同的情形的,在派遣期限届满前,用工单位不得将被派遣劳动者退回劳务派遣单位;派遣期限届满的,应当延续至相应情形消失时方可退回。

(三)被派遣劳动者与派遣单位和用工单位的关系

1. 被派遣劳动者与派遣单位的关系

被派遣劳动者与派遣单位之间的关系适用《劳动法》的有关规定。此外,还应遵守以下规定:① 劳务派遣单位与被派遣劳动者订立的劳动合同期限不得低于两年;② 被派遣劳动者退回后在无工作期间,劳务派遣单位应当按照不低于所在地人民政府规定的最低工资标准,按月向其支付报酬;③ 劳务派遣单位应当将劳务派遣协议的内容告知被派遣劳动者,并不得克扣用工单位按照劳务派遣协议支付给被派遣劳动者的劳动报酬。

2. 被派遣劳动者与用工单位的关系

被派遣劳动者与用工单位之间不存在劳动关系,但用工单位应当履行以下义务:① 执行国家劳动标准,提供相应的劳动条件和劳动保护;② 告知被派遣劳动者的工作要求和劳动报酬；③ 支付加班费、绩效奖金，提供与工作岗位相关的福利待遇；④ 对在岗被派遣劳动者进行工作岗位所必需的培训；⑤ 连续用工的，实行正常的工资调整机制。

用工单位不得将被派遣劳动者再派遣到其他用人单位。

被派遣劳动者享有与用工单位的劳动者同工同酬的权利。用工单位应当按照同工同酬原则，对被派遣劳动者实行与本单位同类岗位的劳动者相同的劳动报酬分配办法。用工单位无同类岗位劳动者的，参照用工单位所在地相同或者相近岗位劳动者的劳动报酬确定。

   三   劳动关系的其他相关问题

（一）劳动就业

劳动就业是指在法定劳动年龄内且具有劳动能力的劳动者从事某种工作，以获取劳动报酬或经营收入的一项社会活动。劳动就业是劳动者取得生活来源的重要途径，也是影响社会经济发展和社会稳定的重要因素。世界各国毫无例外地都极为关注劳动就业问题，采用各种措施完善劳动就业服务体系，促进公平就业，提高劳动就业率。为了促进就业，促进经济发展与扩大就业相协调，促进社会和谐稳定，我国于2007年通过了《中华人民共和国就业促进法》，专门用以规范就业与就业保障问题。

1. 就业促进

劳动就业虽然会受到个人能力、专长等因素的影响，但同时也受社会经济状况、国家产业结构等宏观经济因素的制约。因此，就业问题并不是一个单纯的个人问题，更是一个社会问题，政府有义务通过发展经济和调整产业结构、规范人力资源市场、完善就业服务、加强职业教育和培训、提供就业援助等措施，创造就业条件，扩大就业。在此意义上，就业促进是政府一项不可推卸的义务。

2. 就业保障

就业保障主要是对因身体残疾、成长环境特殊等原因而导致就业困难的人员所给予的特殊扶持和援助。对于这些就业困难人员，政府应当采取税费减免、贷款贴息、社会保险补贴、岗位补贴等手段，通过公益性岗位安置等途径，积极为他们创造就业条件，提供充分的就业机会。针对就业困难人员，政府可采取的就业保障措施主要包括：① 政府投资开发的公益性岗位，应当优先安排符合岗位要求的就业困难人员。被安排在公益性岗位工作的，按照国家规定给予岗位补贴。② 加强基层就业援助服务工作，鼓励和支持社会各方面为就业困难人员提供技能培训、岗位信息等服务。③ 各级人民政府采取特别扶助措施，促进残疾人就业。用人单位应当根据国务院有关保障残疾人就业的规定安排残疾人就业。④ 法定劳动年龄内的家庭人员均处于失业状况的城市居民家庭，可以向住所地街道、社区公共就业服务机构申请就业援助。街道、社区公共就服务机构经确认属实的,应当为该家庭中至少一人提供适当的就业岗位。⑤ 对因资源枯竭或者经济结构调整等原因造成就业困难人员集中的地区,上级人民政府应当给予必要的扶持和帮助,引导劳动者转移就业。

3. 就业歧视

在劳动力市场,就业歧视是指那些具有相同能力的劳动者,由于种族、性别、肤色、年龄、家庭背景、民族传统、宗教、身体素质等与工作本身无关的因素,而引起的在就业、职业选择、提升、工资水平、接受培训等方面受到的不公正的待遇。常见的歧视主要有性别歧视、身高歧视、地域歧视、对同性恋者的歧视、对艾滋病毒或其他病毒携带者的歧视、对有犯罪前科的人员的歧视等。

对于用人单位的歧视行为,当前对用人单位的处罚措施和对受害人的保护明显不足。除《中华人民共和国妇女权益保障法》对妇女就业歧视规定了1万～5万元的行政罚款外,对于其他就业歧视行为,尚无明确的行政处罚措施。在受害人保护方面,对于就业歧视行为,《中华人民共和国就业促进法》仅规定了"劳动者可以向人民法院提起诉讼"。在请求权基础上,由于没有特别法的保护,受害人只能依据《民法典》第990条第2款的规定,援引人格权条款请求保护。总之,我国关于反歧视问题的立法亟待完善。

(二)劳动监察

劳动监察是指由劳动保障行政部门对单位和劳动者遵守劳动法律、法规、规章情况进行检查并对违法行为予以处罚的行政行为。劳动监察以日常巡视检查、审查用人单位按照要求报送的书面材料以及接受举报投诉等形式进行。劳动保障行政部门发现用人单位有违法行为,或者收到举报投诉,需要进行调查处理的,应当及时立案调查。

对于用人单位违反劳动保障法律、法规或者规章的行为,劳动保障行政部门有权根据调查情况作出以下处理:① 对事实清楚、证据确凿、可以当场处理的违法行为,有权当场予以纠正。② 对依法应当受到行政处罚的,有权根据具体情节,给予警告、通报批评、罚款、吊销许可证、责令停产停业整顿的处罚。③ 对应当改正未改正的,依法责令改正或者作出相应的行政处理决定。④ 对情节轻微且已改正的,撤销立案。⑤ 发现违法案件不属于劳动保障监察事项的,应当及时移送有关部门处理;涉嫌犯罪的,应当依法移送司法机关。⑥ 阻挠、刁难、殴打劳动监察员,妨碍监察公务的,或者不按规定的时间对通知书、指令书作出答复的,以及不如实反映情况的,劳动行政主管部门可给予责任人以行政处罚;对触犯治安管理处罚法的,建议公安机关处理。

劳动保障行政部门对违反劳动保障法律、法规或者规章的行为的调查,应当自立案之日起60个工作日内完成;对情况复杂的,经劳动保障行政部门负责人批准,可以延长30个工作日。任何组织或者个人对违反劳动保障法律、法规或者规章的行为,有权向劳动保障行政部门举报。劳动者认为用人单位侵犯其劳动保障合法权益的,有权向劳动保障行政部门投诉。劳动保障行政部门应当为举报人保密;对举报属实,为查处重大违反劳动保障法律、法规或者规章的行为提供主要线索和证据的举报人，给予奖励。

（三）劳动争议及其解决

1. 劳动争议的解决方式

劳动争议就是指依法建立劳动关系的用人单位和劳动者之间，因劳动权利和义务问题产生分歧而引起的争议。发生劳动争议，当事人不能协商解决的，可以向企业劳动争议调解委员会、基层人民调解委员会或乡镇街道设立的具有劳动争议调解职能的组织调解。调解以当事人自愿为前提，不具有强制性。

我国处理劳动争议案件实行仲裁前置制度，经调解达不成调解协议，或当事人拒不履行调解协议的，当事人不能直接向人民法院起诉，必须先向劳动争议仲裁委员会申请仲裁。劳动争议仲裁委员会不受理，或对其仲裁裁决不服的，才可以向人民法院起诉。

2. 劳动争议仲裁的具体问题

（1）仲裁时效期间。劳动争议申请仲裁的时效期间为一年，从当事人知道或者应当知道其权利被侵害之日起计算。在仲裁时效期间内，因当事人一方向对方当事人主张权利，或者向有关部门请求权利救济，或者对方当事人同意履行义务的，仲裁时效中断，从中断时起，仲裁时效期间重新计算。因不可抗力或者有其他正当理由，当事人不能在仲裁时效期间申请仲裁的，仲裁时效中止，从中止时效的原因消除之日起，仲裁时效期间继续计算。劳动关系存续期间因拖欠劳动报酬发生争议的，劳动者申请仲裁不受一年仲裁时效期间的限制；但是，劳动关系终止的，应当自劳动关系终止之日起一年内提出。

（2）仲裁的申请与受理。当事人申请劳动仲裁，应向用人单位所在地的劳动争议仲裁委员会申请，用人单位所在地与劳动合同履行地不一致的，也可以向劳动合同履行地的劳动争议仲裁委员会申请仲裁。仲裁委员会收到仲裁申请，应在5日内决定是否受理，并在决定受理之日起45日内办理完毕。案情复杂需要延期的，经劳动争议仲裁委员会主任批准，可以延期并书面通知当事人，但是延长期限不得超过15日。逾期未作出仲裁裁决的，当事人可以就该劳动争议事项向人民法院提起诉讼。

（3）仲裁裁决的生效与执行。对于追索劳动报酬、工伤医疗费、经济补偿或者赔偿金，不超过当地月最低工资标准12个月金额的争议，以及因执行国家的劳动标准在工作时间、休息休假、社会保险等方面发生的争议，仲裁裁决为终局裁决，裁决书自作出之日起发生法律效力，但劳动者不服该裁决，自收到仲裁裁决书之日起15日内向人民法院提起诉讼的情况除外。另外，经用人单位申请并经人民法院审查，该裁决被人民法院撤销的，双方当事人均可以自收到裁定书之日起15日内就该劳动争议事项向人民法院提起诉讼。

对于其他劳动争议案件，当事人对仲裁裁决不服的，可以自收到仲裁裁决书之日起15日内向人民法院提起诉讼；期满不起诉的，裁决书发生法律效力。

对于生效的裁决书，负有履行义务的当事人逾期不履行的，另一方当事人可以申请人民法院强制执行。对于追索劳动报酬、工伤医疗费、经济补偿或者赔偿金的案件，当事人之间权利义务关系明确，且不先予执行将严重影响申请人的生活的，根据当事人的申请，仲裁庭在仲裁审理过程中，还可以裁决先予执行，移送人民法院执行。

第二节 劳动合同

 劳动合同的订立、变更与终止

（一）劳动合同的订立

1. 劳动合同订立过程中的当事人义务

在劳动合同的订立过程中，任何一方不得采用欺诈、胁迫手段，不得违反法律法规的强制性规定。用人单位招用劳动者时，应当如实告知劳动者的工作内容、工作条件、工作报酬、职业危害以及劳动者要求了解的其他情况，并且不得扣押劳动者的身份证和其他证件，不得要求劳动者提供担保或以其他名义向劳动者收取财物。订立合同时，不得免除自己的法定责任，限制劳动者权利。用人单位有权了解劳动者与工作内容直接相关的基本情况，劳动者应当如实告知。

当事人违反上述义务，劳动行政部门可根据不同情况予以处罚。采用欺诈、胁迫手段订立的合同或违反法律法规强制性规定的合同无效，用人单位免除自己的法定责任或限制劳动者权利的条款无效。

2. 劳动关系建立的形式

为更有利于保护劳动者权益，法律规定建立劳动关系应当订立书面劳动合同。已建立劳动关系，未同时订立书面劳动合同的，应当自用工之日起1个月内订立书面劳动合同。

对于超过1个月未订立书面劳动合同的，根据不同情况分别处理。

（1）自用工之日起1个月内，经用人单位书面通知后，劳动者不与用人单位订立书面劳动合同的，用人单位应当书面通知劳动者终止劳动关系，无须向劳动者支付经济补偿，但是应当依法向劳动者支付其实际工作时间的劳动报酬。

（2）用人单位自用工之日起超过1个月不满1年未与劳动者订立书面劳动合同的，应当向劳动者每月支付2倍的工资，并与劳动者补订书面劳动合同；劳动者不与用人单位订立书面劳动合同的，用人单位应当书面通知劳动者终止劳动关系，并依照《劳动合同法》的规定支付经济补偿。

用人单位向劳动者每月支付2倍工资的起算时间为用工之日起满1个月的次日，截止时间为补订书面劳动合同的前一日。

（3）用人单位自用工之日起满1年未与劳动者订立书面劳动合同的，自用工之日起满1个月的次日至满1年的前一日应当向劳动者每月支付2倍的工资，并视为自用工之日起满1年的当日已经与劳动者订立无固定期限劳动合同。

3.劳动合同订立与劳动关系建立

尽管法律要求用人单位与劳动者订立劳动合同，通过劳动合同确立劳动关系，但劳动关系建立的时间并不是从劳动合同成立之日起计算，而是从实际用工之日起计算。实际用工之日可能早于也可能晚于合同成立之日。即使没有订立劳动合同，也可以根据具体情况认定劳动关系成立。

（二）劳动合同的履行与变更

用人单位与劳动者应当按照劳动合同的约定，全面履行各自的义务。用人单位变更名称、法定代表人、主要负责人或者投资人等事项，不影响劳动合同的履行。用人单位发生合并或者分立等情况，原劳动合同继续有效，劳动合同由承继其权利和义务的用人单位继续履行。用人单位与劳动者协商一致，可以变更劳动合同约定的内容。变更劳动合同，应当采用书面形式。

（三）劳动关系的终止

劳动关系的终止指劳动关系权利义务的消灭。根据《劳动合同法》，有下列情形之一的，劳动关系终止：① 劳动合同期满，但是，对于法律规定用人单位不得解除劳动合同的情形，劳动关系续延至相应的情形消失时终止；② 劳动者开始依法享受基本养老保险待遇；③ 劳动者死亡，或者被人民法院宣告死亡或者宣告失踪；④ 用人单位被依法宣告破产；⑤ 用人单位被吊销营业执照、责令关闭、撤销或者用人单位决定提前解散；⑥ 法律、行政法规规定的其他情形。

二 劳动合同的主要内容

劳动合同的内容是用人单位与劳动者经协商一致确定的，但由于劳动者与用人单位事实上并不存在真正的平等，在没有外在干涉的情况下，劳动者在与用人单位协商过程中，常常无法真正表达自己的意愿。为保护劳动者权益，《劳动法》和《劳动合同法》在很多方面对用人单位作出限制性规定。

（一）合同期限

劳动合同的期限包括固定期限、无固定期限和以完成一定工作为期限。

固定期限是指在劳动合同中，明确约定了合同终止时间或合同有效期限。具体期限由用人单位与劳动者协商确定。用人单位与劳动者可以订立以完成一定工作为目的的劳动合同，约定以该项工作的完成期限为合同期限。

无固定期限是指用人单位与劳动者在合同中未约定明确的终止时间。是否订立无固定期限劳动合同，由用人单位与劳动者协商确定。有下列情形之一，劳动者提出或者同意续订、订立劳动合同的，除劳动者提出订立固定期限劳动合同外，应当订立无固定期限劳动合同：① 劳动者在该用人单位连续工作满10年的；② 用人单位初次实行劳动合同制度或者国有企业改制重新订立劳动合同时，劳动者在该用人单位连续工作满10年且距法定退休年龄不足10年的；③ 连续订立2次固定期限劳动合同，且用人单位没有法定的可以解除劳动合同理由而续订劳动合同的；④ 用人单位自用工之日起满1年不与劳动者订立书面劳动合同的，视为用人单位与劳动者已订立无固定期限劳动合同。

连续工作满10年的起始时间，自用人单位用工之日起计算，包括《劳动合同法》施行前的工作年限。劳动者非因本人原因从原用人单位被安排到新用人单位工作的，劳动者在原用人单位的工作年限合并计算为新用人单位的工作年限。原用人单位已经向劳动者支付经济补偿的，新用人单位在依法解除、终止劳动合同计算支付经济补偿的工作年限时，不再计算劳动者在原用人单位的工作年限。

（二）试用期

用人单位与劳动者可以在劳动合同中约定试用期。在试用期内，用人单位有更大的劳动合同解除权，劳动报酬也可以低于合同标准，过长的试用期对劳动者显然不利。因此，《劳动合同法》对试用期的约定进行了限制，规定用人单位与劳动者约定试用期的，应当遵守以下规定：① 劳动合同期限3个月以上不满1年的，试用期不得超过1个月；劳动合同期限1年以上不满3年的，试用期不得超过3个月；3年以上固定期限和无固定期限的劳动合同，试用期不得超过6个月。② 同一用人单位与同一劳动者只能约定一次试用期。③ 以完成一定工作任务为期限的劳动合同或者劳动合同期限不满3个月的，不得约定试用期。④ 试用期包含在劳动合同期限内。劳动合同仅约定试用期的，试用期不成立，该期限为劳动合同期限。⑤ 劳动者在试用期的工资不得低于本单位相同岗位最低档工资或者劳动合同约定工资的80%，并不得低于用人单位所在地的最低工资标准。⑥ 在试用期内，无法律规定的情形，用人单位不得解除劳动合同。用人单位存在法定理由在试用期解除劳动合同的，应当向劳动者说明理由。

（三）劳动时间与劳动报酬

1. 劳动时间

我国的标准工作时间是每日工作8小时，每周40小时。由于生产经营需要，经与工会和劳动者协商后可以延长工作时间，一般每日不得超过1小时；因特殊原因需要延长工作时间的，在保障劳动者身体健康的条件下延长工作时间每日不得超过3小时，但是每月不得超过36小时。但在下列情况下，延长工作时间不受上述规定的限制：① 发生自然灾害、事故或者因其他原因，威胁劳动者生命健康和财产安全，需要紧急处理的；② 生产设备、交通运输线路、公共设施发生故障，影响生产和公众利益，必须及时抢修的；③ 法律、行政法规规定的其他情形。

对实行计件工作的劳动者，用人单位应当合理确定其劳动定额和计件报酬标准。

2. 休息休假

休息休假分为休息日休息、法定假日休假和年休假。休息日是每周公休假日，是职工工作满一个工作周以后的休息时间。我国法律规定的休息日为每周2天。法定假日是国家法律规定的统一休息时间，法定假日是带薪假日，我国法定假日目前共11天。年休假是指在机关、团体、企业、事业单位、民办非企业单位、有雇工的个体工商户等单位连续工作1年以上的职工，享受的带薪年休假。

年休假的具体标准是：职工累计工作已满1年不满10年的，年休假5天；已满10年不满20年的，年休假10天；已满20年的，年休假15天。国家法定休假日、休息日不计入年休假的假期。但职工有下列情形之一的，不享受当年的年休假：① 职工依法享受寒暑假，其休假天数多于年休假天数的；② 职工请事假累计20天以上且单位按照规定不扣工资的；③ 累计工作满1年不满10年的职工，请病假累计2个月以上的；④ 累计工作满10年不满20年的职工，请病假累计3个月以上的；⑤ 累计工作满20年以上的职工，请病假累计4个月以上的。

用人单位应根据生产、工作的具体情况，并考虑职工本人意愿，统筹安排职工年休假。年休假在一个年度内可以集中安排，也可以分段安排，一般不跨年度安排。单位因生产、工作特点确有必要跨年度安排职工年休假的，可以跨一个年度安排。

3. 劳动报酬

劳动报酬由劳动者与用人单位协商确定，但应遵循同工同酬的原则，并不得低于当地最低工资标准。

（1）最低工资标准。最低工资标准是指劳动者在法定工作时间或依法签订的劳动合同约定的工作时间内提供了正常劳动的前提下，用人单位依法应支付的最低劳动报酬。劳动者依法享受带薪年休假、探亲假、婚丧假、生育假、节育手术假等国家规定的假期，以及法定工作时间内依法参加社会活动期间，视为提供了正常劳动。

实行计件工资或提成工资等工资形式的用人单位，在科学合理的劳动定额基础上，其支付劳动者的工资经合理折算不得低于相应的最低工资标准。劳动者由于本人原因造成在法定工作时间内或依法签订的劳动合同约定的工作时间内未提供正常劳动的，不适用最低工资标准的有关规定。

最低工资标准由省、自治区、直辖市人民政府综合考虑本地区劳动者本人及平均赡养人口的最低生活费用、社会平均工资水平、劳动生产率、就业状况以及地区之间经济发展水平的差异等因素确定。劳动合同履行地与用人单位注册地不一致的，最低工资标准按照合同履行地标准执行。但注册地的标准高于履行地的，劳动者与用人单位可以约定按照注册地标准执行。

最低工资标准不包括延长工作时间工资，中班、夜班、高温、低温、井下、有毒有害等特殊工作环境、条件下的津贴，以及法律、法规和国家规定的劳动者福利待遇等。也就是说，在劳动者提供正常劳动的情况下，用人单位应支付给劳动者的工资在剔除上述各项以后，不得低于当地最低工资标准。

（2）加班工资问题。劳动法对延长工作时间和休息休假期间的工资标准也做了具体规定：安排劳动者延长工作时间的，支付不低于工资的150%的工资报酬；休息日安排劳动者工作又不能安排补休的，支付不低于工资的200%的工资报酬；法定休假日安排劳动者工作的，支付不低于工资300%的工资报酬；单位确因工作需要不能安排职工休年休假的，经职工本人同意，可以不安排职工休年休假。对职工应休未休的年休假天数，单位应当按照该职工日工资收入的300%支付年休假工资报酬。

（四）服务期条款

用人单位为劳动者提供专项培训费用，对其进行专业技术培训的，可以与该劳动者订立协议，约定服务期。但是，对劳动者一般的职业培训不得作为订立服务期条款的条件。

劳动者违反服务期约定的，应当按照约定向用人单位支付违约金。但违约金的数额不得超过用人单位提供的培训费用。用人单位要求劳动者支付的违约金不得超过服务期尚未履行部分所应分摊的培训费用。用人单位与劳动者约定了服务期，因用人单位过错，劳动者享有劳动合同解除权而解除劳动合同的，不属于违反服务期的约定，用人单位不得要求劳动者支付违约金。

一般而言，只有劳动者在服务期内要求解除劳动合同时，用人单位才可以要求其支付违约金，但为避免劳动者规避责任，在下列情况下，用人单位与劳动者解除约定服务期的劳动合同的，劳动者应当按照劳动合同的约定向用人单位支付违约金：① 劳动者严重违反用人单位的规章制度的；② 劳动者严重失职，营私舞弊，给用人单位造成重大损害的；③ 劳动者同时与其他用人单位建立劳动关系，对完成本单位的工作任务造成严重影响，或者经用人单位提出，拒不改正的；④ 劳动者以欺诈、胁迫的手段或者乘人之危，使用人单位在违背真实意思的情况下订立或者变更劳动合同的；⑤ 劳动者被依法追究刑事责任的。

（五）竞业禁止条款

用人单位与劳动者可以在劳动合同中约定保守用人单位的商业秘密和与知识产权相关的保密事项。对负有保密义务的劳动者，用人单位可以在劳动合同或者保密协议中与劳动者约定竞业限制条款，并约定在解除或者终止劳动合同后，在竞业限制期限内按月给予劳动者经济补偿。劳动者违反竞业限制约定的，应当按照约定向用人单位支付违约金。

竞业限制的人员限于用人单位的高级管理人员、高级技术人员和其他负有保密义务的人员。竞业限制的范围、地域、期限由用人单位与劳动者约定，但竞业限制的约定不得违反法律、法规的规定。

在解除或者终止劳动合同后，上述人员到与本单位生产或者经营同类产品、从事同类业务的有竞争关系的其他用人单位，或者自己开业生产或者经营同类产品、从事同类业务的竞业限制期限，不得超过2年。

三 劳动合同的解除

劳动者与用人单位协商一致，可以解除合同。一方在符合法律规定的条件下，也可单方解除。为保护劳动者权益，法律对用人单位的劳动合同解除作了较多限制，相对而言，劳动者在劳动合同解除问题上享有更大的自主性。

（一）劳动者的劳动合同解除权

劳动者解除劳动合同，无须充分的理由，但应当提前30日以书面形式通知用人单位，以防用人单位措手不及，无法安排工作。但如果是在试用期内，劳动者只需要提前3日通知用人单位即可解除劳动合同。

根据《劳动合同法》第38条，用人单位有下列情况之一的，劳动者解除劳动合同时，不必受上述条件的限制：① 未按照劳动合同约定提供劳动保护或者劳动条件的；② 未及时足额支付劳动报酬的；③ 未依法为劳动者缴纳社会保险费的；④ 用人单位的规章制度违反法律、法规的规定，损害劳动者权益的；⑤ 因欺诈、胁迫或乘人之危致使劳动合同无效的；⑥ 用人单位以暴力、威胁或者非法限制人身自由的手段强迫劳动者劳动的，或者用人单位违章指挥、强令冒险作业危及劳动者人身安全的；⑦ 法律、行政法规规定劳动者可以解除劳动合同的其他情形。

（二）用人单位的劳动合同解除权

相对于劳动者而言，用人单位的劳动合同解除权受到很大限制，没有法律规定的情形，不得随意解除劳动合同。

1. 用人单位有权解除劳动合同的情形

用人单位有权解除劳动合同的情形均是法律明确规定的法定情形，根据《劳动合同法》第39条，这些情形包括以下六种：一是劳动者在试用期间被证明不符合录用条件的；二是劳动者严重违反用人单位的规章制度的；三是劳动者严重失职，营私舞弊，给用人单位造成重大损害的；四是劳动者同时与其他用人单位建立劳动关系，对完成本单位的工作任务造成严重影响，或者经用人单位提出，拒不改正的；五是因劳动者在订立合同时存在欺诈、胁迫或乘人之危等情形，致使劳动合同无效的；六是劳动者被依法追究刑事责任的。

2. 特定情形下用人单位的劳动合同解除权

（1）劳动者的特殊情形。主要包括：劳动者患病或者非因工负伤，在规定的医疗期满后不能从事原工作，也不能从事由用人单位另行安排的工作的；劳动者不能胜任工作，经过培训或者调整工作岗位，仍不能胜任工作的；劳动合同订立时所依据的客观情况发生重大变化，致使劳动合同无法履行，经用人单位与劳动者协商，未能就变更劳动合同内容达成协议的。

出现上述情况之一，用人单位提前可以解除劳动合同，但应当提前30日以书面形式通知劳动者本人或者额外支付劳动者1个月工资。

（2）用人单位的特殊情形。用人单位因客观情况需要裁减人员的，可以裁减人员。需要裁减人员20人以上或者裁减不足20人但占企业职工总数10%以上的，用人单位提前30日向工会或者全体职工说明情况，听取工会或者职工的意见后，裁减人员方案经向劳动行政部门报告，可以裁减人员。

依据《劳动合同法》第41条，用人单位需要裁减人员的客观情况主要包括：用人单位依照企业破产法规定进行重整的；用人单位生产经营发生严重困难的；用人单位因转产、重大技术革新或者经营方式调整，经变更劳动合同后，仍需裁减人员的；其他因劳动合同订立时所依据的客观经济情况发生重大变化，致使劳动合同无法履行的。

裁减人员时，应当优先留用与本单位订立较长期限的固定期限劳动合同的人员，与本单位订立无固定期限劳动合同的人员，或家庭无其他就业人员并有需要扶养的老人或者未成年人的人员。用人单位在6个月内重新招用人员的，应当通知被裁减的人员，并在同等条件下优先招用被裁减的人员。

3. 用人单位不得解除劳动合同的情形

这里所说的用人单位不得解除劳动合同，是指用人单位不得以劳动者或用人单位出现前述"特定情形"之由提出解除合同。也就是说，即使劳动者或用人单位出现了前述特定情形，用人单位也不得解除合同。

根据《劳动合同法》第42条，用人单位不得单方解除劳动合同的情形包括：从事接触职业病危害作业的劳动者未进行离岗前职业健康检查，或者疑似职业病病人在诊断或者医学观察期间的；在本单位患职业病或者因工负伤并被确认丧失或者部分丧失劳动能力的；患病或者非因工负伤，在规定的医疗期内的；女职工在孕期、产期、哺乳期的；在本单位连续工作满15年，且距法定退休年龄不足5年的；法律、行政法规规定的其他情形。

（三）劳动者经济补偿

劳动者经济补偿是指在劳动者无过错的情况下，劳动关系终止，或用人单位提出解除劳动合同时，用人单位依法一次性支付给劳动者的经济补助金，又称经济补偿金。

经济补偿金不仅适用于劳动合同解除，也适用于劳动合同终止，但劳动者因达到退休年龄而终止劳动合同，且已经依法领取基本养老保险待遇的除外。经济补偿金的另一发放条件是用人单位提出解除劳动合同且劳动者无过错。劳动者主动提出离职的，用人单位不必支付经济补偿金。但如果是因为用人单位存在违法用工行为，劳动者依据《劳动合同法》第38条的规定提出离职的，用人单位应当支付经济补偿金。

经济补偿金按劳动者在本单位工作的年限，每满1年支付1个月工资的标准向劳动者支付。6个月以上不满1年的，按1年计算；不满6个月的，向劳动者支付半个月工资的经济补偿。劳动者月工资高于用人单位所在直辖市、设区的市级人民政府公布的本地区上年度职工月平均工资3倍的，向其支付经济补偿的标准按职工月平均工资3倍的数额支付，向其支付经济补偿的年限最高不超过12年。月工资是指劳动者在劳动合同解除或者终止前12个月的平均工资。

用人单位违反法律法规规定解除或者终止劳动合同，劳动者要求继续履行劳动合同的，用人单位应当继续履行；劳动者不要求继续履行劳动合同或者劳动合同已经不能继续履行的，用人单位应当依照上述标准的2倍支付赔偿金。

四 集体合同

集体合同是指用人单位与本单位职工根据法律、法规、规章的规定，就劳动报酬、工作时间、休息休假、劳动安全卫生、职业培训、保险福利等事项，通过集体协商签订的书面协议；专项集体合同，是指用人单位与本单位职工根据法律、法规、规章的规定，就集体协商的某项内容签订的专项书面协议。

企业职工一方与用人单位通过平等协商，可以就劳动报酬、工作时间、休息休假、劳动安全卫生、保险福利等事项订立集体合同；也可以就劳动安全卫生、女职工权益保护、工资调整机制等订立专项集体合同。在县级以下区域内，建筑业、采矿业、餐饮服务业等行业可以由工会与企业方面代表订立行业性集体合同，或者订立区域性集体合同。

（一）集体合同的订立

集体合同由工会代表企业职工一方与用人单位订立；尚未建立工会的用人单位，由上级工会指导劳动者推举的代表与用人单位订立。

经双方协商代表协商一致的集体合同草案或专项集体合同草案应当提交职工代表大会或者全体职工讨论。职工代表大会或者全体职工讨论集体合同草案或专项集体合同草案，应当有2/3以上职工代表或者职工出席，且须经全体职工代表半数以上或者全体职工半数以上同意，集体合同草案或专项集体合同草案方获通过。

集体合同草案或专项集体合同草案经职工代表大会或者职工大会通过后，由集体协商双方首席代表签字。

（二）集体合同的效力

集体合同订立后，应当报送劳动行政部门；劳动行政部门自收到集体合同文本之日起15日内未提出异议的，集体合同即行生效。

依法订立的集体合同对用人单位和劳动者具有约束力。行业性、区域性集体合同对当地本行业、本区域的用人单位和劳动者具有约束力。用人单位与劳动者订立的劳动合同中劳动报酬和劳动条件等标准不得低于集体合同规定的标准。

（三）集体合同的变更、解除和终止

集体合同或专项集体合同期限一般为1～3年，期满或双方约定的终止条件出现，即行终止。

集体合同或专项集体合同期满前3个月内，任何一方均可向对方提出重新签订或续订的要求。双方协商代表协商一致，可以变更或解除集体合同或专项集体合同。变更集体合同的程序可参考集体合同的订立程序，不再赘述。

（四）集体合同争议的协调处理

集体协商过程中发生争议，双方当事人不能协商解决的，当事人一方或双方可以书面向劳动保障行政部门提出协调处理申请；未提出申请的，劳动保障行政部门认为必要时也可以进行协调处理。

劳动保障行政部门应当组织同级工会和企业组织等方面的人员，共同协调处理集体协商争议。协调处理集体协商争议，应当自受理协调处理申请之日起30日内结束协调处理工作。期满未结束的，可以适当延长协调期限，但延长期限不得超过15日。

协调处理应制作协调处理协议书，协调处理协议书应当载明协调处理申请、争议的事实和协调结果，双方当事人就某些协商事项不能达成一致的，应将继续协商的有关事项予以载明。协调处理协议书由集体协商争议协调处理人员和争议双方首席代表签字盖章后生效。争议双方均应遵守生效后的协调处理协议书。

第三节　劳动者社会保险

社会保险是指国家通过立法强制建立的，由国家、用人单位和个人共同筹集资金，使个人在年老、患病、工伤、失业、生育等情况下获得必要的物质帮助的社会保障制度。在我国，社会保险问题受《中华人民共和国社会保险法》（以下简称《社会保险法》）的调整，但由于用人单位有为劳动者缴纳社会保险金的义务，因此社会保险构成了劳动关系的重要内容。

一　工伤保险

工伤保险是指劳动者在工作中或在规定的特殊情况下，遭受意外伤害或患职业病导致暂时或永久丧失劳动能力以及死亡时，劳动者或其遗属从国家和社会获得物质帮助的一种社会保险制度。2010年国务院《工伤保险条例》对工伤保险费的缴纳、工伤的认定以及工伤保险待遇等作出具体而详细的规定。

(一)工伤保险费的缴纳

工伤保险费由用人单位缴纳，劳动者无须缴纳。工伤保险费根据以支定收、收支平衡的原则，根据不同行业的工伤风险程度实行行业差别费率，并根据使用工伤保险基金、工伤发生率等情况在每个行业内确定费率档次。行业差别费率和行业内费率档次由国务院社会保险行政部门制定，报国务院批准后公布施行。社会保险经办机构根据用人单位使用工伤保险基金情况、工伤发生率和所属行业费率档次等情况，确定用人单位缴费费率。

目前，我国工伤保险费平均缴费率原则上控制在职工工资总额的1.0%左右。

(二)工伤认定

工伤认定是工伤职工享受待遇的前提，由劳动保障行政部门负责认定。《工伤保险条例》明确了应当认定为工伤的情形有：① 在工作时间和工作场所内，因工作原因受到事故伤害的；② 工作时间前后在工作场所内，从事与工作有关的预备性或者收尾性工作受到事故伤害的；③ 在工作时间和工作场所内，因履行工作职责受到暴力等意外伤害的；④ 患职业病的；⑤ 因工外出期间，由于工作原因受到伤害或者发生事故下落不明的；⑥ 在上下班途中，受到非本人主要责任的交通事故或者城市轨道交通、客运轮渡、火车事故伤害的；⑦ 法律、行政法规规定应当认定为工伤的其他情形。

除上述情况外，在工作时间和工作岗位，突发疾病死亡或者在48小时之内经抢救无效死亡的，在抢险救灾等维护国家利益、公共利益活动中受到伤害的，以及职工原在军队服役，因战、因公负伤致残，已取得革命伤残军人证，到用人单位后旧伤复发的，视同工伤，享受工伤保险待遇。

因故意犯罪、醉酒、吸毒、自残或者自杀而导致伤害的，不能认定为工伤。

(三)工伤认定争议处理

工伤认定工作由社会保险统筹地区社会保险行政部门负责，若申请认定工伤的职工或其直系亲属、该职工所在单位对工伤认定结论不服，可申请行政复议或者直接向人民法院提起行政诉讼。

(四)工伤保险待遇

工伤保险待遇针对伤残对象的不同，大体分为四类，即工伤医疗康复待遇、辅助器具配置待遇、伤残待遇和死亡待遇。

工伤医疗康复待遇主要包括三项：一是治疗工伤所需的挂号费、医疗康复费、药费、住院费等费用；二是工伤职工治疗工伤需要住院的，由所在单位按照因公出差伙食补助标准的70%发给住院伙食补助费；三是工伤职工需要停止工作接受治疗的，享受停工留薪期待遇。

辅助器具配置待遇应根据工伤职工日常生活或就业需要，经劳动能力鉴定委员会确认后才可享有，主要是安装假肢、矫形器、假眼、假牙和配置轮椅等辅助器具，所需费用按照国家规定的标准从工伤保险基金支付。

伤残待遇按照伤残鉴定等级的不同而有所区别。所有等级均享受从工伤保险基金按伤残等级支付的一次性伤残补助金，不同等级伤残职工还分别享受不同的待遇。死亡待遇主要包括三项：一是丧葬补助金；二是供养亲属抚恤金；三是一次性因工死亡补助金。对于不同情形下工伤职工应享有的工伤保险待遇，国务院《工伤保险条例》作出了具体而详细的规定。

二 职工养老保险

养老保险是为解决劳动者退休后或因年老丧失劳动能力退出劳动岗位后的基本生活而建立的一种社会保险制度。关于养老保险的法律规范主要是《社会保险法》。为促进养老保险金的全国统筹，2018年，发布《国务院关于建立企业职工基本养老保险基金中央调剂制度的通知》。

（一）职工养老保险金的缴纳

职工养老保险基金由用人单位和个人缴费以及政府补贴组成，分为养老金统筹账户和个人账户两部分。

养老金统筹账户部分由用人单位按照国家规定的本单位职工工资总额的比例缴纳，记入养老金统筹账户。目前我国用人单位缴费比例一般不超过其工资总额的20%。具体比例由省、自治区、直辖市政府确定。

个人账户部分由劳动者依照本人上一年度月平均工资为缴费基数，按一定比例缴纳。本人月平均工资低于当地职工月平均工资的60%的，按当地职工月平均工资的60%为缴费基数。1998年1月1日—2005年12月31日，个人缴费比例为本人缴费基数的11%；2006年起，缴费比例调整为8%。个人缴费部分纳入养老金个人账户。

（二）职工享受养老保险的条件

目前我国实行的法定企业职工退休年龄是，男年满60周岁，女工人年满50周岁，女干部年满55周岁。从事井下、高温、高空、特别繁重体力劳动或其他有害身体健康的工作的，退休年龄为男年满55周岁，女年满45周岁。因病或非因工致残，由医院证明并经劳动鉴定委员会确认完全丧失劳动能力的，退休年龄为男年满50周岁，女年满45周岁。2021年《中华人民共和国国民经济和社会发展第十四个五年规划和2035年远景目标纲要》提出：综合考虑人均预期寿命提高、人口老龄化趋势加快、受教育年限增加、劳动力结构变化等因素，按照小步调整、弹性实施、分类推进、统筹兼顾等原则，逐步延迟法定退休年龄，促进人力资源充分利用。据此，我国将来会逐步延迟退休年龄，但直到本书付梓之日，具体的延迟方案仍尚未出台。

个人达到法定退休年龄，并不当然享受养老保险待遇，还要求个人缴费年限累计满15年。累计不满15年的，退休后不享受基础养老金待遇，其个人账户储存额一次支付给本人。劳动者也可以在达到退休年龄后继续缴费至满15年，并享受职工养老保险待遇，还可以转入新型农村社会养老保险或城镇居民社会养老保险。

（三）职工养老保险待遇

职工退休后符合享受职工养老保险待遇条件的，按月领取基本养老金。基本养老金由基础养老金和个人账户养老金标准组成。

基础养老金月标准＝（当地上年度在岗职工月平均工资＋本人指数化月平均缴费工资）÷2×1%×缴费年数

本人指数化月平均缴费工资＝当地上年度职工月平均工资×职工平均工资指数

职工平均工资指数＝$(X_0 \div C_1 + X_1 \div C_2 + \cdots + X_{n-1} \div C_n) \div n$

其中，X_0，X_1，$\cdots$，X_{n-1}分别为职工退休当年、前1年到前$n-1$年的缴费工资基数，C_1，C_2，$\cdots$，C_n分别为职工退休前1年、前2年到前n年的当地职工平均工资。

个人账户养老金月标准＝个人账户存储额÷计发月数

不同年龄退休的，国务院规定了不同的计发月数。对于55岁和60岁退休的职工，计发月数分别为170个月和139个月。我国延迟退休年龄的具体方案出台后，相关计算标准可能会进一步调整。

对于1998年7月1日前参加工作，2006年后退休且缴费年限累计满15年的人员，在发给基础养老金和个人账户养老金的基础上，再发给过渡性养老金。

三　其他社会保险

（一）基本医疗保险

劳动者应当参加职工基本医疗保险，由用人单位和劳动者按国家规定共同缴纳基本医疗保险费。当劳动者生病或受到伤害时，医疗费可按照法律法规规定从医疗保险基金中列支。

用人单位的缴费费率结合当地经济发展水平确定，一般按照其职工工资总额的6%左右缴纳，劳动者本人一般按本人工资收入的2%左右缴纳。劳动者本人缴纳的部分和用人单位缴纳部分的30%左右划入职工基本医疗保险个人账户，可用于支付社会医疗统筹基金起付标准以下的医疗费用。

（二）失业保险

失业保险由用人单位和劳动者本人共同缴纳。用人单位的缴费比例为其工资总额的2%，劳动者缴费比例为本人工资的1%。

劳动者失业前用人单位和本人已经缴纳失业保险费满1年，非因本人意愿中断就业且已进行失业登记并有求职要求的，失业后可以领取失业保险金并享受其他失业保险待遇，如失业期间个人应缴纳的医疗保险费从失业保险金中支付，享受职业培训补贴等。

对于领取失业保险金的期限，《失业保险条例》规定，失业人员失业前所在单位和本人按照规定累计缴费时间满1年不足5年的，领取失业保险金的期限最长为12个月；累计缴费时间满5年不足10年的，领取失业保险金的期限最长为18个月；累计缴费时间10年以上的，领取失业保险金的期限最长为24个月。重新就业后，再次失业的，缴费时间重新计算，领取失业保险金的期限可以与前次失业应领取而尚未领取的失业保险金的期限合并计算，但是最长不得超过24个月。失业保险金的标准，按照低于当地最低工资标准、高于城市居民最低生活保障标准的水平，由省、自治区、直辖市人民政府确定。

（三）生育保险

生育保险由用人单位缴纳，个人无须缴纳。缴费比例由当地人民政府根据具体情况确定并根据费用支出情况调整，但最高不得超过工资总额的1%。已经缴纳生育保险费的，其职工享受生育保险待遇，生育保险待遇包括生育医疗费用和生育津贴。

> **与本讲内容相关的重要法律、法规和司法解释**
>
> 1.《中华人民共和国劳动法》
> 2.《中华人民共和国劳动合同法》
> 3.《工伤保险条例》
> 4.《中华人民共和国社会保险法》
> 5.《失业保险条例》

第十四讲

国家对市场的干预

　　经营者与其他经营者之间不仅有共存关系,还有相互之间的各种交易关系,除此之外,经营者还存在与消费者的消费关系,以及与劳动者的劳动关系。无论何种关系,都是私主体之间的关系。经营者在经营过程中所涉及的法律关系并不限于私主体之间的关系,还涉及与国家机关(尤其是具有经济管理职能的行政机关)之间的关系。

　　经营者与国家机关之间的关系是国家对市场进行干预的体现。国家对市场的干预方式既有对市场的宏观引导和调控,也有对个体经营者经营行为的规制和监管。从学科划分的角度,国家对市场的这种调控和监管构成了经济法专业的核心内容,但从立法体系上,这些法律规则主要分散于与经济管理有关的各种行政法律法规中,是经济行政法的重要组成部分。

第一节　国家干预市场的一般理论

一　国家干预的正当性问题

（一）对国家干预市场正当性的质疑

尽管当前几乎所有的国家都不同程度地对市场实施干预，但在国家公权力是否应当干预经济的问题上，至今仍有些人从根本上持反对态度。他们认为：国家存在的必要性仅在于保护个体的自由，一个政府只要有足够的能力保护每个人的自由、防范侵犯自由的行为即可，过大的权力会影响个体的自由，也缺乏充分的正当理由。据此，他们将国家的职能限定于法庭、警察、监狱、防卫部队等方面，认为政府仅应充当一种"守夜人"的角色。当然，这样最低限度的国家在当前的政治实践中几乎不存在。

亚当·斯密在其《国富论》一书中揭示了市场秩序的自生规律。在市场上，生产什么商品取决于消费者的需求和偏好，如何生产取决于生产者之间的竞争，为谁生产则取决于生产要素市场上的供给和需求。市场上似乎有一只看不见的手，引导着市场的良性循环并维持着一种稳定有序的市场秩序。在这种思想理念的支配下，自由主义经济学家反对国家对市场的干预，认为国家干预必然导致对市场自由秩序的破坏，并导致腐败，从而影响市场经济的发展。

哈耶克对市场秩序乃至社会制度的形成作了进一步论证。他认为：人的理性和对知识的掌握是有限的，不可能仅凭理性"建构"出完美的制度。相反，制度是"自生自发"的，是在长期的"试错"过程中逐渐形成的。因此，寄希望于政府全方位"建构"社会制度只能走向对个人的奴役。市场秩序是典型的自生自发秩序，市场的运行应当遵循其自身的规律，不应受到国家公权力的干预。他认为国家权力应限定在三个方面，即社会秩序的维护、保卫国防和征收税款以资助政府的公共服务性活动，除此之外的经济活动应当由市场进行调节，国家公权力不应进行过多的干预。

（二）市场失灵与政府对市场的介入

在自由主义者眼里，市场秩序是自生自发的，不需要任何刻意的设计和规划，就会有数不清的各类商品被生产出来，并运送到各个需求者手中。然而，也有一些经济学家指出，市场的这种有序性并不是在任何情况下都是可欲的。这些经济学家业已论证，至少在以下三种情况下，市场自身的调节机制会失灵，需要国家公权力的干预。

1. 不完全竞争

市场的有序和均衡依赖于公平的市场竞争，理想的竞争状态应是完全竞争，完全竞争的市场形成依赖于以下条件：① 市场上存在大量的具有合理的经济行为的卖者和买者；② 产品是同质的，可互相替代而无差别化；③ 生产要素在产业间可自由流动，不存在进入或退出障碍；④ 卖者或买者对市场都不具有某种支配力或特权；⑤ 卖者和买者间不存在共谋、暗中配合行为；⑥ 卖者和买者具有充分掌握市场信息的能力和条件，不存在不确定性。

完全竞争是一种理想状态，从来没有真正实现过，一般来说，基本符合上述条件，也可以维持市场的有序和均衡。但是，当个别企业或个人能够影响某种产品的价格时，不完全竞争就出现了。不完全竞争的极端情况是垄断。垄断情况下，新的竞争者无法进入市场，产品价格被垄断者所控制，而不是由市场机制来决定，市场的"看不见的手"不再起作用。

不完全竞争情况下，需要政府采取一定措施，制止市场操控行为，维护市场的公平竞争秩序。

2. 外部性

外部性又称溢出效应，是指市场行为所产生的、未被纳入成本或收益的外在影响，这种影响可以是负面的，也可以是正面的。前者如工厂排放的废气和废水，后者如一个人填平了门前路上的水坑，不仅使自己，也使路人受益。市场的外部性无法通过市场机制本身来解决，只能通过政府的强制干预来控制市场行为的外部溢出。

在外部性控制方面，主要通过一些法律强制性规范来限制负面溢出效应，而对于正面溢出效应，则通过法律的保护性措施来给予鼓励。正外部性的极端例子是公共品，公共品无法排除他人的共享，也无法做到让共享者分担成本，因此，公共设施不能完全依赖私人投入，需要政府的介入以鼓励公共品的投入，或者由政府直接投入。

3. 信息不完全

"看不见的手"的理论假设是建立在买卖双方对交易物的信息均充分掌握的基础上，但这种理想常常与现实相去甚远。最典型的案例是三鹿奶粉事件，由于奶粉中含有大量的三聚氰胺，导致30万名婴幼儿受害。在这一事件中，对于作为买方的广大消费者来说，充分掌握产品的信息几乎是不可能的。在这种情况下，"看不见的手"显然无法发挥作用，只能依赖政府的干预。

（三）政府干预市场的其他理由

政府对市场的干预不仅是由于市场自身的失灵，还因为在增进社会公平和提高市场效率方面，也需要政府通过社会再分配和宏观调控等手段解决公平和效率问题。

1. 增进社会公平

市场机制可以自发地实现供给和需求的均衡，但并不能实现财富分配的均衡。市场需求并不是一种单纯的需要，其背后还隐含着一个重要的影响因素——支付能力。富人家的猫所喝的牛奶，也许正是穷人家的孩子健康成长所必需的东西，但由于穷人没有支付能力，所以牛奶并没有因为穷人有需求而流向穷人家孩子的餐盘。也就是说，市场机制本身不能解决财富公平分配的问题，甚至会进一步加剧社会的贫富分化。贫富分化会带来较严重的社会问题，在政治上和道德上也很难为人所接受，需要政府采取一定的措施来改变收入的分配，以增进社会公平。

2. 宏观经济调控

完全竞争是市场经济的一种理想状态，但这种理想状态事实上从来没有实现过。不完全竞争状态下所积累的问题达到一定程度，就会引起经济危机的爆发。事实上，资本主义自产生以来，也一直受到以通货膨胀和经济衰退为特征的经济危机的周期性困扰。自美国罗斯福新政起，受凯恩斯主义思想的启发，政府开始通过谨慎地运用财政政策和货币政策，对宏观经济进行调控。尽管仍有很多经济学家认为政府的干预带来了更多的问题，但在很多人看来，政府的干预成功地抑制通货膨胀和失业的大幅度波动，至少在某种程度上缓解了经济危机的严重程度。

二 政府干预市场的方式及其限度

国家具有两面性，国家权力并不是越大越好，国家权力越大，越容易滋生腐败，个体的自由空间越小。对于市场的运行，国家公权力也应当尽可能地保持克制，不应过多地予以干预，这基本上已成了人们的共识。目前，几乎所有国家都会不同程度地对市场进行干预，所不同者，不过干预的具体方式及其限度而已。

（一）国家干预市场的限度

尽管当前所有国家都不同程度地对市场实施干预，但人们也清楚地认识到，国家的干预并不是越多越好。那么，国家公权力干预经济的合理性限度何在？公权力的边界应划在何处呢？就此，当前也存在两种不同的态度。

一种态度可以称为谨慎的态度，认为国家对经济的干预尽管是必要的，但应当保持一种非常谨慎的态度，只有当市场自身存在难以克服的障碍时，才有国家干预的必要。这一观点的代表人物是英国经济学家哈耶克，他认为社会秩序是自发形成的，人的理性不足以掌握足够的信息来有效掌控社会的发展进程，因此，国家对经济的干预应当尽可能保持克制与谨慎。

另一种态度可称为积极的态度，主张国家应当积极介入经济活动。他们认为市场是不完善的，社会总供给和社会总需求难以自动实现均衡，为解决有效需求不足的问题，就应当放弃经济自由主义，代之以国家干预的方针和政策。这一观点的代表人物是英国经济学家凯恩斯，他主张通过增加政府支出，以公共投资的增量来弥补私人投资的不足。凯恩斯的理论被称为凯恩斯主义，该理论成为罗斯福新政和第二次世界大战后许多国家政府干预经济的理论依据。

关于政府对经济实施干预的边界或者说限度，很难有一个具体而明确的界定。结合两方面的观点以及权力的来源，也许我们可以为国家公权力干预市场的限度问题设定以下两个最为基本的原则或者标准：① 公权力必须经法律的明确授权才能行使，凡法律没有明确授权的，则不能实施干预；② 只有在市场存在自身无法避免且无法自愈的"疾病"时，国家公权力才有介入的必要。

立足于上述标准，政府在对经济实施干预的时候，应有一种谦抑和谨慎的态度，只有在市场存在其自身难以克服的缺陷时，才可以实施干预，而且必须在法律明确授权的范围内依法干预。无论将公权力的限度划定在何处，我们都应当清楚地认识到：国家公权力应当是市场秩序的维护者，而不能成为市场机制的操控者。

（二）政府干预市场的方式

国家公权力干预市场的方式基本上可分为三类：一是行为的规制；二是行业的监管；三是市场的调控。规制是立法规制，监管是行政监管，调控是宏观调控。

1. 市场行为的法律规制

所谓规制，指规范和控制，有纠偏、校准之意，是指对偏离市场要求的行为进行的约束和校正。规制是行为规制，也是法律规制，是通过立法对市场主体的行为进行的规制。人与人在共处和交往过程中，相互之间负有免于对他人造成损害的注意义务、通过相互承诺设定的约定义务，以及法律根据具体交往关系所设定的义务。这些义务也是对个体行为的规范和约束，但是，对于民法上对个体行为的这些约束和限制，一般不称其为规制，因为规制往往隐含着某种事先的规划和设计，目的是使个体行为遵循既定的轨道或走向既定的目标。一旦个体行为偏离轨道或目标，则应予以及时纠正。由此，规制强调的主要不是约束和限制，而是对行为的规划和校正。

从国家公权力对市场行为干预的角度看，规制是国家对市场主体行为的干预，强调的是国家对市场的目标规划及其对经营者经营行为的要求。为防止个体行为所导致的市场失灵，对于某些特定的市场行为，法律会作出特别的规范，如对不正当竞争行为和垄断行为的特别规范，又如对证券市场从业人员交易行为的特别规范，再如对广告行业从业人员广告行为的特别规范等。通过这些特别的法律规制，可以有效规范市场主体的经营行为，从而维持一个公平和谐且高效运行的市场秩序。

2. 市场的行政监管

行业监管是国家行政机关对特定行业实施的监督和管控，是国家公权力干预市场经营活动最直接的手段。监管也有对市场行为的监管，但同时也对经营条件和经营环境是否符合条件或达到法律要求的标准等实施监管。相对而言，规制强调的是国家对市场行为的法律规范，而监管体现的是国家公权力对市场的直接管理。

在我国，各行业基本上都有其行政主管部门，如大部分金融行业的主管部门是国家金融监督管理总局，证券行业的行政主管部门是中国证券监督管理委员会，房地产行业的行政主管部门是住建部，交通运输行业的行政主管部门是交通部，电信行业的行政主管部门是工信部等。除国务院各部委和直属机构外，各部委下还成立了各种专门负责行业监管的国家局，如国家能源局、国家烟草专卖局、国家林业和草原局、国家矿山安全监察局、国家药品监督管理局、国家中医药管理局、国家外汇管理局、国家知识产权局等。各部局一般在省级、市级、县级设立归口管理的地方机构，负责各级行政管辖区域内的行业监管工作。

3. 经济的宏观调控

行政监管行为一般都是具体行政行为，是由具体的行政主管机关针对具体的事项采取的具体的监督管理措施。宏观调控则一般是由中央政府实施、立足于全国经济全局、针对经济均衡发展采取的间接的引导性调整措施。宏观调控不是针对具体经营行为的管理和控制，而是对国民经济总量的调控。其调整目标也不是督促经营者合法经营，而是实现整个社会总供给与总需求之间的平衡。这种调控不是针对任何具体的经营者实施的，并不像行政监管那样只对监管行为所针对的经营者产生影响，而是在全国范围内产生影响。由于宏观调控措施不是针对具体经营者直接实施的，所以调控行为本身不具有可诉性。对于具体的经营者而言，即使宏观调控政策失败，也很少有法律上的救济措施。

在我国，宏观调控主要由国家发展和改革委员会、财政部、中国人民银行等国务院下属职能部门行使。尽管这三个部门在国家经济宏观调控方面起着最为重要的作用，但其他部门的政策对国民经济也会有或多或少的影响，如科技部和工信部的科技和信息政策。对于宏观调控职能配置，我国宪法中只是原则性地规定国务院领导和管理经济工作，但对通过什么方式以及由哪些部门行使该权力并未具体规定。目前，国务院下属各职能部门的职责分工主要是由《中华人民共和国国务院组织法》和《国务院关于机构设置的通知》来进行划分的。但是，对哪些部门可以实施哪些宏观调控措施、实施的条件和方式、调控效果的评价反馈与调整等问题，目前我国仍缺乏具体而明确的规定。各部门之间职权的分工与协调也有待进一步完善。

（三）国家干预的约束

既然国家的干预只有在市场存在无法自愈的"疾病"时才是必要的，那么国家的干预就必须被限制在特定的范围之内，避免其过度膨胀。常见的约束手段主要包括立法约束、程序约束和权利制约。

1. 立法约束

对于公权力而言，法无明文授权即为禁止，任何权力的行使都必须有明确的法律授权依据。授权意味着，任何权力都是一定前提条件之下和一定范围之内的权力，在此意义上，立法授权既是权力的来源，同时也是对权力的约束。根据我国宪法和《立法法》的规定，国家公权力应当由全国人大及其常务委员会通过立法授予，其他任何机关均无权在法律之外授予国家权力，也无权任意扩大法律所授予的国家公权力的范围。但是，由于宪法的授权性规定较为笼统，国务院及其各部委，甚至地方人大与地方政府也常常通过法规、规章，甚至其他行政性文件的形式对各级行政机关的职权作出具体规定。在这一过程中，常常使权力的授权依据问题变得不够清晰。对此如何进行规范和完善，仍

然是一个需要进一步讨论的重要课题。

2. 程序约束

行政权力行使程序有内部程序和外部程序之分，内部程序是权力在行政机关内部运行的流程，其程序设计的目的主要在于权力的内部控制以及内部运行的规范化。外部程序是权力对外行使过程中所遵循的程序，其程序设计的目的主要在于权力的约束和相对人的权利保护，避免权力的滥用。此处所说的程序约束主要是指外部程序对权力行使的约束。

权力行使的程序约束几乎在所有的执法过程中都存在。比如，在执法过程中，一般要求两名执法人员在场；又如，在对行政管理相对人实施行政处罚前，要告知相对人所享有的相应权利等。如果权力行使过程中没有遵循法律规定的程序，则据此作出的行政行为或决定无效。

3. 权利制约

权利是对抗权力最直接的武器。单纯从性质上说，权利是被动、防御、柔弱的，而权力是主动、进攻、强势的，但权利是权力不能逾越的边界。在此意义上，明确的权利是对权力最有效的约束。面对国家公权力，相对人还享有陈述申辩权、申请复议权、提起诉讼权、申诉控告权等广泛的对抗性权利，确保权力能以法律规定的方式正确行使。

三 我国政府对市场的干预及其问题

理论上，一切权力均来源于法律的授予，没有法律上的根据，便不存在权力。但是，我国法律对政府各部门的职责大多只有原则性规定，政府各部门的具体职责多是由国务院通过行政性文件确定的，当各部门依据这些行政文件对经济实施干预时，很难对其权力行使的合法性进行明确的评价。此外，我国还有一个值得关注的现象，即使应由人大立法的法律，尤其是涉及经济干预问题的法律，一般都是由国务院下属的行政主管部门起草的，立法工作常有让行政机关主导之嫌。

尤其应予注意的是，我国的立法权并不限于国家立法机关，国务院及其下属各部委、地方政府均有相应的立法权。大量的部门立法和地方立法难以计数，其数量之大，远远超过人大制定的法律。在这种情况下，通过立法已很难对政府的权力形成有效的约束与限制，不仅一度出现"馒头办"这样的管理机构和"不准养猪"这样的政府文件，而且各职能部门之间存在职责权力划分不清、推诿扯皮等现象。

我国曾长期实行计划经济，经济生活完全掌控在政府手中，从改革开放初期至今，经过40多年的机构改革和政府职能的转变，政府在观念和意识上已有很大改进，但仍然存在一些问题。社会没有形成有效的自我管理和自我调节机制，对政府仍有很大的依赖性，"一管就死，一放就乱"的现象未能从根本上得到避免。在这种情况下，如何确定政府干预权的边界更是一个复杂的课题。十八届四中全会《中共中央关于全面推进依法治国若干重大问题的决定》指出："行政机关不得法外设定权力，没有法律法规依据不得作出减损公民、法人和其他组织合法权益或者增加其义务的决定。推行政府权力清单制度，坚决消除权力设租寻租空间。"但是，如何完善法律，明确划定政府经济干预权的范围，这一话题虽然是老生常谈，但仍是当下我国政府干预经济面临的主要问题。

1. 郑州市"馒头办"风波

1998年，郑州市为加强对馒头市场的管理，成立了"郑州市馒头生产销售管理办公室"（市馒头办），各区的馒头办也相继成立。2000年11月，郑州市政府制定了《郑州市馒头生产销售管理暂行办法》，于2001年1月1日起施行。该办法规定，从事馒头生产的单位和个人应向市商贸行政主管部门申领"馒头定点生产许可证"，符合食品卫生要求的，由市卫生行政部门发给"食品卫生许可证"。

2001年3月14日，市馒头办在金水区查获了一家没有在市馒头办办证的馒头生产商，正要对其实施处罚，区馒头办工作人员赶到，认为应由区馒头办罚款，两级馒头办为争夺处罚权，其工作人员当街对骂，引起市民围观。4月4日，郑州市人民政府召开新闻发布会，撤销了两级馒头办。

郑州市虽然撤销了馒头办，但馒头办并不只有郑州有，很多城市都设有馒头办或其他类似的各种办公室。如河北邯郸的"辣椒办"、河南商丘的"午间禁酒办"，辽宁的"除草办"，陕西咸阳的"洗脚办"等，花样繁多，层出不穷。

2019年全国两会期间，习近平总书记在河南代表团参加审议时再次说起"馒头办"。人民网评论说："河南是粮食大省，是中国农业的缩影。将馒头行业管起来的'馒头办'，折射的是'管'还是'放'的问题，背后更有中国延续了几千年的温饱问题。"

（参见冯皓：《习近平点名的"馒头办"往事：背后是中国几千年的温饱问题》，载第一财经网，https://www.yicai.com/news/100135312.html，2019年3月10日。）

2. 东莞市养猪的困惑

2007年12月4日，广东省东莞市召开清理畜禽养殖业污染工作会议时提出，从2009年1月1日起，养猪业将全部退出东莞。根据东莞市政府的"禁猪令"，东莞将分四步停止养猪业发展：从当时起到12月15日，对暂缓清理的养猪场进行核查，并立牌公示，实行统一管理，接受社会监督；2007年年底前对所有非暂缓清理的养猪场进行彻底清理；2008年年底前，对包括暂缓清理在内的所有养猪场进行全面清理；2009年1月1日起，全市范围内停止所有生猪养殖活动，仍进行生猪养殖活动的场所发现一个，清理一个，查处一个。

东莞市政府称，"禁猪"的首要原因是东莞环境容量日趋窘迫，不堪承受养猪业的污染之重。东莞市政府提供的资料表明，一头猪排放的污染负荷相当于7~10个人排放的污染负荷。东莞现有75万头生猪，要新建一座日处理132万吨的污水处理厂，才能有效净化处理。按照每吨0.8元的污水处理费计算，一年需要4亿多元污水处理费。

大量、分散、简陋的畜禽养殖场，不仅严重污染地表水源、污染空气环境，而且六成养殖场采用潲水养殖，易发食品安全的事件。有群众写信投诉，人大代表、政协委员也多次提出意见，强烈要求整治养殖业污染。"禁猪令"也是城市化进程和产业转移升级的需要，保留大量的养殖基地会占用宝贵的土地资源。与此同时，东莞市是以制造业为主的城市，其最大特点是工厂多、外来人口多，不养猪既可以节约土地，又可以减轻当地环境污染的治理难度。从社会细化分工的角度看，一个城市总是优先侧重发展优势产业，将一些产业淘汰转移出去也有利于其他地区发展生猪生产，各地区之间按照比较优势进行分工。因此，"禁猪令"在东莞32个镇街征求意见时，得到了26个镇街的支持。东莞市政府领导还表示，"禁猪令"是东莞市经过深思熟虑作出的决策，暂时不会作出改变，并且还会由禁养生猪扩大到禁养家禽等，但政府会进一步做好相关配套工作，确保猪肉供应，并对猪农进行妥善安置。

"禁猪令"发出后，在当时引起社会广泛争议，在社会舆论压力下，"禁猪令"不久即被取消。但围绕着养猪引发的问题并未因此结束。2012年，东莞市农业局、国土资源局、环境保护局再次联合下发《东莞市生猪生产规划（2012—2020年）》，根据规划，为节约用地，东莞生猪实施集中养殖、清洁养殖，东莞市今后养猪必须位于有关规定设置的"禁养区"之外。从2012年5月底至6月底，东莞展开新一轮全市范围的畜禽养殖场大清拆行动，对"禁养区"内的养殖场一律清拆。

（参见陈冀：《东莞"禁猪令"为何反对者众》，载《中国青年报》2007年12月10日；王俊伟：《东莞养猪新规出台 谢岗等传统养猪大镇被禁养》，载凤凰网，https://news.ifeng.com/c/7fcgsz0pOtX，2012年7月17日。）

第二节 国家干预市场的立法

国家干预市场所涉及的领域非常广泛，相应的立法也比较分散。学科意义上的经济法理论一般根据国家干预市场的不同方式将经济法分为市场规制法、市场监管法和宏观调控法三个部分，从而建构起一个统一的具有内在逻辑的经济法学科体系。

市场规制法

很多经济法教科书将市场规制法等同于反不正当竞争法和反垄断法，还有的将产品质量法和消费者权益保护法也归入市场规制法的范围。但是，产品质量法体现的是国家对产品质量的监管，应属于行政监管的范畴；消费者权益保护法强调的是消费者权益保护，而不是对经营者经营行为的规制，将其归入市场规制法同样不妥。另外，需要特别予以立法规制的市场行为并不限于竞争和垄断行为，很多特殊行业领域（如证券、广告、基金、保险等）都需要法律的特别规制。这些立法因多为行业立法，其关于行为规制的内容较为分散，而且与监管内容并存，但其中关于市场行为规制的内容均可归入市场规制法的范围。

（一）市场规制法的主要适用范围

1. 市场竞争与垄断行为

市场竞争行为和垄断行为是首先需要规制的市场行为，很多人甚至认为，市场规制法就是对竞争和垄断行为的规制法。对竞争和垄断行为的规制方式在于制止不正当竞争、预防垄断，目的在于维护公平的市场竞争秩序。公平竞争秩序反映的是经营者之间的共存关系，为维护和平的共存秩序，每个人都负有免于给他人造成伤害的不作为义务，否则应当承担相应的侵权责任。但是，单纯依赖侵权法无法形成一个公平的市场竞争秩序。很多经营行为并未直接侵害他人的权益，但对市场竞争秩序却会产生不好的影响，如经营者利用市场支配地位的压价倾销行为，又如经营者对消费者的巨额抽奖式诱导消费行为，均没有对其他经营者造成直接损害，依据《民法典》侵权责任编的规定很难约束规范这样的行为，需要通过特别的市场规制法来予以特别规制。

对于反不正当竞争法和反垄断法的具体内容，本书第十一讲已作了详细介绍，此不赘述。

2. 涉及公众利益的经营行为

涉及公众利益的经营行为指的是涉及众多不特定当事人的利益的经营行为。普通公众的从众心理往往比较严重，而且与经营者之间存在明显的信息不对称，如果对这种公众性经营行为不进行规制，其很容易成为经营者收割公众财富的工具，并引发一系列社会问题。

我国法律一般将涉及不特定当事人的人数为200人以上的经营行为认定为涉及公众利益的经营行为。对于这种经营行为，法律常常会对经营者的经营方式、行为限制、信息披露义务等方面作出规定，以维护公众利益。最为典型的例子为股票的发行与交易行为，对经营者股票发行条件和发行方式有非常严格的要求，对经营者内部高管人员的交易行为也有明确的限制，同时还规定了经营者的信息披露义务，以确保投资者能及时地获取发行人的经营信息。

3. 不对等关系中强势一方的行为

不对等关系中的不对等，不是法律地位上的不平等，而是指事实上存在的不对等，主要包括地位不对等和信息不对等。最典型的不对等关系是劳动关系和消费关系，但不对等关系不限于劳动关系与消费关系，如前述公众性经营行为所涉及的法律关系中，也常常存在严重的信息不对等。

不对等关系中，由于存在事实上的不对等，在没有法律干预的前提下，弱势一方很难真正表达自己的意志。为平衡这种不对等关系，需要通过法律的干预为弱势一方提供倾斜保护。目前的经济法教科书，多将消费者权益保护法归入市场规制法的范畴，而将劳动法视为相对独立的法律部门，很少将其纳入经济法的体系。对于其他方面的经营行为的规制立法，则多在各自的行业立法中介绍，如对证券发行行为的规制一般在证券法中予以讨论。但国家公权力干预经营行为也是一个值得认真对待的研究视角，据此或许可以抽象出国家公权力对经营行为施加干预的一般性原则。

4. 国家通过法律法规予以规制的其他行为

经营行为有时并不是单纯的市场行为，还常常与国家的经济命脉甚至政治国防等国家利益密切相关，必然也会受到国家的特别关注和规制。在我国，烟草、军工、能源、通信、航空、铁路等行业都是国家垄断经营行业，金融、房地产、交通运输、医疗卫生、文化教育等行业虽然不是国家垄断经营，但均属于国家特许经营的范围，行业准入受到非常严格的限制。

（二）主要规制方式

法律对个体行为的态度主要有禁止、否定、放任、认可、引导和强制六种。禁止是指法律不允许个体实施某种行为，如果实施了法律所禁止的行为，则会遭受法律的处罚。比如，违法犯罪行为均属于法律禁止的行为。否定是指对个体实施的行为，在法律上不认可行为的效力，当然也不提供保护，但不会给予处罚，如当事人订立的无效合同。放任是指对个体的行为既不认可，也不否认，完全由当事人自己决定。如情侣之间单纯基于情感维护而订立的协议，无论是否履行，法律原则上都不会干涉。认可是指对个体自主决定的行为，在法律上给予认可并提供法律保护。比如，《民法典》规定的法律行为均为法律认可的行为，能产生法律上的效果并受到法律保护。引导是指通过鼓励、倡导等方式使个体积极实施法律所鼓励的行为，或依照法律所鼓励的行为方式实施行为，对于实施了法律所鼓励的行为的当事人，法律还常常提供特定的福利或给予特别的奖励。强制是指法律强制个体必须实施法律规定的行为或必须按照法律规定的方式实施行为，一般通过规定经营者必须履行的法定义务来实施强制。如果经营者不履行义务或不按照法律规定的方式履行义务，不仅不会获得法律的认可和保护，还有可能受到法律的处罚。

法律对个体行为的不同态度都会对个体的行为选择产生影响，理论上对个体行为均具有规制作用。但否定、放任和认可反映的是法律对个体行为的基本态度，没有这些态度，便无法在人与人之间维持基本的共处秩序，人与人之间也难以建立正常而稳定的交往关系，因此很难说是对个体行为的法律规制。我们在前文中已经强调，所谓规制，常存在事先的规划与目标设计，规制的目的在于使个体行为按照事先的规划和目标实施，故多有限定与纠偏之意。在此意义上，法律规制方式主要包括禁止、引导和强制三种方式。

二 市场监管法

（一）市场监管的主要适用领域

市场监管是对市场经营活动进行监督和管理的活动。市场监管的适用领域极为广泛，在我国，几乎所有的行业都要受到市场监管机关、业务主管机关和其他监管机关的监管。

1. 市场监管

国家市场监督管理总局及其在地方设立的各级市场监督管理局是专门负责市场监管的机构。2018年3月，根据第十三届全国人民代表大会第一次会议批准的国务院机构改革方案，将国家工商行政管理总局的职责、国家质量监督检验检疫总局的职责、国家食品药品监督管理总局的职责、国家发展和改革委员会的价格监督检查与反垄断执法职责、商务部的经营者集中反垄断执法以及国务院反垄断委员会办公室等职责整合，组建国家市场监督管理总局，作为国务院直属机构，统一负责全国及各级地方政府的市场监管工作。

具体而言，市场监督管理局的工作职责主要包括以下方面：① 市场综合监督管理；② 市场主体统一登记注册；③ 组织和指导市场监管综合执法工作；④ 反垄断统一执法；⑤ 监督管理市场秩序；⑥ 产品质量安全监督管理、特种设备安全监督管理和食品安全监督管理；⑦ 统一管理计量工作和标准化工作；⑧ 统一管理检验检测工作和认证认可工作；⑨ 管理国家药品监督管理局和国家知识产权局；⑩ 完成党中央和国务院交办的其他工作。2023年3月，根据中共中央、国务院印发的《党和国家机构改革方案》，国家知识产权局调整为国务院直属机构。

2. 行业监管

在我国，除市场监督管理局之外，几乎各行各业都有其相应的行政主管机关，这些主管机关基本上都是国务院直属机构，而且大多在地方各级政府设有下级机构，在全国及地方各级范围内负责对本行业的监管工作。

3. 其他监管

除市场监管和行业监管外，我国还有诸多其他方面的监管，比较常见的有安全生产监管、消防安全监管、环境保护监管、价格监管等。安全生产监管和消防安全监管原来分别由国家安全生产监督管理总局和公安部负责，2018年国务院机构改革后，设立应急管理部，安全生产和消防安全均统一由应急管理部负责。环境保护监管和价格监管分别由生态环境部和国家发展和改革委员会下属的价格司负责。

（二）行政监管权

行政监管指监督与管理，相应地，行政监管权也是一种监督管理权。监督管理权并不是一种单一的权力，而是一种集合性权力，包括行政检查权、行政许可权、行政强制权、行政处罚权等多种类型的权力，是上述权力类型的合称。

1. 行政检查权

行政检查权是指行政主管机关对行政管理相对人的行为是否符合法律法规进行执法检查监督的权力。行政检查权在行政监管中的行使十分广泛，几乎适用于所有的行政监管活动。除了一般性的检查行为之外，根据具体情况，检查机关还可以采取调查、查验、检验、鉴定、勘验等手段实施检查。另外，享有行政检查权的机关还可接受当事人的举报，对违法行为进行立案查处。

在检查过程中，检查人员有权进入生产经营现场进行现场检查，有权询问与检查事项相关的工作人员，要求其对有关检查事项作出说明，有权查阅、复制与检查事项有关的文件、资料，对可能被转移、隐匿、损毁的文件、资料予以封存。对检查中发现的违法行为，有权当场予以纠正或者要求限期改正，并可以根据法律规定进行行政处罚。

2. 行政许可权

所谓行政许可，是指行政机关根据公民、法人或者其他组织的申请，经依法审查，准予其从事特定活动的行政行为。行政许可的表现形式繁多，有证照式的，也有非证照式的。在我国现行法律中，证照式的行政许可主要有许可证、执照、注册登记证、准购证、准印证、取水证、运输证、适航证、认可证、通行证、携运证、驾驶证、特许证、合格证及其他证件等。非证照式的行政许可则有准许、许可、批准、核准、指定、登记、特许、注册、审核、审验、查验、备案、检定、检验等。

行政许可意味着对私权利的干预，构成了对个体行为的限制，在市场领域，则是对经营行为的准入性限制。在法律未设定行政许可的情况下，个体的行为是自由的，一旦设定了行政许可，个体必须经许可后才能实施相应的行为。我国于2003年通过了《行政许可法》，2019年进行了修正。根据该法规定，可以设定行政许可的事项主要包括：

① 直接涉及国家安全、公共安全、经济宏观调控、生态环境保护以及直接关系人身健康、生命财产安全等特定活动，需要按照法定条件予以批准的事项；② 有限自然资源开发利用、公共资源配置以及直接关系公共利益的特定行业的市场准入等，需要赋予特定权利的事项；③ 提供公众服务并且直接关系公共利益的职业、行业，需要确定具备特殊信誉、特殊条件或者特殊技能等资格、资质的事项；④ 直接关系公共安全、人身健康、生命财产安全的重要设备、设施、产品、物品，需要按照技术标准、技术规范，通过检验、检测、检疫等方式进行审定的事项；⑤ 企业或者其他组织的设立等，需要确定主体资格的事项；⑥ 法律、行政法规规定可以设定行政许可的其他事项。

由于行政许可构成对个体行为的限制，并极易导致权力寻租，故除非在必要的情况下，不得随意设定许可。上述事项，如果能够由个体自主决定，市场竞争机制能够自行有效调节，行业组织或者中介机构能够自律管理，或行政机关采用事后监督等其他行政管理方式能够解决，均不宜设定行政许可。

3. 行政强制权

行政强制是指行政机关在行政管理过程中，为制止违法行为、防止证据损毁、避免危害发生、控制危险扩大等情形，依法对公民的人身自由实施暂时性限制，或者对公民、法人或者其他组织的财物实施暂时性控制的行为。我国于2011年通过了《行政强制法》，2012年1月1日起施行，是专门规范行政强制措施的法律。

行政机关可以采取的具体行政强制措施主要有四类：一是限制公民人身自由；二是对场所、设施或者财物实施查封；三是扣押财物；四是冻结存款、汇款。限制人身自由的强制措施主要适用于那些对社会有现实威胁或需要强制配合调查的人，而且只有公安、海关、国家安全、医疗卫生等行政机关才可以实施，其他行政机关一般无权实施限制人身自由的强制措施。这种人身限制在性质上不是行政处罚，而是一种临时性的强制性措施，主要包括留置盘问、传唤、临时管束、强制隔离、强制隔离治疗、强制戒毒等。对财产的行政强制措施是指行政机关在执法过程中，对涉案财产采取的查封、扣押或冻结措施，限制其流转，使财产的所有权人和使用人暂时无法行使相应的权利。待事实查清或行使机关对执法事项作出相应的决定后，应当及时对采取强制措施的财产作出处理决定。对违法事实清楚，依法应当没收的非法财物予以没收；法律、行政法规规定应当销毁的，依法销毁；应当解除查封、扣押和冻结措施的，应当作出解除查封、扣押和冻结措施的决定。

公民、法人或者其他组织对行政机关实施的行政强制，享有陈述权、申辩权；有权依法申请行政复议或者提起行政诉讼；因行政机关违法实施行政强制受到损害的，有权依法要求赔偿。

4. 行政处罚权

行政处罚是指享有行政处罚权的行政机关或法律、法规授权的组织，对有违法行为的经营者所实施的处罚和惩戒措施。对于实施处罚的主体（主要是国家行政机关）来说，行政处罚是制裁性的行政行为，是实施行政管理职能的一种重要手段；对于受到制裁的相对人（主要是经营者）而言，行政处罚则是其承担行政法律责任的一个重要方式。对于行政机关依法作出的处罚，当事人应当执行。当事人拒不执行，法律授权由行政机关直接执行的，由该行政机关直接执行；法律没有授权行政机关直接执行的，由作出决定的行政机关申请人民法院强制执行。

我国于1996年制定了《行政处罚法》，先后经过两次修正，2021年又进行了全面修订。《行政处罚法》的立法目的是约束规范行政处罚权的授予和实施，行政机关所享有的具体的行政处罚权都是通过其他专门性的法律法规授予的。几乎所有具有行政监管内容的法律都有行政处罚权的授权，如《产品质量法》《证券法》《药品管理法》《反不正当竞争法》等，不胜枚举。

三 宏观调控法

国家调控是一种宏观调控，是国家综合运用各种手段对宏观经济运行进行的一种调节与控制。宏观调控的目标主要包括四个方面：一是总量平衡，指经济总供给与总需求的平衡；二是优化结构，包括使产业结构、产品结构、劳动力结构、地区结构等各经济要素分布达到合理的比例；三是充分就业；四是国际收支平衡。在上述四个目标实现的基础上，确保整个国民经济的稳定发展。

（一）财政调控

财政是政府"理财之政"，是国家获取国民收入用于国家机关支出和社会再分配的活动。财政不仅是国家行使分配职能的主要手段，而且是国家调节经济的重要杠杆。财政调控可以有效调节社会总供给与总需求之间的平衡。当社会出现总需求膨胀、经济增长过猛时，可综合运用预算政策和分配政策，同时配合货币政策的实施，有效地控制社会总需求的增大；当总需求小于总供给、经济增长缓慢时，可松动预算，减少税收，鼓励企业投资，增加需求总量，推动经济增长。财政调控还可以调整和优化产业结构。国家通过财政资助、财政贴息、投资抵免及其他税收优惠政策，引导社会投资方向，带动资金的横向融通，从而实现经济结构的不断优化，使社会经济生活稳定而有秩序地运行。

财政宏观调控手段主要有财政预算、国债发行、政府采购、政府转移支付等。

预算是经法定程序审核批准的国家年度集中性财政收支计划。它规定国家财政收入的来源和数量、财政支出的各项用途和数量，反映着整个国家政策、政府活动的范围和方向。作为国家的基本财政计划，预算是实施宏观调控的重要方式之一。通过增加财政赤字，可以大幅度增加内需；通过调整国家投资规模和投资方向，可以有效调节社会供需平衡和调整产业结构。我国的财政预算由各级政府财政部门编制，经权力机关审批，最终由各级行政机关执行。1994年3月，我国通过了《中华人民共和国预算法》，分别于2014年和2018年两次修正，是规范财政预算活动最重要的法律。

国债是国家通过借款或发行有价证券的方式向社会筹集资金所形成的债务。国家发行国债不仅是满足公共支出需要、弥补财政赤字的重要途径，而且还可以有效调动社会闲散资金，调控货币的社会供给量，从而实现对宏观经济的调控。

政府采购是各级机关单位使用财政资金的采购行为，其目的本是满足政府履行职能的需要，但由于采购数量大且集中度高，也可以对市场产生引导作用，从而派生出宏观调控职能。2002年6月，我国通过了《中华人民共和国政府采购法》，后于2014年修正；2014年12月，国务院通过了《中华人民共和国政府采购法实施条例》。

财政转移支付的概念有广义和狭义之分：广义上的转移支付，是指政府为实现特定的政策目标，通过一定的渠道或财政补贴、拨付或捐赠等形式，将一部分财政资金无偿地转移给社会经济组织、居民及其他受益者使用的行为；狭义的转移支付，是指政府之间财政资金的转移。通过转移支付，可以平衡不同区域之间的财政收入，实现公共服务的均等化，同时调节收入分配，减少地区差距，从而促进经济的均衡发展。

（二）税收调控

税收是国家依照法律规定，向纳税义务人强制、无偿地征收一定比例的财产收入，由此取得财政收入的行为。税收是国家财产收入的主要来源，通过税收，不仅可以满足国家机关的必要支出，还可以实现国民收入再分配和国家经济宏观调控。当经济增长过快、过热，出现通货膨胀时，通过提高宏观税负，实施紧缩型税收政策，可以控制物价水平，实现经济稳步增长；反之，当经济出现衰退时，可以通过减税措施实施扩张型税收政策，以刺激经济发展，扩大就业。通过税负差别待遇和税收优惠政策，还可以调整和优化产业结构，同时引导资源的地区间流动，促进区域经济的平衡发展。

根据我国《立法法》，有关税收的基本制度应由全国人大及其常务委员会制定相应的法律予以规范，其他任何机关无权对税收制度作出规定。但《立法法》又规定，应由全国人大及其常务委员会制定法律的事项尚未制定法律的，全国人大及其常务委员会有权作出决定，授权国务院根据实际需要，对其中的部分事项先制定行政法规。目前，我国经全国人大及其常务委员会制定的与税收有关的法律共13部：《中华人民共和国税收征收管理法》《中华人民共和国个人所得税法》《中华人民共和国企业所得税法》《中华人民共和国车船税法》《中华人民共和国环境保护税法》《中华人民共和国烟叶税法》《中华人民共和国船舶吨税法》《中华人民共和国车辆购置税法》《中华人民共和国耕地占用税法》《中华人民共和国资源税法》《中华人民共和国城市维护建设税法》《中华人民共和国契税法》《中华人民共和国印花税法》。由国务院制定的行政法规共6部：《中华人民共和国增值税暂行条例》《中华人民共和国土地增值税暂行条例》《中华人民共和国进出口关税条例》《中华人民共和国城镇土地使用税暂行条例》《中华人民共和国消费税暂行条例》《中华人民共和国房产税暂行条例》。此外，《中华人民共和国海关法》是规定关税制度的重要法律，也是我国税法体系的重要组成部分。

根据上述法律法规的规定，按征税对象来分类，可以将我国当下的税种分为五大类18个税种。五大类分别为流转税、所得税、资源税、财产税和行为税。其中：流转税以商品流转为征税对象，包括增值税、消费税、关税三种；所得税以个人或企业所得为征税对象，包括个人所得税和企业所得税两种；资源税以占有使用的资源为征税对象，包括资源税、城镇土地使用税和土地增值税三种；财产税以财产为征税对象，包括房产税、契税、车辆购置税和车船使用税四种；行为税以特定行为为征税对象，包括印花税、烟叶税、环保税、船舶吨税、耕地占用税、城市维护建设税六种。

（三）计划调控

计划调控是指国家通过制定和实施计划，对国民经济施加指引、调节和控制。在我国，用以调控市场和国民经济的计划主要有国民经济和社会发展计划、产业发展计划、国家投资计划和区域发展规划。

国民经济和社会发展计划一般分长期计划（10～20年）、中期计划（一般为5年）和年度计划，由国务院编制，由全国人大常委会审批。该计划涉及国民经济和社会发展的方方面面，对各种宏观调控措施均具有指导和指引作用。产业发展计划一般由国务院各部委就其主管的行业制定，是产业政策的重要组成部分。国家投资计划是国家对投资活动进行宏观调控的集中体现，通过国家投资，促进经济结构和生产力布局优化。区域发展规划是国家为实现一定区域范围的开发和建设目标而进行的规划和部署，是国民经济和社会发展规划任务在特定空间的落实，是推进地区生产力合理布局、协调区域发展的重要工具。

我国目前并没有明确的计划调控法，相应的法律规定散见于《中华人民共和国宪法》《中华人民共和国国务院组织法》《中华人民共和国地方各级人民代表大会和地方各级人民政府组织法》。区域规划的相关规定则分散在一些有关国土规划、城乡规划、环境和自然资源的法律之中，如《中华人民共和国土地管理法》《中华人民共和国城乡规划法》，以及《中华人民共和国环境保护法》（以下简称《环境保护法》）等。计划调控的具体规定主要体现在一些行政法规中，如《国务院关于加强国民经济和社会发展规划编制工作的若干意见》《促进产业结构调整暂行规定》《国务院关于投资体制改革的决定》《中央企业投资监督管理办法》等。

（四）金融调控

金融调控是国家综合运用货币和汇率政策，实现宏观经济调控的重要方式。金融调控职能主要由中央银行即中国人民银行履行。中央银行通过货币政策调控货币总量及其结构，通过保持货币供求总量和结构的平衡促进社会总需求与总供给的均衡。其主要手段是通过调整存款准备金率、基准利率、再贴现率和再贷款率等金融货币指标，调整社会货币供应总量。减少货币供应量，可以控制信贷规模过快增长；增加货币供应量，则会刺激经济增长。此外，还可以通过严格限制对高耗能、高污染和产能过剩行业中落后企业的贷款投放，加大对"三农"、中小企业、节能环保和自主创新等薄弱环节的支持，从而调整产业结构。

目前，金融调控措施集中规定在《中华人民共和国中国人民银行法》中，同时在《中华人民共和国商业银行法》等法律中也有一些分散的规定。此外，《中华人民共和国人民币管理条例》《中华人民共和国外汇管理条例》《中华人民共和国现金管理暂行条例》等法规也是金融调控法律体系的重要组成部分。

第三节　相对人权利救济

市场行为规制、行业监管、宏观调控等体现的是国家公权力对市场主体（主要是经营者）的行为干预，必然涉及经营者的利益保护和权益救济问题。如果国家公权力机关干预措施或手段不当，侵犯市场主体的合法权益，则应当在法律上为市场主体提供有效的权利救济途径。

一　行政信访

信访是公民、法人或者其他组织采用书信、电子邮件、传真、电话、走访等形式，对国家机关及国家机关的工作人员提出批评、建议与投诉，或者通过信访机构反映利益诉求，依法由相应部门处理的活动。

（一）信访的提出

理论上，向各级行政机关和事业单位反映情况、表达诉求的活动都属于信访，各级行政机关和事业单位都应当设置接待和处理信访工作的办公机构和工作人员。《信访工作条例》也规定：各级机关、单位应当向社会公布网络信访渠道、通信地址、咨询投诉电话、信访接待的时间和地点、查询信访事项处理进展以及结果的方式等相关事项，在其信访接待场所或者网站公布与信访工作有关的党内法规和法律、法规、规章，信访事项的处理程序，以及其他为信访人提供便利的相关事项。

除各机关单位内设的信访机构外，我国县级及以上各级人民政府均设有信访局，是各级人民政府处理信访工作的专门行政机构，负责受理、转送、交办信访事项，协调解决重要信访问题，督促检查重要信访事项的处理和落实，指导本级其他机关、单位和下级的信访工作等。

公民、法人或者其他组织可以采用信息网络、书信、电话、传真、走访等形式，向各级机关、单位或信访部门反映情况，提出建议、意见或者投诉请求。信访人采用走访形式提出信访事项的，应当到有权处理的本级或者上一级机关、单位设立或者指定的接待场所提出。多人采用走访形式提出共同的信访事项的，应当推选代表，代表人数不得超过5人。

（二）信访的受理

各级党委和政府信访部门收到信访事项，应当予以登记，并区分情况，在15日内分别按照下列方式处理：① 对依照职责属于本级机关、单位或者其工作部门处理决定的，应当转送有权处理的机关、单位；情况重大、紧急的，应当及时提出建议，报请本级党委和政府决定。② 涉及下级机关、单位或者其工作人员的，按照"属地管理、分级负责，谁主管、谁负责"的原则，转送有权处理的机关、单位。③ 对转送信访事项中的重要情况需要反馈办理结果的，可以交由有权处理的机关、单位办理，要求其在指定办理期限内反馈结果，提交办结报告。

对党委和政府信访部门或者本系统上级机关、单位转送、交办的信访事项，属于本机关、单位职权范围的，有关机关、单位应当自收到之日起15日内书面告知信访人接收情况以及处理途径和程序。不属于本机关、单位或者本系统职权范围的，有关机关、单位应当自收到之日起五个工作日内提出异议，并详细说明理由，经转送、交办的信访部门或者上级机关、单位核实同意后，交还相关材料。涉及两个或者两个以上机关、单位的信访事项，由所涉及的机关、单位协商受理；受理有争议的，由其共同的上一级机关、单位决定受理机关；受理有争议且没有共同的上一级机关、单位的，由共同的信访工作联席会议协调处理。

（三）信访事项的办理

对信访人反映的情况、提出的建议意见类事项，有权处理的机关、单位应当认真研究论证。对科学合理、具有现实可行性的，应当采纳或者部分采纳，并予以回复。对信访人提出的检举控告类事项，纪检监察机关或者有权处理的机关、单位应当依规依纪依法接收、受理、办理和反馈。

对信访人提出的申诉求决类事项，有权处理的机关、单位应当区分情况，分别按照下列方式办理：① 应当通过审判机关诉讼程序或者复议程序、检察机关刑事立案程序或者法律监督程序、公安机关法律程序处理的，涉法涉诉信访事项未依法终结的，按照法律法规规定的程序处理。② 应当通过仲裁解决的，导入相应程序处理。③ 可以通过党员申诉、申请复审等解决的，导入相应程序处理。④ 可以通过行政复议、行政裁决、行政确认、行政许可、行政处罚等行政程序解决的，导入相应程序处理。⑤ 属于申请查处违法行为、履行保护人身权或者财产权等合法权益职责的，依法履行或者答复。⑥ 不属于以上情形的，应当听取信访人陈述事实和理由，并调查核实，出具信访处理意见书。对重大、复杂、疑难的信访事项，可以举行听证。信访处理意见书应当载明信访人投诉请求、事实和理由、处理意见及其法律法规依据。

信访人对信访处理意见不服的，可以自收到书面答复之日起30日内请求原办理机关、单位的上一级机关、单位复查。收到复查请求的机关、单位应当自收到复查请求之日起30日内提出复查意见，并予以书面答复。信访人对复查意见不服的，可以自收到书面答复之日起30日内向复查机关、单位的上一级机关、单位请求复核。收到复核请求的机关、单位应当自收到复核请求之日起30日内提出复核意见。信访人对复核意见不服，仍然以同一事实和理由提出投诉请求的，各级党委和政府信访部门和其他机关、单位不再受理。

二 行政复议

行政复议是指行政相对人认为行政主体的行政行为侵犯其合法权益，依法向行政复议机关提出复查申请，行政复议机关依照法定程序对被申请复议的行政行为进行合法性、适当性审查，并作出行政复议决定的一种法律制度。

（一）行政复议的受案范围

根据《行政复议法》的规定，行政管理相对人可以申请行政复议的事项主要有以下15种：① 对行政机关作出的行政处罚决定不服；② 对行政机关作出的行政强制措施、行政强制执行决定不服；③ 申请行政许可，行政机关拒绝或者在法定期限内不予答复，或者对行政机关作出的有关行政许可的其他决定不服；④ 对行政机关作出的确认自然资源的所有权或者使用权的决定不服；⑤ 对行政机关作出的征收征用决定及其补偿决定不服；⑥ 对行政机关作出的赔偿决定或者不予赔偿决定不服；⑦ 对行政机关作出的不予受理工伤认定申请的决定或者工伤认定结论不服；⑧ 认为行政机关侵犯其经营自主权或者农村土地承包经营权、农村土地经营权；⑨ 认为行政机关滥用行政权力排除或者限制竞争；⑩ 认为行政机关违法集资、摊派费用或者违法要求履行其他义务；⑪ 申请行政机关履行保护人身权利、财产权利、受教育权利等合法权益的法定职责，行政机关拒绝履行、未依法履行或者不予答复；⑫ 申请行政机关依法给付抚恤金、社会保险待遇或者最低生活保障等社会保障，行政机关没有依法给付；⑬ 认为行政机关不依法订立、不依法履行、未按照约定履行或者违法变更、解除政府特许经营协议、土地房屋征收补偿协议等行政协议；⑭ 认为行政机关在政府信息公开工作中侵犯其合法权益；⑮ 认为行政机关的其他行政行为侵犯其合法权益。

国防、外交等国家行为，行政机关对行政机关工作人员的奖惩、任免等决定，行政机关对民事纠纷作出的调解，以及行政法规、规章或者行政机关制定、发布的具有普遍约束力的决定、命令等规范性文件，不属于行政复议的范围。但是，如果行政机关的行政行为所依据的是国务院部门制定的规章以外的规范性文件，或县级以上地方各级人民政府及其工作部门的规范性文件，或乡镇人民政府的规范性文件，或法律法规和规章授权的组织的规范性文件，相对人在对行政行为申请行政复议时，可以一并向行政复议机关提出对该规范性文件的附带审查申请。

(二)行政复议的申请与受理

除非法律另有特别规定,行政相对人申请行政复议,应自知道或者应当知道该行政行为之日起60日内提出,因不可抗力或者其他正当理由耽误法定申请期限的,申请期限自障碍消除之日起继续计算。行政机关作出行政行为时,未告知当事人申请行政复议的权利、行政复议机关和申请期限的,申请期限自当事人知道或者应当知道申请行政复议的权利、行政复议机关和申请期限之日起计算,但是自知道或者应当知道行政行为内容之日起最长不得超过一年。因不动产提出的行政复议申请自行政行为作出之日起超过20年,其他行政复议申请自行政行为作出之日起超过五年的,行政复议机关不予受理。

行政行为是各级人民政府的下属工作部门或派出机构作出的行政行为,应当向该人民政府复议机关申请复议;如果是各级人民政府作出的行政行为,应当向其上一级人民政府复议机关申请复议。行政复议机关收到行政复议申请后,应当在5日内进行审查,并作出是否受理的决定,在审查期内未作出决定的,审查期限届满之日起视为受理。

(三)行政复议的审理与处理决定的作出

行政复议受理后,复议机关适用普通程序审理的,应当自受理申请之日起60日内作出行政复议决定。情况复杂,不能在规定期限内作出行政复议决定的,经行政复议机构的负责人批准,可以适当延长,并书面告知当事人,但是延长期限最多不得超过30日。适用简易程序审理的行政复议案件,行政复议机关应当自受理申请之日起30日内作出行政复议决定。

复议机关根据审理情况,可以对原行政行为作出维持、变更、撤销的复议决定。复议机关撤销原行政行为的,可以责令被申请人在一定期限内重新作出行政行为。被申请人不履行法定职责的,行政复议机关可以决定被申请人在一定期限内履行。申请人在申请行政复议时一并提出行政赔偿请求,行政复议机关对依照《中华人民共和国国家赔偿法》的有关规定应当不予赔偿的,在作出行政复议决定时,应当同时决定驳回行政赔偿请求;对符合《中华人民共和国国家赔偿法》的有关规定应当给予赔偿的,应当同时决定被申请人依法给予赔偿。

复议机关办理行政复议案件,可以适用调解,当事人经调解达成协议的,行政复议机关应当制作行政复议调解书,经各方当事人签字或者签章,并加盖行政复议机关印章,即具有法律效力。

三 行政诉讼

行政诉讼是指公民、法人或者其他组织认为行政机关或法律法规授权的组织的行政行为侵犯其合法权益,依法向人民法院提起诉讼,由人民法院对行政机关行为的合法性进行审查并作出裁判的司法活动。行政诉讼恒以行政机关为被告,是对行政机关的行政行为进行司法审查的活动。

（一）起诉

行政诉讼的受理范围与行政复议的受理范围大体类似。对属于人民法院受案范围的行政案件，行政相对人可以先向行政机关申请复议，对复议决定不服的，再向人民法院提起诉讼。除少数《行政复议法》特别规定必须先行行政复议的案件之外，也可以直接向人民法院提起诉讼。

1. 时效问题

行政相对人不服复议决定的，可以在收到复议决定书之日起15日内向人民法院提起诉讼。复议机关逾期不作决定的，如果法律没有另外的规定，申请人可以在复议期满之日起15日内向人民法院提起诉讼。行政相对人直接向人民法院提起诉讼的，应当自知道或者应当知道作出行政行为之日起六个月内提出。因不动产提起诉讼的案件自行政行为作出之日起超过20年，其他案件自行政行为作出之日起超过5年提起诉讼的，人民法院不予受理。行政相对人申请行政机关履行保护其人身权、财产权等合法权益的法定职责，行政机关在接到申请之日起两个月内不履行的，公民、法人或者其他组织可以向人民法院提起诉讼。法律、法规对行政机关履行职责的期限另有规定的，从其规定。行政相对人在紧急情况下请求行政机关履行保护其人身权、财产权等合法权益的法定职责，行政机关不履行的，提起诉讼不受前款规定期限的限制。

因不可抗力或者其他不属于其自身的原因耽误起诉期限的，被耽误的时间不计算在起诉期限内。因其他特殊情况耽误起诉期限的，在障碍消除后10日内，可以申请延长期限，是否准许由人民法院决定。

2. 管辖

管辖分为级别管辖、地域管辖和专属管辖。级别管辖解决的是不同级别人民法院的审判业务分工；地域管辖解决的是不同地域人民法院的审判业务分工；专属管辖规定某些案件必须由特定法院管辖，解决的是特殊案件的管辖问题。

关于行政诉讼案件的级别管辖，我国《行政诉讼法》规定：基层人民法院管辖第一审行政案件。中级人民法院管辖对国务院部门或者县级以上地方人民政府所作的行政行为提起诉讼的案件，海关处理的案件，在本辖区内重大、复杂的案件，以及其他法律规定由中级人民法院管辖的案件。高级人民法院管辖本辖区内重大、复杂的第一审行政案件。最高人民法院管辖全国范围内重大、复杂的第一审行政案件。

关于地域管辖，《行政诉讼法》规定：行政案件由最初作出行政行为的行政机关所在地人民法院管辖。经复议的案件，也可以由复议机关所在地人民法院管辖。对限制人身自由的行政强制措施不服提起的诉讼，由被告所在地或者原告所在地人民法院管辖。两个以上人民法院都有管辖权的案件，原告可以选择其中一个人民法院提起诉讼。原告向两个以上有管辖权的人民法院提起诉讼的，由最先立案的人民法院管辖。经最高人民法院批准，高级人民法院可以根据审判工作的实际情况，确定若干人民法院跨行政区域管辖行政案件。

关于专属管辖，《行政诉讼法》只规定了一种情况，即因不动产提起的行政诉讼，由不动产所在地人民法院管辖。

（二）审理

行政诉讼的审判流程与民事诉讼的流程基本相同，可参照本书第十五讲有关民事诉讼程序的介绍。但行政诉讼也有诸多特殊性，主要包括以下三个方面。

（1）行政诉讼中，除行政赔偿、补偿，以及行政机关行使法律、法规规定的自由裁量权的案件之外，不适用调解。这一点与民事诉讼中鼓励调解结案的精神大不相同，盖民事诉讼中调解结案有利于促进和谐，而行政诉讼审查的是行政机关的行政行为是否合法，调解结案不利于行政机关依法行政。

（2）关于举证责任。行政诉讼中，对于行政行为的作出是否符合法定程序、是否有事实根据和明确的法律依据，完全由被告举证。原告仅就被告行政行为的存在举证；同时起诉要求行政机关赔偿损失的，应就具体的损失举证；在起诉被告不履行法定职责的案件中，应提供其向被告提出申请的证据。对其他案件事实，原告不负举证责任。

（3）被告补充证据的限制。诉讼过程中，被告所举的证据，应当是被告作出行政行为前即已收集的证据，行政行为作出后又取得的证据不能作为用以证明行政行为合法的依据。

（三）裁判

对行政机关的行政行为，人民法院从行政行为是否符合程序、是否有事实依据、是否有明确的法律依据三方面进行审查。行政行为证据确凿，适用法律、法规正确，符合法定程序的，人民法院判决驳回原告的诉讼请求。

行政行为主要证据不足，适用法律、法规错误，违反法定程序，超越职权，滥用职权，或明显不当的，人民法院应当判决撤销或者部分撤销，并可以判决被告重新作出行政行为。人民法院判决被告重新作出行政行为的，被告不得以同一的事实和理由作出与原行政行为基本相同的行政行为。行政行为违法但不能撤销或无撤销内容的，人民法院可以判决确认行政行为违法。

人民法院经过审理，查明被告不履行法定职责的，应判决被告在一定期限内履行；查明被告依法负有给付义务的，应判决被告履行给付义务；查明被告不具有作出行政行为的主体资格或者无明确法律依据，原告申请确认行政行为无效的，可以判决确认无效；人民法院判决确认违法或者无效的，可以同时判决责令被告采取补救措施；给原告造成损失的，依法判决被告承担赔偿责任。行政机关作出的行政处罚明显不当，或者其他行政行为涉及对款额的确定、认定确有错误的，人民法院可以判决变更。人民法院判决变更时，不得加重原告的义务或者减损原告的权益。但利害关系人同为原告，且诉讼请求相反的除外。

与本讲内容相关的重要法律、法规和司法解释

1. 《中华人民共和国行政许可法》
2. 《中华人民共和国行政强制法》
3. 《中华人民共和国行政处罚法》
4. 《中华人民共和国行政复议法》
5. 《中华人民共和国行政诉讼法》
6. 《中华人民共和国税收征收管理法》
7. 《中华人民共和国预算法》
8. 《信访工作条例》

第十五讲

纠纷的诉讼解决

人在交往过程中，不可避免地会与他人发生各种纠纷；公司在生产经营过程中，纠纷同样不可避免。纠纷的解决方式有多种，当事人既可以自行和解，也可以寻求第三方调解，对于经营者在经营过程中产生的纠纷，绝大多数情况下还可以在协商一致的基础上申请仲裁，但更为人熟知的纠纷解决方式是诉讼，即民间所俗称的"打官司"。所谓"官司"，强调的是借助国家公权力解决纠纷的一种纠纷解决方式。

《法律通识教程》一书的"诉讼"一讲，重点讨论了三大诉讼制度的基本理念与正义的实现方式，对此，本讲不再赘述。本讲从当事人诉讼实践的角度，梳理了从诉前准备到起诉立案，再到法院审理，最后到执行阶段，涉及的具体法律问题。

第一节 诉前准备

一 有关诉讼的一般性问题

（一）何为诉讼

诉讼是由人民法院依照法律规定的程序解决纠纷的活动。我国法律规定的诉讼程序有三种，即刑事诉讼、行政诉讼与民事诉讼。刑事诉讼是由国家公诉机关提请人民法院对被告人是否构成犯罪以及应受何种处罚作出裁判的诉讼活动；行政诉讼是对行使机关的行政行为不服，以行政机关为被告提起的，要求人民法院撤销行政行为或宣布其违法或无效的诉讼活动；民事诉讼是对私人主体之间的纠纷请求人民法院居中裁判从而解决纠纷的诉讼活动。本讲我们主要讨论民事诉讼。

1. 公正是诉讼的灵魂

诉讼是国家公权力即人民法院参与的纠纷解决机制，是个体解决纠纷、维护自己合法权益的最后依靠。如果通过诉讼仍不能解决纠纷，意味着权益受到侵害的当事人将面临求告无门的境地，很容易进一步引发恶性事件，从而影响社会的稳定。通过诉讼，纠纷不仅应当解决，而且必须得到公正的解决。公正是司法的灵魂，司法一旦失去公正，就无法取得人们的信赖，其作为纠纷解决机制的功能便不再有效。纠纷未真正得到解决，人们便会寻求诉讼之外的途径去解决纠纷，强者暴力解决，弱者上访"告御状"，社会正常秩序同样会受到影响。

2. 正义的实现途径

如何确保司法的公正呢？审理案件的法官也是人，也是会犯错的，但理论上又不允许法官犯错，因为法官犯错就会使司法的公正性受到质疑，从而使司法的功能失效。为解决这一矛盾，法学家将正义区分为实质正义和程序正义两种类型。所谓实质正义，就是客观正义，是正义的理想状态；所谓程序正义，是通过程序设计最终所能够达到的正义。理想状态下，程序正义与实质正义应是一致的，至少程序正义应无限地接近实质正义。但有时候，受各种现实条件的限制，人们可能无法实现实质正义，在这种情况下，只能退而求其次，即实现程序所能够达到的正义。

基于程序正义与实质正义的关系，对程序设计的基本要求是确保程序正义尽可能地接近实质正义。对于民事诉讼来说，为了纠纷的解决，法院不得拒绝审判。即使当实质正义无法实现的时候，人民法院也必须作出裁判结论。为维护司法的权威性，程序设计的基本理念是：当实质正义无法实现时，应当由当事人自己承担实质正义不能实现的后果,不能由此影响司法的公正性和权威性。这样的结果虽然没有最终实现实质正义,但纠纷仍能够得到解决,而且法官还能够以一种完全中立的姿态不受"不公正"的指责;对于没有最终实现正义的当事人而言,正义之所以没有实现,往往与其本人的疏忽懈怠有关,本人也可由此吃一堑长一智,吸取教训,同样不至于因为正义未能实现而抱怨司法的不公。总之,程序正义的设计,其根本目的在于维护司法的权威性,从而确保诉讼这一纠纷解决机制的顺利运行。

3. 诉讼的成本与风险

程序正义是一种"看得见的正义",即以一种人们能够看得见的方式实现的正义。程序设计的目的在于让人们相信司法的公正;即使当实质正义无法真正实现的时候,也能让人们看得见正义无法实现的原因,从而接受司法的裁判结果。这样的程序设计必然以牺牲效率为代价,因此,诉讼程序往往是复杂而烦琐的,是漫长而枯燥的。也就是说,当事人需要在诉讼过程中付出大量的时间和精力成本,做好忍受诉讼程序性问题折磨的心理准备。

除了时间和精力成本,诉讼还需要金钱成本。金钱成本主要包括三个方面:一是诉讼费用,一般由原告起诉时预交;二是诉讼过程中可能发生的其他费用,如鉴定费用、翻译费用、证人误工补贴等,一般由申请人预付;三是代理费用,这一费用一般只有在聘请提供有偿服务的法律专业人士时才需要交纳,否则无须交纳。

诉讼费用的交纳有固定的标准,非财产案件按件交纳诉讼费用,每件案件一般50～1 000元不等;财产案件按照起诉标的额的百分比交纳,一般采用累进制计费办法,案件标的额越高,计费比率越低。依照《诉讼费用交纳办法》规定的收费标准,一件标的额为100万元的案件收费额为13 800元;一件标的额为1 000万元案件收费额为81 800元。

诉讼过程中支出的其他费用一般按实际支出计费。律师代理费用没有固定的标准,只有各地律师协会制定的参考标准。我国律师事务所都是市场化运作,各律师事务所在收费标准上有较大的自主决定空间,多由律师事务所与当事人协商确定。如果当事人没有特殊要求或特别约定,民事案件的律师收费标准大多维持在诉讼费收费标准的3～5倍。

诉讼不仅需要成本,也存在风险。诉讼风险主要包括两个方面:第一,通过诉讼所达到的正义是程序正义,有时候可能并不符合实质正义的要求;第二,即使人民法院的裁判结论符合实质正义的要求,如果当事人丧失履行能力,裁判文书也可能无法得到最终执行。

(二) 诉讼外纠纷解决方式

诉讼是借助国家司法权力来解决纠纷的方式,但纠纷解决机制并不限于诉讼,甚至大多数纠纷的解决都不是通过诉讼完成的。这些不通过诉讼解决纠纷的方式可称为非诉讼纠纷解决机制,或称为诉讼外纠纷解决机制,主要包括以下三种。

1. 和解

所谓和解，是指当事人经协商一致，自行消除争议从而解决纠纷的方式。和解无须任何第三方的参与，基本上也不需要任何成本，只要不涉及国家利益、社会公共利益和第三人利益，纠纷如何解决完全由当事人自己决定。相较于其他纠纷解决方式，和解是最为经济也最为方便的纠纷解决方式，因此，和解一般是当事人首选的纠纷解决方式，只有在无法达成和解的情况下，才会考虑其他纠纷解决方式。当然，为能达成和解，常常需要妥协和让步，对于做出何种程度的妥协和让步，需要本人根据案件具体情况自行权衡。

2. 调解

调解是在第三方居中说和情况下，双方当事人相互妥协，最终达成和解协议的纠纷解决方式。调解虽然是在第三方的参与下进行的，但参与调解的第三方不具有任何强制力，和解协议的最终达成仍以当事人自愿为前提。纠纷发生时，当事人常常容易情绪化，并由此影响双方的正常沟通，在这种情况下，双方都信任的第三方的参与有助于促进沟通，最终达成和解。

2010年，我国通过了《中华人民共和国人民调解法》，在基层组织设立人民调解委员会，负责普通民事纠纷的调解工作。一些商会和行业协会也常设调解委员会，对行业内的经济纠纷进行调解。2012年我国《民事诉讼法》修正时，在坚持原司法调解制度的基础上，增加了诉前调解程序以及人民调解协议的司法确认程序，从而实现了人民调解与诉讼程序的接轨。以此为契机，各地成立了各种具有民间非营利性质的调解组织，以人民法院的诉前调解为基础，开展调解工作。但从当前情况看，各地诉前调解所起的作用非常有限。

3. 仲裁

我国的仲裁分为两种：一是劳动仲裁；二是商事仲裁。劳动仲裁是专门处理劳动争议案件的仲裁，各地人民政府在区、县一级设立专门的劳动争议仲裁委员会，专门负责仲裁劳动争议案件。未经仲裁，劳动争议案件的当事人不得直接向人民法院起诉，只有经过劳动仲裁，对仲裁裁决不服的，才可以向人民法院起诉。由于劳动仲裁不是当事人自行选择的，我们这里说的仲裁主要指商事仲裁。

商事仲裁主要适用于经济纠纷，涉及身份关系的案件（如婚姻家庭关系纠纷）不属于仲裁的范围。在我国，从事商事仲裁的仲裁委员会大多由市一级人民政府组织有关部门和商会统一组建，并在省级司法行政部门登记，但在性质上，仲裁委员会属于非营利民间组织。

商事仲裁以双方当事人有明确的约定为前提，事先没有仲裁条款约定，纠纷发生后也未达成仲裁协议的，不能仲裁，只能向人民法院起诉。当事人事先明确约定将纠纷交由特定仲裁机构仲裁，或在纠纷发生后达成仲裁协议的，应当向约定的仲裁机构申请仲裁，不得向人民法院起诉。已向人民法院提起诉讼的，另一方当事人有权提出管辖异议。仲裁裁决实行一裁终局,也就是说,仲裁裁决一经作出,即发生法律效力。经仲裁委员会仲裁的案件,除非裁决被人民法院依法撤销或不予执行,当事人不能另行向人民法院提起诉讼。

(三)何时需要诉讼

相较而言,诉讼的成本较高,程序较为复杂。对于注重人情关系的中国人而言,"打官司"还可能伤了和气,诉讼常常意味着合作关系的终结。因此,一般只有在通过非诉讼途径无法解决纠纷时,才会考虑诉讼这一纠纷解决方式,尤其是当对方当事人履行能力严重欠缺,判决可能无法得到执行的时候,对诉讼的选择需要更为谨慎。但是,诉讼也有其他纠纷解决方式难以比拟的优势,这使得诉讼在很多情况下不仅是必要的,甚至还应被作为首选。

1. 权益确认

当事人对权益的归属、某种法律是否存在或是否有效等问题产生争议的时候,应及时通过诉讼请求人民法院依法确认,这种诉讼称为确认之诉。对于确认之诉,时间拖得愈久,事实问题愈难查清,自然是越早起诉越好。对于给付之诉,即请求法院判令被告履行特定义务(常常是给付金钱或其他财物)的诉讼,即使对方暂时没有履行能力,有时候也需要先通过诉讼将债权确认下来,并申请进入执行程序,一旦对方有可供执行的财产,可以随时强制执行。

2. 关系变更

确认之诉和给付之诉都具有权益确认的功能,除这两种诉讼类型外,还有一种诉讼类型称为变更之诉,即请求法院对某种既存的法律关系依法消灭或变更而提起的诉讼,如合同撤销之诉、合同解除之诉、公司解散之诉等。变更之诉中请求变更的权利基本上均为形成权,故变更之诉常常又被称为"形成之诉"。形成之诉多受除斥期间的限制,一旦逾期,诉权将不能行使,自然应当及时起诉。

3. 适用特别程序的事项

除上述诉讼类型外,《民事诉讼法》还规定了诸多针对特定类型的案件的审理程序,包括选民资格案件、宣告失踪或者宣告死亡案件、指定遗产管理人案件、认定公民无民事行为能力或者限制民事行为能力案件、认定财产无主案件、确认调解协议案件和实现担保物权案件共七种特殊案件的审理程序。此外,《民事诉讼法》还规定了督促程序和公示催告程序,前者是申请支付令所适用的程序,后者是票据丢失后请求人民法院作出除权判决所适用的程序。这些特别程序所解决的问题无法通过其他纠纷解决机制解决,只能通过人民法院解决。

4. 其他情形

有时候,诉讼形式上虽然也表现为普通的确认之诉或给付之诉,但原告的真实目的不在于诉讼本身,而在于诉讼背后的东西。比如,电影《秋菊打官司》中的秋菊打官司是为讨要一个"说法"。"说法"可以仅具有个体意义,一旦"说法"超出了个体意义,具有更普遍的价值,这种诉讼就具有了某种"公益"性质。比如,王海为0.5元的"入厕费"打官司,目的不在于要回0.5元钱,而是为了取消公共厕所的收费;又如,律师郝劲松起诉铁路公司要求开具餐车用餐发票,目的也不是索要一张报销发票,而在于通过诉讼促使铁路公司改进服务质量。对于这类诉讼,当事人的诉讼目标并不在于获取经济利益,常常并不计较诉讼的经济成本与时间成本,而更在意诉讼本身所蕴含的公益价值。

二 证据收集

诉讼是因为有争议,司法实践中,绝大多数争议都是围绕事实问题而产生的,只有少数疑难复杂案件才涉及法律争议。即使涉及法律争议的案件,也必须要在查明案件事实的基础上才能确定法律适用问题。在此意义上完全可以说,在大多数情况下,诉讼都是围绕着"查明案件事实"展开的,事实问题由此成为诉讼活动中的核心问题。事实从哪里来呢?法官不可能穿越到过去现场观察事实发生的具体经过,因此,事实只能从证据中来,是通过证据和证据规则推定出的事实。在此意义上又可以说,事实问题的核心是证据,证据是决定当事人能否胜诉的决定性因素。

(一)什么是证据

所谓证据,就是能反映案件事实的根据,所有与案件争议问题有关、能反映案件事实的根据都可以作为证据。根据我国《民事诉讼法》的规定,证据有当事人陈述、书证、物证、视听资料、电子数据、证人证言、鉴定意见和勘验笔录八种。对于这八种证据,我们可分为以下四类。

1. 语言类证据

语言类证据是知道案件相关情况的人的陈述,包括证人就案件事实所作的陈述和案件当事人对案件事实所作的陈述,前者即证人证言,后者在不同的诉讼程序中有不同的称谓。在民事诉讼和行政诉讼中称当事人陈述,在刑事诉讼中称被害人陈述、犯罪嫌疑人和被告人供述与辩解。无论何种称谓,都属于通过语言陈述来再现案件事实。这一类证据容易受本人主观影响,有较大的主观性。

2. 书证和物证

书证是指采取书面形式的证据,但书证之所以能作为证据,不是因为其形式,而是因为书证通过文字、符号或图画所表达的思想内容。常见的书证包括合同文本、往来信函、借条收据等。物证是指以物品的存在、外形、质量、规格、特征等证明案件事实的依据,如侵犯商标权的包装、侵犯专利权的产品、损坏的物品等。对物证必须妥善保管,以保持物证原有的形态。不能保持物证原有的形态或者物证有可能灭失的,行政机关必须采取措施予以保全。

3. 电子数据

电子数据指的是电子化技术形成的文字、数字等,如电子邮件、聊天记录等;网上聊天记录、博客、微博、手机短信、电子签名、域名等形成或者存储于电子介质中的信息也属于电子数据。当前，视听资料大多数也是通过电子数据形式保存的，虽然我国《民事诉讼法》将视听资料作为一种独立的证据形式，但以电子数据形式存储的视听资料也可归为电子数据，至少二者之间并无本质的区别。

4.勘验笔录和鉴定意见

勘验、检查、辨认笔录一般是职能部门在对事实发生的现场或者物品进行勘验、检查、辨认基础上所制作的笔录。常常是行政机关执法人员对现场情况所做的记录，如交通民警对交通事故现场绘制的现场图，又如工商管理人员对违反工商管理规定的个体商贩进行处罚时，现场记明其违法事实，没收商贩的违法物品的数量、质量等情况的记录等。

鉴定意见是鉴定人运用专门知识对案件所涉及的专门性问题所进行的分析、鉴别和判断，如法医鉴定、指纹鉴定、笔迹鉴定、化学物品鉴定、精神病鉴定等。在诉讼过程中，需要鉴定的，一般应由当事人提出申请，在人民法院的主持下，与双方当事人共同选择鉴定机构，然后由人民法院委托该选定的鉴定机关依法进行鉴定。

（二）证明义务及其分配

人民法院审理案件，首先要查明案件事实。但法官并不是案件事实的亲历者，只能通过当事人提交的证据来推断案件事实。如果当事人不能提供证据，或提供的证据不充分，那么法官也就无法准确推断案件事实。但法官又不能拒绝审判，即使无法准确推断案件事实，也必须作出判决。在事实无法查清的情况下，法官应当如何判决呢？或者说，应该支持哪一方的主张呢？为解决这一问题，诉讼法理论上提出了证明义务的概念。所谓证明义务，又称举证责任或证明责任，指的是当事人在诉讼过程中所负担的证明案件事实的义务。在诉讼法上，证明案件事实的义务由当事人承担，当案件事实无法查清时，由负有证明义务的一方承担败诉的后果。

1.证明义务分配的一般原则

不同的诉讼中，证明义务的分配是不同的。刑事诉讼中，证明义务由公诉人承担，不能证明被告人有罪的，推定无罪。行政诉讼中，证明义务由被告即行政机关承担，被告不能证明具体行政行为所依据的事实存在的，应判决撤销其具体行政行为。民事诉讼中，双方当事人具有平等的诉讼地位，证明义务的安排比较复杂，需要根据具体情况来确定。

根据《民事诉讼法》第67条的规定，当事人对自己提出的主张，有责任提供证据。这是关于证明义务分配的一般原则，又被称为"谁主张谁举证"原则。依据这一原则，民事诉讼中，由于是原告提出诉讼主张，故应由原告就其主张所依据的事实提供证据，如果原告不能提供证据，其诉讼主张也就无法得到法院的支持。

一般情况下，这一证明义务的分配原则是合理的，人们在心理上也是能够接受的。但在有些情况下，提出主张的一方在举证能力上可能会处于极为不利的地位，按照"谁主张谁举证"的原则，其主张几乎不可能得到支持。比如在医患纠纷中，患者缺乏相应的医学知识，没有能力对医院的治疗措施是否妥当作出明确的判断。即使院方充分告知患者具体的治疗手段，对于医生在具体的治疗过程中是否出现差错，患者同样一无所知。在这种情况下，让患者证明医方的行为有过错，几乎是不可能的。为了平衡当事人的诉讼地位，针对一些特殊情况，法律需要对证明义务的分配作出特殊的安排。

2. 侵权纠纷中证明义务的分配

侵权纠纷中，对于适用过错归责原则的侵权行为，原告请求侵权人赔偿损失，除需要证明具体损失外，还要证明被告实施了侵权行为，并且具有过错。涉及使用人、监护人、饲养人或管理人责任的，还要证明他们与行为人之间，或与动物或侵害物之间的关系。但对于适用过错推定原则的侵权行为，需要由被告证明自己对造成的损害没有过错。法律规定了特定的免责事由的，需要由被告证明免责事由的存在。这种由侵权人承担证明义务的情形，法律上称为证明义务的倒置。

我国适用证明义务倒置的情形主要有以下八种：① 因新产品制造方法发明专利引起的专利侵权诉讼，由制造同样产品的单位或者个人对其产品制造方法不同于专利方法承担举证责任；② 高度危险作业致人损害的侵权诉讼，由加害人就受害人故意造成损害的事实承担举证责任；③ 因环境污染引起的损害赔偿诉讼，由加害人就法律规定的免责事由及其行为与损害结果之间不存在因果关系承担举证责任；④ 建筑物或者其他设施以及建筑物上的搁置物、悬挂物发生倒塌、脱落、坠落致人损害的侵权诉讼，由所有人或者管理人对其无过错承担举证责任；⑤ 饲养动物致人损害的侵权诉讼，由动物饲养人或者管理人就受害人有过错或者第三人有过错承担举证责任；⑥ 因缺陷产品致人损害的侵权诉讼，由产品的生产者就法律规定的免责事由承担举证责任；⑦ 因共同危险行为致人损害的侵权诉讼，由实施危险行为的人就其行为与损害结果之间不存在因果关系承担举证责任；⑧ 因医疗行为引起的侵权诉讼，由医疗机构就医疗行为与损害结果之间不存在因果关系及不存在医疗过错承担举证责任。

应当注意的是：倒置只是针对上述特定事项证明义务的倒置，有关侵权的基本事实，如损失的大小、侵权行为的存在等，仍由提出主张的原告承担。

3. 合同纠纷中证明义务的分配

侵权纠纷中证明义务的特殊安排主要是围绕着过错的认定进行的，由于不同归责原则对过错的认定要求不同，故对证明义务也需要作出特殊的安排。与侵权纠纷相比，合同纠纷中一般不考虑过错，争议主要围绕合同的成立、生效、变更、解除、履行、违约等事实是否发生以及如何发生。一般来说，对事实是否发生、是否存在以及是否变更等问题出现的分歧，应当由主张"发生""存在"或"已变更"的一方承担证明义务，而主张"没发生""不存在"或"未变更"的一方不承担证明义务。

关于合同纠纷中证明义务的特殊安排主要有以下情形：① 主张合同关系成立并生效的一方当事人对合同订立和生效的事实承担举证责任；② 主张合同关系变更、解除、终止、撤销的一方当事人对引起合同关系变动的事实承担举证责任；③ 对合同是否履行发生争议的，由负有履行义务的当事人承担举证责任；④对代理权发生争议的，由主张有代理权一方当事人承担举证责任；⑤在劳动争议纠纷案件中，因用人单位作出开除、除名、辞退、解除劳动合同、减少劳动报酬、计算劳动者工作年限等决定而发生劳动争议的，由用人单位承担举证责任。

4.证明义务的其他分配方式

在法律没有具体规定，依照有关司法解释也无法确定证明义务的承担时，人民法院可以根据公平原则和诚实信用原则，综合当事人举证能力等因素确定证明义务的承担。基于上述因素进行综合判断后，仍无法确定证明义务的，还可以考虑谁对导致案件事实无法查清负有更大的责任，则应由其承担证明义务，从而有助于督促其在民事活动中谨慎行事，避免纠纷发生。

（三）证据的收集

1.关于人民法院的调查取证权问题

证明义务将证明案件事实的义务推给了当事人，但在普通人的印象里，如果当事人无法说清案件事实，人民法院应该调查取证。古代包青天明察暗访，马锡五深入群众，不都是为了查清案件事实吗？古人尚且能做到，现代法官为什么不能做到呢？司法权最为核心的要求是"中立性"，凡是与中立性相冲突、有可能影响司法权的中立性的，均是不可取的。法官该不该调查取证，关键也要看是否与司法权的中立性相冲突。

如果法官可以直接调查取证，法官很可能更容易相信自己调取的证据，并形成先入之见，从而有可能影响其对整个案件的综合把握。在诉讼中，尤其是民事诉讼中，是非曲直往往并不是泾渭分明的，双方几乎都有各自的理由，否则也形不成争议。如果法官依据自己主动调查的证据作为判决的根据，对于败诉的一方而言，还会相信判决的公正性吗？正义不仅要实现，而且一定要以人们看得见的方式实现，因为只有让人们看得见，才能取得人们的信赖。法官主动调取证据，虽然有时候有助于查明案件事实，但这种主动性与司法的被动性和中立性要求并不符合。因此，现代诉讼理念并不强调法官的调查取证义务。

理论上虽然不强调人民法院的调查取证义务，但法律仍然赋予了人民法院调查取证权。应注意的是，人民法院虽然享有调查取证权，但这种权力并不是轻易能够行使的。根据司法实践中的经验，法院依职权调查取证的情形主要有以下六种。

（1）已经形成并存放于相关机关的证据，如公证文书、与本案相关的其他案卷材料、存放于某机关的档案材料等，人民法院可以依职权调查取证。这些证据本身的形成过程不会掺杂任何法官的主观因素，不会影响法官的中立性。

（2）涉及可能有损国家利益、社会公共利益或者他人合法权益的事实，人民法院应当主动调查核实，以防对第三人的利益造成损害。

（3）对于依职权追加当事人、中止诉讼、终结诉讼、回避等与实体争议无关的程序事项，人民法院应当予以调查核实。

（4）涉及身份关系的事实，人民法院应当依职权调查取证。

（5）对污染环境、侵害众多消费者合法权益等损害社会公共利益的行为而提起的公益诉讼，对诉讼中涉及的有关事实，人民法院认为需要的，可以依职权调查取证。

（6）因客观原因当事人自己确实无法取得证据，经当事人申请，人民法院认为需要的，可以由法院取证。应注意，即使在这种情况下，法院也不能主动调查取证，而是应以当事人申请为前提，是否可以由法院取证，由人民法院决定。对于何种情况下"可以"，主要还是考虑是否与中立性冲突。同时，涉及商业秘密和个人隐私的，法院调查取证时尤其应当谨慎。

2. 自行收集证据时应注意的问题

从上面分析可以看出，越是与当事人之间的实体争议相关的事实，人民法院越是不宜调查取证，只能依靠当事人自己来收集证据。当事人自行收集证据时，要注意以下三点。

（1）工作中应随时注意收集证据。对于经营者而言，大多数纠纷的形成都源于先前的合作关系。一般来说，在合作过程中，双方基本上都能依约定履行合同，即使出现分歧，也比较容易在协商一致的基础上妥善处理。这时候如能注意收集和保存证据，可以说几乎是没有障碍的。一旦双方合作关系破裂，再行取证，一般很难获得对方的配合，证据收集也会变得较为困难。因此，经营者在经营过程中，应当特别注意对证据的收集和保存，不要等到纠纷发生后再去收集证据。

（2）注意证据的内容要清晰完整。由于通信技术的发展，现在很多证据都是通过电子数据记录的，如电话录音、微信聊天记录等，这些都可以作为证据。但是，由于当事人取证技巧欠缺，这类证据的内容常常不够完整，无法证明案件事实。比如，一当事人给债务人打电话问：欠款拖了一年了，什么时候给？债务人回答说，有一笔款马上到了，到了后马上给。上述电话录音显示，债务人是承认欠款事实的，但欠多少钱没有明确。所以，通过电话录音微信等方式取证的，一定要完整陈述清楚案件事实。比如，"李明兄，你2024年3月因买房借我的10万元钱，说好的一个月还我，现在已过了两个月了，一分钱都没还呢，你什么时候能还我呀？"这样的陈述，内容就比较完整了。

（3）不得采用非法手段收集证据。不能通过严重侵害他人合法权益的手段、违法手段或有违公序良俗的手段收集证据，如采取跟踪、窃听、偷盗等手段收集证据，都是不被允许的。采用非法手段收集的证据，不仅不能作为定案依据，构成违法犯罪的，还应当承担相应的法律责任。

三 起诉前应考虑的问题

（一）时效问题

诉讼时效是一种权利受法律保护的期间，当本人的民事权利受到侵害时，权利人应当在法定的诉讼时效期间内行使权利，时效期间届满权利人未行使权利的，如果对方提出时效抗辩，人民法院对受到侵害的权利将不再予以保护。当然，当事人也可以放弃时效抗辩，当事人未提出时效抗辩的，人民法院不得主动审查时效问题。也就是说，起诉时已超过诉讼时效的，当事人仍可以起诉，但在诉讼过程中，如果对方提出时效抗辩，则其权益不能再受到法律保护。

对于已经超过诉讼时效的债权，债务人在债权文书上重新签字确认的，或者在重新制作的新的债权文书上签字确认的，或者在重新制定的还款计划书上签字确认的，均可视为对原债权的重新确认，诉讼时效重新计算。因此，当债权超过诉讼时效时，应尽可能地取得债务人对债权的重新认可。

1. 诉讼时效期间

《民法典》规定当事人向人民法院请求保护民事权利的诉讼时效期间为三年，这一规定适用于没有对诉讼时效问题作出另外规定的所有情形，称为普通诉讼时效期间。除普通诉讼时效之外，法律还针对不同情况规定了特殊诉讼时效，主要包括：《产品质量法》第45条规定，因产品存在缺陷造成损害要求赔偿的诉讼时效期间为二年；《环境保护法》第66条规定，提起环境损害赔偿诉讼的时效期间为三年；《海商法》第265条规定，有关船舶发生油污损害的请求权，时效期间为三年，自损害发生之日起计算，但是在任何情况下时效期间不得超过从造成损害的事故发生之日起六年；《民法典》第594条规定，因国际货物买卖合同和技术进出口合同争议提起诉讼或者申请仲裁的期限为四年。

《民法典》于2021年1月1日开始实施，《民法典》生效后，上述特别法关于诉讼时效的特别规定并未被废止，但是，凡是旧法规定适用二年普通诉讼时效的，自《民法典》实施之日起应适用三年诉讼时效。凡是旧法规定的诉讼时效超过三年的，旧法规定仍继续适用。

诉讼时效一般从当事人知道或应当知道自己的权益被侵害之日起计算，当事人知道权益被侵害，但因不知道侵害人而无法主张权利的，自知道侵害人之日起计算。此外，《民法典》对以下三种特殊情况下诉讼时效期间的起算作出特别规定：一是当事人约定同一债务分期履行的，诉讼时效期间自最后一期履行期限届满之日起计算；二是无民事行为能力人或者限制民事行为能力人对其法定代理人的请求权的诉讼时效期间，自该法定代理终止之日起计算；三是未成年人遭受性侵害的损害赔偿请求权的诉讼时效期间，自受害人年满18周岁之日起计算。

2. 诉讼时效期间中断、中止与延长

时效中断是指诉讼时效因权利人或义务人的某种行为而导致诉讼时效重新计算的情形。根据《民法典》第195条规定，权利人向义务人提出履行请求，义务人同意履行义务，权利人提起诉讼或者申请仲裁，或出现与提起诉讼或者申请仲裁具有同等效力的其他情形，诉讼时效中断，诉讼时效期间重新计算。

在诉讼时效期间的最后六个月内，出现法律规定的情形，诉讼时效停止计算，待中止原因消除之日起，诉讼时效继续计算六个月，这种情况称为诉讼时效的中止。根据《民法典》第194条规定,可导致诉讼时效中止的事由有:不可抗力;无民事行为能力人或者限制民事行为能力人没有法定代理人,或者法定代理人死亡、丧失民事行为能力、丧失代理权;继承开始后未确定继承人或者遗产管理人;权利人被义务人或者其他人控制;其他导致权利人不能行使请求权的障碍。

《民法典》第188条规定,自权利受到损害之日起超过20年的,人民法院不予保护。也就是说,诉讼时效的最长期间是20年,超过20年,即使按照诉讼时效起算规定并未超过诉讼时效,人民法院仍然不再予以保护。之所以如此,主要是出于维护现有秩序的需要。但是,第188条对此仍然作了一个例外规定。有特殊情况的,人民法院可以根据权利人的申请决定延长。但该条并未规定哪些属于特殊情况,而是将决定权赋予了人民法院,由人民法院根据具体情况决定。

3. 诉讼时效的其他规则

诉讼时效是一种法定制度,诉讼时效的期间、计算方法以及中止和中断的事由等,均由法律规定,不允许当事人通过约定予以改变,当事人的自行约定无效。此外,当事人虽然可以放弃诉讼时效抗辩,但不能事先承诺放弃。作出对诉讼时效利益的预先放弃承诺的,预先放弃的承诺无效。

诉讼时效制度的目的在于督促权利人及时行使权利,同时也是为了避免因时间过于久远而使争议难以查清,从而增加司法运行的成本与负担。但是,诉讼时效届满,权利本身以及请求权并不消灭,义务人自愿履行义务的,法律仍予以认可,且自愿履行后,不得以已过诉讼时效期间反悔而请求返还。

并不是所有的权利侵害都适用诉讼时效制度,对于一直持续的侵权行为或者需要持续履行的义务,一般不适用诉讼时效制度。这些情况主要包括请求停止侵害、排除妨碍、消除危险,不动产物权和登记的动产物权的权利人请求返还财产,请求支付抚养费、赡养费或者扶养费,以及依法不适用诉讼时效的其他请求权。

(二)是否属于法院主管范围

诉讼是纠纷解决的最后形式,原则上,对于诉求人民法院解决的纠纷,人民法院不得拒绝审判。但是,并不是任何民事纠纷都可以选择诉讼解决方式。如果纠纷不属于人民法院的主管范围,则不能向人民法院提起诉讼。根据我国法律规定,结合审判实践,以下情况下形成的纠纷由行政机关裁决,不属于人民法院受案范围。

1. 历史遗留问题、涉及国家政策性问题引发的纠纷

这类纠纷主要是由历史原因或国家政策问题遗留下的纠纷,不是单纯的民事争议,人民法院不便于对历史和国家政策问题直接进行评判,故对由此引起的纠纷,由政府部门依据相关政策予以解决,人民法院不予受理。如《最高人民法院关于房地产案件受理问题的通知》规定,凡是属于历史遗留的落实政策性质的房地产纠纷,因行政指令而调整划拨、机构撤并分合等引起的房地产纠纷,因单位内部建房、分房等而引起的占房、腾房等房地产纠纷,均不属于人民法院主管工作的范围。又如,《最高人民法院关于合

作化运动中的遗留问题不应由人民法院作为民事案件受理的函复》称，政府主管部门在对企业国有资产进行行政性调整、划转过程中发生的纠纷，当事人向人民法院提起民事诉讼的，人民法院不予受理。

2. 因自然资源权属、农村土地承包经营引发的争议

我国自然资源（包括土地）由国家所有或集体所有，个人不享有自然资源的所有权。为解决自然资源的利用问题，由国家或集体将自然资源使用权授予个人，个人由此取得自然资源使用权，此权利在性质上属于用益物权。自然资源使用权本身属于私权利，但由于自然资源是国家或集体所有，而不是私人所有，故该权利的取得不是基于私权规则，而是基于土地管理法、森林法、渔业法等具有公法性质的法律规范。在这种情况下，自然资源使用权权属争议基本上均与政府行为有关，故相关法律一般都规定由人民政府处理。如《土地管理法》第14条规定：土地所有权和使用权争议，由当事人协商解决；协商不成的，由人民政府处理。单位之间的争议，由县级以上人民政府处理；个人之间、个人与单位之间的争议，由乡级人民政府或者县级以上人民政府处理。又如，根据《最高人民法院关于审理涉及农村土地承包纠纷案件适用法律问题的解释》，集体经济组织成员因未实际取得土地承包经营权提起民事诉讼的，人民法院应当告知其向有关行政主管部门申请解决。又如，《中华人民共和国森林法》第22条规定，林木、林地所有权和使用权争议，由人民政府依法处理。当事人直接向人民法院提起民事诉讼的，人民法院不予受理。经人民政府处理后，当事人对人民政府的处理决定不服，向人民法院提起行政诉讼的，人民法院应予受理。

3. 其他不属于人民法院主管的情形

其他不属于人民法院受理范围的情形，基本上均与国家行政机关的最终决定行为有关，如国家机关、社会团体、企事业单位等部门对其管理的人员作出的结论或者处理决定。因用人单位欠缴、拒缴社会保险费或者因缴费年限、缴费基数等发生的争议，也属于行政管理的范畴，应由社保管理部门解决处理，不属于人民法院民事诉讼受案范围。

（三）其他问题

1. 自己是否是适格原告

《民事诉讼法》第122条规定原告必须是与本案有直接利害关系的公民、法人和其他组织。这一表述并不明确，何谓有直接利害关系呢？一般来说，对于人身权、所有权、知识产权等主体性权利受到侵犯而提起的侵权之诉，原告必须是权利受到侵害的人。对基于合同关系、身份关系、成员关系等交往关系而提起的诉讼，原告应当是关系的当事人，不是关系的当事人，即使与诉讼标的存在利害关系，也不是适格原告。比如，隐名股东虽然与股权存在实际的利害关系，但当股权受到侵害时，只能以名义股东为原告起诉，而不能以隐名股东的名义提起诉讼。

享有诉权的自然人死亡的，继承人有权以原告身份提起诉讼。法人或其他组织因合并分立未经清算注销的，其权利义务的承继者有权以原告身份提起诉讼。法律关系的权

利义务依法转让的，权利义务的受让人当然也可以就该法律关系以原告身份提起诉讼。

2. 是否有明确的被告

并不是所有的诉讼都要求有明确的被告，有些案件甚至根本就没有被告，如适用特别程序审理的案件一般都没有被告。但以请求给付或请求履行特定义务为内容的诉讼必须要有明确的被告，否则最终的判决就会因无明确的义务履行主体而无法执行。所以，在权利受到侵害，但尚不知道侵权人的具体身份的情况下，不能起诉。

被告有明确的身份，但本人下落不明的，仍属于有明确的被告。被告下落不明，可采取公告送达的方式送达法律文书，一般并不影响案件的审理。对于被告在国外、在监狱服刑或在部队服役等特殊情况，可通过外交部门和有关机关转交，同样也不影响案件的审理。被告同样存在是否适格的问题，其具体判断原则与原告是否适格的判断原则基本一致，不再赘述。

3. 请求权基础的选择

起诉时，要考虑请求权基础。所谓请求权基础，是指诉讼请求的法律根据。任何诉讼都有特定的要求法院给予支持的诉讼请求，诉讼请求能否得到法院的支持，关键在于请求是否有明确的法律根据。常见的请求权基础主要有合同上的请求权、侵权法上的请求权、物权法上的物上请求权、不当得利返还请求权、无因管理给付请求权等。

大多数情况下，请求权基础都是比较明确的，但有时候会出现请求权的竞合，即同一诉讼请求，依据不同的请求权基础都可成立。出现请求权竞合时，当事人有权选择其中一个请求权基础提出请求，该请求权依法获得支持后，当事人即丧失其他请求权。不同请求权的构成要件、诉讼时效、举证责任、法律效果等多有不同，以何种请求权基础提出主张，对当事人影响甚巨。故当案件较为复杂时，应当考虑咨询专业的法律人士，以便选择有利的请求权基础。

第二节　起诉与应诉

一　原告起诉

（一）立案材料的整理

立案时需要向人民法院提交的材料主要包括三类：一是当事人的身份材料；二是起诉状；三是证据材料。

1. 身份材料

身份材料不仅包括原告自己的身份材料，还应当包括被告的身份材料，有诉讼第三人的，还包括诉讼第三人的身份材料。当事人为自然人的，一般以身份证复印件作为身份证明材料，原告起诉时没有被告身份证复印件的，可以向被告户籍地或经常居住地公安派出所查询个人登记信息作为身份证明材料。当事人为法人或非法人组织的，一般以营业执照复印件为身份证明材料，原告起诉时没有被告营业执照复印件的，可以在国家企业信用信息公示系统中查询企业的公示信息作为身份证明材料。当事人欠缺民事行为能力的，还应提交其法定代理人的身份信息材料。

2. 起诉状

刑事案件中人民检察院提起诉讼的文书称起诉书，民事案件中原告提起诉讼的文书称起诉状，但现在两词基本上已混用，并无明确的区分。起诉状的书写格式一般包括首部、正文和尾部三部分内容。首部包括"起诉状"名称题头和当事人基本情况，按照原告、被告和第三人的顺序依次列明。正文是民事起诉书的主要部分，包括请求事项、事实和理由。请求事项要明确具体：对于确认之诉和变更之诉，请求人民法院确认和变更的事项应当明确具体；对于给付之诉，要有明确的给付内容，以金钱为给付内容的，要有明确的数额。事实和理由要简明扼要，只要陈述清楚基本案件事实即可，切忌事无巨细、长篇大论。正文之后的部分是尾部，另起一行写明致送的管辖法院，而后在其右下方，由具状人签名或盖章，注明具状的年月日。

3. 证据材料

证据材料应在起诉时与身份材料和诉状一并提交，起诉时无须提交证据原件，只需要提交复印件。起诉状与证据材料除一份提交法院外，同时应按被告和第三人的人数制作相应的副本，由人民法院分别送达。在整理证据材料时，一般应整理出证据目录，并分别列明证据的名称、主要内容和证明目的。证据材料较多的，最好装订成册，以便人民法院查阅，并方便对方当事人质证。随着法院数字化水平的提高，很多法院推广数字化办公，也可根据法院要求，以电子文本代替纸质文本。

（二）管辖法院的选择

起诉需要确定管辖，管辖解决的是案件应由哪个法院来审理的问题。一般来说，一个案件由哪个法院管辖主要考虑两个因素：一是不同级别的法院之间以及不同地域的法院之间的业务分工；二是如何方便当事人诉讼和法院的审理。管辖主要由法律规定，法律也允许当事人约定管辖，但允许约定的范围极为有限，主要限于合同关系中对地域管辖的约定。

根据我国《民事诉讼法》的规定，有关管辖的基本法律规则主要有级别管辖和地域管辖两种情况，其中地域管辖根据不同的案件类型又分别有不同的规定。

1. 级别管辖

级别管辖是根据法院级别设置进行的业务分工。我国法院分最高人民法院、省级的高级人民法院、地市级的中级人民法院和县级的基层人民法院四级。其中：最高人民法院一般只审理在全国有重大影响的案件、自己认为应由其审理的案件和不服高院一审而提起上诉的案件；高级人民法院审理在本辖区有重大的影响的案件和不服中级法院判决而提起上诉的案件；中级人民法院审理重大涉外案件、在本辖区有重大影响的案件以及最高人民法院确定由中级人民法院管辖的案件；除中级人民法院、高级人民法院或最高人民法院一审管辖的案件以外，其他案件由基层人民法院管辖。

2. 地域管辖

地域管辖分为一般地域管辖和特殊地域管辖两种类型。依照法律规定，一个案件常常可以由多个法院管辖。诉讼是由原告启动的，因此，当两个或两个以上的法院都有管辖权时，原告有权选择向最为方便的法院提起诉讼，但是，存在专属管辖情形的，应当由专属法院管辖，不能选择其他法院管辖。

（1）一般地域管辖。一般地域管辖采取的是以被告所在地法院管辖为基础，以原告住所地法院管辖为例外的原则。原告住所地管辖只适用于特殊情况，主要包括四种情形：一是对不在中华人民共和国领域内居住的人提起的有关身份关系的诉讼；二是对下落不明或者宣告失踪的人提起的有关身份关系的诉讼；三是对被采取强制性教育措施的人提起的诉讼；四是对被监禁的人提起的诉讼。除上述四种情况外，如果没有法律的特别规定，均由被告所在地的法院管辖。

（2）特殊地域管辖。特殊地域管辖是针对合同纠纷、侵权纠纷和其他特殊纠纷类型确定管辖法院的情形，是关于地域管辖的特殊规定。

对于因合同纠纷提起的诉讼，由被告住所地或者合同履行地人民法院管辖。对于保险合同纠纷以及铁路、公路、水上、航空运输和联合运输合同纠纷，分别以保险标的物所在地、运输始发地或目的地为合同履行地。在不违反级别管辖和专属管辖规定的情况下，合同或者其他财产权益纠纷的当事人也可以书面协议选择被告住所地、合同履行地、合同签订地、原告住所地、标的物所在地等与争议有实际联系的地点的人民法院管辖。

对于因侵权行为提起的诉讼，一般由侵权行为地或者被告住所地人民法院管辖。因铁路、公路、水上和航空事故请求损害赔偿提起的诉讼，由事故发生地，车辆、船舶最先到达地，航空器最先降落地，或者被告住所地人民法院管辖；因船舶碰撞或者其他海事损害事故请求损害赔偿提起的诉讼，由碰撞发生地、碰撞船舶最先到达地、加害船舶被扣留地或者被告住所地人民法院管辖；因海难救助费用提起的诉讼，由救助地或者被救助船舶最先到达地人民法院管辖；因共同海损提起的诉讼，由船舶最先到达地、共同海损理算地或者航程终止地的人民法院管辖。

其他特殊纠纷主要指票据纠纷和股东纠纷。因票据纠纷提起的诉讼，由票据支付地或者被告住所地人民法院管辖。因公司设立、确认股东资格、分配利润、解散等纠纷提起的诉讼，由公司住所地人民法院管辖。

（3）专属地域管辖。专属地域管辖一般称专属管辖，专属管辖是地域管辖的一种特殊类型。所谓专属管辖，是指法律规定对于某些特殊类型的案件，只能由专属管辖法院管辖，排除其他法院管辖的制度，当事人也不得以协议改变法律确定的管辖。我国民事诉讼专属管辖的情形主要有三种：一是因不动产纠纷提起的诉讼，由不动产所在地人民法院管辖；二是因港口作业中发生纠纷提起的诉讼，由港口所在地人民法院管辖；三是因继承遗产纠纷提起的诉讼，由被继承人死亡时住所地或者主要遗产所在地人民法院管辖。

3. 裁定管辖

对于下级人民法院审理的案件，上级人民法院有权提级管辖；上级人民法院还可以将其管辖的第一审民事案件交由下级人民法院审理，但应当报请其上级人民法院批准；对于下级人民法院管辖的案件，上级人民法院还可以指定其下属的其他人民法院审理。需要指定管辖的情形主要有以下两种：① 有管辖权的人民法院由于特殊原因，不能行使管辖权的，由上级人民法院指定管辖。② 人民法院之间因管辖权发生争议，由争议的法院协商解决；协商解决不了的，报请它们的共同上级人民法院指定管辖。

除提级管辖和指定管辖外，还有移送管辖，是指人民法院受理案件后，发现本法院对该案无管辖权，依照法律规定将案件移送给有管辖权的人民法院审理。《民事诉讼法》第37条规定：人民法院发现受理的案件不属于本法院管辖的，应当移送有管辖权的人民法院，受移送的人民法院应当受理。受移送的人民法院认为受移送的案件依照规定不属于本院管辖的，应当报请上级人民法院指定管辖，不得再自行移送。

（三）起诉时应考虑的其他问题

1. 诉讼保全问题

诉讼过程漫长，在诉讼过程中，被告可能会因经济状况恶化而丧失履行能力，甚至还有可能为逃避执行而转移、隐藏财产。为防止出现胜诉后判决不能得到执行的情况，对于给付之诉，原告在起诉时如果发现被告有可供执行的财产，应及时向人民法院申请诉讼保全。

所谓诉讼保全，是指人民法院对于可能因当事人一方的行为或者其他原因，使判决难以执行或者造成当事人其他损害的案件，裁定对被申请财产采取的查封、扣押、冻结等强制性措施。诉讼保全措施一般须经当事人申请才可采取，当事人没有提出申请的，人民法院在必要时也可以裁定采取保全措施。为防止当事人滥用保全申请权，当事人申请采取保全措施的，人民法院可以责令申请人提供担保，申请人不提供担保的，裁定驳回申请。

诉讼保全申请一般在起诉时同时提起，也可以在诉讼过程中随时提起。情况紧急的，也可以在诉前先提出保全申请。诉前提出申请的，应当向被保全财产所在地、被申请人住所地或者对案件有管辖权的人民法院申请，并应提供担保。申请后应当在30日内提起诉讼，否则人民法院应解除保全。

人民法院接受申请后，情况紧急的，必须在48小时内作出裁定；裁定采取保全措施的，应当立即开始执行。申请有错误的，申请人应当赔偿被申请人因保全所遭受的损失。

2. 是否需要申请法院取证或鉴定问题

在起诉时，对于需要申请人民法院调取证据或需要鉴定的，为节省诉讼时间，应当在立案时一并提交鉴定申请书和申请人民法院调取证据申请书。对于鉴定申请书，人民法院经审查认为有必要鉴定的，应当组织双方当事人协商，或在双方共同见证下通过随机抽选、摇号等方式确定鉴定机构，并提交鉴定所需的有关材料。对于调取证据申请书，人民法院经审查认为申请成立的，应当根据申请调取证据；认为不属于人民法院依职权调取证据的范围的，告知当事人自行取证。

3. 关于聘请诉讼代理人问题

在我国，可以提供有偿法律服务并担任诉讼代理人的主要是律师，除律师外，基层法律服务工作者、当事人的近亲属当事人所在社区或单位以及有关社会团体推荐的公民也可以作为诉讼代理人参加诉讼。当事人是单位的，单位的工作人员也可以作为诉讼代理人参加诉讼。

一般来说，对于事实较为清楚、法律依据也较为明确的案件，律师所起的作用主要是程序上的。诉讼程序烦琐复杂，普通人常常无所适从，有了专业律师的帮助，可以节省不少精力。如果当事人本人对诉讼程序比较了解，或有较多的时间而不在意诉讼程序的烦琐，完全可以不聘请律师。但对于事实较为复杂、适用法律存在较大争议的案件，最好还是聘请律师提供专业的法律帮助。

二 被告应诉

（一）基本应诉策略

被告收到人民法院送达的应诉通知书和相应的法律文书后，应当首先对原告的诉讼请求能否得到法院的支持进行评估，必要时聘请专业律师协助进行分析预测。针对不同情况选择不同的诉讼策略。

1. 常规应诉方式

对于原告提出的诉讼请求是否成立的问题，无非有三种情况：一是基本成立；二是基本不成立；三是部分成立，部分不成立。原告诉讼请求基本成立的，为避免讼累，能履行的应尽可能履行；不能履行的，应与原告沟通，尽量达成延期分期履行协议。诉讼请求基本不成立的，应主动说明情况，消除误解。诉讼请求部分成立，部分不成立的，则可通过协商沟通寻求和解。对于上述工作，被告可以在庭审前主动与原告沟通，也可以在庭审过程中，在人民法院的主持下进行。经沟通达成和解协议或消除误解的，原告可以撤回起诉。

有时候，原告明知被告没有履行能力，即使胜诉也无法获得执行，但为能在被告有财产可供执行时及时获得法院的强制执行，也会提起诉讼。这种情况下，原告不会因和解而撤诉，但可以在和解的基础上，根据和解协议的内容，由人民法院制作调解书。调解书一经送达即发生法律效力，并可申请人民法院强制执行。

难以与原告达成和解的，被告应积极应诉，最大限度地争取对自己有利的裁判结果。有时候，有些企业领导明知要败诉，在对方当事人有和解意向的情况下，为避嫌、推责等目的拒绝和解。从诉讼的角度来说，这种做法不仅对企业不利，且浪费司法资源，是不应提倡的。企业应该通过完善公司治理，消除企业决策者的顾虑，立足于企业利益选择最佳的诉讼方式。

2．申请破产保护

如果被告已经资不抵债，无力清偿债务，则应申请破产，通过破产程序清偿债务。但破产不仅会宣告一个企业的"死亡"，有时候也可以为企业提供一种免于被强制执行的保护，从而获得一个起死回生的机会。尤其是当企业的一笔"救命钱"被查封或冻结时，通过申请破产来促使破产和解或重整是一个值得尝试的做法。就此问题，可结合本书第四讲的内容来分析通过破产获得新生的可能性。

（二）应诉答辩

1．管辖权异议

自被告收到应诉通知书之日起，依照民事诉讼法，有15天的答辩期。在答辩期内，被告应首先审查此案是否应由受诉法院管辖。如果不应由受诉法院管辖，则应在答辩期内向受诉法院提出管辖权异议。当事人在答辩期未提出管辖异议，除存在违反级别管辖和专属管辖规定的情形外，逾期后不能再就管辖问题提出异议。

人民法院对当事人提出的异议，应当审查。异议成立的，裁定将案件移送有管辖权的人民法院；异议不成立的，裁定驳回。当事人对于人民法院就管辖异议作出的裁定，可以提出上诉。

2．撰写答辩状

答辩期内，被告可以向人民法院提交书面答辩状，也可以不提交答辩状，而在庭审时当庭口头答辩，或当庭提交答辩状。答辩应围绕着原告提出的诉讼请求是否有事实和法律根据有针对性地提出答辩意见。此外，还可以立足于诉讼时效和原告主体是否适格等方面提出答辩。答辩状应简明扼要，只要说明原告诉讼存在的问题以及基本事实理由即可，避免长篇大论，具体意见可在法庭调查质证辩论中展开。

3．在举证期限内提交证据

人民法院送达的诉讼文书中，除应诉通知书、起诉状和相应的证据材料外，一般还有一份举证通知书，要求被告在法院指定的期限内向法院提交证据。如果案情复杂，取证工作量大，难以在法院指定的举证期限内提交证据，应及时提出延期举证申请。如果需要鉴定或申请人民法院调取证据，也要及时提出相应的申请。未能在举证期限内举证的，原则上并不影响证据的认证，但如果是当事人怠于在举证期限内取证导致逾期，人民法院可以对其提出训诫或给予罚款，由此导致对方当事人交通误工损失的，还应当赔偿对方损失。

（三）应诉的其他问题

1. 关于反诉

所谓反诉，是指在正在进行的诉讼中，本诉的被告以本诉的原告为被告提起的诉讼。本诉的原告在反诉中称为"反诉被告"，本诉的被告在反诉中称为"反诉原告"。反诉应当在本诉立案受理后、法庭辩论终结前提出，且反诉请求不属于其他法院专属管辖。此外，一般还要求反诉请求与本诉请求具有一定的牵连性且二者互不相容。所谓本诉请求与反诉请求具有牵连性，一般指两种请求是基于同一法律关系或同一事实而产生。比如买卖合同纠纷中，原告作为买方请求被告交货，如果原告因未按照合同约定付款应支付违约金，则被告可就违约金问题提起反诉；如果原告还租赁被告的房屋且未依约交付房租，因房屋租赁关系与买卖关系不是同一法律关系，被告不能提起反诉，只能另案起诉。所谓互不相容，是指反诉请求与本诉请求必须相互独立，不能相互包含。如果不是独立的请求，则不属于反诉的内容，可通过诉讼抗辩来解决。比如，原告起诉要求被告支付货款，被告认为原告货物不符合质量要求，应当降价处理或赔偿损失的，则可以此理由抗辩来消减原告主张的货款数额，无须提起反诉。

被告提出的反诉成立的，人民法院应当将本诉与反诉合并审理。

2. 申请追加当事人问题

对于原告提起的诉讼，被告并不一定是唯一的或最终的责任人，同时还可能存在其他的责任人，如果原告没有将上述责任人一并起诉的话，被告可以考虑追加最终责任人或其他责任人为当事人。但是，向谁提出诉讼主张是原告的权利，除必要的共同诉讼之外，被告提出追加被告的，人民法院应征求原告的意见，原告同意追加的，才能追加。原告不同意追加的，则不应追加。但为查明案件事实、便于后续问题的处理，被告可以申请其他责任人为第三人参加诉讼，人民法院认为必要时，也可以依职权追加其他责任人为第三人。

三 人民法院开庭前的工作

（一）立案与受理

当事人准备好立案材料后，一般需要到受诉法院立案大厅办理立案手续，也可以向受诉法院立案庭邮寄立案材料立案，对于已经开通网上立案通道的法院，也可以网上立案。人民法院收到原告的起诉材料后，应当及时审查，符合起诉条件的，应当在七日内立案受理，并通知当事人；不符合起诉条件的，应当在七日内作出裁定书，不予受理；原告对不予受理的裁定不服的，可以提起上诉。

《民事诉讼法》第127条规定，对于不应由人民法院审理或不属于本院管辖的案件，人民法院应当根据不同情况，按照以下方式分别处理：① 依照行政诉讼法的规定，属于行政诉讼受案范围的，告知原告提起行政诉讼；② 依照法律规定，双方当事人达成书面仲裁协议申请仲裁、不得向人民法院起诉的，告知原告向仲裁机构申请仲裁；③ 依照法律规定，应当由其他机关处理的争议，告知原告向有关机关申请解决；④ 对不属于本院管辖的案件，告知原告向有管辖权的人民法院起诉；⑤ 对判决、裁定、调解书已经发生法律效力的案件，当事人又起诉的，告知原告申请再审，但人民法院准许撤诉的裁定除外；⑥ 依照法律规定，在一定期限内不得起诉的案件，在不得起诉的期限内起诉的，不予受理；⑦ 判决不准离婚和调解和好的离婚案件，判决、调解维持收养关系的案件，没有新情况、新理由，原告在六个月内又起诉的，不予受理。

（二）送达法律文书

人民法院受理案件后，应当向被告送达应诉通知书、起诉状以及其他诉讼文书和案件材料。送达主要是直接送达和邮寄送达，随着网络技术的发展，经当事人同意，也可以采取电子方式送达。

采取直接送达方式，受送达人或者其同住成年家属拒绝接收诉讼文书的，送达人可以邀请有关基层组织或者所在单位的代表到场，说明情况，在送达回证上记明拒收事由和日期，由送达人、见证人签名或者盖章，把诉讼文书留在受送达人的住所；也可以把诉讼文书留在受送达人的住所，并采用拍照、录像等方式记录送达过程，即视为送达，这种送达方式称为留置送达。受送达人下落不明，或者采用其他方式无法送达的，可以公告送达。自发出公告之日起，经过30日，即视为送达。

（三）确定承办法官或合议庭组成人员

人民法院受理案件后，应当根据其内部工作流程将案件分配给具体的庭室。基层人民法院审理的基本事实清楚、权利义务关系明确的第一审民事案件，可以由审判员一人独任审理。除此之外的案件，应当由审判员或审判员与人民陪审员组成合议庭审理。采用合议庭审理的，合议庭人数应为单数。我国当前的司法实践中，合议庭人数一般为三人；有较大社会影响的一审案件，也可以由审判员和人民陪审员组成七人合议庭审理。人民陪审员是依照《中华人民共和国人民陪审员法》的规定从年满28周岁的成年公民中抽选任命的，人民陪审员只能参加基层人民法院审理的第一审民事案件的审理。

审判人员确定后，人民法院应当通知当事人。当事人认为审判人员是对方当事人或诉讼代理人的近亲属，与本案有利害关系，或者与对方当事人或代理人有其他关系，可能影响对案件公正审理的，有权申请该审判人员回避。人民法院对当事人提出的回避申请，应当在申请提出的三日内，以口头或者书面形式作出决定。申请人对决定不服的，可以在接到决定时申请复议一次。复议期间，被申请回避的人员不停止参与本案的工作。人民法院对复议申请，应当在三日内作出复议决定。

除审判人员外，有关回避的规定也可以适用于书记员、鉴定人员、翻译人员以及其他以中立身份参与诉讼的人。

(四)庭审前的其他工作

对于当事人提出的诉讼保全申请、委托鉴定申请、延期举证申请、追加当事人申请、申请法院调取证据材料的申请或管辖权异议,人民法院应当对当事人提出的申请或异议进行审查,并依法作出相应处理。相关事项处理完毕后,案件承办人员认为可以开庭审理的,应当在开庭三日前将开庭的时间和地点通知当事人和其他诉讼参与人。

人民法院审理民事案件,除涉及国家秘密、个人隐私或者法律另有规定的以外,应当公开进行。离婚案件、涉及商业秘密的案件,当事人申请不公开审理的,可以不公开审理。公开审理的,人民法院应当公告当事人姓名、案由,以及开庭的时间、地点,开庭时应当允许旁听。

第三节 审理与判决

民事诉讼的程序设计共四个阶段,分别是一审程序、二审程序、再审程序和执行程序。一审程序是所有案件都经历的程序,一审程序结束后,对一审裁判结果不服的,可以通过上诉进入二审程序。我国实行两审终审制,二审裁判为终审裁判,当事人不能再向上级法院上诉。但为防止错案,在两审终审的基础上,《民事诉讼法》又规定了审判监督程序(再审程序),对于已生效的判决,当事人还可以申请再审,是否启动再审程序由人民法院审查决定。生效裁判文书需要执行的,当事人可以申请人民法院强制执行,由此进入执行程序。

一 一审诉讼程序

(一)庭审一般进程

1. 庭审准备

开庭审理前,书记员应当查明当事人和其他诉讼参与人是否到庭,宣布法庭纪律。开庭审理时,由审判长或者独任审判员核对当事人,宣布案由,宣布审判人员、书记员名单,告知当事人有关的诉讼权利义务,询问当事人是否提出回避申请。

2. 法庭调查

法庭调查是指在法庭上对案件事实和证据进行审查的活动。法庭调查的目的在于查明案情的真相,为判决提供事实根据,因而是法庭审理的中心环节。法庭调查一般先由原告宣读起诉状或口头陈述诉讼请求及相应的事实和理由,然后由被告答辩,有第三人的,被告答辩后由第三人答辩。根据当事人的陈述和答辩,法庭会整理出案件的争议焦点，庭审活动将围绕着争议焦点进行。

围绕着争议焦点，首先由原告举证，分别由被告和第三人对原告提交的证据进行质证，发表质证意见；原告举证完毕后，再依次由被告和第三人举证，由其他当事人质证。所有当事人举证质证完毕后，法官宣读并出示由法院依职权调取的证据，由当事人依次质证。质证完毕后，当事人相互之间可以发问。

在法庭调查过程中，必须到庭的当事人和其他诉讼参与人有正当理由没有到庭的，当事人临时提出回避申请的，需要通知新的证人到庭，调取新的证据，重新鉴定、勘验，或者需要补充调查的，或者出现其他情况，致使法庭调查不能继续进行的，可以延期审理。

3. 法庭辩论

法庭调查结束后，进入法庭辩论。所谓辩论，是指当事人在民事诉讼活动中，有权就案件所争议的事实和法律问题，在人民法院的主持下，各自陈述自己的主张和根据，互相进行反驳与答辩的诉讼活动。法庭辩论按照原告、被告和第三人的顺序依次进行。

法庭辩论结束后，由各方当事人作最后陈述，庭审结束。之后，审判员应就是否同意调解再次征求各方当事人的意见，调解不成的，应当及时作出判决。

（二）审理过程中的具体问题

1. 诉讼程序的类型

（1）普通程序。普通程序是指人民法院审理第一审民事案件通常适用的程序，是民事诉讼程序中最基本的程序，主要包括起诉和受理、审理前的准备、审理和裁判几个阶段。在没有法律特别规定的情况下，一审法院审理案件适用的都是普通程序。普通程序可以是合议庭审理，也可以是独任审。适用普通程序审理的一审案件，应当在立案之日起六个月内审结；有特殊情况需要延长的，经本院院长批准，可以延长六个月；还需要延长的，报请上级人民法院批准。

（2）简易程序。与普通程序相对的是简易程序。所谓简易程序，顾名思义，是比普通程序更为简化的程序，只适用于基层人民法院或者它派出的法庭审理的事实清楚、权利义务关系明确、争议不大的简单的民事案件。是否适用简易程序，一般由承办法官根据案件情况确定，为方便诉讼，当事人也可约定适用简易程序。当事人双方约定适用简易程序的，人民法院一般应当准许，而且可以不受上述"简单的民事案件"的规定的限制。

简易程序的程序简便，如原告可以口头起诉，可以采用更为简便的方式送达法律文书和传唤当事人，庭审程序也可不那么严格。适用简易程序审理的案件，结案的期限更短，一般要求在三个月内审结，有特殊情况需要延长的，经本院院长批准，可以延长一个月。延长期限后仍不能审结的，应转为普通程序。

（3）小额诉讼程序。基层人民法院及其派出的法庭审理事实清楚、权利义务关系明确、争议不大的简单金钱给付民事案件，标的额为各省、自治区、直辖市上年度就业人员年平均工资50%以下的，适用小额诉讼的程序审理。标的额超过各省、自治区、直辖市上年度就业人员年平均工资50%但在二倍以下的，当事人双方也可以约定适用小额诉讼的程序。小额诉讼程序属于简易程序中的特殊规定。

适用小额诉讼程序审理案件，应当在立案之日起两个月内审结。有特殊情况需要延长的，经本院院长批准，可以延长一个月。采用的程序也更为简便，可以一次开庭审结并且当庭宣判。尤其应注意的是，适用小额诉讼程序审理的案件，采取一审终审制，当事人不得上诉。

人民法院在审理过程中，发现案件不宜适用小额诉讼的程序的，应当适用简易程序的其他规定审理或者裁定转为普通程序。当事人认为案件适用小额诉讼的程序审理违反法律规定的，可以向人民法院提出异议。人民法院对当事人提出的异议应当审查，异议成立的，应当变更为其他诉讼程序；异议不成立的，裁定驳回。

2. 当事人的到庭与缺席

绝大多数的民商事纠纷，庭审活动由诉讼代理人参加即可，当事人本人可以不参加庭审。但是对于某些与身份相关的案件，如离婚案件、确认或解除抚养关系的案件等，以及其他本人不到庭将使案情难以查清的案件，需要当事人本人到庭参加诉讼。对于必须到庭的原告，无正当理由拒不到庭的，可以按撤诉处理；对于必须到庭的被告，经两次传票传唤，无正当理由拒不到庭的，可以拘传，也可以缺席判决。

3. 诉讼的撤回、中止与终结

人民法院宣判前，因已与被告达成和解、被告已主动履行义务或其他方面的原因，原告可以申请撤回起诉。理论上，民事案件的起诉与撤诉都是原告的权利，法院不宜过多干预。但对于公益案件、涉及国家或第三人利益的案件、原告恶意诉讼的案件等，人民法院经审查后可以裁定不准许撤诉。人民法院裁定不准许撤诉的，原告经传票传唤，无正当理由拒不到庭的，可以缺席判决。

诉讼中止是指诉讼程序开始后，因出现法律规定的情形导致案件无法继续审理，需要暂时中止审理，待导致案件不能继续审理的原因消除后再恢复审理的一种诉讼制度。诉讼中止常见的原因一般有：① 一方当事人死亡，需要等待继承人表明是否参加诉讼；② 一方当事人丧失诉讼行为能力，尚未确定法定代理人；③ 作为一方当事人的法人或者其他组织终止，尚未确定权利义务承受人；④ 一方当事人因不可抗拒的事由，不能参加诉讼；⑤ 本案必须以另一案的审理结果为依据，而另一案尚未审结；⑥ 其他应当中止诉讼的情形。

诉讼终结是指在诉讼进行中，由于某种法定事由的出现，使诉讼继续进行已无必要或者成为不可能时，由人民法院裁定结束诉讼程序的制度。导致诉讼终结的事由主要有：① 原告死亡，没有继承人，或者继承人放弃诉讼权利；② 被告死亡，没有遗产，也没有应当承担义务的人；③ 离婚案件一方当事人死亡；④ 追索赡养费、扶养费、抚养费以及解除收养关系案件的一方当事人死亡。

（三）裁定与判决

裁定和判决均是人民法院对诉讼中所涉及的程序和实体问题作出处理结论的行为，一般统称为裁判行为。其中：裁定是对程序性问题作出的判定，为此制作的法律文书称为裁定书；判决是对实体性问题作出的判定，为此制作的法律文书称为判决书。此外，经人民法院调解结案的，一般由人民法院制作调解书。在诉讼过程中，对于程序问题的处理还常适用决定，为此制作的法律文书称为决定书。

1. 裁定

裁定是人民法院为解决程序性问题而作出的判定。在刑事诉讼的执行程序中，裁定也常涉及实体问题，如减刑和假释，但在民事诉讼中，裁定仅适用于程序问题。其在民事诉讼中的适用范围包括：① 不予受理；② 处理管辖权异议；③ 驳回起诉；④ 保全和先予执行；⑤ 准许或者不准许撤诉；⑥ 中止或者终结诉讼；⑦ 补正判决书中的笔误；⑧ 中止或者终结执行；⑨ 撤销或者不予执行仲裁裁决；⑩ 不予执行公证机关赋予强制执行效力的债权文书；⑪ 其他需要裁定解决的事项。对于一审法院作出的上述第一类至第三类裁定，当事人不服的，可以单独就该裁定提起上诉。

裁定有口头裁定和书面裁定两种。口头裁定指审判人员不制作裁定书，而是将裁定的内容口头向当事人宣布。人民法院对当事人口头裁定的，应当将裁定的内容以及宣布的情况记入笔录。书面裁定是以书面形式作出的法律文书，书面裁定应当按照民事诉讼法的规定送达当事人。书面作出的裁定书应当写明裁定结果和作出该裁定的理由。裁定书由审判人员、书记员署名，加盖人民法院印章。不能提起上诉的裁定书，自裁定作出时生效；可以提起上诉的裁定书，当事人在上诉期内未提起上诉的，自上诉期届满之日生效。

2. 判决

判决是指人民法院就当事人实体权利义务的争议，或者就确认具有法律意义的事实作出的判定。判决应当书面作出，称为判决书。判决书应当写明判决结果和作出该判决的理由，告知上诉期间和上诉法院，并由审判人员、书记员署名，加盖人民法院印章。对于一审法院作出的判决书，除最高人民法院作出的一审判决、适用小额诉讼程序和特别程序作出的判决外，当事人均可以提出上诉。对于适用一审终审的案件，判决书自送达之日起生效；对于适用两审终审的案件，当事人未在法定上诉期内提起上诉的，判决书自上诉期届满之日生效。

3. 调解书

经人民法院调解，当事人达成和解协议的，如果和解协议已得到履行，原告可以撤诉；虽未得到履行，原告申请撤诉的，也应允许撤诉。但和解协议没有强制执行的效力，如果当事人拒不履行和解协议，当事人仍需要另行起诉。为避免这种情况，当事人已达成和解协议的，应由人民法院根据和解协议的内容制作调解书，写明诉讼请求、案件的事实和调解结果，并由审判人员、书记员署名，加盖人民法院印章。调解书经双方当事人签收后，即具有法律效力。负担义务的一方当事人未按调解书履行义务时，权利人可以申请人民法院强制执行。

调解书送达前一方反悔的，视为调解协议未达成，人民法院应当及时判决。双方当事人签收后，调解书发生法律效力，双方均不得提起上诉。

4. 决定书

裁定书是就程序本身作出的判定，而决定书不解决程序本身的问题，旨在消除影响程序进行的外部障碍和影响因素，如对回避申请的决定、对当事人妨害诉讼活动给予处罚的决定、对当事人申请延期审理的决定等。另外，人民法院是否主动启动审判监督程序，对当事人申请缓、减、免交诉讼费用的处理，均适用决定。对于人民法院的决定不服的，只能向作出决定的法院申请复议，不能提起上诉。

二 二审与再审程序

（一）二审程序

二审程序是指当事人不服第一审人民法院的判决和裁定，提请上一级人民法院对案件进行审理时所适用的诉讼程序。二审程序是人民法院审理上诉案件所适用的程序，又称上诉审程序；我国实行两审终审制度，所以二审程序又称终审程序。

1. 二审程序的启动

二审程序由当事人通过上诉启动。除适用一审终审的案件和不能上诉的裁定外，当事人不服一审法院的判决或裁定的，均可以提起上诉。其中，对判决的上诉期是自收到判决书之日起15日内，对裁定的上诉期是自收到裁定书之日起10日内。

上诉可以口头提出，也可以书面提出。司法实践中，大多数上诉是由当事人书面提出的。当事人提起上诉，应当将上诉状提交至一审人民法院的承办法官，并按对方当事人人数提交副本。对于当事人提出的上诉，无论理由是否成立，一审法院均无审查权。一审法院收到上诉状后，应在五日内送达对方当事人。对方当事人在收到上诉状之日起15日内进行答辩。人民法院收到答辩后，应于五日内将对方的答辩状送达上诉人，然后将上诉状和答辩状随同案卷一并移送二审法院，进入二审程序。

2. 二审程序的庭审

二审程序一般应由合议庭审理，而且合议庭由审判员组成，人民陪审员不能参加二审审理。对于第一审适用简易程序审结或者不服裁定提起上诉的，如果事实清楚、权利义务关系明确，经双方当事人同意，也可以由审判员一人独任审理。人民法院对上诉案件，应当开庭审理。经过阅卷、调查和询问当事人，对没有提出新的事实、证据或者理由，人民法院认为不需要开庭审理的，可以不开庭审理。

一般情况下，二审人民法院应当围绕当事人的上诉请求进行审理。对于当事人上诉请求中没有提出的问题，二审法院不予审理，但一审判决违反法律禁止性规定，或者损害国家利益、社会公共利益、他人合法权益的除外。当事人提出增加或变更上诉请求的，对于是否应当准许有不同意见。有人认为，增加或变更上诉请求时已超过上诉期间的，不应准许。我们认为，上诉期间是启动二审程序的期间，不应以此对上诉请求的增加和变更进行限制。也就是说，对于当事人在二审法庭辩论终结前提出增加或变更上诉请求的，应予准许。但是，增加或变更的诉讼请求不能超出一审审理的范围，超出一审审理范围的，人民法院可以组织双方调解，调解不成的，应当告知当事人另行起诉。

二审所适用的具体程序，除对二审程序的特殊规定外，与一审普通程序基本相同。

3. 二审裁定与判决

二审人民法院审理上诉案件，根据具体情况，一般有以下三种处理方式。

（1）维持原判。原判决、裁定认定事实清楚，适用法律正确的，应当驳回上诉，维持原判决、裁定。对于一审判决书，以判决的方式维持；对于一审裁定书，则仍以裁定的方式维持。

（2）撤销并改判。原判决、裁定认定事实错误或者适用法律错误的，应当撤销原判决、裁定，对错误的判决应当依法改判，对错误的裁定应当依法变更。原判决对案件基本事实没有查清的，在查清事实的基础上也可以改判。原判决中只有部分判决项有错误的，应当维持正确的判决项，只对错误的判决项依法改判。

（3）发回重审。发回重审只适用于判决，不适用于裁定。也就是说，对于当事人不服一审裁定提出上诉的，不存在发回重审的情况。对于某些特定情况，如果二审法院直接作出判决，有违背两审终审制的审判原则之嫌，故以裁定形式发回重审，由原审人民法院重新审理。发回重审主要适用于三种情况：一是原审法院漏判事项；二是原判决存在遗漏当事人或者违法缺席判决等严重违反法定程序情形；三是原审判决对案件基本事实未能查清。对于第三种情况，二审法院可以发回重审，也可以在查明事实的基础上改判。

（二）再审程序及其启动

再审程序是指人民法院对已经发生法律效力的判决、裁定和调解书，在具有法律规定的再审事由时，依据法律规定的程序对原审案件再次进行审理并作出裁判的一种特别救济程序。由于再审程序是对已发生法律效力的错误裁判的一种补救程序，故又称审判监督程序。

上诉程序的启动比较简单，除了法律明确不能提出上诉的情形外，任何一方当事人不服一审处理结果，只要提出上诉，即可启动二审程序。但再审程序的主要功能在于审判监督，原则上只有对可能存在错误的案件才能启动。启动的方式也不限于当事人申请，还包括检察机关抗诉和人民法院自己决定再审等方式。

1. 当事人申诉

当事人不服已发生效力的判决、裁定和调解书，向人民法院提起申诉，要求再审，是启动再审程序的最常见的方式。申请再审，一般应向上一级人民法院提出，但当事人一方人数众多或者当事人双方均为公民的案件，也可以向原审人民法院申请再审。

申诉程序不像二审程序那样，只要当事人提出申请就可启动，再审申请应符合一定的条件才能立案，我国《民事诉讼法》规定的经当事人申请应当立案再审的情形包括：① 有新的证据，足以推翻原判决、裁定的；② 原判决、裁定认定的基本事实缺乏证据证明的；③ 原判决、裁定认定事实的主要证据是伪造的；④ 原判决、裁定认定事实的主要证据未经质证的；⑤ 对审理案件需要的主要证据，当事人因客观原因不能自行收集，书面申请人民法院调查收集，人民法院未调查收集的；⑥ 原判决、裁定适用法律确有错误的；⑦ 审判组织的组成不合法或者依法应当回避的审判人员没有回避的；⑧ 无诉讼行为能力人未经法定代理人代为诉讼或者应当参加诉讼的当事人，因不能归责于本人或者其诉讼代理人的事由，未参加诉讼的；⑨ 违反法律规定，剥夺当事人辩论权利的；⑩ 未经传票传唤，缺席判决的；⑪ 原判决、裁定遗漏或者超出诉讼请求的；⑫ 据以作出原判决、裁定的法律文书被撤销或者变更的；⑬ 审判人员审理该案件时有贪污受贿，徇私舞弊，枉法裁判行为的。

当事人申请再审，应当在判决、裁定或调解书发生法律效力后六个月内提出。对于上述第1项、第3项、第12项和第13项所规定的情形，自知道或者应当知道之日起六个月内提出。

当事人申请再审的，人民法院应当自收到再审申请书之日起三个月内审查，符合本法规定的，裁定再审；不符合本法规定的，裁定驳回申请。有特殊情况需要延长的，由本院院长批准。

2. 检察机关提出再审检察建议或提出抗诉

最高人民检察院对各级人民法院已经发生法律效力的判决、裁定，上级人民检察院对下级人民法院已经发生法律效力的判决、裁定，发现有前文所述应予再审立案的情形的，或者发现调解书损害国家利益、社会公共利益的，应当提出抗诉。地方各级人民检察院对同级人民法院已经发生法律效力的判决、裁定，可以向同级人民法院提出再审检察建议，并报上级人民检察院备案，也可以提请上级人民检察院向同级人民法院提出抗诉。

当事人申请再审被人民法院驳回、法院逾期未对再审申请作出裁定，或再审判决或裁定有明显错误的，也可以向人民检察院申请检察建议或者抗诉。对当事人的申请，人民检察院应当在三个月内进行审查，作出提出或者不予提出检察建议或者抗诉的决定。无论检察院是否决定提出检察建议或抗诉，当事人均不得再次向检察院提出相应申请。人民检察院决定对人民法院的判决、裁定、调解书提出抗诉的，应当制作抗诉书。

检察院提起抗诉的，人民法院必须再审。对于人民检察院提出抗诉的案件，接受抗诉的人民法院应当自收到抗诉书之日起30日内作出再审的裁定。

3. 人民法院决定再审

最高人民法院对地方各级人民法院已经发生法律效力的判决、裁定、调解书，上级人民法院对下级人民法院已经发生法律效力的判决、裁定、调解书，发现确有错误的，有权提审或者指令下级人民法院再审。各级人民法院院长对本院已经发生法律效力的判决、裁定、调解书，发现确有错误，认为需要再审的，应当提交审判委员会讨论，由审判委员会决定是否再审。

（三）再审程序的具体问题

1. 再审案件的管辖

当事人申请再审的，一般需要向作出生效法律文书的人民法院的上一级法院提出，由上一级人民法院管辖。对于当事人一方人数众多或者当事人双方均为公民的案件，也可以向原审人民法院申请再审，由原审人民法院管辖。检察机关提出再审检察建议的，应向作出生效法律文书的同级人民法院提出，由该人民法院管辖。抗诉是检察机关针对下级人民法院的生效法律文书向同一级人民法院提出的，当然也应当由作出生效法律文书的人民法院的上一级法院管辖。人民法院发现本院作出的生效法律文书有错误决定再审，由本院管辖。上级人民法院发现下级法院的生效法律文书有错误，可以提审，也可以指令下级人民法院再审。人民法院对当事人申请或检察院提起抗诉决定再审的案件，也可以指定下级人民法院管辖。

2. 再审适用的审判程序

人民法院再审的案件，发生法律效力的法律文书是由第一审法院作出的，按照第一审程序审理，所作的判决或裁定，当事人可以上诉；发生法律效力的法律文书是由第二审法院作出的，按照第二审程序审理，所作的判决或裁定是终审的判决裁定，上诉人不能再提起上诉；上级人民法院按照审判监督程序提审的，按照第二审程序审理，所作的判决、裁定是发生法律效力的判决、裁定。

再审案件由原审人民法院审理的，应当另行组成合议庭审理。

3. 再审程序中生效裁判文书的执行问题

当事人申请再审的，不停止判决、裁定的执行。人民法院按照审判监督程序决定再审，一般情况下应当裁定中止原判决、裁定、调解书的执行，但追索赡养费、扶养费、抚养费、抚恤金、医疗费用、劳动报酬等案件，可以不中止执行。经过再审原判决被改判的，依原判决所完成的执行失去依据的，领取执行标的的当事人应当向被执行人返还。

三 执行程序

（一）执行的申请与受理

1. 执行申请

对于人民法院生效判决或调解书确定的义务，当事人应当主动履行，未按照判决书或调解书主动履行的，当事人可以申请人民法院强制执行。申请执行人一般是生效法律文书所确定的权利人，权利人死亡或终止，继承人或权利义务的承受人可以作为申请执行人申请执行。对于发生法律效力的民事判决书、调解书，应当向第一审人民法院或者与其同级的被执行财产所在地人民法院申请执行；对于发生法律效力的裁定、决定、支付令，一般应当向作出裁定、决定、支付令的人民法院或者与其同级的被执行财产所在地人民法院申请执行；对其他生效法律文书，一般应当向被执行人住所地或者被执行财产所在地人民法院申请执行。

当事人申请执行的期间为二年，从法律文书规定履行期间的最后一日起计算；法律文书规定分期履行的，从最后一期履行期限届满之日起计算；法律文书未规定履行期间的，从法律文书生效之日起计算。申请执行时效的中止、中断，适用法律有关诉讼时效中止、中断的规定。

2. 执行申请的受理

人民法院收到执行申请后，应当在七日内予以立案；不符合立案条件的，在七日内裁定不予受理。立案受理后，执行人员应当在10日内向被执行人发出执行通知，责令被执行人履行法律文书确定的义务，同时通知其承担因迟延履行义务而产生的利息或者迟延履行金。被执行人仍未按执行通知书履行义务的，人民法院应当及时采取执行措施，人民法院也可以在发出执行通知书的同时采取强制执行措施。

3. 被执行人的变更与追加

被执行人一般是生效法律文书确定的责任人或者义务人。被执行人死亡或终止的，经当事人申请，人民法院可以变更其继承人或权利义务的承受人为被执行人。申请人还可以申请追加非法人组织的出资人和未足额履行认缴出资义务的股东或有限合伙人为被执行人。此外，对于生效法律文书所确认的特定物的执行，如果该特定物由他人为了被执行人的利益而占有，申请人还可以申请追加该特定物的占有人为被执行人。所谓为被执行人的利益而占有，一般是基于被执行人意愿，为维护被执行人的利益而占有，如基于保管合同而占有、基于修复保护目的而占有等。反之，非出于被执行人意愿，或者因其他合理原因权利已转移的，则不属于为被执行人的利益而占有，如被留置权人留置占有、被质押权人质押占有等。

申请人申请追加或变更被执行人，符合条件的，人民法院应裁定予以追加或变更；不符合条件的，裁定驳回。当事人对裁定不服的，可以自裁定书送达之日起15日内，向执行法院提起执行异议之诉。被申请人提起执行异议之诉的，以申请人为被告。诉讼期间，人民法院不得对被申请人争议范围内的财产进行处分。申请人请求人民法院继续执行并提供相应担保的，人民法院可以准许。

（二）执行过程中的具体问题

1. 执行措施

执行措施是指人民法院为使义务人履行生效法律文书所确定的义务而采取的强制手段，是国家强制力的体现。

（1）直接执行措施。所谓直接执行措施，是指人民法院可以直接对被执行财产采取的执行措施,以及其他可以直接完成执行任务的措施。较为常见的直接执行措施主要有提取、扣留被执行人的储蓄存款或者劳动收入,查封、扣押、冻结、变卖被执行人的财产,强制被执行人交付由法律文书指定的财物或者票证,强制被执行人迁出房屋或者退出土地,划拨企业、事业单位、机关、团体的存款等。对消除妨碍、恢复原状等义务,被执行人拒不履行义务的,还可以委托他人替代履行,由被执行人承担相应的替代履行费用。

（2）限制消费与信用惩戒措施。限制消费和信用惩戒一般适用于以金钱给付为内容的强制执行。所谓限制消费,是指人民法院对于拒不履行生效法律文书确定的义务的情况,可以向被执行人发出限制消费令,禁止其进行高消费及非生活或者经营必需的有关消费。

有证据证明被执行人有能力履行生效法律文书确定的义务而拒不履行的,人民法院还可进一步采取信用惩戒措施,将被执行人纳入失信被执行人名单。同时将失信被执行人名单信息向政府相关部门、金融监管机构、金融机构、承担行政职能或者提供社会公共服务的事业单位及行业协会等组织通报,供有关组织依照法律法规和有关规定,在限制消费、政府采购、融资信贷、市场准入、资质认定、荣誉授信等方面,对失信被执行人予以信用惩戒。

（3）法律制裁措施。有证据证明被执行人有履行生效法律文书确定的义务的能力而拒不履行,有隐匿、转移、毁损财产行为逃避执行,或者有其他妨碍、抗拒执行行为的,人民法院还可以进一步对被执行人采取罚款和拘留的制裁措施。情节严重的,还可以根据《刑法》的规定,依拒不执行判决、裁定罪依法追究刑事责任。

2. 执行异议

在执行过程中,被执行人对人民法院采取的执行措施有权提出异议,人民法院应当对异议进行审查并依法裁定。案外人对执行标的不享有足以排除强制执行的权益的,裁定驳回其异议;反之,应当裁定中止执行。当事人对裁定不服的,如果不服的理由是认为原判决、裁定存在错误,依照审判监督程序办理;如果不服的理由与原判决、裁定无关,可以自裁定送达之日起15日内向人民法院提起执行异议之诉。对执行异议财产,应当中止执行,待诉讼结束后,根据诉讼结果作出相应处理。

3. 财产执行豁免

一般来说,无论房产车辆、股权债权,还是知识产权和投资基金,只要是被执行人的财产,均可以执行。但应注意的是,对于家庭共有财产和其他共有财产的执行,要先进行析产,只有属于被执行人个人所有的那一部分才属于可执行的范围。还应注意的是,对个人财产的执行应当为被执行人及其所扶养的家庭成员预留必需的生活、医疗和学习的物品及费用。另外,被执行人从事职业活动所必需的物品、与个人荣誉相关的纪念物品、非以营利为目的而饲养的与被执行人共同生活的宠物等,一般均不宜强制执行。

(三)执行的中止与终结

1. 执行中止

执行过程中,如果申请人明确表示可以延期执行,或出现使执行无法继续的情况,人民法院可以中止执行。中止执行的原因主要有:① 案外人对执行标的提出确有理由的异议;② 作为一方当事人的公民死亡,需要等待继承人继承权利或者承担义务;③ 作为一方当事人的法人或者其他组织终止,尚未确定权利义务承受人;④ 人民法院认为应当中止执行的其他情形。

中止情况消失后,人民法院应当恢复执行。

2. 执行终结

执行终结分为终结本次执行和终结执行两种情况。

终结本次执行是指没有发现可供执行的财产,并且已经对被执行人采取限制消费措施和信用惩戒措施的,人民法院可以终结本次执行;申请执行人发现被执行人有可供执行的财产的,可以申请恢复执行。

终结执行是指执行程序的彻底结束,已终结执行的,不再存在恢复执行问题。一般情况下,已经执行完毕的,执行申请人撤回执行申请的,被执行人死亡或破产终结没有可供执行的遗产或财产的,作为被执行对象的特定物毁损灭失的,终结本次执行程序后一定期限内没有发现可供执行的财产的,人民法院可以裁定终结执行。

3. 执行财产的分配

有时候,被执行人可能对多个债权人负担债务,债权人已向同一法院或不同法院申请执行,但被执行人的财产不足以清偿全部已进入执行程序的债务。这种情况下,被执行人为法人的,如果符合破产条件,可以依照破产程序进行清偿。未达到破产条件,或被执行人为自然人的,应当允许全体执行申请人共同参与分配,由对财产采取执行措施的人民法院对通过执行获得的变现款统一依照一定的清偿顺序分配。一般情况下,所取得的执行款应当优先支付用以维持基本生活的工资、劳动报酬和医疗费用,以及享有法定优先受偿权的债权,然后再清偿其他债权。当然,经全体申请人协商一致,也可以由其协商决定具体的分配方式。

与本讲内容相关的重要法律、法规和司法解释

1.《中华人民共和国民事诉讼法》
2.《中华人民共和国劳动争议调解仲裁法》
3.《中华人民共和国人民调解法》

图书在版编目(CIP)数据

经营管理法律制度通论/王森波,司军艳编著.—上海:复旦大学出版社,2024.8
经济与管理类专业法律课程系列教材
ISBN 978-7-309-17168-6

Ⅰ.①经… Ⅱ.①王… ②司… Ⅲ.①经济法-中国-高等学校-教材 Ⅳ.①D922.29

中国国家版本馆 CIP 数据核字(2024)第 002226 号

经营管理法律制度通论
JINGYING GUANLI FALÜ ZHIDU TONGLUN
王森波　司军艳　编著
责任编辑/李　荃

复旦大学出版社有限公司出版发行
上海市国权路 579 号　邮编:200433
网址:fupnet@fudanpress.com　http://www.fudanpress.com
门市零售:86-21-65102580　　团体订购:86-21-65104505
出版部电话:86-21-65642845
上海新艺印刷有限公司

开本 787 毫米×1092 毫米　1/16　印张 27.25　字数 579 千字
2024 年 8 月第 1 版
2024 年 8 月第 1 版第 1 次印刷

ISBN 978-7-309-17168-6/D·1184
定价:79.00 元

如有印装质量问题,请向复旦大学出版社有限公司出版部调换。
版权所有　　侵权必究